"十二五"普通高等教育本科国家级规划教材
上海市重点课程、精品课程、一流本科课程教材
"十四五"同济大学本科课程规划教材
高等学校交通运输与工程类专业教材建设委员会规划教材

道路工程材料

(第7版)

孙大权　朱兴一　孙艳娜　李立寒　编著
　　　　　申爱琴　张肖宁　主审

人民交通出版社

北京

内 容 提 要

本书为"十二五"普通高等教育本科国家级规划教材,阐述了道路工程、桥梁工程及其附属结构物中常用材料的技术特性、评价方法、质量要求、性能影响因素和改善技术,混合料的组成设计方法及其工程应用等综合知识。全书由两篇共十二章组成,第一篇主要介绍砂石材料、沥青材料、沥青混合料、水泥与石灰、水泥混凝土与砂浆、无机结合料稳定材料、建筑钢材与工程聚合物的基础理论;第二篇主要介绍砂石材料、沥青与沥青混合料、水泥与水泥混凝土、无机结合料稳定材料的试验方法。

本书可作为高等学校土木工程专业、道路桥梁与渡河工程专业、交通运输工程专业本科生的教学用书和教学参考书,也可作为土木工程专业及相关专业的科研人员、设计人员、管理人员、施工人员及工程监理人员的参考书。

图书在版编目(CIP)数据

道路工程材料 / 孙大权等编著. — 7 版. — 北京:人民交通出版社股份有限公司,2024.7
ISBN 978-7-114-19332-3

Ⅰ.①道… Ⅱ.①孙… Ⅲ.①道路工程—建筑材料—教材 Ⅳ.①U414

中国国家版本馆 CIP 数据核字(2024)第 062150 号

"十二五"普通高等教育本科国家级规划教材
上海市重点课程、精品课程、一流本科课程教材
"十四五"同济大学本科课程规划教材
高等学校交通运输与工程类专业教材建设委员会规划教材
Daolu Gongcheng Cailiao

书　名:	道路工程材料(第 7 版)
著 作 者:	孙大权　朱兴一　孙艳娜　李立寒
责任编辑:	李　瑞　袁倩倩
责任校对:	赵媛媛　魏佳宁
责任印制:	刘高彤
出版发行:	人民交通出版社
地　　址:	(100011)北京市朝阳区安定门外外馆斜街 3 号
网　　址:	http://www.ccpcl.com.cn
销售电话:	(010)59757973
总 经 销:	人民交通出版社发行部
经　　销:	各地新华书店
印　　刷:	北京印匠彩色印刷有限公司
开　　本:	787×1092　1/16
印　　张:	30.75
字　　数:	760 千
版　　次:	1979 年 8 月　第 1 版　1986 年 6 月　第 2 版
	1996 年 6 月　第 3 版　2004 年 3 月　第 4 版
	2010 年 1 月　第 5 版　2018 年 2 月　第 6 版
	2024 年 7 月　第 7 版
印　　次:	2024 年 7 月　第 7 版　第 1 次印刷　总第 57 次印刷
书　　号:	ISBN 978-7-114-19332-3
定　　价:	69.00 元

(有印刷、装订质量问题的图书,由本社负责调换)

第7版前言

课程特点

"道路工程材料"是高等院校土木工程和交通运输类专业核心课程。通过本课程的学习,使学生系统掌握道路工程材料基本理论、试验技能和工程技术,为道路设计、施工、运维以及新材料研发奠定理论基础、提供技术储备。同时,本课程又是一门工程性、实践性和创新性很强的课程,需强化工程思维、创新能力、国际视野等训练,并适当安排实验实践、演讲汇报等教学内容。

教材传承

1914年,同济大学设立土木系科,设置道路专业课群。1924年~1926年间,开设"材料试验""土工与道路工程"等课程。1952年、1956年,陈本端先生和林绣贤先生先后出版《道路材料实验》《土工试验》教材。

1979年,课程创始人严家伋教授在国内率先开设"道路工程材料"课程,同年出版《道路建筑材料》国内首部教材。随后40余年来,伴随着道路工程技术不断进步、道路工程材料日新月异、教育教学工作与时俱进,教材内容不断推陈布新,陆续于1986年、1996年、2004年、2010年、2018年完成6次修订,凝结了同济大学严家伋教授、张南鹭教授、李立寒教授等几代教师的教学经验和科研成果。

本教材第1版至第3版由严家伋教授编著,分别于1979年、1986年、1996年出版。

本教材第4版由李立寒教授和张南鹭教授修订,于2004年出版。

本教材第5版由李立寒教授、张南鹭教授、孙大权教授和杨群教授修订,于

2010年出版。

本教材第6版由李立寒教授、孙大权教授、朱兴一教授和张南鹭教授修订，于2018年出版。

本教材第7版由孙大权教授、朱兴一教授、孙艳娜高工和李立寒教授修订，于2024年出版。

修订内容

第7版教材是在总结、吸收第6版教材使用期间相关意见建议的基础上，面向道路工程材料耐久、低碳、智能和可持续发展需要，依据现行相关技术规范，对一些基本概念予以重新表述、部分技术要求校核修订，并吸纳增补一些新材料。同时，重新编写了各章复习题、讨论题和推荐学习资料。

本书第四章、第五章和第六章由朱兴一修订，第七章和第九章由孙艳娜修订，第八章和第十章由李立寒修订，其余章节由孙大权修订，全书由孙大权、朱兴一统稿。具体修订内容如下：

绪论，增补了智能道路工程材料的介绍。

第一章，补充了常见岩石形貌特征、主要用途与主要分布。

第二章，修改了沥青的分类，更新了欧洲沥青技术要求，增补了生物沥青有关内容。

第三章，更新了再生沥青混合料的介绍，修订了环氧沥青混凝土混合料、浇注式沥青混凝土混合料的技术要求，增补了灌注式半柔性混合料的介绍。

第四章，修订了通用硅酸盐水泥的品种、代号、组分和指标要求，更新了道路硅酸盐水泥的技术标准，增加了地质聚合物有关内容。

第五章，修订了水泥的化学成分、物理性能物理性质等品质要求，增加了机场道面水泥混凝土和透水混凝土有关内容。

第六章，修订了水泥稳定级配碎石或稳定砾石的级配范围，增加了无机结合料稳定再生材料的有关内容。

第七章，修订了热轧钢、冷轧带肋钢筋的物理化学性质要求。

第八章，修订了聚合物水泥混凝土的定义。

第九章，修订了压碎值、棱角性、密度、吸水率和筛分试验的试验方法。

第十章，修订了针入度、软化点和延度试验的试验方法，增补了沥青混合料试件静压法成型试验方法。

第十一章，修订了筛析法试验中水筛的尺寸。

第十二章，修订了无机结合料稳定材料的击实试验中方孔筛的孔径，修订了抗压强度试验方法。

慕课资源

本课程开设 45 年来，课程名称未变，但是教学内容、方法和理念与时俱进。近年来，教学团队在继承严家伋教授、张南鹭教授和李立寒教授等前辈教学经验的基础上，坚持科研先导、科教融合的教学理念，持续开拓创新，建设线上线下混合式教学模式。形成了完整的讲课视频、虚拟实验、参考资料、作业题库、讨论题等线上课程资源，其成果详见 https：//www.xueyinonline.com/detail/236298217，可配套本教材作为教学参考。

致谢

自 1979 年到 2024 年，《道路工程材料》历经 7 次修编，走过 45 年的历程，一直得到全国兄弟院校师生和专家学者大力支持，在此表示衷心感谢！全书由长安大学申爱琴教授、华南理工大学张肖宁教授主审，感谢两位专家指导和帮助！同时，感谢人民交通出版社李瑞编辑及团队为本教材修订和顺利出版所付出的努力。

限于编著者的学识水平和实践经验，书中难免疏漏、错误之处，恳请批评指正。同济大学《道路工程材料》课程教学团队欢迎有关院校师生和读者多提宝贵意见(联系邮箱：sundaquan@sina.com)，以便及时修订完善。

孙大权
2024 年 2 月

目录

绪论 ·· 1

第一篇 基础理论

第一章 砂石材料 ·· 11
- 第一节 砂石材料的基础知识 ·· 11
- 第二节 集料 ··· 23
- 第三节 矿质混合料的组成设计 ·· 35
- 本章小结 ·· 51
- 练习题 ··· 52
- 思考题 ··· 53
- 推荐阅读文献 ··· 53

第二章 沥青材料 ·· 54
- 第一节 沥青基础知识 ··· 55
- 第二节 石油沥青的技术性质 ·· 66
- 第三节 改性沥青 ·· 93
- 第四节 乳化沥青 ·· 101
- 第五节 其他沥青材料 ··· 112
- 本章小结 ·· 124
- 练习题 ··· 125
- 思考题 ··· 126
- 推荐阅读文献 ··· 126

第三章 沥青混合料 ·· 127
- 第一节 沥青混合料的类型与组成结构 ··· 128

第二节	沥青混合料的技术性质	135
第三节	热拌沥青混合料的组成设计	147
第四节	Superpave 沥青混合料设计方法	169
第五节	骨架型沥青混合料的组成设计	184
第六节	其他类型的沥青混合料	198

本章小结 220
练习题 221
思考题 222
推荐阅读文献 223

第四章 水泥与石灰 224

第一节	通用硅酸盐水泥的组成材料与生产工艺	225
第二节	硅酸盐水泥的水化硬化过程	232
第三节	通用硅酸盐水泥的技术性质	236
第四节	道路水泥	241
第五节	特种水泥	243
第六节	石灰	251

本章小结 254
练习题 254
思考题 255
推荐阅读文献 255

第五章 水泥混凝土与砂浆 257

第一节	水泥混凝土的技术性质	258
第二节	普通水泥混凝土的组成设计	277
第三节	混凝土外加剂与掺和料	290
第四节	路面水泥混凝土的组成设计	300
第五节	再生混凝土	328
第六节	透水混凝土	332
第七节	砂浆	336

本章小结 342
练习题 343
思考题 344
推荐阅读文献 344

第六章 无机结合料稳定材料 345

第一节	无机结合料稳定材料分类和技术要求	346

第二节　水泥稳定材料 349
 第三节　石灰稳定材料 359
 第四节　综合稳定材料 363
 第五节　无机结合料稳定再生材料 369
 本章小结 371
 练习题 372
 思考题 372
 推荐阅读文献 373

第七章　建筑钢材 374
 第一节　建筑钢材的技术性质 374
 第二节　道路桥梁结构工程中常用建筑钢材的技术要求 377
 本章小结 386
 练习题 386
 思考题 386
 推荐阅读文献 386

第八章　工程聚合物 387
 第一节　聚合物的基本概念 387
 第二节　常用的工程聚合物材料 391
 第三节　高分子聚合物在道路工程中的应用 396
 本章小结 401
 练习题 401
 思考题 402
 推荐阅读文献 402

第二篇　试验方法

第九章　砂石材料试验 405
 第一节　砂石材料的力学试验 405
 第二节　集料的密度和空隙率试验 412
 第三节　集料的筛分试验 421

第十章　沥青与沥青混合料试验 426
 第一节　石油沥青的针入度、延度和软化点试验 426
 第二节　沥青混合料的拌制与试件成型 434
 第三节　沥青混合料试件物理力学指标的测定 441

第十一章	水泥与水泥混凝土试验	449
第一节	水泥性能试验	449
第二节	水泥胶砂强度试验（ISO 法）	457
第三节	新拌混凝土的施工和易性试验	459
第四节	普通水泥混凝土强度试验	462
第十二章	无机结合料稳定材料试验	467
第一节	无机结合料稳定材料击实试验	467
第二节	无机结合料稳定材料无侧限抗压强度试验	472

参考文献 ······ 475

绪论

东汉刘熙《释名》曰："道，蹈也。路，露也。人所践蹈而露见也。"意指道路由人践踏而成。道路伴随着人类活动而产生，随着科技进步而发展。在距今4000年新石器晚期，我国已经出现了供牛马驮运货物的驮运道。相传"黄帝作车，引重致远"，车行道应运而生。为提升道路使用性能，商朝已经开始夯土筑路，并采用石灰稳定土。《诗经·小雅·大东》："周道如砥，其直如矢"，表明周朝时道路建设水平得到快速发展。《资治通鉴·隋记》："发榆林北境至其牙，东达于蓟，长三千里，广百步，举国就役，开为御道，"足见其规模之大。清朝修建了长达约15万公里的"邮差道路"，在低洼地段，采用高路基的"叠道"，在软土地区用秫秸铺底筑路法，类似今天的土工织物。进入近现代，随着汽车的发明和应用，以碎石作为铺装材料的马克当路面逐步被沥青路面和水泥混凝土路面所代替。

回顾道路工程的发展史，其实是一部利用材料、制造材料和创造材料的历史，道路工程材料是道路工程科技进步的核心。道路工程材料作为道路、桥梁等交通基础设施建设和养护的物质基础，其性能和种类直接决定了道路工程的使用性能、服务寿命和结构形式。纵览新中国成立后我国公路路面发展历程，从低等级的砂石路面、渣油路面到沥青混凝土路面、水泥混凝土路面，道路建筑材料的进步与发展直接推动了公路路面性能的提升与路面结构形式的革新。随着道路交通事业的蓬勃发展以及交通量和车辆荷载与日俱增，对道路工程材料的使用性能提出了更高的要求。科学合理地选择、设计和应用道路工程材料成为保障和提高路桥工程使用质量,提高路桥工程建养技术水平的基础和关键。

一、道路工程材料的主要类型

1. 道路与桥梁工程结构对材料的要求

(1)道路工程结构用材料

路面暴露在自然环境中,行车荷载和自然因素对道路路面结构的作用程度随着距路表面深度的增加而逐渐减弱,对建筑材料的强度、承载能力和稳定性要求也随着该深度的增加而逐渐降低,因此,通常在路基顶面以上分别采用不同质量、不同规格的材料,将路面结构铺筑成功能层、基层(底基层)和面层的多层体系。

面层结构直接承受行车荷载作用,并受到自然环境中温度和湿度变化的直接影响。因此,用于面层结构的材料应有足够的强度、稳定性、耐久性和良好的表面特性。道路面层结构的常用材料主要有:沥青混合料、水泥混凝土、粒料和块料等。

基层位于面层之下,主要承受面层传递下来的车辆荷载的竖向应力,并将这种应力向下扩散到功能层和路基中,为此基层材料应有足够的强度、刚度及扩散应力的能力。环境因素对基层的作用虽然小于面层,但基层材料仍应具有足够的水稳定性和耐冲刷性,以保证面层结构的稳定。常用的基层材料有:结合料稳定类混合料、碎石或砾石混合料、天然砂砾、碾压混凝土和贫混凝土、沥青稳定集料等。

功能层是介于基层和路基之间的结构层次,主要作用是改善路基的湿度和温度状况,扩散由基层传来的荷载应力,以减少路基变形。通常在季节性冰冻地区或土基水温状况不良的路段中设置,以保证面层和基层的强度、稳定性及抗冻能力。对功能层材料的强度要求虽然不高,但其应具备足够的水稳定性。常用的功能层材料有:碎石或砾石混合料、结合料稳定类混合料等。

(2)桥梁工程结构用材料

桥梁的墩、桩结构应具有足够的强度、承载能力,以支撑桥梁上部结构及其传递的荷载,并具有良好的抗渗透性、抗冻性和抗腐蚀能力,以抵抗环境介质的侵蚀作用。桥梁的上部结构将直接承受车辆荷载、自然环境因素的作用,应具有足够的强度、抗冲击性、耐久性等。用于桥梁结构的主要材料有:钢材、水泥混凝土、钢筋混凝土、用于桥面铺装层的沥青混合料及各种防水材料等。

2. 道路工程材料的主要类型

常用道路工程材料可以归纳为以下几类:

(1)砂石材料

砂石材料包括人工开采的岩石或轧制的碎石、天然砂砾石及各种性能稳定的工业冶金矿渣(如煤渣、高炉渣和钢渣等),这类材料是路桥工程结构中使用量最大的。其中尺寸较大的块状石料经加工后,可以直接用于砌筑道路、桥梁工程结构及附属构造物;性能稳定的岩石集料可制成沥青混合料或水泥混凝土,用于铺筑沥青路面或水泥混凝土路面,也可直接用于铺筑道路基层、功能层或低等级道路面层;一些具有活性的矿质材料或工业废渣,如粒化高炉矿渣、粉煤灰等经加工后可作为水泥原料,也可以作为水泥混凝土和沥青混合料中的掺合料使用。

(2)结合料和聚合物

沥青、水泥和石灰等材料是道路工程中常用的结合料,它们的作用是将松散的集料颗粒胶结成具有一定强度和稳定性的整体材料。塑料(合成树脂)、橡胶和纤维等聚合物材料也可以作为结合料,除了可用作沥青及水泥混凝土路面的填缝料外,还可用于改善道路工程材料的技术性质,如配制改性沥青、制作聚合物水泥混凝土等。

(3)沥青混合料

沥青混合料是由沥青材料和矿质集料组成的复合材料,具有较高的强度、柔韧性和耐久性,用其铺筑的沥青路面连续、平整、具有弹性和柔韧性,适合于车辆高速行驶,适用于各类型、等级路面的面层及桥面铺装层。

(4)水泥混凝土与水泥砂浆

水泥混凝土是由水泥与矿质集料组成的复合材料,它具有较高的强度和刚度,能承受较繁重的车辆荷载作用,它在桥梁结构和道路结构中得到广泛应用。水泥砂浆主要由水泥和细集料组成,用于结构物的砌筑、抹灰、填缝以及结构物基础的垫层中。

(5)无机结合料稳定类混合料

无机结合料稳定类混合料是以石灰(粉煤灰)、水泥或土壤固化剂作为稳定材料,将松散的土、碎砾石集料稳定、固化形成的复合材料,具有一定的强度、板体性和扩散应力的能力,但耐磨性和耐久性略差,通常用于道路路面基层结构或面层结构。

(6)其他道路工程材料

在道路或桥梁工程结构中,其他常用材料包括钢材、沥青填缝料和聚合物填缝料、沥青基填缝料和聚合物填缝料。钢材主要应用于桥梁结构及钢筋混凝土结构中;填缝料则主要应用于水泥混凝土路面接缝构造中。

二、道路工程材料的研究内容

1. 道路工程材料的基本组成与结构

材料的矿物组成或化学成分及其组成结构决定了材料的基本特性,如石料的矿物组成、水泥的矿物组成、沥青的化学组分等,对这些材料的技术性质有着显著的影响。在各类混合料中,组成材料的质量与相对比例确定了材料的组成结构状态,这种组成结构状态直接影响着混合料的物理力学性能,如沥青混合料的组成结构对其强度、稳定性和耐久性有着显著影响。

充分地认识和了解材料的基本组成结构及它与材料技术性质的关系,是合理地选择材料、正确地使用材料、改善材料性能、研发新材料的基础。

2. 道路工程材料的基本技术性质

材料的基本技术性质包括物理性质、力学性质、耐久性和工艺性等,只有全面地掌握这些材料性能的主要影响因素、变化规律,正确评价材料性能,才能合理地选择和使用材料,这也是保证工程中所用材料的综合力学强度和稳定性,满足设计、施工和使用要求的关键所在。

(1)基本物理性质

衡量道路工程材料基本物理性质的常用指标有物理常数(密度、孔隙率、空隙率)和吸水率等。材料的物理常数可用于混合料配合比设计、材料体积与质量之间的换算等。材料的物理常数取决于材料的基本组成及其构造,既与材料的吸水性、抗冻性及抗渗性有关,也与材料的力学性质及耐久性之间有着显著的关系。

（2）基本力学性质

在行车荷载作用下，材料将承受较大的竖向力、水平力、冲击力以及车轮的磨损作用，所以道路工程材料应具备足够的强度、刚度、抗变形、抗冲击能力和柔韧性等力学性质，材料的各项力学性能指标也是选择材料、进行组成设计和结构分析的重要参数。

（3）耐久性

裸露于自然环境中的道路或桥梁工程结构物，将受到各种自然因素的侵蚀作用，如温度变化、冻融循环、氧化作用、酸碱腐蚀等。为此，应根据材料所处的结构部位及环境条件，综合考虑引起材料性质衰变的外界条件和材料自身的内在原因，从而全面了解材料抵抗破坏的能力，保证材料的使用性能。

（4）工艺性

工艺性是指材料按一定工艺要求加工的性能。能否在现行的施工条件下，通过必要操作工序，使所选择材料或混合料的技术性质达到预期的目标，并满足使用要求，也是选择材料和确定设计参数时必须考虑的重要因素。

3.混合料的组成设计方法

混合料的组成设计包括选择原材料并确定原材料用量比例。首先应根据工程要求、使用条件、当地材料供应情况、材料的质量规格和技术要求，选择并确定混合料中各种组成材料品种。然后根据工程的结构特征与技术要求，确定各种材料在混合料中的比例。最后通过组成设计，从质量与数量两个方面保证混合料具备工程设计所要求的体积特征、力学性质和稳定性，从而满足结构的使用要求。

三、道路工程材料的性能检测与技术标准

1.材料的性能检测

道路工程材料的基本技术性质需要通过适当的检测手段来确定，材料性能的检测方法应能够反映实际结构中材料的受力状态，所得到的试验数据和技术参数应能够表达材料的技术特性，并具有重复性与可比性。为此，材料性质检测应按照现行技术标准中规定的标准程序进行，以保证试验结果的科学性、公正性和权威性。

根据工程重要性与材料试验规模，材料的检测分为：实验室原材料与混合料的性能检测；实验室模拟结构物的性能检测；现场足尺寸结构物的性能检测。

2.技术标准

材料的技术标准是有关部门根据材料自身固有特性，结合研究条件和工程特点，对材料的规格、质量标准、技术指标及相关的试验方法所做出的详尽而明确的规定。科研、生产、设计与施工单位，应以这些标准为依据进行道路材料的性能评价、生产、设计和施工。

目前，我国的建筑材料标准由国家标准、行业标准、地方标准、团体标准和企业标准组成。国家标准分为强制性标准、推荐性标准。强制性国家标准由国务院批准发布或者授权批准发布，代号"GB"。推荐性国家标准由国务院标准化行政主管部门制定，代号"GB/T"。行业标准由国务院有关行政主管部门制定，报国务院标准化行政主管部门备案。地方标准由省、自治区、直辖市人民政府标准化行政主管部门制定。团体标准由具有法人资格和相应专业技术能

力的学会、协会、商会、联合会、产业技术联盟等社会团体协调相关市场主体共同制定。企业标准可由企业自行制定,或者与其他企业联合制定。推荐性国家标准、行业标准、地方标准、团体标准、企业标准的技术要求不得低于强制性国家标准的相关技术要求。

国际上较有影响的技术标准有:国际标准(ISO)、美国材料试验学会标准(ASTM)、日本工业标准(JIS)和英国标准(BS)等。

随着材料测试手段的多样和测试设备功能的提高、基础理论研究与实验工作的不断深入,工程实践与应用技术的成熟,对各种道路工程材料的认识将不断完善,有关技术标准中的具体条款和技术参数将会被不断地修订和补充。

四、道路工程材料的发展趋势

随着社会经济的不断发展和道路工程不断进步,对道路的服务性能和使用寿命提出了更高、更多、更新的要求,高性能、多功能、可持续、智能化成为道路工程材料的未来发展趋势。

1. 高性能

高性能道路工程材料是通过材料研发、组成优化、生产工艺革新等方法制备的高强度、多功能、耐老化、长寿命的材料,以满足重载交通、极端气候环境、特殊铺装条件等工程需要。当前,具有代表性的高性能道路工程材料主要有:超高性能混凝土、灌注式半柔性混合料、环氧沥青混凝土、高模量沥青混凝土等。

(1)超高性能混凝土是指一种具有高强度、高韧性、高耐久的水泥混凝土材料,其抗压强度可达150MPa以上,抗折强度高于10MPa,远超传统混凝土材料。超高性能混凝土可用于超高层建筑、大型桥梁、长大隧道等结构物以及大跨径钢桥面铺装,以提高结构安全和使用寿命。

(2)灌注式半柔性混合料是在多孔沥青混合料中灌注水泥浆料而形成的一种"刚柔相济"复合材料。灌注式半柔性路面兼具沥青路面平整、抗滑、无接缝等优点以及水泥混凝土路面承载能力高、耐久性强等优点,尤其适用于停车场、平交路口、机场跑道和机坪等重载重交通道路。

(3)环氧沥青混凝土是采用环氧沥青为结合料制备而成。环氧沥青由组分A(环氧树脂)和组分B(含有固化剂的环氧沥青)组成,可将沥青由热塑性材料转变为热固性材料。环氧沥青混凝土具有高强度、耐高温、抗疲劳、抗老化等优异路用性能,主要用于大跨径钢桥面铺装。

(4)高模量沥青混凝土是通过提高沥青劲度或掺入添加剂等方法提高抗变形能力的沥青混凝土。高模量沥青混凝土可增强沥青路面抗车辙、耐疲劳性能,同时减少路面结构层厚度以降低建设成本。

2. 多功能

多功能道路工程材料是在满足路用性能的基础上,通过材料创新或材料组成、结构优化,而形成的具有特殊声学、光学、热学等功能的材料。当前,代表性的多功能道路工程材料主要有:透水降噪沥青混合料、自净化路面材料、自降温路面材料等。

(1)透水降噪沥青混合料是一种孔隙率很大(18%~23%)的骨架-悬浮结构多孔材料。丰富连通的孔隙率赋予这种材料透水能力,极大地减少了雨天地表径流,提高了路表抗滑安全性;同时也使其具有吸声能力,可主动降低路面-轮胎接触噪声。

(2)自净化路面材料主要基于光催化原理,通过在材料中掺加二氧化钛、氧化锌等材料实现对汽车尾气中 CO、HC 和 NO_x 等有害气体的氧化降解。

(3)自降温路面材料主要采用热反射涂层或者掺入相变材料,实现道路表面温度调节控制。自降温路面材料可抑制夏季高温所引发的路面病害,同时有效缓解城市热岛效应。

3. 可持续

当前,资源加速消耗和环境持续恶化是全球面临的问题,可持续发展成为国际社会的广泛共识。可持续道路工程材料是通过采用可再生材料、废旧材料或创新生产工艺等制备的绿色、低碳、环保材料。当前,具有代表性的可持续道路工程材料有:建筑垃圾、工业废渣、废旧轮胎、废弃生物质油等废旧原材料,温拌沥青混合料,再生沥青混合料等。

(1)建筑垃圾、工业废渣等经过分拣、破碎、筛分,可作为再生集料用于道路工程建设。废旧轮胎经过磨细后可作为沥青改性剂,既可增强沥青性能,又可缓解"黑色污染"。废弃生物质油等生物质快速热裂解制备提炼的生物质重油,再经调和、改性等工艺可制备与石油沥青性能基本相同的生物沥青,用于替代或部分替代不可再生的石油沥青。

(2)温拌沥青混合料是在基本不改变沥青混合料配合比和施工工艺的前提下,通过技术手段,使沥青混合料的拌和温度降低 30~40℃ 以上,性能达到热拌沥青混合料水平的新型沥青混合料。拌和温度的降低既节约了能源,又降低了污染。

(3)再生沥青混合料是指将旧沥青路面经过翻挖、回收、破碎、筛分后,与再生剂、新沥青材料、新集料等按一定比例重新拌和成的混合料。沥青路面再生方式分为厂拌热再生、就地热再生、厂拌冷再生、就地冷再生和全深式冷再生 5 种。再生沥青混合料实现了废旧沥青混合料的资源化利用,降低了石料、沥青等不可再生资源的消耗。

4. 智能化

智能道路工程材料是采用先进的感知通信、数据网络和材料结构系统设计,旨在服务未来智慧交通的道路工程材料。智能道路工程材料的应用范围广泛,涵盖多种先进技术,主要包括:自供能、自感知、自修复材料等。

(1)自供能是指能够从周围环境中收集能量,如力、光、热、振动等,以供其自身或者道路交通系统工作。以压电路面、光伏路面为代表的自供能铺装已有应用。

(2)自感知路面技术是智能道路基础设施研究方向的基础和前沿,需要通过特定的感知通信、数据网络和材料结构系统设计,实现具有主动感知、自动辨析、自主适应调节、持续供能及动态指示等道路基础设施智能服务能力。常用的自感知技术有基于图像分析和激光位移的路面外部评估技术,以及基于智能路面传感器的原位路面感知技术。

(3)自修复路面材料是具有损伤自愈合、老化自再生的仿生材料。目前主要采用加热技术和微胶囊技术来提高沥青混合料的损伤自愈合能力。加热技术可促进沥青分子扩散速率与范围,进而实现沥青混合料损伤快速修复。通常可在沥青混合料中掺入钢纤维、钢渣、铁氧体等材料,以提升电磁感应、微波辐射作用下沥青混合料升温效率。微胶囊是采用成膜材料将可促进裂缝愈合的黏合剂包裹形成微小颗粒。沥青混合料产生裂缝后会引发微胶囊囊壁破裂、释放黏合剂进而快速封闭裂缝。近年来,为实现微胶囊多次、定量、主动释放芯材的功能,具有磁响应控制释放能力的微胶囊成为研究热点。

2011 年,欧洲提出了永久开放道路(Forever Open Road)的概念,认为面向未来的下一代道路应该具有"自供能、自感知、自诊断、自修复"的功能,同时强调了材料再生利用和可持续发展。2020年,我国交通运输部印发《关于推动交通运输领域新型基础设施建设的指导意见》,提出以数字化、网络化、智能化为主线,推动交通基础设施数字转型、智能升级。智能化将成为未来道路工程材料的重要特征和发展方向,也是建设便捷顺畅、经济高效、绿色集约、智能先进、安全可靠的交通运输领域新型基础设施的必然要求。

PART1 | 第一篇

基础理论

第一章
砂石材料

【内容提要】

本章介绍砂石材料的岩石学特征和集料分类的基础知识，重点阐述道路工程用岩石与集料的物理性质、力学性能和耐久性及其评价方法和评价指标，集料级配组成的表示方法、研究意义及分析理论，给出矿质混合料的配合比设计方法。

砂石材料泛指土木建筑工程中常用的石料制品、砂、砾石、碎石等，是道路与桥梁工程中使用量最大的材料。由天然岩石加工制成的各类块石、条石等石料制品，是一类坚固耐用的建筑材料，自古以来就广泛应用于各类土木建筑工程中，曾经是建造房屋、铺筑道路、修筑桥梁堤坝的重要材料。近几十年来，随着沥青混合料和水泥混凝土生产技术的飞速发展，由集料及结合料（沥青或水泥）制成的沥青混合料或水泥混凝土成为土建工程中的主要材料。正确地认识、合理地选择和科学地使用砂石材料，对于保证工程质量、降低生产成本有着重要的意义。

第一节　砂石材料的基础知识

砂石材料的岩石学特征、岩石的物理力学性能是选用质量符合工程要求的砂石材料的依据。

一、砂石材料的岩石学特征

不同造岩矿物和成岩条件使得各类岩石具有不同的结构和构造特征。砂石材料的物理力学性能在很大程度上取决于天然岩石的矿物成分以及这些矿物在岩石中的结构与构造。在工程实践中，为了更好地使用天然砂石材料，需要了解和掌握有关砂石材料岩石学特征的基本知识。

1. 造岩矿物

岩石(Rock)是组成地壳的基本物质，是由造岩矿物在地质作用下按一定的规律聚集而成的自然体。造岩矿物是具有一定化学成分和结构特征的天然化合物或单质，简称矿物。主要的造岩矿物有：石英、长石、云母、角闪石、方解石、白云石、黄铁矿、石膏、菱镁矿、磁铁矿和赤铁矿等。岩石可由单种矿物组成，例如纯质的大理石是由方解石组成的。而大多数岩石则是由两种以上的矿物组成，例如花岗岩的主要矿物为石英、长石和云母等。

各种矿物由于化学成分和结构特征不同，具有各不相同的特性。

石英为结晶的二氧化硅，常见的颜色有白色、乳白色和浅灰色，是最坚硬稳定的矿物之一。

长石为结晶的铝硅酸盐类，颜色为白色、浅灰色、桃红色、红色、青色和暗灰色，其强度和稳定性较石英低，且易风化成高岭土。

云母为结晶的、片状的含水铝硅酸盐，呈无色透明至黑色。白云母的耐久性较黑云母好。云母易于分裂成薄片，当岩石中含有大量云母时，会降低岩石的耐久性和强度。

角闪石、辉石、橄榄石均为结晶的铁、镁硅酸盐，颜色为暗绿、棕色或黑色，又称为暗色矿物。这几种造岩矿物强度高、坚固、耐久、韧性大。

方解石为结晶碳酸钙，呈白色，强度中等，易被酸类物质分解，微溶于水，易溶于含二氧化碳的水。

白云石是结晶碳酸钙镁复盐，呈白色或黑色，物理性质与方解石相近，强度略高。

黄铁矿是结晶的二硫化铁，呈金黄色，遇水及氧化作用后生成游离的硫酸，污染并破坏岩石，在结构工程中属于有害杂质。

由于各种矿物具有确定的化学组成及特有的结构构造，对岩石的物理力学特性有着不同的影响。如石英与长石是比较坚硬的矿物，抗磨光性能好，含石英或长石的花岗岩和砂岩具有优良的抗磨光性能，而方解石、白云石等软质矿物含量较高的石灰岩则很容易被磨光。

2. 岩石的分类

岩石的性能除取决于岩石所含矿物成分外，还取决于成岩条件。按岩石的形成条件可将岩石分为岩浆岩、沉积岩、变质岩三大类，它们具有显著不同的矿物结构与构造。

(1) 岩浆岩

岩浆岩是由岩浆冷凝而形成的岩石。根据冷却条件不同又分为深成岩、喷出岩及火山岩三类。

深成岩是岩浆在地表深处，受上部覆盖层的压力作用，缓慢冷却而成的岩石。深成岩大多形成粗颗粒的结晶和块状构造，构造致密。在近地表处，由于冷却较快，晶粒较细。深成岩的共同特性是：密度大，抗压强度高，吸水性小，抗冻性好。工程上常用的深成岩有花岗岩、正长岩、辉长岩等。

喷出岩是当岩浆喷出地表时，在压力急剧降低和迅速冷却的条件下形成的岩石，多呈隐晶质或玻璃质结构。当喷出岩形成较厚的岩层时，其矿物结构与构造接近深成岩。当形成较薄的岩层时,常呈多孔构造,接近火山岩。工程上常用的喷出岩有玄武岩、安山岩、辉绿岩等。

火山岩是在火山爆发时,岩浆被喷到空中急速冷却后形成的岩石,为玻璃体结构且呈多孔构造。如火山灰、火山砂、浮岩等。火山灰、火山砂可作为混合材料,浮岩可作轻混凝土集料。火山灰、火山砂经覆盖层压力作用胶结而成的岩石,称为火山凝灰岩。火山凝灰岩多孔、质轻、易于加工,可作保温建筑材料,磨细后可作为水泥的混合材料。

(2) 沉积岩

沉积岩是由母岩(岩浆岩、变质岩和早已形成的沉积岩)在地表经风化剥蚀而产生的物质,经过搬运、沉积和硬结成岩作用而形成的岩石,又称水成岩。沉积岩由颗粒物质和胶结物质组成。颗粒物质是指不同形状及大小的岩屑及某些矿物,胶结物质的主要成分为碳酸钙、氧化硅、氧化铁及黏土质等。沉积岩的物理性质和力学性能不仅与矿物和岩屑的成分有关,而且与胶结物质的性能有很大的关系,以碳酸钙、氧化硅质胶结的沉积岩强度较大,而以黏土质胶结的沉积岩强度较小。

与岩浆岩相比,沉积岩的成岩过程压力不大,温度不高,大都呈层理构造;而且各层的成分、结构、颜色、厚度都有差异,这就使得沉积岩沿不同方向表现出不同的力学性能。与深成岩相比,沉积岩的密度小,孔隙率和吸水率大,强度较低,耐久性略差。常见沉积岩有石灰岩、页岩、砂岩、砾岩、石膏、白垩、硅藻土等,散粒状的有黏土、砂、卵石等。

(3) 变质岩

变质岩是原生的岩浆岩或沉积岩经过地质上的变质作用而形成的岩石。变质作用是指在地壳内部高温、高压、赤热气体和渗入岩石中水溶液的综合作用下,岩石矿物重新再结晶,有时还可能生成新矿物,使原生岩石的矿物成分和构造发生显著变化而成为一种新的岩石。变质岩在矿物成分与结构构造上既有变质过程中所产生的特征,也会残留部分原岩的某些特点。因此,变质岩的物理性质和力学性能不仅与原岩的性质有关,而且与变质作用条件及变质程度有关。

在变质过程中受到高压和重结晶的作用,由沉积岩得到的变质岩更为紧密,如由石灰岩或白云岩变质而成的大理石岩,由砂岩变质而成的石英岩,它们均较原来的岩石坚固耐久。而原为深成岩的岩石,经过变质作用后,常因产生了片状构造,使岩石的性能变差,如由花岗岩变质而成的片麻岩,较原花岗岩易于分层剥落,耐久性降低。

将上述三大类岩石的主要区别汇总于表1-1。

三大类岩石的主要区别 表1-1

岩石类别	岩浆岩	沉积岩	变质岩
矿物成分及其特征	组成岩浆岩的矿物以硅酸盐矿物为主,其中最多的是长石、石英、黑云母、角闪石、辉石和橄榄石等。其中以二氧化硅和钾、钠的铝硅酸盐类为主的矿物(硅铝矿物)颜色浅,称为浅色矿物,如石英、长石等;以含铁、镁为主的硅酸盐矿物(铁镁矿物)颜色较深,称为暗色矿物,如云母、角闪石、辉石和橄榄石等	组成沉积岩的矿物成分有160余种,但比较重要的仅有20余种,如石英、长石、云母、黏土矿物、碳酸盐矿物、卤化物及含水氧化铁、锰、铝矿物等。 在一般沉积岩中,矿物成分不过1～3种,很少超过5～6种	组成变质岩的矿物成分按其成因分为: ①新生矿物(变晶矿物):在变质作用过程中新生成的矿物,如黏土岩经过变质后生成的红柱石; ②原生矿物:在变质过程中保留下来的原岩中的稳定矿物,如云英岩中的部分石英就是花岗岩在云英岩化过程中保留下来的原生矿物; ③残余矿物:在变质过程中残留下来的原岩中的不稳定矿物,如花岗岩在云英岩化过程中残留有不稳定长石

续上表

岩石类别	岩浆岩	沉积岩	变质岩
结构和构造	①具粒状、玻璃、斑状结构,气孔、杏仁、块状等构造;②除喷出岩外,没有层状、片状等构造	①结构复杂,因形成环境而异;②具有层理,在层面上有波痕	①具有片理;②板状、片状、片麻状构造,结晶质结构;③砾石及晶体因受力可能变形

3. 常用岩石

(1) 花岗岩

花岗岩是岩浆岩中分布最广的一种岩石,其主要矿物成分为石英、长石及少量暗色矿物和云母。花岗岩的颜色由造岩矿物决定,通常有深青色、浅灰色、黄色、紫红色等颜色。优质花岗岩晶粒细,构造密实,没有风化迹象。花岗岩的表观密度大($1.5 \sim 2.8 g/cm^3$),抗压强度高($120 \sim 250 MPa$),孔隙率小,吸水率低,耐磨性好,耐久性强。

(2) 玄武岩

玄武岩属于喷出岩,主要造岩矿物是暗色矿物,属玻璃质或隐晶质斑状结构,气孔状或杏仁状构造。玄武岩的抗压强度随其结构和构造的不同而变化较大($100 \sim 500 MPa$),表观密度为 $2.9 \sim 3.5 g/cm^3$,硬度高,脆性大,耐久性好。

(3) 辉长岩

辉长岩的主要矿物为斜长石、辉石及少量橄榄石,为等粒结晶质结构和块状构造,常呈黑绿色。辉长岩的表观密度大($2.9 \sim 3.3 g/cm^3$),抗压强度高($200 \sim 350 MPa$),韧性及抗风化性好,易于琢磨抛光,既可用作承重材料,也可用作饰面材料。

(4) 石灰岩

石灰岩属于沉积岩,主要矿物组成为方解石,常含有少量黏土、白云石、氧化铁、氧化硅和碳酸镁及有机物质等。石灰岩的颜色随所含杂质而不同,含黏土或氧化铁等杂质的石灰岩呈灰色、浅黄色或浅红色,当有机质含量多时呈深灰或黑色。

石灰岩的构造有散粒、多孔和致密等。松散土状的石灰岩称作白垩,其组成几乎完全是碳酸钙,是制造玻璃、石灰、水泥的原料。多孔构造的如贝壳石灰岩,可作保温建筑的墙体。致密构造的为普通石灰岩,各种致密石灰岩表观密度为 $2.0 \sim 2.6 g/cm^3$,抗压强度为 $20 \sim 120 MPa$,质地细密、坚硬、抗风化能力较强。硅质石灰岩强度高、硬度大、耐久性好。当黏土等杂质的含量超过3%时,石灰岩的抗冻性和耐水性显著降低。当石灰岩中杂质含量高时,则成为其他岩石,如当黏土含量为 $25\% \sim 60\%$ 时称为泥灰岩,当碳酸镁含量为 $40\% \sim 60\%$ 时称为白云岩。

石灰岩分布极广,开采加工容易,常作为地方材料,广泛用于基础、墙体、桥墩、台阶及一般砌石工程。石灰岩加工成碎石,可用作水泥混凝土、沥青混合料用集料和道路基层用集料。由于方解石易被溶解侵蚀,石灰岩不能用于酸性或含游离二氧化碳较多的水中。

(5) 砂岩

砂岩属于沉积岩,为碎屑结构,层状构造,主要矿物为石英、少量长石、方解石、白云石及云母等。根据胶结物的不同,砂岩可分为由氧化硅胶结而成的硅质砂岩,常呈淡灰色;由碳酸钙胶结而成的钙质砂岩,呈白色或灰色;由氧化铁胶结而成的铁质砂岩,常呈红色;由黏土胶结而成的黏土质砂岩,呈灰黄色。根据其砂粒的大小,可分为粗砂岩(粒径 $>0.5mm$)、中砂岩($0.25 \sim 0.5mm$)和细砂岩($0.05 \sim 0.25mm$)。

由于砂岩的胶结物和构造的不同,其性能波动很大,即使是同一产地的砂岩,性能也有很大差异。砂岩的抗压强度为 5~200MPa,表观密度为 1.5~2.2g/cm³。

砂岩的性能与其中的胶结物种类及胶结的密实程度有关。硅质砂岩密实,坚硬耐久,耐酸,性能接近于花岗岩。钙质砂岩有一定的强度,容易加工,是砂岩中最常用的一种砂岩,但质地较软,不耐酸。铁质砂岩的性能稍差,其中密实铁质砂岩仍可用于一般建筑工程。黏土质砂岩的性能较差,易风化,长期受水作用会软化,甚至松散,在建筑工程中一般不用。

(6) 石英岩

石英岩由硅质砂岩变质而成,结构均匀致密,矿物成分主要是结晶氧化硅。在几种主要岩石中,石英岩的强度较高(250~400MPa),十分耐久,但由于硬度较大,加工困难。

(7) 片麻岩

片麻岩是由花岗岩变质而成的,其矿物成分与花岗岩类似。片麻岩结晶大多是等粒或斑状的,外观美观,因呈片状构造,各向性质不同,垂直于片理方向的抗压强度大(120~250MPa)。沿片麻岩的片理易于开采加工,但在冻融循环作用下,易成层剥落。通常制成碎石、片石及料石等,用于地方性的一般建筑工程。

将以上七种常见岩石的主要用途、主要分布以及图片示例汇总于表 1-2 中。

常见岩石主要用途与主要分布 表 1-2

岩石类型	图示	主要用途	主要分布
花岗岩		可做高级建材,用于石雕	我国分布很广,主要为华北、华南、东北和东南沿海等地
玄武岩		常用作建材、铸石、观赏石	在秦岭、祁连山脉较多,云南、贵州、四川三省有著名的峨眉山玄武岩
辉长岩		用于承重材料、饰面材料等,也可用于提炼铁、钛、铜、镍、磷等	广泛存在,出现在各种地质环境中,包括洋壳、层状侵入体、大陆地壳、山带和岛弧
石灰岩		可做观赏石、石材、水泥原料、冶金添加剂等	华南分布广泛,华北、西北地区也有发育
砂岩		可做建材、工艺品、观赏石	我国分布广,主要集中在四川、云南和山东三省,同时河北、河南、山西、陕西等省也有

续上表

岩石类型	图示	主要用途	主要分布
石英岩		可用作道路建材和铁路道砟,也可用于制造屋面瓦、地板、玻璃、陶瓷等	多分布于青海、安徽、辽宁、陕西等地
片麻岩		适用于用作建筑和饰面材料、观赏石等	在前寒武纪结晶基底和显生宙的造山带中均有大量分布,如在我国的华北陆台等地

4. 岩石矿物的主要化学组成

通常,岩石矿物的化学组成根据氧化物给出(表1-3),主要化学成分为氧化硅、氧化钙、氧化铁、氧化铝、氧化镁,以及少量的氧化锰、三氧化硫等。

三种岩石的化学成分含量(%)　　　　表1-3

岩石名称	氧化硅 SiO_2	氧化钙 CaO	氧化铁 Fe_2O_3	氧化铝 Al_2O_3	氧化镁 MgO	氧化锰 MnO	三氧化硫 SO_3	磷酸酐 P_2O_5
石灰岩	1.01	56.27	0.27	0.27	0.057	0.0065	0.009	痕量
花岗岩	69.62	1.81	2.60	15.69	0.022	0.022	0.14	0.02
石英岩	98.25	0.21	1.23	0.09	痕量	0.006	0.21	0

在大多数情况下,这些氧化物的化学稳定性较好,就岩石自身来说,它是一种惰性材料。然而,在特殊条件下,岩石中的一些化学成分会对沥青混合料或水泥混凝土的性能产生影响。

大部分硅质岩石,如花岗岩、石英岩等,在水中带有负电荷,亲水性较强。而石灰岩类中的氧化硅(SiO_2)含量较低,在水中带有正电荷,亲水性较弱。不同岩石的氧化硅含量与亲水系数见表1-4。

不同岩石的氧化硅含量与亲水系数　　　　表1-4

岩石名称	氧化硅含量范围(%)	亲水系数	岩石名称	氧化硅含量范围(%)	亲水系数
石英岩	80~100	1.06	石灰岩	0~50	0.79
花岗岩	64~80	0.98	—		

在道路工程中,依据岩石中的氧化硅(SiO_2)含量将岩石集料划分为碱性集料(钙质)、中性集料和酸性集料(硅质),所对应的 SiO_2 含量依次为小于52%、52%~65%和大于65%。

在沥青路面工程中,岩石以集料的形式应用于沥青混合料中,由于集料对水的亲和力大于对沥青的亲和力,水可能将集料上的沥青膜剥落,导致沥青混合料强度降低。一般来讲,集料的亲水性(亲水系数)越大,水对沥青混合料性能的不利影响就越大。在水泥混凝土路面工程中,一些含有活性二氧化硅(SiO_2)或活性碳酸盐等碱活性矿物的集料,会与水泥、外加剂等混凝土的组成物质以及环境中的碱,在潮湿环境下缓慢地发生膨胀反应,称为"碱-集料反应",

该类反应会导致混凝土结构的开裂破坏。

二、岩石的物理性质

1. 物理常数

岩石的物理常数是反映其矿物组成、结构状态和特征的参数。常用的岩石物理常数为密度和孔隙率，这些物理常数与岩石的物理性质和力学性质有着密切的关系，也是选用岩石的重要参数。

在成岩过程中，由于地质环境使岩石所受到的动力地质作用的程度不同，致使岩石含有不同的矿物成分以及不同风化程度的矿物。虽然这些岩石可由各种矿物形成不同排列方式的各种结构，但是从质量和体积的物理角度考虑，岩石的组成结构主要是由矿物实体和孔隙（包括与外界连通的开口孔隙和不与外界连通的内部闭口孔隙）组成，如图1-1所示。

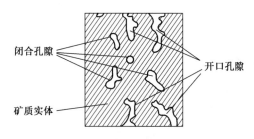

图1-1 岩石矿物实体和孔隙组成示意图

（1）密度（Density）

密度是指在规定条件下，岩石矿质实体单位体积的质量，根据体积定义的不同，岩石的密度可分为颗粒密度和块体密度。

①颗粒密度

颗粒密度是指岩石烘干状态下固体颗粒部分的质量与其体积的比值。岩石的颗粒密度是评价岩体稳定性、确定围岩压力等必需的参数。颗粒密度采用比重瓶法测量，按照式（1-1）计算。在测试时，需将具有代表性的岩石试样用手锤敲成约5mm的角砾，再放入粉碎机内粉碎成岩粉，并使岩粉全部通过0.25mm筛孔，用磁铁吸去岩粉中铁屑。

$$\rho_s = \frac{m_1}{m_1 + m_2 - m_3} \rho_{WT} \tag{1-1}$$

式中：ρ_s——岩石的颗粒密度，g/cm^3；

m_1——烘干岩粉质量，g；

m_2——比重瓶与试液的总质量，g；

m_3——比重瓶、试液与岩粉的总质量，g；

ρ_{WT}——与试验同温度的试液密度（g/cm^3）。蒸馏水的密度可通过查《公路工程岩石试验规程》（JTG 3431—2024）中表T0203-1获得，煤油的密度由试验测定。

颗粒密度试验应进行两次平行测定，并以两次试验结果的算术平均值作为测定值。两次试验结果之差大于0.02g/cm³时，应重新取样进行试验。

②块体密度

块体密度是岩石试件质量与岩石总体积的比值。岩石块体密度根据岩石含水状态可分为天然块体密度、饱和块体密度和烘干块体密度。岩石块体密度试验方法又可分为量积法、水中称量法和蜡封法。量积法适用于能制备成规则试件的各类岩石;水中称量法适用于除遇水崩解、溶解和干缩湿胀外的其他各类致密型岩石;蜡封法适用于不能用量积法或直接在水中称量进行试验的岩石。

量积法岩石块体密度按下列公式计算:

$$\left.\begin{aligned}\rho_0 &= \frac{m_0}{AH} \\ \rho_{sa} &= \frac{m_{sa}}{AH} \\ \rho_d &= \frac{m_d}{AH}\end{aligned}\right\} \quad (1\text{-}2)$$

式中:ρ_0——天然密度,g/cm^3;

ρ_{sa}——饱和密度,g/cm^3;

ρ_d——干密度,g/cm^3;

m_0——试件烘干前的质量,g;

m_{sa}——试件烘干前的质量,g;

m_d——试件烘干前的质量,g;

A——试件截面积,cm^2;

H——试件高度,cm。

水中称量法岩石块体密度按下列公式计算:

$$\left.\begin{aligned}\rho_0 &= \frac{m_0}{m_{sa} - m_w}\rho_w \\ \rho_{ss} &= \frac{m_{sa}}{m_{sa} - m_w}\rho_w \\ \rho_d &= \frac{m_d}{m_{sa} - m_w}\rho_w\end{aligned}\right\} \quad (1\text{-}3)$$

式中:m_w——试件强制饱和后在试验用水中的称量,g;

ρ_w——试验用水的密度,可取$1g/cm^3$。

蜡封法岩石块体密度按下列公式计算:

$$\left.\begin{aligned}\rho_0 &= \frac{m_0}{\dfrac{m_1 - m_2}{\rho_w} - \dfrac{m_1 - m_0}{\rho_N}} \\ \rho_d &= \frac{m_d}{\dfrac{m_1 - m_2}{\rho_w} - \dfrac{m_1 - m_d}{\rho_N}}\end{aligned}\right\} \quad (1\text{-}4)$$

式中:m_1——蜡封试件质量,g;

m_2——蜡封试件在试验用水中的质量,g;

ρ_N——石蜡的密度,g/cm^3。

岩石块体天然密度、饱和密度换算成岩石块体干密度时,应按下式计算:

$$\left.\begin{array}{l}\rho_\mathrm{d} = \dfrac{\rho_0}{1 + 0.01w_0} \\ \rho_\mathrm{d} = \dfrac{\rho_\mathrm{sa}}{1 + 0.01w_\mathrm{sa}}\rho_\mathrm{w}\end{array}\right\} \qquad (1\text{-}5)$$

式中：w_0——岩石天然含水率，%；

w_sa——岩石饱和含水率，%。

(2) 孔隙率

孔隙率是指岩石孔隙体积占岩石总体积（包括开口孔隙和闭口孔隙的体积）的百分率。岩石的孔隙率一般无法实测。可采用岩石的颗粒密度和块体密度计算其孔隙率，见式(1-6)。

$$n = \left(1 - \dfrac{\rho_\mathrm{h}}{\rho_\mathrm{t}}\right) \times 100 \qquad (1\text{-}6)$$

式中：n——岩石的孔隙率，%；

ρ_t——岩石的颗粒密度，g/cm³；

ρ_h——岩石的块体密度，g/cm³。

岩石的物理常数不仅能反映岩石的内部组成结构状态，而且能间接反映岩石的力学性质。相同矿物组成的岩石，孔隙率越低，其强度越大。岩石的技术性能不仅受孔隙总量的影响，还取决于孔隙的构造和尺寸。孔隙构造可分为连通的与封闭的两种，前者彼此贯通且与外界相通，而封闭孔隙相互独立且与外界隔绝。孔隙按尺寸大小可分为极细微孔隙、细小孔隙和较粗大孔隙。在孔隙率相同的条件下，连通且粗大孔隙对岩石性能的影响显著。

2. 含水率

含水率（Water Content）是指岩石在天然状态下的含水率，可以间接地反映岩石中孔隙的多少、岩石的致密程度等特性。通常，除软岩外，岩石的含水率一般较低，且不同含水率对岩石的力学性能影响也不是很大。而对于软岩，由于岩石矿物成分中大部分为黏土矿物，含水率对其力学性能有着很大的影响。通常采用烘干法测定各类岩石的含水率。

含水率的测定方法如下，首先将称量盒放入烘箱内烘干至恒量，称烘干后称量盒的质量 m_0，随后将制备好的试件放入已烘干的称量盒内，称烘干前的试件和称量盒的合质量 m_1。将称量盒连同试件置于烘箱内。对于不含结晶水的岩石，应在 105～110℃ 温度下烘至恒量，烘干时间宜为 24h；对于含有结晶水的岩石，宜在 60℃±5℃ 温度下烘 24～48h，或在常温下采用真空抽气的干燥方法。将称量盒从烘箱中取出，放入干燥器内冷却至室温，称烘干后的试件和称量盒的合质量 m_2。按式(1-7)计算岩石含水率：

$$w = \dfrac{m_1 - m_2}{m_2 - m_0} \times 100 \qquad (1\text{-}7)$$

式中：w——岩石含水率，%；

m——称量盒的干燥质量，g；

m_1——试件烘干前的质量与干燥称量盒的质量之和，g；

m_2——试件烘干后的质量与干燥称量盒的质量之和，g。

3. 吸水性

岩石吸入水分的能力称为吸水性，岩石的吸水性可以用吸水率与饱和吸水率来表征。

吸水率(Water Absorption)是岩石试样在常温、常压条件下最大的吸水质量占干燥试样质量的百分率。饱和吸水率(Saturated Water Absorption)是岩石在常温及真空抽气条件下,最大吸水质量占干燥试样质量的百分率。岩石的吸水率、饱和吸水率和饱水系数采用式(1-8)计算。

$$\left. \begin{array}{l} w_a = \dfrac{m_1 - m}{m} \times 100 \\[2mm] w_{sa} = \dfrac{m_2 - m}{m} \times 100 \\[2mm] K_w = \dfrac{w_a}{w_{sa}} \end{array} \right\} \quad (1\text{-}8)$$

岩石吸水性的大小与其孔隙率大小及孔隙构造特征有关。岩石内部独立且封闭的孔隙实际上是不能吸水的,只有那些开口且以毛细管连通的孔隙才吸水。孔隙构造相同的岩石,孔隙越大,吸水率越大。表观密度大的岩石,孔隙率小,吸水率也小,如花岗岩岩石的吸水率通常小于0.5%,而多孔贝类石灰岩岩石的吸水率可高达15%。表1-5给出了几种常用岩石的密度和吸水率的测试值。

常用岩石的密度和吸水率　　　　　　表1-5

岩石名称		密度(g/cm³)	吸水率(%)	岩石名称		密度(g/cm³)	吸水率(%)
岩浆岩	花岗岩	2.30~2.80	0.10~0.92	沉积岩	砂岩	2.20~2.71	0.20~12.19
	辉长岩	2.55~2.98	0.50~4.00		石灰岩	2.30~2.77	0.10~4.55
	辉绿岩	2.53~2.97	0.22~5.00	变质岩	片麻岩	2.30~3.05	0.10~3.15
	安山岩	2.30~2.70	0.29~1.13		石英岩	2.40~2.80	0.10~1.45
	玄武岩	2.50~3.10	0.30~2.69				

此外,岩石的吸水性能够有效地反映岩石裂隙的发育程度,可用来判断岩石的抗冻性和抗风化性能等。岩石的饱水系数是评价岩石抗冻性的一种指标。一般情况下,岩石的饱水系数为0.5~0.8。饱水系数越大,说明常压下吸水后留余的空间有限,岩石越容易被冻胀破坏。

三、岩石的抗压强度

岩石的抗压强度是反映岩石力学性能的重要指标之一,主要用于岩石的强度分级和岩性描述。

1. 抗压强度的测试方法

我国《公路工程岩石试验规程》(JTG 3431—2024)规定,采用饱水状态下的岩石立方体(或圆柱体)试件的单轴抗压强度来评定岩石的强度(包括卵石或碎石的原始岩石强度)。岩石单轴抗压试验的试件可用岩心或岩块加工制成。在采取、运输岩样或制备试件时应避免产生人为裂隙。对于各向异性的岩石,应按要求的方向制备试件;对于干缩湿胀和遇水崩解的岩石,应采用干法制备试件。试验时,采用圆柱体作为标准试件,直径为50mm+2mm,高度与直径之比值为2.0。砌体工程用的石料试验,采用立方体试件,边长取70mm±2mm。混凝土集料试验,采用圆柱体或立方体试件,边长或直径取50mm±2mm。试件的含水状态可根据需要选择烘干状态、天然状态、饱和状态、冻融循环后状态、干湿循环后状态。岩石的抗压强度按式(1-9)计算。

$$R = \frac{P}{A} \tag{1-9}$$

式中：R——岩石的抗压强度，MPa；
P——试验时岩石试件破坏时的极限荷载，N；
A——岩石试件的截面积，mm^2。

《公路工程岩石试验规程》(JTG 3431—2024)增添了岩石的三轴压缩强度试验，反映岩石试件在三向应力状态下受轴向压力作用破坏时单位面积所承受的荷载，可更全面地评定岩石强度。

2. 抗压强度的影响因素

岩石的抗压强度主要受到两方面因素的影响：一方面是岩石自身的矿物组成、结构构造、孔隙构造和含水状态等；另一方面是试验条件，如试件形状、大小、加工精度、加荷速率等。

矿物组成是影响岩石抗压强度的重要因素之一。通常，含如石英、长石、角闪石、辉石及橄榄石等较坚硬矿物较多时，岩石的强度就高；反之，含如云母、黏土矿物、滑石及绿泥石等软弱矿物较多时，岩石的强度就低。如石英岩、花岗岩、闪长岩等岩石的抗压强度一般为100～300MPa，最高可达350MPa；而页岩、黏土岩和千枚岩的抗压强度最高不超过100MPa。

岩石的结构构造对强度的影响，主要表现在矿物颗粒间的联结、颗粒大小与形状。结构疏松及孔隙率较大的岩石，其质点间的联系较弱，有效面积较小，故强度较低。

岩石的吸水性对其强度有着显著的影响，特别是当岩石的孔隙裂隙较大、含较多亲水矿物或较多可溶矿物时，这种影响更为明显。水对岩石强度的影响采用软化系数 K_p 表征，见式(1-10)，表1-6给出了常用岩石的软化系数。

$$K_p = \frac{R_w}{R_d} \tag{1-10}$$

式中：K_p——岩石的软化系数；
R_w——岩石在水饱和状态下的单轴抗压强度，MPa；
R_d——岩石在干燥状态下的单轴抗压强度，MPa。

常用岩石在吸水前后的软化系数　　表1-6

岩石名称		软化系数 K_p	岩石名称		软化系数 K_p
岩浆岩	花岗岩	0.72～0.97	沉积岩	砂岩	0.65～0.97
	辉绿岩	0.33～0.90		石灰岩	0.70～0.94
	安山岩	0.81～0.91	变质岩	片麻岩	0.75～0.97
	玄武岩	0.30～0.95		石英岩	0.94～0.96

试件的尺寸和形状对抗压强度试验结果也有显著影响。当试件尺寸较小时，由于高度小，承压板与试件端面之间的摩擦力较大，使得试件内应力分布极不均匀，进而导致试验结果的真实性受到影响。为了取得真实稳定的抗压强度测试值，应避免承压板邻近局部应力集中的影响。为此，试件尺寸(直径)应不小于10倍的岩石矿物及岩屑颗粒直径，且认为应不小于5cm。此外，为减少试件端面的摩擦造成的影响，试件上下端面应平整光滑，并与承压板严格平行，以保证受力均匀。

试验条件对岩石强度的影响表现在:圆柱体试件的强度一般大于棱柱体试件的强度,是由于后者棱角部分应力集中所致。随着试件尺寸和高径比的增大,岩石强度降低,是由于试件岩石内部所包含的裂隙、孔隙等缺陷增多及应力分布不均匀所致。此外,随着加载速率的增加,岩石强度增大。

根据《建设用卵石、碎石》(GB/T 14685—2022)的规定,在建筑工程(除水工建筑物外)水泥混凝土及其制品中,碎石所用母岩的岩石在水饱和状态下的抗压强度应满足:岩浆岩不小于80MPa,变质岩不小于60MPa,沉积岩不小于45MPa。

四、岩石的耐久性

岩石的耐久性是指岩石在特定环境条件下抵抗破坏和变化的能力。《公路工程岩石试验规程》(JTG 3431—2024)采用抗冻性试验评价岩石耐久性。

岩石的抗冻性试验是将试件在浸水条件下,经历规定次数的冻融循环后,测定试件的质量损失率以及单轴饱水抗压强度的变化。在不同的工程环境下,对岩石的抗冻性有着不同的要求。冻融循环次数规定,在严寒地区(最冷月的平均气温低于 -15℃)为 25 次,在寒冷地区(最冷月的平均气温低于 -15℃ ~ -5℃)为 15 次。

在抗冻性试验中,试件尺寸与抗压强度试件尺寸一致。首先,将试件在105℃±5℃的烘箱中烘24h,取出放入干燥器内冷却至室温并称重。然后,使试件吸水达到饱和状态,然后置于-20℃±2℃的冰箱中。冻结4h后取出试件,放入20℃±5℃的水中融解4h,如此反复冻融至规定次数为止。每隔一定的冻融循环次数后,详细检查试件表面有无剥落、裂缝、分层及掉角现象,并记录检查情况。最后将冻融试验后的试件再烘至恒重,称其质量,然后测定岩石的抗压强度。按式(1-11)和式(1-12)分别计算岩石的冻融系数和质量损失率。一般认为,冻融系数大于75%、质量损失率小于2%的岩石为抗冻性好的岩石。

$$K_f = \frac{R_2}{R_1} \times 100 \tag{1-11}$$

式中:K_f——岩石的冻融系数,%;

R_1——未经冻融试验的试件平均饱和单轴抗压强度,MPa;

R_2——经历规定的冻融循环次数后的试件平均饱和单轴抗压强度,MPa。

$$L = \frac{m_1 - m_2}{m_1} \times 100 \tag{1-12}$$

式中:L——冻融后的质量损失率,%;

m_1——冻融试验前烘干试件的质量,g;

m_2——经历若干次冻融循环作用后,烘干试件的质量,g。

当水在岩石的孔隙内结冰时岩石体积会膨胀。如果孔隙处于吸水饱和状态下,水的结冰会给孔隙壁以很大的内压力,严重时导致岩石的边角崩裂。岩石的抗冻性与其孔隙结构、矿物成分、吸水性密切相关。岩石中的大开口孔隙越多、亲水性和可溶性矿物含量越高时,岩石的抗冻性越差,反之亦然。一般认为,吸水率小于0.5%、饱水系数小于0.8、软化系数大于0.75的岩石具有较强的抗冻能力。

第二节 集 料

集料(Aggregate),是在混合料中起骨架和填充作用的粒料,包括碎石、砾石、砂、石屑等。

一、集料的来源与分类

集料可以按照采集来源分类,也可以按照集料颗粒尺寸分类。

1. 集料按来源分类

(1)天然集料

天然集料包括天然砂、卵石或砾石等。

天然砂(Natural Sand)是指由自然风化、水流冲刷、堆积形成的,粒径小于4.75mm的岩石颗粒,包括河砂、湖砂、山砂、淡化海砂,不包括软质、风化的岩石颗粒。

卵石(Pebble)和砾石(Gravel)是由自然风化崩解、水流搬运和分选、堆积形成的岩石颗粒。砾石的粒径在2~60mm,卵石的粒径大于4.75mm。砾石与卵石颗粒通常是光滑而无棱角的,可将其做进一步破碎加工后使用,如破碎砾石等。

(2)人工集料

人工集料是将岩石、卵石、矿山废石或工业废渣经破碎和筛分机械设备加工而成的具有棱角、表面粗糙的矿质颗粒,如碎石、破碎砾石、机制砂、石屑等。

碎石(Crushed Stone)或破碎砾石是指将天然岩石、卵石或矿山废石经机械破碎、筛分等机械加工而成的,粒径大于4.75mm的岩石颗粒。

人工砂(Manufactured Sand)经人为加工处理得到的符合规格要求的细集料,通常指石料加工过程中采取真空抽砂等方法除去大部分土和细粉,或将石屑水洗得到的洁净的细集料。从广义上分类,机制砂、矿渣砂和煅烧砂都属于人工砂。

机制砂(Crushed Sand)由碎石及砾石经制砂机反复破碎加工至粒径小于4.75mm的人工砂。

石屑(Chips)是指采石场加工碎石时通过最小筛孔(通常为2.36mm或4.75mm)的筛下部分,也称筛屑。

人工集料的生产工艺主要包括对岩石或卵石或矿山废石进行破碎、筛分等工序。目前的破碎方法主要有挤压、冲击、研磨和劈裂。通常的做法是,首先将开采得到的岩石送入颚式碎石机进行粗破,然后进入反击破碎机(或圆锥破碎机)进行中破,并将部分符合粒度要求的碎石从振动筛中分离出来后,再将较大的碎石再经过反击破碎机(或圆锥破碎机)作最终破碎。合格的产品再经筛分,并按不同粒径规格分类。

2. 集料按颗粒尺寸分类

集料颗粒的尺寸用粒径表示(亦称为粒度)。按照集料颗粒的尺寸分类,工程中所用集料可以分为粗集料(Coarse Aggregate)和细集料(Fine Aggregate),对于不同类型的混合料,划分粗、细集料的粒径尺寸是不同的。

按照《公路工程集料试验规程》(JTG 3432—2024)规定,在沥青混合料中,粗集料是指粒径大于2.36mm的碎石、破碎砾石、筛选砾石和矿渣等,细集料是指粒径小于2.36mm的人工砂(机制砂)、天然砂和石屑等。在水泥混凝土、粒料、无机稳定类材料中,粗集料是指粒径大于4.75mm的碎石、砾石和破碎砾石,细集料是指粒径小于4.75mm的天然砂、人工砂。

二、集料的物理性质

1. 密度

集料是在混合料中起骨架和填充作用的粒料,其体积组成除了包括矿物及矿物间孔隙外,还包括矿质颗粒之间的空间,称为空隙。如图1-2所示为集料体积与质量关系的示意图。

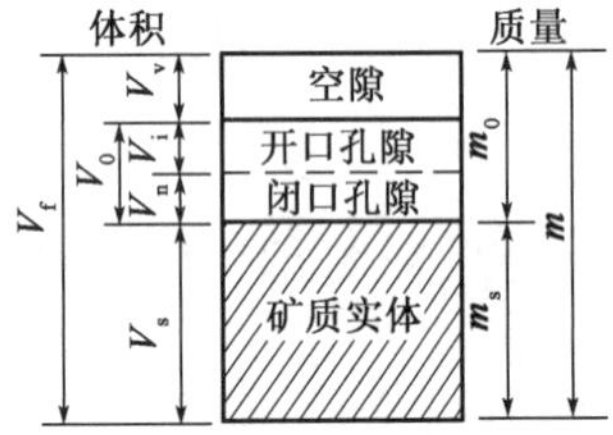

图1-2 集料组成的质量与体积关系示意图

在工程中,常用的集料密度包括表观密度、毛体积密度、表干密度及堆积密度等,其中集料毛体积密度定义与岩石相同,见本章第一节中的内容。

(1)表观密度(Apparent Particle Density)

集料的表观密度是指单位体积(含材料的实体矿物成分、闭口和开口孔隙中尚未完全被水填充的孔隙体积)物质颗粒的干质量,由式(1-13)计算得到。测定集料表观体积时,需将已知质量的干燥集料浸水,使其开口孔隙吸饱水,然后称出饱水后集料在水中的质量,干燥集料与饱水后水中集料质量之差即为集料的包括闭口孔隙在内的集料表观体积($V_s + V_n$)。

$$\rho_a = \frac{m_s}{V_s + V_n} \tag{1-13}$$

式中:ρ_a——集料的表观密度,g/cm³;
m_s——集料矿质实体的质量,g;
V_s——集料矿质实体的体积,cm³;
V_n——集料矿质实体中闭口孔隙的体积,cm³。

(2)表干密度(Saturated Surface-Dry Density)

集料的表干密度亦称作饱和面干毛体积密度,为单位体积(含材料的实体矿物成分及其闭口孔隙、开口孔隙等颗粒表面轮廓线所包围的全部毛体积)物质颗粒的饱和面干质量。它的计算体积与毛体积密度相同,但计算质量以表干质量(饱和面干状态,包括吸入开口孔隙中的水)为准,由式(1-14)计算。

$$\rho_s = \frac{m_a}{V_s + V_n + V_i} \tag{1-14}$$

式中:ρ_s——集料的表干密度,g/cm³;
m_a——集料颗粒的表干质量(矿质实体质量与吸入开口孔隙中的水的质量之和),g;
V_i——集料颗粒中开口孔隙的体积,cm³;
V_s、V_n——同式(1-13)。

在测试集料密度时,应考虑试验时不同温度下水的密度的影响,计算试验温度下的密度。

工程中在进行水泥混凝土配合比设计时,采用集料的表观密度。而在进行沥青混合料配合比设计时,采用集料的相对密度和毛体积相对密度。集料的相对密度定义为密度与同温度水的密度的比值,两者的关系见式(1-15)。

$$\rho = \gamma \cdot \rho_T \tag{1-15}$$

式中:ρ——集料的密度,g/cm^3;
　　γ——集料的相对密度;
　　ρ_T——试验温度为T时水的密度,g/cm^3,可以由相关试验规程查得。

由于粗集料、细集料在粒度尺寸上的差异,在测试上述各种密度时,所用试样数量、测试手段不尽相同,应遵循《公路工程集料试验规程》(JTG 3432—2024)中规定的方法对粗、细集料的密度进行测试。

(3)堆积密度(Accumulated Density)

集料的堆积密度是指单位体积(含材料的实体矿物成分及其闭口、开口孔隙体积及颗粒间空隙体积)的物质颗粒的质量,按式(1-16)计算。

$$\rho = \frac{m_s}{V_s + V_n + V_i + V_v} \tag{1-16}$$

式中:ρ——矿质集料的装填密度,g/cm^3;
　　m_s——集料颗粒矿质实体的质量,g;
　　V_v——集料颗粒之间的空隙体积,cm^3;
V_s、V_n、V_i——同式(1-14)。

集料是没有固定形状的混合物,其形状取决于装填容器,其堆积密度取决于堆积方式。集料的堆积体积V_f($V_f = V_s + V_n + V_i + V_v$)是将干燥的散粒集料试样装入规定尺寸的容器来测定的,堆积密度的大小取决于颗粒排列的松紧程度,即取决于装样方式。

根据装样方法的不同,集料的堆积密度包括松散堆积状态、振实状态、捣实状态下的堆积密度。松散堆积密度是指以自由落入方式装填集料所测得的密度;振实堆积密度是将集料分层装入容器筒中,在容器筒底部放置一根圆钢筋,每装一层集料后,将容器筒左右交替颠击地面25次后所测得的密度;捣实堆积密度是将集料分三层装入容器中,每层用捣棒捣实25次后所测得的密度。

松散堆积密度亦称为松装密度,振实堆积密度和捣实堆积密度统称为紧装密度。粗集料与细集料堆积密度的测试方法不尽相同,应根据集料的工程应用情况和集料尺寸,按照《公路工程集料试验规程》(JTG 3432—2024)中的规定来选择相应的测试方法。

2. 空隙率

集料的空隙率(Percentage of Voids in Aggregate)是指集料颗粒之间的空隙体积占集料体积的百分比,它反映了集料颗粒间相互填充的致密程度。集料的空隙率无法通过测试得到,通常是根据集料的密度计算得到的。一般情况下,集料的空隙率按照式(1-17)计算。

$$n = \left(1 - \frac{\rho}{\rho_a}\right) \times 100 \tag{1-17}$$

式中：n——集料的空隙率，%；

ρ_a——集料的表观密度，g/cm³；

ρ——集料的堆积密度或紧装密度，g/cm³。

粗集料空隙率或粗集料间隙率(Voids in Coarse Aggregate)定义为粗集料部分以外的体积占试件总体积的百分率。在水泥混凝土中，采用粗集料在振实状态下的堆积密度计算粗集料空隙率，见式(1-18)。

$$V_G = \left(1 - \frac{\rho}{\rho_a}\right) \times 100 \tag{1-18}$$

式中：V_G——水泥混凝土用粗集料空隙率，%；

ρ_a——粗集料的表观密度，g/cm³；

ρ——按振实法测定的粗集料的堆积密度，g/cm³。

在沥青混合料组成设计中，为了评价所用粗集料是否形成骨架结构，并用于分析混合料中细集料含量、结合料含量是否合理，需要计算粗集料间隙率 VCA_{DRC}。VCA_{DRC} 采用粗集料在捣实状态下的堆积密度，按式(1-19)计算。该指标主要用于 SMA 混合料或 OGFC 混合料的组成设计。

$$VCA_{DRC} = \left(1 - \frac{\rho}{\rho_b}\right) \times 100 \tag{1-19}$$

式中：VCA_{DRC}——捣实状态下粗集料间隙率，%；

ρ——按捣实法测定的粗集料的堆积密度，g/cm³；

ρ_b——粗集料的毛体积密度，g/cm³。

常用岩石集料在自然堆积状态下，粗集料空隙率为 43%～48%，细集料空隙率为 35%～50%；在振实状态或捣实状态下，粗集料空隙率为 37%～42%，细集料空隙率为 30%～40%。

3.级配

级配是指集料中各种粒径颗粒的搭配比例或分布情况，级配对水泥混凝土及沥青混合料的强度、稳定性及施工和易性有着显著的影响，级配设计也是水泥混凝土和沥青混合料配合比设计的重要组成部分。关于集料的级配分析、级配理论和级配设计方法的相关内容见本章第三节。

4.颗粒形状与表面特征

集料特别是粗集料的颗粒形状和表面特征对集料颗粒间的内摩阻力、集料颗粒与结合料在界面上的黏附性等有着显著的影响。

(1)颗粒形状(Particles Shape)

从实用角度出发，集料颗粒的形状可按表 1-7 分为四种类型，比较理想的形状是接近球体或立方体。当集料中扁平、薄片、细长状的颗粒含量较高时，会使集料间的空隙率增加，不仅有损于集料的施工和易性，而且不同程度地削弱沥青混合料和水泥混凝土的强度。

集料颗粒形状的基本类型　　　　　　　　　　表1-7

类型	颗粒形状的特点	集料品种
蛋圆形	具有较光滑的表面,无明显棱角,颗粒浑圆	天然砂及各种砾石、陶粒
棱角形	具有粗糙的表面及明显的棱边	碎石、石屑、破碎矿渣
针状	长度方向尺寸远大于其他方向尺寸而呈细条形	砾石、碎石中均存在
片状	厚度方向尺寸远小于其他方向尺寸而呈薄片形	砾石、碎石中均存在

《公路工程集料试验规程》(JTG 3432—2024)中规定,针片状颗粒是指用游标卡尺测定的粗集料颗粒的最大长度(或宽度)与最小厚度(或直径)之比大于3的颗粒。

《建设用卵石、碎石》(GB/T 14685—2022)中规定,卵石、碎石颗粒的最大一维尺寸大于该颗粒所属粒级的平均粒径的2.4倍者为针状颗粒;最小一维尺寸小于平均粒径0.4倍者为片状颗粒。

碎石中针片状颗粒含量在很大程度上取决于被加工岩石特性、破碎机械设备以及碎石的生产工艺。一般来讲,硬而脆的岩石在破碎时易产生针片状颗粒;以挤压破碎为主的破碎机(如颚式破碎机)等生产的碎石中的针片状颗粒含量比较高,而利用冲击方法破碎岩石所生产出的碎石中的针片状颗粒比较少,如反击式破碎机、冲击式制砂机等。因此应根据需要选用合理的破碎筛分工艺流程。

(2)表面特征(Surface Features)

集料的表面特征是指集料表面的粗糙程度及孔隙特征等,它与集料的材质、岩石结构、矿物组成及其受冲刷、受腐蚀程度有关。一般来说,集料的表面特征主要影响集料与结合料之间的黏结性能,从而影响混合料的强度,尤其是抗折强度。在外力作用下,表面粗糙的集料颗粒间的位移较为困难,其摩阻力较表面光滑、无棱角颗粒要大些,但是会影响集料的施工和易性。此外,表面粗糙、具有吸收水泥浆或沥青中轻质组分的孔隙特征的集料,与结合料的黏结能力较强,而表面光滑的集料与结合料的黏结能力一般较差。

天然砂、人工砂和石屑等细集料的表面特征状态对沥青混合料的内摩擦角和抗流动性变形能力及对水泥混凝土的和易性有着显著的影响。细集料表面特征状态采用棱角性指标来表征,棱角性可以采用间隙率法或流动时间法进行评定。

①间隙率法

间隙率法是按照标准方法测试细集料的松装密度和毛体积密度,可采用式(1-20)计算细集料的间隙率。当间隙率较大时,意味着细集料中球状颗粒少,表面构造粗糙,有着较大的内摩擦角。

$$U = \left(1 - \frac{\rho_c}{\rho_s}\right) \times 100 \qquad (1\text{-}20)$$

式中:U——细集料的间隙率,即棱角性,%;

　　ρ_c——细集料的松装密度,g/cm³;

　　ρ_s——细集料的毛体积密度,g/cm³。

②流动时间法

流动时间法是按照标准方法准备细集料试样,测试规定体积的细集料流出规定的漏斗开口所需时间,以 s 为单位。流出时间越长,则表明细集料越粗糙。

当工程中同时使用不同品种的细集料时,如将天然砂与机制砂和石屑混合使用,应以实际配合比例组成的混合细集料进行试验。

5. 含泥量和泥块含量

存在于集料中或包裹在集料颗粒表面的泥土会降低水泥的水化反应速度,也会妨碍集料与水泥或沥青间的黏结能力,显著影响混合料的整体强度与耐久性,应对其含量加以限制。

(1)含泥量(Clay Content)与石粉含量(Fine Content)

含泥量是指天然砂、碎石或卵石中小于 0.075mm 的颗粒含量;石粉含量是指机制砂中小于 0.075mm 的颗粒含量。两者均可以按照式(1-21)计算。

$$Q_a = \frac{m_0 - m_1}{m_0} \times 100 \tag{1-21}$$

式中:Q_a——含泥量或石粉含量,%;
m_0——试验前烘干试样的质量,g;
m_1——经筛洗后,0.075mm 筛上烘干试样的质量,g。

严格地讲,含泥量应是集料中的泥土含量,而采用筛洗法得到的粒径小于 0.075mm 的颗粒中实际上包含了矿粉、细砂与泥土等粉料,而很难将这些成分加以区别,因而将通过 0.075mm 颗粒部分全都当作"泥土"的做法欠妥。

目前,采用"砂当量"指标或"甲基蓝 MB 值"指标对集料中小于 0.075mm 的矿粉、细砂与"泥土"加以区别。砂当量用于测定细集料中所含黏性土和杂质含量,判定细集料的洁净程度,砂当量值越大,表明细集料中粒径小于 0.075mm 部分所含的矿粉和细砂比例越高。甲基蓝 MB 值是用于判定机制砂中粒径小于 0.075mm 颗粒的吸附性能的指标,甲基蓝 MB 值较小时,表明机制砂中小于 0.075mm 的颗粒主要是与母岩化学成分相同的石粉,膨胀性黏土矿物较少。

(2)泥块含量(Clay Lumps and Friable Particles Content)

泥块含量是指卵石、碎石中原粒径尺寸大于 4.75mm(砂中大于 1.18mm),但经水浸泡、淘洗等处理后小于 2.36mm(砂中小于 0.6mm)的颗粒含量,按照式(1-22)计算。集料中的泥块主要以三种类型存在:由纯泥土组成的团块,由砂、石屑与泥土组成的团块,包裹在集料颗粒表面上的泥。

$$Q_b = \frac{m_2 - m_3}{m_2} \times 100 \tag{1-22}$$

式中:Q_b——集料的泥块含量,%;
m_2——粗集料为 4.75mm(细集料为 1.18mm)筛上试样的质量,g;
m_3——试验后烘干试样的质量,g。

三、粗集料的力学性质

在混合料中,粗集料起骨架作用,应具备一定的强度、耐磨、抗磨耗和抗冲击性能等,这些性能用压碎值、磨光值、磨耗值和冲击值等指标表示。

1. 压碎值

压碎值(Crush Stone Value)用于衡量集料在逐渐增加的荷载下抵抗压碎的能力,也是集料强度的相对指标,用以鉴定集料品质,判断其在道路工程中的适用性。

在《公路工程集料试验规程》(JTG 3432—2024)中规定了粗集料压碎值的测试方法。在压碎值试验中,将粒径9.5～13.2mm的集料试样装模,均匀施加荷载,在10min左右的时间内加载至400kN,稳压5s后卸载。取出试样,以2.36mm标准筛对试样进行筛分,然后称取通过2.36mm筛孔的全部细料质量。粗集料的压碎值Q'_a按式(1-23)计算。

$$Q'_a = \frac{m_1}{m_0} \times 100 \quad (1-23)$$

式中:Q'_a——石料压碎值,%;
m_0——试验前试样的质量,g;
m_1——试验后通过2.36mm筛孔的细料质量,g。

在《公路工程集料试验规程》(JTG 3432—2024)中还规定了水泥混凝土用机制砂压碎指标的测试方法。压碎指标是将机制砂分为2.36～4.75mm、1.18～2.36mm、0.6～1.18mm、0.3～0.6mm四个粒级,分别对各粒级试样在标准条件下加荷。加载结束后,以各粒级的下限筛过筛(如对2.36～4.75mm粒级试样,以2.36mm标准筛过筛),称取各个粒级试样的筛余量和通过量,按式(1-24)计算各粒级的压碎指标值。取最大单粒级压碎指标值作为该机制砂的压碎指标值。

$$ACV = \frac{m_2}{m_1 + m_2} \times 100 \quad (1-24)$$

式中:ACV——第i粒级细集料的压碎值,%;
m_1——试样的筛余量,g;
m_2——试样的通过质量,g。

2. 磨耗性

磨耗性是评价粗集料使用性能的重要指标之一,与沥青路面的抗车辙能力、耐磨性、耐久性密切相关。集料的磨耗性可采用磨耗损失和磨耗值表征,磨耗损失用于评定粗集料抵抗摩擦、撞击的能力,磨耗值用于评定道路路面表层所用粗集料抵抗车轮磨耗作用的能力。

(1)磨耗损失(Abrasion Loss)

磨耗损失试验采用洛杉矶磨耗试验机进行。首先根据粗集料的粒级组成,按照规定准备试样和钢球,将一定质量且有一定级配的集料试样和钢球置于磨耗试验机中,开动磨耗机,以30～33r/min的转速转动至要求的回转次数后停止。取出钢球,将试样过筛、水洗、烘干、称量。按式(1-25)计算集料的磨耗损失:

$$Q = \frac{m_1 - m_2}{m_1} \times 100 \quad (1-25)$$

式中:Q——磨耗损失,%;
m_1——装入试验机圆筒中的试样质量,g;
m_2——试验后在1.7mm筛上洗净烘干的试样质量,g。

(2)磨耗值(Weared Stone Value)

磨耗值试验采用道瑞磨耗试验机进行。试验时将9.5～13.2mm的集料颗粒以单层紧密排列在试模中,集料颗粒不得少于24粒,用环氧树脂砂浆填模成型,经养护后脱模制成试件。同种集料2个试件为一组,固定于道瑞磨耗试验机的圆平板上,以28～30r/min转速旋转100

转,在旋转的同时连续不断地向磨盘上均匀地撒布规定细度的石英砂。待停机后取下试件,观察有无异常现象,然后按相同方法再磨400转(可分为4个100转、重复4次磨完,也可连续1次磨完),停机后称取试件质量。集料的磨耗值按式(1-26)计算。

$$AAV = \frac{3(m_1 - m_2)}{\rho_s} \tag{1-26}$$

式中:AAV——集料的道瑞磨耗值;
　　m_1——磨耗前试样的质量,g;
　　m_2——磨耗后试样的质量,g;
　　ρ_s——集料的表干密度,g/cm³。

3. 磨光值

磨光值(Polished Stone Value)是反映集料抵抗轮胎磨光作用能力的指标,集料磨光值是决定某种集料能否用于沥青路面抗滑磨耗层的关键性指标。用高磨光值的集料铺筑道路路面表层,可以提高路表的抗滑能力,并保障车辆的行驶安全。

磨光值试验采用路用加速磨光机进行,基本方法是将9.5~13.2mm干净集料颗粒单层紧密地排列在试模之中后用环氧树脂砂浆固定并制成试件,经养护后拆模。将同种集料的2个试件、其他集料试件与标准集料试件依顺序安装在道路轮上,先用30号金刚砂对试件磨蚀3h,再用280号金刚砂磨蚀3h后停机。取出试件后,用摆式摩擦系数测定仪测定试件的磨光值读数(摩擦系数),集料的磨光值由式(1-27)计算。

$$PSV = PSV_{ra} + PSV_b - PSV_{bra} \tag{1-27}$$

式中:PSV——集料的磨光值,BPN(British Perdulum Number);
　　PSV_{ra}——试验集料试件磨光值读数(摩擦系数)平均值;
　　PSV_b——标准集料磨光值标称值;(标准样品的磨光值应为40~45,精度为+5。由专业单位生产,并经交通运输部科学研究院进行定值);
　　PSV_{bra}——标准试件磨光值读数(摩擦系数)平均值。

4. 冲击值

石料冲击值(Aggregate Impact Value)反映粗集料抵抗破碎的能力。由于路表集料直接承受车轮荷载的冲击作用,这一指标对道路表层用集料非常重要。

《公路工程集料试验规程》(JTG 3432—2024)规定,集料的冲击值试验采用尺寸为9.5~13.2mm的干燥集料,并按标准方法分三层装入量筒中,称取集料试样质量。将称好质量的集料装入圆形钢筒中后置于冲击试验仪上,用捣实杆单独捣实25次。调整锤击高度,让锤从380mm±5mm处自由落下,连续锤击集料15次,每次间隔不少于1s。将冲击试验后的集料用2.36mm筛筛分,称取通过2.36mm筛的石屑质量。集料的冲击值按式(1-28)计算。

$$AIV = \frac{m_1}{m} \times 100 \tag{1-28}$$

式中:AIV——集料的冲击值,%;
　　m——试样的总质量,g;
　　m_1——冲击破碎后,通过2.36mm筛的石屑质量,g。

在道路工程中,沥青混合料与水泥混凝土所用粗、细集料技术指标与技术要求有所不同,见本教材第三章和第五章中的内容。

四、冶金废渣集料

冶金废渣是指冶金工业生产过程中产生的各种固体废弃物。主要指炼铁炉中产生的高炉矿渣、钢渣；有色金属冶炼中产生的各种有色金属渣，如铜渣、铅渣、锌渣、镍渣等；从铝土矿提炼氧化铝排出的赤泥以及轧钢过程产生的少量氧化铁渣。其中的高炉矿渣和钢渣既属于工业废渣，又是一类具有独特性能的人工集料。高炉矿渣及钢渣经自然冷却或经一定工艺处理后，既可用于道路基层材料，也可作为水泥混凝土路面或沥青路面混合料用集料，其中具有活性的粒化高炉矿渣还可以作为水泥混合材料。

冶金废渣与天然岩石集料的主要不同之处在于，冶金废渣中多含有较多的活性矿物，且质量不够稳定。为了保证工程结构物的质量和耐久性，在使用这类材料时，必须充分了解它们的技术特性。

1. 主要化学成分及活性

（1）高炉矿渣（Blastfurnace Slag）

高炉矿渣是冶炼生铁时从高炉中排出的废渣。当炉温达到1400～1600℃时，炉料熔融，矿石中的脉石、焦炭中的灰分和助溶剂及其他不能进入生铁中的杂质形成以硅酸盐和铝酸盐为主、浮于铁水之上的熔渣。高炉矿渣中的主要化学成分有：酸性氧化物SiO_2、Fe_2O_3、P_2O_5和TiO_2等，碱性氧化物CaO、MgO、MnO和BaO等，中性氧化物Al_2O_3，硫化物CaS、MnS和FeS等。其中，酸、碱氧化物含量比例对矿渣的性能影响较大。

高炉矿渣的活性是指其与水或某些碱性溶液或硫酸盐溶液发生化学反应的性质。当矿渣中的CaO和Al_2O_3含量高，而SiO_2含量低时，矿渣活性较高。高炉矿渣的活性可以用质量系数表征，质量系数按式（1-29）计算，质量系数越大，高炉矿渣的活性越高。

$$K = \frac{\omega_{CaO} + \omega_{MgO} + \omega_{Al_2O_3}}{\omega_{SiO_2} + \omega_{MnO} + \omega_{TiO_2}} \tag{1-29}$$

式中：K——炉渣的质量系数；

ω_{CaO}、ω_{MgO}、$\omega_{Al_2O_3}$、ω_{SiO_2}、ω_{MnO}、ω_{TiO_2}——矿渣中氧化钙、氧化镁、三氧化二铝、二氧化硅、氧化锰和二氧化钛的质量分数，%。

矿渣的活性还取决于处理工艺，熔融的高炉矿渣可经缓冷（自然冷却）、水淬等工艺进行处理。采用自然冷却得到的高炉矿渣稳定性较好，而采用水淬处理的粒化高炉矿渣的活性较高。通常，活性高的矿渣适宜于作为水泥原材料，而在混凝土结构或道路路面结构中应使用低活性的矿渣。

（2）钢渣（Steel Slag）

钢渣是炼钢过程中排出的固体废弃物，包括转炉钢渣、电炉钢渣。钢渣与高炉矿渣虽然都是冶金废渣，但它们的化学成分及矿物组成有着明显的区别。由于在炼钢的过程中需要使用部分石灰，这部分石灰在未能完全钢渣化的情况下将成为游离氧化钙。一般情况下，转炉钢渣中的游离氧化钙含量在3%左右，电炉钢渣中的游离氧化钙含量只有0.3%左右。如果将钢渣进行破碎，并在空气中长期存放，会降低钢渣中游离氧化钙含量。

钢渣的活性可用碱度系数表征，碱度系数为钢渣中碱性氧化物和酸性氧化物的比值，见式(1-30)。碱度系数越大,表明钢渣的活性越大。碱度系数≥1.8的钢渣可用作水泥混合材料。

$$M = \frac{\omega_{CaO}}{\omega_{SiO_2} + \omega_{P_2O_5}} \tag{1-30}$$

式中： M——钢渣的碱度系数；

ω_{CaO}、ω_{SiO_2}、$\omega_{P_2O_5}$——钢渣中氧化钙、二氧化硅和五氧化二磷的质量分数,%。

2. 物理力学特性

由于高炉矿渣冷却加工方式的不同,矿渣集料的矿物成分和组织的致密程度有着很大的差别,其物理力学性能变化范围和分散性较大。如高炉矿渣集料中密实体的抗压强度可达120～250MPa,孔隙率为7%～16%;而多孔体的抗压强度仅为10～20MPa,孔隙率高达50%以上。由于矿渣集料含铁量较高,其密度一般高于天然集料。

3. 化学稳定性

在自然条件下,矿渣中的某些成分会与水产生化学反应,发生体积变化。

(1)游离氧化钙(f-CaO)消解

矿渣中的f-CaO遇水后发生化学反应,生成氢氧化钙$Ca(OH)_2$,体积膨胀约2倍,在矿渣颗粒中产生内应力,导致矿渣的崩裂破坏。这种破坏现象在道路结构中较为多见。

(2)铁和锰分解

矿渣中硫化物,如硫化亚铁FeS和硫化亚锰MnS可以与水生成氢氧化亚铁$Fe(OH)_2$及氢氧化锰$Mn(OH)_2$,体积分别增大38%和24%,引起矿渣体积安定性不良,这种现象称为铁或锰分解。

矿渣集料用于制作混凝土或路面基层材料时,必须具备良好的化学稳定性,否则就会由于某些化合物的分解、膨胀而破坏混凝土结构或路面结构。要使这类集料稳定的关键是降低活性成分含量,一般f-CaO含量小于3%的矿渣集料方可用于路面结构中。对于f-CaO含量较高的矿渣,应该通过水解消化处理,如堆存渣场使其自然消化,有条件时可采用浇水消化、利用余热分解等方法使f-CaO分解。

《钢渣稳定性试验方法》(GB/T 24175—2009)规定,钢渣稳定性采用浸水膨胀率进行评价。其测试原理为采用高温(90℃)水浴养护的方法,经过一定时间后使钢渣试样中的游离氧化钙、游离氧化镁消解,产生体积膨胀,通过试样的体积变化率来评定钢渣的稳定性。钢渣的浸水膨胀率采用式(1-31)计算。

$$r = \frac{d_{10} - d_0}{120} \times 100 \tag{1-31}$$

式中：r——钢渣的浸水膨胀率,%；

d_{10}——百分表的终读数,mm；

d_0——百分表的初读数,mm；

120——钢渣试件原始高度,mm。

在《道路用钢渣》(GB/T 25824—2010)中,对道路基层和路基、沥青混合料用钢渣均提出了浸水膨胀率的技术要求。

五、再生集料

再生集料以建筑拆迁与生活垃圾焚烧过程产生的固体废弃物为原料。根据来源的不同，再生集料可以分为建筑废弃物集料和生活垃圾焚烧炉渣集料两大类。建筑废弃物指在各类建筑物和构筑物及其辅助设施进行建设、改造、装修、拆除、铺设等过程中产生的各类固体废弃物，主要包括建筑和道路等工程中的废旧混凝土、废旧无机稳定材料、废旧砌筑材料、碎砖瓦、渣土等。其中的混凝土块、石、砖、砂浆经裂解、破碎、清洗、筛分等工序处理后可得到具有一定粒径组成的集料，即建筑废弃物集料。生活垃圾焚烧炉渣集料指生活垃圾经焚烧、破碎、筛分、磁选、跳汰、沉淀等一系列工艺之后所得到的集料。建筑废弃物与生活垃圾的存放与处理带来了巨大的环境压力与土地资源消耗，同时建筑与道路工程建设又导致天然集料的供应日趋紧张，再生集料的应用可以同时缓解以上两方面的矛盾。

建筑废弃物集料与生活垃圾焚烧炉渣集料有不同的适用范围。建筑废弃物集料可按照砖集料含量分为混凝土再生集料、砖混再生集料和砖再生集料三类。《建筑废弃物再生集料应用技术规范》（DBJ/15-159—2019）对三类建筑废弃物集料在基层与路基的应用范围进行了详细规定，见表1-8。此外，建筑废弃物集料还能用于沥青与水泥混凝土路面的面层。炉渣集料则可用作路基回填料、水泥稳定碎石基层集料与沥青混合料面层的集料。

各类建筑废弃物集料适用的工程部位 表1-8

工程部位	集料类型				
	混凝土再生集料（砖集料含量≤5%）	砖混再生集料			砖再生集料（砖集料含量≥50%）
		砖集料含量5%~20%	砖集料含量20%~40%	砖集料含量40%~50%	
路基回填、路基改善层、地基处理	●	●	●	●	●
粒料层	●	●	○	×	×
水泥稳定底基层	●	○	×	×	×
水泥稳定基层	●	×	×	×	×
水泥混凝土面层	●	×	×	×	×

注："●"表示适用于该工程部位；"○"表示可用于该工程部位，但必须经过试验验证；"×"表示不得用于该工程部位。砖集料含量为砖集料质量与总质量的比值。

再生集料的化学成分与物理力学性能与天然集料迥然不同，其来源的多样性又使得这些技术特性具有较强的变异性。显然，只有充分了解再生集料的技术性质，才能将其合理应用到道路工程中。

1. 材料构成与化学成分

组成建筑废弃物集料的主要材料有水泥混凝土块、碎砖块与水泥砂浆。混凝土块的主要成分包含氧化钙、二氧化硅、铝氧化物、硅酸盐等，其中，氧化钙主要来自混凝土中的石灰岩集料与水泥，二氧化硅主要来自玄武岩集料，铝氧化物与硅酸盐主要由水泥提供。碎砖块的主要成分则是硅酸盐与氧化铁。此外，建筑废弃物集料中含有一定量的杂物，如玻璃、金属、塑料、陶瓷等，根据《建筑废弃物再生集料应用技术规范》（DBJ/15-159—2019）的要求，杂物含量不得超过废弃物集料质量的1%。

生活垃圾焚烧炉渣集料由熔渣与多种杂物(如陶瓷、玻璃、砖石、金属等)构成。熔渣是生活垃圾中的杂质氧化物在焚烧过程中烧结融化、分解、重新聚合形成的产物。炉渣集料主要含有钙、硅、铝、铁、磷、硫、氯等化学元素,还含有微量锌、钛、铜、钡、铅等重金属元素。炉渣集料中的氧化物有二氧化硅、三氧化二铝、氧化钙等。《生活垃圾焚烧炉渣集料在公路中应用施工技术规程》(DB32/T 3641—2019)对炉渣集料的杂物含量进行了规定:其含铁量不得超过集料质量的2%,轻飘物含量不得超过0.2%。与天然集料相比,炉渣集料的有机质含量较高,而其所含的熔渣在有机物与碳酸盐含量上显著小于炉渣集料整体。在酸碱性方面,炉渣集料呈碱性。炉渣集料化学成分的类型与占比受到产地与处理工艺的影响,变异性较大。在化学活性方面,炉渣集料具有较低的水硬性,其强度会在水的作用下增加。这可能与炉渣中含有少量铝硅酸钙、碳酸钙等物质有关。

2. 物理力学特性

建筑废弃物集料在形貌与力学特征上与天然集料差异明显,主要体现在四个方面,见表1-9。

建筑废弃物集料与天然集料的差异   表1-9

类型	表面形貌	孔隙结构	棱角性	强度
建筑废弃物集料	集料破碎而成,粗糙不平,有微小裂纹	较为发达	不规则,较多且多样化的棱角	模量较低
天然集料	受水流长时间磨蚀的天然集料表面光滑	相对较少	较为均质统一,棱角相对较少	模量较高

生活垃圾焚烧炉渣集料与建筑废弃物集料有相似之处,但与天然集料也有明显差异,见表1-10。

生活垃圾焚烧炉渣集料与天然集料的差异   表1-10

类型	孔隙结构	棱角性	强度
生活垃圾焚烧炉渣集料	较为发达,吸水率偏大	含有较多的针片状颗粒,压碎值较大	模量较低,且变异性较高
天然集料	相对较少,吸水率较低	较为均质统一,棱角相对较少,压碎值较小	模量较高

3. 再生集料强化技术

再生集料的缺陷部分阻碍了其在道路工程领域的应用。为此,工程界提出了多种方式强化再生集料以弥补其缺陷。

建筑废弃物集料吸水率较高的缺陷可通过研磨法、浸泡法改善。研磨法指借助研磨装置去除再生集料所含杂质的方法,研磨的外力可击碎集料表面的吸水附着物(以水泥砂浆为代表),使其剥落。浸泡法指将废弃物集料浸泡在特定溶液中以改善集料表面构造的方法。以酸液浸泡为例,酸液可通过化学反应消耗集料表面的水泥砂浆,反应产物可部分填充集料表面的微小孔隙,并生成保护膜以阻碍集料对水的吸收作用。

建筑废弃物集料压碎值大的缺陷可通过在集料表面裹覆溶液(石灰水、水泥浆)或胶体(乳化沥青、地沟油残渣)的方式弥补。氢氧化钙和水泥浆可填充集料表面的微裂缝,形成具有一定强度的薄膜,提升抵抗压碎的能力。水泥浆裹覆的效果可通过负压强化法进一步提升。实施负压强化法时,将包裹水泥浆的集料置于负压容器中,利用气压差产生的梯度力促使水泥浆进入在常压环境下无法进入的开口孔隙。该方法在浸泡法的基础上进一步降低了集料的吸水率、压碎值。地沟油残渣是厨余垃圾处理的产物,可有效填充废弃物集料表面的孔隙,同时强化集料与沥青胶结料的黏结作用,进而提升沥青混合料的疲劳寿命和抗裂能力。

第三节 矿质混合料的组成设计

在沥青混合料或水泥混凝土中,所用集料颗粒的粒径尺寸范围较大,而天然集料或人工轧制的一档集料通常是由几个粒径的颗粒组成的,难以满足工程对某一混合料设计级配组成的要求。因此,需要将两种或两种以上不同粒径档次的集料进行掺配,构成矿质混合料(简称矿料)。矿质混合料组成设计的目的是根据设计级配范围的要求,确定不同粒径的各档集料在矿质混合料中的合理比例。要进行矿质混合料的组成设计,必备的已知条件是各档集料的级配组成和矿质混合料的设计级配范围。

一、矿质混合料的级配

1. 级配的表示方法

集料的级配(Grading)采用筛分试验确定,其方法是取一定数量的集料试样,在标准套筛上按照筛孔大小排序逐个将集料过筛。

(1)标准套筛

标准套筛是指形状和尺寸规格符合要求的系列样品筛。标准筛为方孔筛,筛孔边长尺寸依次为75mm、63mm、53mm、37.5mm、31.5mm、26.5mm、19mm、16mm、13.2mm、9.5mm、4.75mm、2.36mm、1.18mm、0.6mm、0.3mm、0.15mm和0.075mm。由于粗、细集料的粒径范围不同,筛分试验中采用的标准套筛尺寸范围及试样质量有所不同。

(2)级配参数

在筛分试验中,分别称量集料试样存留在各筛上的筛余质量,然后计算出反映该集料试样级配的有关参数:分计筛余百分率 a_i、累计筛余百分率 A_i 和通过百分率 p_i。

分计筛余百分率 a_i 是指某号筛上的筛余质量占试样总质量的百分率,按式(1-32)计算。

$$a_i = \frac{m_i}{m} \times 100 \tag{1-32}$$

式中:m_i——存留在某号筛上的试样质量,g;

m——集料风干试样的总质量,g。

累计筛余百分率 A_i 是指某号筛的分计筛余百分率和大于该号筛的各筛分计筛余百分率的总和,可按式(1-33)求得:

$$A_i = a_1 + a_2 + \cdots + a_i \tag{1-33}$$

式中:a_1、a_2、$\cdots$、a_i——各筛的分计筛余百分率,%。

通过百分率 p_i 是指通过某号筛的试样质量占试样总质量的百分率,即100与某号筛累计筛余百分率之差,按式(1-34)求得:

$$p_i = 100 - A_i \tag{1-34}$$

式中：A_i——某号筛累计筛余百分率，%。

(3)级配曲线的绘制

集料的筛分试验结果以各筛的质量通过百分率表示，还可以采用级配曲线表示。在级配曲线图中，通常用纵坐标表示通过百分率（或累计筛余百分率），横坐标表示某号筛的筛孔尺寸，如图 1-3 所示。

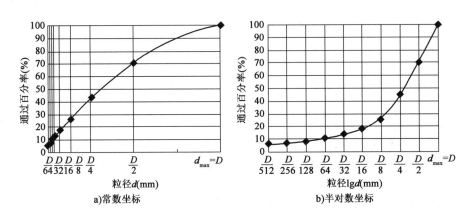

图 1-3 集料级配曲线示意图

在标准套筛中，筛孔尺寸大致是以 1/2 递减的，如果级配曲线的纵、横坐标均以常数坐标表示，横坐标上的筛孔尺寸位置呈左密右疏，如图 1-3a) 所示。为了便于绘制和查阅，横坐标通常采用对数坐标，这样可使大部分筛孔尺寸在横坐标上以等距排列，如图 1-3b) 所示。绘制级配曲线时，首先在横坐标上标明筛孔尺寸的对数坐标位置，在纵坐标上标出通过百分率（或累计筛余百分率）的常数坐标位置，然后将筛分试验计算的结果点绘于坐标图上，最后将各点连成级配曲线。在同一张图中可以同时绘制 2 条以上级配曲线，但须注明每条曲线所代表的集料品种。

(4)细度模数的计算

细度模数（Fineness Module）是评价天然砂粗细程度的指标，为天然砂筛分试验中各号筛上的累计筛余百分率之和，按式（1-35）计算。

$$M_f = \frac{(A_{2.36} + A_{1.18} + A_{0.60} + A_{0.30} + A_{0.15}) - 5A_{4.75}}{100 - A_{4.75}} \tag{1-35}$$

式中： M_f——砂的细度模数；

$A_{4.75}$、$A_{2.36}$、…、$A_{0.15}$——4.75mm、2.36mm、…、0.15mm 各筛的累计筛余百分率，%。

细度模数越大，表示砂越粗。根据《建筑用砂》（GB/T 14684—2022）规定，砂按细度模数分为粗、中、细和特细四种规格，相应的细度模数分别为：粗砂，$M_f = 3.7 \sim 3.1$；中砂，$M_f = 3.0 \sim 2.3$；细砂，$M_f = 2.2 \sim 1.6$；特细砂，$M_f = 1.5 \sim 0.7$。

【例题 1-1】 分析某天然砂的级配组成并计算其细度模数。

解：

取天然砂试样 500g，进行筛分试验，各号筛上的筛余质量见表 1-11。

天然砂筛分试验的计算示例 表1-11

筛孔尺寸(mm)	9.5	4.75	2.36	1.18	0.6	0.3	0.15	0.075	筛底	总计
筛余质量 m_i(g)	0	15	63	99	105	115	75	22	6	500
分计筛余百分率 a_i(%)	0	3	12.6	19.8	21	23	15	4.4	1.2	100
累计筛余百分率 A_i(%)	0	3	15.6	35.4	56.4	79.4	94.4	98.8	100	—
通过百分率 p_i(%)	100	97	84.4	64.6	43.6	20.6	5.6	1.2	0	—

按照式(1-32)~式(1-34)分别计算该天然砂的分计筛余百分率、累计筛余百分率和通过百分率,计算结果见表1-11。

将0.15~4.75mm筛的累计筛余百分率代入式(1-35)得该天然砂的细度模数为:

$$M_f = \frac{(15.6 + 35.4 + 56.4 + 79.4 + 94.4) - 5 \times 3}{100 - 3} = 2.74$$

属于中砂。

2.级配组成对矿料性能的影响

(1)级配曲线类型

根据矿质混合料级配曲线的形状,将其划分为连续级配和间断级配。在连续级配类型的矿料中,由大到小且各级粒径的颗粒都有,各级颗粒按照一定的比例搭配,绘制出的级配曲线平顺圆滑不间断,如图1-4中曲线A所示。在间断级配类型的矿料中,缺少一个或几个粒级的颗粒,大颗粒与小颗粒之间有较大的"空档",所绘制的级配曲线是呈非连续的、中间间断的形状,如图1-4中曲线B所示。

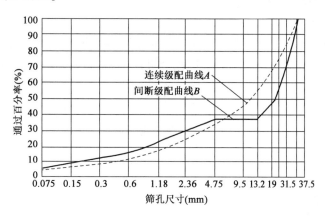

图1-4 连续级配与间断级配曲线示意图

(2)级配组成与矿料空隙率和内摩阻力的关系

矿质混合料的级配组成与其密实度、颗粒间内摩阻力之间关系密切,对水泥混凝土或沥青混合料的强度、耐久性及施工和易性有着显著的影响。通常,连续级配矿料的空隙率随着其中粗集料的增加而显著增大。间断级配矿料能较好地发挥粗集料的骨架作用,但在施工过程中易于离析。表1-12为某种细集料的级配组成与松装状态下空隙率的关系。由表1-12可见,当级配组成变化时,在松装状态下空隙率的变化范围为37.4%~42.0%。

细集料级配组成与松装状态下空隙率 表 1-12

级配编号	下列筛孔(mm)的通过百分率(%)						空隙率(%)
	<0.075	0.075	0.15	0.3	0.6	1.18	
1	6.7	14.7	12.0	15.6	20.0	31.1	38.7
2	7.9	10.5	13.2	15.8	23.7	28.9	39.4
3	3.1	6.5	9.7	25.8	22.6	32.3	42.0
4	9.8	17.1	22.0	19.5	17.1	14.6	37.4
5	7.3	16.1	13.2	17.1	22.0	24.4	39.0
6	4.9	7.3	9.8	14.6	24.4	39.0	41.5

在水泥混凝土或沥青混合料中，结合料(水泥或沥青)填充集料空隙并包裹集料。所以，集料空隙越大，填充集料颗粒空隙所需的结合料就越多；集料的总表面积越大，包裹集料颗粒所需的结合料越多。从节约结合料的角度考虑，最好采用空隙较小、总表面积也较小的集料。此外，若各粒级集料颗粒在相互排列时能够互相嵌锁又不互相干涉，形成紧密多级嵌挤的空间骨架结构则集料颗粒间将具有较大的内摩阻力。

3．连续级配的计算

(1)最大密度级配计算公式

W.B.富勒在大量试验的基础上提出，集料在某筛孔上的通过百分率和筛孔尺寸的关系越接近抛物线，该集料的密实度越大，空隙率越小，这个关系可以由式(1-36)表示。

$$P^2 = k \cdot d \tag{1-36}$$

式中：P——集料颗粒在筛孔尺寸 d 上的通过百分率，%；

　　　d——集料中颗粒的筛孔尺寸，mm；

　　　k——统计参数。

当筛孔尺寸 d 等于集料最大粒径 D 时，其通过百分率为100%，将此关系代入公式(1-36)中，得到式(1-37)。按照式(1-37)可计算连续密级配集料的颗粒在任何一级筛孔上的通过百分率。

$$P = 100 \times \sqrt{\frac{d}{D}} \tag{1-37}$$

式中：D——集料的最大粒径，mm；

　　　其他符号意义同式(1-37)。

(2)级配曲线范围公式

式(1-37)所给出的是一种理想的、密实度最大的级配曲线，而在工程中所用砂料级配通常是在一定的范围中波动的曲线，为此，A.N 泰波在式(1-37)的基础上作了修正，给出了级配曲线范围的计算式(1-38)。当级配指数为 0.5 时，式(1-38)就是式(1-37)。

$$P = \left(\frac{d}{D}\right)^n \times 100 \tag{1-38}$$

式中：n——级配指数；

　　　其他符号意义同式(1-37)。

在工程中,矿质混合料的最大密实曲线接近级配指数 $n=0.45$ 的级配曲线,见图1-5中曲线 A。常用矿质混合料的级配指数一般在 0.3~0.7,将级配指数 0.3 和 0.7 代入式(1-38)中进行计算,并绘制相应的级配曲线,如图1-5中的级配曲线范围 B 所示。

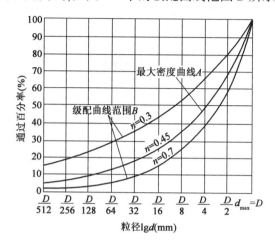

图1-5 级配指数与级配曲线的关系图

4. 多级嵌挤密级配的分析法

多级嵌挤密级配最初由美国伊利诺伊州交通局的贝雷(Bailey)提出,后来经由 Bill Varik 与 Bill Pine 等人修正完善,成为多级嵌挤密级配沥青混合料级配设计的主要方法之一,简称贝雷级配分析法。贝雷级配分析法考虑了粗、细集料的分界尺寸,集料的装填特性等。

(1)集料的分界尺寸

①粗、细集料的分界尺寸 d_k

在贝雷法中,将粗集料和细集料作为一个相对的概念,用式(1-39)计算集料的控制粒径尺寸 d_k,它是集料公称最大粒径的函数,是形成嵌挤结构的第一级分界点,并定义大于 d_k 的集料为粗集料,小于 d_k 的集料为细集料。

$$d_k = d_n \times 0.22 \approx d_n/4 \tag{1-39}$$

式中:d_k——集料的控制粒径尺寸,mm;

d_n——集料的公称最大粒径尺寸,mm。

②细集料的分界尺寸 d_1 和 d_2

在集料中,小于控制粒径 d_k 的细集料颗粒主要起填隙作用,为更好地控制细集料的组成,对细集料再进行两次尺寸划分,分别由式(1-40)和式(1-41)定义。

$$d_1 = d_k \times 0.22 \approx d_n/16 \tag{1-40}$$

$$d_2 = d_1 \times 0.22 \approx d_n/64 \tag{1-41}$$

式中:d_1——细集料的第一分界尺寸,mm;

d_2——细集料的第二分界尺寸,mm;

其他符号意义同前。

以上分界尺寸的定义见图1-6。

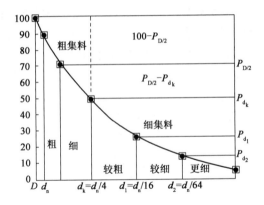

图 1-6 贝雷法集料分界尺寸定义示意图

（2）多级嵌挤级配的评价

①粗集料比 CA

贝雷法以粒径尺寸 $D/2$ 将大于控制粒径 d_k 的粗集料进一步划分为较细部分与较粗部分，如图 1-6 所示，粗集料比由式(1-42)计算。

$$CA = \frac{P_{D/2} - P_{d_k}}{100 - P_{D/2}} \tag{1-42}$$

式中：CA——粗集料比；

　　D——集料的最大粒径，mm；

　　$P_{D/2}$——集料在筛孔尺寸 $D/2$ 上的通过百分率，%；

　　P_{d_k}——集料在控制粒径筛孔 d_k 上的通过百分率，%。

改变粗集料中较细部分与较粗部分的比例，能够改变集料的空隙率，从而影响粗集料的骨架结构。当 CA 值较小，即粗集料中的较细部分（$P_{D/2} - P_{d_k}$）较少时，集料容易产生离析。随着 CA 值的增加，粗集料中的较细部分将较粗部分的骨架推开，产生干涉作用，此时混合料虽不易离析，但是难于压实，在压路机作用下有移动的趋势。根据工程实践，密级配混合料的 CA 值为 0.4~0.8 比较合适。

②细集料比 FAC 和 FAF

根据细集料的分界尺寸，将细集料看成由粗颗粒与细颗粒组成的一种混合料，其中的细颗粒用来填充粗颗粒形成的空隙，所以细颗粒的体积不能超过粗颗粒骨架形成的空隙，否则会干涉粗颗粒的骨架特性。FAC 反映了细集料中粗料部分与细料部分的嵌挤、填充情况，而 FAF 则反映了合成集料最细一级的嵌挤情况。分别由式(1-43)和式(1-44)计算细集料比 FAC 和 FAF。

$$FAC = \frac{P_{d_1}}{P_{d_k}} \tag{1-43}$$

$$FAF = \frac{P_{d_2}}{P_{d_1}} \tag{1-44}$$

式中：FAC、FAF——细集料比；

　　P_{d_1}——通过细集料第一分界尺寸的百分率，%；

　　P_{d_2}——通过细集料第二分界尺寸的百分率，%；

P_{d_k}——通过集料控制粒径尺寸的百分率,%。

当 FAC 较低时,混合料不均匀,难以压实到规定密实程度。随着 FAC 增加,整个混合料中的细集料部分压实得更加紧密。但较大的 FAC 意味着细集料过细,细集料较粗部分产生的空隙较多,需要更多的较细部分填充空隙,导致混合料稳定性不足。对于大多数密级配混合料来说,FAC 为 0.25~0.50 比较合适。

细集料中小于第一分界尺寸 d_1 的较细部分产生的空隙应该被更细的集料所填充,但是更细部分集料的体积不能超过较细部分产生的空隙,否则较细部分会干涉较粗部分集料形成的骨架,随着 FAF 的增加,混合料的空隙将逐步减少,但较高的 FAF 在级配曲线上可能表现出"驼峰状"。对于大多数密级配混合料来说,FAF 为 0.25~0.50 比较合适。

二、矿质混合料的配合比设计方法

矿质混合料的配合比设计方法有数解法和图解法两大类,两类设计方法均需要在两个已知条件的基础上进行,第一个条件是各种集料的级配参数,第二个条件是矿质混合料目标级配范围,可根据设计要求、技术规范或理论计算确定。本节介绍数解法中的试算法、规划求解法以及图解法中的修正平衡面积法。

1. 数解法

数解法的基本原理是将几种已知级配的集料 j 配制成满足目标级配要求的矿质混合料 M,混合料 M 在某一筛孔 i 上的颗粒是由这几种集料提供的,混合料的级配参数由式(1-45)或式(1-46)确定各集料用量。

$$a_M(i) = a_j(i) \cdot X_j(i) \qquad (1\text{-}45)$$

$$P_M(i) = P_j(i) \cdot X_j(i) \qquad (1\text{-}46)$$

式中:$a_M(i)$——矿质混合料在筛孔 i 上的分计筛余百分率,%;

$a_j(i)$——某一集料 j 在筛孔 i 上的分计筛余百分率,%;

$P_M(i)$——矿质混合料在筛孔 i 上的通过百分率,%;

$P_j(i)$——某一集料 j 在筛孔 i 上的通过百分率,%;

$X_j(i)$——某一集料 j 在矿质混合料中的质量百分率,%。

将已知集料的级配参数和矿质混合料的目标级配参数代入式(1-45)或式(1-46),可以建立数个方程,方程的个数等于标准筛的个数,然后可以用正则方程法求解,也可以用试算法或规划求解法确定各个集料的用量。

(1)试算法

采用试算法求解,需要已知各种集料和矿质混合料的分计筛余百分率。以三种集料为例,介绍试算法的求解步骤。

①基本计算方程的建立

设 A、B、C 三种集料在某一筛孔 i 上的分计筛余百分率分别为 $a_A(i)$、$a_B(i)$、$a_C(i)$,欲配制成矿质混合料 M,混合料 M 中在相应筛孔 i 上的分计筛余百分率设计值为 $a_M(i)$。假设 A、B、C 三种集料在混合料中的比例分别为 x、y、z,由此得式(1-47)和式(1-48):

$$x + y + z = 100 \qquad (1\text{-}47)$$

$$x \cdot a_A(i) + y \cdot a_B(i) + z \cdot a_C(i) = a_M(i) \qquad (1\text{-}48)$$

②基本假定

在矿质混合料中,某一粒径的颗粒是由一种集料提供的,在其他集料中不含这一粒径的颗粒。在具体计算时,所选择的粒径应在该集料中占有较大的优势。将这一假定作为补充条件,可以简化式(1-48),从而求出 A、B、C 三种集料在矿质混合料中的用量。

③计算各个集料在矿质混合料中的用量

首先确定在某种集料中占优势含量的某一粒径,忽略其他集料在此粒径的含量。

例如,若在集料 A 中所选择的粒径为 i,该粒径的分计筛余为 $a_A(i)$,并令:集料 B 和集料 C 在此粒径的含量 $a_B(i)$、$a_C(i)$ 均等于零,代入式(1-48)计算出集料 A 在混合料中的用量 x。

同理,在计算集料 C 或集料 B 的用量时,先确定这种集料中占优势的某一粒径,而忽略另两种集料中同一粒径的含量,根据上述相同方法,计算集料 C 或集料 B 的用量。可以根据集料的级配情况,选择先求解集料 B 的用量,还是先求解集料 C 的用量。

当集料规格超过 3 种时,式(1-48)中的未知数将增加,可按照上述原理重复进行计算。

④合成级配的计算、校核和调整

由于试算法中各种集料用量比例是根据几个筛孔确定的,不能控制所有筛孔,所以应对合成级配进行校核。先按照式(1-46)计算矿质混合料的合成通过百分率 $P_M(i)$,计算出的矿质混合料的合成级配 $P_M(i)$ 应在设计要求级配范围内,并尽可能接近设计级配范围的中值。当合成级配不满足要求时,应调整各集料的比例。调整配合比后还应重新进行校核,直至符合要求为止。如经计算后确实不能满足级配要求时,可掺加单粒级集料或调换其他集料。

试算法的具体计算步骤见[例题 1-2]。

(2)规划求解法

规划求解法采用 Microsoft Office 软件 Excel 电子表格中的规划求解分析工具进行,通过设置规划求解中的约束条件,较为准确地计算出各种集料的用量。采用规划求解法确定矿质混合料配合比的具体步骤见[例题 1-3]。

2. 图解法

通常采用"修正平衡面积法"确定矿质混合料的合成级配。在"修正平衡面积法"中,将设计要求的级配中值曲线绘制成一条直线,纵坐标和横坐标分别代表通过百分率和筛孔尺寸,这样,当纵坐标仍为算术坐标时,横坐标的位置将由设计级配中值所确定。

(1)绘制级配曲线坐标图

按照一定的尺寸绘制矩形图框,连接对角线 OO' 作为设计级配中值曲线,见图 1-7。

按常数标尺在纵坐标上标出通过百分率位置,然后将设计级配中值(见表 1-13 中数据)对应的各筛孔通过百分率,标于纵坐标上,并从纵坐标引水平线与对角线相交,再从交点作垂线与横坐标相交,该交点即为各相应筛孔尺寸的位置。

矿质混合料的设计级配范围　　表 1-13

筛孔尺寸(mm)	16.0	13.2	9.5	4.75	2.36	1.18	0.6	0.3	0.15	0.075
设计级配范围(%)	100	95~100	70~88	48~68	36~53	24~41	18~30	12~22	8~16	4~8
设计级配中值(%)	100	98	79	57	45	33	24	17	12	6

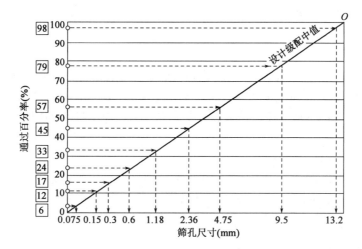

图 1-7 设计级配范围中值曲线

（2）确定各种集料用量

以图 1-7 为基础,将各种集料的级配曲线绘制于图上,结果见图 1-8,然后根据两条级配曲线之间的关系确定各种集料的用量。

由图 1-8 可见,任意两条相邻集料级配曲线之间的关系只可能是下列三种情况之一：

①曲线重叠

两条相邻级配曲线相互重叠,在图 1-8 中表现为集料 A 的级配曲线下部与集料 B 的级配曲线上部搭接。此时,在两级配曲线之间引一根垂线 AA',使其与 A、B 集料的级配曲线截距相等,即 $a=a'$。垂线 AA' 与对角线 OO' 交于点 M,通过 M 作一水平线与纵坐标交于 P 点,OP 即为集料 A 的用量。

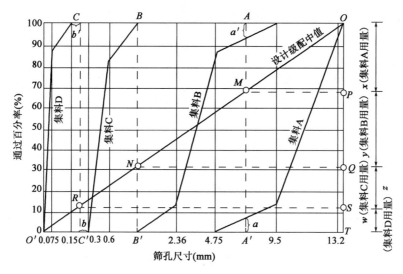

图 1-8 图解法用图

②曲线相接

两条相邻级配曲线相接,在图 1-8 中表现为集料 B 的级配曲线末端与集料 C 的级配曲线首端正好在同一垂直线上。对于这种情况,仅需将集料 B 的级配曲线末端与集料 C 的级配曲线首端直接相连,得垂线 BB'。BB' 与对角线 OO' 交于点 N,过 N 作一水平线与纵坐标交于 Q 点,PQ 即为集料 B 的用量。

③曲线相离

两相邻级配曲线相离,表现为集料 C 的级配曲线末端与集料 D 的级配曲线首端在水平方向彼此分离。此时,作一条垂线 CC' 平分这段水平距离,使 $b = b'$,得垂线 CC'。CC' 与对角线 OO' 交于点 R,通过 R 作一水平线与纵坐标交于 S 点,QS 即为集料 C 的用量。剩余 ST 即为集料 D 的用量。

(3) 合成级配的计算与校核

与试算法相同,在图解法求解过程中,各种集料用量比例也是根据部分筛孔确定的,所以需要对矿料的合成级配进行校核,当超出级配范围时,应调整各集料的用量。合成级配的计算与校核方法与试算法相同。

图解法的具体计算步骤见[例题 1-4]。

三、矿质混合料配合比设计例题

【例题 1-2】 采用试算法计算某矿质混合料的配合比。

(1) 已知条件

碎石、石屑和矿粉的筛分试验结果列于表 1-14 中第 2~4 列;设计级配范围列于表 1-11 中第 5 列。

集料的分计筛余和矿质混合料规定的级配范围 表 1-14

筛孔尺寸 d_i(mm)	各档集料的筛分析试验结果			设计级配范围及中值			
	碎石分计筛余 $a_A(i)$(%)	石屑分计筛余 $a_B(i)$(%)	矿粉分计筛余 $a_C(i)$(%)	通过百分率范围 $P(i)$(%)	通过百分率中值 $P_M(i)$(%)	累计筛余中值 $A_M(i)$(%)	分计筛余中值 $a_M(i)$(%)
(1)	(2)	(3)	(4)	(5)	(6)	(7)	(8)
13.2	0.8	—	—	95~100	97.5	2.5	2.5
9.5	43.6	—	—	70~88	79	21	18.5
4.75	49.9	—	—	48~68	58	42	21
2.36	4.4	25.0	—	36~53	44.5	55.5	13.5
1.18	1.3	22.6	—	24~41	32.5	67.5	12
0.6	—	15.8	—	18~30	24	76	8.5
0.3	—	16.1	—	17~22	19.5	80.5	4.5
0.15	—	8.9	4	8~16	12	88	7.5
0.075	—	11.1	10.7	4~8	6	94	6
<0.075	—	0.5	85.3	—	0	100	6

(2) 计算要求

按试算法确定碎石、石屑和矿粉在矿质混合料中所占的比例,校核矿质混合料合成级配计算结果是否符合规范要求的级配范围。

解:

(1) 准备工作

将矿质混合料设计范围由通过百分率转换为分计筛余百分率。首先计算表 1-14 中矿质混合料设计级配范围的通过百分率中值,然后转换为累计筛余百分率,再计算为各筛孔的分计筛余百分率,计算结果列于表1-14中第6~8列。

(2)计算碎石在矿质混合料中用量x

分析表1-14中各档集料的筛分结果可知,碎石中占优势含量粒径为4.75mm。故计算碎石用量时,假设混合料中4.75mm粒径全部由碎石组成,即$a_B(4.75)$和$a_C(4.75)$均等于零。将$a_B(4.75)=0$、$a_C(4.75)=0$、$a_M(4.75)=21.0\%$、$a_A(4.75)=49.9\%$代入式(1-48)可得:

$$x = \frac{a_M(4.75)}{a_A(4.75)} \times 100 = \frac{21.0}{49.9} \times 100 = 42.1$$

(3)计算矿粉在矿质混合料中的用量z

根据表1-14,矿粉中粒径<0.075mm的颗粒占优势,此时,假设$a_A(<0.075)$和$a_B(<0.075)$均等于零,将$a_M(<0.075)=6.0\%$、$a_C(<0.075)=85.3\%$代入式(1-48)得:

$$z = \frac{a_M(<0.075)}{a_C(<0.075)} \times 100 = \frac{6.0}{85.3} \times 100 = 7.0$$

(4)计算石屑在混合料中用量y

将已求得的$x=42.1$和$z=7.0$代入式(1-47)得:

$$y = 100 - (x+z) = 100 - (42.1+7.0) = 50.9$$

(5)合成级配的计算与校核

根据以上计算,矿质混合料中各种集料的比例为:

碎石:石屑:矿粉=$x:y:z$=42.1:50.9:7.0。依次计算各档集料占矿质混合料的百分率,见表1-15中第2~10列,然后计算矿质混合料的合成级配,结果列入表1-15的第11~13列。将矿质混合料的通过百分率(表1-15中第13列)与要求级配范围比较可知,该合成级配符合设计级配范围的要求。

矿质混合料组成计算校核表　　　　　　表1-15

筛孔尺寸d_i(mm)	碎石(%)			石屑(%)			矿粉(%)			矿质混合料合成级配(%)			设计级配范围$P(i)$(%)
	分计筛余百分率$a_A(i)$	采用百分率x	占混合料百分率$a_A(i)x$	分计筛余百分率$a_B(i)$	采用百分率y	占混合料百分率$a_B(i)y$	分计筛余百分率$a_C(i)$	采用百分率z	占混合料百分率$a_C(i)z$	分计筛余$a_M(i)$	累计筛余$A_M(i)$	通过率$P_M(i)$	
(1)	(2)	(3)	(4)	(5)	(6)	(7)	(8)	(9)	(10)	(11)	(12)	(13)	(14)
13.2	0.8		0.3			—				0.3	0.3	99.7	95~100
9.5	43.6		18.4							18.4	18.7	81.3	70~88
4.75	49.9	×42.1	21.0							21.0	39.7	60.3	48~68
2.36	4.4		1.9	25.0		12.7				14.6	54.3	45.7	36~53
1.18	1.3		0.5	22.6		11.5				12.1	66.3	33.7	24~41
0.6	—			15.8		8.0				8.0	74.4	25.6	18~30
0.3	—			16.1	×50.9	8.2				8.2	82.6	17.4	12~22
0.15	—			8.9		4.5	4.0		0.3	4.8	87.4	12.6	8~16
0.075	—			11.1		5.6	10.7	×7.0	0.7	6.4	93.8	6.2	4~8
<0.075	—			0.5		0.3	85.3		6.0	6.2	100.0	0.0	—
合计	100		42.1	100		50.9	100		7.0	100			

【**例题 1-3**】 采用规划求解法设计某矿质混合料中各种集料的用量比例。

(1)已知条件

矿质混合料的设计级配范围见表 1-16,可供选择的集料分为 5 档,各自的筛分结果分别列于表 1-16 中第 5 ~9 列。

设计级配范围和集料筛分的通过百分率(%) 表 1-16

筛孔尺寸 d_i(mm)	设计级配			各档原材料的通过百分率				
	上限值	下限值	中值	15 ~25mm	5 ~15mm	3 ~6mm	0 ~3mm	矿粉
26.5	100	100	100	100				
19	100	90	95	84.7				
16	90.0	80.0	85	39.7	100			
13.2	81.0	68.0	74.5	7.3	96.1			
9.5	70.0	57.0	63.5	0.0	51.1	100		
4.75	49.0	36.0	42.5	0.0	1.7	95.6	100	
2.36	35.0	23.0	29	0.0	0.0	4.4	93.2	
1.18	22.0	14.0	18	0.0	0.0	0.7	60.8	
0.6	17	7.0	12	0.0	0.0	0.0	38.2	
0.3	14.0	5.0	9.5	0.0	0.0	0.0	21.4	
0.15	10.0	3.0	6.5	0.0	0.0	0.0	9.5	100
0.075	5.0	2.0	3.5	0.0	0.0	0.0	3.5	85.9

(2)设计要求

根据原材料的筛分级配,确定符合设计级配范围要求的各档原材料用量。

解:

(1)输入已知数据并输入合成级配计算式

打开 Microsoft 的 Excel 软件,按照图 1-9 的形式建立数据工作表。

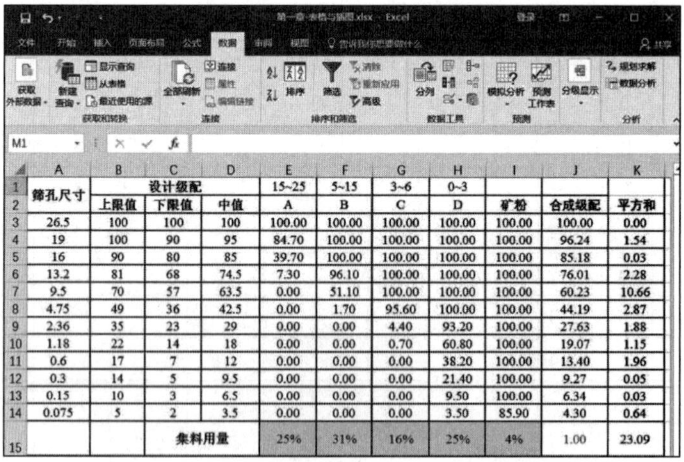

	A	B	C	D	E	F	G	H	I	J	K
1	筛孔尺寸	设计级配			15~25	5~15	3~6	0~3			
2		上限值	下限值	中值	A	B	C	D	矿粉	合成级配	平方和
3	26.5	100	100	100	100.00	100.00	100.00	100.00	100.00	100.00	0.00
4	19	100	90	95	84.70	100.00	100.00	100.00	100.00	96.24	1.54
5	16	90	80	85	39.70	100.00	100.00	100.00	100.00	85.18	0.03
6	13.2	81	68	74.5	7.30	96.10	100.00	100.00	100.00	76.01	2.28
7	9.5	70	57	63.5	0.00	51.10	100.00	100.00	100.00	60.23	10.66
8	4.75	49	36	42.5	0.00	1.70	95.60	100.00	100.00	44.19	2.87
9	2.36	35	23	29	0.00	0.00	4.40	93.20	100.00	27.63	1.88
10	1.18	22	14	18	0.00	0.00	0.70	60.80	100.00	19.07	1.15
11	0.6	17	7	12	0.00	0.00	0.00	38.20	100.00	13.40	1.96
12	0.3	14	5	9.5	0.00	0.00	0.00	21.40	100.00	9.27	0.05
13	0.15	10	3	6.5	0.00	0.00	0.00	9.50	100.00	6.34	0.03
14	0.075	5	2	3.5	0.00	0.00	0.00	3.50	85.90	4.30	0.64
15			集料用量		25%	31%	16%	25%	4%	1.00	23.09

图 1-9 规划求解数据输入后的 Excel 工作表

在 Excel 工作表的 B 列和 C 列中输入表 1-16 中设计级配上限值和下限值,级配中值在 D 列生成。在工作表的第 E～I 列中输入表 1-16 中 5 档集料的级配。

在单元格 E15、F15、G15、H15 和 I15 中存储各档集料用量。

在第 J 列中输入矿料的合成级配,在单元 J3～J14 中分别输入矿料在 0.075～26.5mm 筛孔的通过百分率,合成级配按照式(1-46)计算,在 Excel 工作表中输入方式为:

在 J3 单元格中输入" = E15 * E3 + F15 * F3 + G15 * G3 + H15 * H3 + I15 * I3";

在 J4 单元格中输入" = E15 * E4 + F15 * F4 + G15 * G4 + H15 * H4 + I15 * I4";

……

在 J14 单元格中输入" = E15 * E14 + F15 * F14 + G15 * G14 + H15 * H14 + I15 * I14"。

(2)建立目标控制条件

要求矿质混合料的合成级配落在设计级配范围之内,并且尽量地接近中值。因此,可以要求以合成级配中值与设计级配中值之差的平方和最小作为目标控制条件,即按照式(1-49)得到的计算值 Q 最小。

$$Q = \sum [P_M(i) - P_{设计}(i)]^2 \tag{1-49}$$

式中:$P_M(i)$——矿质混合料合成级配通过百分率,%;

$P_{设计}(i)$——设计级配范围中值,%。

式(1-49)在表格中的输入形式为:在单元格 K3 中输入" = (D3-J3)²",K4 中输入" = (D4-J4)²",……,K14 中输入" = (D14-J14)²",最后在单元格 K15 中输入公式" = sum(K3:K14)"表示对 K3～K14 单元格求和。

(3)设置规划求解参数值

上述步骤完成了规划求解前的准备,根据设计目标,集料用量比例应在保证矿料合成级配不超出设计级配范围的前提下,使式(1-49)的值最小。所以问题的求解可以描述为,寻求合适的 E15、F15、G15、H15 和 I15 的值(可变值),在保证所有 C3≤J3≤B3,C4≤J4≤B4,…,C14≤J14≤B14 成立的前提下(约束条件),使得 K15 的值最小(差的平方和最小,控制值)。

在 Excel 工具栏中点击"规划求解",出现如图 1-10 所示"规划求解参数"对话框。

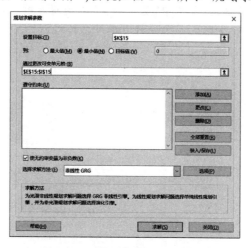

图 1-10 "规划求解参数"对话框

①设置目标单元格

在"规划求解参数"对话框中,把目标单元格中设置为K15(自动显示为＄K＄15),选中最小值选项。其意思为以控制目标单元格的最小值为规划求解的最终目的,即要求式(1-49)计算值最小。

②设置可变单元格

选中各档集料用量单元格E15、F15、G15、H15和I15作为可变单元格(显示为＄E＄15:＄I＄15)。

单击如图1-10所示的"规划求解参数"对话框中的"添加"按钮来增加约束条件,当单击"添加"后,弹出"添加约束"对话框见图1-11,在该对话框中依次输入各条约束条件。所输入的约束条件应满足式(1-50)的要求,即合成级配不得超出设计级配的控制范围。

$$P_{\text{设计}}(i) \text{下限} < P_{\text{M}}(i) < P_{\text{设计}}(i) \text{上限} \tag{1-50}$$

式中:$P_{\text{M}}(i)$——矿质混合料合成级配通过百分率,%;

$P_{\text{设计}}(i)$——设计级配范围中值,%。

图1-11 "添加约束"对话框

例如:要增加J3≤B3这样的约束条件,则可在"添加约束"对话框的左侧输入或选取单元格J3作为引用单元格(显示为＄J＄3),在中间的组合框中选择＜=,在对话框的右侧输入或选取单元格B3作为约束值单元格,见图1-11,单击添加按钮后就完成一个约束条件的设置。继续在对话框中左侧输入J3,右侧输入C3,中间选择＞=,单击添加,则完成了约束条件J3≥C3的添加。这样就完成了约束条件C3≥J3≥B3的设置。依照相同的方法完成所有约束条件的输入。

除了对级配范围的约束之外,还可以设置任何其他的约束条件。比如在本例中事先确定了矿粉的用量为4%,则可以增加约束条件"I15＝0.04"。

在添加完所有的约束条件后,单击中"添加约束"对话框中的"取消"键后,将重新弹出"规划求解参数"对话框,如图1-12所示为添加所有约束条件设置后的规划求解对话框。

图1-12 添加了各组约束条件后的对话框

(4) 规划求解计算各种集料用量

单击"规划求解参数"对话框中的"求解"键,规划求解过程开始,求解运算后将跳出如图 1-13 所示的对话框。

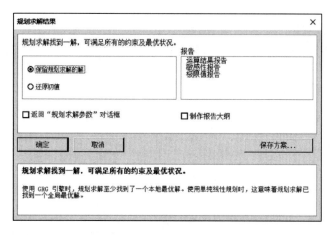

图 1-13 "规划求解结果"对话框

如果有解(如本例中有一个解),选中"保存规划求解结果",单击"确定"按钮保存结果,结束求解。在可变单元格中保存所求得的各档集料的用量。如果提示没有找到解,则意味着用这种原材料配不出符合要求的级配,应改变原材料重新计算。

本例题求解结果见图 1-14。

5	9.5	0.00	0.00	0.00	21.40	100.00	9.27	0.05
3	6.5	0.00	0.00	0.00	9.50	100.00	6.34	0.03
2	3.5	0.00	0.00	0.00	3.50	85.90	4.30	0.64
集料用量		25%	31%	16%	25%	4%	1.00	23.09

图 1-14 可变单元格中显示的结果

(5) 绘制合成级配曲线

利用 Excel 中图表导向,可以绘制合成级配曲线,略。

【例题 1-4】 采用图解法设计某矿质混合料的配合比。

(1) 已知条件

根据设计资料,所铺筑道路为高速公路,沥青路面为上面层,结构层设计厚度 4cm,选用矿质混合料的级配范围见表 1-17。该混合料采用 4 档集料,各档集料的筛分试验结果见表 1-17。

矿质集料级配与设计级配范围 表 1-17

材料名称	下列筛孔(mm)的通过百分率(%)									
	16.0	13.2	9.5	4.75	2.36	1.18	0.6	0.3	0.15	0.075
集料 A(碎石)	100	93	17	0	—	—	—	—	—	—
集料 B(石屑)	100	100	100	84	14	8	4	0	—	—
集料 C(砂)	100	100	100	100	92	82	42	21	11	4
矿粉 D(矿粉)	100	100	100	100	100	100	100	100	96	87
设计级配范围	100	95~100	70~88	48~68	36~53	24~41	18~30	12~22	8~16	4~8
级配范围中值	100	98	79	58	45	33	24	17	12	6

(2)设计要求

采用图解法进行矿质混合料配合比设计,确定各档集料的比例,校核矿质混合料的合成级配是否符合设计级配范围的要求。

解:

(1)绘制图解法用图

计算设计级配范围中值,列入表 1-17 中。

绘制图解法用图 1-17。根据表 1-17 中设计级配范围中值数据,确定各筛孔尺寸在横坐标上的位置。然后将各档集料与矿粉的级配曲线绘制于图 1-15 中。

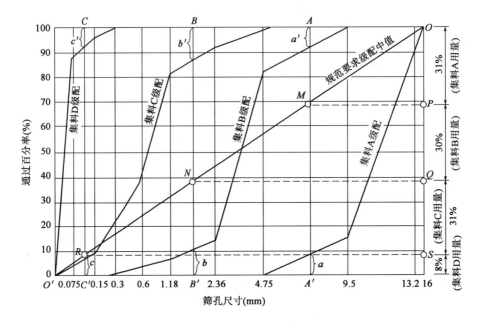

图 1-15　[例题 1-4]图解法用图

(2)确定各档集料用量

在集料 A 与集料 B 级配曲线相重叠部分作一垂线 AA',使垂线截取这两条级配曲线的纵坐标值相等($a=a'$)。垂线 AA' 与对角线 OO' 有一交点 M,过 M 引一水平线,与纵坐标交于 P 点,OP 的长度 $x=31\%$,即为碎石用量 x。

同理,求出石屑用量 $y=30\%$,砂用量 $z=31\%$,矿粉用量 $w=8\%$。

(3)配合比校核与调整

按照碎石:石屑:砂:矿粉 = 31%:30%:31%:8% 的比例,计算矿质混合料的合成级配,结果列于表 1-18。由表 1-18 可以看出,合成级配在筛孔 0.075mm 的通过百分率为 8.2%,超出了设计级配范围(4%~8%)的要求,需要对各集料比例进行调整。通过试算,采用减少石屑(集料 B)、增加砂(集料 C)并减少矿粉(集料 D)用量的方法来调整配合比。

经调整后的配合比为:碎石用量 $x=31\%$;石屑用量 $y=26\%$;砂用量 $z=37\%$;矿粉用量 $w=6\%$。配合比调整后,矿质混合料的合成级配见表 1-15 中括号内的数值,可以看出,合成级配曲线完全在设计要求的级配范围之内,并且接近中值。因此,本例题配合比设计结果为:碎石用量 $x=31\%$,石屑用量 $y=26\%$,砂用量 $z=37\%$,矿粉用量 $w=6\%$。

矿质混合料合成级配校核计算用表　　　　　　　　　　表1-18

材料名称		下列筛孔(mm)的通过百分率(%)								
		16.0	13.2	9.5	4.75	2.36	1.18	0.6	0.3	0.15	0.075
各种矿料在混合料中的级配	A 碎石 31%(31%)	31.0(31.0)	28.8(28.8)	5.3(5.3)	0(0)	—	—	—	—	—	—
	B 石屑 30%(26%)	30.0(26.0)	30.0(26.0)	30.0(26.0)	25.2(21.8)	4.2(3.6)	1.4(2.1)	1.2(1.1)	0(0)	—	—
	C 砂 31%(37%)	31.0(37.0)	31.0(37.0)	31.0(37.0)	31.0(37.0)	28.5(34.0)	25.4(30.3)	13.0(15.5)	6.5(7.8)	3.4(4.1)	1.2(1.5)
	D 矿粉 8%(6%)	8.0(6.0)	8.0(6.0)	8.0(6.0)	8.0(6.0)	8.0(6.0)	8.0(6.0)	8.0(6.0)	8.0(6.0)	7.9(5.8)	7.0(5.3)
矿质混合料的合成级配		100(100)	97.8(97.8)	74.3(74.3)	64.2(64.2)	40.7(43.6)	35.8(38.4)	22.2(22.6)	14.5(13.8)	11.3(9.9)	8.2(6.7)
设计级配范围		100	95~100	70~88	48~68	36~53	24~41	18~30	12~22	8~16	4~8

【本章小结】

砂石材料是道路工程中用量最大的一类材料。砂石材料可直接用于铺筑道路结构，但更多的是制备成沥青混合料、水泥混凝土和基层混合料，用于铺筑道路面层、基层或垫层。

在道路工程中，常用岩石品种为石灰岩、花岗岩、砂岩、玄武岩、辉绿岩等。岩石的主要物理常数为密度、含水率和吸水率；主要力学指标为单轴无侧限抗压强度，在季节性冰冻地区还应考虑所用岩石的抗冻性。

集料是由不同粒径的矿物颗粒组成的混合物。集料的密度和空隙率对其物理、力学性能有着重要影响。集料的力学性能分别用压碎值、磨耗损失和磨耗值、冲击值、磨光值等指标表示。用于道路路面结构的粗集料应具备足够的抗压碎性、抗磨耗性和抗冲击性，用于沥青路面表层的粗集料还应具备足够的抗磨光性。

集料级配组成反映了不同粒径颗粒的分布情况，用级配参数和级配曲线表示。集料的级配组成对集料的密实度和内摩阻力有着显著的影响，也是进行矿质混合料组成设计的主要依据。矿料的级配类型分为连续级配和间断级配，前者可以采用级配曲线范围公式进行计算。本章还介绍了多级嵌挤密级配的分析方法。

矿质混合料是由两种或两种以上集料按一定比例组成的混合物，确定这个比例关系的过程称为配合比设计，矿质混合料的配合比设计方法有数解法(试算法、规划求解法)和图解法。

【练习题】

1-1 岩石的主要物理常数与集料的主要物理常数有哪几项？它们之间有何异同？

1-2 简述道路工程中常用岩石类型及其特性。

1-3 什么是集料的堆积密度？什么是集料的松装密度？什么是集料的紧装密度？

1-4 压碎值、磨耗损失、磨光值及冲击值分别表征集料的什么性质？其对路面工程有何实用意义？

1-5 什么是集料的级配？如何确定集料的级配？用哪几项参数表示集料的级配？

1-6 简述研究矿质混合料级配的意义，连续级配与间断级配的矿料有何差别？

1-7 简述级配曲线范围公式的意义。

1-8 常用矿质混合料配合比设计方法有哪几种？简述设计过程的主要步骤。

1-9 某沥青路面混合料用细集料的筛分试验结果见表1-19。试计算该细集料的分计筛余百分率、累计筛余百分率和通过百分率，绘制该细集料的级配曲线图，并分析其级配是否符合设计级配范围的要求。

某沥青路面混合料用细集料的筛分试验结果　　　　表1-19

筛孔尺寸(mm)	9.5	4.75	2.36	1.18	0.6	0.3	0.15	0.075	筛底
筛余质量(g)	0	13	160	100	75	50	39	25	38
设计级配范围(%)	100	95~100	55~75	35~55	20~40	12~28	7~18	5~10	—

1-10 某工程用石灰岩试件为直径50mm、高50mm的圆柱体，经饱水后进行抗压强度试验，极限荷载分别为179kN、182kN、174kN、178kN、189kN和185kN，计算该岩石抗压强度。

1-11 按照级配曲线范围公式(1-38)，取级配指数n分别为0.3、0.5和0.7，计算最大粒径$D=19$mm的集料在各个筛孔上的通过百分率，并将这些级配曲线绘制在同一张图上。

1-12 采用"试算法"确定某矿质混合料的配合比。

[设计资料]碎石、石屑和矿粉的筛分试验结果以通过百分率列于表1-17中第2~4列，设计级配范围要求值列于表1-20中第5列。

表1-20

筛孔尺寸d_i (mm)	各档集料筛分试验结果(通过百分率,%)			设计级配范围通过百分率(%)
	碎石	石屑	矿粉	
26.5	100	100	100	100
19.0	97	100	100	95~100
16.0	61.5	100	100	75~90
13.2	34.5	100	100	62~80
9.5	19.8	93.8	100	52~72
4.75	4.6	77.9	100	38~58
2.36	—	58.7	100	28~46
1.18	—	36.0	100	20~34
0.6	—	23.0	97	15~27
0.3	—	11.0	94	10~20
0.15	—	—	92	6~14
0.075	—	—	70.5	4~8

[设计要求]用试算法确定碎石、石屑和矿粉在矿质混合料中的用量;计算出矿质混合料的合成级配,并校核该合成级配是否在要求的级配范围中,若有超出应进行调整。

1-13 分别采用规划求解法、图解法确定矿质混合料的配合比,设计资料同练习题1-12。

【思考题】

1-14 试分析试件形状、试件尺寸(高径比)、加载速率等因素对石料抗压强度测试结果的影响及原因。

1-15 选择一条高速公路沥青路面作为研究对象,分析沥青层不同的层位(如上面层、中下面层)采用的集料种类及其技术要求,思考为什么这样设计。

1-16 建筑垃圾是城市大宗固体废弃物之一,钢渣是炼钢过程的副产品。试分析建筑垃圾、钢渣的主要成分,并思考将其加工制成的集料技术性质,及其在道路工程中应用的技术可行性。

1-17 某高速公路为双向8车道,设计速度120km/h。其沥青面层结构为:4cm厚SMA-13沥青玛琋脂碎石混合料+6cm厚AC-20沥青混合料+8cm厚AC-25沥青混合料。试估算建设1km沥青面层需要的集料和沥青重量。

【推荐阅读文献】

[1] 刘超,陈明伟,梁彤祥.矿物材料学[M].北京:化学工业出版社,2019.
[2] Chinnu S N, Minnu S N, Bahurudeen A, et al. Recycling of industrial and agricultural wastes as alternative coarse aggregates: A step towards cleaner production of concrete [J]. Construction and Building Materials,2021,287:123056.
[3] 高大钊.岩土工程六十年琐忆[M].北京:人民交通出版社股份有限公司,2022.
[4] 夏芳.工程材料试验与检测[M].北京:人民交通出版社,2013.
[5] 李广信.岩土工程50讲——岩坛漫话[M].2版.北京:人民交通出版社,2010.

第二章 沥青材料

【内容提要】

本章介绍了沥青材料类型,重点阐述石油沥青的生产工艺、组成结构、技术性质、评价指标和技术标准。在此基础上,介绍聚合物改性沥青、乳化沥青的技术性质和技术标准,以及煤沥青、天然沥青、环氧沥青、彩色沥青、橡胶沥青和泡沫沥青的性能特点及其技术要求。

沥青是从原油或者煤加工得到或者自然界天然存在的黑棕色到黑色的固态或半固态黏稠物质。人类开发与应用沥青已经有5000多年的历史。约在公元前3000年,苏美尔人就应用沥青镶嵌贝壳与珠宝以及作为木船防水涂料。16世纪前后,秘鲁印加人开始修筑沥青路面。1870年,美国新泽西州Newark铺筑了第一条具有现代意义的热拌沥青混凝土路面。时至今日,石油沥青作为一种重要的战略资源,已经被广泛地应用于道路、铁路、桥梁、机场等交通基础设施建设与养护,以及水利工程、工农业等国民经济的各个领域。

第一节　沥青基础知识

一、沥青的分类

沥青的品种很多，广义的沥青主要包括天然沥青、焦油沥青及石油沥青三大类，而狭义的沥青主要是指石油沥青。

1. 沥青的种类

（1）天然沥青

地壳中的石油在各种因素作用下，其轻质油分蒸发，经浓缩、氧化作用形成的沥青类物质，称为"天然沥青"（Native Asphalt）。人们熟知的"湖沥青"（Lake Asphalt）就是天然沥青的一种。其中，产地在中美洲的加勒比岛国特立尼达和多巴哥附近的特立尼达岛上的特立尼达湖沥青是比较著名的天然沥青，由沃尔特·雷利于1595年发现。

存在于岩石缝隙中的天然沥青称为岩沥青（Rock Asphalt），岩沥青中含有砂和岩石等矿物成分，经过熬制可以得到纯净的沥青。美国犹太州东部的 Uintah 盆地出产的 UINTAITE 岩沥青是代表性品种。此外，我国四川、新疆克拉玛依市、青海等地也出产了天然岩沥青。

位于印度尼西亚布顿岛（Buton）有一名为 BMA 的海底沥青矿，这是一种经过千万年沉积形成的天然矿物，称之海底沥青。

（2）焦油沥青

煤、木材、页岩等有机物质经炭化作用或在真空中分馏得到的黏性液体，称为焦油沥青。其中，由煤加工而得到的沥青称为煤焦油沥青。由木材蒸馏而得到的沥青为木焦油而由页岩经过蒸馏得到的沥青称为页岩沥青。

（3）石油沥青

由地壳中的原油，经开采加工后获得的沥青为石油沥青。这是沥青材料的主要来源，应用最为广泛。通常所讲的沥青就是指石油沥青。

2. 石油沥青的分类

按照石油沥青的加工方法、形态、用途等可分为不同种类。

（1）按照加工方法分类

石油沥青是原油经过特定的生产加工工艺炼制而成的化工产品。石油沥青是应用最为广泛的沥青材料，其基本生产工艺主要有：蒸馏法、氧化法、溶剂法（溶剂脱沥青工艺）和调合法。现代石油沥青的生产过程要综合考虑原油特性和沥青产品技术指标要求，采用多种加工方法的组合生产工艺。由于加工工艺的不同，所得的石油沥青的性质也不尽相同。

①直馏沥青

直接蒸馏原油,将不同沸点的馏分取出后,在常压塔底获得的残渣称为直馏沥青。蒸馏法制取石油沥青是最简单、最经济的方法。原油脱水后加热至360℃,进入常压塔,在塔内分馏出汽油、柴油和重柴油。塔底常压渣油再进一步加热至390℃,进入减压蒸馏塔,此塔保持一定的真空度,分馏出减压馏分,塔底所存的减压渣油往往可以获得合格的道路沥青。

直馏沥青的性质与原油的来源有很大关系。一般来说,环烷基原油和蜡分含量较低的中间基原油适合生产道路沥青,所生产的道路沥青具有延度高、与碎石黏附性强、高温稳定性好、不易出现车辙与拥包、耐老化性能较好等优点。

②氧化沥青

将低标号的沥青或渣油在240～290℃的高温下吹入空气,使其软化点提高,针入度降低,提高沥青的稠度,用这种方法所得的沥青为氧化沥青,也称为吹制沥青(Blown Asphalt)。

低标号沥青或渣油连续按一定的流速通入氧化塔。氧化塔为中空圆筒,里面装有栅板,以减少返混。空气由底部批量通入,在一定温度下,渣油中的芳烃、胶质和沥青质与空气中的氧气发生氧化反应,导致组成发生变化,其转化过程为:

$$芳烃 \rightarrow 胶质 \rightarrow 沥青质 \rightarrow 碳青质 \rightarrow 焦炭$$

氧化反应的结果是使沥青增稠、温度敏感性降低且针入度指数增大。氧化法主要用来生产高软化点的建筑沥青。当直馏法不能直接生产道路沥青时,有时就采用浅度氧化的方法,在比较低的温度下氧化较短的时间,所得沥青为半氧化沥青。

③溶剂沥青

石蜡基原油的残渣富含高沸点石蜡烃,蒸馏法很难将它完全蒸出。这些组分的存在使沥青的稠度达不到要求,且软化点和延度较低。由于这种沥青中的饱和烃几乎不能被氧化,而芳香烃和胶质则大量被氧化成沥青质和碳青质,这样得到的沥青脆且没有弹性。采用溶剂法处理石蜡基原油则能得到质量优良的沥青产品。

溶剂法是利用溶剂对各组分有不同的溶解能力能选择性地溶解其中一个或几个组分,这样就能实现组分的分离。与蒸馏法相比,所得产品在组成和性能上有明显差异。根据渣油中各组分不同的溶解能力,从渣油中分离出富含有饱和烃和芳香烃的脱沥青油,即催化、裂化或加氢裂化的原料油,同时得到含胶质、沥青质高的浓缩物,也即沥青。所得沥青加以调和、氧化,可生产出各种规格的沥青。

④调和沥青

用调和法生产沥青是按照沥青质量要求,将几种沥青调和,调整沥青组分之间的比例以获得所要求的产品。

优质沥青的组分大致比例为:饱和分13%～31%,芳香分32%～60%,胶质19%～39%,沥青质6%～15%,蜡含量小于3%。然而,调和沥青的性质与各组分的比例不是简单的加合,而是与形成的胶体结构类型有关。调和法生产沥青通常先生产出软、硬两种沥青组分,然后根据需要调和出符合要求的沥青。调和的关键在于配合比正确且混合均匀。

(2)按照形态分类

按照沥青在常温条件下呈现的状态,可分为黏稠沥青和液体沥青。

①黏稠沥青

在常温下呈膏体状或固体状的沥青,称之为膏体沥青,这类沥青黏滞度较高,所以一般也称为黏稠沥青。由于这种沥青的标号通常用针入度表示,有时又称针入度级沥青。黏稠沥青是目前道路工程中应用最为广泛的沥青材料。

②液体沥青

在常温下是液体或半流动状态的沥青,称之为液体沥青。用溶剂将黏稠沥青加以稀释所得到的液体沥青,称为稀释沥青,也称为回配沥青(cutback asphalt)。根据稀释沥青凝固的速度可分为快凝、中凝和慢凝三种。将沥青加以乳化成为另一种形式的液体沥青——乳化沥青。按照乳化沥青破乳速度的快慢可分为快裂、中裂和慢裂三种；其所用乳化剂的种类又分为阳离子乳化沥青、阴离子乳化沥青及非离子乳化沥青。

(3) 按沥青的用途分类

目前沥青广泛应用在道路、铁路、水利、工农业、建筑业、设备与管道防腐等领域，其中道路和建筑防水方面占其用量的95%以上。

① 道路沥青

用于铺筑路面的沥青称为道路沥青。沥青是建设道路路面的良好黏结材料，具有价格低廉、性能优良、来源广泛的特点，尚无更优的替代品。道路建设与养护要消耗大量沥青，几乎占整个沥青产量的50%~60%。

② 建筑沥青

由于沥青具有良好的黏结性、绝缘性及防水性，所以广泛用来制造防水、防潮等建筑材料，如油毛毡、铺瓦下垫层、接缝填充料、屋顶和地下室以及下水道防水层等，这类材料统称为建筑沥青。对这些沥青，要求具有良好的黏结性和防水性，在日照下不流淌，在冬季低温下不龟裂。建筑沥青标号较低，针入度一般为5~30(0.1mm)。

③ 水工沥青

水工沥青要求黏附性要好，延度不能太低。20世纪30年代，在阿尔及利亚用沥青混凝土建筑的高58m、库容2.8亿m^3的防渗斜墙大坝取得成功后，沥青广泛应用在水库筑坝、海岸护堤、渠道防渗等水利工程领域。目前，世界上建成高15m以上的沥青混凝土斜墙坝已达百余座。我国长江三峡枢纽茅坪溪防护大坝沥青混凝土心墙采用国产的中海36-1沥青修建的，高104m；四川省甘孜藏族自治州去学水电站的沥青混凝土心墙高132m。它是当今世界上最高的沥青混凝土心墙之一。

④ 防腐沥青

由于沥青具有优良的黏结性能和防腐性能，所以也常用来作为埋地设备和金属管道的防腐涂层，如输油、输气及上下水金属管道，一般都要涂上一层防腐沥青。防腐沥青要求含蜡量低，黏附力高，热稳定性好，冻裂点低。

⑤ 其他沥青

其他沥青包含专用沥青、特种沥青等，被广泛应用于各个领域。如在油漆制造方面，有油漆沥青；在电池制造方面，有电池沥青；在电力工业方面，有电缆沥青和绝缘沥青；在玻璃加工方面，有抛光沥青等。

二、原油的分类

原油是石油沥青的原料，因此原油的组成和性质很大程度上决定了石油沥青的加工工艺及其使用性能。原油是一种黑褐色的流动或半流动黏稠液，略轻于水，是一种成分十分复杂的混合物，就其化学元素而言，主要是碳元素和氢元素组成的多种碳氢化合物，统称"烃类"。原油中碳元素占83%~87%，氢元素占11%~14%，其他部分则是硫、氮、氧及金属等杂质。虽然原油的基本元素类似，但从地下开采的天然原油，在不同产区和地层，反映出的原油品种则纷繁众多，其物理性质有很大的差别。原油的分类有多种方法：按组成可分为石蜡基原油、环烷基原油及中间基原油三类；按硫含量可分为超低硫原油、低硫原油、含硫原油及高硫原油四类;按相对密度可分为轻质原油、中质原油、重质原油以及特重质原油四类。

判断原油是否适合于生产沥青的经验方法是通过原油中的沥青质(A)、胶质(R)及蜡(W)的相对含量进行判断,其计算公式及判断方法如下:

(1) $(A+R)/W<0.5$,不适合生产沥青的原油。

(2) $(A+R)/W=0.5\sim1.5$,可以生产一般普通道路沥青的原油。

(3) $(A+R)/W>1.5$,一般最适合生产沥青的原油,可以生产优质道路沥青。

另外一种判断原油是否适合于生产沥青的方法是通过原油评价中大于500℃馏分渣油中的氢/碳(H/C)原子比来预测。一般来说,H/C原子比≤1.6时,该渣油可以用来生产道路沥青;H/C原子比>1.6时,该渣油则不适合生产道路沥青。

部分原油的$(A+R)/W$值及渣油H/C原子比见表2-1。

部分原油的$(A+R)/W$值及渣油H/C原子比 表2-1

原油名称	原油基属	渣油中的H/C原子比	$(A+R)/W$
中原原油	含硫石蜡基	1.60	0.48
华北原油	低硫石蜡基	1.65	0.97
辽河原油	低硫中间基	1.83	1.50
沙轻原油	高硫中间基	1.79	1.47
沙中原油	高硫中间基	1.47	3.17
科威特原油	高硫中间基	1.48	2.89
阿曼原油	石蜡—中间基	1.50	1.61
伊朗原油	中间基	1.50	1.55
渤海SZ36-1原油	环烷基	1.47	1.83
胜利原油	中间基	1.62	1.37
大庆原油	石蜡基	1.70	0.34
塔河原油	中间基	1.50	7.91

通常认为,环烷基和中间基原油由于组分构成比较合理,由其生产的道路沥青具有一定的延展性和良好的流变性能,且它在低温时具有一定的变形能力,不易开裂,高温时又具有一定的抗变形能力,不易出现车辙和拥包,同时它又具有很好的抗老化性,与石料的结合能力强,被认为是生产沥青的首选原油。而石蜡基原油因其轻质组分和蜡含量较高及胶质和沥青质含量较低等原因,不适用于生产优质道路沥青。

三、石油沥青的生产工艺

石油沥青基本生产工艺主要有常减压蒸馏工艺、氧化工艺、溶剂脱沥青工艺及调和工艺。现代石油沥青的生产过程要综合考虑原油特性和沥青产品技术指标等要求,采用多种加工方法的组合生产工艺。

1. 常减压蒸馏工艺

常减压蒸馏工艺是根据原油中不同组分沸点的差异,通过在常压和减压条件下加热原油,使原油中沸点较低的轻组分如汽油、煤油、柴油和蜡油等馏分挥发,塔底得到浓缩的高沸点减压渣油,即为沥青产品。通过合理调整蒸馏温度或拔出率,可以生产出不同针入度标号的沥青产品。原油常减压蒸馏原理流程如图2-1所示。

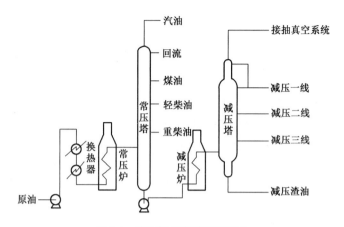

图2-1 原油常减压蒸馏原理流程

2. 氧化工艺

沥青的氧化过程是将软化点低、针入度及温度敏感性大的减压渣油或其他残渣油,在一定温度条件下通入空气,使其组成发生变化的过程。在沥青性能指标方面,氧化可使其软化点升高,针入度及温度敏感性减小,以达到沥青规格指标和使用性能要求。实际上,由于渣油组成的复杂性,在高温下渣油吹入空气所发生的反应不只是氧化,而是一个十分复杂的多种反应过程,通常凡是通过吹空气生产的沥青都称之为氧化沥青。

氧化温度、氧化时间、氧化风量是沥青氧化工艺的关键操作参数。通过改变这三个工艺参数,可获得不同技术等级和用途的沥青,如采用半氧化工艺生产道路沥青,采用高温氧化工艺生产建筑沥青等。

3. 溶剂脱沥青工艺

原油蒸馏是利用原油中各组分的沸点不同来实现分离的。但由于较重的高沸点馏分在高温时容易裂化,所以很难将渣油中的高沸点馏分分离出来,因此才有了溶剂脱沥青工艺。溶剂脱沥青工艺是用轻烃做溶剂,利用溶剂对渣油中各组分的不同溶解能力,从渣油中分离出富含饱和烃和芳香烃的脱沥青油,同时得到含胶质和沥青质的浓缩物。然后通过调和、氧化等方法,生产出各种规格的道路沥青和建筑沥青。

溶剂脱沥青工艺的关键是选择合适的溶剂。溶剂的选择对产品性能、装置灵活性和经济性等有很大的影响。目前工业上最合适的渣油脱沥青溶剂是C3-C5的轻质烃类或它们的混合物,如丙烷、丁烷或戊烷等。

4. 调和工艺

调和工艺主要是指参照沥青中的四个化学组分作为调和依据,按沥青的质量要求将组分重新组合起来生产沥青。它可以用同一原油的四组分做调和原料,也可用同一原油或采用其他原油一二次加工的残渣油或各种工业废料等做调和组分以降低沥青生产过程对油源的依赖性,扩大沥青生产的原料来源。

在实际生产中,调和沥青往往是用软沥青组分与硬沥青组分调和得到。软沥青组分主要包括原油的减压渣油及其他炼油产物,如润滑油精制抽出油等;硬沥青组分主要为溶剂脱沥青得到的脱油沥青、减压深拔后的硬质渣油、氧化沥青、天然沥青等。

四、石油沥青的组成与结构

1. 沥青的元素组成和组分

(1) 元素组成

石油沥青是十分复杂的烃类和非烃类的混合物,它是石油中相对分子质量(又称分子量)最大、组成及结构最为复杂的部分。除碳和氢两种元素外,还有少量的硫、氮及氧等杂原子。杂原子的含量约为5%,最多可达14%。此外,沥青中还富集了原油中的大部分微量金属元素,如钒、镍、铁、钠、钙、铜等。

沥青的元素组成基本与渣油相同。从表2-2中数据可以看出,沥青中碳含量83%~87%,而氢含量为10%左右,氢/碳(H/C)原子比为1.4~1.6。从中可以看出,不同产地的沥青中碳、氢元素的比例相近,难以从数量上与沥青的性质相关联。

渣油的元素组成　　　　表2-2

渣油名称	C(%)	H(%)	H/C原子比	S(%)	N(%)
大庆渣油	86.43	12.27	1.70	0.17	0.29
胜利渣油	85.50	11.60	1.62	1.26	0.85
沙中渣油	84.00	9.95	1.42	5.30	0.58
科威特渣油	83.97	10.12	1.45	5.05	0.31
伊朗重质渣油	85.04	10.24	1.44	3.60	0.70

(2) 化学组分

由于沥青的元素组成很难与技术性质相关联,因此必须寻求其他的分析方法对沥青进行分离,由于沥青是十分复杂的烃类和非烃类的混合物,且其分子量大,化学结构复杂,用一般的化学分析方法难以将其分离,所以目前采用按物理和化学特性相近似的化合物集中为一个组分的分离方法将其分离为几个组分。常用方法为三组分法和四组分法。

(3) 石油沥青的化学组成

沥青的化学成分极为复杂,对沥青的组分划分和分离分析非常烦琐。研究工作进行了近一个世纪,组分分离的基础是利用沥青各组分对不同溶剂的溶解度和不同吸附剂吸附性能的差异,使其按分子的大小、分子极性或分子构型划分成不同组分,即沥青的化学组分。常用的方法为吸附法和色谱法。此外,沥青中化学官能团的组成和分子量的分布也对沥青的性质起到了关键性作用,常用的测试方法有傅里叶红外光谱法(FTIR)和凝胶渗透色谱法(GPC)。

吸附法以沥青在吸附剂上的吸附性和在抽提溶剂中溶解性的差异为基础进行分离的。首先用低分子烷烃沉淀出沥青质,随后用白土吸附可溶分,将可溶分分成吸附部分、胶质和未被吸附部分、油分,这样,可将沥青分成三组分。

色谱法是在吸附法的基础上,应用液固吸附色谱,对沥青进行梯度冲洗,使沥青的各组分在固定相中交替进行吸附-脱附,并在移动相中不断进行质交换和再分配,从而实现饱和分、芳香分、胶质或胶质-沥青质的分离。

经过多年的研究和演变,现在已形成了四组分分析法。该方法分为两大步骤:第一步,用正庚烷使沥青中的沥青质沉淀并定量;第二步,对可溶分用中性氧化铝为吸附剂,在液固色谱柱中,先后以正庚烷(或石油醚)、甲苯、甲苯-乙醇(1:1)、甲苯、乙醇为冲剂,梯度冲洗出饱和分、芳香分和胶质馏分,分别除去溶剂后定量。对于低沥青质含量(小于10%)的沥青可以省略第一步,直接在色谱柱中进行冲洗。由此得到饱和分(S)、芳香分(Ar)、胶质(R)和沥青质(At)共四组分,又称为SARA分析。这一分析方法得到广泛应用,如美国ASTM D 4124—2018 和我国NB/SH/T 0509—2010均为沥青四组分分析的标准试验方法,其分析流程如图2-2所示。

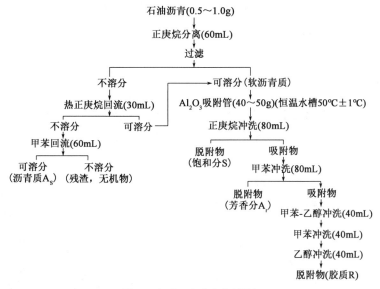

图 2-2 沥青四组分的分析图解

傅里叶红外光谱(FTIR)法是一种基于原子振动和旋转来识别材料分子结构的方法。该方法利用一束具有连续波长的红外光通过沥青样品,由于沥青中形成官能团的有机分子的原子处于恒定的振动状态,当沥青分子中某个官能团的振动频率或转动频率和红外光的频率一样时,分子就吸收能量由原来的基态振(转)动能级跃迁到能量较高的振(转)动能级,导致该处波长的光被分子吸收,然后通过傅里叶变换对吸收的光进行处理,最终得到透过率或吸光度随波数或波长的红外吸收光谱图。标准沥青红外光谱图如图2-3所示,图中特征吸收峰所对应的即为沥青官能团。

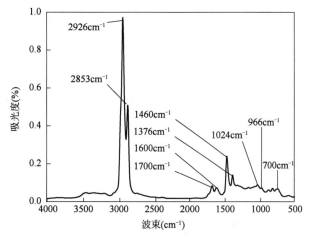

图 2-3 沥青标准红外光谱图

凝胶渗透色谱(GPC)法主要用于高分子聚合物的相对分子质量及其分布测试,最早应用于沥青材料的研究,可追溯到1965年。GPC是以凝胶的化学惰性和沥青中相对分子质量大小的差异为基础,将溶于四氢呋喃中的沥青样品溶液通过一根内装不同孔径的色谱柱(凝胶颗粒)。此时,较大的分子(体积大于凝胶孔隙)被排除在粒子的小孔之外,只能从粒子间的间隙通过,速率较快;而较小的分子可以进入粒子中的小孔,通过的速率要慢得多;中等体积的分子可以渗入较大的孔隙中,但受到较小孔隙的排阻,介乎上述两种情况之间。经过一定长度的色谱柱,分子根据相对分子质量被分开,相对分子质量大的在前面(即淋洗时间短),相对分子质量小的在后面(即淋洗时间长),最后得到沥青样品凝胶渗透色谱图,如图2-4所示。

(4)四组分的结构和特性

①沥青质

沥青质是不溶于正庚烷而溶于苯(或甲苯)的黑色或棕色的无定形固体,除含有碳和氢外还有一些氮、硫、氧。一般认为沥青质是复杂的芳香物材料。其极性很强,分子量相当大,图2-5为沥青分子结构示意图。

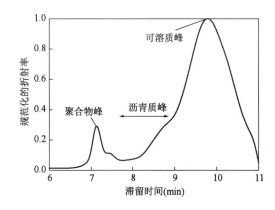

图2-4 沥青凝胶渗透色谱图

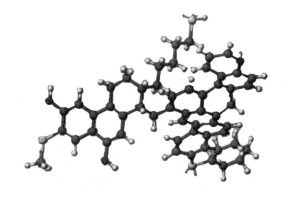

图2-5 沥青质分子结构示意图

沥青质的相对分子量通常为1000~100000,颗粒粒径为5~30nm,氢/碳(H/C)原子比为1.06~1.28。沥青质含量对沥青的流变特性有很大影响。增加沥青质含量,便生产出较硬、针入度较小和软化点较高的沥青,其黏度也较大。沥青中沥青质的含量为5%~25%,我国石蜡基原油生产的沥青中沥青质含量一般在1.0%左右,中东原油生产的沥青中沥青质含量可达5.0%以上。

②胶质

胶质与沥青质一样也是大部分由碳和氢组成的,并含有少量的氧、硫和氮溶于正庚烷。分子结构如图2-6所示。胶质是深棕色固体或半固体,极性很强。这突出的特征使胶质具有很好的黏附力。同时胶质也是沥青质的扩散剂或胶溶剂,胶质与沥青质的比例在一定程度上决定了沥青胶体结构的类型。

从沥青中分离出来的胶质相对分子质量范围为1000~50000,颗粒直径为1~5nm,H/C原子比为1.3~1.4。

③芳香分

芳香分是由沥青中分子量最低的环烷芳香化合物组成,是胶溶沥青质分散介质的主要部分。芳香族占沥青总量的20%~50%,是深棕色的黏稠液体,平均相对分子质量为300~

2000,其分子结构如图2-7所示。芳香族由非极性碳链组成,其中非饱和环体系占主导,对其他高分子烃类具有很强的溶解能力。

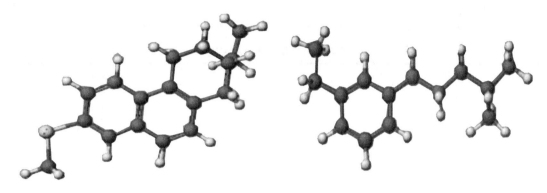

图2-6 胶质分子结构示意图　　　　　　　图2-7 芳香分分子结构示意图

④饱和分

饱和分是由直链和支链脂肪属烃、烷基环烃及一些烷基芳香烃组成的,其分子结构如图2-8所示。饱和分为非极性稠状油类,呈稻草色或白色。平均相对分子质量范围类似于上述芳香族,其成分包括有蜡质及非蜡质的饱和物,此部分的含量占沥青总量的5%~20%。饱和分和芳香分在沥青中主要使胶质-沥青质软化(塑化),使沥青胶体体系保持稳定。

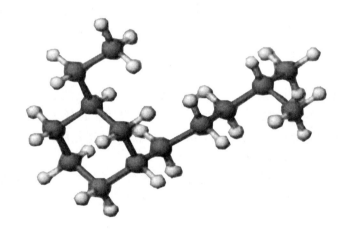

图2-8 饱和分分子结构示意图

⑤蜡分

沥青中的蜡分是指除去沥青质和胶质之后,能在油分中冷冻结晶析出的、熔点在25℃以上的混合组分,主要是高熔点的烃类混合物。与沥青中的其他组分相比,其组成和结构相对简单,组成蜡的化合物主要以正构烷烃及熔点与正构烷烃接近的长烷基侧链的少环烃类为主。

沥青中的蜡一般为石蜡和地蜡。地蜡也称为微晶蜡,沥青中主要是地蜡。蜡在高温时融化,使沥青黏度降低,使沥青的温度敏感性增大。蜡在低温时易结晶析出后分散在沥青质中,使得沥青分子之间的联系减少,使沥青的低温延展能力降低,使沥青与石料表面的亲和力变小并影响沥青与石料的黏附性。由于蜡对沥青的性能有一定的影响,而沥青中蜡的含量主要与原油的基数有关,因此需要对生产沥青的原油进行选择,使所选用的沥青的蜡含量符合要求。

(5)沥青常见官能团及特性

在沥青红外光谱分析中,普遍存在10个左右较为明显的特征吸收峰,它们的振动模式及对应化学官能团见表2-3。其中常用于分析表征的有羰基、亚砜基和聚丁二烯。

沥青常见官能团及对应波束 表2-3

官能团	振动模式	波束(cm^{-1})
甲基(CH_3)	ν 伸缩振动	2926
亚甲基(CH_2)	ν 伸缩振动	2853
羰基($C=O$)	ν 伸缩振动	1700
烯烃($C=C$)	ν 伸缩振动	1600
亚甲基(CH_2)	δ 弯曲振动	1460
甲基(CH_3)	δ 弯曲振动	1376
亚砜基($S=O$)	ν 伸缩振动	1024
聚丁二烯	δ 弯曲振动	966
聚苯乙烯	δ 弯曲振动	700

①羰基($C=O$)和亚砜基($S=O$)

羰基是由碳和氧两种原子通过双键连接而成的有机官能团。亚砜基是含亚硫酰基官能团的一类化合物,由硫醚氧化得到。沥青在环境的作用下,极易发生老化,其中,沥青中不饱和碳原子与氧气反应生成羰基,含硫官能团与氧发生硫化反应生成极性官能团亚砜基。因此,沥青中羰基和亚砜基可用于表征沥青的老化特性。

②聚丁二烯

聚丁二烯是大部分聚合物改性沥青中改性剂的主要成分,改性剂不仅对沥青宏观性能有显著的影响,老化过程中改性剂的降解还会导致改性沥青性能的衰变。因此,红外光谱中聚丁二烯处特征吸收峰的变化可用于探究聚合物的改性机理以及老化后聚合物的降解程度。

(6)沥青相对分子质量及其分布特性

相对分子质量(M_r)又称分子量,是指化学式中各个原子的相对原子质量(A_r)的总和,单位是1。沥青是由不同分子量的碳氢化合物及其非金属衍生物组成的黑褐色复杂混合物,其分子量的分布范围广泛。在GPC分析中,通常将分子量较小的饱和分、芳香分及胶质统称为可溶质。沥青质因其分子量较大而单独存在。而在改性沥青中,聚合物的分子量最大,在色谱图上最先呈现特征峰,如图2-4所示。沥青的改性和老化都会影响其分子量大小,同时也会改变分子量的分布。有研究表明,沥青的物理性能、流变性能均与沥青的分子量及其分布密切相关:分子量高的沥青高温稳定性好;分子量低的沥青会导致沥青抗冲击力和模量较低而易发生永久变形;分子量分布更宽的沥青具有更好的高、中、低温性能;而分子量分布较窄的沥青温度敏感性更高。因此,沥青的分子量及其分布可用于探究沥青的改性及老化机理。

2.沥青的胶体结构

胶体理论的研究认为,大多数沥青属于胶体体系,是由相对分子质量很大、芳香性很高的沥青质分散在相对分子质量较低的可溶性介质中形成的。沥青中不含沥青质只有单纯的可溶分时,沥青则只具有黏性液体的特征而不成为胶体体系。沥青质分子因对极性强大的胶质具有很强的吸附力,形成了以沥青质为中心的胶团核心,而极性相当的胶质则吸附在沥青质周围形成中间相。因胶团的胶溶作用而使胶团弥散和溶解于分子量较低、极性较弱的芳香分和饱和分组成的分散介质中,形成稳固的胶体(图2-9)。

根据胶团粒子大小、数量及其在连续相中的分散状态,沥青的胶体结构可分为三种类型:

(1)溶胶型沥青

当沥青质的含量较少(小于10%),相对分子质量不是很大或分子尺寸较小,与胶质的相对分子质量相近时,饱和分和芳香分的溶解能力很强,分散相和分散介质的化学组成也比较接近,这样的沥青分散度很高,胶团可以在连续相中自由移动,近似真溶液,具有牛顿流体特性,黏度与应力呈比例关系,称之为溶胶型沥青。这类沥青对温度的变化敏感,高温时黏度很小,低温时由于其黏度增大而使流动性变差,冷却时变为脆性固体。溶胶型沥青结构示意如图2-10所示。

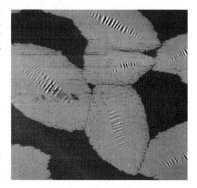

图2-9 沥青超显微结构

(2)凝胶型沥青

当沥青质含量较多,达到或超过25%~30%时,胶质的数量不足以包裹在沥青质周围使之胶溶,沥青质胶团会相互连接形成三维网状结构,胶团在连续相中移动比较困难,此时就形成了凝胶型沥青,如图2-11所示。这类沥青在常温下呈现非牛顿流动特性,并具有黏弹性和较好的温度稳定性。随着温度的升高,连续相的溶解能力增强,沥青质胶团逐渐解缔,或胶质从沥青质吸附中心脱附下来。当温度足够高时,沥青的分散度加大,沥青则又近似真溶液状态而具有牛顿流特性。

图2-10 溶胶型沥青结构示意图

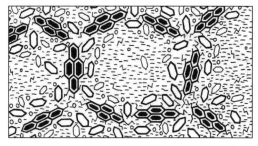

图2-11 凝胶型沥青结构示意图

(3)溶-凝胶型沥青

当沥青或沥青质中含有较多的烷基侧链时,生成的胶团结构就会比较松散,可能含有一些开式网状结构。网状结构的形成与温度密切相关,在常温时,在变形的最初阶段表现出明显的弹性效应,当变形增加至一定阶段时,则表现为牛顿流体状态。

根据高分子溶液学说,沥青被视为一种高分子溶液,其中高分子量的沥青质充当溶质,而低分子量的软沥青质(包括树脂和油分)则起到了溶剂的作用。当沥青质含量很少且与软沥青质的溶解度参数较小时,可以形成稳定的真溶液。这种高分子溶液对电解质稳定性较大,并且是可逆的,即在沥青高分子溶液中加入电解质并不能破坏沥青的结构。随着软沥青质减少、沥青质增加,形成了浓溶液,即凝胶型沥青;反之,如果沥青质减少而软沥青质增加,形成了稀溶液,即溶胶型沥青;介于这两者之间的是溶-凝胶型沥青。

沥青的胶体结构与沥青的技术性质有密切关系,从化学角度来评价沥青的胶体结构是很困难的,常采用针入度指数(PI)法、容积度法、絮凝比-稀释度法等来评价胶体结构类型及其稳定性。

第二节 石油沥青的技术性质

由于石油沥青化学组成及其结构的特点,使它具有一系列特性,而沥青的性质对沥青路面的使用性能有很大的影响,因此需要对它的基本性质进行研究。

一、石油沥青的物理性质

石油沥青的物理性质可用一些物理常数来表征,现重点对密度、介电常数和体膨胀系数加以叙述。

1.密度

沥青密度是在规定温度下单位体积所具有的质量,单位为 kg/m^3 或 g/cm^3,《公路工程沥青及沥青混合料试验规程》(JTG E20—2011 T 0603)规定的温度条件为 15℃ 或 25℃。也可用相对密度表示,相对密度是指在规定温度下,沥青质量与同体积的水的质量之比值。

沥青密度是沥青在质量与体积之间互相换算以及沥青混合料配合比设计时必不可少的重要参数。在沥青使用、储存、运输、销售和设计沥青容器时也是不可缺少的数据。

沥青相对密度与沥青的化学组成有密切的关系。它取决于沥青各组分的比例及排列的紧密程度。沥青中含硫量大、芳香族含量高、沥青质含量高,则相对密度较大;蜡分含量较多,则相对密度较小。

沥青四组分与密度有如式(2-1)所示关系:

$$密度 = (1.06 + 8.5 \times 10^{-4} A_T - 7.2 \times 10^{-4} R - 8.7 \times 10^{-5} A_r - 1.6 \times 10^{-3} S) \times 水的密度 \tag{2-1}$$

式中:S——饱和分含量;

R——胶质含量;

A_r——芳香分含量;

A_T——沥青质含量。

黏稠沥青的相对密度多在 0.97~1.04 范围内,见表 2-4。

黏稠沥青的相对密度　　　表 2-4

沥青品种	新疆克拉玛依 90 号	欢喜岭 90 号	新加坡壳牌 70 号	伊朗 70 号
相对密度	0.9731	1.004	1.034	1.030

2.体膨胀系数

当温度上升时,沥青材料的体积发生膨胀,通常用体膨胀系数来评价。该系数是指导沥青储罐设计和作为填缝、密封材料应用的重要指标,与沥青路面的路用性能有密切关系。

沥青的体膨胀系数可以通过测定不同温度下的密度,由式(2-2)计算:

$$A = \frac{D_{T_2} - D_{T_1}}{D_{T_1}(T_1 - T_2)} \tag{2-2}$$

式中：A——沥青的体膨胀系数，$1/℃$；

T_1、T_2——密度测试温度，$℃$；

D_{T_1}、D_{T_2}——温度T_1和T_2时的密度，g/cm^3。

沥青的体膨胀系数在$2 \times 10^{-4} \sim 6 \times 10^{-4}/℃$范围内变化。体膨胀系数越大，沥青路面在夏季越容易泛油，而在冬季容易出现收缩开裂。

3. 介电常数

沥青的介电常数与沥青对氧、水、紫外线等的耐候性（耐老化性）有关，介电常数定义为：

$$沥青的介电常数 = \frac{沥青作为介质时平行板电容器的电容}{真空作介质时相同平行板电容器的电容}$$

根据物质的介电常数可以判别高分子材料的极性大小。通常，介电常数大于3.6为极性物质；介电常数在2.8~3.6范围内为弱极性物质；介电常数小于2.8为非极性物质。沥青材料的介电常数在2.6~3.0范围内，且与温度有一定关系，随着温度的升高，介电常数增大，25℃时为2.7，在100℃时增大为3.0，故沥青材料属于非极性或弱极性材料。

4. 比热

沥青的比热与沥青种类和温度有关。在0℃时，沥青的比热在$0.40 \sim 0.43 cal/(g \cdot ℃)$范围内。沥青温度每升高1℃，其比热将增加$4 \times 10^{-4} \sim 6 \times 10^{-4} cal/(g \cdot ℃)$。

二、沥青的路用性能

1. 黏滞性

（1）沥青黏滞性定义

沥青黏滞性是指沥青材料在外力作用下沥青粒子产生相互位移的抵抗剪切变形的能力。沥青作为胶结材料，应将松散的矿质材料胶结为一个整体而不产生位移。因此，黏滞性是沥青材料重要的性质。如图2-12所示，在金属板中夹一沥青层，当其受到简单剪切变形时，沥青在高温时表现为牛顿流体状态，按牛顿黏度公式表征沥青层抵抗移动的抗力由式(2-3)表示：

$$F = \eta \cdot A \frac{dv}{dy} \tag{2-3}$$

式中：F——引起沥青层移动的力（亦即等于沥青抵抗移动的抗力），N；

$\frac{dv}{dy}$——速度变化梯度（即剪变率），s^{-1}；

A——沥青层的面积，m^2；

η——沥青的内摩阻系数（即沥青的黏度），$Pa \cdot s$。

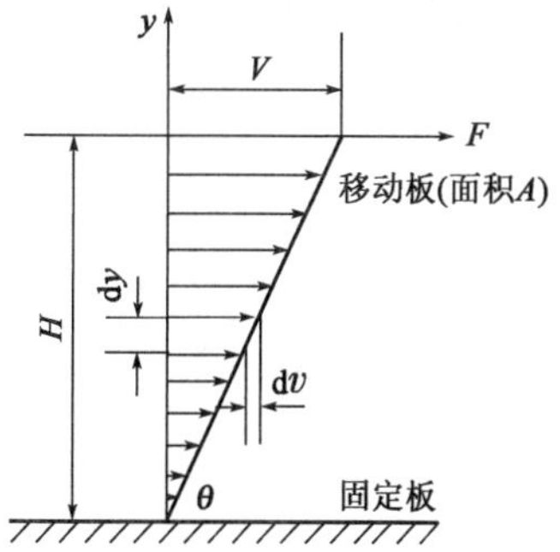

图2-12 沥青的黏度参数示意图

由于$\frac{F}{A} = \tau$和$\frac{dv}{dy} = \dot{\gamma}$，代入式(2-3)，沥青的黏度由式(2-4)表示：

$$\eta = \frac{\tau}{\dot{\gamma}} \tag{2-4}$$

式中：η——沥青的黏度，Pa·s；
τ——剪应力，Pa；
$\dot{\gamma}$——剪变率，s^{-1}。

由式(2-3)可知，沥青的黏度为当沥青层间的速度变化梯度(即剪变率)为一单位时，每单位面积可受到的内摩阻力，称为动力黏度，计量单位采用"帕·秒"(Pa·s)，即在流体内每 1m 长度上，在 1m/s 的速度梯度时，与该速度梯度方向相垂直的面上，在速度方向上产生 $1N/m^2$（即 1Pa）应力时的黏度。

运动状态的黏度用运动黏度表示，运动黏度为动力黏度除以密度所得之商，亦称"动比密黏度"，运动黏度由式(2-5)表示，计量单位为 mm^2/s。

$$v = \frac{\eta}{\rho} \tag{2-5}$$

式中：v——沥青的运动黏度，mm^2/s；
η——沥青的动力黏度，Pa·s；
ρ——沥青的密度，g/cm^3。

凡符合牛顿定律的液体为牛顿液体。沥青在高温状态下呈牛顿黏性，即剪应力 τ 与剪变率 $\dot{\gamma}$ 的关系为直线，接近牛顿液体；而在路面的使用温度范围内，沥青则呈黏-弹-塑性，剪应力 τ 与剪变率 $\dot{\gamma}$ 之间呈非线性关系，通常以表观黏度或视密度表示，见式(2-6)：

$$\eta^* = \frac{\tau}{\dot{\gamma}^c} \tag{2-6}$$

式中：η^*——沥青的表观黏度，Pa·s；
τ、$\dot{\gamma}$——意义同式(2-4)；
c——沥青的复合流动系数。

沥青的复合流动系数 c 值是评价沥青材料流变性能的一个重要指标，c 值与沥青的塑性及耐久性都有密切的关系。

在剪变率非常小($1.0 \times 10^{-3} \sim 1.0 s^{-1}$)或非常大(大于 $1.0 \times 10^3 s^{-1}$)的极限情况下，沥青的黏度接近于常数，如图 2-13 所示。这两个黏度不随剪切速率的改变而改变的区域称为第一牛顿流区域和第二牛顿流区域。沥青在第一牛顿流区域的黏度趋近于最大值，该黏度称为零剪切黏度 η_0(Pa·s)。一般情况下，η_0 取剪变率为 $1.0 \times 10^{-2} s^{-1}$ 时对应的黏度值。零剪切黏度是表征沥青黏结特性的重要指标。

(2) 沥青黏度的测定方法

由于沥青的黏度会随温度而变化且变化的幅度很大，因而需采用不同的仪器和方法来测定。为了确定沥青 60℃ 黏度分级，国际上普遍采用真空减压毛细管黏度计测定其动力黏度(Pa·s)，但当施工温度为 135℃ 时通常采用毛细管法测定

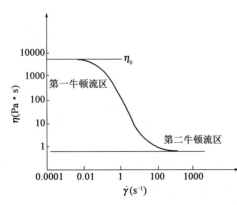

图 2-13 沥青黏度与剪切率关系曲线

其运动黏度(mm²/s),采用布洛克菲尔黏度计方法测定其表观黏度,并采用剪切流变仪测定其剪切黏度(Pa·s)。

①毛细管法

毛细管法是测定沥青运动黏度的一种方法(JTG E20—2011 T 0619)。该法是沥青试样在严密控温条件下,在规定温度(通常为135℃)下,通过选定型号的毛细管黏度计(通常采用的是坎-芬式,图2-14),流经规定体积,所需的时间(以s计),按式(2-7)计算运动黏度:

$$v_T = ct \tag{2-7}$$

式中:v_T——温度为T℃时测定的沥青运动黏度,mm²/s;

c——黏度计标定常数,mm²/s²;

t——沥青流经规定体积所需时间,s。

②真空减压毛细管法

真空减压毛细管法是测定沥青动力黏度的一种方法(JTG E20—2011 T 0620)。该法是沥青试样在严密控制的真空装置内,保持一定的温度(通常为60℃),通过规定型号毛细管黏度计(通常采用美国沥青学会式,即AI式,如图2-15所示),流经规定的体积,所需要的时间(以s计),按式(2-8)计算动力黏度。

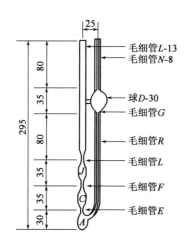

图2-14 坎-芬式逆流毛细管黏度计(尺寸单位:mm)

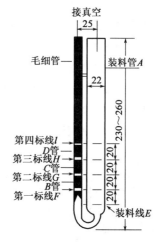

图2-15 美国沥青学会式真空毛细管黏度计(尺寸单位:mm)

$$\eta_T = kt \tag{2-8}$$

式中:η_T——温度为T℃时测定的动力黏度,Pa·s;

k——黏度计常数,Pa·s/s;

t——沥青流经规定体积的时间,s。

真空减压毛细管法测定60℃沥青黏度直接与沥青路面的抗车辙能力相关。此外,在测定沥青软化点附近的黏度常采用双筒旋转黏度计和锥板旋转黏度计来测定沥青黏度,而在常温条件下较多采用滑板式黏度计。

③布洛克菲尔法(Brookfield)

美国战略公路研究计划(SHRP)在沥青结合料路用性能规范中采用布洛克菲尔(Brookfield)黏度计法测量道路沥青在45℃以上温度范围内的表观黏度,以帕·秒(Pa·s)计,可以看成简化的双筒旋转黏度计(图2-16),该法适用于测定牛顿流体或非牛顿流体的剪应力与剪应变之比。试验时,将少量沥青样品盛于恒温控制的试样筒中,使转子在沥青试样中转动,测定相应的转动阻力所反映出来的扭矩。将扭矩计读数乘以仪器参数即可得到以 Pa·s 表示的沥青的黏度。我国《公路工程沥青及沥青混合料试验规程》(JTG E20—2011 T 0625)规定该方法适用于道路沥青在45℃以上温度范围的表观黏度测定。

④动态剪切流变仪法(Dynamic Shear Rheometer,DSR)

动态剪切流变仪法适用于测定沥青在60℃时的零剪切黏度,以帕·秒(Pa·s)计。试验时,先将沥青试样固定于剪切试验仪上,然后置于水浴中保温至60℃,再通过剪切试验仪测定黏度与相应的剪变率,取剪切速率 $1.0 \times 10^{-2} s^{-1}$ 对应的黏度作为试样的零剪切黏度,以3个平行试样结果的算术平均值作为零剪切黏度的测定值。

上面这些测定黏度的方法,都是采用仪器为绝对黏度单位的黏度计,也可以称为绝对黏度法。另一类则采用经验的方法测定试验单位黏度,如恩格拉黏度计法、赛氏黏度计法、道路沥青标准黏度计法等。此外,针入度试验也可表征沥青的相对黏度。下面对沥青标准黏度、针入度和软化点等试验介绍如下。

⑤沥青标准黏度试验(Standard Viscosity Test)

我国《公路工程沥青及沥青混合料试验规程》(JTG E20—2011 T 0621)规定:测定液体石油沥青、煤沥青和乳化沥青等的黏度时,采用道路标准黏度计法,试验模式如图2-17所示。该试验方法是:将液体状态的沥青材料放置于在标准黏度计中,在规定的温度条件下通过规定的流孔直径并流出50mL体积,此时记录所需的时间(以s计)。试验条件以 $C_{T,d}$ 表示,其中 C 表示黏度,下脚标表示试验条件,T 表示试验温度,d 为流孔直径。试验温度和流孔直径根据液体状态沥青的黏度选择,常用的孔径有3mm、4mm、5mm和10mm四种。按上述方法,在相同温度和相同流孔条件下,流出时间越长,表示沥青黏度越大。

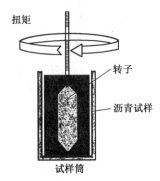

图2-16 旋转黏度试验模式示意图

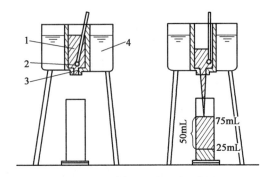

图2-17 沥青标准黏度试验示意图
1-流孔;2-钢球;3-试样;4-恒温浴

其他国家多采用恩格拉黏度计法或赛波特黏度试验。

⑥针入度法(Penetration Test)

针入度试验是国际上普遍采用测定黏稠沥青稠度的一种方法,也是划分沥青标号采用的一项指标。针入度试验模式如图2-18所示。该法是沥青材料在规定的温度条件下,以规定质量的标准针经过规定时间贯入沥青试样的深度,以0.1mm计。针入度以 $P_{T,m,t}$ 表示,其中,P 表示针入度,下脚标表示试验条件,其中 T 为试验温度,m 为标准针(包括连杆及砝码)的质量,t 为贯入时间。我国《公路工程沥青及沥青混合料试验规程》(JTG E20—2011 T 0604)规定:常用的试验条件为 $P_{25℃,100g,5s}$。此外,在计算针入度指数时,针入度试验温度常为5℃、15℃、25℃、35℃等,但标准针质量和贯入时间仍为100g和5s。

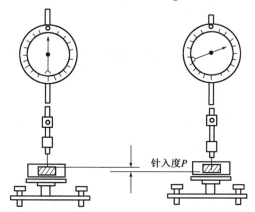

图2-18 沥青针入度试验示意图

按上述方法测定的针入度值越大,表示沥青越软(稠度越小)。实质上,针入度是测量沥青稠度的一种指标。通常,稠度高的沥青,其黏度亦高。但由于沥青胶体结构的复杂性,将针入度换算为黏度的一些方法,均不能获得良好的相关关系。

⑦软化点法(Softening Point)

沥青材料是一种非晶质高分子材料,它由液态凝结为固态,或由固态熔化为液态时,没有明确的固化点或液化点,通常采用条件的硬化点和滴落点来表示,沥青材料在硬化点至滴落点之间的温度阶段时,是一种黏滞流动状态。在工程实际中,为保证沥青避免因温度升高而产生流动的状态,取滴落点和硬化点之间温度间隔的87.21%作为软化点。

软化点的数值随所采用的仪器不同而异,《公路工程沥青及沥青混合料试验规程》(JTG E20—2011 T 0604)是采用环球法进行测试,如图2-19所示。该法是将沥青试样注于内径为18.9mm的铜环中,并在环上置一重3.5g的钢球,在规定的加热速率(5℃/min)下进行加热使沥青试样逐渐软化,直至在钢球荷重作用下,沥青产生25.4mm垂度(即接触底板)。此时的温度称为软化点,以℃计。

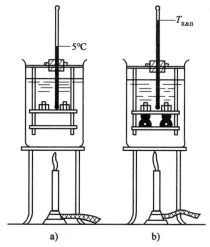

图2-19 沥青软化点试验示意图

通常,多种沥青在软化点时的黏度约为1200Pa·s,或相当于针入度值为800(0.1mm)。软化点试验实际上是测量沥青在一定外力(钢球)作用下开始产生流动并达到一定变形时的温度,可以认为软化点是一种人为的"等黏温度"。

由此可见,针入度是在规定温度下测定沥青的条件黏度,而软化点则是沥青达到规定条件黏度时的温度。所以软化点既是反映沥青材料热稳定性的一个指标,也是计量沥青条件黏度的一种量度。

2. 沥青的低温性能

沥青的低温性能与沥青路面的低温抗裂性有密切的关系,沥青的低温延性与低温脆性是重要的低温性能,多以沥青的低温延度试验和脆点试验来表征。

(1)延性(Ductility)

沥青的延性是指当其受到外力的拉伸作用时,所能承受的塑性变形的总能力,是沥青的黏聚力的衡量指标,通常是用延度作为条件延性指标来表征。延度试验方法是将沥青试样制成8字形标准试件(最小断面1cm^2),在规定拉伸速率和规定温度下拉断时的长度,以cm计,称为延度。沥青的延度采用延度仪来测量,如图2-20所示。《重交通道路石油沥青》(GB/T 15180—2010)规定交通道路石油沥青延度试验温度采用15℃,拉伸速率 v = 5cm/min ± 0.25cm/min。《公路沥青路面施工技术规范》(JTG F40—2004)规定,聚合物改性沥青(Modified Asphalt)延度试验温度一般采用5℃。

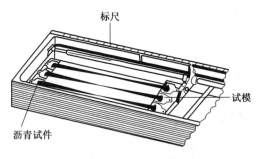

图2-20 沥青延度试验示意图

沥青的延度与沥青的流变特性、胶体结构及化学组分等有密切关系。研究表明:当沥青化学组分不协调、胶体结构不均匀且含蜡量增加时,都会使沥青的延度值相对降低。

值得注意的是,沥青的延度试验与路面沥青的拉伸状态不符,延度试验试件尺寸太大,而路面中的沥青为薄膜状态,曾设想采用"微延度"试验,但未能成功。

(2)脆性(Brittleness)

沥青材料在低温下受到瞬时荷载作用时,常表现为脆性破坏。沥青脆性的测定极为复杂,通常采用A.弗拉斯脆点试验方法进行测试,该方法以沥青达到临界硬度发生开裂时的温度作为条件脆性指标。

脆点试验的方法(JTG E20—2011 T 0613)是将0.4g沥青试样在一个标准的金属片上摊成薄层,并将此金属片置于有冷却设备的脆点仪内,摇动脆点仪的曲柄使涂有沥青薄膜的金属片产生弯曲。随着冷却设备中制冷剂温度以1℃/min的速度降低,沥青薄膜的温度亦逐渐降低,当降低至某一温度时,沥青薄膜在规定弯曲条件下产生断裂时的温度,即为沥青的脆点。

脆点是测量沥青在低温不引起破坏时的温度。

脆点实质上反映沥青由黏弹性体转变为弹脆体即玻璃态的温度,即达到临界硬度时发生脆裂的温度,也意味着沥青达到等劲度时的温度,沥青出现脆裂时的劲度约为 2.1×10^9 Pa。

(3)弯曲梁流变试验(Bending Bean Rheometer Test,简称BBR)

沥青的低温劲度是反映抗裂性能的重要指标。美国 SHRP 研究开发了一种能准确评价沥青劲度和蠕变速率的方法,即弯曲梁流变试验。BBR 试验采用先经旋转薄膜烘箱老化试验(Rolling Thin-Film Oven Test,简称 RTFOT),再经压力老化试验(Pressurized Aging Vessel,简称 PAV)获得的沥青样品,可预测和评价沥青路面在使用5年后的沥青低温性能。

弯曲试验在弯曲流变仪器(BBR)上进行(图2-21),用以测量沥青,小梁试件在蠕变荷载作用下的劲度,及用蠕变荷载模拟温度下降时路面中可产生的应力,试验曲线如图2-22所示。通过试验获得两个评价指标:

①蠕变劲度模量 S(弯拉模量),要求不超过 300MPa。

②蠕变曲线的斜率要求不小于0.3。

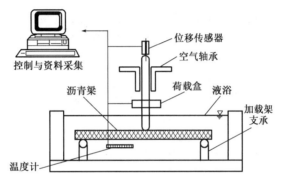

图 2-21 弯曲梁流变试验模式示意图

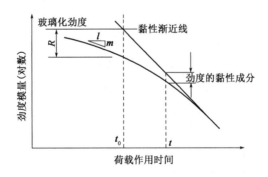

图 2-22 蠕变劲度与时间关系示意图

如果沥青材料的蠕变劲度太大,则呈现脆性,沥青路面容易开裂,因此要求沥青材料的蠕变劲度不超过 300MPa。而表征沥青低温劲度随时间变化率的 m 值越大,则沥青开裂的可能性会随之减小,即 m 值越大越好。

(4)直接拉伸试验(Direct Tensile Test,简称DTT)

直接拉伸试验是 SHRP 为测试沥青的拉伸性能而开发的,用以测试沥青在低温时的极限拉伸应变。试验温度为 0~36℃,沥青呈脆性特征。沥青试件如哑铃状(图2-23),试验温度为设计最低温度10℃,拉伸速率为 1mm/min,测得的结果是试件拉断时的荷载和伸长变形量,试件的应力和应变由式(2-9)和式(2-10)计算：

$$应力(\sigma) = \frac{最大荷载}{试样截面积} \qquad (2\text{-}9)$$

$$应变(\varepsilon_f) = \frac{长度变化(伸长 \Delta L)}{有效拉伸长度} \qquad (2\text{-}10)$$

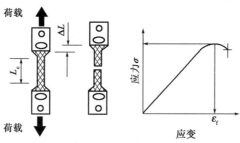

图 2-23 直接拉伸试验示意图

L_e-试验前试件长度；ΔL-破坏时伸长量

图 2-24 显示出了不同温度下直接拉伸试验的破坏应力-应变关系曲线，《公路工程沥青及沥青混合料试验规程》(JTG E20—2011 T 0629)中规定当试件拉断或应变超过 10% 时停止试验。

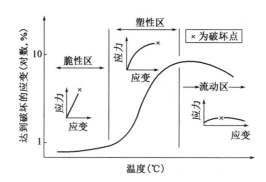

图 2-24 破坏应变与应力关系直接拉伸试验示意图

《公路沥青路面设计规范》(JTG D50—2017)将临界开裂温度作为沥青低温性能指标的补充。沥青临界开裂温度采用弯曲梁流变试验和直接拉伸试验确定，其基本原理如下：将弯曲梁流变仪 BBR 提供的蠕变劲度曲线通过一系列的换算，得到沥青的温度应力曲线。直接拉伸试验仪 DT 提供破坏应变及破坏应力，BBR 试验获得的温度应力曲线与 DTT 试验获得的破坏强度曲线的交点所对应的温度可作为临界开裂温度。

3. 沥青的感温性

沥青是复杂的胶体结构，黏度随温度的不同而产生明显的变化，这种黏度随温度变化的感应性称为感温性(Temperature Susceptibility)。对于路用沥青，温度和黏度的关系是极其重要的性能。首先，正是沥青存在感温性才使其在高温下黏度显著降低，这样才有可能实现沥青与石料均匀拌和以及沥青混合料碾压成型。其次，沥青路面运营过程中，要求沥青在使用温度范围内保持较小的感温性，以保障沥青路面高温不软化、低温不开裂。

由于沥青的胶体结构的差异，沥青的黏度-温度曲线变化十分复杂，常采用针入度指数

(PI)法、针入度-黏度指数(PVN)法等进行研究。沥青的常规试验方法中,软化点试验也可以作为反映沥青温度敏感性的方法。

(1)针入度指数(PI)

针入度指数(PI)是应用针入度和软化点的试验结果来表征沥青感温性的一种指标。同时也可采用针入度指数值来判别沥青的胶体结构状态。

①针入度-温度感应性系数 A

P. Ph. 普费和范·德·玻尔等研究认为,沥青的黏度随温度而变化,当以对数纵坐标表示针入度,以横坐标表示温度时,可以得到如图2-25所示的直线关系,此关系由式(2-11)表示。

$$\lg P = AT + K \quad (2\text{-}11)$$

式中:P——沥青的针入度,0.1mm;

A——针入度-温度感应性系数,可由针入度和软化点确定;

K——回归系数。

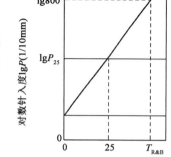

图2-25 沥青的对数针入度-温度关系曲线

普费等人根据对多种沥青的研究,认为沥青在软化点温度时,针入度为600~1000,假定为800(0.1mm)。此针入度-温度感应性系数 A 可由式(2-12)表示。

$$A = \frac{\lg 800 - \lg P(25℃,100\text{g},5\text{s})}{T_{R\&B} - 25} \quad (2\text{-}12)$$

式中:$P(25℃,100\text{g},5\text{s})$——在25℃、100g、5s条件下测定的针入度值,0.1mm;

$T_{R\&B}$——环球法测定的软化点温度,℃。

由于软化点温度时的针入度常与800相距甚大,因此温度感应性系数 A 应根据不同温度的针入度值确定,常采用的温度为15℃、25℃及30℃(或5℃),由式(2-13)计算。

$$A = \frac{\lg P_1 - \lg P_2}{T_1 - T_2} \quad (2\text{-}13)$$

通过回归求取针入度-温度感应性系数 A 值,由3个温度的针入度回归的相关系数 R 应在0.997以上,由4个温度的针入度回归的系数应不小于0.995,否则说明试验误差过大,此试验结果不能采用。

②针入度指数(PI)的确定

普费等人在制定针入度指数时,假定感温性最小的沥青其针入度指数(PI)为20,感温性最大的沥青为-10,在图2-26中将软化点坐标25与针入度坐标800连成一线,将斜线划成30等分,软化点与针入度连线同斜线交点定为PI值。此PI值将斜线分为两段,根据上式长度比,即为斜率 A。由于 A 值很小,为使PI值在 $-10 \sim 20$,A 值乘以50,得式(2-14),并由式(2-14)推导出针入度指数PI计算式(2-15)。

$$\frac{20 - \text{PI}}{10 + \text{PI}} = 50A \quad (2\text{-}14)$$

$$\text{PI} = \frac{30}{1 + 50A} - 10 \quad (2\text{-}15)$$

按针入度指数可将沥青划分为三种胶体结构类型:

针入度指数值 < -2 者为溶胶型沥青;

针入度指数值 > 2 者为凝胶型沥青;

针入度指数值 = -2~2 者为溶凝胶型沥青。

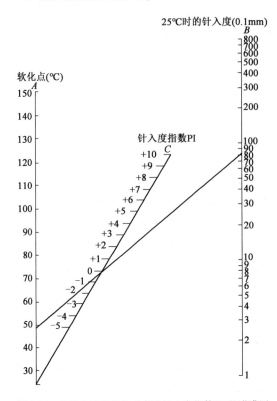

图 2-26 由针入度和软化点求取针入度指数 PI 的诺谟图

当 PI < -2 时,沥青的温度敏感性强;当 PI > 2 时,有明显的凝胶特征,耐久性差。一般认为选用 -1~1 的溶凝胶型沥青适宜修筑沥青路面。

如表 2-5 所示列出几种沥青采用 3 个温度针入度测定的 PI 的计算结果。

沥青感温性指标的试验结果　　　　表 2-5

沥青品种	不同温度的针入度(0.1mm)			PI 值	A	K	针入度温度相关系数 R
	15℃	25℃	35℃				
克拉玛依	42	90	213	+0.86	0.0535	1.0872	0.9994
胜利	28	96	298	-1.59	0.0514	0.6841	0.9997
兰炼	32	88	208	-0.11	0.0408	0.9064	0.9989
茂名	30	72	198	-0.16	0.0410	0.8526	0.9991

③当量软化点 T_{800} 与当量脆点 $T_{1.2}$

当量软化点 T_{800} 和当量脆点 $T_{1.2}$ 分别定义为与沥青针入度 800 和 1.2 对应的温度,它们可以代替软化点和脆点反映沥青高温性能和低温性能。当量软化点 T_{800} 和当量脆点 $T_{1.2}$ 分别由式(2-16)和式(2-17)计算。

$$T_{800} = \frac{\lg 800 - K}{A} \qquad (2\text{-}16)$$

$$T_{1.2} = \frac{\lg 1.2 - K}{A} \tag{2-17}$$

式中:A、K——意义同式(2-11)。

当量软化点 T_{800} 与当量脆点 $T_{1.2}$ 以及针入度指数 PI 也可以由壳牌诺谟图(图2-27)确定。具体方法为:测试沥青在 2 个温度 T_1 和 T_2 下的针入度 P_1 和 P_2,在图2-27 中确定点 $A(t_1,P_1)$ 和 $B(t_2,P_2)$的位置,以直线连接 AB 两点并延长,延长线与针入度 800 对应的温度为当量软化点 T_{800},与针入度 1.2 对应的温度为当量脆点 $T_{1.2}$。将直线平行移动至图中的 O 点,与 PI 标尺的交点为沥青的针入度指数 PI。

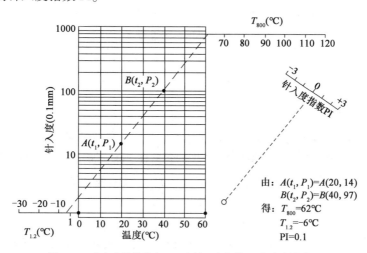

图 2-27 确定当量软化点 T_{800} 和针入度指数 PI 的壳牌诺谟图

(2)针入度-温度指数(Penetration-Temperature Index,PTI)

针入度-温度指数是根据不同温度条件下的针入度值的比率来评价沥青的感温性。针入度-温度指数由式(2-18)~式(2-20)表达。

$$(\text{PTI})_1 = \frac{P(46.1℃,50\text{g},5\text{s})}{P(25℃,100\text{g},5\text{s})} \tag{2-18}$$

$$(\text{PTI})_2 = \frac{P(25℃,50\text{g},5\text{s})}{P(0℃,200\text{g},60\text{s})} \tag{2-19}$$

$$(\text{PTI})_3 = \frac{P(46.1℃,50\text{g},5\text{s}) - P(0℃,200\text{g},60\text{s})}{P(25℃,100\text{g},5\text{s})} \tag{2-20}$$

式中:P——不同温度、不同荷重、不同针入时间的针入度值。

计算得出的 PTI 值越小,表明沥青的感温性越小,即温度稳定性越好。

(3)针入度-黏度指数(PVN)

针入度指数值(PI)通常仅能表征低于软化点温度的沥青感温性,沥青应用于道路工程时,还要了解高于软化点温度时的沥青感温性。N. W. 麦克里奥德(Mcleod)提出了"针入度-黏度指数"(Penetration-Viscosity Number,PVN)法。该法是应用沥青25℃时的针入度值和135℃(或60℃)时的黏度值与温度的关系来计算沥青感温性的方法。

①PVN_1

已知25℃时的针入度值 $P(1/10\text{mm})$ 和 135℃时的运动黏度值 $v(\text{mm}^2/\text{s})$ 时,按式(2-21)计算针入度-黏度指数。

$$PVN_1 = \left(\frac{10.2580 - 0.7967\lg P - \lg v}{1.0500 - 0.2234\lg P}\right) \times (-1.5) \tag{2-21}$$

②PVN_2

已知25℃时针入度值$P(0.1mm)$和60℃时绝对黏度$\eta(Pa \cdot s)$,可按式(2-22)计算针入度-黏度指数。

$$PVN_2 = \left(\frac{5.489 - 1.590\lg P - \lg \eta}{1.0500 - 0.2234\lg P}\right) \times (-1.5) \tag{2-22}$$

针入度-黏度指数越大,表示沥青的感温性越低。根据麦克里奥德公式计算所得的针入度-黏度指数值,并结合表2-6可对沥青进行感温性分类。

PVN 与沥青感温性分类　　　　　　表2-6

针入度-黏度指数	$-0.5 \sim 0$	$-1.0 \sim -0.5$	$-1.5 \sim -1.0$
沥青感温性分类	低感温性沥青	中感温性沥青	高感温性沥青

4. 沥青的黏附性

黏附性(Adhesion)是沥青材料的主要功能之一。沥青在沥青混合料中以薄膜的形式包覆在集料颗粒表面,并将松散的矿质集料黏结为一个整体,除了沥青本身的黏结能力外,还需要沥青与石料之间的黏附能力,两者有一定的相关性。黏结能力较强的沥青,黏附性一般也较大。

(1)黏附机理

沥青与石料之间的黏附强度与其本身的成分有密切的关系。沥青中有极性组分和芳香分结构,沥青中的表面活性物质(如沥青酸和酸酐等)与碱性集料接触时,就会产生很强的化学吸附作用,黏附力很大,黏附牢固。沥青与酸性集料接触时较难产生化学吸附,分子间的作用力只是由于范德华力的物理吸附,这要比化学吸附力小得多。因此,沥青中表面活性物质的存在及含量与黏附性有重要相关关系。

集料的性质对黏附性的影响也很大。集料的矿物组成、表面纹理、孔隙率、含尘量、表面积、吸收性能、含水率、形状和风化程度等都对黏附性产生不同程度的影响。

在沥青混合料中,沥青以薄膜形式包裹于集料的表面,在干燥的条件下,一般具有足够的黏附强度。但在水的作用下会降低沥青与集料间的黏附性。另外,由于交通荷载的反复作用使路面变形,沥青混合料空隙加大,集料松散,水分浸入会使沥青膜与集料发生剥离,导致沥青路面的破坏。

因此,沥青剥落的机理可以通过表面张力理论来说明,在有水的条件下,沥青对石料的黏附,可用沥青-水-石料三相体系来讨论,如图2-28所示。

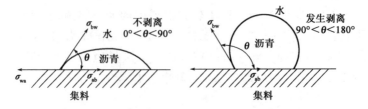

图2-28 表面张力理论说明沥青剥离机理示意图

θ-接触角;σ_{wa}-水与集料的表面张力;σ_{ab}-沥青与集料的表面张力;σ_{bw}-沥青与水的表面张力

由图2-28可见,如果三相间的接触角为θ,矿料-沥青、水-矿料、沥青-水多相界面的表面张力分别为σ_{ab}、σ_{wa}、σ_{bw},表面张力平衡状态由式(2-23)表示,接触角为θ与各项表面张力之间的关系,由式(2-24)表示。

$$\sigma_{wa} = \sigma_{ab} + \sigma_{bw}\cos\theta \qquad (2\text{-}23)$$

$$\cos\theta = \frac{\sigma_{wa} - \sigma_{ab}}{\sigma_{bw}} \qquad (2\text{-}24)$$

当$\cos\theta > 0$,即$0 < \theta < 90°$时,不会发生剥离;相反,当$\cos\theta < 0$,即$90° < \theta < 180°$时,将会发生剥离。或者从能量的角度解释,矿料-沥青、水-矿料、沥青-水各相界面的能量分别为γ_{ab}、γ_{wa}、γ_{bw},那么水从石料表面取代沥青时的单位面积所做的功可按式(2-25)计算。

$$W = \gamma_{ab} + \gamma_{wa} - \gamma_{bw} \qquad (2\text{-}25)$$

为了达到平衡,必须符合Young和Dupre方程[式(2-26)],将式(2-25)代入式(2-26),得到式(2-27)。

$$\gamma_{ab} = \gamma_{aw} + \gamma_{bw}\cos\theta \qquad (2\text{-}26)$$

$$W = \gamma_{bw}(1 + \cos\theta) \qquad (2\text{-}27)$$

由式(2-27)可知,W取决于γ_{bw},$W = f(\theta)$,即W与沥青和水的界面能及接触角有关,对于沥青而言,θ总是小于90°,由此$(1 + \cos\theta)$永远大于1,所以水的界面能γ_{bw}和沥青与水的接触角有关。在石料确定的条件下,γ_{bw}和θ均取决于沥青的性质。

(2)评价方法

《公路工程沥青及沥青混合料试验规程》(JTG E20—2011 T 0616)中规定的沥青与粗集料黏附性试验方法如下:根据沥青混合料的最大粒径决定,>13.2mm者采用水煮法;≤13.2mm者采用水浸法。水煮法是选取粒径为13.2~19mm、形态接近立方体的规则集料5个,经沥青裹覆后,在蒸馏水中沸煮3min,按沥青膜剥落的情况分为5个等级来评价沥青与集料的黏附性。水浸法是选取粒径为9.5~13.2mm的集料100g与5.5g的沥青在规定温度条件下拌和成混合料,冷却后浸入80℃的蒸馏水中保持30min,然后按剥落面积百分率来评定沥青与集料的黏附性。

5.沥青的耐久性

沥青耐久性也叫抗老化性,是指沥青材料在特定使用条件下能够保持其性能和功能的持久程度。它衡量了沥青材料在面对各种力学、环境和化学影响时的抗损耗和抗衰变能力。

(1)影响耐久性的因素

①温度与氧化作用

沥青与空气接触会逐渐氧化,沥青中的极性含氧基团逐渐联结成高分子的胶团,促使沥青黏度提高,形成的极性羟基、羰基和羧基具有更大更复杂的分子结构,进而导致沥青硬化并降低柔韧性。影响氧化的因素主要是温度,氧和沥青的反应几乎可以在全温度范围内进行,但低温下其氧化速度缓慢,100℃以上氧化速度加快,每升高10℃氧化速度提高1倍,至135℃以上,几分钟就会引起显著硬化,这是在高温环境蒸发损失热缩的结果。气温对沥青硬化的影响在短时间内是可逆的,但随着时间的推移,在氧气、光照和其他因素综合作用下会成为永久的不可逆的硬化。

②光和水的作用

光可以加速氧化,日光特别是紫外线的作用会使沥青的氧化作用加速,使沥青中的羰基和羧基团进一步加速形成更大的分子。水在光、氧和热共同作用时,能起到催化剂的作用。

③自然硬化

沥青在隔绝空气、阳光的情况下长期存放于常温环境也会发生某种程度的硬化,称为自然硬化,也称物理硬化或结构硬化。这是由于沥青分子相互作用倾向增强,分子重新定位,导致内部结构发生变化,这种变化多数是可逆的,当沥青重新加热后又可恢复原有的性能。

④渗流硬化

渗流硬化是指沥青中的油分渗流到矿料的孔隙中去而导致的沥青硬化。

从以上影响因素可以看出,在各因素的综合作用下,沥青的氧化硬化是一个不可逆转的物理化学过程。由于这个过程是不可逆的,从而导致了沥青性能的劣化,也称为沥青的老化。

(2)耐久性(抗老化性)评价方法

现行评价沥青老化性能的试验方法分为模拟沥青在拌和过程中热老化条件和在使用过程的老化条件。

①薄膜烘箱加热试验

薄膜烘箱加热试验(Thin-film Oven Test)模拟在热拌和过程中沥青的老化,如图2-29所示。《公路工程沥青及沥青混合料试验规程》(JTG E20—2011 T 0609)中规定的薄膜加热试验方法是将50g沥青试样放入直径140mm、深9.5mm的不锈钢盛样皿中,沥青膜的厚度约为3.2mm,并置于163℃通风烘箱的条件下,以5.5r/min的速率旋转,经过5h后计算沥青试样的质量损失,并测试针入度等指标的变化。

②旋转薄膜加热试验

旋转薄膜加热试验(Rolling Thin-film Oven Test)是将沥青试样35g装入高140mm、直径64mm的开口玻璃瓶中,盛样瓶插入旋转烘箱中,一边接收以4000mL/min流量吹入的热空气,一边在163℃的高温下以15r/min的速度旋转,经过75min的老化后测定沥青的质量损失及针入度、黏度等各种性能指标的变化,如图2-30所示。

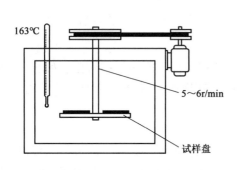

图2-29 沥青薄膜加热试验

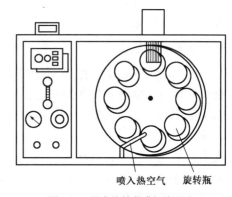

图2-30 沥青旋转薄膜加热试验

③压力老化试验

以上两种老化试验方法是模拟沥青混合料在拌和过程中的老化条件,为短期老化。而在路面使用过程中沥青的老化是长期的老化,美国Superpave成果提出压力老化试验(Pressurized Aging Vessel,PAV)。压力老化试验仪如图2-31所示。标准的老化温度视沥青标号不同,规定为90~110℃,老化时间为20h,容器内的充气压力为2.1MPa。研究成果表明,PAV试验对沥青老化的影响相当于使用期路面表层沥青老化5年的情况。

老化后的沥青试样可通过DSR、BBR和DDT试验评价其长期的抗老化性能。

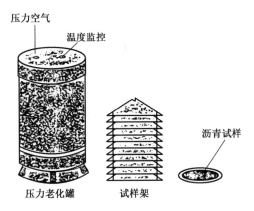

图 2-31　压力老化示意图

6. 沥青的黏弹性

路用沥青多为溶-凝胶型沥青,在低温时表现为弹性,高温时表现为黏性,在相当宽的温度范围内表现为黏性和弹性并存,是一种典型的黏弹性物体。在外力作用下产生形变,但形变滞后于作用力,作用力去除后形变并不完全消除,经过一段时间才逐渐恢复,表现为复杂的黏弹性性质,蠕变和松弛现象就是这种特性的表现。

黏弹性物体在应力保持不变的条件下,应变随时间的延长而增加的现象,称为蠕变。例如公共汽车停靠站处的沥青路面因受汽车荷载长时间重压而产生凹陷的过程就是蠕变,这可能是由于沥青胶体结构内部的某些分子产生位移或分子构型发生变化的结果。沥青结构、环境温度和作用力大小都会对蠕变产生影响。

与蠕变的现象相反,在保持应变不变的条件下,应力随时间的增加而逐渐减小的现象为应力松弛,这也是由于沥青胶体结构的内部大分子在荷载的长期作用下产生结构变形或位移,使原来的应力消失。

(1) 沥青的劲度模量

研究沥青路面的黏弹性具有很重要的实用价值,如优化设计、提升性能、适应气候变化、降低维护成本、实现道路质量的全面提升等。在荷载作用下,沥青应力和应变呈非线性关系,为了描述沥青处于黏弹状态下的力学特性,采用了劲度模量的概念。劲度模量是随温度和荷载作用时间而变化的参数,是表现沥青黏性和弹性联合效应的指标。范·德·玻尔采用荷载作用时间 t 和温度 T 为函数的应力与应变之比来表示黏弹性沥青抵抗变形的性能,劲度模量由式(2-28)表示。

$$S = \frac{\delta}{\varepsilon_{t,T}} \tag{2-28}$$

式中:S——沥青的劲度模量,Pa;

δ——应力,Pa;

ε——应变;

t——荷载时间,s;

T——温度,℃。

沥青的劲度模量 S 可以采用微膜滑板黏度计或微弹性仪等仪器来测定,也可通过图表确定。范·德·玻尔等学者根据荷载作用时间(t)或频率(ω)、路面温度差(T)、沥青的胶体结构类型(PI)等参数绘制成实用沥青劲度模量诺谟图,如图 2-32 所示。

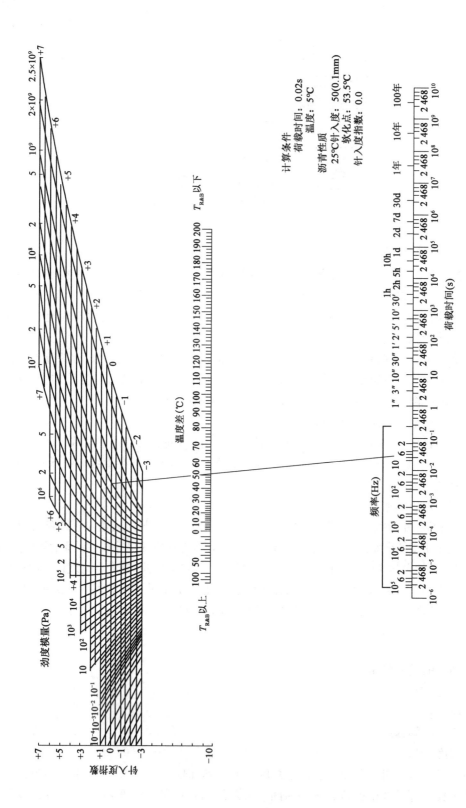

图2-32 沥青劲度模量诺谟图

在应用诺谟图(图2-32)时,荷载作用时间根据车辆作用时间而定,通常采用停车站的停车时间进行校核。路面温度差是指当地平均最低气温时,路面面层5cm深度的温度与软化点的差值(即软化点温度-路面温度)。

(2)沥青的动态剪切流变试验(DSR)

作用于道路上的行车荷载是连续不断的反复荷载,在这种振动荷载作用下,沥青的黏度通常小于静载时的黏度。美国战略公路研究计划(SHRP)沥青结合料路用性能规范评价沥青高温稳定性的指标采用动态剪切流变仪,对原样沥青和旋转薄膜烘箱(RTFOT)后残留沥青试样分别进行两次动态剪切试验,通过测定沥青材料的复数剪切模量(G^*)和相位角(δ)来表征沥青材料的黏性和弹性性质。

动态剪切流变试验如图2-33所示,将沥青夹在平板之间,一块板固定,另一块板围绕中心轴来回摆动,从摆动板(振荡板)的点A转动到点B,再由B往回转动经过A,转回到C点,再返回由C转动到A完成一个周期。在DSR试验过程中,摆动板连续不断地摆动,速度为10rad/s,约等于1.59Hz的频率(相当于公路上车辆行驶车速为88km/h)。沥青的应变由传感器记录下来,如图2-34所示,通过计算可以得到复数剪切模量G^*和相位角δ。沥青试样的剪应力τ、剪应变γ、复数模量G^*及相位角δ分别按式(2-29)~式(2-32)计算。

$$\tau = \frac{2T}{\pi r^3} \tag{2-29}$$

$$\gamma = \frac{\theta r}{h} \tag{2-30}$$

$$G^* = \frac{\tau_{\max} - \tau_{\min}}{\gamma_{\max} - \gamma_{\min}} \tag{2-31}$$

$$\delta = 2\pi f \cdot \Delta t \tag{2-32}$$

式中: T——最大扭矩,N·m;

r——摆动板半径(12.5mm 或 4mm);

θ——摆动板的旋转角,rad;

h——试样高度(1mm 或 2mm);

$\tau_{\max}$、$\tau_{\min}$、$\gamma_{\max}$、$\gamma_{\min}$——试样承受的最大、最小剪应力(MPa),最大、最小剪应变;

f——摆动板频率,Hz;

Δt——应变滞后时间,s。

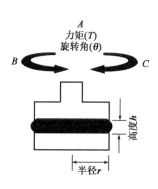

图2-33 沥青动态剪切流变试验模式

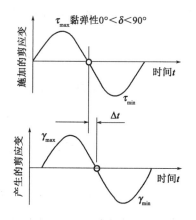

图2-34 沥青动态剪切流变试验曲线

复数剪切模量 G^* 是描述材料在动态剪切条件下的总体阻尼和弹性响应的度量,包括弹性(可恢复)部分和黏性(不可恢复)部分。相位角 δ 是可恢复与不可恢复变形的相对指标。在大多数情况下,沥青呈现黏性和弹性并存的特征。

(3)多应力蠕变恢复试验(Multiple Stress Creep Recovery Test)

多应力蠕变恢复试验由美国联邦公路总局(FHWA)提出,通过动态剪切流变仪测试沥青的应变恢复率与不可恢复蠕变柔量,以表征其黏弹性响应与抗永久变形能力。

多应力蠕变恢复试验是一个反复加载与卸载的过程,持续200s、包含20个周期、每个周期时长为10s。在每个循环开始时,采用规定数值的剪应力加载试样1s,再卸载9s。前10个周期的加载应力为100Pa,后10个周期的剪切应力为3200Pa。试验检测指标为恢复百分率 R 与不可恢复蠕变柔量 J_{nr}。

在每个周期内,沥青试样都经历了蠕变与恢复两个阶段,应变与时间的关系如图2-35所示。

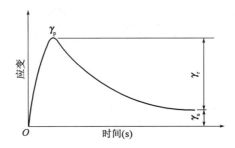

图2-35 蠕变恢复过程中的应变-时间关系

在加载过程中,应变达到了峰值 γ_p。在卸载过程中,应变逐渐下降。最终的残余应变称为不可恢复应变 γ_u,而峰值与残余应变的差值称为可恢复应变 γ_r。应变恢复率 γ_r 用可恢复应变与应变峰值的比值表示,表征沥青的变形恢复能力。单位应力作用下的不可恢复应变称为不可恢复蠕变柔量 J_{nr},反映了沥青抵抗永久变形的能力。

当剪切应力为100Pa时,应变恢复率和不可恢复蠕变柔量通过式(2-33)~式(2-36)计算。

$$\gamma_r(100, N) = \frac{\gamma_r \times 100}{\gamma_p} \tag{2-33}$$

式中:$\gamma_r(100, N)$——每个周期的应变恢复率,%;

N——加载循环次数,取值为1~10。

$$R(100) = \frac{\sum_{N=1}^{10} \gamma_r(100, N)}{10} \tag{2-34}$$

式中:$R(100)$——10个循环周期的平均应变恢复率,%。

$$J_{nr}(100, N) = \frac{\gamma_u}{100} \tag{2-35}$$

式中:$J_{nr}(100, N)$——每个循环的不可恢复蠕变柔量,Pa^{-1}。

$$J_{nr}100 = \frac{\sum_{N=1}^{10} J_{nr}(100, N)}{10} \tag{2-36}$$

式中:$J_{nr}100$——10个循环的平均不可恢复蠕变柔量,Pa^{-1}。

当剪切应力为3200Pa时,试验指标的计算公式与100Pa剪应力对应的公式类似。

3200Pa荷载与100Pa荷载对应的应变恢复率相对差异和不可恢复蠕变柔量相对差异分别通过式(2-37)和式(2-38)计算。

$$R_{\text{diff}} = \frac{R_{100} - R_{3200}}{R_{100}} \times 100 \tag{2-37}$$

$$J_{\text{nr-diff}} = \frac{J_{\text{nr}}3200 - J_{\text{nr}}100}{J_{\text{nr}}100} \times 100 \tag{2-38}$$

式中:R_{diff}——应变恢复率相对差异,%;

$J_{\text{nr-diff}}$——不可恢复蠕变柔量相对差异,%。

三、我国道路石油沥青的技术要求

1. 沥青分级方法

沥青作为一种化工产品,必须按照某个技术指标将沥青等级进行划分以形成不同的标号,以满足不同地区和工程的需要。1918年,美国公路局率先制定了以沥青针入度指标为分级依据的沥青标准。20世纪70年代,又提出了以黏度指标为分级依据的沥青标准。20世纪90年代,美国在1989~1993年实施的公路战略研究计划(SHRP)后又提出了基于性能的分级方法(PG分级)。

(1)针入度分级

针入度分级,是指以沥青25℃针入度大小来划分沥青的标号。针入度分级标准体系历史最长,使用的国家也最多。按针入度划分标号时,标号之间的针入度值可以是连续的,也可以是不连续的,并以针入度中值或区间值命名。我国的道路沥青基本是按针入度分级,如《重交通道路石油沥青》(GB/T 15180—2010)是按连续针入度(20~140)分为6个标号,每个标号针入度区间值为20,以中值命名,如针入度40~60的沥青命名为AH-50。

(2)黏度分级

长期的实践表明,道路石油沥青在60℃下的黏度与夏季路面最高温度下沥青混合料的强度、抗车辙能力有良好的相关性。按沥青60℃黏度大小划分沥青标号,能更好地体现相应标号沥青的高温性能,方便用户选用。如美国ASTM D3381/D338/M-18中采用了黏度分级体系,即按照沥青60℃黏度,将沥青分为AC-2.5(60℃黏度为25Pa·s±5Pa·s)、AC-5(60℃黏度为50Pa·s±10Pa·s)、AC-10(60℃黏度为100Pa·s±20Pa·s)、AC-20(60℃黏度为200Pa·s±40Pa·s)、AC-30(60℃黏度为300Pa·s±60Pa·s)和AC-40(60℃黏度为400Pa·s±80Pa·s)6个等级。为了控制沥青路面车辙问题,日本也制定了60℃黏度分级的重交通沥青的技术标准。

(3)基于性能的分级

性能分级是以沥青在相应的使用环境条件下应具备的性能特征作为分级依据。这个概念是美国公路战略研究计划(SHRP)中提出来的,并形成了以沥青所能适用的环境最高温度和最低温度所限定的温度区间来划分沥青标号的标准体系(标号以字母PG和温度的区间数值来表示)。例如,标号为PG76-22的沥青,表示其要符合高温性能指标的最低试验温度不低于76℃,低温性能指标要求的试验温度不高于-22℃。

2. 我国黏稠道路石油沥青的技术要求

我国道路石油沥青采用针入度划分等级。《重交通道路石油沥青》(GB/T 15180—2010)中按照针入度指标分为6个等级,其质量要求见表2-7。

重交通道路石油沥青的质量要求(GB/T 15180—2010)　　表2-7

项目	质量指标					
	AH-130	AH-110	AH-90	AH-70	AH-50	AH-30
针入度(25℃)(0.1mm)	120~140	100~120	80~100	60~80	40~60	20~40
延度(15℃)(cm),≥	100	100	100	100	80	报告
软化点(℃)	38~51	40~53	42~55	44~57	45~58	50~65
溶解度(三氯乙烯)(%)	≥99.0					
闪点(℃)	≥230					≥260
密度(15℃或25℃)(g/cm³)	报告					
蜡含量(%)	≤3.0					
薄膜烘箱试验(163℃,5h)						
质量变化(%)	≤1.3	≤1.2	≤1.0	≤0.8	≤0.6	≤0.5
针入度比(%)	≥45	≥48	≥50	≥55	≥58	≥60
延度(15℃)(cm)	≥100	—	—	≥50	≥40	≥30　报告　报告
必须为报告实测值						

《公路沥青路面施工技术规范》(JTG F40—2004)中沥青等级划分以沥青路面的气候条件为依据,在同一个气候分区内根据道路等级和交通特点再将沥青分为1~3个不同的针入度等级;在技术指标中增加了反映沥青感温性的指标针入度指数PI、沥青高温性能的指标60℃动力黏度,并选择10℃延度指标评价沥青的低温性能,相关的技术要求见表2-8。

道路石油沥青技术要求(JTG F40—2004)　　表2-8

指标	等级	160号	130号	110号	90号					70号⑤				50号⑤	30号⑥
适用的气候分区①	—	注④	注④	2-1	2-2	2-3	1-1	1-2	1-3	2-2	2-3	1-3	1-4	2-2	2-3	2-4	1-4	注⑥
针入度(25℃,100g,5s),(0.1mm)	—	140~200	120~140	100~120			80~100					60~80				40~60	20~40
针入度指数 PI②,③	A	−1.5~1.0															
	B	−1.8~1.0															
软化点 $T_{R\&B}$ (℃)≥	A	38	40	43	45			44					46			45	49	55
	B	36	39	42	43			42					44			43	46	53
	C	35	37	41	42								43				45	50
60℃动力黏度③ (Pa·s)≥	A	—	60	120	160			140					180			160	200	260
10℃延度③ (cm)≥	A	50	50	40	45	30	20	30	20	20	15	25	20	15	15	15	10
	B	30	30	30	30	20	15	20	15	15	10	20	15	10	10	10	8

续上表

指标	等级	160号	130号	110号	90号				70号⑤					50号⑤	30号⑥
适用的气候分区①	—	注④	注④	2-1	2-2	2-3	1-1	1-2	1-3	2-2	2-3	1-3	1-4	2-2	2-3	2-4	1-4	注⑥
15℃延度(cm)≥	A、B	100												80	50
	C	80	80	60	50				40					30	20
闪点(COC)(℃)≥		230			260										
含蜡量(蒸馏法)(%)≤	A	2.2													
	B	3.0													
	C	4.5													
溶解度(%)≥		99.5													
15℃密度(g/cm³)		实测记录													

薄膜加热试验(或旋转薄膜加热试验)残留物

指标	等级	160号	130号	110号	90号				70号					50号	30号
质量变化(%)≤		±0.8													
针入度比(%)≥	A	48	54	55	57				61					63	65
	B	45	50	52	54				58					60	62
	C	40	45	48	50				54					58	60
10℃延度(cm)≥	A	12	12	10	8				6					4	—
	B	10	10	8	6				4					2	—
15℃延度(cm)≥	C	40	35	30	20				15					10	—

注:①沥青路面气候分区见第3章表3-6。
②用于仲裁试验时,求取针入度指数PI的5个温度与针入度回归关系的相关系数不得小于0.997。
③经主管部门同意,该表中的针入度指数PI、60℃动力黏度及10℃延度可作为选择性指标。
④160号沥青和130号沥青除了在寒冷地区可直接用于中低级公路外,通常用作乳化沥青、稀释沥青及改性沥青的基质沥青。
⑤70号沥青可根据需要要求供应商提供针入度范围60~70或70~80的沥青;50号沥青可要求提供针入度范围40~50或50~60的沥青。
⑥30号沥青仅适用于沥青稳定基层。

3. 我国液体石油沥青的技术要求

《公路沥青路面施工技术规范》(JTG F40—2004)中按照液体石油沥青的凝结速度分为快凝AL(R)、中凝AL(M)和慢凝AL(S)3个标号,每个等级按照黏度又分为5个等级。液体石油沥青的黏度采用道路沥青标准黏度计测定。除黏度的要求外,对不同温度的蒸馏馏分含量及残留物的性质,对闪点和含水率等亦提出相应的要求。液体石油沥青的质量要求见表2-9。

道路用液体石油沥青技术质量要求(JTG F40—2004) 表2-9

试验项目		快凝		中凝						慢凝					
		AL(R)-1	AL(R)-2	AL(M)-1	AL(M)-2	AL(M)-3	AL(M)-4	AL(M)-5	AL(M)-6	AL(S)-1	AL(S)-2	AL(S)-3	AL(S)-4	AL(S)-5	AL(S)-6
黏度(s)	$C_{25,5}$	<20	—	<20	—	—	—	—	—	<20	—	—	—	—	—
	$C_{60,5}$	—	5~15	—	5~15	16~25	26~40	41~100	101~200	—	5~15	16~25	26~40	41~100	101~180
蒸馏体积(%)	225℃前	>20	>15	<10	<7	<3	<2	0	0	—	—	—	—	—	—
	315℃前	>35	>30	<35	<25	<17	<14	<8	<5	—	—	—	—	—	—
	360℃前	>45	>35	<50	<35	<30	<25	<20	<15	<40	<35	<25	<20	<15	<5
蒸馏后残留物性质	针入度(25℃)(0.1mm)	60~200	60~200	100~300	100~300	100~300	100~300	100~300	100~300	—	—	—	—	—	—
	延度(25℃)(cm)	>60	>60	>60	>60	>60	>60	>60	>60	—	—	—	—	—	—
	浮漂度(50℃)(s)	—	—	—	—	—	—	—	—	<20	>20	>30	>40	>45	>50
闪点(COC法)(℃)		>30	>30	>65	>65	>65	>65	>65	>65	>70	>70	>100	>100	>120	>120
含水率(%)		≤0.2	≤0.2	≤0.2	≤0.2	≤0.2	≤0.2	≤0.2	≤0.2	≤2.0	≤2.0	≤2.0	≤2.0	≤2.0	≤2.0

四、美国 Superpave 沥青结合料的技术要求

1. Superpave 沥青结合料性能分级规范

Superpave 沥青结合料性能分级规范(AASHTO M320)将原来的沥青(Asphalt Cement)规范改变为沥青结合料(Asphalt Binder)规范,这表明该规范不仅要适用于沥青,也要适用于改性沥青。新的沥青结合料性能分级规范是一张表示沥青结合料性质要求的表格,明确了沥青结合料在特定交通和环境下的材料特性。沥青结合料性能分级规范采用旋转黏度仪、动态剪切流变仪、弯曲梁流变仪和直接拉伸仪等一整套设备来测定沥青结合料的物理力学性能。

AASHTO M320 充分考虑了工程气候条件,采用高温(连续7d平均最高气温换算成最高路面设计温度)和低温(极端最低气温即路面最低设计温度)指标指导沥青结合料的选择。另外,采用高温黏度指标控制沥青混合料的施工和易性,采用压力老化试验(PAV)评价沥青材料的长期抗老化能力。应用 AASHTO M320,可通过选择合适的沥青等级以避免由于极端温度、重型交通量引起的路面损坏。

Superpave 沥青结合料性能分级规范(AASHTO M320)的显著特点在于:

(1)AASHTO M320 对道路沥青三个老化阶段性能进行控制,即第一阶段是沥青运输、储存和装卸过程,用原样沥青进行试验;第二阶段是沥青拌和、铺筑过程,采用旋转薄膜烘箱残留物进行试验;第三阶段是沥青路面的服务期,采用压力老化后的沥青进行查验,查清在路面服务若干年后的性能。

(2)AASHTO M320 不再采用在固定温度下进行试验的方法,而是引入了规定性能要求值,试验温度随需求而变。

(3) AASHTO M320 中采用了很多创新性指标来控制和评价沥青结合料的性能,如采用车辙因子控制高温性能、采用低温蠕变劲度及其变化率控制低温性能等。AASHTO M320 的主要技术指标、试验仪器和试验目的详见表 2-10。

Superpave 沥青规范主要技术指标 表 2-10

技术指标	符号	试验仪器	试验目的	指标释义
车辙因子	$G^*/\sin\delta$	动态剪切流变仪(DSR)	测试结合料的高温性能	G^* 为复合剪切模量,δ 为相位角;$G^*/\sin\delta$ 能较好反映道路沥青抗车辙能力;AASHTO M320 中分别规定了原样沥青和旋转薄膜烘箱老化后车辙因子分别大于 1.0kPa 和 2.2kPa 时所对应的最高试验温度,以此作为性能分级的高温等级
黏度	η	毛细管黏度计或旋转黏度计	测试结合料的施工和易性	沥青高温黏度过大,可能造成沥青无法泵送、无法与集料拌和均匀,规范中控制沥青 135℃黏度不大于 3Pa·s
蠕变劲度	S	弯曲梁流变仪(BBR)	测试结合料的低温性能	对经过压力老化的沥青进行沥青弯曲梁流变试验,以测试其 S(蠕变劲度)≤300MPa、m(蠕变劲度变化率)≥0.300 时候的最低试验温度,作为其性能分级的低温等级
拉伸应变	ε	直接拉伸试验机(DT)	测试结合料的低温性能	此项试验是沥青弯曲梁流变试验的补充。当蠕变试验的 S 为 300~600,m≥0.300 时,需采用蠕变试验温度进行直接拉伸试验,如果破坏形变≥1%,可以将蠕变试验温度作为其性能分级的低温等级
疲劳因子	$G^*\cdot\sin\delta$	动态剪切流变仪(DSR)	测试结合料的抗疲劳性能	对经过压力老化的沥青进行动态剪切试验,以测试其 $G^*\cdot\sin\delta$≤5.00MPa 时的最低试验温度,确定其抗疲劳能力

2. Superpave 沥青结合料性能分级方法

美国 SHRP 成果中的 Superpave 沥青结合料性能分级体系中,沥青等级以 PG_{x-y} 表示,PG 是 Peformance Grade 的词首,表示路用性能等级,脚标 x 代表路面设计最高温度(7d 最高平均路面温度),脚标 y 代表路面设计最低温度(年极端最低温度)。

路面最高设计温度和最低设计温度按照式(2-39)和式(2-40)计算。

$$T_{20mm} = (T_{air,max} - 0.00618L_a^2 + 0.2289L_a + 42.2) \times 0.9545 - 17.78 \quad (2-39)$$

$$T_{min} = 0.859T_{air,min} + 1.7 \quad (2-40)$$

式中:T_{20mm}——位于 20mm 深处的最高路面设计温度,℃;

$T_{air,max}$——7d 平均最高气温,℃;

L_a——地理纬度,(°);

T_{min}——最低路面设计温度,℃;

$T_{air,min}$——平均年最低气温,℃。

按照路面的设计温度,将沥青分为 7 个高温等级以及相应的低温等级,高温等级的温度范围为 52~82℃,每 6℃为一级;低温等级温度范围为 -46~-10℃,每 -6℃为一级,见表 2-11。例如 PG_{58-28},表示该级沥青适用于最高路面设计温度不超过 58℃,最低路面设计温度不低于 -28℃的地区。

Superpave 沥青胶结料 PG 等级的性能要求（ASTM D 6373） 表 2-11

沥青使用性能等级	PG46					PG52							PG58							PG64							PG70							PG76							PG82				
7d平均最高设计温度[1]（℃）	<46					<52							<58							<64							<70							<76							<82				
最低设计温度（℃）	>−34	>−40	>−46	>−10	>−16	>−22	>−28	>−34	>−40	>−46	>−10	>−16	>−22	>−28	>−34	>−40	>−46	>−10	>−16	>−22	>−28	>−34	>−40	>−10	>−16	>−22	>−28	>−34	>−40	>−10	>−16	>−22	>−28	>−34	>−40	>−10	>−16	>−22	>−28	>−34	>−10	>−16	>−22	>−28	>−34
原样沥青																																													
闪点（ASTM D92）（℃），≥	230																																										
黏度[2]（ASTM D4402），最大值 3Pa·s，试验温度（℃）	135																																										
动态剪切[3]（TP5）$G^*/\sin\delta$，最小值 1.0kPa @10rad/s，试验温度（℃）	46					52							58							64							70							76							82				
旋转薄膜烘箱试验 RTFOT（ASTM D 2872）残留沥青																																													
质量损失（%）≤	1.0																																										
动态剪切[3]（TP5）$G^*/\sin\delta$，最小值 2.2kPa @10rad/s，试验温度（℃）	46					52							58							64							70							76							82				

续上表

沥青使用性能等级	PG46			PG52							PG58					PG64						PG70						PG76					PG82				
	-34	-40	-46	-10	-16	-22	-28	-34	-40	-46	-16	-22	-28	-34	-40	-10	-16	-22	-28	-34	-40	-10	-16	-22	-28	-34	-40	-10	-16	-22	-28	-34	-10	-16	-22	-28	-34
PAV老化温度[4] (℃)	90			90							100					100						100(110)						100(110)					100(110)				
动态剪切[3] (TP5) $G^*\sinδ$,最大值5.0MPa,@10rad/s,试验温度(℃)	10	7	4	25	22	19	16	13	10	7	25	22	19	16	13	31	28	25	22	19	16	34	31	28	25	22	19	37	34	31	28	25	40	37	34	31	28
蠕变劲度[5] (TP1) S最大值300MPa;m最小值0.300 @ 60s,试验温度(℃)	-24	-30	-36	0	-6	-12	-18	-24	-30	-36	-6	-12	-18	-24	-30	0	-6	-12	-18	-24	-30	0	-6	-12	-18	-24	-30	0	-6	-12	-18	-24	0	-6	-12	-18	-24
直接拉伸(TP3)破坏应变,最小值1.0% @ 1.0mm/min,试验温度(℃)	-24	-30	-36	0	-6	-12	-18	-24	-30	-36	-6	-12	-18	-24	-30	0	-6	-12	-18	-24	-30	0	-6	-12	-18	-24	-30	0	-6	-12	-18	-24	0	-6	-12	-18	-24
											PAV残留沥青(ASTM D 6521—00)																										

注:1. 设计温度由大气温度按式(2-31)和式(2-32)计算,也可由指定的机构提供。
2. 如果供应商应能保证任所有安全的温度下,沥青结合料都能很好地泵送或拌和,此要求可由指定的机构确定放弃。
3. 为了控制非改性沥青结合料的质量,在试验温度下测定原样沥青结合料黏度,可以取代测定动态剪切的 $G^*/\sinδ$。在此温度下,沥青多处于牛顿流体状态下,任何测定黏度的标准方法均可使用,包括毛细管黏度计或旋转黏度计(AASHTO T201或T202)。
4. PAV老化温度为模拟气候条件温度,从90℃、100℃、110℃中选择一个温度,在沙漠条件下为110℃。
5. 如果蠕变劲度小于300MPa,直接拉伸试验可不要求;如果蠕变劲度为300~600MPa,高于PG64时为100℃,直接拉伸试验的破坏应变要求,m值在两种情况下都应满足。

五、欧盟沥青技术要求

欧盟沥青技术规范采用针入度和黏度作为分级标准,并采用软化点、黏度、闪点等传统的技术指标来控制沥青产品质量。2009 年颁布的道路沥青标准 EN 12591 见表 2-12。该标准以针入度将沥青分为 12 个牌号,并以针入度区间值命名,分别为 20/30、30/45、35/50、40/60、50/70、70/100、100/150、160/220(以上采用 25℃针入度分级),以及 250/330、330/430、500/650、650/900(以上采用 15℃针入度分级)。在低针入度标号区间,针入度有重叠,如 30/45、35/50、40/60、50/70 共 4 个牌号的针入度是重叠的;而在高针入度标号区间,却有间断,如 330/430、500/650。相比我国相应技术标准,欧盟沥青技术规范中包含了 160 号以上的软质沥青。另外,该标准采用运动黏度(60℃)作为软沥青(Soft bitumens)分级指标,将软沥青分为 V1500(1000～2000mm²/s)、V3000(2000～4000mm²/s)、V6000(4000～8000mm²/s)、V12000(8000～16000mm²/s)等 4 个标号。

欧盟道路沥青标准(EN 12591—2000)　　表 2-12

技术指标	单位	测试方法	20/30	30/45	35/50	40/60	50/70	70/100	100/1502	160/220
强制性指标										
针入度(25℃)	0.1mm	EN 1426	20~30	30~45	35~50	40~60	50~70	70~100	100~150	160~220
软化点	℃	EN 1427	55~63	52~60	50~58	48~56	46~54	43~51	39~47	35~43
RTFOT(163℃)老化残留物	—		—	—	—	—	—	—	—	—
残留针入度比,最小	%	EN 12607-1	55	53	53	50	50	46	43	37
软化点升高,最大—程度1	℃		8	8	8	9	9	9	10	11
软化点升高,最大—程度2*	℃		10	11	11	11	111	11	12	12
质量变化,最大,±	%		0.5	0.5	0.5	0.5	0.5	0.8	0.8	1.0
闪点,最小	℃	EN ISO 2592	240	240	240	230	230	230	230	220
溶解度,最小	%	EN 12592	99	99	99	99	99	99	99	99
选择性指标										
针入度指数	—	EN 12591	-1.5~0.7	-1.5~0.7	-1.5~0.7	-1.5~0.7	-1.5~0.7	-1.5~0.7	-1.5~0.7	-1.5~0.7
动力黏度(60℃),最小	Pa·s	EN 12596	440	260	225	175	145	90	55	30
脆点,最大	℃	EN 12593	—	-5	-5	-7	-8	-10	-12	-15
运动黏度(135℃),最小	mm²/s	EN 12595	530	400	370	325	295	230	175	135

注:当选择程度 2 时,脆点或针入度指数或两者需满足选择性指标中的要求。

由于欧洲各国气候条件存在差异,欧洲沥青标准采用了一种灵活的方法,将一些指标规定为强制性的质量指标,而另一些则为选择性的质量指标。EN 12591是欧盟各国强制执行的标准,其主要着眼于提出各牌号道路沥青的基本技术要求,而并未在标准中详细考虑各国的地理环境、气候条件和交通状况等因素。因此,该标准并未设定较高的技术要求,为欧盟各国提供了一种基础框架,各国可以根据具体情况在此基础上制定一些特殊要求。值得注意的是,在整个标准中(包括强制性和选择性指标),并未对延度进行具体的指标要求。

第三节 改性沥青

由于现代道路交通流量的迅猛增长,货车的轴载大大增加和交通渠化,要求沥青路面需要具有更高的高温抗车辙能力、低温抗裂能力、抗水损害能力,因此,对沥青材料的性能提出更高的要求。通过对沥青材料的改性,可以改善其以下几方面的性能:通过提高沥青高温抗变形能力,可以增强沥青路面的抗车辙性能;通过提高沥青的弹性性能,可以增强沥青路面的抗低温和抗疲劳开裂性能;通过改善沥青与石料的黏附性可以增强沥青路面的水稳定性;通过提高沥青的抗老化能力,可以延长沥青路面的寿命。

一、改性沥青的分类与技术要求

1.改性沥青的分类

改性沥青是指掺加橡胶、树脂高分子聚合物、磨细的橡胶粉或其他填料等外掺剂(改性剂),或采取对沥青轻度氧化加工等措施,使沥青或沥青混合料的性能得以改善而制成的沥青结合料。从广义上讲,凡是可以改善沥青路用性能的材料如聚合物、纤维、抗剥落剂、岩沥青、填料(如硫黄、炭黑等),都可以称为改性剂。表2-13归纳了沥青改性剂的种类及其改性效果。

沥青改性剂的分类及改性效果　　　　表2-13

改性剂品种	种类	改性效果				
		永久变形	疲劳开裂	低温开裂	水稳定性	氧化老化
填料(Fillers)	炭黑(Carbon black)	+				+
	熟石灰(Hydrated lime)	+				
	粉煤灰(Fly ash)	+				
	水泥(Cement)	+				
	飞尘灰(Baghouse fines)	+				
	硫黄(Sulphur)	+	+	+		
	木质素(Wood lignin)				+	
聚合物弹性体	SB	+		+	+	
	SBS	+	+	+		
	SIS	+				
	SEBS	+				
	SBR	+	+			

续上表

改性剂品种	种类	改性效果				
		永久变形	疲劳开裂	低温开裂	水稳定性	氧化老化
聚合物弹性体	CR	+				
	NR	+				
	乙丙橡胶 EPDM	+				
橡胶粉	—	+	+	+		
氧化剂	锰化合物	+				
烃类	芳香油(Aromatics)			+		
	岩沥青	+	+	+	+	
抗剥落剂	胺类(Amines)				+	
	聚胺类(Polyamines)				+	
	聚多胺类(Polyamides)				+	
	熟石灰(Hydrated lime)				+	
纤维	聚丙烯 PP	+	+	+		
	聚酯类(Polyester)	+		+		
	玻璃纤维(Fiber glass)					
	钢纤维(Steel)	+	+	+		
	矿物纤维(Mineral)	+				
抗氧化剂	铅				+	+
	锌				+	+
	炭黑(Carbon black)	+				+
	熟石灰(Hydrated lime)				+	+
	胺类(Amines)				+	+

除表 2-13 中所列材料以外,现在又有其他新的改性物质,如美国研究应用多聚磷酸改善沥青性能及我国研究的聚氨酯前驱体改性沥青等,都取得显著效果。一般来说,大部分改性剂都可以改善沥青的高温性能,但对于低温抗裂性能、抗水损害性能以及疲劳开裂性能等方面的改善效果则各有不同。从狭义上讲,道路改性沥青所用的改性剂一般是指高分子聚合物。用于道路沥青改性的聚合物主要是以下三类:

(1)树脂:聚乙烯(PE)、聚丙烯(PP)、乙烯-乙酸乙烯(EVA)等。

(2)橡胶:丁苯橡胶(SBR)、氯丁橡胶(CR)、橡胶粉等。

(3)热塑性弹性体:苯乙烯丁二烯嵌段共聚物(SBS)、苯乙烯-异戊二烯嵌段共聚物(SIS)、苯乙烯-聚乙烯/丁基-聚乙烯(SE/BS)等。

各类改性剂的改性效果各异,一般认为,树脂类改性沥青具有良好的高温稳定性和抗车辙能力,但对于沥青路面的低温抗裂性能无明显改善;橡胶类改性沥青具有较好的低温抗裂性能和较好的黏结性能;热塑性弹性体类改性沥青具有良好的温度稳定性,能明显提高原沥青的高低温性能,降低温度敏感性,增强耐老化。

当前用于沥青改性的聚合物主要有 SBS、PE、EVA 及 SBR 四种。在诸多改性剂中,SBS 可以明显地提高基质沥青的高低温性能,降低温度敏感性,增强耐老化及耐疲劳性能,SBS 已成为沥青改性领域的主要添加剂。

2. 改性沥青的评价指标

由于改性沥青具有不同的技术特点,除沥青针入度、软化点、延度、黏度等常规技术指标外,还采用了几项与评价基质沥青性能不同的技术指标,如软化点差(聚合物改性沥青离析试验)、弹性恢复率(沥青弹性恢复试验)、黏韧性和韧性(黏韧性试验)以及延度比(测力延度试验)等。

(1) 聚合物改性沥青离析试验

聚合物改性沥青在停止搅拌、冷却过程中,聚合物可能从沥青中离析,当聚合物改性沥青在生产后不能立即使用,而需经过储运再加热等过程后使用时,需进行离析试验。

不同的改性沥青离析的状况有所不同,SBR、SBS类改性沥青,离析时表现为聚合物上浮。我国采用的聚合物改性沥青离析试验(JTG E20—2011 T 0661)是将试样置于规定条件的盛样管中,并在163℃烘箱中放置48h后,从聚合物改性沥青的顶部和底部分别取样,用环球法测定其软化点之差来判定;对PE、EVA类聚合物改性沥青,用改性沥青在135℃存放24h的过程中是否结皮,或凝聚在容器表面四壁的情况进行判定。

(2) 沥青弹性恢复试验

SBS等热塑性弹性体改性沥青,弹性恢复能力是其显著的特点,在沥青路面使用过程中,SBS改性沥青对荷载作用下产生的变形具有良好的自愈性。

我国沥青弹性恢复试验(JTG E20—2011 T 0662)参照美国ASTM试验方法(D6084—97,D5882—96及D5876—96)弹性恢复试验方法,试验温度采用25℃。采用延度试验所用试模,但中间部分换为直线侧模,如图2-36所示,试件截面积为$1cm^2$。试件拉伸10cm后停止,立即剪断,保持1h,测量恢复率。

(3) 沥青黏韧性试验

沥青黏韧性试验是测定沥青在规定温度条件下高速拉伸时与金属半球的黏韧性(Toughness)和韧性(Tenacity)。非经注明,试验温度为25℃,拉伸速度为500mm/min。在图2-37中的荷重变形曲线 *ABCE* 及 *CDFE* 所包围的面积分别表示所测试样的黏韧性和韧性。

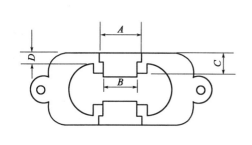

图2-36 弹性恢复试验用直线延度试模

$A = (36.5 \pm 0.1)$mm;$B = (30 \pm 0.1)$mm;$C = (17 \pm 0.1)$mm;$D = (10 \pm 0.1)$mm

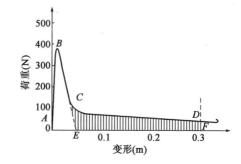

图2-37 黏韧性试验荷载-变形曲线

(4) 测力延度试验

测力延度试验是在普通的延度仪上附加测力传感器,试验用的试模与沥青弹性恢复试验相同。试验温度通常采用5℃,拉伸速度5cm/min,传感器最大负荷≥100kg即可。可由 *X-Y* 函数记录仪记录拉力-变形(延度)曲线,并通过计算测力延度比来评价沥青的内聚力。曲线的形状和面积对评价改性沥青的性能具有重要意义。

3. 改性沥青的技术要求

我国聚合物改性沥青性能评价方法基本沿用了道路石油沥青质量标准体系,增加了一些评价聚合物性能指标,如离析(软化点差)、弹性恢复、测力延度比、黏韧性和韧性等技术指标。首先根据聚合物类型将改性沥青分为Ⅰ类、Ⅱ类、Ⅲ类,按照软化点的不同,将Ⅰ类和Ⅲ类聚合物改性沥青分为A、B、C及D四个等级,Ⅱ类分为A、B及C三个等级,以适应不同的气候条件。同一类型中的A、B、C或D主要反映基质沥青标号及改性剂含量的不同,A~D表示改性沥青针入度减小,黏度增加,即高温性能提高,但低温性能下降。等级划分以改性沥青的针入度作为主要依据。聚合物改性沥青的质量要求见表2-14。对于采用几种不同种类改性剂制备的复合改性沥青,可以根据所掺各种改性剂的种类和比例,按照工程对改性沥青的使用要求,参照表2-13,综合确定应该达到的质量要求。

聚合物改性沥青技术要求　　　　表2-14

指标	单位	SBS类(Ⅰ类)				SBR类(Ⅱ类)			EVA、PE类(Ⅲ类)				试验方法[①]
		Ⅰ-A	Ⅰ-B	Ⅰ-C	Ⅰ-D	Ⅱ-A	Ⅱ-B	Ⅱ-C	Ⅲ-A	Ⅲ-B	Ⅲ-C	Ⅲ-D	
针入度(25℃,100g,5s)	0.1 mm	>100	80~100	60~80	40~60	>100	80~100	60~80	>80	60~80	40~60	30~40	T 0604
针入度指数 PI ≥	—	-1.2	-0.8	-0.4	0	-1.0	-0.8	-0.6	-1.0	-0.8	-0.6	-0.4	T 0604
延度(5℃,5cm/min) ≥	cm	50	40	30	20	60	50	40	—	—	—	—	T 0605
软化点 $T_{R\&B}$ ≥	℃	45	50	55	60	45	48	50	48	52	56	60	T 0606
运动黏度[1] (135℃) ≥	Pa·s	3											T 0625 T 0619
闪点 ≥	℃	230				230			230				T 0611
溶解度 ≥	%	99				99			—				T 0607
弹性恢复 (25℃) ≥	%	55	60	65	75	—	—	—	—	—	—	—	T 0662
黏韧性 ≥	N·m	—	—	—	—	5			—	—	—	—	T 0624
韧性 ≥	N·m	—	—	—	—	2.5			—	—	—	—	T 0624
储存稳定性[②]													
离析,48h 软化点差 ≤	℃	2.5				—			无改性剂明显析出、凝聚				T 0661
TFOT(或RTFOT)后残留物													
质量变化 ≤	%	±1.0											T 0610 或 T 0609
针入度比 (25℃) ≥	%	50	55	60	65	50	55	60	50	55	58	60	T 0604
延度(5℃) ≥	cm	30	25	20	15	30	20	10	—	—	—	—	T 0605

注:①表中135℃运动黏度可采用《公路工程沥青及沥青混合料试验规程》(JTG E20—2011)中的"沥青布氏旋转黏度试验方法(布洛克菲尔德黏度计法)"进行测定。若在不改变改性沥青物理力学性能并符合安全条件的温度下易于泵送和拌和,或经证明适当提高泵送和拌和温度时能保证改性沥青的质量,容易施工,可不要求测定。
　　②储存稳定性指标适用于工厂生产的成品改性沥青。现场制作的改性沥青对储存稳定性指标可不作要求,但必须在制作后保持不间断的搅拌或泵送循环,保证使用前没有明显的离析。

二、常用聚合物改性沥青

1. 常用聚合物改性沥青的技术性质

(1)热塑性橡胶类改性沥青

热塑弹性体(Thermoplastic Elastomer,TPE)是由橡胶类弹性体热塑化和弹性体与树脂熔融共混热塑化技术而产生的热塑性弹性体材料和弹性材料,品种牌号繁多,性能优异,其中苯乙烯-二烯烃嵌段共聚物广泛用于沥青改性。共聚物中二烯烃称为软段,苯乙烯称为硬段。当二烯烃采用丁二烯时,所得产品即为SBS。中国石化行业标准《热塑性弹性体苯乙烯-丁二烯嵌段共聚物(SBS)》(SH/T 1610—2011)给出了用于改性沥青的SBS技术要求、试验方法。其他还有SE/BS,SIS等系列产品,都可用于沥青改性,使用最多的为SBS。SBS高分子链具有串联结构的不同嵌段,即塑性段和橡胶段,形成类似合金的组织结构,按聚合物的结构可分为线形和星形。SBS的改性效果与SBS的品种、分子量密切相关,星形SBS对沥青的改性效果优于线形SBS。SBS的分子量越大,改性效果越明显,但难以加工为改性沥青。沥青中芳香分含量高则较易加工。各种型号的SBS中,苯乙烯含量高的能显著提高改性沥青的黏度、韧度和韧性。

热塑性弹性体对沥青的改性机理除了一般的混合、溶解、溶胀等物理作用外,更重要的是通过一定条件下产生交联作用,形成不可逆的化学键,从而形成立体网状结构,使沥青获得弹性和强度。而在沥青拌和温度的条件下,网状结构消失,具有塑性状态,便于施工。在沥青路面使用温度条件下为固态,具有高抗拉强度。

表2-15列出了采用埃索石油公司70号沥青加入5%星形和线形SBS经高速剪切搅拌为改性沥青的性能试验结果。从中可以看出,SBS改性沥青在改善温度敏感性、提高低温韧性等方面均有显著的效果,此外,星形SBS的改性效果在提高热稳定性和低温延性等方面均优于线形SBS。

SBS 改性沥青的技术性质 表2-15

技术性质	基质沥青	+5%SBS的改性沥青		技术性质		基质沥青	+5%SBS的改性沥青	
		星形	线形				星形	线形
针入度(25℃)(0.1mm)	64	38	40	针入度指数 PI		-1.36	+0.96	+0.16
软化点(℃)	48	92	55	测力延度(10℃)	拉力强度(MPa)	0.73	0.52	0.62
延度(15℃)(cm)	200	100	54		黏韧度(N·m)	2.99	21.5	19.6
当量软化点(℃)	47.2	63.1	58.3	薄膜烘箱试验(163℃,5h)	质量损失(%)	0.07	0.07	0.02
当量脆点(℃)	-8.6	-16.7	-11.4		针入度比(%)	78.3	88.9	88.9
回弹率(15℃)(%)	14	78	65		延度(10℃)(cm)	0.9	68	42

(2)橡胶类改性沥青

橡胶类改性材料用得最多的是丁苯橡胶(SBR)和氯丁橡胶(CR)。这类改性剂常以胶乳的形式加入沥青中,以提高沥青的黏度、韧性、软化点,降低脆点,使沥青的延度和感温性得到改善。这是由于橡胶吸收沥青中的油分产生溶胀,改变了沥青的胶体结构,从而使沥青的胶体结构得到改善,黏度得以提高。

丁苯橡胶(SBR)是较早开发的沥青改性剂,SBR的性能与结构随苯乙烯与丁二烯的比例和聚合工艺而变化,选择沥青改性剂时应通过试验加以确定。通常采用SBR胶乳或SBR沥青母体作为改性剂。表2-16列出了采用SBR胶乳改性100号道路沥青的试验结果。

胜利100号道路沥青用SBR胶乳改性效果　　　　表2-16

性质		基质沥青	SBR掺量(占改性沥青的质量分数)(%)			
			2	3	4	5
软化点(℃)		47	49	51	51	53
针入度 (0.1mm)	25℃	101	83	77	78	76
	15℃	24	30	26	26	28
	5℃	4	10	10	8	8
针入度指数PI		0.0701	0.0459	0.0443	0.0494	0.0481
延度(cm)	25℃	110	40	58	53	61
	15℃	69	150+	150+	150+	150+
	7℃	4	150+	150+	150+	150+
	5℃	0.25	117	125	150+	150+
黏度(60℃)(Pa·s)		88.2	128.6	158.4	192.6	254.4
黏度(135℃)(mm²/s)		429.6	569.4	669.4	777.9	878.0
薄膜烘箱试验后						
残留针入度(%)		52.5	68.7	74.0	72.4	77.6
延度(cm)	25℃	88	60	68	53	50
	15℃	13	73	71	86	121
黏韧性(N·m)		3.6	4.4	4.9	5.6	6.3
韧性(N·m)		0.7	1.2	1.5	1.9	2.3

由表2-16可见,随着SBR掺量的增加,改性沥青的黏度和软化点升高,说明抗变形能力得到改善;25℃针入度下降,而低温针入度升高,说明沥青的感温性得到改善;低温延度得到大幅度提高,韧度和韧性增加,耐老化性能有很大改善,说明改性沥青的高温流动性、黏弹性、低温抗裂性、耐久性等使用性能都能得到改善。此外,还用SBR胶乳与沥青乳液制成水乳型建筑用防水涂料和将改性乳化沥青用于道路路面工程。

(3)热塑性树脂改性沥青

热塑性树脂(Thermoplastic Resin)是聚烯烃类高分子聚合物,多数是线状结晶物,加热时变软,冷却后变硬,能使沥青结合料的常温黏度增大,从而使高温稳定性增加,有利于提高沥青的强度和劲度。与各种沥青调和时需要有一定的选择,热储存时分层较快,分散了的聚合物在熔点以下容易成团,通过精心选择树脂的品种与沥青匹配,因而树脂在沥青改性中得到较多的应用。常采用的品种有低密度聚乙烯(LDPE)、乙烯-乙酸乙烯酯共聚物(EVA)及APAO等。

①低密度聚乙烯(LDPE)改性沥青

低密度聚乙烯(LDPE)的柔软性、伸长率和耐冲击性都较高密度聚乙烯好,并且由于其存在密度小,熔点较低,结晶度小,溶解度参数较宽,在溶解分解区呈液态等特性,使之易与沥青共混。在沥青处于160℃以上温度区间时,通过剪切、挤压、碾磨等机械作用,低密度聚乙烯

(LDPE)可被粉碎成为 5～7μm 的细微颗粒,均匀地分散、混溶在沥青中。

聚乙烯改性沥青可提高沥青的黏度和软化点,使沥青的高温性能得到改善,并将沥青混合料的强度提高、抗流动变形和车辙的能力增强、抗永久变形能力有所改善。但其低温延性较差。

②乙烯-乙酸乙烯共聚物(EVA)改性沥青

乙烯-乙酸乙烯共聚物(EVA)是应用较普遍的热塑性树脂,在常温下为透明颗粒状,品种繁多,其性能取决于乙酸乙烯(EVA)含量、相对分子质量和溶体指数(MI)。由于乙烯支链上引入了醋酸基团,使 EVA 较之 PE 富有弹性和柔韧性,与沥青的相容性好。表 2-17 列出了采用不同型号 EVA,以及 PE 和 SBR 对胜利 100 号沥青进行改性对比试验结果,由表中数据可以看到,各种改性剂对基质沥青的性能都有不同程度的改善,总体来讲,针入度下降,软化点上升,黏度增加,低温延度升高。不同牌号 EVA 的改性效果是:随着 MI 和 VA 的降低,改性沥青的黏度和软化点上升,而低温延度下降;PE 对黏度的提高最大,而低温延度比基质沥青还差;SBR 对黏度的提高有限,而低温延度得到很大改善。因此 EVA 使沥青的高温强度、低温柔性和弹性以及耐老化性能得到比较全面的改善,而且有较好的施工性能,可以通过选用不同牌号的 EVA 对改性效果加以调整。

不同型号 EVA 改性沥青试验结果(EVA 掺量 5%) 表 2-17

性质	基质沥青	EVA,VA(%)(MI,g/10min)			PE	SBR
		30(30)	30(5)	35(40)		
针入度(25℃)(0.1mm)	86	54	47	57	52	68
软化点(℃)	45.5	60	64	52	52	50
延度(10℃)(cm)	4.5	8	6.5	12	4	70
针入度指数	-1.8	-0.35	0.13	-0.45	-0.82	-0.73
薄膜加热试验后						
针入度比(%)	58.1	71.2	70.0	67.7	62.9	75.4
延度(10℃)(cm)	3.0	4	2.5	5	2	52

除 PE 和 EVA 外,还开发了由乙烯、丙烯和丁烯-1 共聚生成的 APAO,外观为乳白色鸡蛋状固体,有一定韧性。APAO 与沥青的相容性很好,只需一般的机械搅拌即可与沥青混合均匀,对沥青改性的效果与 PE 相似,但掺量可以更少。

(4)热固性树脂改性沥青

热固性树脂品种有聚氨酯(PV)、环氧树脂(EP)、不饱和聚酯树脂(VP)等类,其中环氧树脂已应用于改性沥青。环氧树脂是指含有两个或两个以上环氧或环氧基团的醚或酚的低聚物或聚合物,我国生产的环氧树脂大部分是双酚 A 类。配制环氧改性沥青的关键在于选择合适的混合沥青作基料,并选择适合此类环氧树脂的固化剂,比较便宜的固化剂以芳香胺类为主。环氧树脂改性沥青的延伸性不好,但其强度很高,具有优越的抗永久变形能力,并具有特别高的耐燃料油和润滑油的能力,适用于公共汽车停靠站、加油站路面、桥面铺装等。

2.聚合物改性剂与基质沥青的相容性

相容性(Compatibility)是改性沥青是否成功的首要条件。改性沥青的相容性是指沥青和改性剂在组成和性质上存在差别的组分,在一定的条件下能够相互兼容,形成热力学相对稳定的具有混溶性的体系的能力。聚合物改性剂的相容性是极为重要的因素,在相容性好的改性沥青体系中,聚合物改性剂粒子很细,很均匀地分散在沥青当中;在相容性差时,则改性剂粒子呈絮状、块状,或与沥青发生相分离或分层现象,聚合物改性粒子加入基质沥青中,通过溶胀、增塑、分解或交联等复杂的物理、化学过程与沥青混溶形成稳定的分散体系,相容性的差异取决于改性剂和沥青两种不同相的界面上的相互作用、两者溶解度参数的差异以及分子结构是否相近。溶解度参数差异越小,分子结构越相近,则相容性越好。

各类物质溶解度参数的大小实质上反映该类物质的分子构型和相对分子质量,也是定量反映物质极性的数据。极性越相近的物质,则溶解度参数差值越小,越容易互相混溶。如苯乙烯含量较低的丁苯橡胶,其溶解度参数较低,与沥青的溶解度参数比较接近,则易形成稳定的胶体溶液。反之,若采用苯乙烯含量较高的丁苯橡胶,由于与沥青溶解度参数相差太大,则不易形成稳定的改性沥青。这说明,基质沥青与聚合物改性剂基本上遵循了化学组成和结构相似相溶的原则。

沥青中的轻组分对聚合物溶胀作用是相容性好的一个前提。聚合物经溶胀后,由于聚合物低分子量的组分倾向于分布在聚合物与沥青的界面处,相当于表面活性剂作用,使聚合物沥青不易发生相分离,增强了两相的黏合力。当聚合物含量较高时,则可能形成网状结构而使沥青的流变性能和力学性能得到很大的改善。

改性沥青的分散度是指聚合物在沥青中的分布状态及聚合物粒子的大小,改性沥青的生产工艺就是要保证聚合物良好的分散度。聚合物的微细粒子均匀分布在沥青之中是保证相容性的前提,是改性作用得到实现的保证。

3. 改性沥青的生产工艺

改性沥青是将改性剂采用一定的工艺加入沥青,使之均匀稳定地分散于沥青之中,因此改性工艺是改性剂发挥改性效果的保证,改性工艺根据改性剂的种类而有所不同。

(1) 直接混溶法

采用直接混溶法制作改性沥青,采用的共混设备有搅拌机和胶体磨两种。由于聚合物分子和化学结构不同,在沥青中的溶解速度相差很大,对于 SBS、PE 等改性剂,不宜采用螺旋叶片搅拌设备,而对于 EVA、APAO 等聚合物,则可以采用。

对于不宜采用螺旋搅拌法生产改性沥青的聚合物,需要采用胶体磨或高速剪切设备,在高温高速运转状态下将聚合物研磨成很细的颗粒,以增加沥青与聚合物的接触面积,从而促使聚合物的溶胀,使聚合物与沥青更好地混溶。一般需要经过聚合物的溶胀、分散磨细、继续发育三个过程。每一阶段的工艺流程和时间随改性剂、沥青和加工设备的不同而异。聚合物经过溶胀后,更易剪切磨细,经过一段时间的继续发育,改性沥青体系会更加稳定。

直接混溶法是目前制作改性沥青的主要方式,可固定工厂化生产或采用移动式设备。

(2) 母料法

预先制作改性剂浓度较高的改性沥青母体,运到工地现场经稀释后使用,即改性沥青的母料制作法。用母料制作的高浓度改性沥青在常温下一般呈固态,运输和储存较为方便,施工现场采用简单的搅拌设备即可实现母料与沥青的混溶。母体生产改性沥青的过程有两个关键因素需要注意:一是改性沥青母体的稳定性问题;二是改性沥青母体与掺配沥青的相容性和稳定性问题。

(3)胶乳法

胶乳法是采用丁苯胶乳(要求高浓度胶体)直接投入沥青混合料拌和机,与矿料、沥青拌和制作改性沥青混合料。胶乳直接投入拌和锅使改性沥青工艺大大简化,但由于胶乳中所含水分较高,易使拌和机产生锈蚀。

第四节 乳化沥青

乳化沥青(Emulsified Asphalt)是黏稠沥青经热融和机械作用以微滴状态分散于含有乳化剂-稳定剂的水中,形成水包油(O/W)型的沥青乳液。

乳化沥青最早用于喷洒除尘,后逐渐用于道路建筑。由于阳离子乳化剂的采用,乳化沥青得到更为广泛的应用。乳化沥青不仅可用于路面的维修与养护,也可用于铺筑表面处治、贯入式、沥青碎石、乳化沥青混凝土等各种结构形式的路面,还可用于旧沥青路面的冷再生和防尘处理。

乳化沥青的优越性主要体现在以下几点:

(1)可冷态施工,节约能源,减少环境污染。

(2)常温下具有较好的流动性,能保证洒布的均匀性,可提高路面修筑质量。

(3)采用乳化沥青,扩展了沥青路面的类型,如稀浆封层等。

(4)乳化沥青与矿料表面具有良好的工作性和黏附性,可节约沥青并保证施工质量。

(5)可延长施工季节,乳化沥青施工受低温多雨季节影响较少。

一、乳化沥青的组成材料

1. 乳化沥青的基本组成材料

乳化沥青由沥青、水和乳化剂组成,需要时可加入少量添加剂(如稳定剂)。

(1)沥青

生产乳化沥青用的沥青应适宜乳化,一般采用针入度大于100的较软沥青。石油沥青是复杂的高分子碳氢化合物,由于油源和生产方法的不同,其组分的化学结构和特性有很大差异,乳化的难易程度也不同,应通过试验加以选择,根据工程需要,也可以采用改性沥青进行乳化。

(2)水

水是沥青分散的介质,水的硬度和离子对乳化沥青具有一定的影响。水中存在的镁、钙或碳酸氢根离子分别对阴离子乳化剂或阳离子乳化剂有不同影响,应根据乳化剂类型的不同,确定对水质的要求。

(3)乳化剂

乳化剂在乳化沥青中用量虽然很小,但对乳化沥青的形成、应用及储存稳定性都有重大的影响。乳化剂一般是表面活性物质,称为表面活性剂。

(4)稳定剂

稳定剂主要采用无机盐类和高分子化合物,用以改善沥青乳液的稳定性。稳定效果最好的无机盐类是氯化铵和氯化钙,常与各类阳离子乳化剂配合使用,加入量通常为0.2%~

0.6%,可节省乳化剂用量20%~40%。高分子稳定剂如淀粉、明胶、聚乙二醇等,在沥青微粒表面可形成保护膜,有利于微粒的分散,可与各类阳离子和非离子乳化剂配合使用,加入量为0.1%~0.15%。

2. 乳化剂分类和乳化能力 HLB

表面活性剂分子的化学结构具有不对称性,由极性部分和非极性部分组成。极性部分(如—COONa,—OSO_3Na,—SO_3Na)是亲水性的;非极性部分,如 C_{12}~C_{16} 的烷基链或碳氢基是憎水的亲油部分。极性的亲水基团结构差异较大,因而乳化剂分类也是根据亲水基的结构而划分的,各类乳化剂具有不同的特点。如图2-38所示为沥青乳化剂分子模型示意图。

图2-38 沥青乳化剂分子模型图

(1)乳化剂的分类

能在溶液中解离生成离子或离子胶束的称为离子型乳化剂,凡不能电离成离子胶束的称为非离子乳化剂。具体分类如图2-39所示。

$$沥青乳化剂\begin{cases}离子型乳化剂\begin{cases}阴离子型\\阳离子型\\两性离子型\end{cases}\\非离子型乳化剂\end{cases}$$

图2-39 沥青乳化剂的分类

各类乳化剂的示例见表2-18。

乳化剂的分类示例　　　　　表2-18

按离子类型分类		示例	化学式	
			亲油基	亲水基
离子型	阴离子型	羧酸盐	$CH_3(CH_2)^-n$	COO—Na^+
	阳离子型	季铵盐	$CH_3(CH_2)^-n$	$N^+H_3 \cdot B_r^-$ 带两个CH_3
	两性离子型	氨基酸型	$CH_3(CH_2)^-n$	NH—CH_2—CH_2COONa
非离子型		多元醇型	$CH_3(CH_2)^-n$	COOCH_2C—CH_2OH 带CH_2OH和CH_2OH

①阴离子乳化剂

阴离子乳化剂是指在水中溶解后其极性部分倾向解离成阴(负)离子的表面活性物质。其特征表现在它具有一个大的有机阴离子,能与碱作用形成盐。属于阴离子乳化剂的表面活

性物质很多,常用的有:

有机羧酸盐:RCOONa,如硬脂酸钠 $C_{17}H_{35}COONa$、石油副产品环烷酸盐等。

有机硫酸盐(或酯):如烷基硫钠 $ROSO_3Na$。

有机磺酸盐:如烷基磺酸钠 RSO_3Na 或烷基苯磺酸钠 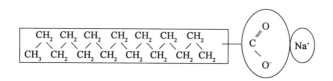等。

亲油基团的烷基碳链长度要适中,烷基链过长不易溶于水,太短则对沥青亲和力差,通常选用 $C_{12} \sim C_{18}$ 碳链。

阴离子型乳化剂模型如图 2-40 所示,油酸钠($C_{17}H_{33}COO—Na$),其亲油基为 $C_3(CH_2)H_{16}^-$,当其溶解在水中时则电离为带负电荷的 $CH_3(CH_2)H_{16}COO^-$ 和带正电荷的 Na^+ 离子。

图 2-40 阴离子乳化剂

②阳离子乳化剂

阳离子乳化剂是指在水中溶解后其极性部分倾向解离成阳(正)离子的表面活性物质。由于能较好地被带有负电荷的湿润集料表面吸附,因而得到广泛的应用。常用的有烷基胺或二胺类酰胺、季铵盐类、胺化木质素类等。以十六烷基三甲基氯化铵为例,如图 2-41 所示。它的非极性端为 $CH_3(CH_2)_{15}$,极性端为 $—\overset{\underset{|}{CH_3}}{\underset{|}{N^+}}—CH_3Cl$。当其溶解在水中时,其极性端则电离为带正电的 $—\overset{\underset{|}{CH_3}}{\underset{|}{N^+}}—CH_3$ 离子和带负电的 Cl 离子。

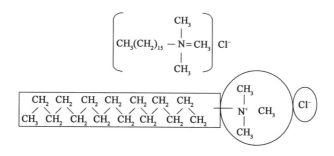

图 2-41 阳离子乳化剂

阳离子乳化剂是当前应用最为广泛的乳化剂,我国生产较多、使用效果较好的乳化剂见表 2-19。

我国阳离子沥青乳化剂类型　　　　表2-19

类型	化合物名称	分子式	商品代号	破乳速度
烷基二胺	N—烷基丙二胺	$RNH(CH_2)_3NH$	ASF	中裂型
酰胺	硬脂酸胺基多胺	$C_{17}H_{35}\overset{O}{\overset{\|}{C}}-NH-[(CH_2)_2NH]_n(CH_2)_2NH_2$	JSA-1	慢裂型
酰胺	牛脂酰胺基多胺	$R-\overset{O}{\overset{\|}{C}}-NH-[(CH_2)_2NH]_n(CH_2)_2NH_2$	JSA-2	中裂型
酰胺	烷基羟基酰胺基多胺	$R-N(CH_2CH_2CH_2N)_xH-CH_2CH_2CH_2-N\begin{smallmatrix}(CH_2CH_2N)_yH\\(CH_2CH_2N)_zH\end{smallmatrix}$	JSA-3	快裂型
季铵盐	烷基二甲基羟乙氯化铵	$\left[C_{14\sim18}H_{29\sim37}-\overset{CH_3}{\underset{CH_3}{N}}-CH_2-CH_2-CH_2OH\right]Cl$	1621	快裂型
季铵盐	十六烷基三甲基溴化铵	$\left[C_{16}H_{33}-\overset{CH_3}{\underset{CH_3}{N}}-CH_2\right]Br$	1631	快裂型
季铵盐	烷基三甲基氯化铵	$\left[C_{16\sim19}H_{33\sim39}-\overset{CH_3}{\underset{CH_3}{N}}-CH_3\right]Cl$	NOT 或 1831	中裂型
季铵盐	烷基双季铵盐	$\left[R-NH_2-CH_2-\underset{OH}{CH}-CH_2-\overset{CH_3}{\underset{CH_3}{N}}-CH_3\right]Cl$	HY	慢裂型
胺化木质素	木质素胺	$CH_2O-\bigcirc-O-CH_2-N\begin{smallmatrix}CH_3\\CH_3\end{smallmatrix}$	RH—COL	慢裂型

③两性离子型乳化剂

两性离子型乳化剂是指在水中溶解后其极性部分(亲水基团)既带有阴电荷又带有阳电荷的表面活性物质。

主要化合物有以下几种,其结构式为:

氨基酸型 R—NH—CH$_2$—CH$_2$COONa

咪咪啉型
$$R-C\overset{\underset{\|}{N}}{\underset{\underset{CH_2}{\overset{|}{CH_2}}}{-}}\overset{R'}{\underset{|}{N^+}}-CH\,COO^-$$

磷酸酯型
$$R-COOCH_2$$
$$R-COOCH-CH_2-O-\overset{O}{\underset{\underset{O}{\|}}{P}}-OCH_2CH_2N+Me_3$$

甜菜碱型 R—N$^+$(CH$_3$)CH$_2$COO$^-$

两性乳化剂可以吸附在带负电荷或正电荷的物质表面上,有良好的乳化性和分散性,但合成原料来源较困难,价格较高,目前在乳化沥青中的应用较少。

④非离子乳化剂

这类乳化剂是指在水中不离解成离子状态而又具有亲油和亲水结构的化合物。亲水结构主要来源于羟基或醚基,按化合物类型可分为:聚氧乙烯衍生物、多元醇酯、聚醚等。

常用 OP 系列烷基苯酚环氧乙烷加成物,结构简式为:

$$R-\langle \!\!\!\bigcirc\!\!\!\rangle-(CH_2CH_2)_n-OH$$

非离子型表面活性剂在水介质中不会离解成水合离子,由于无电荷,当形成沥青乳液时与集料的结合力较弱,是靠水分蒸发破乳后,才能使沥青附着在集料表面上。单独作为沥青乳化剂的应用不多,而主要是与阳离子、阴离子乳化剂配合用于制造乳化沥青,有以下作用:加入非离子型乳化剂,可以延长乳液与石料接触时的破乳时间;用于稀浆封层时,可以改善混合料的和易性;可以提高乳化力等。

(2)乳化能力 HLB

表面活性剂亲水基团和亲油基团的强弱,影响乳化剂的表面活性作用,对如何选择乳化剂是十分重要的。通常用亲水-亲油平衡(Hydrophilic-Lipophile Balance,HLB)值来表示乳化剂亲油亲水能力的相对大小,HLB 值越小越亲油,越大越亲水。通常以石蜡的 HLB 为 0,油酸钾为 20,烷基硫酸钠为 40 作为标准。HLB 与其化学结构有密切关系,可以通过乳化试验的乳化效果来确定,也可用有关公式计算出来。非离子型表面活性剂的 HLB 为 1~20,阴离子和阳离子表面活性剂的 HLB 为 1~40。

二、乳化沥青的形成、分裂机理与生产工艺

1.乳化沥青的形成机理

(1)乳化剂降低界面能的作用

沥青乳化液是通过机械作用将沥青颗粒分散在水中,形成以沥青作为分散相、水作为分散介质的分散系。由于沥青被分散为细微的液滴,高度分散在水中,这使沥青的表面积大量增

加,从而大大增加了体系的界面,所以必须对体系做功,才能保持体系的稳定,否则沥青将集聚,以缩小其界面,使体系的自由能降低,以保持体系的平衡。沥青乳液体系的表面自由能由式(2-41)计算。

$$\Delta G = \sigma_{aw} \cdot \Delta S \tag{2-41}$$

式中：ΔG——沥青乳液体系的表面自由能；

σ_{aw}——沥青与水的界面张力；

ΔS——沥青的表面积。

为保证沥青乳液中沥青微滴的高度分散性和稳定性,在不减少沥青的表面积 ΔS 的情况下,则必须降低沥青与水的界面张力 σ_{aw},采用掺加表面活性剂是最有效的方法。

乳化剂的化学结构既有亲油端又有亲水端,从而降低了沥青-水的界面张力。在80℃时,水的表面张力为62.6mN/m,沥青的界面张力为24mN/m,水中加入0.30%十八烷基三甲基氯化铵后,界面张力降为37.16mN/m。

(2)界面膜的保护作用

分散在沥青中的饱和分倾向于聚集在沥青颗粒的表面。具有较长烷基链的乳化剂与沥青有较好的吸附作用,因此容易形成紧密排列,从而增强了界面膜的强度以保护沥青微粒不致由于碰撞而聚集。所形成的界面膜的强度和紧密程度取决于乳化剂的分子结构和浓度,沥青乳液中乳化剂达到一定浓度时,定向排列的分子密集排列组成界面膜,膜的强度较大,界面张力减小,乳液稳定。

(3)界面电荷的稳定作用

由于乳化剂的作用,沥青与水在界面上形成双电层结构。由于沥青微粒带电荷的分子膜外层形成反向电荷的扩散层,分子膜和扩散层界面上存在 ξ 电位差,ξ 越大,微粒之间的排斥力越大,因此在沥青液滴相互碰撞时,因排斥作用阻止了沥青液滴的聚集才能保证沥青乳液体系的稳定。双电层电位差的大小决定了扩散层的厚度,双电层厚度越大,乳液的稳定性越强。阴离子乳化剂沥青颗粒带电情况如图2-42所示。

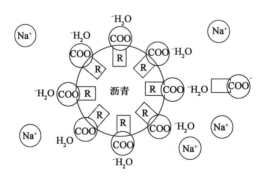

图2-42 阴离子乳化沥青颗粒带电情况

2.乳化沥青的分裂

为使沥青发挥其黏结功能,必须将沥青从乳液中分离出来,使沥青微滴相互聚结,在集料表面形成连续的覆盖薄膜,这就是乳化沥青的分裂。沥青乳液得以分裂的原因如下：

(1)电荷吸附作用

沥青乳液与集料接触后,乳液中沥青微粒所带电荷与集料表面所带电荷的相互吸附作用是乳液破乳的主要原因。阴离子沥青乳液与表面上带正电荷的碱性集料(如石灰石、白云石)有较好的吸附作用,阳离子沥青乳液与表面上带负电荷的酸性石料(如硅质岩石、花岗岩等)也有较好的吸附作用。在潮湿状态下,集料表面普遍带负电荷,因此阳离子沥青乳液易与潮湿的集料相结合。

(2)水分蒸发

乳液中的水分由于蒸发或被石料吸收而产生分解、破乳,多孔、粗糙、干燥的集料易吸收水分并破坏乳液的平衡,因此能够加速破乳。

(3)酸碱中和

研究认为,阳离子沥青乳液含一定的游离酸,其 pH 值小,游离酸与碱性集料起作用,生成氯化钙和带负电荷的碳酸离子,它与裹覆在沥青微粒周围的阳离子中和并与集料表面紧密相连以形成牢固的沥青膜,从而将乳液中的水分分离出来。

3. 乳化沥青的生产工艺

乳化沥青的制备应根据道路工程所需的乳化沥青品种和技术要求确定。具体生产工艺包括沥青品种、标号的确定,乳化剂品种、剂量和稳定剂品种、剂量的确定等。

(1)原材料的品种和剂量的确定

(2)乳化工艺的确定

①沥青温度、流量的确定,应根据沥青品种、标号、季节而定。

②乳化剂水溶液的配制和温度的确定,乳化剂水溶液流量的控制。

③乳化工艺流程的确定,根据工程需要确定是分批作业或连续作业。

(3)乳化设备的确定

乳化机是乳化设备的核心。通过对沥青进行剪切研磨机械作用等,使沥青形成均细化颗粒,稳定而均匀地分散在乳化剂水溶液中,成为水包油(O/W)型的沥青乳液。常用的乳化机有均化器、胶体磨类乳化机等。

①均化器

均化器类乳化机主要由增压泵和均化头组成。适用于沥青乳化的主要是柱塞式均化器,这种乳化机结构简单,制造容易,粒度均匀,但不耐用,易磨损,产量少,一般用于实验室。

②胶体磨类乳化机

乳化沥青大多采用胶体磨制造,胶体磨有高速的转子,在定子中以 1000~6000r/min 的转速旋转。转子和定子之间的空隙一般为 0.25~0.5mm,间隙可以调节。将热沥青和乳化剂溶液同时分别注入胶体磨,两者的温度根据沥青的级别、乳化液中沥青含量百分比、乳化剂品种等确定。进入胶体磨的沥青黏度不应超过 0.2Pa·s,要达到此黏度,沥青的温度应控制在 100~140℃。须调整水的温度使它所产生的乳化液温度低于 90℃。乳化剂溶液和沥青进入胶体磨后受到强大的剪切作用,使沥青破裂形成很小的球状微粒,微粒被乳化剂裹覆并使表面带有电荷,产生的静电力可防止微粒互相聚合。

如图 2-43 所示为连续式乳化沥青生产流程图。

(4)乳液的储存

乳液存放较长时间,会有分层现象,为延缓分层的速度,应采用密封容器以减少水分蒸发,或在容器上加装搅拌设备,定期进行搅拌。长期储存的乳液应定期取样检验。

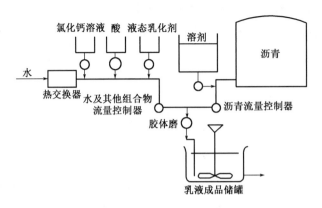

图 2-43　连续式乳化沥青生产流程图

三、乳化沥青的技术性质与技术要求

1. 乳化沥青的技术性质及评价指标

（1）筛上剩余量

乳液中沥青微粒的均匀程度是确定乳化沥青质量的重要指标。检测方法为：待乳液完全冷却或基本消泡后，将乳液过 1.18mm 筛，并求出筛上残留物占过筛乳液质量的百分比。

（2）蒸发残留物含量及残留物性质

蒸发残留物含量是将一定量的乳液脱水后，求出其蒸发残留物占乳液的百分比，用以检验乳液中实际的沥青含量。乳液中沥青含量过高会使乳液黏度变大，储存稳定性不好，且不利于施工。乳液中沥青含量过低会使乳液黏度较低，施工时容易流失，不能保证要求的沥青用量，同时增加乳液的运输成本及乳化剂用量。

蒸发残留物的性质以针入度、延度和软化点表征，用以比较沥青乳化后与原沥青在技术性能上的变化。

（3）黏度

对于不同的施工方法、施工季节和路面结构层次，对沥青乳液的黏度要求不同。沥青乳液黏度不当，可能造成路面的过早损坏。我国采用道路沥青标准黏度计或恩氏黏度计测定乳液的黏度。黏度的测试条件为：温度 60℃，流孔直径 3mm。

（4）黏附性

阳离子乳化沥青的黏附性测试，是将干净的石料在水中浸泡 1min 后，放入乳液中浸泡 1min，取出后置于空气中存放 20min 后，再于水中摆洗 3min，然后观察石料颗粒表面沥青膜的裹覆面积。阴离子乳化沥青的黏附性测试是将干净的 13.2～31.5mm 碎石 50g 排列在滤筛上，同时将滤筛连同石料一起浸入阴离子乳液 1min 后取出，并将其在室温下放置 24h，然后在 40℃温水中浸泡 5min，观察乳液与石料表面的黏附情况。

（5）储存稳定性

储存稳定性是检验乳液的存放稳定性。测定方法是：将乳液在容器中置放规定的储存时间后，检测容器上下乳液的浓度变化。储存稳定性一般用 5d 的，如时间紧迫也可用 1d 的稳定性。

（6）低温储存稳定性

低温储存稳定性是检测乳液经受冰冻后，其状态发生的变化。测量方法是：首先将乳液加热到25℃,然后在-5℃的温度下放置30min,再在25℃下放置10min,循环2次后,将试样过1.18mm筛进行观测,如果筛上没有结块等残留物,则低温储存稳定性合格。

(7)微粒离子电荷性

微粒离子电荷性用于确定乳液是属于阳离子类型还是阴离子类型。具体方法是:在乳液中放入两块电极板,通入6V直流电,3min后观察电极板上沥青微粒的黏附量。如果负极板上吸附大量沥青微粒,则表明沥青微粒带正电荷,该乳液为阳离子型,反之亦然。

(8)破乳速度

破乳速度试验是将乳液与规定级配的矿料拌和后,通过矿料表面被乳液薄膜裹覆的均匀程度,判断乳液的拌和效果,并鉴别乳液属于快裂、中裂或慢裂类型。乳化沥青的破乳速度按照表2-20的标准分级。

乳化沥青的破乳速度分级　　　　表2-20

代号	破乳速度	A组矿料拌和结果	B组矿料拌和结果
RS	快裂	混合料呈松散状态,一部分矿料颗粒未裹覆沥青,沥青分布不够均匀,并有些凝聚成块	乳液中的沥青在拌和后立即凝聚成团块,不能拌和均匀
MS	中裂	混合料混合均匀	混合料呈松散状态,沥青分布不匀,并可见凝聚的团块
SS	慢裂	—	混合料呈糊状,沥青乳液分布均匀

(9)水泥拌和试验与矿料的拌和试验

水泥拌和试验的目的是评定慢裂型乳液在与水泥的拌和过程中乳液的凝结情况,该试验可用于评价加固稳定砂石土基层、稀浆封层等施工中所用乳化沥青的性能。将50g水泥与50g乳液试样拌和均匀后,加入150mL蒸馏水拌匀,然后过1.18mm筛,结果用筛上残留物占水泥和沥青总质量的百分比表示。

拌和试验是乳液试样与规定级配的混合料在室温下拌和后,以矿料裹覆乳液均匀状态来判断乳液类型的另一种试验方法,也是检验乳化沥青拌和稳定性的方法。

2.乳化沥青的技术标准

按照施工方法,将阳离子型乳化沥青(代号C)、阴离子型乳化沥青(代号A)及非离子型乳化沥青(代号N)分为两大类:第一类是喷洒型乳化沥青,代号P,主要用于透层、黏层、表面处治或贯入式沥青碎石路面;第二类是拌和型乳化沥青,代号B,主要用于沥青碎石或沥青混合料路面。我国《公路沥青路面施工技术规范》(JTG F40—2004)对道路用乳化石油沥青提出的技术要求见表2-21。

道路用乳化石油沥青的质量要求　　　　表2-21

种类试验项目	品种及代号					
	阳离子(阴离子)				非离子	
	PC-1 (PA-1)	PC-2 (PA-2)	PC-3 (PA-3)	BC-1 (BA-1)	PN-2	BN-2
破乳速度	快裂	慢裂	快裂或中裂	慢裂或中裂	慢裂	慢裂

续上表

种类试验项目		品种及代号					
		阳离子(阴离子)				非离子	
		PC-1(PA-1)	PC-2(PA-2)	PC-3(PA-3)	BC-1(BA-1)	PN-2	BN-2
筛上剩余量(%)		≤0.1					
粒子电荷		阳离子(+)阴离子(-)				非离子	
黏度*(s)	恩格拉黏度 E_{25}	2~10	1~6	1~6	2~30	1~6	2~30
	沥青标准黏度计 $C_{25,3}$	10~25	8~20	8~20	10~60	8~20	10~60
蒸发残留物性质	残留物含量(%)	≥50	≥50	≥50	≥55	≥50	≥55
	25℃针入度(0.1mm)	50~200	50~300	45~150	50~150	50~300	60~300
	15℃延度(cm)	≥40					
	溶解度(%)	≥97.5					
与粗集料的黏附性(裹覆面积)		≥2/3			—	≥2/3	—
与粗、细粒式集料拌和试验		—			均匀		—
水泥拌和试验(1.18mm筛余量)(%)		—					≤3
常温储存稳定性(%)	5d	≤5					
	1d	≤1					
用途		表面处治或贯入式	透层油基层养护用	黏层油	稀浆封层冷拌沥青混合料	透层油	与水泥稳定集料同时使用

注:*黏度可选用恩格拉黏度计或沥青标准黏度计之一进行测定。

四、改性乳化沥青

改性乳化沥青是以乳化沥青为基料,以高分子聚合物(一般为橡胶乳)为添加改性材料,同时掺入适量的分散稳定剂或其他微量配合剂,在一定的工艺条件下,经过掺配、混溶制备成具有某种特性的稳定沥青橡胶混合乳液,这种混合乳液被称为改性乳化沥青。

随着我国高速公路里程的迅速增长和使用年限的延长,高速公路路面的维修工作量迅速增加,这也使得沥青稀浆封层被大量使用,进而导致改性乳化沥青的用量不断增加。

1. 改性乳化沥青的制备方法

(1)二次热混合法

将改性剂与热乳化剂水溶液(60~70℃)经乳化机混合,将此混合液与热熔沥青(120~130℃)再次进行乳化。

(2)一次热混合法

将热橡胶胶乳与热乳化沥青(90~100℃)直接进行混合。

(3)一次混合法

将橡胶胶乳(常温)与乳化沥青(常温)直接混合制作改性沥青。

2. 改性乳化沥青稳定机理

改性乳化沥青制备过程中,乳化沥青和橡胶在强烈的机械作用下,打破各自原来的平衡状态,建立了新的平衡。沥青微粒(A)界面膜上某些乳化剂分子脱离原来界面,而橡胶粒子(R)界面膜也发生破裂,沥青与橡胶有良好的相容性和亲和性,通过相互吸附、渗透而融为一体成为沥青橡胶微粒(A/R微粒)。A/R微粒在沥青和橡胶两种乳化剂水溶液的作用下形成新的界面膜。新的界面膜既有沥青乳化剂分子,又有橡胶乳化剂分子。

图2-44显示了沥青橡胶微粒的形成过程。A/R微粒的形成与乳化沥青一样,由界面膜的保护作用和界面电荷的稳定作用,共同形成稳定的体系。

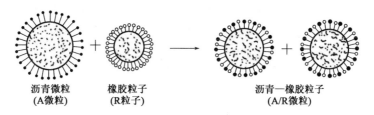

图2-44 沥青橡胶微粒的形成过程

3. 改性乳化沥青的技术性质

在我国《公路沥青路面施工技术规范》(JTG F40—2004)中,对改性乳化沥青的技术要求见表2-22。

改性乳化沥青技术要求　　　　　　　　　表2-22

品种及代号试验项目		喷洒型 PCR	拌和型 BCR
破乳速度		快裂或中裂	慢裂
筛上剩余量(1.18mm)(%)		≤0.1	
黏度(s)	恩格拉黏度 E_{25}	1～10	3～30
	沥青标准黏度 $C_{25,3}$	8～25	12～60
蒸发残留物性质	残留物含量(%)	≥50	≥60
	25℃针入度(0.1mm)	40～120	40～100
	软化点(℃)	≥50	≥53
	5℃延度(cm)	≥20	≥20
	溶解度(%)	≥97.5	
与矿料的黏附性/裹覆面积		≥2/3	—
与细粒式集料拌和试验		—	均匀
储存稳定性(%)	1d	≤1	≤1
	5d	≤5	≤5
用途		黏层、封层、桥面防水层	改性稀浆封层(微表处)

第五节　其他沥青材料

一、煤沥青

1. 煤沥青的化学组成和结构特点

(1) 煤沥青的化学元素组成

煤沥青主要是由碳、氢、氧、硫和氮元素所组成。由于它的高度缩聚和短侧链的特点，所以它的碳氢比要比石油沥青大得多。石油沥青和煤沥青元素组成见表2-23。

石油沥青和煤沥青的元素组成比较　　　　　表2-23

沥青名称	元素组成(%)					碳氢比(元素比) C/H
	C	H	O	S	N	
石油沥青	86.7	9.7	1.0	2.0	0.6	0.74
煤沥青	93.0	4.5	1.0	0.6	0.9	1.72

(2) 煤沥青的化学组分

由于煤沥青是由数以千计的复杂化合物组成的混合物，故将其分离为单体组成也十分复杂困难。目前煤沥青化学组分的研究，与前述石油沥青研究方法相同，也是采用选择性溶解等方法，并将煤沥青划分为几个化学性质相近且与路用性能有一定联系的组分。

煤沥青可分离为:油分、软树脂、硬树脂和游离碳四个组分。油分又可分离为中性油、酚、萘和蒽。

煤沥青中酚、萘和蒽均为有害物质，其含量必须加以限制。

道路煤沥青各化学组分含量大致范围见表2-24。

道路煤沥青化学组分含量范围　　　　　表2-24

组分名称	油分	软树脂	硬树脂	游离碳	酚	萘	蒽
化学组分含量(%)	60~80	10~15	5~10	2~25	<5	<7	<10

煤沥青的胶体结构与石油沥青相类似，也是一种复杂胶体分散系，游离碳和硬树脂组成的胶体微粒为分散相，油分为分散介质，而软树脂则吸附于固态分散胶粒周围，逐渐向外扩散，并溶解于油分中，促使分散系形成稳定的胶体结构。

2. 煤沥青的技术性质与技术要求

(1) 煤沥青的技术性质

煤沥青与石油沥青相比，在技术性质上有以下差异：

①煤沥青的温度稳定性较低

煤沥青是较粗的分散系，因软树脂的温度感应性较高，所以煤沥青受热易软化。因此加热温度和时间都要严格控制，更不宜反复加热，否则易引起性质的急剧恶化。

②煤沥青与矿质集料的黏附性较好

在煤沥青组成中含有较多的极性物质，它赋予煤沥青较高的表面活性，并与矿质集料有着较好的黏附性。

③气候稳定性较差

煤沥青的化学组成中含有较高含量的不饱和芳香烃,气候稳定性较差。

④煤沥青对人体有害

煤沥青中对人体有害成分较多,不宜用于城市道路和路面面层。

(2)煤沥青的技术标准

煤沥青有黏度、蒸馏试验馏出量、含水率、甲苯不溶物含量、萘含量、焦油酸含量等技术指标。道路用煤沥青代号T,根据道路标准黏度分为9个标号,常用标号为T-7、T-8和T-9。道路用煤沥青的质量应符合表2-25的规定。

道路用煤沥青质量要求(JTG F40—2004)　　　　表2-25

标号试验项目		T-1	T-2	T-3	T-4	T-5	T-6	T-7	T-8	T-9
道路标准黏度(s)	$C_{30,5}$	5~25	26~70	—	—	—	—	—	—	—
	$C_{30,10}$	—	—	5~20	21~50	51~120	121~200	—	—	—
	$C_{50,10}$	—	—	—	—	—	—	10~75	76~200	—
	$C_{60,10}$	—	—	—	—	—	—	—	—	35~65
蒸馏试验馏出量(%)	170℃前	≤3	≤3	≤3	≤2	≤1.5	≤1.5	≤1.0	≤1.0	≤1.0
	270℃前	≤20	≤20	≤20	≤15	≤15	≤15	≤10	≤10	≤10
	300℃前	15~25	15~35	<30	<30	<25	<25	<20	<20	<15
300℃蒸馏残渣软化点(环球法)(℃)		30~45	30~45	35~65	35~65	35~65	35~65	40~70	40~70	40~70
水分(%)		≤1.0	≤1.0	≤1.0	≤1.0	≤1.0	≤0.5	≤0.5	≤0.5	≤0.5
甲苯不溶物(%)		≤20	≤20	≤20	≤20	≤20	≤20	≤20	≤20	≤20
含萘量(%)		≤5	≤5	≤5	≤4	≤4	≤3.5	≤3	≤2	≤2
焦油酸含量(%)		≤4	≤4	≤3	≤3	≤2.5	≤2.5	≤1.5	≤1.5	≤1.5

二、天然沥青

天然沥青(Native Asphalt)是地壳中的石油在热、压力、氧化、催化转换器、细菌等各种因素的亿万年长期作用下,其轻质油分逐步蒸发,经浓缩、氧化作用形成的沥青类物质。天然沥青具有软化点高、黏度大、耐老化性能强、与石油沥青相容性好等优点,在国外很早就作为沥青的改性剂,并应用于高速公路、机场跑道、桥面铺装等重要交通基础设施建设与养护中。

根据生成矿床的不同,可以将天然沥青分为涌出型(如特立尼达湖沥青TLA)、缝隙填充型(如美国Gilsonite)和浸润型(如瑞士Vai de Travers)等种类,它们分别又可称为湖沥青、岩沥青、海底沥青等。天然沥青种类与形成条件见表2-26。

天然沥青种类与形成条件　　　　表2-26

种类	形成条件	代表品种
湖沥青	地下的沥青溢出地表而形成湖沥青	TLA
岩石沥青	沥青流入多孔状石灰岩和岩石中形成岩石沥青	BUTON
岩沥青	原油流入岩石缝后,经漫长时间而形成	美国Gilsonite,四川岩沥青

续上表

种类	形成条件	代表品种
砂石沥青	沥青流入砂层形成砂石沥青	瑞士 Vai de Travers
海底沥青	在海底下经过高温高压而形成	印尼 BMA

1. TLA 湖沥青

特立尼达湖沥青(Trinidad Lake Asphalt,TLA)是一种源自加勒比海特立尼达岛和多巴哥岛附近湖泊的天然沥青。其特殊的化学成分和黏度使其在建筑和工程领域得到广泛应用。湖沥青开采后经过净化,去除杂质,即可装桶销售。1595 年由沃尔特·雷利发现以来,陆续被应用于防水涂料、油漆、密封剂、燃料等材料,并于 1860 年首次应用于道路工程。其优异的黏附性和耐久性使其成为理想的路面材料,能够抵御日常交通和气候变化的影响。

特立尼达湖沥青含 52%~55% 的沥青、35%~39% 的矿物质和少量矿质有机质及一些挥发物质合成的水。特立尼达湖沥青的主要技术指标见表2-27。特立尼达湖沥青中的矿物成分为:$SiO_2 70\%$、$Al_2O_3 17\%$、$Fe_2O_3 8\%$,其他为少量的 CaO、MgO 等氧化物。矿物颗粒尺寸分布为:0.2mm 占 2.2%,0.17mm 占 8.0%,0.01mm 占 89.8%。

特立尼达湖沥青技术指标 表2-27

序号	技术指标	典型值
1	25℃针入度(0.1mm)	0~4
2	软化点(℃)	93~99
3	可溶沥青含量(%)	52~55
4	灰分(%)	35~39
5	相对密度(25℃)	1.39~1.44

通常将特立尼达湖沥青作为改性剂使用,在沥青混合料中掺加比例一般为 20%~35%。湖沥青可以与石油沥青很好地混溶,但由于其密度较大,掺入熔融的沥青中后,必须始终保持搅拌状态,以免矿物成分沉淀。湖沥青可单独作为改性剂使用,也可以与聚合物改性沥青同时使用。

掺加湖沥青的混合沥青具有良好的高温稳定性和低温抗裂性能,且耐久性好,故在许多高速公路、机场跑道、钢桥面铺装、隧道中得到广泛应用,如上海虹桥机场跑道加铺工程、上海东海大桥桥面铺装工程等。

2. Gilsonite 岩沥青

岩沥青是一种矿产沥青,通常形成于天然沥青矿床中。这种沥青是在地质过程中由有机物质经过深层加热和压力作用而形成的。与其他沥青类型相比,其来源更倾向于岩石中的有机物转化而非沉积的天然湖泊。岩沥青在沥青混凝土、屋顶防水材料、涂料和密封剂等领域中有广泛用途。

产自美国犹他州附近的 Uinta 山脉地区的北美硬沥青(美国商品名 Gilsonite)是岩沥青的代表性品种,其具有深黑色至深棕色的外观,富含有机物质和矿物质成分。Gilsonite 岩沥青在道路建设中的应用可以追溯到 20 世纪初,在欧美许多国家的高速公路都使用了 Gilsonite 改性沥青,并且其还被大量用于需要抗车辙的重车道、停车场、车站、弯道、坡道和桥面铺装,用以代替特立尼达湖沥青。由于岩沥青具有高软化点、高纯度的优点,对沥青的改性效果要好于湖沥青。

Gilsonite 岩沥青主要技术指标见表 2-28。Gilsonite 岩沥青元素分析:碳 84.9%,氢 10%,氮 3.3%,硫 0.3%,氧 1.4%,微量元素 0.1%。普通石油沥青元素分析:碳 82%~88%,氢 8%~11%,硫 0~6%,氧 0~1.5%,氮 0~1%。可见,Gilsonite 岩沥青具有高含氮量,因此沥青黏度大,抗氧化性强,特别是与集料有很好的黏附性及抗剥离性。Gilsonite 岩沥青化学结构与沥青接近,故与沥青的相容性非常好。因其与沥青平均分子量 3000 相比,岩沥青的分子量高达 9000,故高温黏度也大。因此,Gilsonite 岩沥青具有较好的改性能力。

Gilsonite 岩沥青主要技术指标　　　表 2-28

序号	技术指标	典型值
1	针入度,25℃(0.1mm)	0
2	软化点(℃)	160~175
3	可溶沥青含量(%)	85~95
4	灰分(%)	5~15
5	相对密度(25℃)	1.04~1.06

3. 布敦岩沥青(BUTON)

布敦岩天然沥青产自太平洋印度尼西亚苏拉威西省南部的布敦岛(BUTON)。印尼布敦岩沥青是古代石油渗透到岩层间,经过长期的海底沉淀、承受压力和地质变化而形成的沥青岩,挖掘后经破碎而成的微细颗粒状粉末,呈浅褐色,其中沥青含量约为 20%,其余均为石灰岩类矿物质。经检测,岩石沥青中的沥青软化点达到了 70~90℃,由于该沥青已经受长期恶劣环境考验,各项性能指标均有很大提高。岩沥青中的矿物质不仅细度很小,而且对沥青的吸收能力强,因此具有加强沥青与集料黏附性的作用,一般用作道路石油沥青的改性剂(在印尼也称活性剂)。

BUTON 岩沥青主要技术指标见表 2-29。由表中数据可以看出,这种岩沥青中沥青成分相对较少,灰分等矿物成分含量较高,所以不能将 BUTON 岩沥青直接投放基质沥青中制备改性沥青,只能在干法中应用。而且由于其有效成分相对较少,所以掺量较高,一般为沥青质量的 20% 左右。

BUTON 岩沥青主要技术指标　　　表 2-29

序号	技术指标	典型值
1	可溶沥青含量(%)	大于 18
2	抽出沥青软化点(℃)	70~90
3	相对密度(25℃)	1.7~1.9
4	灰分(%)	70~85
5	最大粒径(mm)	小于 2

三、环氧沥青

环氧沥青(Epoxy Asphalt)是由环氧树脂和掺配固化剂配制的石油沥青,按照一定配合比混合后发生固化反应,从而生成不可逆的环氧沥青聚合物。采用环氧沥青拌制的沥青混合料具有强度高、韧性好、抗疲劳等优点。环氧沥青主要用于道路与桥面铺装。按照使用场合,环氧沥青可分为钢桥面用环氧沥青(G)、水泥混凝土路面用环氧沥青(S)和路面用环氧沥青(L)。按照使用用途,环氧沥青可分为防水黏结层用环氧沥青(FZ)和铺装混合料用环氧沥青(PH)。

1. 环氧沥青强度形成机理

环氧沥青一般由 A、B 两种组分组成,其中 A 组分为环氧树脂,B 组分为石油沥青与固化剂组成的混合物,施工时将两种组分配合使用。通过将环氧树脂加入沥青中,在固化剂作用下发生固化反应,形成网络状高分子聚合物,使沥青由热塑性转变为热固性材料。

环氧树脂是含有 2 个以上环氧基、聚合度不高的化合物,是一种胶黏材料。环氧树脂有几种类型,各有不同的特性,如双酚 A 型环氧树脂、酚醛环氧树脂、脂环族环氧树脂、脂肪族环氧树脂以及其他类型的环氧树脂。环氧树脂是线性低分子热塑性聚合物,必须依靠固化剂将环氧树脂中的环氧基打开,发生交联反应,才能形成黏结强度。固化剂按分子结构分为三类:①碱性固化剂,如多元胺、改性脂肪胺、胺类加成物;②酸性固化剂,如酸酐;③合成树脂类,如含活性基团的聚酰胺、聚酯树脂、酚醛树脂等。固化剂的性质不同,对环氧树脂固化物的黏结强度和物理性质有很大的影响。

2. 环氧沥青特性及其工程应用

(1) 环氧沥青及其混凝土特性

环氧沥青材料从根本上改变了沥青的热塑性性质。环氧沥青混凝土与普通沥青混凝土或一般热塑性聚合物改性沥青混凝土相比较,有着截然不同的特性。

① 强度高

环氧沥青混凝土的马歇尔稳定度是普通沥青混凝土的 5~8 倍,而流值却大致相同;在 20℃ 条件下,环氧沥青混凝土的弯拉劲度模量高达 12000MPa,而普通沥青混凝土仅为 3000MPa。

② 优良的疲劳性能

环氧沥青混凝土由于强度高,在同样的应力水平下,表现出极其优良的耐疲劳性能,几乎是普通沥青混凝土疲劳寿命的 10~50 倍。澳大利亚西门大桥(West Gate Bridge)管理局所做的疲劳试验表明,环氧沥青混凝土的疲劳寿命为 5×10^6 次,而普通沥青混凝土仅为 0.29×10^6 次,两者相差达 17 倍之多。

③ 良好的耐久性

环氧沥青混凝土抗燃油腐蚀、抗水害性能十分优越。在普通沥青混凝土路面上如有柴油等燃油渗入,会使沥青失去黏结力而松散。环氧沥青混凝土则不怕燃油的侵蚀。

以钢桥面用环氧沥青及其混合料为例,其技术指标见表 2-30。可见,环氧沥青具有较高的拉伸强度、热固性与抗侵蚀性能。此外,环氧沥青混合料的马歇尔稳定度、动稳定度等指标远高于一般沥青混合料。

钢桥面用环氧沥青及环氧沥青混合料技术指标　　　　表2-30

技术指标		规定值
环氧沥青	拉伸强度(MPa)	≥1.5
	断裂延伸率(%)	≥200
	热固性	300℃不融化
	吸水率(%)	≤0.3
	热挠曲温度(℃)	≤-12
	容留时间(min)	≥40
	耐柴油性(%)	≤5
	耐饱和盐水性(%)	≤1
环氧沥青混合料	马歇尔试验	未固化试件马歇尔稳定度(kN)	≥5.5
		固化试件马歇尔稳定度(kN)	≥40
		流值(0.1mm)	20~50
		空隙率(%)	≤3.0
		沥青饱和度(%)	≥75
		残留稳定度(%)	≥90
	小梁弯曲试验	弯拉应变	≥2.0×10^{-3}
	车辙试验	动稳定度(60℃,次/mm)	≥8000
		动稳定度(70℃,次/mm)	≥5000
	冻融劈裂试验	冻融劈裂试验强度比TSR(%)	≥70

(2)环氧沥青的工程应用

目前,环氧沥青广泛应用于桥梁工程,特别是大型钢桥的桥面铺装。首次商业应用可追溯至1967年,当时美国旧金山海湾(San Mateo-Hayward)大桥首次采用环氧沥青混凝土作为桥面铺装材料。此后,环氧沥青在国际范围内得到推广,包括美国的科罗拉多(San Diego-Coronado)桥、金门(Golden Gate)桥、旧金山·奥克兰海湾(San Francisco-Oakland)桥,以及巴西的Costa de Silva桥、澳大利亚的West Gate桥、加拿大的Lions Gate桥等项目。

2000年,我国南京长江二桥引入环氧沥青混凝土。随后,润扬大桥(2004年)、南京长江三桥(2005年)、天津海河大桥(2023年)等桥面铺装工程,以及苏南硕放国际机场跑道(2019年)等也采用了该种材料。

四、彩色(浅色)沥青

彩色沥青路面作为一种具有美化环境、诱导交通等特殊功能的铺面技术。早在20世纪50年代,欧美、苏联、日本等发达地区和国家就开始研究与应用。我国于20世纪80年代初开始引入彩色路面铺装技术,目前已广泛应用于风景区、公园、广场、公交车道、自行车道、社区道路。

彩色沥青路面的开发与应用,经历了一个长期的摸索过程。起初人们试图用彩色石料和沥青来铺设彩色路面,但这种路面铺筑后仍然是黑色的,只是随着行车的磨耗,石子的颜色才慢慢显现出来,不过其色彩是很暗淡的。后来人们采用在路面上涂覆油漆的方法,这样可以获得所需要的颜色。但是,油漆的价格昂贵,不可能大面积应用;而且油漆的厚度很薄,在车辆和行人的磨损下很快被磨掉,难以持久保持路面颜色,所以迄今为止各国均没有采用这种技术。后来有人直接将颜料加入沥青混合料中拌和,用以铺筑路面。由于沥青黑色的屏蔽作用,只有加入大量颜料后混合料的色彩才能显示出来。因此,人们认识到,铺筑彩色路面最好使用浅色结合料,或者彩色结合料。

1. 彩色(浅色)沥青组成

目前,浅色沥青结合料绝大部分是采用现代石油化工产品,如芳香油、聚合物、树脂等产品,调配出与普通沥青性能相当的结合料。通常这类浅色半透明状的材料,在与浅色石料拌和时,加入某种颜色的颜料,使这个混合料呈现出某种色彩,或者也可事先将颜料加入浅色沥青中使其成为彩色沥青。目前浅色沥青的工程应用较为广泛。

浅色沥青结合料有热塑性和热固性两类。热固性是指材料加热固化形成较高强度,通常是通过添加环氧树脂和固化剂的方法制备。日本对于热固性彩色结合料研究与应用较多,技术已较成熟。如日本名古屋市在交通拥挤的天高岳线公共汽车专用道铺筑这种路面。这种技术在上海市也已试用,如在延安西路一段的公交专用道就铺筑了以环氧树脂为结合料的绿色路面。但热固性浅色沥青因制备工艺复杂、成本高,而且对施工设备和技术要求较高等特点使其应用较少。热塑性浅色沥青因与普通沥青具有基本相同的路用性能及施工工艺,且价格相对较低,因此应用较多。几种结合料的比较见表2-31。

几种结合料的比较 表2-31

结合料种类	优点	缺点	工程应用实例
普通沥青	来源广泛,价格较低,施工工艺简单	只能铺筑红色路面,且色彩深暗	上海世纪公园等
天然浅色沥青	施工工艺简单	资源很少	英国伦敦某些人行道
热固性浅色沥青	性能好、强度高、耐磨、抗滑	造价较高、施工工艺复杂	日本名古屋市天高岳线公交专用道、上海延安西路的公交专用道等
热塑性浅色沥青	路用性能好,价格可接受	施工工艺较复杂	上海新江湾城、西安市雁塔路等

彩色沥青路面之所以能呈现不同色彩,是因为加入不同类型的颜料。颜料主要有无机颜料和有机颜料两大类。无机颜料耐光、热老化性能好,而且价格比有机颜料便宜,因此大多选用无机颜料。如采用氧化铁红颜料,可铺筑红色沥青路面;采用铬绿颜料,可铺筑绿色沥青路面。

2. 彩色(浅色)沥青技术要求

理想的彩色沥青铺面用结合料,不仅色泽应该是浅色的,而且其黏结性、工艺性都应与普通沥青相近,或者说它应具备与普通沥青基本相同的路用性能和施工和易性。目前,通过在基础油中添加高分子聚合物、改性剂等方法合成的热塑性浅色沥青,由于其性能较好、加工工艺简单、价格相对较低而并被广泛地应用于彩色铺面。

目前道路采用的沥青大多为AH-70或AH-90沥青,因此从保证彩色路面的路用性能的角度考虑,彩色铺面用结合料应满足普通沥青AH-70或AH-90的基本技术指标,目前我国生产的彩色沥青也能够满足相应要求。由于彩色沥青中含有大量聚合物,因此其软化点、延度等指标要高于普通沥青,但是其耐老化性能值得关注。《彩色沥青结合料》(JT/T 1128—2017)中规定的彩色沥青结合料技术要求见表2-32。

彩色沥青结合料路用技术要求 表2-32

技术指标		技术要求		
		50号	70号	90号
针入度(25℃,100g,5s)(0.1mm)		40~60	60~80	80~10
延度(5cm/min,15℃)(cm)		≥80	≥100	≥100
软化点(环球法)(℃)		≥49	≥46	≥45
闪点(COC)(℃)		≥230	≥230	≥230
动力黏度(60℃)(Pa·s)		≥200	≥180	≥160
薄膜烘箱加热试验(163℃,5h)	质量变化(%)	±2.0	±2.0	±2.0
	针入度比(%)	≥63	≥61	≥57
	软化点差(环球法)(℃)	±5	±5	±5
	延度(5cm/min,15℃)(%)	≥10	≥15	≥20
颜色		无明显变化		

五、橡胶沥青

随着世界范围内机动车保有量的迅速增长,废旧轮胎数量剧增。废旧轮胎属于影响人类健康、威胁生态环境的有害垃圾之一,被称为"黑色污染",其回收和处理技术是世界性难题。目前回收利用废旧轮胎的主要途径有:轮胎翻新、热能利用、热分解以及土木工程建设等。其中,将废旧轮胎磨细成橡胶粉应用于道路工程建设的做法得到了较为广泛的关注,这也是目前大量处理废旧轮胎的较佳途径。

1. 橡胶沥青的制备

按照住房和城乡建设部行业标准《橡胶沥青路面技术标准》(CJJ/T 273—2019)的定义,橡胶沥青(Rubberized Asphalt)是指用湿法工艺生产的含有橡胶粉改性剂的沥青结合料。在高温条件下,橡胶粉在沥青中充分溶胀并发生较为复杂的物质交换与化学反应,一方面,橡胶粉发生脱硫、降解,部分橡胶粉成分进入沥青中,对沥青起到改性的作用;另一方面,橡胶粉充分溶胀后体积可占沥青的30%~50%,在沥青中形成三维空间网络结构,起到对沥青加筋的效果。因此,橡胶沥青的性能得到了明显改善,其黏度、韧性、软化点提高,脆点降低,感温性提升。目前,橡胶沥青被广泛应用于道路铺装、防水工程等。

橡胶沥青的质量取决于废旧橡胶粉质量、基质沥青质量和橡胶改性沥青的制备工艺。

(1)橡胶粉

橡胶粉是采用一定生产工艺对废旧轮胎进行处理而得到的胶粉。汽车轮胎主要由橡胶、钢丝及纤维组成,其中橡胶含量为50%~60%。生产橡胶粉时首先将纤维与钢丝分离出来。橡胶粉的生产工艺主要有常温研磨法和低温粉碎法。影响橡胶粉改性效果的物理性质主要是橡胶粉的细度、级配、密度、纤维与金属含量等。细度越大,有利于橡胶颗粒在沥青中溶胀和物质交换。橡胶粉中天然橡胶含量越高,对沥青的改性效果越好。由于橡胶与沥青都是惰性物质,可掺加一些添加剂促进橡胶粉与沥青之间的反应,如苯酚二硫化物、芳香烃油、硫黄粉等。此外,为提高橡胶沥青某方面的性能,也可掺加一些聚合物如SBS、SBR等。

（2）基质沥青

在一定程度上，基质沥青的选择取决于当地气候条件和橡胶沥青的用途。我国北方地区宜采用针入度较大的沥青，如 A-110、A-90 沥青；而南方地区可采用针入度相对较小的沥青，如 A-90 和 A-70 沥青，甚至 A-50 沥青。

2. 橡胶沥青的技术标准

各国橡胶沥青的技术标准差异较大，但其主要指标大多为针入度、软化点、黏度、弹性恢复等。橡胶沥青分级依据一般为气候条件、胶粉掺量或基质沥青等级等，如美国 ASTM D6114—2019 和佛罗里达州橡胶沥青技术标准，见表 2-33 和表 2-34。上海市《橡胶沥青路面技术规范》(DG/TJ 08-2109—2019)中规定的橡胶沥青技术要求见表 2-35。

美国橡胶沥青技术标准（ASTM D6114—2019）　　表 2-33

技术指标	类型-Ⅰ	类型-Ⅱ	类型-Ⅲ
黏度(175℃)(Pa·s)	1.5~5.0	1.5~5.0	1.5~5.0
针入度(25℃,100g,5s)(0.1mm)	25~75	25~75	50~100
针入度(4℃,200g,60s)(0.1mm)	≥10	≥15	≥25
软化点(℃)	≥57	≥54	≥52
弹性恢复(25℃)(%)	≥25	≥20	≥10
闪点(℃)	≥232	≥232	≥232
TFOT 后针入度比(4℃)(%)	≥75	≥75	≥75

佛罗里达州橡胶沥青技术标准　　表 2-34

技术指标	ARB5	ARB12	ARB20
最小胶粉掺量(%)	5	12	20
基质沥青等级	AC30	AC30	AC30
最低生产温度(℃)	150	150	170
最高生产温度(℃)	170	175	190
最少反应时间(min)	10	15	30
黏度(Pa·s)	>0.4(150℃)	>1.0(150℃)	>1.5(175℃)

上海市橡胶沥青技术要求　　表 2-35

技术指标	ARB5	技术指标	ARB5
180℃旋转黏度(Pa·s)	2~5	弹性恢复	≥60
针入度(25℃)(0.1mm)	30~60	延度(5℃)	≥5
软化点(℃)	≥60		

六、泡沫沥青

泡沫沥青(Foamed Asphalt)指沥青在水与空气的共同作用下膨胀至泡沫状而形成的沥青

结合料,由沥青发泡设备制备。制备时,将压缩空气和常温水喷入置于发泡机膨胀腔内的高温沥青中,此时水在气压的作用下分散为数量众多的细微水体,当细微水体遇到热沥青时,两者发生热交换,水体温度升高并迅速汽化成水蒸气。水蒸气与注入的压缩空气在热沥青内部形成众多泡沫,使沥青迅速膨胀。沥青体积在增加至最大值后逐渐缩小,恢复至原有体积,这一过程通常历时1min。泡沫沥青表观黏度降低,表面积增大,表面张力也随之降低,这些特性使得泡沫沥青能够很好地黏附在湿冷的集料表面,特别是粉尘细集料表面,从而大幅提高施工和易性。

泡沫沥青是一种常用的冷再生稳定剂。其工艺是先将旧沥青面层或基层铣刨破碎处治后,加入一定量的新集料,再喷入泡沫沥青并经过拌和、碾压形成新路面结构的施工过程,是一种节能环保、经济简便的先进道路维修手段。当泡沫沥青与集料接触时,沥青泡沫呈细小颗粒状分布于细集料表面,形成粘有大量沥青的细填缝料。经过拌和压实,这些细料起到类似砂浆的作用,能够填充湿冷粗料之间的空隙,从而使混合料达到稳定状态。在工程实践中,泡沫沥青常与水泥混合使用。与乳化沥青等其他稳定剂相比,泡沫沥青价格低廉、用水量少、经其处理后的再生混合料强度增长迅速、再生层铺筑后可立即开放交通,无须长时间养护。

1. 沥青发泡原理

在发泡机的膨胀腔内,当在高温沥青中喷入压缩空气和常温水后,沥青的体积急剧膨胀(图2-45),然后迅速衰减。在这个过程中,水首先在气压的作用下分散为数量众多的细微水体(近似于水雾状态)。当这些分散的细微水体遇到热沥青时,两者发生的热交换作用使得水体温度升高。由于水体微粒极小,故在极短时间内完成的热交换使水体微粒达到汽化温度,再加上同时注入的压缩空气,在热沥青内部形成众多蜂巢状的膨胀空气室。此时,汽化水体微粒表面沥青薄膜表面张力、汽化水体及压缩空气共同形成的内部气压达到相对平衡状态。沥青发泡、体积膨胀的发泡过程如图2-45所示。

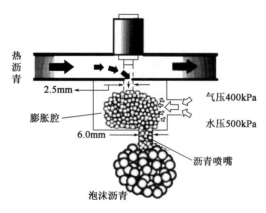

图2-45 泡沫沥青的形成过程示意图

由于热沥青内部所分散的水体微粒大小不一,分布不均,形成的蜂巢状膨胀空气室大小、表面沥青膜厚度不一,所形成的平衡状态极不稳定,在沥青达到最大膨胀体积后会很快衰减,迅速恢复原有体积,通常在1min内就可完成体积的膨胀和衰减过程。

2. 沥青发泡效果的评价指标与技术要求

目前,评价沥青发泡效果的主要技术指标为膨胀比和半衰期。膨胀比是指沥青发泡时能够达到的最大体积与沥青原体积的比值(无量纲)。沥青的体积膨胀倍数越大,施工和易性越好,在最终成型的混合料中泡沫沥青的分散均匀性越高。半衰期是指沥青发泡状态达到最大体积的时刻至泡沫消散至最大体积一半时所需的时间(以 s 计)。半衰期越长,沥青泡沫衰减越慢,施工中能提供的有效拌和时间越长,同样能带来较好的混合料性能。我国《公路沥青路面再生技术规范》(JTG/T 5521—2019)中给出了泡沫沥青技术要求,见表 2-36。

泡沫沥青技术要求　　　　表 2-36

技术指标	技术要求	技术指标	技术要求
膨胀比	≥10	半衰期(s)	≥8

3. 沥青最佳发泡条件的确定方法

从沥青发泡机理角度分析,最佳发泡条件实际上是一种微观平衡状态:在沥青温度等条件相对固定时,在某个发泡用水量下,分散到热沥青内部的细微水体汽化形成的空气室内部压力和稍微冷却的沥青膜表面张力恰好达到平衡状态,这样沥青泡沫才能在达到较大膨胀倍数的同时维持较长的时间——这就是最佳发泡条件的微观本质。

宏观上,最佳发泡条件是指某种沥青达到最佳发泡效果时对应的发泡条件,包括沥青温度、发泡水温度、发泡用水量等,后者是最为关键的条件。目前,对沥青最佳发泡条件的确定方法如图 2-46 所示,首先在一定的沥青温度和水温下,得到沥青膨胀比和半衰期与发泡用水量的关系曲线,然后根据可接受的最低膨胀比和半衰期要求,确定沥青的最佳发泡用水量。在不同的沥青温度下,重复这个过程,进而选择最佳发泡条件。

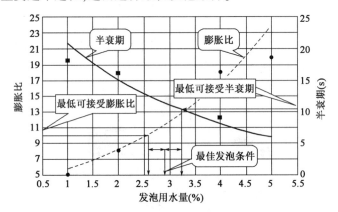

图 2-46　确定某温度下最佳发泡条件的方法

七、生物沥青

凡是以生物质为原料,最终能转化为具备沥青功能的材料,都可以称之为生物沥青(Bio-asphalt)。从化学组分的角度来看,生物沥青是指经过加工、改性可制得具有胶结料性能的高分子碳氢化合物及其非金属衍生物组成的混合物。按照生物质原料和加工工艺不同,生物沥青分为三类:热解生物沥青、植物油脚生物沥青和聚糖类生物沥青。

(1)热解生物沥青

经过热解工艺将生物质原料(通常是锯末等木材加工下脚料以及秸秆、稻壳等农业副产物)转化为生物质油(主要用于制备燃料和化学品),再进一步将其重组分进一步加工为生物沥青。

(2) 植物油脚生物沥青

利用大豆、玉米等为原料制植物油(主要为食用油),植物油炼制后的下脚料,约占植物油质量分数的3%~5%,将其进一步加工为生物沥青材料。

(3) 聚糖类生物沥青

利用淀粉质材料或玉米秸秆中的C5、C6糖经过酯化或环化处理成大分子化合物之后,添加到沥青当中,减少沥青的用量,达到部分替代的目的,这类大分子化合物即为生物沥青。

生物沥青作为石油沥青的可替代产品,其主要分为三种替代方式,见表2-37。

生物沥青替代方案 表2-37

应用类别	替代百分比	应用成熟度
完全替代	100%替代	由于生物沥青性能的局限性,尚无实现
作为添加剂替代	25%~75%替代	一般
作为改性剂替代	<10%替代	成熟

相比于石油沥青,生物沥青的优越性主要体现在以下几点:

(1) 减少生产过程中温室气体的排放;
(2) 减少生产及压实过程中的能源消耗;
(3) 降低建设费用;
(4) 在寒冷地区具有良好的道路性能。

1. 生物沥青制备工艺

生物沥青主要由生物油和石油沥青采用调合法制备,生物油作为改性剂或添加剂部分替代石油沥青。生物沥青制备过程分为两个阶段:

①将生物质原料液化处理,得到生物油;
②直接利用或提质生物油,并与石油沥青调合制备生物沥青。

目前,生物沥青制备工艺如图2-47所示。

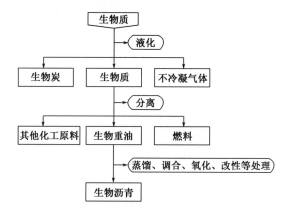

图2-47 生物沥青制备工艺流程

生物油可通过将生物质进行酸解、醇解、热解、高压液化等方式得到。其中快速热裂解技术是常用的生物油制取手段。生物质快速热裂解技术是指热解温度为400~550℃,在气体停留时间小于2s的条件下,将生物质原料热解并在反应器中冷却,得到生物油、生物炭和不可凝气体。反应器是生物质热裂解技术的核心,不同生物质原料及反应器的最佳热解反应条件不完全相同。综上所述,不同来源的生物质需要选用不同的反应器,对应的最佳反应条件也不尽相同,目前针对不同生物质制备生物油工艺仍需进一步系统研究。此外,国内相关技术研究多局限于实验室阶段,需尽快实现工业化。

生物油和基质沥青的相容性较好,可以通过搅拌机、高速剪切机将生物油和基质沥青混合,制成一种均匀的生物沥青共混物。由于生物沥青高温易老化,温度较高时生物油中的轻质组分易挥发,因此在制备时最好控制加工温度低于170℃。

2. 生物沥青的性能

(1) 木质纤维类生物沥青

木质纤维类生物沥青的生物质来源包括农作物秸秆、树木木屑、割草草屑、废旧木材、淀粉质等农业废弃物和林业废弃物。一般将该类生物油作为改性剂或添加剂,通过高速剪切、机械或人工搅拌的方式和基质沥青混合,得到木质纤维类生物沥青。研究表明,木质纤维类生物油掺入基质沥青后使沥青的黏度增大,低温性能有所改善,但对沥青的高温性能的影响争议较大,多数研究表明木质纤维类生物油对沥青结合料的高温性能影响不大,甚至会降低高温性能。

(2) 动物粪便类生物沥青

目前动物粪便类生物沥青的生物质来源以猪粪为主,一般由猪粪经过热化学液化过程得到的生物油残渣作为改性剂,掺入基质沥青后得到。动物粪便类生物油性能较差,大部分被作为改性剂掺入基质沥青且掺量较少(不超过10%)。普遍认为动物粪便类生物油能够提高沥青的高温稳定性和低温抗裂性,降低沥青的黏度。

(3) 地沟油类生物沥青

地沟油类生物沥青的生物质来源包括废弃食用油脂、煎炸废油等,一般将地沟油作为再生剂或改性剂直接掺入基质沥青,达到软化老化沥青、改善沥青低温性能的目的。食用油脂、煎炸废油等地沟油类生物油多用作沥青结合料的改性剂或添加剂。对于该类生物沥青来说,其低温延展能力高于石油沥青,但对其抗车辙和疲劳性能存在较大争议,且由于亲水基团的存在,该生物沥青的抗水损害能力不足。

【本章小结】

石油沥青是石油经加工而获得的一种具有胶结性能的道路建筑材料,在道路路面建筑工程中得到广泛的采用。

石油沥青是复杂的高分子化合物,可分离为饱和分、芳香分、胶质和沥青质等几个组分。根据这些组分结构和含量的不同,可将沥青分为溶胶、溶凝胶和凝胶三种胶体结构。沥青的胶体结构与沥青的路用性能有密切关系。

沥青具有黏滞性、黏弹性、感温性等一系列特性。通过学习,应掌握这些特性及其测试方法,以便更好地应用沥青材料。本章还介绍了美国SHRP沥青结合料规范和欧盟沥青技术标准的主要内容,以便了解沥青性能研究的动态和发展趋势。

随着交通运输的发展,对沥青的性能提出了更高的要求,因此改性沥青得到较大的发展。本章介绍了几种常用的改性沥青的性能和测试方法。橡胶沥青可认为是一种采用废旧橡胶粉作为改性剂的一种改性沥青,具有积极的环保效益。

乳化沥青、泡沫沥青也是沥青路面工程中广泛采用的材料,具有可冷态施工的特点,应掌握其组成、形成机理和用途。改性乳化沥青在路面工程中也得到应用,应关注这些材料的发展。

随着材料的开发应用,道路使用要求的提高,一些新型沥青材料逐渐用于道路工程,如天然沥青在沥青改性中的应用,高强度环氧沥青以及彩色沥青等,本章简要介绍了这些材料的组成特点、性能特征和使用要求。

【练习题】

2-1 沥青的体膨胀系数与沥青的路用性能有何关系?

2-2 采用沥青化学组分分析方法可将沥青分离为哪几个组分?与沥青的技术性质有何关系?

2-3 沥青可划分为哪几种胶体结构?与其技术性质有何关联?

2-4 沥青常用的技术指标有哪些?各技术指标反映沥青的哪些性能?

2-5 美国 SHRP 的沥青技术规范中对沥青的性能提出哪些试验方法?各自反映沥青哪方面的性能?

2-6 表征沥青黏滞性的试验方法有哪些?

2-7 沥青针入度、延度、软化点试验反映沥青的哪些性能?简述主要试验条件。

2-8 沥青的低温性能可采用哪些方法来测试?

2-9 沥青的感温性最常采用哪些指标来表征?

2-10 什么是沥青的黏弹性?采用什么技术指标给予评价?

2-11 沥青的绝对黏度有多种单位,如 $Pa \cdot s, mm^2/s, P(泊), cP(厘泊)$ 等,它们之间的存在何种换算关系?

2-12 影响沥青与集料黏附性的因素有哪些?

2-13 我国道路沥青国家标准和交通运输部行业技术标准有哪几项指标?

2-14 简述国内外道路沥青分级体系以及各种分级体系的特点。

2-15 为什么要对沥青进行改性?常用的聚合物改性沥青有哪几种?改性沥青的技术指标有何特点?

2-16 简述乳化沥青的形成和分裂机理。

2-17 某沥青在 10℃、25℃和 30℃的针入度分别为 24(0.1mm)、84(0.1mm)和 160(0.1mm),计算该沥青的针入度-温度敏感性系数 A,由此计算沥青的针入度指数 PI,并判断沥青的胶体结构类型;计算该沥青的当量软化点和当量脆点。

【思考题】

2-18　简述天然沥青的性能特征及其对沥青改性的作用。

2-19　简述泡沫沥青形成原理及其技术要求，并列举一个泡沫沥青的工程应用案例。

2-20　简述橡胶沥青改性机理，探讨除废旧橡胶粉外，还有哪些废旧材料可以用于沥青改性？

2-21　基质沥青在其使用寿命内通常不能保持稳定的性能，因此人们开发了改性沥青以满足更高的要求。然而，沥青和改性剂之间的相容性是一个关键问题，因为只有当沥青和改性剂相互兼容时，才能获得更好的性能。试查阅相关资料，总结沥青与改性剂相容性的测试方法。

2-22　在沥青路面施工过程中，要控制好沥青与集料的拌和温度，以及沥青混合料压实温度。那么如何确定适宜的拌和温度、压实温度范围呢？

2-23　选择一条高速公路沥青路面作为研究对象，分析不同层位采用的沥青种类和技术要求，探讨这样设计的原因。

【推荐阅读文献】

[1] 沥青生产与应用技术手册编委会.沥青生产与应用技术手册[M].北京:中国石化出版社,2010.

[2] 柴志杰,任满年.沥青生产与应用技术问答[M].北京:中国石化出版社,2015.

[3] 胡昌斌,张峰.聚合物复合改性沥青[M].北京:科学出版社出版,2021.

[4] Robert N H. Shell Bitumen Handbook[M]. 6th Edition. ICE Publishing,2014.

[5] 廖克俭,丛玉凤.道路沥青生产与应用技术[M].北京:化学工业出版社,2004.

第三章
沥青混合料

【内容提要】

本章介绍沥青混合料的类型和基础知识,重点阐述沥青混合料的组成结构、强度构成及强度影响因素,沥青混合料的技术性质、影响因素、评价指标和技术标准,介绍热拌沥青混合料的组成设计方法。在此基础上,讲述常温沥青混合料、再生沥青混合料、浇注式沥青混合料、环氧沥青混合料、废旧橡胶沥青混合料以及温拌沥青混合料的技术性质、组成材料要求及配合比设计要点。

沥青混合料(Asphalt Mixture)是矿质混合料(简称矿料)、沥青结合料及添加剂等经拌制而成的混合物,其经摊铺、压实成型后成为沥青路面。沥青混合料作为建筑材料可以追溯到5000年前的古代巴比伦王朝,那时采用的是天然状态的沥青类材料,主要被用作密封料。约在公元600年前,巴比伦铺筑了第一条沥青路面的道路,随后该技艺失传,直至1833年在英国开始铺筑煤沥青碎石路面,1854年在巴黎首次采用碾压法铺筑沥青路面,1870年在伦敦、华盛顿、纽约等地采用沥青铺筑路面。1920~1930年,第一代沥青混合料拌和设备投入使用。20世纪40年代,美国工程师兵团提出了沿用至今的马歇尔试验方法;20世纪90年代,美国战略公路研究计划(SHRP)提出 Superpave 沥青混合料设计方法,开创了沥青和沥青混合料的研究和应用的新纪元。近年来,随着环境保护的进一步要求,再生沥青混合料组成设计方法逐渐涌

现,推动道路建设"低碳化"发展。它具备以下特点:

(1)具有良好的力学性能和路用性能,铺筑的路面平整无接缝、减振吸声且行车舒适。路表具有一定的粗糙度,且无强烈反光,有利于行车安全。

(2)采用机械化施工,有利于施工质量控制,施工后即可开放交通。

(3)便于分期修建和再生利用。

但是沥青混合料也存在高温稳定性和低温抗裂性不足的问题。

第一节 沥青混合料的类型与组成结构

一、沥青混合料的分类

沥青混合料的分类方法取决于矿质混合料的级配组成及公称最大粒径、沥青混合料的压实空隙率、沥青品种以及沥青混合料的制造工艺等。

1. 按矿料的级配类型分类

根据矿料级配组成特点及沥青混合料压实后的剩余空隙率水平,沥青混合料分为连续密级配、半开级配、开级配和间断级配沥青混合料。

(1)连续密级配沥青混合料(Dense-Graded Asphalt Mixture)

由按连续密级配原理设计组成的矿料与沥青结合料拌和而成。其典型类型有:设计空隙率为3%~5%的密实式沥青混凝土混合料,以AC(Asphalt Concrete Mixture)表示;设计空隙率为3%~6%的密实式沥青稳定碎石混合料,以ATB(Asphalt-Treated Base)表示。按关键性筛孔通过率的不同,密级配沥青混合料又分为细型、粗型密级配沥青混合料。

(2)半开级配沥青混合料(Half Open-Graded Asphalt Mixture)

由适当比例的粗集料、细集料及少量填料(或不加填料)与沥青结合料拌和而成。其典型类型为设计空隙率为6%~12%的半开式沥青稳定碎石混合料,以AM(Asphalt-Treated Mixture)表示。

(3)开级配沥青混合料(Open-Graded Asphalt Mixture)

由矿料与高黏度沥青结合料拌和而成,其中矿料主要由粗集料组成,细集料及填料较少。该类混合料具有较大的内部连通空隙(设计空隙率为18%~25%),可供水和空气流动,具有排水、降噪功能。其典型类型有:设计空隙率为18%~25%的开级配沥青磨耗层混合料,以OGFC(Open Graded Friction Course)表示;设计空隙率大于18%的沥青稳定碎石透水基层混合料,以ATPB(Asphalt-Treated Permeable Base)表示。

(4)间断级配沥青混合料(Gap-Graded Asphalt Mixture)

由组成中缺少1个或几个粒径档次(或用量很少)的矿料与沥青结合料拌和而成。其典型类型是沥青玛蹄脂碎石混合料,以SMA(Stone Matrix Asphalt)表示。SMA是由沥青结合料与少量纤维稳定剂、细集料以及较多填料(矿粉)组成的沥青玛蹄脂填充于间断级配的粗集料骨架间隙,组成一体的沥青混合料。

2. 按矿料的公称最大粒径分类

矿料的最大粒径是指通过百分率为100%的最小标准筛的筛孔尺寸,矿料的公称最大粒径是指全部通过或允许少量不通过(一般容许筛余量不超过10%)的最小标准筛的筛孔尺寸,通常比矿料最大粒径小一个粒级。例如,某种矿料在26.5mm筛孔的通过率为100%,在19mm筛上的筛余量小于10%,则此矿料的最大粒径为26.5mm,公称最大粒径为19mm。

根据矿料的公称最大粒径,沥青混合料分为特粗式、粗粒式、中粒式、细粒式和砂粒式。不同级配组成、不同公称最大粒径的沥青混合料类型汇总于表3-1。

沥青混合料类型汇总　　　　　　　　　　表3-1

沥青混合料类型	公称最大粒径(mm)	最大粒径(mm)	连续密级配		半开级配	开级配		间断级配
			沥青混凝土混合料	沥青稳定基层混合料	沥青碎石混合料	开级配沥青磨耗层混合料	沥青稳定透水基层混合料	沥青玛蹄脂碎石混合料
砂粒式	4.75	9.5	AC-5	—	AM-5	—	—	—
细粒式	9.5	13.2	AC-10	—	AM-10	OGFC-10	—	SMA-10
	13.2	16	AC-13	—	AM-13	OGFC-13	—	SMA-13
中粒式	16	19	AC-16	—	AM-16	OGFC-16	—	SMA-16
	19	26.5	AC-20	—	AM-20	—	—	SMA-20
粗粒式	26.5	31.5	AC-25	ATB-25	—	—	ATPB-20	—
	31.5	37.5	—	ATB-30	—	—	ATPB-30	—
特粗式	37.5	53.0	—	ATB-40	—	—	ATPB-40	—
设计空隙率(%)			3~6	3~6	6~12	>18	>18	3~4

3.按沥青混合料的拌和温度分类

(1)热拌沥青混合料(Hot Mix Asphalt,HMA)

热拌沥青混合料是由矿料、沥青结合料及添加剂等在较高的温度条件下拌和生产的混合料。将黏稠道路沥青或改性沥青加热至150~170℃,矿料加热至170~190℃,在热态下进行拌和,并在热态下进行铺筑施工。热拌沥青混合料的强度高、路用性能优良,适用于沥青路面结构的各个层次。

热拌沥青混合料通常在拌和厂进行生产,沥青混合料的拌和设备有间歇式拌和机和连续式拌和机。间歇式沥青混合料搅拌设备的构成有:冷料供给系统、干燥滚筒、燃烧系统、热集料提升机、振动筛分系统、热集料储仓、计量系统、搅拌器、粉料供给系统、沥青供给系统、导热油供给系统、成品料仓、电气控制系统等。采用间歇式拌和机拌制混合料时,集料在干燥筒内加热干燥,然后进入拌缸,加入已加热的沥青和矿粉进行拌和。

与间歇式拌和设备相比,连续式拌和设备没有热集料筛分系统和搅拌缸,其核心部件是"双滚筒",因此又称为滚筒式拌和机,它可以一次完成集料的烘干加热和混合料的搅拌作业。连续式拌和楼具有产量大、能耗低、稳定性好等特点,但它对集料的稳定性要求较高。

目前,国外既采用间歇式拌和机也采用连续式拌和机生产沥青混合料,而我国一般推荐使用间歇式拌和设备进行沥青混合料的生产。这是因为我国目前所使用的集料品种较为复杂,性能变异性大,且间歇式沥青混合料搅拌设备具有结构完善、级配正确、计量精度高、成品料质量好等优点。

(2)冷拌沥青混合料(Cold Mix Asphalt,CMA)

冷拌沥青混合料是由矿料、沥青结合料及添加剂等在常温下拌和而成的混合料。冷拌沥青混合料亦称为常温混合料,它是采用乳化沥青、泡沫沥青、液体沥青或低黏度沥青作为结合料,在常温状态下与集料进行拌和而成的混合料,并在常温下进行摊铺、碾压成型。由于沥青的黏度较低,路面成型时间较长且强度不高,主要用于三级、四级道路和路面修补。

目前,由于可采用掺加外加剂来提高常温沥青混合料的强度,乳化沥青混合料和泡沫沥青混合料已成为沥青路面基层或再生混合料的主要类型。

(3)温拌沥青混合料(Warm Mix Asphalt,WMA)

温拌沥青混合料是采用特定的技术或添加剂,使沥青混合料的拌和、摊铺和压实温度介于热拌沥青混合料和常温沥青混合料之间的沥青混合料的统称。这是一种具有节能环保作用的新型沥青混合料生产技术,可以在降低沥青混合料施工温度、减少有害气体排放的同时,保证沥青混合料具有与热拌沥青混合料基本相同的路用性能和施工和易性。

二、沥青混合料的组成结构

沥青混合料是由粗集料、细集料、矿粉、沥青以及外加剂所组成的一种复合材料。粗集料分布在沥青与细集料形成的沥青砂浆中,细集料分布在沥青与矿粉构成的沥青胶浆中,形成具有一定内摩阻力和黏结力的多级网络结构。由于各组成材料用量比例的不同,压实后沥青混合料内部的矿料颗粒的分布状态、剩余空隙率也呈现出不同的特征,形成不同的组成结构,而具有不同组成结构特征的沥青混合料在使用时则表现出不同的性能。按照沥青混合料的矿料级配组成特点(图3-1),将沥青混合料分为悬浮密实结构、骨架空隙结构及骨架密实结构(图3-2)。

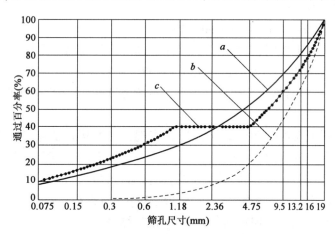

图3-1 三种类型矿质混合料级配曲线
a-连续密级配;*b*-开级配;*c*-间断级配

a)悬浮密实结构　　b)骨架空隙结构　　c)骨架密实结构

图3-2 沥青混合料的典型组成结构

1. 悬浮密实结构

在采用连续密级配矿料(图 3-1 中曲线 a)配制的沥青混合料中,由大到小的矿料颗粒在数量上呈现一定的比例关系,粒径较大的颗粒被粒径较小一档的颗粒挤开,不能直接接触形成嵌挤骨架结构,彼此分离悬浮于较小颗粒和沥青胶浆之间,而较小颗粒与沥青胶浆较为密实,形成了悬浮密实结构(Suspended Dense Structure),如图 3-2a)所示。我国常用的 AC 型沥青混合料是按照连续密级配原理设计的、典型的悬浮密实结构。

悬浮密实结构的沥青混合料经压实后,密实度较大,水稳定性、低温抗裂性和耐久性较好,是使用较为广泛的沥青混合料。但这种沥青混合料的结构强度受沥青性质及其状态的影响较大,在高温条件下使用时,由于沥青黏度降低,可能会导致沥青混合料强度和稳定性的下降。

2. 骨架空隙结构

当采用连续开级配矿料(图 3-1 中曲线 b)与沥青组成沥青混合料时,较粗颗粒集料彼此接触,形成互相嵌挤的骨架,但较细粒料数量较少,不足以充分填充骨架空隙,压实后混合料中的空隙较大,形成了所谓的骨架空隙结构(Skeleton Void Structure),如图 3-2b)所示。半开式沥青稳定碎石混合料 AM 和开级配磨耗层沥青混合料 OGFC 都是典型的骨架空隙结构。

在形成骨架空隙结构的沥青混合料中,因粗集料之间的嵌挤力对沥青混合料的强度和稳定性起着重要作用,结构强度受沥青性质和物理状态的影响较小,因而高温稳定性较好。但由于压实后的沥青混合料中剩余空隙率较大,渗透性较大,在使用过程中,气体和水分易进入沥青混合料内部,引发沥青老化或导致沥青从集料表面剥落,因此这种结构的沥青混合料耐久性值得关注。

3. 骨架密实结构

当采用间断级配矿料(图 3-1 中曲线 c)时,在沥青混合料中既有足够数量的粗集料形成骨架,又根据粗集料骨架空隙的大小填入了足够的细集料和沥青胶浆,使之填满骨架空隙,形成较高密实度的骨架结构,如图 3-2c)所示。这种结构兼具上述两种结构的优点,是一种较为理想的结构类型。沥青玛碲脂碎石混合料 SMA 是一种典型的骨架密实型结构(Skeleton Dense Structure)。

三、沥青混合料的结构强度

1. 强度的构成

在外力作用下,沥青混合料失稳破坏机理较为复杂,当采用莫尔-库仑理论分析时,认为沥青混合料不发生剪切滑移的必要条件是满足式(3-1),即沥青混合料受到的剪应力 τ 不大于沥青混合料的抗剪强度 τ_f。

$$\tau \leqslant \tau_f \tag{3-1}$$

沥青混合料的抗剪强度由矿料颗粒之间的嵌锁力(内摩擦角)、沥青与矿料的黏附力及沥青自身的内聚力所构成,见式(3-2),这些剪切参数可通过三轴压缩试验或单轴贯入强度试验确定。

$$\tau_f = c + \sigma \tan\varphi \tag{3-2}$$

式中:τ_f——沥青混合料的抗剪强度,MPa;

c——沥青混合料的黏结力,MPa;

φ——沥青混合料的内摩擦角,(°);
σ——轴向正应力值,MPa。

(1) 三轴压缩试验

三轴压缩试验是在规定条件下,对沥青混合料试件施加设定的围压(主应力 σ_3),按恒定速率施加轴向荷载,直至试件破坏,得到轴向破坏极限值(主应力 σ_1),由此可以得到一个极限应力圆。分别在不同的围压下进行试验,可以得到一组极限应力圆,如图 3-3 所示。图中应力圆的公切线为莫尔-库仑应力包络线及抗剪强度曲线,该包络线与纵轴的截距为沥青混合料的黏结力 c,与横轴的交角为沥青混合料的内摩擦角 φ。将 c、φ 值和相应的主应力值代入式(3-2)即可得到沥青混合料的抗剪强度。从加载方式上来说,三轴试验施加的是压缩荷载,但试件的实际破坏模式为剪切破坏,所以又称其为三轴剪切试验。

(2) 单轴贯入强度试验

单轴贯入强度试验是在试件上采用小于试件直径(R)的钢制压头(直径 r)进行加载。认为当 r/R 足够小时,试件的受力状态接近在车辆荷载作用下的路面受力状态。采用单轴贯入试验获得试件剪切参数的原理如下:

将单轴贯入试验理解为特定围压的三轴试验,得出一个破坏时的莫尔圆,如图 3-4 所示,图中 σ_{1g} 和 σ_{3g} 表示单轴贯入的强度乘以抗剪强度参数后得到的第一主应力和第三主应力。补充一个无侧限抗压强度试验,将其理解为围压为零的三轴试验,得出另一个破坏时的莫尔圆,图中 σ_u 为无侧限抗压强度试验中试件的抗压强度。作这两个莫尔圆的包络线,得到试件的黏结力 c 和内摩擦角 φ 值。由单轴贯入试验直接得到沥青混合料的抗剪强度,见本章第二节的内容。

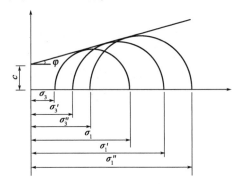

图 3-3 三轴压缩试验确定抗剪强度参数的莫尔圆包络线示意图

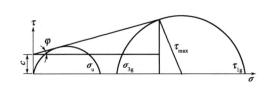

图 3-4 单轴贯入试验和无侧限抗压强度试验莫尔圆示意图

2. 强度的影响因素

(1) 沥青结合料的黏度

沥青结合料的黏度反映沥青自身的内聚力。沥青的黏度越大,则沥青混合料黏结力越大,在保持矿料颗粒间相对稳定的嵌锁作用前提下,沥青混合料的强度也越大,抗变形能力越强。图 3-5 为沥青黏度与沥青混合料黏结力和内摩擦角的关系。

(2) 矿质混合料性能的影响

矿料的岩石种类、级配组成、颗粒形状和表面粗糙度等特性对沥青混合料的嵌锁力或内摩擦角影响较大。

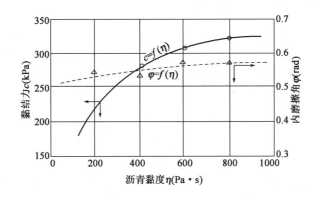

图 3-5　沥青黏度与沥青混合料黏结力和内摩擦角的关系示意图

一般来说,连续密级配的沥青混合料是悬浮密实结构,其结构强度主要依靠沥青与矿料的黏结力和沥青的内聚力,而依靠矿料颗粒间的内摩擦力相对较小。骨架空隙结构的沥青混合料结构强度以嵌锁力为主、沥青内聚力为辅。而在以嵌挤原则设计的骨架密实结构中,既有以粗集料为主的嵌锁骨架,又有细集料和沥青胶浆填充空隙形成很强的黏结力,该结构的沥青混合料整体强度高,稳定性好。

与采用粒径较小且不均匀的矿料所组成的沥青混合料相比,粒径较大且均匀的矿料可以提高沥青混合料的嵌锁力与内摩擦角。通常砂粒式、细粒式、中粒式和粗粒式沥青混凝土的内摩擦角依次递增。有棱角且表面粗糙的集料由于颗粒间相互嵌锁紧密,要比滚圆颗粒间的摩擦作用大得多,对沥青混合料内摩擦角构成有着较大的贡献。

(3)沥青与矿料在界面上的交互作用

沥青混合料黏结力除了与沥青材料自身的内聚力有关外,还取决于沥青与矿料的交互作用。矿料颗粒对于包裹在表面的沥青分子具有一定的化学吸附作用,这种化学吸附比矿料与沥青间的分子力吸附(即物理吸附)要强得多,并使矿料表面吸附沥青组分重新分布,形成一层吸附溶化膜,如图 3-6 所示。这层吸附溶化膜亦称为"结构沥青",膜层较薄,黏度较高,与矿料之间有着较强的黏附力。在"结构沥青"层之外未与矿料发生交互作用的是"自由沥青",保持着沥青的初始内聚力。

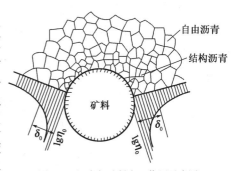

图 3-6　沥青与矿料交互作用示意图
$\lg\eta_0$-沥青与矿料的黏附力;δ_0-结构沥青膜厚度

由于矿料颗粒表面对沥青的化学吸附是有选择性的,所以沥青与矿料表面交互作用程度取决于矿料的岩石学特征。试验结果表明,沥青在不同矿物组成的矿料颗粒表面形成不同成分和不同厚度的吸附溶化膜,碱性石料(如石灰石)对石油沥青的吸附性强,而酸性石料(如石英石等)对石油沥青的吸附性弱。

(4)沥青混合料中矿料比面和沥青用量的影响

根据沥青与矿料交互作用原理,沥青混合料的黏结力既取决于"结构沥青"的比例,也取决于矿料颗粒之间的距离。当矿料颗粒之间距离很近,并由黏度增加的"结构沥青"相互黏结时,如图 3-7a)所示,沥青混合料具有较高的黏结力;反之,如果矿料颗粒以"自由沥青"相互黏结,如图 3-7b)所示,则沥青混合料的黏附力较低。

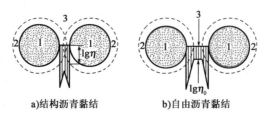

a)结构沥青黏结　　b)自由沥青黏结

图 3-7　沥青膜层厚度对黏结力的影响
1-矿料;2-结构沥青;3-自由沥青

不同的矿料比面和沥青用量,将导致沥青膜厚度的不同,所产生的"结构沥青"和"自由沥青"的比例也不同。在相同的沥青用量下,与沥青发生交互作用的矿料表面积越大,所形成的沥青膜越薄,"结构沥青"所占比例就越大,这会促使矿料颗粒能够黏结牢固,构成较高的整体强度。在密实型的沥青混合料中,矿粉的表面积通常占到矿质混合料总面积的80%以上,所以矿粉的性质及数量对沥青混合料强度影响非常大。在沥青混合料中保持一定的矿粉数量,对于减薄沥青膜厚度、增加"结构沥青"的比例有着重要作用。

图 3-8 反映了沥青用量对沥青混合料黏结力与内摩擦角的影响趋势。当沥青用量较小时,沥青不足以在矿料颗粒表面形成完整的膜层,致使沥青混合料的整体强度较低,主要表现为黏结力较小。随着沥青用量的增加,结构沥青逐渐形成,较为完整地吸附于矿料表面,此时沥青混合料的黏结力随着沥青用量的增多而增大,当沥青用量足以形成薄膜并充分黏结矿料颗粒时,沥青混合料具有最大的黏结力。随后,如果沥青用量继续增加,沥青膜增厚,在矿料颗粒之间形成未与矿料发生交互作用的"自由沥青",遂将矿料颗粒"推开",并对矿料颗粒间可能产生的位移起着润滑剂的作用,致使沥青混合料的黏结力降低。另外,从沥青混合料内摩擦角的角度分析,沥青用量越高,矿料颗粒之间的相互位移越容易发生,则沥青混合料的内摩擦角也就越小,反之亦然。

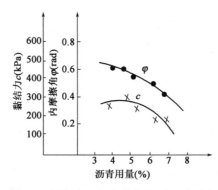

图 3-8　沥青用量对沥青混合料 c 和 φ 的影响

综上所述,保证沥青混合料强度的基本条件是:嵌挤密实的矿料骨架、高黏度的沥青结合料及适宜的用量比例、能与沥青产生化学吸附作用的活性矿料。

(5)使用条件的影响

环境温度和荷载条件是影响沥青混合料强度的主要外界因素。随着温度的升高,沥青的黏度降低,沥青混合料的黏结力也随之降低,内摩擦角同时也受温度变化的影响,但影响程度较低。

在其他条件相同的情况下,沥青混合料的黏结力与荷载作用时间或变形速率之间关系密切。沥青的黏度随着变形速率的增加而呈现降低趋势,沥青混合料的黏结力也随变形速率的增加而减小,但沥青混合料的内摩擦角对变形速率的依赖性较低。

第二节　沥青混合料的技术性质

沥青混合料作为沥青路面的面层材料,在使用过程中将承受车辆荷载反复作用以及环境因素的作用,沥青混合料除了应具备一定的强度外,还需要具有足够的高温稳定性、低温抗裂性、水稳定性、抗老化性、抗滑性等技术性能,以保证沥青路面具备经久耐用等优良的服务性能。

一、沥青混合料的高温稳定性

高温稳定性是指沥青混合料在高温条件下,能够抵抗车辆荷载的反复作用,不发生显著永久变形,保证路面平整度的特性。沥青混合料是典型的黏-弹-塑性材料,在高温条件下或长时间承受荷载作用时会产生显著的变形,其中不能恢复的部分称为永久变形,这种特性是导致沥青路面产生车辙、波浪及拥包等病害的主要原因。在交通量大、重车比例高和经常变速路段的沥青路面上,车辙是最严重、最有危害的破坏形式之一。

1. 高温稳定性的评价方法和评价指标

评价沥青混合料高温稳定性的试验方法较多,如圆柱体试件的单轴(或三轴)静载、动载、重复荷载试验以及单轴贯入强度试验;简单剪切的静载、动载、重复荷载试验;反复碾压模拟试验,如车辙试验等。此外还有马歇尔稳定度、维姆稳定度和哈费氏稳定度等工程试验。

(1)三轴试验

三轴剪切试验是检验沥青混合料高温稳定性的一种方法,在沥青混合料性能研究中的应用越来越多。由三轴试验获得沥青混合料抗剪强度的方法见本章第一节的内容。

除了三轴剪切试验模式外,三轴试验可以设置多种加载模式,如蠕变加载、动态加载和重复加载等。通过对试验数据的整理,可以得到沥青混合料试件的蠕变劲度模量、动态模量,还能得到反映材料弹性性能的回弹模量和反映材料黏性特征的相位角,以及材料永久变形与荷载作用时间的关系等,这些数据能够较好地反映沥青路面的变形特征。相关研究表明,三轴试验得到的动态模量是评价沥青混合料抗车辙性能的有效指标。

(2)单轴贯入强度试验

《公路沥青路面设计规范》(JTG D50—2017)中规定,按单轴贯入试验测试沥青混合料的贯入强度(抗剪强度),供沥青混合料配合比设计或施工后检验沥青混合料高温稳定性使用。我国道路工作者研究了不同气候条件、交通条件和路面结构状况下沥青混合料贯入强度与沥青混合料层永久变形的关系模型,进而提出了验算沥青混合料贯入强度的关系式。

《公路沥青路面设计规范》(JTG D50—2017)中规定的单轴贯入试验方法为,按标准方法成型圆柱体试件,试件空隙率为路面实际空隙率,也可以采用现场取芯试件。试验温度60℃,按式(3-3)计算标准高度试件沥青混合料的贯入强度。

$$R_T = f_T \cdot \frac{P}{A} \tag{3-3}$$

式中：R_T——贯入强度，MPa；

P——试件破坏时的极限荷载，N；

A——压头横截面面积，mm^2；

f_T——贯入应力系数，对直径150mm试件，$f_T=0.35$；对直径100mm试件，$f_T=0.34$。

(3) 车辙试验

车辙试验是一种模拟车辆轮胎在路面上滚动形成车辙的试验方法，源自英国运输与道路研究试验所(TRRL)，经过各国道路工作者的改进与完善，已成为世界大多数国家评价沥青混合料高温性能的通用试验。

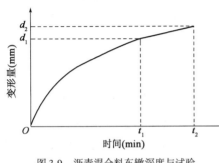

图 3-9 沥青混合料车辙深度与试验轮行走时间关系曲线

目前我国的车辙试验是采用标准方法成型沥青混合料板块状试件，在60℃温度条件下，用规定的试验轮以 42 次/min ± 1 次/min(21 次往返/min)的频率，沿着试件表面同一轨迹上往返行走，约1h 或最大变形达到25mm 时为止。记录试件表面在试验轮反复作用下所产生的车辙深度，如图 3-9 所示。对于炎热地区或特重及以上交通荷载等级道路，可根据气候条件和交通状况适当提高车辙试验的温度或荷载。

车辙试验的评价指标为动稳定度 DS(Dynamic Stability)。动稳定度定义为试件产生 1mm 的车辙深度试验轮的行走次数。动稳定度 DS 由式(3-4)计算。

$$DS = \frac{(t_2 - t_1) \cdot N}{d_2 - d_1} \cdot C_1 \cdot C_2 \tag{3-4}$$

式中：DS——沥青混合料的动稳定度，次/mm；

t_1、t_2——试验时间，通常为45min 和60min；

d_1、d_2——与试验时间 t_1 和 t_2 对应的试件表面的变形量，mm；

N——试验轮往返行走速度，通常为 42 次/min；

C_1——试验机类型系数，采用曲柄连杆驱动加载轮往返运动方式时，取 1.0；

C_2——试件系数，实验室制备宽 300mm 的试件时，取 1.0。

车辙试验既可用于测定沥青混合料的高温抗车辙能力，供沥青混合料配合比设计时的高温稳定性检验，也可用于现场沥青混合料的高温稳定性检验。

(4) 马歇尔试验

马歇尔试验方法是由美国密西西比州公路局布鲁斯·马歇尔(Bruce Marshell)提出的，迄今已经历了八十余年。马歇尔试验设备简单、操作方便，被世界上许多国家所采用，也是目前我国进行密级配沥青混合料配合比设计的主要试验方法。

马歇尔试验用于测定沥青混合料试件的破坏荷载和抗变形能力。试验方法为：将沥青混合料制备成规定尺寸的圆柱状试件，在试验时将试件横向置于两个半圆形压模中，使试件受到一定的侧限。在规定温度和加载速度下，对试件施加压力并记录试件所受压力与变形情况，如图 3-10 所示。

马歇尔试验的力学指标为马歇尔稳定度 MS(Marshall Stability)和流值 FL(Flow Value)。马歇尔稳定度 MS 是指试件受压至破坏时承受的最大荷载,以 kN 计;流值 FL 是达到最大破坏荷载时试件的垂直变形,以 0.1mm 计。

目前,在我国沥青路面工程中,马歇尔稳定度与流值既是沥青混合料配合比设计的主要指标,也是沥青路面施工质量控制的主要指标。

2. 高温稳定性的主要影响因素

在荷载的反复作用下,沥青混合料变形发展可以分为初期压密、剪切流动及剪切失稳三个阶段,如图 3-11 所示。通常认为,沥青混合料在第二阶段的变形主要是来自沥青混合料在剪应力作用下所产生的剪切流动变形,是沥青路面产生车辙变形的主要阶段。沥青混合料的剪切流动变形是其黏塑性变形累积的结果,变形程度取决于道路荷载条件、结构组合类型以及沥青混合料的组成材料等。

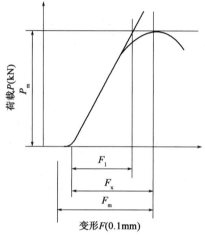

图 3-10　马歇尔试验曲线

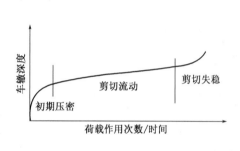

图 3-11　路面车辙深度随荷载作用次数的发展过程

在沥青混合料的组成材料中,矿料性质对沥青混合料高温抗变形能力的影响是至关重要的。采用表面粗糙、多棱角、颗粒接近立方体的碎石集料,经压实后的集料颗粒间能够形成紧密的嵌锁作用,这将会增大沥青混合料的内摩擦角,有利于增强沥青混合料的高温稳定性。相反,采用表面光滑的砾石集料拌制的沥青混合料因颗粒间缺乏嵌锁力,在荷载作用下容易产生滑移致使路面出现车辙。有关研究表明,破碎细集料比破碎粗集料对改善沥青混合料的抗高温变形能力更为有利。

沥青的高温黏度越大,则与集料的黏附性越好,相应的沥青混合料的抗高温变形能力就越强。可以使用合适的改性剂来提高沥青的高温黏度、降低感温性,提高沥青混合料的黏结力,从而改善沥青混合料的高温稳定性。

但是,在高温条件下,即使采用了高黏度的改性沥青,仅仅依靠沥青还是无法承受车辆荷载对路面的水平剪切力作用。国外研究认为,沥青混合料的高温抗车辙能力 60% 依赖于矿质集料颗粒的嵌锁作用,40% 取决于沥青结合料的黏结作用。与悬浮密实结构的 AC 混合料相比,骨架密实结构的 SMA 混合料有着较高的抗车辙能力,见表 3-2。

SMA 混合料与 AC 混合料的动稳定度(次/mm)　　　　表 3-2

沥青混合料类型	70 号沥青	SBS 改性沥青
SMA-16	1781	4673
AC-16	1200	2520

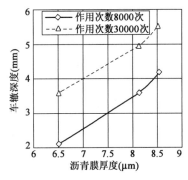

图 3-12　沥青膜厚度与车辙深度的关系

就沥青混合料高温稳定性而言,沥青用量的影响可能超过沥青本身特性的影响,随着沥青用量的增加,矿料表面的沥青膜增厚,自由沥青比例随之增加,在高温条件下,这部分沥青在荷载作用下发生明显的流动变形,从而导致沥青混合料抗高温变形能力的降低。图 3-12 为沥青混合料的车辙深度与沥青膜厚度的关系曲线,由图可见,随着沥青膜厚度的增加,车辙深度随之增加。

对于细粒式和中粒式密级配沥青混合料,适当减少沥青用量有利于提高抗车辙能力,但对于粗粒式或开级配沥青混合料,不能简单地靠减少沥青用量来提高抗车辙能力。

二、沥青混合料的低温抗裂性

当冬季气温降低时,沥青面层将产生体积收缩,而在基层结构与周围材料的约束作用下,沥青混合料不能自由收缩,将在结构层中产生温度应力。由于沥青混合料具有一定的应力松弛能力,若降温速率较慢,所产生的温度应力会随着时间的增加逐渐松弛减小,不会对沥青路面产生较大的危害。但若气温骤降,所产生的温度应力来不及松弛,当温度应力超过沥青混合料的容许应力时,沥青混合料就会被拉裂,导致沥青路面出现裂缝,从而造成路面的损坏。因此要求沥青混合料具备一定的低温抗裂性能。

1.低温抗裂性的评价方法和评价指标

目前用于研究和评价沥青混合料低温抗裂性的方法可以分为三类:预估沥青混合料的临界开裂温度、评价沥青混合料的低温变形能力或应力松弛能力、评价沥青混合料抗断裂性能。相关的试验主要包括:等应变加载的破坏试验(如间接拉伸试验、直接拉伸试验)、低温收缩试验、低温蠕变弯曲试验、受限试件温度应力试验和应力松弛试验等。

(1)预估沥青混合料的临界开裂温度

临界开裂温度既能反映沥青路面温度应力的累积效应,又能反映材料的抗拉强度。通过间接拉伸试验或直接拉伸试验,建立沥青混合料低温抗拉强度与温度的关系,如图 3-13 中的曲线 1。再根据理论方法,由沥青混合料的劲度模量、温度收缩系数及降温幅度计算沥青面层可能出现的温度应力与温度的关系,如图 3-13 中的曲线 2。根据温度应力与抗拉强度的关系预估沥青面层出现低温缩裂的温度 T_p。T_p 越低,沥青混合料的开裂温度越低,低温抗裂性越好。

(2)评价沥青混合料的低温变形或松弛能力

沥青混合料的低温变形或松弛能力常采用弯曲蠕变试

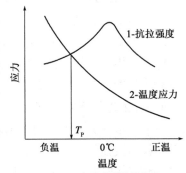

图 3-13　沥青混合料抗拉强度、温度应力与温度的关系

验和弯曲试验及相关指标进行评价。弯曲蠕变试验用于测定沥青混合料试件在规定温度和加载应力水平条件下弯曲蠕变的应变速率,以评价沥青混合料的变形能力与松弛能力。当采用弯曲蠕变试验评价沥青混合料低温性能时,在试验温度0℃下,对规定尺寸的沥青混合料小梁试件的跨中施加恒定的集中荷载,测定试件随时间不断增长的蠕变变形,如图3-14所示。蠕变变形曲线可分为三个阶段:第一阶段为蠕变迁移阶段,第二阶段为蠕变稳定阶段,第三阶段为蠕变破坏阶段。以蠕变稳定阶段的蠕变速率评价沥青混合料的低温变形能力。

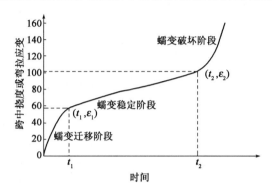

图3-14　沥青混合料蠕变变形曲线

弯曲蠕变速率由式(3-5)计算。弯曲蠕变速率越大,表明沥青混合料在低温下的变形能力越大、松弛能力越强,低温抗裂性能越好。

$$\varepsilon_s = \frac{\varepsilon_2 - \varepsilon_1}{(t_2 - t_1)\sigma_0} \tag{3-5}$$

式中:ε_s——沥青混合料的低温弯曲蠕变速率,$1/(s \cdot MPa)$;

σ_0——沥青混合料小梁试件跨中梁底的蠕变弯拉应力,MPa;

t_1、t_2——蠕变稳定期直线段起始点及终点对应的时间,s;

ε_1、ε_2——与时间 t_1 和 t_2 对应的跨中梁底蠕变应变。

弯曲试验适用于测定沥青混合料在规定温度和加载速率条件下弯曲破坏的力学性能。当采用弯曲试验评价沥青混合料低温性能时,采用试验温度为 $-10℃ \pm 0.5℃$、加载速率为 50mm/min,对规定尺寸的沥青混合料小梁试件跨中施加集中荷载至断裂破坏,记录试件跨中荷载与挠度并绘制二者的关系曲线,如图3-15所示。

由破坏时的跨中挠度计算沥青混合料的破坏弯拉应变,见式(3-6)。沥青混合料在低温下破坏弯拉应变越大,则其低温柔韧性越好,抗裂性越好。

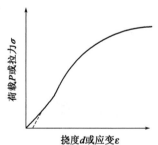

图3-15　低温弯曲试验荷载-跨中挠度曲线

$$\varepsilon_B = \frac{6hd}{L^2} \tag{3-6}$$

式中:ε_B——试件破坏时的最大弯拉应变;

h——跨中断面试件的高度,mm;

d——试件破坏时的跨中挠度,mm;

L——试件的跨径,mm。

试验证明,在评价改性沥青混合料低温性能时,采用低温蠕变试验方法所得结果对于改性剂种类和改性剂剂量都不够敏感,数据较为分散,而采用低温弯曲试验的破坏应变指标则相对稳定。我国《公路沥青路面施工技术规范》(JTG F40—2004)中规定,采用低温弯曲试验的破坏应变指标评价改性沥青混合料的低温抗裂性能。

2. 影响沥青混合料低温性能的主要因素

在低温条件下,沥青混合料的变形能力越强,其抗裂性就越好,而沥青混合料的变形能力与其低温劲度模量成反比。

也就是说,为了提高沥青混合料的低温抗裂性,应选用低温劲度模量较低的混合料。影响沥青混合料的低温劲度的最主要因素是沥青的低温劲度模量,而沥青黏度和温度敏感性是决定沥青低温劲度模量的主要指标。在图3-16中,给出了针入度分别为50和150的沥青在-30℃温度条件下的低温劲度模量。由图3-16可见,针入度为50的沥青与针入度为150的沥青相比具有较高的劲度,随着针入度指数PI值的增加,沥青低温劲度模量降低。由此可见,对于同一油源的沥青,针入度较大、温度敏感性较低的沥青低温劲度较小,抗裂能力较强。所以在寒冷地区,可采用稠度较低、劲度较低的沥青,或选择松弛性能较好的橡胶类改性沥青来提高沥青混合料的低温抗裂性。

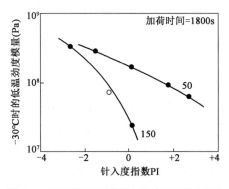

图3-16 沥青低温劲度模量与针入度指数的关系

通常,密级配沥青混合料的低温抗拉强度高于开级配的沥青混合料,但是粒径大、空隙率大的沥青混合料内部微空隙发达,其应力松弛能力略强,温度应力有所减小,两方面的影响相互抵消,故沥青混合料的这两种级配类型与沥青路面开裂程度之间没有显著关系。

三、沥青混合料的疲劳特性

沥青路面在使用过程中,受到车辆荷载的反复作用,或者受到环境温度交替变化所产生的温度应力作用,长期处于应力应变反复变化的状态。随着荷载作用次数的增加,材料的内部缺陷、微裂纹不断扩展,致使路面结构强度逐渐衰减,直至最后发生疲劳破坏而出现裂缝。

1. 沥青混合料疲劳特性的评价方法

(1) 疲劳试验方法

目前,试验室内沥青混合料试件的疲劳试验方法众多,可以分为旋转法、扭转法、简支三点或四点弯曲法、悬臂梁弯曲法、弹性基础梁弯曲法、直接拉伸法、间接拉伸法、三轴压力法、拉-压法和剪切法等。而在国际上采用较为普遍的试验方法为劈裂疲劳试验法、梯形悬臂梁弯曲法、矩形梁四点弯曲法。美国SHRPA-003A研究项目对这三种试验方式进行了影响因素敏感性、试验可靠性及合理性三个方面的评价与分析,并综合考虑试件制作和试验操作等方面的要求,最终确定了矩形梁四点弯曲法作为沥青混合料疲劳性能研究的标准试验。

(2)加载控制模式

一般采用应力控制模式或者应变控制模式进行沥青混合料的疲劳试验和疲劳分析。应力控制模式的疲劳试验是在重复加载的过程中,保持试件所受应力为常数,重复加载使得试件内部产生疲劳损伤而出现微裂缝,混合料的劲度模量会在加载过程中逐渐降低,从而导致试件的应变随着荷载作用次数增加而增大,如图3-17a)所示。通常,以试件断裂时的荷载作用次数定义为疲劳寿命,也有研究者以试件拉应变增大到初始应变的2倍(即劲度模量下降为初始劲度模量的一半)时的状态定义为疲劳破坏。

应变控制模式的疲劳试验是试验过程中保持试件的应变不变,由于试件在重复加载过程中易出现疲劳损伤,混合料的劲度模量也会逐渐减小,为了保证在每次加载作用下产生相同的应变,施加的应力将不断减小,如图3-17b)所示。在应变控制模式的疲劳试验中,试件的破坏不明显,通常以施加应力降低至初始应力的一半(即试件劲度模量下降为初始劲度模量的一半)时的荷载作用次数定义为疲劳寿命。

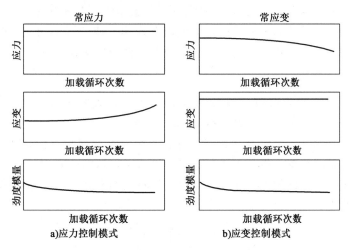

图3-17 沥青混合料试件的疲劳试验模式

由于应力控制模式的疲劳试验对试件施加的作用强于应变控制模式的疲劳试验,因此,在相同的初始试验条件下,对于同一种材料,在应力控制模式的疲劳试验中,疲劳寿命要短得多。相关研究认为,应变控制模式得到的疲劳试验结果更加接近沥青路面的实际疲劳状态。

我国《公路工程沥青及沥青混合料试验规程》(JTG E20—2011)中给出了沥青混合料四点弯曲法疲劳寿命试验条件,即试验温度为15℃±0.5℃、加载频率为10Hz±0.1Hz,采用恒应变控制的连续偏正弦加载模式,试验终止条件为弯曲劲度模量降低至初始弯曲劲度模量的50%时。

2.沥青混合料疲劳特性的主要影响因素

影响沥青混合料疲劳性能的因素主要包括沥青混合料的劲度模量、材料组成特性及疲劳试验条件等。

(1) 沥青混合料的劲度模量

在相同的荷载级位下，混合料的劲度模量对材料内部的应力和应变水平产生决定性的影响，其影响程度与试验控制模式有关。在应力控制模式的疲劳试验中，劲度模量大的混合料，应变增长速度缓慢、裂隙扩展的速度慢、疲劳寿命长。在应变控制模式的疲劳试验中，混合料的劲度模量越小，则保持相同应变所需要施加的应力就越小，裂隙的扩展可能会延续很长的时间，因此，劲度模量越小，材料的疲劳寿命越长。

(2) 沥青混合料的材料组成特性

影响沥青混合料疲劳性能的主要参数有：沥青种类、沥青用量、空隙率、矿料类型、级配类型以及混合料空隙率等。一方面，这些材料组成因素影响着沥青混合料的劲度模量，从而在不同加载控制模式的疲劳试验中对沥青混合料的疲劳寿命产生不同的影响；另一方面，材料组成因素影响着沥青混合料试件的组成结构和内部缺陷，从而在不同加载控制模式的疲劳试验中对沥青混合料的疲劳寿命产生一致的影响。如试件空隙率增大会降低沥青混合料的劲度模量，同时也会增大沥青混合料试件的内部缺陷，因此在应力控制模式和应变控制模式的疲劳试验中，空隙率增大均可能导致沥青混合料试件疲劳寿命的降低。

(3) 疲劳试验条件

室内疲劳试验的试验条件主要是模拟沥青路面的现场环境和荷载状态，试验条件的不同反映了环境因素和荷载参数对沥青路面疲劳性能的影响。疲劳试验的应力或应变水平、试验温度、试验频率、加载波形等均对沥青混合料的疲劳寿命产生重要影响。

3. 沥青混合料的疲劳方程

沥青混合料的疲劳寿命与应力或应变的关系在双对数坐标上呈直线关系。1971 年和 1973 年，美国加利福尼亚大学伯克利分校的 Carl L. Monismith 和 Nottingham 大学的 P. S. Pell 分别建立了如式(3-7)和式(3-8)所示的沥青混合料疲劳性能预测方程，从而确立了按应变控制和应力控制疲劳试验模式下的疲劳性能经典预测模型。这两个方程建立了试验室内沥青混合料疲劳寿命与应力应变之间的关系，直至今日，这种关系形式仍然应用于单一沥青混合料类型的疲劳性能预测中。

$$N_f = A \left(\frac{1}{\varepsilon_t}\right)^B \quad (3\text{-}7)$$

$$N_f = C \left(\frac{1}{\sigma_t}\right)^D \quad (3\text{-}8)$$

式中：N_f——疲劳破坏时的荷载作用次数；

ε_t——施加的拉伸应变值；

σ_t——施加的拉伸应力值；

A、B、C、D——由疲劳试验确定的参数。

四、沥青混合料的耐久性

耐久性是指沥青混合料在使用过程中抵抗环境因素及行车荷载反复作用的能力，它包括沥青混合料的抗老化性、水稳定性等综合性质。

1. 抗老化性

在沥青混合料使用过程中，受到空气中氧气、水、紫外线等介质的作用，促使沥青发生诸多复杂的物理化学变化并逐渐老化或硬化,致使沥青混合料变脆易裂,从而导致沥青路面出现各种与沥青老化有关的裂纹或裂缝。

沥青混合料老化取决于沥青的老化程度,与外界环境因素和压实空隙率有关。在气候温暖、日照时间较长的地区,沥青的老化速率快,而在气温较低、日照时间短的地区,沥青的老化速率相对较慢。沥青混合料的空隙率越大,环境介质对沥青的作用就越强烈,其老化程度也越高。

图3-18反映了沥青路面中沥青混合料的压实空隙率与回收沥青针入度之间的关系,随着沥青混合料压实空隙率的增大,回收沥青的针入度减小,沥青的老化程度随之增加。此外,由于车辆在道路横断面上的分布不均匀,道路中部车辆作用次数较高,对路面的压实作用较大,故相应部位的沥青较边缘部位沥青的老化程度轻些。

在沥青路面工程中,为了减缓沥青的老化速度和程度,除了选择耐老化的沥青外,还应使沥青混合料含有足量的沥青。在沥青混合料的施工过程中,应控制拌和加热温度,并保证沥青路面的压实密度,以降

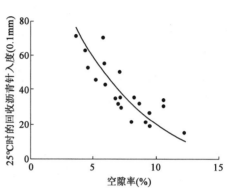

图3-18 沥青混合料空隙率与回收沥青针入度的关系

低沥青在施工和使用过程中的老化速率。仅从耐久性方面考虑,可选用细粒密级配的沥青混合料,并增加沥青用量,降低沥青混合料的空隙率,以防止水分渗入并减少阳光对沥青材料的老化作用。

2. 水稳定性

沥青混合料的水稳定性不足表现为:受水或水汽的作用,沥青从集料颗粒表面剥离,致使沥青混合料的黏结强度降低,松散的集料颗粒被滚动的车轮带走后在路表面形成独立的、大小不等的坑槽,即沥青路面发生水损坏。当沥青混合料的压实空隙率较大、沥青路面排水系统不完善时,滞留于路面结构中的水长期浸泡沥青混合料,再加上行车引起的动水压力对沥青产生剥离作用,将加剧沥青路面的水损坏程度。

(1) 沥青与集料的黏附性试验

自20世纪30年代以来,人们相继提出了许多评价沥青与集料的黏附性的试验方法,例如水煮法、静态水浸法、光电比色法及搅动水净吸附法等。这些方法是将沥青裹覆在集料表面浸入水中,根据集料表面沥青的剥落程度来判断沥青与集料的黏附性,其中水煮法和静态水浸法是目前道路工程中的常用方法,水煮法见本教材第二章的相关内容。采用水煮法或静态水浸法评价沥青与集料黏附性等级时,人为因素影响较大。此外,一些满足了黏附性等级要求的沥青混合料在使用时仍有可能发生水损坏,试验结果存在着一定的局限性。所以这类试验仅可初步评价沥青与集料的黏附性,除此,还必须结合沥青混合料的水稳定性试验结果给出综合评价。

(2) 浸水试验

浸水试验是根据浸水前后沥青混合料物理、力学性能的降低程度来表征其水稳定性的一类试验,常用的方法有浸水马歇尔试验、浸水车辙试验、浸水劈裂强度试验及浸水抗压强度试验等。在浸水条件下,由于沥青与集料之间的黏附性降低,最终表现为沥青混合料整体力学强

度下降,以浸水前后的马歇尔稳定度比值、车辙深度比值、劈裂强度比值和抗压强度比值的大小评价沥青混合料的水稳定性。

(3)冻融劈裂试验

冻融劈裂试验名义上为冻融试验,但其真正含义是检验沥青混合料的水稳定性,且试验条件较一般的浸水试验条件苛刻,是目前使用较为广泛的试验。按《公路工程沥青及沥青混合料试验规程》(JTG E20—2011)对沥青混合料冻融劈裂试验的规定,将沥青混合料试件分为两组:第一组试件在室温下保存备用;第二组试件首先按规定条件进行真空饱水,然后置于 $-18℃ \pm 2℃$ 条件下保持 $16h \pm 1h$,再在 $60℃ \pm 0.5℃$ 水中保温 24h。将两组试件全部浸入温度 $25℃ \pm 0.5℃$ 的恒温水浴中不少于 2h,取出试件后测试劈裂强度。在冻融过程中,集料颗粒表面的沥青膜经历了水的冻胀剥落作用,促使沥青从集料表面剥落,导致沥青混合料松散、劈裂强度降低。可采用式(3-9)计算沥青混合料试件的冻融劈裂强度比。

$$TSR = \frac{\sigma_2}{\sigma_1} \times 100 \tag{3-9}$$

式中:TSR——沥青混合料试件的冻融劈裂强度比,%;

σ_1——未冻融循环的第一组试件的劈裂强度平均值,MPa;

σ_2——冻融循环后第二组试件的劈裂强度平均值,MPa。

(4)沥青混合料水稳定性的影响因素

沥青路面的水损坏通常与沥青的剥落有关,而剥落的发生与沥青和集料的黏附性有关。黏附性等级根据《公路工程沥青及沥青混合料试验规程》(JTG E20—2011)由水煮法测得。根据试验后集料表面上沥青膜剥落情况进行分级。等级 5 表示沥青膜完全保存,剥离面积百分率接近于 0;等级 4 表示沥青膜少部为水所移动,厚度不均匀,剥离面积百分率小于 10%;等级 3 表示沥青膜局部明显地为水所移动,基本保留在集料表面上,剥离面积百分率小于 30%;等级 4 表示沥青膜大部为水所移动,局部保留在集料表面上,剥离面积百分率大于 30%;等级 1 表示沥青膜完全为水所移动,集料基本裸露,沥青全浮于水面上。

沥青与集料的黏附性在很大程度上取决于集料的化学组成。表 3-3 为不同矿物组成集料与沥青的黏附性等级的测试结果,由表 3-3 可见,SiO_2 含量较高的花岗岩集料与沥青的黏附性明显低于碱性集料石灰岩与沥青的黏附性,也明显低于中性集料玄武岩与沥青的黏附性,通过掺加抗剥落剂可以显著改善酸性集料或中性集料与沥青的黏附性。

不同矿物组成集料与沥青的黏附性等级　　　　表 3-3

集料品种	韩国 SK 沥青				东海 70 号沥青			
	新鲜沥青		TFOT 残留物		新鲜沥青		TFOT 残留物	
	未加抗剥落剂	加抗剥落剂	未加抗剥落剂	加抗剥落剂	未加抗剥落剂	加抗剥落剂	未加抗剥落剂	加抗剥落剂
花岗岩 1	1	5	2	5	1	5	3	5
花岗岩 2	1	5	3	4	1	4	3	5
砂岩	3	5	4	5	2	5	3	5
玄武岩	3	5	3	4	3	5	3	5
石灰岩	5	5	5	5	5	5	5	5

表3-4为不同集料组成沥青混合料的冻融劈裂试验结果,同样表明花岗岩集料组成的沥青混合料水稳定性最差,石灰岩集料组成的沥青混合料水稳定性最好。

不同矿物成分集料沥青混合料的冻融劈裂试验结果　　　　表3-4

集料品种	常规状态劈裂强度 σ_1 （MPa）	冻融状态劈裂强度 σ_2 （MPa）	TSR （%）	劈裂强度降低 （%）
花岗岩	0.86	0.57	66.3	33.7
辉绿岩	0.89	0.66	74.1	25.9
石灰岩	1.02	0.89	87.3	12.7

沥青混合料的水稳定性除了与集料和沥青的黏附性有关外,还受沥青混合料压实空隙率大小及沥青膜厚度的影响。当空隙率较大时,外界水分容易进入沥青混合料结构内部,在高速行车造成的动水压力作用下,集料表面的沥青发生迁移甚至剥落。当沥青混合料中沥青膜较薄时,水可能穿透沥青膜层导致沥青从集料表面剥落,从而使沥青混合料松散。图3-19为沥青膜厚度与沥青混合料冻融劈裂强度比的关系,当沥青膜厚度增加时,沥青混合料的冻融劈裂强度比随之增加,即沥青混合料的水稳定性增强。

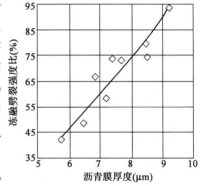

图3-19　沥青膜厚度与沥青混合料冻融劈裂强度比的关系

成型方法对沥青混合料抗水损坏性能的影响亦较大。当成型温度较低时,为了达到要求的压实密度,可能会因压实过度而将粗集料颗粒压碎,从而增加沥青混合料对水的敏感性。而当压实度不够时,即使是密级配沥青混合料也会出现空隙率过大的情况,不仅对沥青路面的水稳定性不利,而且在车辆荷载作用下,沥青混合料逐渐压密,还将引起沥青路面的车辙问题。

开级配沥青混合料由于压实空隙率较大,往往对其水稳定性不利,需要采取抗剥落措施提高沥青与集料的黏附性。当沥青用量不足时,即使是密级配沥青混合料也会出现水稳定性不足的问题。所以在进行沥青混合料配合比设计时,应在满足高温稳定性的前提下,尽量增加沥青混合料中沥青膜的厚度。此外,上述减缓沥青老化的措施对于提高沥青混合料的水稳定性也是有效的。

五、沥青混合料的抗滑性

沥青路面的抗滑性对于保障道路交通安全至关重要,而沥青路面的抗滑性能必须通过合理选择沥青混合料组成材料、正确设计与施工来保证。

1. 沥青路面抗滑性的评价

沥青路面的抗滑性与所用矿料的表面构造、颗粒形状与尺寸、抗磨光性有着密切的关系。矿料的表面构造取决于矿料的矿物组成、化学成分及风化程度;颗粒形状与尺寸既受到矿物组成的影响,也与矿料的加工方法有关;抗磨光性则受到上述所有因素以及矿物成分硬度的影响。因此,用于沥青路面表层的粗集料应选用表面粗糙、坚硬、耐磨、抗冲击性好、磨光值大的碎石或破碎砾石集料。通常,坚硬耐磨的矿料多为酸性石料,与沥青的黏附性较差,为了保证沥青混合料的水稳定性,应采取有效的抗剥落措施。

沥青路面的抗滑性除了取决于集料自身的表面构造外,还取决于集料级配所确定的表面构造深度。前者通常称为微观构造,用集料的磨光值表征;后者称为宏观构造,由表面构造深度试验评价。按《公路工程沥青及沥青混合料试验规程》(JTG E20—2011)规定,将粒级 $0.15\sim0.3\,\mathrm{mm}$、干燥的 $25\,\mathrm{cm}^3$ 匀质砂倒在试件表面,用底面粘有橡胶片的推平板由里向外重复做摊铺运动将砂摊铺成圆形,使砂填入凹凸不平的试件表面空隙中,并不得在表面上留有浮动余砂。用钢尺量测所构成圆的两个垂直方向的直径,取其平均值,由式(3-10)计算沥青混合料的表面构造深度。

$$TD = \frac{1000V}{\pi D^2/4} = \frac{31847}{D^2} \tag{3-10}$$

式中:TD——沥青混合料表面构造深度,mm;

V——砂的体积,$25\,\mathrm{cm}^3$;

D——摊平砂的平均直径,mm。

2. 抗滑性的影响因素

增加沥青混合料中的粗集料含量有助于提高沥青路面的宏观构造,如图3-20所示。为了使沥青路面形成较大的宏观构造深度,可选用开级配或半开级配的沥青混合料,但这类混合料的空隙率较大、耐久性较差,在使用时应特别注意。此外,应严格控制沥青混合料中的沥青含量,特别是应选用含蜡量低的沥青,以免沥青表层出现滑溜现象。

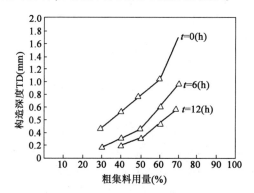

图3-20 沥青路面表面构造深度与粗集料用量的关系曲线

六、沥青混合料的施工和易性

沥青混合料应具备良好的施工和易性,在拌和、摊铺与碾压过程中,集料颗粒应保持分布均匀、表面被沥青膜完整地裹覆,并能被压实到规定的密度,这是保证沥青路面使用质量的必要条件。影响沥青混合料施工和易性的因素很多,诸如沥青混合料组成材料的技术品质、用量比例以及施工条件等。目前尚无直接评价沥青混合料施工和易性的方法和指标,一般是通过合理选择组成材料、控制施工条件等措施来保证沥青混合料的质量。

1. 组成材料的影响

当组成材料确定后,影响沥青混合料施工和易性的主要因素是矿料级配和沥青用量。在间断级配的矿质混合料中,粗细集料的颗粒尺寸相差过大、缺乏中间尺寸颗粒时,沥青混合料容易离析。如果细集料太少,沥青层就不容易均匀地分布在粗颗粒表面;而细集料过多,则使拌和困难。当沥青用量过少或矿粉用量过多时,混合料容易产生疏松且不易压实;反之,如沥青用量过多或矿粉质量不好,则容易使混合料黏结成团块、不易摊铺。

2. 施工条件的影响

沥青混合料应在一定的温度下进行施工,以使沥青结合料能够达到要求的流动性,并使沥青在拌和过程中能够充分均匀地黏附在矿料颗粒表面,同时保证在压实期间矿料颗粒能够克服沥青的黏滞力及自身的内摩擦力相互移动就位,达到规定的压实密度。施工温度过高,既会引起沥青老化,也会严重影响沥青混合料的使用性能。沥青混合料的拌和及压实温度与沥青的黏度有关,应根据沥青黏度与温度的关系曲线确定。普通沥青结合料和液体沥青的施工温度可以按照表3-5给出的黏度范围选择,改性沥青的施工温度需要通过试验确定。

热拌沥青混合料在拌和或压实时沥青的黏度水平(JTG F40—2004) 表3-5

黏度	适宜于拌和的黏度	适宜于压实的黏度
动力黏度(Pa·s)	0.17 ± 0.02	0.28 ± 0.03
运动黏度(mm²/s)	170 ± 20	280 ± 30
赛波特黏度(s)	85 ± 10	140 ± 15

沥青混合料需要一定的时间进行拌和,以保证各种组成材料在混合料中均匀分布,并使所有集料颗粒全部被沥青裹覆。拌和时间可通过试拌确定,要求所有集料颗粒全部被沥青裹覆、无花白颗粒、颜色均匀一致、无结团成块和粗细颗粒离析现象。

此外,拌和设备、摊铺机械和压实工具都对沥青混合料的施工和易性有一定影响,应结合施工方式和施工条件考虑。

第三节 热拌沥青混合料的组成设计

沥青混合料组成设计的目的是根据设计要求、工程特点和当地经验,选择合适的组成材料,以确定合适的级配类型和级配范围、确定各组成材料的比例,使得所配制的沥青混合料能够满足高温稳定性、低温抗裂性、耐久性和施工和易性的要求。本节介绍热拌沥青混合料组成设计的基本要求以及密级配沥青混合料配合比设计方法。

一、沥青路面的使用条件

沥青混合料的物理力学性能与道路使用条件(如气候条件、交通荷载条件等)密切相关。因此,在选择沥青混合料组成材料、确定沥青混合料类型,进行沥青混合料配合比设计,检验沥青混合料的使用性能时,应综合考虑沥青路面的使用条件。

1. 沥青路面使用性能的气候分区

沥青路面的使用环境如温度和湿度等对沥青混合料性能影响显著,应按照不同的气候分区特点对沥青混合料的技术性质提出相应要求。

(1)气候分区指标

采用工程所在地最近30年内年最热月份平均最高气温的平均值作为反映沥青路面在高

温和重载条件下出现车辙等流动变形的气候因子,并作为气候分区的一级指标。按照设计高温指标,一级区划分为3个区。

采用工程所在地最近30年内的极端最低气温作为反映沥青路面由于温度收缩产生裂缝的气候因子,并作为气候分区的二级指标。按照设计低温指标,二级区划分为4个区。

采用工程所在地最近30年内的年降雨量的平均值作为反映沥青路面受水影响的气候因子,并作为气候分区的三级指标。按照设计雨量指标,三级区划分为4个区。

(2)气候分区的确定

沥青路面使用性能气候分区由一、二、三级区划组合而成,以综合反映该地区的气候特征,见表3-6。每个气候分区用3个数字表示:第一个数字代表高温分区,第二个数字代表低温分区,第三个数字代表雨量分区。数字越小,表示气候因素对沥青路面的影响越严重,如我国上海市属于1-3-1气候分区,为夏炎热冬冷潮湿区,对沥青混合料的高温稳定性和水稳定性要求较高。

沥青路面使用性能气候分区(JTG F40—2004)　　　　表3-6

气候分区指标		气候分区			
按照高温指标	高温气候区	1		2	3
	气候区名称	夏炎热区		夏热区	夏凉区
	最热月平均最高温度(℃)	>30		20~30	<20
按照低温指标	低温气候区	1	2	3	4
	气候区名称	冬严寒区	冬寒区	冬冷区	冬温区
	极端最低气温(℃)	<-37.0	-37.0~-21.5	-21.5~-9.0	>-9.0
按照雨量指标	雨量气候区	1	2	3	4
	气候区名称	潮湿区	湿润区	半干区	干旱区
	年平均降雨量(mm)	>1000	500~1000	250~500	<250

2. 沥青路面交通荷载等级

在选择沥青混合料类型时,不仅应考虑环境因素,还应考虑道路的交通荷载条件。目前,我国规范根据设计使用年限内设计车道累计大型客车和货车的交通量,将沥青路面所承受的交通荷载按表3-7分级。

沥青路面设计交通荷载等级(JTG D50—2017)　　　　表3-7

交通量	设计交通荷载等级				
	极重	特重	重	中等	轻
×10^6辆	≥50.0	19.0~50.0	8.0~19.0	4.0~8.0	<4.0

二、沥青混合料组成材料的技术要求

沥青混合料的技术性质在很大程度上取决于其组成材料的质量、用量比例及沥青混合料的制备工艺等因素,其中组成材料的质量是首先需要关注的问题。

1. 沥青

沥青是沥青混合料中最重要的组成材料,其性能直接影响沥青混合料的各种技术性质。沥青路面所用沥青类型应根据道路等级、气候条件、交通荷载等级、结构层位、沥青混合料类型、施工条件以及当地使用经验等,经技术论证后确定。

在使用条件相同的情况下,黏度较大的黏稠沥青所配制的混合料具有较高的力学强度和稳定性,但如黏度过高,则沥青混合料的低温变形能力较差,沥青路面容易产生裂缝。反之,采用黏度较低的沥青所配制的混合料在低温时具有较好的变形能力,但在夏季高温时往往会由于稳定性不足使沥青路面产生较大的变形。为此,在选择沥青等级时,必须考虑环境温度对沥青混合料的作用。一般来说,在夏季温度高、高温持续时间长的地区,应采用黏度高的沥青;而在冬季寒冷的地区,则宜采用稠度低、低温劲度较小的沥青;对于日温差较大的地区,还应考虑选择针入度指数较高的低感温性沥青。

对于极重、特重和重交通荷载等级道路、气候严酷地区道路、连续长陡纵坡路段、服务区或停车场等行车速度慢路段的中面层和表面层,为了提高沥青混合料的强度和承载能力,应采取选用黏度较大的改性沥青或添加外掺剂等措施。

2. 粗集料

(1)物理力学性能要求

沥青层用粗集料可以采用碎石、破碎砾石、筛选砾石、矿渣等。粗集料应该洁净、干燥、表面粗糙、形状接近立方体、无风化、不含杂质并具有足够的强度、耐磨耗性。粗集料的质量应符合表3-8的要求。

破碎砾石应采用粒径大于50mm的颗粒轧制,在对其进行破碎前必须清洗,含泥量不得大于1%。破碎砾石的破碎面积应符合表3-8的要求。钢渣破碎后应有6个月以上的存放期,除吸水率允许适当放宽外,其他指标应符合表3-8的要求。

沥青混合料用粗集料质量要求　　　　　　表3-8

技术指标		高速公路、一级公路、城市快速路、主干路		其他等级的公路与城市道路
		表面层	其他层次	
石料压碎值(%),不大于		26	28	30
洛杉矶磨耗损失(%),不大于		28	30	35
视密度①(t/m³),不小于		2.60	2.50	2.45
吸水率①(%),不大于		2.0	3.0	3.0
坚固性②(%),不大于		12	12	—
软石含量(%),不大于		3	5	5
水洗法<0.075mm的颗粒含量(%),不大于		1	1	1
针片状颗粒含量(%),不大于	粒径>9.5mm	12	15	—
	粒径<9.5mm	18	20	—
破碎砾石的破碎面颗粒的含量(%),不大于	1个破碎面	100	90	80(70)③
	2个或2个以上破碎面	90	80	60(50)③

注:①当粗集料用于高速公路、一级公路和城市快速路、主干路时,多孔玄武岩的视密度可放宽至2.45t/m³,吸水率可放宽至3%,并须得到主管部门的批准。
②坚固性试验根据需要进行。
③括号外数据为对表层用集料的要求,括号内数据为对其他层次的要求。

用于高速公路、一级公路、城市快速道路、主干路沥青路面表面层的粗集料应该选用坚硬、耐磨、抗冲击性好的碎石或破碎砾石,不得使用筛选砾石、矿渣及软质集料,该类粗集料应符合表 3-9 对粗集料磨光值和沥青黏附性的要求。当缺乏坚硬石料来源时,允许掺加一定比例较小粒径的普通粗集料,掺加比例根据试验确定。在以骨架原则设计的沥青混合料中,不得掺加其他粗集料。

粗集料磨光值及其与沥青黏附性的技术要求(JTG F40—2004) 表 3-9

技术指标		雨量气候分区			
		1(潮湿区)	2(湿润区)	3(半干区)	4(干旱区)
粗集料磨光值 PSV,不小于		42	40	38	36
粗集料与沥青的黏附性(级),不小于	表面层	5	4	4	3
	其他层次	4	4	3	3

(2)与沥青的黏附性要求

在高速公路、一级公路、城市快速路和主干路沥青路面中,需要使用坚硬的粗集料。当使用花岗岩、石英岩等酸性岩石轧制的粗集料时,若达不到表 3-9 对粗集料磨光值与沥青黏附性等级的要求,必须采取抗剥落措施。工程中常用的抗剥落方法有:在沥青混合料中掺加消石灰、水泥或抗剥落剂,或者采用饱和石灰水处理粗集料等。

(3)粗集料的粒径规格

粗集料应按照表 3-10 的规格进行生产和使用。若某规格的粗集料不能满足表 3-10 中的规定,但确认与其他集料组配后的矿料合成级配符合设计要求时,也可以使用。

沥青混合料用粗集料规格(JTG F40—2004) 表 3-10

规格	公称粒径(mm)	通过下列筛孔(mm)的质量百分率(%)								
		37.5	31.5	26.5	19	13.2	9.5	4.75	2.36	0.6
S6	15~30	100	90~100	—	—	0~15	—	0~5	—	—
S7	10~30	100	90~100	—	—	—	0~15	0~5	—	—
S8	10~25	—	100	90~100	—	0~15	—	0~5	—	—
S9	10~20	—	—	100	90~100	—	0~15	0~5	—	—
S10	10~15	—	—	—	100	90~100	0~15	0~5	—	—
S11	5~15	—	—	—	100	90~100	40~70	0~5	0~5	—
S12	5~10	—	—	—	—	100	90~100	0~15	0~5	—
S13	3~10	—	—	—	—	100	90~100	40~70	0~20	0~5
S14	3~5	—	—	—	—	—	100	90~100	0~15	0~3

3. 细集料

(1)物理力学性能要求

用于拌制沥青混合料的细集料,可以采用天然砂、机制砂或石屑。细集料应洁净、干燥、无风化、不含杂质,并有适当的级配范围。细集料的物理力学指标要求见表3-11。

沥青混合料用细集料质量要求 表3-11

指标	高速公路、一级公路、城市快速路、主干路	其他公路与城市道路
表观相对密度(t/m³),不小于	2.50	2.45
坚固性*(>0.3mm部分)(%),不小于	12	—
砂当量(%),不小于	60	50
含泥量(<0.075mm含量)(%),不大于	3	5
亚甲蓝值(g/kg),不大于	25	—
棱角性(流动时间)(s),不小于	30	—

注:*坚固性试验根据需要进行。

细集料应与沥青有良好的黏结能力,当在高速公路、一级公路、城市快速路、主干路沥青面层使用与沥青黏结性能差的天然砂或用花岗岩、石英岩等酸性岩石破碎的人工砂及石屑时,应采取前述粗集料的抗剥落措施对细集料进行处理。

石屑是采石场破碎石料时为通过4.75mm或2.36mm的筛下部分,是石料加工破碎过程中表面剥落或撞下的边角、细粉,与机制砂有着本质的不同。虽然石屑的棱角性较好,但石屑中粉尘含量高、强度较低、扁片颗粒含量及碎土比例很大,在使用过程中还会进一步细化。因此在生产石屑的过程中应避免山体覆盖层或夹层的泥土混入石屑,且不得使用泥土、细粉、细薄碎片颗粒含量高的石屑。

(2)细集料的粒径规格

机制砂和石屑的粒径规格见表3-12。各档细集料在沥青混合料中的适用性,应将其与粗集料及填料配制成矿质混合料后,根据矿料合成级配是否符合设计级配范围的要求做出决定。

沥青混合料用机制砂和石屑规格(JTG F40—2004) 表3-12

规格	公称粒径(mm)	水洗法通过下列筛孔(mm)的质量百分率(%)							
		9.5	4.75	2.36	1.18	0.6	0.3	0.15	0.075
S15	0~5	100	90~100	60~90	40~75	20~55	7~40	2~20	0~10
S16	0~3	—	100	80~100	50~80	25~60	8~45	0~25	0~15

天然砂可采用河砂或海砂,当使用海砂时应经过清洗。天然砂的规格应符合表3-13的规定,通常宜采用粗砂或中砂。AC混合料中天然砂用量通常不宜超过集料总量的20%,SMA混合料、OGFC混合料中不宜使用天然砂。

沥青混合料用天然砂规格(JTG F40—2004) 表3-13

分类	通过各筛孔(mm)的质量百分率(%)							
	9.5	4.75	2.36	1.18	0.6	0.3	0.15	0.075
粗砂	100	90~100	65~95	35~65	15~30	5~20	0~10	0~5
中砂	100	90~100	75~90	50~90	30~60	8~30	0~10	0~5
细砂	100	90~100	85~100	75~100	60~84	15~45	0~10	0~5

4.填料

填料在沥青混合料中的作用非常重要,沥青混合料主要是依靠沥青与矿粉的交互作用形成较高黏结力的沥青胶浆将粗细集料结合成一个整体。用于沥青混合料的填料必须采用石灰岩或岩浆岩中的强基性岩石等憎水性石料经磨细得到的矿粉,且生产矿粉的原石料中泥土杂质应清除。矿粉要求干燥、洁净并能自由地从石粉仓中流出,其质量应符合表 3-14 的要求。

沥青混合料用矿粉质量要求 表 3-14

指标		高速公路、一级公路、城市快速路、主干路	其他公路与城市道路
表观密度(t/m³),不小于		2.50	2.45
含水率(%),不大于		1	1
粒度范围(%)	<0.6mm	100	100
	<0.15mm	90~100	90~100
	<0.075mm	75~100	70~100
外观		无团粒结块	
亲水系数,小于		1	
塑性指数(%),小于		4	
加热安定性		实测记录	

在拌和厂采用干法除尘回收的粉尘可以代替一部分矿粉使用,湿法除尘得到的回收粉尘应经干燥粉碎处理且不得含有杂质。回收粉尘的用量不得超过填料总量的 25%,掺有回收粉尘的填料的质量要求与矿粉相同。

粉煤灰作为填料使用时,烧失量应小于 12%,且用量不得超过填料总量的 50%,其与矿粉混合后的质量要求与矿粉相同。粉煤灰应经试验确认与沥青有良好的黏结力,且沥青混合料的水稳定性能应满足要求。高速公路、一级公路和城市快速路、主干路的沥青面层不宜采用粉煤灰作填料。

为了改善沥青混合料水稳定性,可以采用干燥的磨细生石灰粉、消石灰粉或水泥作为填料,其用量不宜超过矿料总量的 1%。

三、沥青混合料类型和设计级配范围

沥青混合料类型和设计级配范围对其使用性能影响很大,也是配合比设计的重要内容之一。

1. 沥青混合料类型的选择

通常,道路沥青面层采用双层式或三层式结构,基层采用单层或双层式结构。各层所用沥青混合料类型应根据道路交通荷载等级与所处结构层位的使用要求进行选择。各层沥青混合料不仅应满足道路结构的技术要求,还应满足所在层位的功能性要求,且便于施工、不易离析。沥青面层混合料类型可按表 3-15 选用,对抗滑、排水或降噪有特殊要求的表面层可采用开级配沥青磨耗层混合料 OGFC。

沥青面层混合料类型选择(JTG D50—2017) 表 3-15

混合料类型	适用的交通荷载等级	适用层位
沥青混凝土混合料 AC	各交通荷载等级	表面层、中面层和下面层
沥青玛碲脂碎石混合料 SMA	极重、特重和重交通荷载等级,对抗滑有特殊要求	表面层

续上表

混合料类型	适用的交通荷载等级	适用层位
沥青稳定基层混合料 ATB	极重、特重和重交通荷载等级	基层
沥青稳定碎石 AM	极重、特重和重交通荷载等级	基层
沥青稳定透水基层混合料 ATPB	极重、特重和重交通荷载等级	基层

2. 沥青混合料公称最大粒径的选择

一般认为,沥青混合料的公称最大粒径越大,混合料抗车辙能力越强、抗滑性能越好。然而,对于设定的原材料,混合料抗车辙能力受到矿料级配组成、沥青用量和压实度等因素的影响远大于其公称最大粒径的影响。混合料抗滑性能主要受矿料级配组成、构造深度和集料抗磨光性能的影响,与公称最大粒径没有明显的相关性。同时,沥青混合料的公称最大粒径越大,施工时越容易出现离析,沥青层发生局部水损坏的风险越大。

为了保证沥青层的压实密度、减少集料离析、便于施工和压实,沥青混合料的公称最大粒径应与结构层的设计厚度相匹配。根据我国沥青路面的工程经验及《公路沥青路面设计规范》(JTG D50—2017)规定,连续密级配沥青混凝土混合料、沥青玛蹄脂碎石混合料的结构厚度不宜小于集料公称最大粒径的2.5倍;开级配沥青混合料的结构厚度不宜小于集料公称最大粒径的2.0倍。不同类型沥青层的最小层厚应满足表3-16的规定,此外,还规定了沥青层各层沥青混合料公称最大粒径的最小厚度:表面层沥青混合料不宜大于16mm,中面层和下面层沥青混合料不宜小于16mm,基层沥青碎石不宜小于26.5mm。

沥青混合料公称最大粒径与最小层厚(JTG D50—2017) 表3-16

沥青混合料类型	以下集料公称最大粒径(mm)沥青混合料的最小层厚(mm)						
	4.75	9.5	13.2	16	19	26.5	31.5	37.5
连续级配沥青混合料 AC	15	25	35	40	50	75	—	—
沥青玛蹄脂碎石混合料 SMA	—	30	40	50	60	—	—	—
开级配混合料	—	20	25	30	—	—	—	—
沥青稳定基层混合料 ATB	—	—	—	—	50	80	100	120
沥青稳定碎石 AM	—	—	—	—	50	80	100	120
沥青稳定透水基层混合料 ATPB	—	—	—	—	50	80	100	120

3. 密级配沥青混合料的矿料级配范围

沥青混合料矿料的级配组成对其使用性能影响很大,也是配合比设计的重要内容之一。《公路沥青路面施工技术规范》(JTG F40—2004)对密级配沥青混合料的矿料级配范围做出了规定,见表3-17和表3-18。并根据关键筛孔的通过百分率可将AC型混合料分为细型、粗型密级配沥青混合料,见表3-19。细型和粗型都属于密级配沥青混合料,其中粗型混合料中的粗集料含量较高,可以形成嵌挤型密级配沥青混合料。

沥青玛蹄脂碎石混合料 SMA 和开级配沥青磨耗层混合料 OGFC 的级配范围见本章第四节的内容。

密级配沥青混合料(AC)矿料级配范围(JTG F40—2004)   表 3-17

级配类型		通过下列筛孔(mm)的质量百分率(%)											
		31.5	26.5	19.0	16.0	13.2	9.5	4.75	2.36	1.18	0.6	0.3	0.15	0.075
粗粒式	AC-25	100	90~100	75~90	65~83	57~76	45~65	24~52	16~42	12~33	8~24	5~17	4~13	3~7
中粒式	AC-20	—	100	90~100	78~92	62~80	50~72	26~56	16~44	12~33	8~24	5~17	4~13	3~7
	AC-16	—	—	100	90~100	76~92	60~80	34~62	20~48	13~36	9~26	7~18	5~14	4~8
细粒式	AC-13	—	—	—	100	90~100	68~85	38~68	24~50	15~38	10~28	7~20	5~15	4~8
	AC-10	—	—	—	—	100	90~100	45~75	30~58	20~44	13~32	9~23	6~16	4~8
砂粒式	AC-5	—	—	—	—	—	100	90~100	55~75	35~55	20~40	12~28	7~18	5~10

密级配沥青稳定基层混合料(ATB)矿料级配范围(JTG F40—2004)   表 3-18

级配类型		通过下列筛孔(mm)的质量百分率(%)												
		53.0	37.5	31.5	26.5	19.0	16.0	13.2	9.5	4.75	2.36	1.18	0.6	0.3	0.15	0.075
特粗式	ATB-40	100	90~100	75~92	65~85	49~71	43~63	37~57	30~50	20~40	15~32	10~25	8~18	5~14	3~10	2~6
粗粒式	ATB-30		100	90~100	70~90	53~72	44~66	39~60	31~51	20~40	15~32	10~25	8~18	5~14	3~10	2~6
	ATB-25			100	90~100	60~80	48~68	42~62	32~52	20~40	15~32	10~25	8~18	5~14	3~10	2~6

粗型和细型密级配沥青混合料的关键性筛孔通过率(JTG F40—2004)   表 3-19

混合料类型	公称最大粒径(mm)	用以分类的关键性筛孔(mm)	粗型级配		细型级配	
			代号	关键性筛孔通过率(%)	代号	关键性筛孔通过率(%)
AC-25	26.5	4.75	AC-25C	<40	AC-25F	>40
AC-20	19	4.75	AC-20C	<45	AC-20F	>45
AC-16	16	2.36	AC-16C	<38	AC-16F	>38
AC-13	13.2	2.36	AC-13C	<40	AC-13F	>40
AC-10	9.5	2.36	AC-10C	<45	AC-10F	>45

表 3-17 中给出的级配范围适用于我国各地，以及不同道路等级、气候条件、交通条件、不同层位等情况。由于该表中的级配范围较大，在同一个级配范围内可以配制出不同空隙率的 AC 混合料以满足各种需要。因此，在进行沥青混合料配合比设计时，设计者或使用者应根据沥青路面的使用条件、材料特征等，在表 3-17 中给出的级配范围内选择一个合适的范围作为工程设计级配依据。当道路交通量较大、轴载较重时，可选择粗型混合料级配范围。

四、密级配沥青混合料的配合比设计要求

1. 配合比设计方法

沥青混合料配合比设计结果直接影响沥青路面的施工质量和使用寿命，应根据道路等级、交通荷载等级、气候条件以及各结构层功能性要求和当地材料特性等，在技术经济论证的基础

上进行设计。

我国采用马歇尔试验方法进行密级配沥青混合料的配合比设计,即通过马歇尔击实仪成型试件,根据沥青混合料马歇尔试件的各项体积参数指标,如试件毛体积密度、空隙率、沥青饱和度和矿料间隙率,以及稳定度、流值等指标,确定矿质混合料级配组成和合适的沥青用量。

2. 沥青混合料的体积参数

最常用的沥青混合料体积参数为试件的密度、空隙率、矿料间隙率和沥青饱和度,这些体积参数指标反映了压实后沥青混合料各组成材料之间质量与体积的关系,取决于沥青混合料中沥青与集料性质、组成材料用量比例、沥青混合料成型条件等因素,对沥青混合料的路用性能有着显著影响,也是进行沥青混合料配合比设计的重要设计参数。

(1) 矿质混合料的体积与密度

沥青混合料由沥青、矿质混合料及外加剂等材料组成。由于矿质混合料的级配差异、沥青用量差异以及压实程度的不同,集料颗粒可能排列成不同的组成结构状态,但是从质量和体积的物理观点出发,沥青混合料的组成结构主要是沥青、矿质混合料和空隙,如图 3-21 所示。

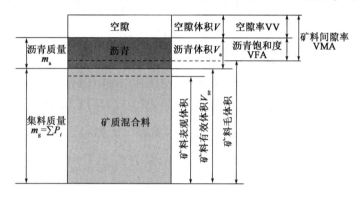

图 3-21　沥青混合料材料组成与体积组成示意图

① 矿质混合料的合成密度

在图 3-21 中,矿质混合料由不同粒径的各档集料组合而成,矿质混合料的合成毛体积相对密度与合成表观相对密度分别由式(3-11)和式(3-12)计算。

$$\gamma_{sb} = \frac{100}{\dfrac{P_1}{\gamma_1} + \dfrac{P_2}{\gamma_2} + \cdots + \dfrac{P_n}{\gamma_n}} \tag{3-11}$$

$$\gamma_{sa} = \frac{100}{\dfrac{P_1}{\gamma_1'} + \dfrac{P_2}{\gamma_2'} + \cdots + \dfrac{P_n}{\gamma_n'}} \tag{3-12}$$

式中：　　γ_{sb}——矿质混合料的合成毛体积相对密度,无量纲;

γ_{sa}——矿质混合料的合成表观相对密度,无量纲;

γ_1、γ_2、$\cdots$、γ_n——各档集料的毛体积相对密度,无量纲;

γ_1'、γ_2'、$\cdots$、γ_n'——各档集料的表观相对密度,无量纲;

P_1、P_2、$\cdots$、P_n——合成矿质混合料中各档集料的比例($\sum\limits_{i=1}^{n} P_i = 100$),%。

②矿质混合料的有效体积和有效密度

在沥青混合料中,矿质混合料(集料)的部分开口孔隙会吸入沥青,如图3-22所示。此时,集料的毛体积由两部分组成:一部分是集料实体体积+闭口孔隙体积+部分开口孔隙体积,另一部分是吸入沥青的开口孔隙体积。前者定义为集料的有效体积 V_{se},即图3-22中被黑色沥青包裹的内轮廓体积。根据这个定义,当采用毛体积密度计算集料体积时,则认为开口孔隙中没有吸入沥青,所计算的集料体积比实际情况偏大;当采用表观密度计算集料体积时,则认为开口孔隙中充满了沥青,所计算的集料体积比实际情况偏小。

图3-22 集料开口孔隙与吸入沥青体积的示意图

上述分析表明,矿质混合料的有效体积介于合成毛体积与合成表观体积之间,与其对应的有效密度是一个介于毛体积密度和表观密度之间的计算密度,该密度考虑了集料的部分开口孔隙吸入沥青的情况,沥青的吸入量则取决于集料开口孔隙特征和集料吸水性。

目前各国确定集料有效密度的方法不尽相同。我国《公路沥青路面施工技术规范》(JTG F40—2004)规定,集料的有效相对密度 γ_{se} 可以按照式(3-13)进行计算。

$$\gamma_{se} = C \cdot \gamma_{sa} + (1 - C) \cdot \gamma_{sb} \tag{3-13}$$

式中:C——矿质混合料的沥青吸收系数,按照矿料的合成吸水率,由式(3-14)计算;

γ_{sb}——矿质混合料的合成毛体积相对密度,按照式(3-11)计算,无量纲;

γ_{sa}——矿质混合料的合成表观相对密度,按照式(3-12)计算,无量纲。

$$C = 0.033w_x^2 - 0.2936w_x + 0.9339 \tag{3-14}$$

式中:w_x——矿质混合料的合成吸水率,按照式(3-15)计算,%。

$$w_x = \frac{1}{\gamma_{sb}} - \frac{1}{\gamma_{sa}} \tag{3-15}$$

(2)沥青混合料试件的毛体积密度

沥青混合料试件的毛体积密度(Bulk Density)是指沥青混合料单位毛体积的干质量,由式(3-16)计算。这个毛体积是指沥青混合料试件在饱和面干状态下表面轮廓水膜所包裹的全部体积,包含了沥青混合料实体体积、闭口空隙体积、能吸收水分的开口空隙等试件表面轮廓所包围的全部体积。毛体积相对密度是压实沥青混合料毛体积密度与同温度水密度的比值。

$$\rho_f = \frac{m_a + m_g}{V_a + V_{se} + V} \tag{3-16}$$

式中:ρ_f——沥青混合料试件的毛体积密度,g/cm³;

m_a——沥青质量,g;

m_g——矿质混合料的合成质量,g;

V_a——沥青体积,cm³;

V_{se}——合成矿质混合料的有效体积,cm³;

V——沥青混合料中的空隙体积,cm³。

在工程中,沥青混合料的毛体积相对密度 γ_f 的测试需要根据沥青混合料试件的空隙率大小,选择用水中重法、表干法、蜡封法或体积法测定。当试件很密实,几乎不存在与外界连通的开口孔隙时,沥青混合料试件毛体积相对密度可采用水中重法测定;吸水率小于2%的密实型沥青混合料、沥青玛碲脂碎石混合料(SMA)和沥青稳定碎石试件应采用表干法测定;吸水率大于2%的沥青混合料、沥青碎石混合料等不能用表干法测定的试件应采用蜡封法测定;空隙率较大的沥青碎石混合料、开级配沥青混合料试件可采用体积法测定。

(3)沥青混合料的理论最大密度

沥青混合料试件的理论最大密度(Theoretical Maximum Density)是假设沥青混合料试件被压实至完全密实、没有空隙的理想状态下单位体积的质量,即假设压实沥青混合料试件全部由矿料(包括矿料内部孔隙)和沥青组成、空隙率为零时的密度。理论最大相对密度是同一温度条件下沥青混合料理论最大密度与水密度的比值。

在沥青混合料配合比设计中,沥青混合料理论最大相对密度将直接决定沥青混合料的空隙率VV、矿料间隙率VMA以及沥青饱和度VFA,进而影响沥青混合料设计的最佳沥青用量。沥青混合料的理论最大相对密度可以通过实测法或计算法确定。

①沥青混合料理论最大相对密度的测试方法——实测法

实测法原理是将沥青混合料试样充分分散,借助于负压容器中的剩余压力,将沥青混合料颗粒间的空气抽出来,使被测的混合料试样接近零空隙率状态,然后通过排水法测定混合料的体积,进而计算沥青混合料的理论最大相对密度。但对于改性沥青混合料,由于沥青黏度较大,很难将封闭在颗粒间的空气完全排除,由此测定的混合料体积偏大,计算的理论最大相对密度偏小。针对这种情况,可以采取计算法求取沥青混合料的理论最大相对密度。

②沥青混合料理论最大相对密度的计算方法——计算法

计算法是根据沥青混合料组成材料的相对密度和用量比例来进行计算的。在工程中,沥青用量以油石比和沥青含量两种指标表示。油石比定义为沥青与矿料的质量百分比,沥青含量定义为沥青质量占沥青混合料总质量的百分率。当采用油石比指标时,沥青混合料的理论最大相对密度按式(3-17a)进行计算;当采用沥青含量指标时,沥青混合料的理论最大相对密度按照式(3-17b)进行计算。

$$\gamma_t = \frac{100 + P_a}{\frac{100}{\gamma_{se}} + \frac{P_a}{\gamma_a}} \tag{3-17a}$$

$$\gamma_t = \frac{100}{\frac{100 - P_b}{\gamma_{se}} + \frac{P_b}{\gamma_b}} \tag{3-17b}$$

式中:γ_t——压实沥青混合料试件的理论最大相对密度,无量纲;

γ_{se}——矿质混合料的有效相对密度,由式(3-13)进行计算,无量纲;

P_a——沥青混合料的油石比,%;

P_b——沥青混合料的沥青含量,%;

γ_a、γ_b——沥青的相对密度,在数值上相等,无量纲。

(4)沥青混合料试件的空隙率

沥青混合料试件的空隙率VV(Volume of Air Voids)是指压实状态下沥青混合料内矿料和沥青实体之外的空隙(不包括矿料本身及其表面已被沥青封闭的孔隙)的体积V占试件总体

积的百分率,根据压实沥青混合料试件的毛体积相对密度和理论最大相对密度,按式(3-18)计算。

$$VV = \left(1 - \frac{\gamma_f}{\gamma_t}\right) \times 100 \tag{3-18}$$

式中:VV——沥青混合料试件的空隙率,%;

γ_f——沥青混合料试件的毛体积相对密度,无量纲;

γ_t——沥青混合料试件的理论最大相对密度,无量纲。

由于空隙率是根据沥青混合料试件的实测毛体积密度所得,密度测试方法和测试结果的变异性会对空隙率的计算结果产生较大的影响。表 3-20 中列出了采用不同方法测试所得的沥青混合料试件毛体积密度值,由表 3-20 可见,相应的计算空隙率大小排序为:水中重法 < 表干法 < 体积法。因此,在评价沥青混合料空隙率时,为了得到较为真实的空隙率数据,并能与他人的测试结果进行比较,应根据试件空隙率水平,按照规定的标准方法进行试验和计算。

不同测试方法下沥青混合料密度与空隙率计算结果　　　表3-20

试件编号	密度(g/cm³)			空隙率(%)		
	水中重法	表干法	体积法	水中重法	表干法	体积法
L-1	2.467	2.393	2.361	4.04	6.92	8.15
L-2	2.472	2.424	2.392	3.20	5.09	6.34
L-3	2.502	2.471	2.436	1.28	2.48	3.86
L-4	2.494	2.469	2.445	0.87	1.86	2.79

①组成材料和压实条件对空隙率的影响

在相同的压实条件下,连续级配沥青混合料的空隙率随着沥青用量的增加而减小,并与粗集料数量有着显著的相关性。图 3-23 为连续级配沥青混合料空隙率与粗集料数量的关系,4.75mm筛孔通过百分率越小则意味着粗集料含量越高、试件的空隙率越大。

相同配合比的沥青混合料的空隙率随着压实温度的增加而显著降低,如图 3-24 所示。

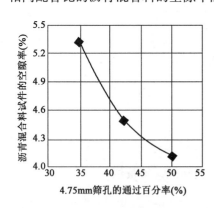

图 3-23　沥青混合料空隙率与粗集料数量的关系

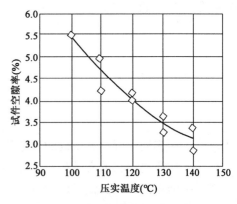

图 3-24　沥青混合料空隙率与压实温度的关系

②空隙率对沥青混合料路用性能的影响

空隙率是沥青混合料最重要的体积特征参数,它的大小直接影响着沥青混合料的稳定性和耐久性,是沥青混合料配合比设计的主要指标之一。资料表明,当路面现场压实沥青混合料空隙率过低时,可能会由于沥青混合料的塑性流动引发路面车辙变形;但空隙率过大,引发沥青路面产生车辙变形的可能性更大,如图3-25所示。

空隙率过大时还可能加快沥青混合料中沥青的氧化速率和老化程度,并增加水分进入沥青混合料内部穿透沥青膜,导致沥青从集料颗粒表面剥落的可能性,从而降低沥青混合料的耐久性。

(5)沥青混合料试件的矿料间隙率

沥青混合料试件的矿料间隙率 VMA(Voids in Mineral Aggregate)是指压实沥青混合料试件中矿质混合料实体以外的空间体积占试件总体积的百分率。由式(3-19)计算。

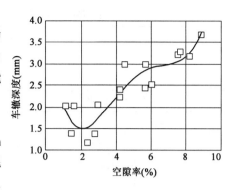

图3-25 沥青混合料车辙深度与空隙率的关系

$$VMA = \left(1 - \frac{\gamma_f}{\gamma_{sb}} \cdot P_s\right) \times 100 \tag{3-19}$$

式中:VMA——沥青混合料试件的矿料间隙率,%;

γ_f——沥青混合料试件的毛体积相对密度,无量纲;

γ_{sb}——合成矿料的合成毛体积相对密度,无量纲;

P_s——各档集料总质量占沥青混合料总质量的百分比,%。

矿料间隙率 VMA 反映了沥青混合料中矿料级配组成情况。一般来讲,当矿料级配曲线接近最大密实级配曲线时,在相同的成型条件下,沥青混合料可以获得较小的 VMA 值。当 VMA 过小时,混合料容易被压密,空隙率对沥青用量敏感,混合料性能对温度敏感。适当增加矿料中的粗集料用量,可以提高沥青混合料的 VMA,如骨架型结构的沥青混合料。

(6)沥青混合料试件的沥青饱和度

沥青饱和度 VFA(Voids Filled with Asphalt)是指压实沥青混合料试件中沥青实体体积占矿料实体以外的空间体积的百分率,又称为沥青填隙率(Percent of the Voids in Mineral Aggregate Filled with Asphalt),按式(3-20)计算。

$$VFA = \frac{VMA - VV}{VMA} \times 100 \tag{3-20}$$

式中:VFA——沥青混合料试件的沥青饱和度,%;

VMA——沥青混合料试件的矿料间隙率,%;

VV——沥青混合料试件的空隙率,%。

沥青饱和度 VFA 表征沥青结合料填充矿料间隙的程度,其大小反映了沥青混合料中沥青用量是否合适。沥青用量过大,会导致路面的泛油和车辙等;沥青用量过小,则沥青路面的耐久性不足。

3. 配合比设计指标与技术要求

我国《公路沥青路面施工技术规范》(JTG F40—2004)中对沥青混合料马歇尔试件的成型条件、试件的体积参数指标、马歇尔稳定度和流值指标的要求见表3-21,该表中的技术要求适用于公称最大粒径不大于 26.5mm 的密级配沥青混合料。当使用改性沥青时,混合料的马歇尔试验指标允许适当调整,其流值可适当放宽。

密级配热拌沥青混合料马歇尔试验的技术要求（JTG F40—2004） 表 3-21

技术指标		高速公路、一级公路、城市快速路、主干路				其他等级道路	行人道路
		夏炎热区		夏热区及夏凉区			
		中轻交通	重载交通	中轻交通	重载交通		
试件每面的击实次数（次）		75	75	75	75	50	50
试件尺寸（mm）		\$\phi 101.6 \times 63.5\$					
空隙率（%）	深约 90mm 以内	3~5	4~6	2~4	3~5	3~6	2~4
	深约 90mm 以下	3~6	3~6	2~4	3~5	3~6	—
稳定度（kN），不小于		8	8	8	8	5	3
流值（mm）		2~4	1.5~4	2~4.5	2~4	2~4.5	2~5
矿料间隙率 VMA(%)，不小于	设计空隙率 VV(%)	相应于下列公称最大粒径（mm）的最小 VMA 和 VFA 的技术要求					
		4.75	9.5	13.2	16	19	26.5
	2	15	13	12	11.5	11	10
	3	16	14	13	12.5	12	11
	4	17	15	14	13.5	13	12
	5	18	16	15	14.5	14	13
	6	19	17	16	15.5	15	14
沥青饱和度 VFA(%)		70~85		65~75			55~70

4. 配合比设计验证指标与技术要求

各国的试验研究和工程实践表明,马歇尔稳定度和流值是经验性指标,具有一定的局限性。对于某些沥青混合料,即使马歇尔稳定度和流值都满足技术要求,也无法避免沥青路面出现车辙、水损坏等病害。对高速公路、一级公路和城市快速路、主干路沥青路面上面层和中面层的沥青混合料进行配合比设计时,应根据沥青路面气候分区、道路交通条件等,对沥青混合料的高温稳定性、低温抗裂性和水稳定性进行检验,不满足要求时应对矿料级配或沥青用量进行调整,重新进行配合比设计。

（1）高温稳定性检验

在规定的条件下进行车辙试验,沥青混合料的动稳定度应符合表 3-22 的要求。对于重载车辆特别多或纵坡较大的长距离上坡路段、厂矿专用道路,可酌情提高动稳定度要求。对于以轻型交通为主的旅游区道路,可以根据情况适当降低要求。

沥青混合料车辙试验动稳定度技术要求（JTG F40—2004） 表 3-22

气候条件与技术指标	相应下列气候分区所要求的动稳定度 DS(次/mm)								
7 月平均最高气温（℃）及气候分区	>30（1.夏炎热区）				20~30（2.夏热区）				<20（3.夏凉区）
	1-1	1-2	1-3	1-4	2-1	2-2	2-3	2-4	3-2
普通沥青混合料，不小于	800		1000		600		800		600
改性沥青混合料，不小于	2400		2800		2000		2400		1800

(2)水稳定性检验

在规定条件下进行沥青混合料的浸水马歇尔试验和冻融劈裂试验,残留稳定度和冻融劈裂强度比应满足表3-23的要求。

沥青混合料水稳定性技术要求(JTG F40—2004)　　　　表3-23

年降雨量(mm)及气候分区		>1000 (1.潮湿区)	500~1000 (2.湿润区)	250~500 (3.半干区)	<250 (4.干旱区)
浸水马歇尔试验的残留稳定度(%),不小于	普通沥青混合料	80	80	75	75
	改性沥青混合料	85	85	80	80
冻融劈裂试验的冻融劈裂强度比(%),不小于	普通沥青混合料	75	75	70	70
	改性沥青混合料	80	80	75	75

(3)低温抗裂性检验

在温度为-10℃、加载速率为50mm/min的条件下进行沥青混合料弯曲试验,测定破坏强度、破坏应变、破坏劲度模量,综合评价沥青混合料的低温抗裂性。沥青混合料的破坏应变应满足表3-24的要求。

沥青混合料低温弯曲试验破坏应变技术要求(JTG F40—2004)　　　　表3-24

气候条件与技术指标	相应于下列气候分区所要求的破坏应变(με)							
年极端最低气温(℃)及气候分区	<-37 (1.冬严寒区)		-37~-21.5 (2.冬寒区)			-21.5~-9.0 (3.冬冷区)		>-9.0 (4.冬温区)
	1-1	2-1	1-2	2-2	3-2	1-3	2-3	1-4　　2-4
普通沥青混合料,不小于	2600		2300			2000		
改性沥青混合料,不小于	3000		2800			2500		

对于改性沥青混合料的性能检验,应针对改性目的进行。当以提高高温抗车辙性能为主要目的时,低温性能可按普通沥青混合料的要求执行;当以提高低温抗裂性为主要目的时,高温稳定性可按普通沥青混合料的要求执行。

五、密级配热拌沥青混合料配合比设计方法

全过程的沥青混合料配合比设计包括三个阶段:目标配合比设计阶段、生产配合比设计阶段和生产配合比验证阶段,后两个设计阶段是在目标配合比的基础上进行的,借助于施工单位的拌和设备、摊铺和碾压设备,在进行沥青混合料的试拌试铺的基础上,完成对沥青混合料配合比的调整。本小节主要介绍沥青混合料的目标配合比设计方法,设计流程如图3-26所示。

1.组成材料选择与材料性能测试

在现场勘查、试验检测的基础上确认实际工程所用的各种原材料。按照规定的试验方法对这些材料进行取样,并测试各档集料、矿粉、沥青材料的密度后进行集料的筛分试验,确定各种规格集料的级配组成。

2.矿质混合料的配合比设计

(1)确定矿质混合料的工程设计级配范围

首先根据道路使用条件和结构层位,按表3-15确定所用沥青混合料类型,并确定沥青混合料的公称最大粒径,然后在表3-17或表3-18规定的级配范围内确定沥青混合料的工程设计

级配范围。也可以根据试验研究成果选择其他类型的沥青混合料类型及相应的级配范围,经技术经济论证后确定。

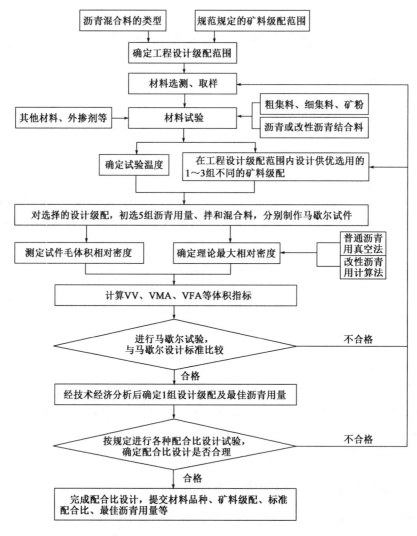

图 3-26 沥青混合料目标配合比设计流程图

(2) 拟定初试配合比

根据各档集料的筛分结果,按照第一章矿质混合料配合比设计方法,在工程设计级配范围内设计 3 组初选配合比,确定每组混合料中各档集料的用量比例,并计算矿质混合料的合成级配。

矿料的合成级配曲线不得有过多的犬牙交错状。当经过反复调整仍有两个以上的筛孔超出设计级配范围时,必须对原材料进行调整或更换原材料重新进行设计。通常情况下,合成级配曲线宜尽量接近设计级配中值,尤其应使 0.075mm、2.36mm、4.75mm 等筛孔的通过量尽量接近设计级配范围的中值。对于交通量大、轴载重的道路,合成级配可以考虑偏向级配范围的下限;而对于中小交通量或人行道路等,合成级配宜偏向级配范围的上限。

(3) 矿质混合料设计配合比的确定

根据使用经验,初估沥青用量,按照初试矿料配合比拌制 3 组沥青混合料。在标准条件下,成型马歇尔试件,测试试件的毛体积密度,计算试件空隙率、矿料间隙率和沥青饱和度。根据沥青混合料马歇尔试件体积参数指标的技术要求,确定矿料的设计配合比。

3. 最佳沥青用量的确定

(1)沥青混合料马歇尔试验

首先按照所设计的矿质混合料配合比,计算各种规格集料的用量,称量各档集料和矿粉。然后根据经验估计适宜的沥青用量(或油石比),以所估计的沥青用量(或油石比)为中值,按0.5%间隔变化取5个不同的沥青用量(或油石比),拌制沥青混合料,并按照表3-21中所规定的击实次数成型马歇尔试件。

计算或测试沥青混合料的理论最大相对密度。测试沥青混合料试件的毛体积密度,然后计算沥青混合料试件的空隙率、沥青饱和度、矿料间隙率等体积参数。

在马歇尔试验仪上,按照标准方法测定沥青混合料试件的马歇尔稳定度和流值。

以油石比或沥青用量为横坐标,以沥青混合料试件的毛体积密度、空隙率、沥青饱和度、马歇尔稳定度和流值指标为纵坐标,将试验结果点入图中,连成光滑的曲线,如图3-27所示。

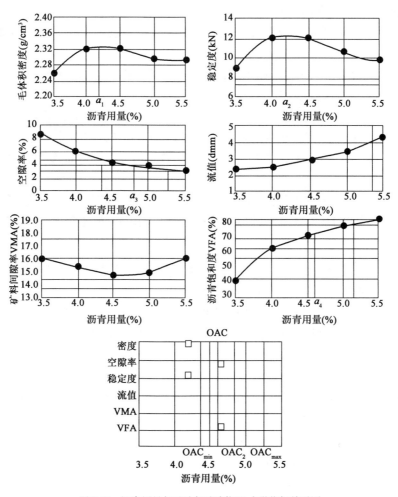

图 3-27 沥青用量与马歇尔试验物理-力学指标关系图

(2)沥青最佳用量初始值的确定

确定最佳沥青用量的初始值 OAC_1。根据图3-27求取相应于马歇尔稳定度最大值、试件毛体积密度最大值、目标空隙率(或设计范围中值)、设计沥青饱和度范围中值的沥青用量 a_1、a_2、a_3 和 a_4,按式(3-21)计算四者的平均值作为最佳沥青用量的初始值 OAC_1。

$$OAC_1 = \frac{a_1 + a_2 + a_3 + a_4}{4} \tag{3-21}$$

在试验的沥青用量范围中,如果密度或者稳定度没有出现峰值,可以直接采用目标空隙率对应的沥青用量 a_3 作为 OAC_1,但是 OAC_1 必须介于 $OAC_{min} \sim OAC_{max}$ 的范围内,否则应重新进行配合比设计。

确定沥青最佳用量的初始值 OAC_2。在图3-27上,求出各项指标(不含VMA)均符合表3-21所规定的技术标准的沥青用量范围 $OAC_{min} \sim OAC_{max}$,由式(3-22)计算沥青最佳用量的初始值 OAC_2。

$$OAC_2 = \frac{OAC_{min} + OAC_{max}}{2} \tag{3-22}$$

(3)综合确定最佳沥青用量 OAC

最佳沥青用量 OAC 的确定应考虑沥青路面的工程实践经验、道路等级、交通特性、气候条件等因素。

通常情况下,取 OAC_1 和 OAC_2 的平均值作为计算的最佳沥青用量 OAC,检验与 OAC 对应的矿料间隙率 VMA 是否满足表3-21中对 VMA 最小值的要求。

对于炎热地区道路以及高速公路、一级公路、城市快速路、主干路的重载交通路段、山区公路的长大纵坡路段,预计有可能出现较大车辙时,宜在空隙率符合要求的范围内,将计算的 OAC 减小 0.1% ~ 0.5% 作为设计的最佳沥青用量,并通过试验路段试拌试铺进行调整确认。

对于寒区道路、旅游区道路以及交通量很少的道路,最佳沥青用量可以在计算的 OAC 的基础上增大 0.1% ~ 0.3%,以适当降低设计空隙率,但不得降低压实度的要求。

4. 配合比设计检验

用于沥青路面的密级配沥青混合料,需要在配合比设计的基础上进行性能检验,不符合要求的沥青混合料,应更换材料或重新进行配合比设计。

配合比设计检验按照设计的最佳沥青用量在标准条件下进行。设计的沥青混合料的动稳定度、残留稳定度或冻融劈裂强度、破坏应变等指标应符合表3-22 ~ 表3-24中的要求。

【例题3-1】 某高速公路沥青路面中面层用沥青混合料配合比设计。

(1)设计资料

设计某高速公路沥青路面中面层用沥青混合料,中面层结构设计厚度为6cm。

气候条件:7月平均最高气温32℃,年极端最低气温 -6.5℃,年降雨量1500mm。

沥青结合料采用SBS改性沥青,相对密度为1.038,经检验各项技术性质均符合要求。

粗集料、细集料均为石灰岩。集料分为4档,按公称最大粒径由大至小编号,分别为:1号料(10~25mm)、2号料(5~10mm)、3号料(3~5mm)和4号料(0~3mm)。各档集料与矿粉的主要技术指标见表3-25,筛分试验结果见表3-26。

各档集料和矿粉的密度和吸水率　　　　　　　　　　　　　　　　表 3-25

集料编号	表观相对密度	毛体积相对密度	吸水率(%)
1号	2.754	2.725	0.40
2号	2.740	2.714	0.45
3号	2.702	2.691	0.56
4号	2.705	2.651	1.69
矿粉	2.710	—	—

各档集料和矿粉的筛分结果　　　　　　　　　　　　　　　　　　表 3-26

集料编号	通过下列筛孔(mm)的质量百分率(%)											
	26.5	19	16	13.2	9.5	4.75	2.36	1.18	0.6	0.3	0.15	0.075
1号	100	83.9	40.6	8.7	0.9	0.4	0	0	0	0	0	0
2号	100	100	100	92.9	27.7	1.3	0.7	0	0	0	0	0
3号	100	100	100	100	100	82.5	1.0	0.3	0	0	0	0
4号	100	100	100	100	100	99.7	76.8	44.0	28.1	15.3	10.7	8.0
矿粉	100	100	100	100	100	100	100	100	100	100	99.8	95.7

(2) 设计要求

确定沥青混合料类型,进行矿质混合料配合比设计;确定最佳沥青用量;根据高速公路用沥青混合料要求,检验沥青混合料的水稳定性和抗车辙能力。

解:

步骤1:确定沥青混合料类型以及矿质混合料的级配范围

根据设计资料,选用连续密级配 AC-20 型沥青混合料。AC-20 混合料的公称最大粒径为 19mm,可以满足结构厚度不小于集料公称最大粒径 2.5 倍的要求,也满足中面层沥青混合料集料公称最大粒径不宜小于 16mm 的要求。AC-20 混合料的设计级配范围查表 3-17 确定,设计级配范围如图 3-28 所示。

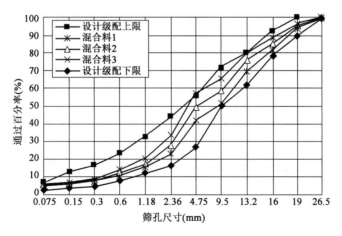

图 3-28　初试配合比下矿质混合料级配组成曲线

步骤2:矿质混合料设计配合比的确定

①拟定初试矿料配合比

根据设计级配范围,设计了 3 组矿质混合料,3 组初试矿料的配合比见表 3-27,合成级配组成如图3-28所示。根据初试混合料中各档集料级配组成、密度的测试结果,计算初试混合料的合成表观相对密度、合成毛体积相对密度。再根据集料的吸水率,计算试配混合料的有效相对密度,结果见表3-27。

三组初试矿质混合料的配合比　　　　　　　表3-27

初试混合料编号	下列各档集料用量(%)				矿粉(%)	合成表观相对密度 γ_{sa}	合成毛体积相对密度 γ_{sb}	有效相对密度 γ_{se}
	1号	2号	3号	4号				
1	31	25	15	25	4	2.729	2.698	2.722
2	25	23	17	32	3	2.725	2.692	2.718
3	20	20	18	39	3	2.721	2.687	2.714

②矿料设计配合比的确定

根据使用经验,初估沥青用量为4.3%,按表3-27中混合料的初试配合比进行备料。在标准条件下,成型马歇尔试件,测试试件的毛体积密度。表3-28给出了试件的理论最大相对密度、毛体积相对密度、空隙率、矿料间隙率和沥青饱和度,其中试件的理论最大相对密度由计算法确定。

根据道路等级和沥青混合料类型,查表3-21,确定沥青混合料马歇尔试件体积参数指标的技术要求,见表3-28中的最后一行。

三组初试混合料的马歇尔试件参数汇总　　　　　　　表3-28

混合料编号	理论最大相对密度	毛体积相对密度	空隙率VV(%)	矿料间隙率VMA(%)	沥青饱和度VFA(%)
1	2.544	2.438	4.2	13.5	67.4
2	2.541	2.409	5.2	14.4	62.9
3	2.538	2.398	5.5	14.6	61.5
设计要求			4~6	≥13	65~75

由表3-28可见,试配混合料2和混合料3试件的空隙率、矿料间隙率偏大而沥青饱和度偏小。试配混合料1的空隙率、矿料间隙率均满足设计要求。因此,选择试配混合料1作为设计配合比,各档集料的比例为,1号料:2号料:3号料:4号料:矿粉=31:25:15:25:4。矿料的有效相对密度 γ_{se} 为2.722,合成毛体积相对密度 γ_{sb} 为2.698。

步骤3:最佳沥青用量的确定

①马歇尔试验

根据初拟沥青用量的试验结果,AC-20型沥青混合料的最佳沥青用量可能在4.5%左右。根据规范的要求,采用0.5%间隔变化,分别以沥青用量3.5%、4.0%、4.5%、5.0%和5.5%拌制5组沥青混合料。按表3-21的规定,采用马歇尔击实仪每面各击实75次,成型5组试件。

根据沥青混合料材料组成计算各沥青用量下试件的理论最大相对密度。采用表干法测定试件在空气中的质量和表干质量并计算试件的毛体积密度。计算试件的空隙率、矿料间隙率和沥青饱和度指标。在60℃温度下,测定各组试件的马歇尔稳定度和流值。试件的体积参数、稳定度和流值的结果见表3-29。

马歇尔试件体积参数、稳定度和流值汇总表　　　　表3-29

试件组号	沥青用量(%)	理论最大相对密度	空气中质量(g)	水中质量(g)	表干质量(g)	毛体积相对密度	空隙率(%)	矿料间隙率(%)	沥青饱和度(%)	稳定度(kN)	流值(0.1mm)
A1	3.5	2.576	1159.3	670.0	1165.9	2.338	9.2	17.1	46.0	7.8	21
A2	4.0	2.556	1187.3	695.4	1192.5	2.388	6.6	15.8	58.4	8.6	25
A3	4.5	2.537	1213.9	718.5	1217.5	2.433	4.1	14.7	72.0	8.7	32
A4	5.0	2.518	1225.7	724.3	1229.5	2.426	3.6	15.3	76.3	8.1	37
A5	5.5	2.499	1250.2	735.5	1253.3	2.414	3.4	16.2	79.1	7.0	44
技术要求							4~6	≥13	65~75	≥8	15~40

根据设计资料,道路所在地7月份平均最高气温32℃,年极端最低气温 -6.5℃,年降雨量1500mm。查表3-6,确定该沥青路面气候分区属于夏炎热冬温潮湿区1-4-1。由表3-21确定此沥青混合料试件体积参数指标和马歇尔试验指标的设计要求,见表3-29中的最后一行。

②绘制各项指标与沥青用量的关系图

根据表3-29中的数据,绘制沥青用量与毛体积相对密度、空隙率、沥青饱和度、马歇尔稳定度和流值等指标的关系曲线图,如图3-29所示。

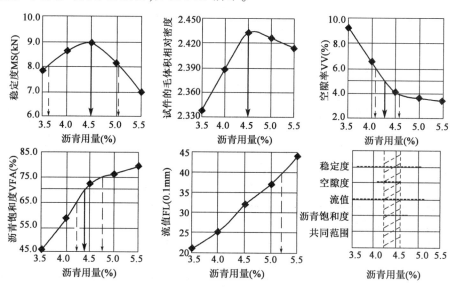

图3-29　沥青用量与试件体积参数、马歇尔试验指标的关系曲线

(3)最佳沥青用量确定

①确定最佳沥青用量初始值 OAC_1

由图3-29得,与马歇尔稳定度最大值对应的沥青用量 $a_1 = 4.5\%$,对应于试件毛体积相对密度最大值的沥青用量 $a_2 = 4.5\%$,对应于规定空隙率范围中值的沥青用量 $a_3 = 4.25\%$,对应于沥青饱和度中值的沥青用量 $a_4 = 4.35\%$。求取 a_1、a_2、a_3、a_4 的算术平均值,得最佳沥青用量初始值:

$$OAC_1 = (4.5\% + 4.5\% + 4.25\% + 4.35\%)/4 \approx 4.40\%$$

②确定最佳沥青用量初始值 OAC_2

确定各项指标均符合沥青混合料技术标准要求的沥青用量范围,如图 3-29 中阴影部分,其中 $OAC_{min} = 4.25\%$,$OAC_{max} = 4.6\%$,代入式(3-22)得:

$$OAC_2 = (4.25\% + 4.6\%)/2 = 4.42\%$$

当沥青用量为 4.4% 时,试件的矿料间隙率为 14.8%,满足 ≥13% 的技术要求。

③综合确定最佳沥青用量 OAC

一般条件下,以 OAC_1 和 OAC_2 的平均值作为最佳沥青用量,即 OAC = 4.41%。

道路所在地区属于夏炎热冬温潮湿区 1-4-1,夏季气候炎热,考虑在高速公路上渠化交通对沥青路面的作用,预计有可能出现车辙,故取最佳沥青用量 OAC 为 4.4%。

(4)配合比检验

采用沥青用量 4.4% 制备沥青混合料,按照规定方法分别进行沥青混合料的冻融劈裂强度试验和车辙试验,试验结果分别列入表 3-30 和表 3-31,满足 1-4-1 区对沥青混合料水稳定性和抗车辙能力的要求。

AC-20 混合料冻融劈裂试验结果　　　　表 3-30

试件编号	冻融后劈裂强度 σ_2 (MPa)	常规劈裂强度 σ_1 (MPa)	冻融劈裂强度比 TSR (%)	1-4-1 区要求值
试件 1	0.78	0.87	88.4	≥75
试件 2	0.72	0.82		
试件 3	0.80	0.90		
试件 4	0.75	0.86		

AC-20 混合料车辙试验结果　　　　表 3-31

试件编号	45min 车辙深度 (mm)	60min 车辙深度 (mm)	动稳定度 (次/mm)	动稳定度均值 (次/mm)	1-4-1 区要求值
试件 1	2.442	2.579	4598	4226	≥2800
试件 2	3.583	3.741	3987		
试件 3	2.441	2.595	4091		

(5)目标配合比设计结果汇总

将 AC-20 混合料的目标配合比设计结果汇总于表 3-32 中。

AC-20 混合料目标配合比设计结果汇总　　　　表 3-32

矿料配合比	集料编号	1 号	2 号	3 号	4 号	矿粉
	配合比(%)	31	25	15	25	4
最佳沥青用量(%)		4.4				
试件体积参数	空隙率(%)	4.2				
	矿料间隙率(%)	14.8				
	沥青饱和度(%)	70.2				
动稳定度(次/mm)		4226				
冻融劈裂强度比(%)		88.4				

第四节 Superpave 沥青混合料设计方法

一、Superpave 沥青混合料设计方法概述

美国公路战略研究计划(Strategic Highway Research Program,SHRP)是美国国会1987年批准的为期5年、耗资1.5亿美元的研究计划,旨在改善全国的道路性能与提高耐久性,使养护工人和行驶者更为安全。沥青研究项目是整个SHRP计划的第一大课题,研究经费占整个SHRP研究计划的1/3。SHRP沥青研究项目的主要任务是制定一个以路面性能为基础的沥青结合料规范、沥青混合料规范以及相配套的沥青混合料设计分析方法。其成果的核心为两个规范、一个设计方法,即沥青胶结料性能PG分级规范、Superpave沥青混合料路用性能规范以及Superpave沥青混合料设计方法。

Superpave沥青混合料设计方法根据项目所在地的气候和设计交通量,把材料选择与混合料设计集中在体积设计法中。该方法要求在设计沥青路面时,充分考虑服务期内温度对路面的影响,要求路面在最高设计温度时能满足高温性能的要求,不产生过量的车辙;在最低设计温度时能满足低温性能的要求,避免或减少低温开裂;在常温范围内,尽量控制疲劳开裂。对于沥青结合料,采用旋转薄膜烘箱试验来模拟沥青混合料在拌和与摊铺过程中的老化;采用压力老化容器模拟沥青在路面使用过程中的老化。对于集料,在进行混合料级配设计时,采用控制点和限制区的概念来限定,优选试验级配设计。对于沥青混合料,在拌好后,采用短期老化来模拟沥青混合料在拌和摊铺压实过程中的老化,沥青混合料试件采用旋转压实仪制备。试件压实过程中,记录旋转压实次数与试件高度的关系,从而对沥青混合料体积特性进行评价。

Superpave设计法适用于新拌沥青混合料、再生沥青混合料、密级配、改性或不改性以及特殊混合料如SMA。根据道路交通量的不同,按表3-33分为三个设计水平,即设计水平1、设计水平2和设计水平3。设计水平1为混合料的体积设计,它是Superpave沥青混合料设计基础。设计沥青用量是通过分析压实沥青空隙率、沥青用量和集料特性等物理指标获得。设计水平2是中等路面性能水平的混合料设计,是在体积设计基础上进行一套混合料性能试验,从而可预测路面随时间而产生的永久变形、疲劳开裂和低温开裂的程度。设计水平3为高级路面性能水平的混合料设计,它是在体积设计后进行一系列温度范围内的混合料性能试验,而不同于设计水平2那样仅采用单一有效温度来进行试验,从而使预测更为严格。但当前应用现状主要还停留在设计水平1上,即仍然以体积法作为设计的依据。

设计水平与相应的设计交通量　　　　表3-33

设计水平	1	2	3
设计交通量(80kN EASL[①])	轻交通量≤10^6	中等交通量≤10^7	重交通量>10^7
试验要求[②]	选择材料和体积配合比	水平1+性能预测试验	水平1+扩大的性能预测试验

注:①不施行Superpave交通范围,作为机构选择可以进行调整。
　　②在所有情况下,水敏感性都用AASHTO T 283评价。

二、设计水平1混合料设计——体积设计

设计水平1混合料设计建立在经验与性能有关的集料和混合料性能基础之上。该水平设

计不仅用于低交通量,而且也是各级设计的基础。

1. 材料选择

选择沥青、集料和改性剂的基础是依据环境、交通量以及路面要求的性能。选择时,要求权衡性能要求和材料的经济性。

(1) 集料

粗集料(2.36mm 筛孔的筛余)和细集料(通过 2.36mm 筛孔)的要求列于表 3-34。填料为通过 0.075mm 筛的粉料。

Superpave 混合料集料设计要求 表 3-34

交通量 (百万次)	粗集料棱角(最小)(%)		细集料未压实的空隙率(最小)(%)		砂含量(最小) (%)	扁平细长颗粒含量(最大) (%)
	在路面下深度(mm)		在路面下深度(mm)			
	≤100	>100	≤100	>100		
<0.3	55/−	−/−	−	−	40	−
0.3~3	75/−	50/−	40	40	40	10
3~10	85/80	60/−	45	40	45	10
10~30	95/90	80/75	45	40	45	10
≥30	100/100	100/100	45	45	50	10

(2) 沥青结合料

沥青结合料的性能等级根据工程所在地的气候和交通条件进行选择,即根据路面的最高和最低设计温度和交通条件加以选择(表 3-35)。

根据气候、交通速度和交通量选择结合料性能等级 表 3-35

荷载		最高路面设计温度(℃)						
停车		28~34	34~40	40~46	46~52	52~58	58~64	64~70
(50km/h)慢速		34~40	40~46	46~52	52~58	58~64	64~70	70~76
(100km/h)快速		34~46	46~52	52~58	58~64	64~70	70~76	76~82
最低路面设计温度(℃)	>−10	PG 46-10	PG 52-10	PG 58-10	PG 64-10	PG 70-10	PG 76-10	PG 82-10
	−10~−16	PG 46-16	PG 52-16	PG 58-16	PG 64-16	PG 70-16	PG 76-16	PG 82-16
	−16~−22	PG 46-22	PG 52-22	PG 58-22	PG 64-22	PG 70-22	PG 76-22	PG 82-22
	−22~−28	PG 46-28	PG 52-28	PG 58-28	PG 64-28	PG 70-28	PG 76-28	PG 82-28
	−28~−34	PG 46-34	PG 52-34	PG 58-34	PG 64-34	PG 70-34	PG 76-34	PG 82-34
	−34~−40	PG 46-40	PG 52-40	PG 58-40	PG 64-40	PG 70-40		
	−40~−46	PG 46-46	PG 52-46	PG 58-46	PG 64-46			
地区		阿拉斯加—加拿大、美国北部		加拿大、美国北部	美国南部	美国西部、沙漠慢速或重交通道路		

路面的最高设计温度按式(3-23)计算:

$$T_{20mm} = (T_{air} - 0.006\,18 L_{at}^2 + 0.2289 L_{at} + 42.2) \times 0.954\,5 - 17.78 \quad (3\text{-}23)$$

式中: T_{20mm} ——位于20mm 深处的最高路面设计温度,℃;

T_{air} ——7d 平均最高气温,℃;

L_{at}——工程的地理纬度,(°)。

最低的路面设计温度按式(3-24)计算：

$$T_{min} = 0.859 T_{air} + 1.7 \tag{3-24}$$

式中：T_{min}——最低路面设计温度,℃；

T_{air}——平均年最低气温,℃。

具体选择结合料方法如下。

①选择荷载类型。

②水平移动到最高路面设计温度。

③向下移动到最低路面设计温度。

④确定结合料等级。

⑤$ESAL_S > 10^7$ 考虑增加一个高温等级；$ESAL_S > 3 \times 10^7$,再增加一个高温等级。

例如选择停车荷载,应根据最高路面设计温度57℃,从表3-35选取满足57℃温度范围,根据最低路面设计温度 -25℃,从表3-35向下选取满足温度范围。据此确定沥青等级为PG 70-28。

2.集料级配的确定

Superpave混合料设计的级配选择,必须注意在控制点以内并不得通过限制区。为规范级配,用0.45次方级配图确定为容许级配。该级配在图上为最大集料尺寸到原点是一条直线,图的纵坐标为通过百分率,横坐标为筛孔,其坐标位置等于筛孔尺寸的0.45次方。最大公称尺寸为25mm、19mm、12.5mm的级配控制点范围,见表3-36~表3-38。集料级配限制区,见表3-39。

最大公称尺寸25mm　　表3-36

筛孔尺寸 (mm)	控制点(通过百分率,%)	
	最小	最大
0.075	1	7
2.36	19	45
19.0	—	90
最大公称尺寸25mm	90	100
最大集料尺寸37.5mm	100	

最大公称尺寸19mm　　表3-37

筛孔尺寸 (mm)	控制点(通过百分率,%)	
	最小	最大
0.075	2	8
2.36	23	49
12.5	—	90
最大公称尺寸19mm	90	100
最大集料尺寸25mm	100	

最大公称尺寸 12.5mm   表 3-38

筛孔尺寸	控制点(通过百分率,%)	
（mm）	最小	最大
0.075	2	10
2.36	28	58
9.5	—	90
最大公称尺寸 12.5mm	90	100
最大集料尺寸 19mm	100	

集料限制区边界   表 3-39

限制区内筛孔尺寸	最大公称尺寸(最小/最大通过百分率,%)				
（mm）	37.5mm	25.0mm	19.0mm	12.5mm	9.5mm
4.75	34.7/34.7	39.5/39.5	—	—	—
2.36	23.3/27.3	26.8/30.8	34.6/34.6	39.1	47.2/47.2
1.18	15.5/21.5	18.1/24.1	22.3/28.3	25.6/31.6	31.6/37.6
0.6	11.5/15.7	13.6/17.6	16.7/20.7	19.1/23.1	23.5/27.5
0.3	10.0/10.0	11.4/11.4	13.7/13.7	15.5/15.5	18.7/18.7

初试级配需要选择三个级配，以便进行比较。对于路面磨耗层、联结层和基层，其最大公称尺寸的选择并无标准，可根据已有经验和在路面结构中的位置决定。建议集料尺寸，见表 3-40。

建议集料公称尺寸   表 3-40

路面层位	磨耗层（表面层）	联结层（中面层）	基层（底面层）
集料公称尺寸（mm）	9.5~12.5	25.0~37.5	25.0~37.5

3. 计算试验级配初始试验的沥青用量

(1) 计算试验级配混合料总的毛体积密度和表观密度 G，见式(3-25)：

$$G = \frac{P_1 + P_2 + \cdots + P_n}{\dfrac{P_1}{G_1} + \dfrac{P_2}{G_2} + \cdots + \dfrac{P_n}{G_n}} \tag{3-25}$$

式中：P_1、P_2、$\cdots$、P_n——各档集料占总集料的质量百分率；
G_1、G_2、$\cdots$、G_n——各档集料的毛体积密度或表观密度。

(2) 估计全部集料的有效密度 G_{se}，见式(3-26)：

$$G_{se} = G_{sb} + 0.8(G_{sa} - G_{sb}) \tag{3-26}$$

式中：G_{sa}——全部集料的表观密度；
G_{sb}——全部集料的毛体积密度。

(3) 估计吸入沥青体积 V_{ba}，见式(3-27)：

$$V_{ba} = W_s \times \left(\frac{1}{G_{sb}} - \frac{1}{G_{se}}\right) \tag{3-27}$$

式中:W_s——单位体积(如 $1cm^3$)混合料中集料的质量,g,见式(3-28):

$$W_s = \frac{P_s \times (1 - V_a)}{\frac{P_b}{G_b} + \frac{P_s}{G_{se}}} \quad (3-28)$$

P_b——沥青质量百分率,假定 0.05;
P_s——集料质量百分率,假定 0.95;
G_b——沥青密度,实测值或假定 1.02;
V_a——空隙率,固定为 4%。

(4)根据经验回归方程估计有效沥青用量,见式(3-29):

$$V_{be} = 0.176 - 0.0675\lg S_n \quad (3-29)$$

式中:S_n——集料中最大公称尺寸。

(5)用吸收沥青体积 V_{ba} 和有效沥青体积 V_{be} 计算初始试验沥青用量 P_{bi}(以混合料总质量计),见式(3-30):

$$P_{bi} = \frac{G_b(V_{be} + V_{ba})}{G_b(V_{be} + V_{ba}) + W_s} \quad (3-30)$$

4. 成型各试验级配混合料试件

SHRP 计划期间,研究人员为能够充分模拟路面实际压实状态,真正实现把试验混合料试样压密至所要达到的密实度,开发了旋转压实仪(Superpave Gyratory Compactor, SGC),如图 3-30 所示。仪器采用了法式旋回压实仪的原理,降低了旋转角度和旋转速度,并增加了该仪器能自动采集试件压实次数与试件密度的功能。对于影响试验结果的主要参数,研究人员进行了规定,即采用 1.25°旋转压实角,600kPa 的压力,30r/min 的旋转速度。旋转压实仪的压实过程较接近路面的实际压实状态,压实程度可达到最大理论密度的 98% 以上。由于旋转压实仪具有良好的模拟性和数据采集的便易性,使其成为沥青混合料较理想的压实工具。

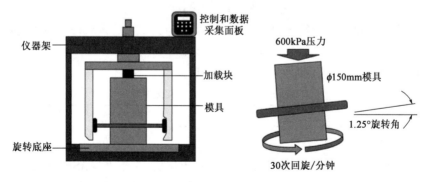

图 3-30 旋转压实仪示意图

有 3 种试验级配和计算出相应的初始试验沥青用量后,即可成型试件。根据交通量等级和平均设计气温选择压实力,通过设计旋转压实次数 N_d 实现,其步骤如下。

(1)根据表 3-41 确定不同交通量水平和最高温度环境下初始旋转压实次数 N_i、设计旋转压实次数 N_d 和最大旋转压实次数 N_m。

设计旋转压实次数 表3-41

交通量 (ESAL$_s$)	7d最高平均气温(℃)											
	<39			39~41			41~43			43~45		
	N_i	N_d	N_m	N_i	N_d	N_m	N_i	N_d	N_m	N_i	N_d	N_m
<3×10⁵	7	68	104	7	74	114	7	78	121	7	82	127
<1×10⁶	7	76	117	7	83	129	7	88	138	8	93	146
<3×10⁶	7	86	134	8	95	150	8	100	158	8	105	167
<1×10⁷	8	96	152	8	106	169	8	113	181	9	119	192
<3×10⁷	8	109	174	9	121	195	9	128	208	9	135	220
<1×10⁸	9	126	204	9	139	228	9	146	240	10	153	253
≥1×10⁸	9	143	235	10	158	262	10	165	275	10	172	288

美国各州公路工作者协会(AASHTO)对表3-41进行了简化,考虑到7d最高平均气温大于39℃的情况几乎很少发生,同时交通量的预测也不可能十分准确,于是将交通量分级又作了简化。这样就提出的旋转压实次数与交通量的关系,见表3-42。

Superpave 旋转压实参数(AASHTO PP28—00) 表3-42

设计交通量 (10⁶ ESAL$_s$)	压实参数			应用道路情况
	N_i	N_d	N_m	
<0.3	6	50	75	轻交通道路
0.3~3	7	75	115	中等交通道路
3~30	8	100	160	中等到重交通道路
>30	9	125	205	重交通道路

N_d由设计沥青用量在空隙率4%条件下产生的,根据交通量和平均设计气温确定。

N_m是混合料密度小于最大理论密度98%或空隙率大于2%的最大旋转压实次数,可根据式(3-31)确定:

$$\lg N_m = 1.10 \lg N_d \qquad (3-31)$$

混合料密度小于最大理论密度89%的最大旋转压实次数,可按式(3-32)确定:

$$\lg N_i = 0.45 \lg N_d \qquad (3-32)$$

Superpave混合料设计压实要求汇总,见表3-43。

Superpave 混合料设计压实度要求 表3-43

压实程度	N_i	N_d	N_m
要求密度(最大理论密度百分率)	$C_i < 89$	$C_d = 96$	$C_m < 98$

(2)按SHRP M—007松散沥青混合料经短期老化后,再按照AASHTO TP 4(SHRP M—002)SHRP旋转压实仪压实成型试件。该仪器能自动采集试件压实次数与试件密度。

(3)测定混合料最大理论密度。

5. 评价试验级配压实特性

评价各试验级配压实特性,特别是要估计空隙率4%条件下的N_d和VMA,同时也要评价N_i和N_m时密度是否满足Superpave标准。

由于初始试验沥青混合料的空隙率不可能正好为4%,故必须对沥青用量进行调整。调整后,会引起VMA和VFA的变化,但这一调整是必要的。调整方法如下。

(1)根据集料最大公称尺寸按表3-44确定VMA。

集料骨架空隙率标准 表3-44

公称尺寸(mm)	9.5	12.5	19.0	25.0	37.5	50.0
最小VMA(%)	15	14	13	12	11	10.5

(2)根据压实次数与密度的关系曲线,评价3个关键压实点N_i、N_d和N_m相应的压实度C_i、C_d和C_m。

(3)计算在N_d时的V_a和VMA,应先根据最大理论密度G_{mm}和压实度C_d计算N_d时的毛体积密度G_{mb}:

$$\left. \begin{aligned} G_{mb} &= C_d \times G_{mm} \\ V_a &= 100 \frac{G_{mm} - G_{mb}}{G_{mm}} \\ VMA &= 100 - \frac{G_{mb} P_s}{G_{sb}} \end{aligned} \right\} \quad (3-33)$$

(4)估计设计空隙率4%的VMA,并与N_d时的VMA要求相比较。

①计算试验混合料空隙率与设计空隙率的差值,见式(3-34):

$$\Delta V_a = 4 - V_a \quad (3-34)$$

式中:V_a——试验混合料在N_d旋转压实次数下的空隙率。

②将空隙率变成4%需要沥青用量的变化ΔP_b,见式(3-35):

$$\Delta P_b = -4.0 \times \Delta V_a \quad (3-35)$$

③估计沥青用量变化ΔP_b引起VMA的变化ΔVMA,见式(3-36):

$$\left. \begin{aligned} \Delta VMA &= 0.2 \Delta V_a & (V_a > 4\%) \\ \Delta VMA &= -0.1 \times \Delta V_a & (V_a < 4\%) \end{aligned} \right\} \quad (3-36)$$

④计算设计空隙率4%的$VMA_{设计}$,见式(3-37):

$$VMA_{设计} = VMA_{试验} + \Delta VMA \quad (3-37)$$

式中:$VMA_{设计}$——在设计空隙率4%下估计的VMA;

$VMA_{试验}$——在初始试验沥青用量下确定的VMA。

(5)确定空隙率为4%时的N_d,估计N_i和N_m时的密度,式(3-38):

$$\left. \begin{aligned} C_i(设计) &= C_i(试验) - \Delta V_a \\ C_m(设计) &= C_m(试验) - \Delta V_a \end{aligned} \right\} \quad (3-38)$$

(6)比较设计沥青用量下估计的体积参数是否满足设计空隙率4%,且应符合表3-44、表3-45的要求。

沥青填隙率标准　　　　　　　表3-45

交通量($ESAL_s$)	$<3 \times 10^5$	$<3 \times 10^6$	$<1 \times 10^8$	$>1 \times 10^8$
设计VFA(%)	70~80	65~78	65~75	65~75

(7)试验级配不满足Superpave标准的补救措施如下。

一般来说,当VMA满足标准时,C_i和C_m也将会满足标准。当VMA不足时,可以有两种方法增大试验级配的VMA。

①在控制点范围内,调整各集料比例会增大VMA。通常,在0.45次方图上离开最大密度线会增大VMA。

②改变集料破碎面或纹理特性可增大VMA。

如果级配已覆盖整个级配控制区域,则只有另选料源。

6. 设计沥青用量的选择

设计沥青用量是指在设计旋转压实次数条件下产生4%空隙率的沥青用量。因此,需要有几个不同压实沥青试件,然后进行选择,其步骤如下。

(1)选择四个沥青用量

在初始设计沥青用量P_b的基础上,以$P_b-0.5\%$、$P_b+0.5\%$、$P_b+1.0\%$及P_b四种沥青用量作为评价基础。

(2)成型四种沥青用量的混合料试件

根据表3-42,选择N_i、N_d及N_m。按SHRP M—007和AASHTO TP 4(SHRP M—002)方法成型试件,并测定试件的最大理论密度。

(3)选择空隙率为4%的沥青用量

①评价四种沥青用量的密度曲线,测量三个关键点N_i、N_d及N_m时的相应混合料密实度C_i、C_d及C_m;

②确定N_d条件下的V_a、VMA及VFA;

③画出不同沥青用量的V_a、VMA、VFA及C_d的关系曲线图,由该图确定空隙率为4%的设计沥青用量;

④验证在设计沥青用量时是否满足Superpave要求。

7. 沥青混合料进行水敏感性评价

水敏感性试验按AASHTOT 283法进行,步骤如下。

(1)按设计级配和设计沥青用量,按AASHTO TP 4(SHRP M—002)旋转压实仪成型6个试件,空隙率为7%。

(2)将试件分成两组。第一组为非条件试件,试件放在塑料袋内封好,放入25℃水浴至少2h后进行试验。第二组为条件试验,其条件为加蒸馏水淹没试件,水深25.4mm,加真空254~660Hg,时间5~10min。恢复常压,浸水5~10min后测试饱水率,饱水率大于80%的试件剔除,小于55%的试件则再饱水。将合格的试件放入塑料袋内,加水10mL后将塑料袋扎紧。将试件在-18℃±3℃的环境中冰冻至少16h,再将试件在60℃±1℃的水浴中浸泡24h。去掉塑料袋,放入25℃±0.5℃水浴中,2h后试验。用50mm/min的加载速率进行劈裂强度试验,测定条件前后的劈裂强度比(TSR)。如果劈裂强度比小于80%,则应加抗剥落剂再重新试验,直到TSR大于80%为止。

三、设计水平2 混合料设计

设计水平2是在设计水平1的设计基础上进行的设计。根据2级水平设计,可以预估路面随时间而产生的永久变形、疲劳开裂和低温开裂程度。水平设计2试验包括在有效温度(T_{eff})完成的试验,虽然这些结果对性能预测的精度还不够,但试验非常简化。由于永久变形和疲劳开裂是在不同温度形成的,因此采用两个有效温度,即$T_{eff}(PD)$和$T_{eff}(FC)$。$T_{eff}(PD)$为单一温度,在该温度预测永久变形与多个温度分析所预测的将相同;$T_{eff}(FC)$也为单一温度,在该温度将形成与按一年各个季节分别测量相同的疲劳破坏次数。设计水平2的性能试验,见表3-46。

设计水平2的性能试验　　　　　　　　表3-46

永久变形试验	疲劳开裂试验	低温开裂试验
恒应力比重复剪切(三轴蠕变); 有效温度时的恒高度简单剪切; 有效温度时频率扫描	有效温度时频率扫描; 有效温度时恒高度简单剪切; 有效温度时间接抗拉强度	0℃、-10℃及-20℃时间接拉伸蠕变; -10℃时间接抗拉强度; 结合料弯曲梁试验的蠕变劲度和斜率

四、设计水平3 混合料设计

设计水平3类似于设计水平2,使用一套更完整的试验代替有效温度,使预测更为精确。设计水平3以体积设计为基础,选择三个沥青用量,进行混合料性能试验。通过对试验结果的评价,预测路面性能。混合料设计水平3性能试验内容,见表3-47。

混合料设计水平3性能试验　　　　　　　　表3-47

永久变形	疲劳开裂	低温开裂
恒应力比重复剪切(T_{eff},PD); 体积(4℃、20℃、40℃); 单轴应变(4℃、20℃、40℃); 恒高度频率扫描(4℃、20℃、40℃); 恒高度简单剪切(4℃、20℃、40℃)	恒高度频率扫描(4℃、20℃、40℃); 间接抗拉强度(50mm/min)(4℃、20℃、40℃)	间接拉伸蠕变(4℃、20℃、40℃); 间接抗拉强度(12.5mm/min)(-20℃、-10℃、0℃)

五、Superpave-13 沥青混合料设计实例

某东部高速公路拟修建沥青路面,其表层沥青混合料按Superpave-13设计,要求获得良好的抗车辙、抗水损害性能。

1. 材料选择与级配设计

(1)原材料

沥青结合料采用东海牌SBS改性沥青,技术指标符合I-D标准。粗集料采用辉绿岩,细集料采用石灰岩,矿粉为石灰石矿粉。集料主要技术指标,见表3-48。

集料主要技术指标 表 3-48

集料(mm)	10~15	5~10	0~5	矿粉
表观相对密度	2.757	2.761	2.714	2.712
表干相对密度	2.729	2.718		
毛体积相对密度	2.713	2.693		
吸水率(%)	0.59	0.92		

(2)集料级配设计

按 Superpave 沥青混合料体积设计方法对集料的公称最大尺寸、级配控制点及级配禁区等级配的规定,在级配选择时采取避免通过 Superpave 限制禁区。表 3-49 和图 3-31 为三种初选 Super-13 沥青混合料级配。

三种沥青混合料级配组成 表 3-49

级配类型	通过以下筛孔(mm)累积通过率(%)									
	16.0	13.2	9.5	4.75	2.36	1.18	0.6	0.3	0.15	0.075
S-1	100	95	70	41.5	30	22.5	16.5	12.5	8.5	6
S-2	100	97.5	79	58	44.5	32.5	24	17	12	6
S-3	100	98	77	50	33	22	17	13.5	10.5	6
限制禁区 最大					34.6	28.3	20.7	13.7		
限制禁区 最小					34.6	22.3	16.7	13.7		

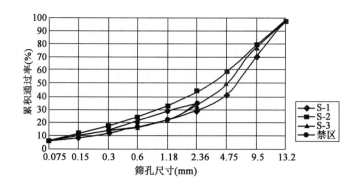

图 3-31 三种沥青混合料级配曲线

(3)三种级配沥青混合料试件成型

a. 初始沥青用量估算

根据集料的性质(密度、吸水率及各档集料组成),按照 Superpave 方法分别计算出三种级配的初始沥青用量(表 3-50)。确定初始沥青用量为 5.08%,油石比 5.35%。

三种级配的初始沥青用量 表 3-50

级配	G_{sa}	G_{sb}	G_{se}	W_s	V_{ba}	V_{be}	P_{bi}
S-1	2.738	2.690	2.729	2.319	0.012 2	0.110	0.050 8
S-2	2.730	2.684	2.721	2.313	0.011 7	0.110	0.050 7
S-3	2.736	2.687	2.726	2.317	0.012 4	0.110	0.050 9

b. 旋转压实参数的确定

按照美国沥青协会(AASHTO PP28—00)试验规程就沥青混合料旋转压实参数与单轴荷载($ESAL_s$)能力的对应关系见表 3-42。所设计的某高速公路设计交通期望值在 $30\times10^6 \sim 40\times10^6$ 之间,因而旋转压实次数采用 $N_i=9$、$N_d=125$、$N_m=205$。

c. 试件旋转压实成型

用 Superpave 旋转压实仪,在上述计算而得的初始沥青用量和压实参数下,对每种试验级配混合料压实成型 2 个试件。为最大限度模拟实际沥青混合料拌和与压实情况,对于改性沥青(PG 70-22)先在 165℃~170℃下拌和,再将混合料放置 135℃烘箱 4h,对沥青混合料进行短期老化,然后在 135℃条件下进行沥青混合料的旋转压实成型。

d. 三种级配沥青混合料试件的体积参数

在压实过程中,旋转压实仪自动记录压实次数和试件高度的关系。表 3-51 列出旋转压实次数分别为 9 次、125 次、205 次情况下试件高度、密度以及压实度。

三种级配沥青混合料密度及压实度计算表　　　表 3-51

级配	旋转次数	试件 1			试件 2			平均值	
		高度(mm)	G_{mb}	压实度(%)	高度(mm)	G_{mb}	压实度(%)	压实度(%)	空隙率(%)
S-1	9	86.7	2.183	84.52	87.5	2.169	83.96	84.24	15.76
	125	78.2	2.420	93.70	78.3	2.423	93.83	93.77	6.23
	205	77.0	2.458	95.16	77.2	2.458	95.17	95.16	4.84
	最大相对理论密度 2.5078								
S-2	9	87.3	2.160	86.30	87.2	2.160	86.32	86.31	13.69
	125	78.6	2.399	95.85	78.4	2.403	96.01	95.93	4.07
	205	77.4	2.436	97.34	77.3	2.437	97.37	97.36	2.64
	最大相对理论密度 2.5028								
S-3	9	86.4	2.167	86.49	88	2.156	86.07	86.28	13.72
	125	77.4	2.419	96.55	79.2	2.396	95.64	96.10	3.90
	205	76.2	2.457	98.07	78.0	2.433	97.11	97.59	2.41
	最大相对理论密度 =2.5052								

将三种级配沥青混合料的压实试验结果汇总于表 3-52 中。

三种级配沥青混合料的压实试验结果　　　表 3-52

集配类型	油石比(%)	压实度(%)			V_a(%)	VMA(%)
		$N_i=9$	$N_m=205$	$N_d=125$	$N_d=125$	$N_d=125$
S-1	5.35	84.24	95.93	93.77	6.23	14.61
S-2	5.35	86.31	97.36	95.93	4.07	15.16
S-3	5.35	86.28	96.10	97.59	3.90	14.55

e. 级配选择

尽管初始沥青用量是按照空隙率为 4%来估算的,但是实际空隙率不会恰好为 4%。因此,需要改变沥青用量来获得 4%的空隙率。修正沥青用量会引起 VMA 变化,这样可以在相同设计空隙率条件下,对各个试验级配的 VMA 和 VFA 进行对比分析评价。

按照 Superpave 设计方法,对三种级配混合料的空隙率进行修正。表 3-53 列出空隙率为 4% 时沥青混合料物理结构参数。根据表中数据,在空隙率 4% 下 S-1 级配不满足要求。尽管 S-2 满足规范要求,但是由于 S-2 是一种密实型级配,级配中粗集料较少而细集料含量较多,这样的级配虽然具有较为良好的密实性,但是抗车辙性能和抗滑性能较差,不适合作为高速公路面层材料。S-3 各项指标均满足要求,同时 S-3 级配中粗集料比 S-2 级配多,抗车辙和抗滑性能较为良好,因此,选择 S-3 级配类型。

三种级配沥青混合料在 4% 空隙率下物理结构参数　　　　表 3-53

级配	沥青用量(%)	在 N_d 下 VMA(%)	在 N_d 下 VFA(%)	在 N_i 下压实度(%)	在 N_m 下压实度(%)
S-1	5.97	14.16	71.75	86.47	98.16
S-2	5.11	15.15	73.60	86.38	97.43
S-3	5.04	14.54	72.49	86.18	97.49
规范值	—	>14.0	65~75	<89	<98

f. 确定最佳用油量

Superpave 设计方法中最佳沥青用量是指在设计旋转压实条件下得到空隙率为 4% 的沥青用量。根据 Superpave 设计方法,一般选择四种沥青用量,分别为 P_b、$P_b \pm 0.5\%$ 和 $P_b + 1\%$。为此,油石比采用 4.8%、5.3%、5.8% 和 6.3%,在不同沥青用量下压实 S-3 级配沥青混合料试件,根据压实曲线计算相关参数(表 3-54)。

S-3 级配混合料不同沥青用量下的压实结果　　　　表 3-54

油石比(%)	在 N_d 下压实度(%)	在 N_d 下空隙率(%)	在 N_d 下 VMA(%)	在 N_d 下 VFA(%)
4.8	94.5	5.5	15.41	64.00
5.3	95.9	4.1	15.07	72.55
5.8	97.0	3.0	15.02	79.75
6.3	98.2	1.8	14.82	87.96

分析沥青混合料各项物理参数,并绘制密度、空隙率、VMA、VFA 与沥青用量关系曲线(油石比与空隙率关系曲线如图 3-32 所示,其他略),并由此确定满足规范要求的最佳沥青用量。根据图 3-32,空隙率为 4% 时油石比为 5.4%。因此,确定 S-3 级配沥青混合料的最佳油石比为 5.4%,最佳沥青用量为 5.1%。

g. 最佳用油量的验证

采用前述所确定的最佳沥青用量,采用最大压实次数(205 次)旋转压实沥青混合料,并计算初始压实次数和设计压实次数时沥青混合料的体积参

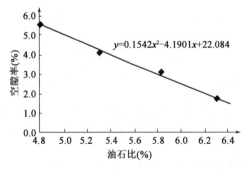

图 3-32　S-3 级配混合料空隙率与油石比的关系

数,列于表 3-55 中。表中各项指标均满足 Superpave 规范要求。

最佳用油量的验证结果 表 3-55

油石比(%)	设计压实次数条件下			初始压实度(%)	最大压实度(%)
	压实度(%)	VMA(%)	VFA(%)		
5.4	95.8	15.14	73.46	86.81	97.43
Superpave 规范要求		>14.0	65~75	<89	<98

2. 改性沥青 Super-13 沥青混合料性能评价

(1) 水敏感性

利用旋转压实仪成型空隙率为 7% 的试件,按 AASHTO T 283 进行冻融劈裂强度比试验,以评价 Super-13 改性沥青混合料的水敏感性能。冻融前后各 3 个试件,劈裂强度比试验结果列于表 3-56 中。Super-13 混合料劈裂强度比为 90.6%,满足大于 80% 的规范要求,这表明改性沥青 Super-13 混合料具有良好的水稳性。

冻融劈裂强度比试验 表 3-56

试件状况	劈裂强度	备注
冻融前	0.96MPa	空隙率为 7% 的 3 个试件平均值
冻融后	0.87MPa	空隙率为 7% 的 3 个试件平均值
劈裂强度比	90.6%	—
规范值	>80%	

(2) 高温抗车辙性能

按照《公路工程沥青及沥青混合料试验规程》(JTG E20—2011) 中 (T 0703—2011) 方法成型车辙板,并按照 (T 0719—2011) 方法进行沥青混合料车辙试验,车辙试验结果列于表 3-57 中。Super-13 混合料动稳定度为 3710 次/mm,满足规范动稳定度大于 3000 次/mm 的要求。

改性沥青 Super-13 混合料车辙试验 表 3-57

指标	试件编号	试验结果	平均值
60℃动稳定度 DS(次/mm)	1	3363	3710
	2	3621	
	3	4147	

六、Superpave 沥青混合料设计方法评述

Superpave 沥青混合料设计方法自问世以来,受到人们广泛的关注,许多国家道路工作者积极都学习借鉴,并进行了实际试验和应用。经过十来年的试验研究和实践,人们科学地审视该项技术,确认其与现有其他沥青混合料设计方法相比有许多优点,但也发现存在不少问题,有待继续研究加以改进和完善。

1. Superpave 设计方法主要优点

美国 Superpave 混合料体积设计方法与传统的马歇尔设计方法相比,在许多方面作了很大改进,具有以下优点:

(1) 配制沥青混合料的主要材料是集料与沥青,对于这两类材料,Superpave 设计规范最基

本的思想是根据道路所处的自然和交通条件来进行选择。

对于集料,规范特别重视集料的棱角性要求。棱角性与交通量建立关系,交通量越大,要求棱角性越好。对于针片状颗粒含量要求限制在 10% 以内。

对于沥青结合料,根据路面的最高与最低设计温度和交通条件加以选择。如路面最高温度为 64℃,最低温度为 -16℃,则可选择 PG 64-16 等级的沥青,若交通量大于 10×10^6,则高温还应该提高一个等级,即选择 PG 70-16。

(2)试件成型采用旋转压实仪,其压实过程中是一种搓揉运动,集料能够重新调整位置而获得密实,不会发生压碎损伤现象。同时,在压实过程中,仪器能够画出压实曲线,可以用来评价混合料的压实特性。而马歇尔试件采用锤击方式成型,压实方式为重锤击实,与现场施工压实有所差别,如碎石材料比较软弱,则可能被锤击破碎。

该设计方法规定,在压实成型试件之前,沥青混合料要先进行短期老化,目的是在一定程度上模拟实际施工时所产生的老化。

(3)试件成型的压实次数按交通量分成 4 个等级。交通量不同,试件成型的压实功应该有所不同。Superpave 混合料体积设计方法的压实次数与交通量建立关系是科学的,较马歇尔试验方法粗略分为 50 次和 75 次要合理。

(4)Superpave 混合料设计方法对于混合料的沥青饱和度 VFA,也是根据交通量不同提出相应的控制标准。交通量小,VFA 为 70% ~ 80%;交通量大,VFA 为 65% ~ 75%。这是考虑到不同交通量情况下,对路面的压实程度是不同的。交通量大,初始沥青饱和度要小一些,以便预留较多的空隙,起到防止在车辆压实下空隙率减小而使混合料失稳的作用。

(5)Superpave 混合料体积设计方法考虑了集料开口空隙吸收沥青的现象,并将这部分沥青不作为有用沥青,为此提出了有效沥青含量的概念。因为,对于某些孔隙率较大的碎石材料有可能吸收较多的沥青,而这部分沥青实际上是无效的。

由于碎石会不同程度地吸收一定数量的沥青,无论采用表干密度、毛体积密度,都不能真实反映集料在混合料中的状态。因而,对于集料也提出采用有效密度的概念和相应的计算方法。由于考虑碎石材料吸收沥青的特性,对于沥青混合料体积参数的计算方法也都发生了改变,其中包括矿料间隙率 VMA、沥青饱和度 VFA 以及沥青用量等重要参数。可以认为,按有效沥青、有效密度等概念进行设计是科学合理的。

Superpave 混合料体积设计方法对我国产生了积极的影响,其中一些科学、合理的思想和方法已得到国内许多学者的认可,并且在我国 2005 年实施的《公路沥青路面施工技术规范》(JTG F40—2004)中有所体现。

2. Superpave 设计方法主要存在的问题

(1)设置级配限制区缺乏充分依据

Superpave 混合料设计规范关于集料级配重要的一点,就是提出了限制区。即认为级配曲线在 0.3 ~ 4.75mm 细料部分,不能通过某一区域,否则混合料的稳定性将严重下降,路面将容易出现车辙。

级配限制区的提出在美国国内受到很多学者的质疑。Sousa 等人认为,级配曲线通过禁区或通过禁区的上方,虽然其结合料用量要多一些,但其稳定度却比按 Superpave 方法设计的混合料稳定度要高,抗剪强度也大;而如果按 Superpave 要求,为提高抗车辙性能,将级配曲线通过禁区的下方,根据试验其疲劳试验性能并不理想。

美国奥本大学 Kandhal 与 Mallick 为评价混合料级配对其抗车辙性能的影响,分别采用花岗岩、石灰岩以及砾石拌制成沥青混合料,级配分别通过禁区、禁区上方和下方,用旋转压实仪成型试件,然后在沥青路面分析仪(APA)进行轮辙试验,经过 8000 次后测量车辙深度。试验结果表明,虽然不同岩石的碎石材料车辙深度有明显差别,但发现通过禁区下面的级配车辙量最大,在禁区上面的级配车辙量中等,而通过禁区的最小。国内近几年也就这一问题进行了许多试验,也得出与美国学者相类似的结果。

可见,禁区的提法未必合理。研究表明,沥青混合料的高温稳定性,重要的是其级配能形成骨架结构,能够支撑车轮荷载。而 Superpave 设计方法并没有明确的级配理论,只是让设计者先画出三条级配曲线,然后进行比较,这本身就显示出设计方法的随意性和不成熟性。据了解,Superpave 设置禁区的目的是为了限制砂的使用,因过多的砂会降低混合料的稳定性。在沥青混合料中,过多使用天然砂肯定是不好的,必须限制,但无须通过设置限制区来解决这一问题。更何况,如果采用机制砂则更不存在这一问题。实际上,现场生产集料级配不可能没有波动,禁区的范围很小,即使它非常合理,实际施工时也难以控制。所以,禁区的提法是没有必要的。正因如此,现在美国 Superpave 设计方法的制定者也已经废止禁区的提法。

(2)设计沥青用量偏低而影响路面耐久性

美国许多州采用 Superpave 设计方法所设计的沥青混合料铺筑路面,虽然车辙问题减少,但近年来发现路面的耐久性下降,路面有渗水引起的病害如松散、坑洞、裂缝等。究其原因,是因为按 Superpave 方法进行设计沥青用量明显偏低(约 0.2% ~ 0.4%)。研究发现,旋转压实虽然与交通量相关是合理的,但试验室压实比施工压实功实际上大得多,导致密度偏大,沥青用量偏小,造成压实困难。

为此,美国有些州采取降低设计空隙率,如马里兰州(Maryland)将设计空隙率由 4% 降低为 3.5%;科罗拉多州(Colorado)则降为 3%,以达到增加沥青用量的目的。研究认为,空隙率降低 1%,沥青用量则可增加 0.2% ~ 0.3%。

美国也有的州采取降低设计压实水平,如弗吉尼亚州(Virginia)将旋转压实次数改为 65 次;阿拉巴马州(Alabama)对于大交通量道路则将旋转压实次数从 125 次减为 100 次,以后又减为 85 次。研究发现,当设计压实次数由 80 次降低为 60 次时,其混合料沥青用量则可增加 0.2% ~ 0.4%,并且在现场容易压实,路面的渗水现象减少,从而提高了路面的耐久性。

美国国家沥青研究中心(NCAT)针对上述问题,研究认为由于室内压实标准的改变,将对矿料间隙率(VMA)以及沥青用量等产生一系列影响,所以关于 Superpave 设计方法还需要深入进行研究。

近几年,我国许多单位在应用 Superpave 方法进行混合料设计时,同样感到沥青用量明显偏低,施工时压实比较困难。为此,大多需要采取提高温度、使用重型压实机械等措施,而较少从该方法本身提出质疑或修改意见。

(3)混合料设计过程繁琐而复杂

Superpave 方法整个设计过程包括以下步骤:

①材料选择;

②集料级配的确定;

③计算试验级配初始沥青用量;

④成型各试验级配的混合料试件；
⑤评价试验级配混合料的压实特性；
⑥设计沥青用量的选择；
⑦对所设计的沥青混合料进行水敏感性评价。

其中，关于初始沥青用量的估算、试件体积参数的计算与调整的计算公式多达十几个，整个过程非常复杂，需要花费很多时间和精力，不适于工程应用。因而，在实际采用 Superpave 方法进行设计时，往往都回避了其中很多试算过程与调整过程，也就是说并没有完全按照该方法所规定的步骤进行。这说明 Superpave 设计方法过于理想化，实用性有待改进。

3. 学习与借鉴

美国 SHRP 所制定的 Superpave 设计规范，与传统的马歇尔方法相比有了很大的进步，其一些思路和方法值得我们学习和借鉴。在我国 2005 年实施的《公路沥青路面施工技术规范》（JTG F40—2004）中已在很多方面有所体现，如有效沥青含量、集料有效相对密度、粗细级配关键筛孔的通过率、矿料间隙率计算方法等都做了修改。由于 Superpave 规范还处于不断改进与完善的过程中，因此，我们没有必要全部照搬。需要指出的是，有一些认识和做法是值得讨论的，试举例讨论如下。

（1）Superpave 不能等同于"高性能"

"Superpave"一词是"Superior Performing Asphalt Pavements"的缩写，虽然可以直接翻译成"高性能路面"，但并不能说采用这种设计方法就一定能铺成该性能的沥青路面。"Superpave"是一商标名称，既然是商标，也只能说它反映了制定者的美好愿望，但不等于现实。目前，Superpave 设计方法仍然停留在体积设计法阶段，并没有真正与路用性能相联系。况且，美国也认为该方法存在许多方面需要改进，因此我们更没有必要将 Superpave 认定为高性能。

（2）锤击压实不能代替旋转压实

Superpave 设计规范规定，沥青混合料压实是采用旋转压实仪压实。锤击压实不能代替旋转压实，因为两者的压实方式、压实功能、压实效果都有明显差别。

综上所述，对于 Superpave 设计方法很多先进的方面是应该学习的，但是不应该全照搬，而是应该有选择地借鉴和学习。

第五节　骨架型沥青混合料的组成设计

沥青玛蹄脂碎石混合料与开级配沥青磨耗层混合料属于骨架嵌挤型混合料，前者为骨架密实型混合料，后者为骨架空隙型混合料。由于这类混合料组成结构的特点，其技术性质和组成设计方法与密级配沥青混合料相比存在着一定的差异。

一、SMA 混合料的技术特性

沥青玛蹄脂碎石（SMA）是一种以沥青结合料与少量的纤维稳定剂、细集料以及较多的填料（矿粉）组成的沥青玛蹄脂，填充在粗集料骨架间隙中组成一体所形成的沥青混合料。SMA 混合料属于骨架密实结构，具有耐磨抗滑、密实耐久、抗疲劳、抗高温车辙、减少低温开裂等优点。SMA 混合料适用于任何等级的道路，特别适用于高速公路、重交通道路、交叉口、机场道面、桥面铺装等工程。

1. 高温稳定性

SMA 混合料由相互嵌挤的粗集料骨架与沥青玛琋脂两部分组成。在材料组成上,粒径大于 4.75mm 的粗集料含量高达 70%~80%,矿粉用量为 10% 左右,细集料较少。粗集料颗粒之间有着良好的嵌锁作用,沥青玛琋脂起胶结作用并填充粗集料的骨架空隙,所以 SMA 混合料抵抗荷载变形的能力较强。即使在高温条件下,沥青玛琋脂的黏度下降,矿料的骨架结构仍能使 SMA 混合料有着较强的高温抗车辙能力。

2. 低温抗裂性

在低温条件下,沥青混合料的抗裂性能主要由结合料的性质决定。由于 SMA 混合料中有着相当数量的沥青玛琋脂,当温度下降,结合料收缩使集料颗粒被拉开时,沥青玛琋脂仍具有较高的黏结能力,从而使得混合料具有良好的低温变形能力。

3. 耐久性

在 SMA 混合料中,粗集料骨架空隙被富含沥青的玛琋脂密实填充,并将集料颗粒黏结在一起,沥青在集料表面形成较厚的沥青膜。此外,SMA 混合料空隙率较小,沥青与水或空气的接触较少,因而 SMA 混合料的水稳定性和抗老化性较普通沥青混合料好。又由于 SMA 混合料基本是不透水的,对中、下面层和基层有着较好的保护作用和隔水作用,使沥青路面能够保持较高的整体强度和稳定性。

4. 表面特征

SMA 混合料一方面要求使用坚硬、粗糙、耐磨的高质量碎石,另一方面由于采用间断级配的矿料,压实后形成的表面构造深度大,一般超过 1mm,这使得沥青面层具有良好的抗滑性和耐磨性能,且还具有减少溅水、减少噪声、提高道路行驶质量的性能。

二、SMA 混合料的组成设计

1. 组成材料及其技术要求

由于 SMA 混合料的骨架结构特性以及较高的性能要求,其组成材料的质量除了应满足普通热拌沥青混合料组成材料的基本要求外,还应满足一些特殊要求。

(1) 沥青结合料

在 SMA 混合料中,要求沥青具有较高的黏度,且与集料有良好的黏附性,以保证混合料具有足够的高温稳定性和低温抗裂性。当不使用改性沥青时,SMA 所用沥青应比当地常用普通热拌沥青混合料所用沥青硬一级或两级。对于高速公路、承受繁重交通的重大工程道路、夏季特别炎热或冬季特别寒冷地区的道路,应采用改性沥青配制 SMA 混合料,改性沥青的软化点宜高于当地年最高路面温度,以提高沥青路面的抗车辙能力。

(2) 矿料

SMA 混合料的高温稳定性在很大程度上取决于粗集料间的嵌挤作用以及集料石质的坚韧性、矿料形状和棱角性。因此,用于 SMA 混合料中的粗集料应是高质量的轧制碎石,其岩石应具有较高的强度和硬度,如玄武岩、砂岩、花岗岩等石料。应严格控制集料中的针片状颗粒含量,集料的颗粒形状应接近立方体、富有棱角、纹理粗糙。粗集料的质量指标应满足本章

表3-8中的技术要求。粗集料的磨光值应符合本章表3-9中的要求,当粗集料与沥青的黏附性等级不能满足表3-9的要求时,必须采取有效的抗剥落措施。

细集料宜采用专用的制砂机生产的机制砂。当采用普通石屑作为细集料时,宜采用石灰岩石屑,石屑中不得含有泥土类杂物。当与天然砂混用时,天然砂的含量不宜超过机制砂或石屑的比例。细集料的表观密度、坚固性、砂当量等指标应满足本章表3-11的要求,天然砂水洗法小于0.075mm颗粒含量不得大于5%,棱角性宜大于45%。

填料必须采用石灰石等碱性岩石磨细的矿粉,为改善沥青与集料的黏附性,使用消石灰粉或水泥时,其用量不宜超过矿粉总质量的2%。粉煤灰不得作为SMA混合料的填料使用。回收粉尘的比例不得超过矿粉总质量的25%,混用回收粉料后,填料的0.075mm通过部分的塑性指数不大于4。填料质量应满足本章表3-14中高等级道路对矿粉的技术要求。

(3)纤维

纤维在SMA混合料中的作用是吸油、稳定、增韧,并提高SMA混合料的高温抗剪强度。因此在选择纤维时应主要考虑其吸油性、耐热性、与沥青的黏附性等指标。同时纤维还应能承受240℃的高温条件以及具有不变形、不脆化、化学稳定性好,对环境无污染等优点。通常SMA混合料宜选用木质素纤维、矿物纤维、聚丙烯腈纤维和聚酯纤维等。

2.配合比设计要求

(1)设计级配范围

按照矿料的公称最大粒径,SMA混合料分为SMA-20、SMA-16、SMA-13、SMA-10四个规格,相应的矿料级配范围见表3-58。

SMA混合料矿料级配范围(JTG F40—2004)　　　　　　　表3-58

规格类型		通过下列筛孔(mm)的质量百分率(%)										
		26.5	19	16	13.2	9.5	4.75	2.36	1.18	0.6	0.3	0.15	0.075
中粒式	SMA-20	100	90~100	72~92	62~82	40~55	18~30	13~22	12~20	10~16	9~14	8~13	8~12
	SMA-16	—	100	90~100	65~85	45~65	20~32	15~24	14~22	12~18	10~15	9~14	8~12
细粒式	SMA-13	—	—	100	90~100	50~75	20~34	15~26	14~24	12~20	10~15	9~15	8~12
	SMA-10	—	—	—	100	90~100	28~60	20~32	14~26	12~22	10~18	9~16	8~13

(2)马歇尔试验指标

SMA混合料马歇尔试验的重点是体积参数、沥青用量,而非稳定度和流值,这是与普通密级配沥青混合料的最大区别所在。在相同的试验条件下,与密级配AC型混合料相比,SMA混合料通常表现为马歇尔稳定度低而流值高,但并不意味着SMA混合料高温稳定性差,其高温稳定性主要由车辙试验表征。马歇尔试验的目的主要是配合比设计时确定矿料级配、最佳沥青用量和施工过程质量检验。

SMA混合料马歇尔试件的体积参数主要是空隙率VV、矿料间隙率VMA和沥青饱和度VFA。压实后SMA混合料的空隙率VV对沥青路面的使用性能和耐久性有着较大的影响。由于SMA混合料的粗级配及高沥青用量特征,空隙率过小可能导致沥青路面出现油斑、泛油或发生车辙,而空隙率过大则可能降低SMA混合料的耐久性。SMA混合料的VMA显著高于密级配沥青混合料的VMA,以保证能够加入足够的沥青;否则,在路面使用的压密过程中,过多的沥青会浮于混合料的表面,出现泛油或油斑等病害。

(3)粗集料间隙率

SMA混合料的粗集料间隙率包括粗集料间隙率VCA_{DRA}、压实沥青混合料试件粗集料间隙率VCA_{mix}(Voids in Coarse Aggregate of Asphalt Mix),用于评价按照嵌挤原则设计的骨架型沥青混合料的体积特征。

VCA_{DRA}的定义和计算见第一章。VCA_{mix}是指压实沥青混合料试件内粗集料骨架以外的体积占整个试件体积的百分率,采用式(3-39)计算。

$$VCA_{mix} = \left(1 - \frac{\gamma_f}{\gamma_{ca}} \cdot P_{CA}\right) \times 100 \tag{3-39}$$

式中:VCA_{mix}——沥青混合料粗集料骨架间隙率,%;

P_{CA}——沥青混合料中粗集料(对SMA-20、SMA-16和SMA-13,是指粒径大于4.75mm的集料;对SMA-10,是指粒径大于2.36mm的集料)的比例,%;

γ_{ca}——粗集料骨架部分的平均毛体积相对密度,无量纲;

γ_f——沥青混合料试件的毛体积相对密度,无量纲。

SMA混合料是按照骨架嵌挤原则设计的,为了充分发挥SMA混合料中粗集料石-石骨架作用,在压实状态下,沥青混合料中的粗集料间隙率VCA_{mix}必须满足式(3-40)的要求。

$$VCA_{mix} \leqslant VCA_{DRC} \tag{3-40}$$

粗集料骨架间隙率VCA_{DRC}是否大于沥青混合料骨架间隙率VCA_{mix},是检验SMA混合料中粗集料是否形成嵌挤骨架的关键。当不能满足式(3-40)的条件时,混合料中沥青玛碲脂过多或者粗集料骨架间隙过小,此时混合料的粗集料骨架实际上是被所填充沥青玛碲脂撑开了。

(4)谢伦堡析漏试验

谢伦堡沥青析漏试验(Drainage Test)用以检测沥青结合料在高温状态下从沥青混合料中析出的数量。将拌和好的沥青混合料试样倒入800mL的烧杯中,在规定温度的烘箱中静置60min,按式(3-41)计算沥青析漏损失量。谢伦堡沥青析漏试验应在施工最高温度下进行。

$$\Delta m = \frac{m_2 - m_0}{m_1 - m_0} \times 100 \tag{3-41}$$

式中:Δm——沥青析漏损失量,%;

m_0——烧杯质量,g;

m_1——烧杯与沥青混合料试样的总质量,g;

m_2——将沥青混合料倒出后,烧杯及黏附在烧杯上的沥青玛碲脂的质量,g。

沥青析漏量随着沥青用量的增加而增加,根据沥青析漏量的多少,可以确定沥青混合料中有无多余的自由沥青或过多的沥青玛碲脂,用以限定SMA混合料的最大沥青用量。沥青析漏量的标准取决于在运输过程中混合料不发生沥青滴漏的沥青用量上限,也与气候条件有关。

(5)肯塔堡飞散试验

肯塔堡飞散试验(Cantabro Test)用以检验沥青混合料在荷载作用下表面集料脱落而散失的程度,是判断SMA混合料、OGFC混合料中集料与沥青结合料的黏结力的辅助试验。在压实的SMA混合料表面,构造深度较大,粗集料外露,在交通荷载的反复作用下,若混合料中沥青用量或黏结力不足就会引起集料的脱落、掉粒或飞散,进而发展为坑槽,造成路面损坏。肯塔堡飞散试验是将沥青混合料马歇尔试件在洛杉矶磨耗试验机旋转撞击规定的次数后,由式(3-42)计算试件散落材料的质量百分率。

$$\Delta S = \frac{m_0 - m_1}{m_0} \times 100 \tag{3-42}$$

式中:ΔS——沥青混合料的飞散损失,%;

m_0——磨耗试验前试件的质量,g;

m_1——磨耗试验后试件的残留质量,g。

(6)路用性能试验

对 SMA 混合料必须进行车辙试验,以检验其高温抗车辙能力。SMA 混合料的水稳定性应采用马歇尔残留稳定度和冻融劈裂试验进行检验。对 SMA 混合料,还应采用轮碾法成型的试件进行表面渗水系数检验。

将上述 SMA 混合料配合比设计的技术指标及其相应的技术要求列入表3-59 中。

SMA 混合料配合比设计指标与技术要求(JTG F40—2004)　　　　表3-59

技术指标与要求			非改性沥青	改性沥青
配合比设计指标	马歇尔试件击实次数①		两面各击实 50 次	
	空隙率 VV②(%)		3~4	
	矿料间隙率 VMA②(%),不小于		17.0	
	沥青饱和度 VFA②(%)		75~85	
	沥青混合料试件的粗集料间隙率 VCA$_{mix}$(%),不大于		粗集料间隙率 VCA$_{DRC}$	
	马歇尔稳定度(kN),不小于		5.5	6.0
	流值(0.1mm)		20~50	—
配合比设计验证性指标	谢伦堡沥青析漏量(%),不大于		0.2	0.1
	肯塔堡飞散(或浸水飞散)试验损失量(%),不大于		20	15
	车辙试验的动稳定度(次/mm),不小于		1500	3000
	水稳定性检验	残留稳定度(%),不小于	75	80
		冻融劈裂强度比(%),不小于	75	80
	渗水系数(mL/min),不大于		80	

注:①对不易击碎的坚硬集料,通行重载交通的路段,也可以将击实次数增加为双面 75 次。

②对于高温稳定性要求较高的重交通路段或炎热地区,VV 允许放宽到 4.5%,VMA 允许放宽到 16.5%,VFA 允许放宽到 70%。

3.配合比设计方法

SMA 混合料的配合比设计原则体现在两个方面:一是粗集料颗粒互相嵌挤组成高稳定性的"石-石骨架"结构;二是由细集料、沥青结合料和稳定添加剂组成的沥青玛琋脂填充"骨架"间隙,形成密实结构,以使混合料获得较好的柔韧性和耐久性。

SMA 混合料的配合比设计采用马歇尔试验方法进行,设计步骤与密级配沥青混合料基本相同,具体见[例题3-2]。

【例题 3-2】 SMA 混合料配合比设计示例。

(1)设计资料

某城市主干路沥青路面上面层,结构设计厚度 4.0cm。当地属夏炎热冬冷区。

沥青结合料:所使用的改性沥青是以基质沥青 ESSO AH-70 与 4% SBS 配制而成。为提高沥青与集料的黏附性,掺入沥青质量 0.4% 的抗剥落剂。改性沥青相对密度为 1.038。

纤维为颗粒状木质素纤维,相对密度为 0.992,纤维掺量为 SMA 混合料总质量的 0.3%。

集料为玄武岩,由 1 号料(10~15mm)、2 号料(5~10mm)、3 号料(3~5mm)和 4 号料 (0~3mm)四档料组成。填料为磨细石灰岩矿粉。各档集料与矿粉的密度和吸水率的测试结果见表 3-60,筛分结果见表 3-61。

各档集料和矿粉的密度和吸水率的试验结果　　　　表 3-60

材料	1 号料	2 号料	3 号料	4 号料	矿粉
毛体积相对密度	2.757	2.747	2.739	2.717	2.711
表观相对密度	2.784	2.781	2.772	2.751	2.711
吸水率(%)	0.35	0.46	1.2	1.25	—

各种集料和矿粉的筛分结果　　　　表 3-61

材料	通过下列筛孔(mm)的质量百分率(%)									
	16	13.2	9.5	4.75	2.36	1.18	0.6	0.3	0.15	0.075
1 号料	100	88.8	7.6	0.1	0.1	0.1	0.1	0.1	0.1	0.1
2 号料	100	100	98.6	1.2	0.2	0.2	0.2	0.2	0.2	0.2
3 号料	100	100	100	96.9	1.9	0.1	0.1	0.1	0.1	0.1
4 号料	100	100	100	100	83.6	48.8	32.1	18.0	12.8	9.3
矿粉	100	100	100	100	100	100	100	100	99.9	99.1

(2)设计要求

确定 SMA 混合料矿料配合比和最佳沥青用量;评价 SMA 混合料技术性质。

解:

步骤 1:确定矿质混合料设计配合比

①设计初试矿料配合比

根据沥青路面上面层的设计厚度选择公称最大粒径 13mm 的 SMA-13 混合料,满足 SMA 层厚不宜小于集料公称最大粒径 2.5 倍的要求。SMA-13 混合料的工程设计级配范围查表 3-58 确定。

以 4.75mm 作为粗集料的分界尺寸,通过调整各档集料比例可设计 3 组级配粗细程度不同的矿质混合料,3 组矿料的合成级配应分别位于设计级配范围中值、中值 ±3% 附近,矿粉用量约 10%。3 组初试混合料的配合比见表 3-62,合成级配见表 3-63。

初试混合料的配合比　　　　表 3-62

混合料编号	各种材料配合比(%)				
	1 号料	2 号料	3 号料	4 号料	矿粉
级配 1	30.0	39.0	3.0	20.0	8.0
级配 2	40.0	33.0	3.0	15.0	9.0
级配 3	50.0	26.0	3.0	12.0	9.0

3 组初试混合料的级配组成　　　　　　　　　　　　　　　　表 3-63

混合料编号	通过下列筛孔(mm)的质量百分率(%)								
	16	13.2	9.5	4.75	2.36	1.18	0.6	0.3	0.15	0.075
级配 1	100	96.6	71.7	31.4	24.9	17.9	14.5	11.7	10.7	9.9
级配 2	100	95.5	62.6	27.3	21.7	16.4	13.9	11.8	11.0	10.4
级配 3	100	94.4	53.4	24.3	19.2	15.0	13.0	11.3	10.6	10.1
设计级配范围中值	100	95.6	63.5	27.4	24.1	17.9	14.9	12.3	11.4	10.7

② 马歇尔试验

按照表 3-62 中给出的配合比,计算初试矿质混合料的合成毛体积相对密度、合成表观相对密度和有效相对密度,采用捣实法测定粒径 4.75mm 以上粗集料的装填密度,计算粗集料骨架间隙率 VCA_{DRA},结果见表 3-64 中第 2 列。

选择 5.9% 为初试油石比,纤维掺加量为混合料质量的 0.3%,按照表 3-62 的配合比配制沥青混合料,成型马歇尔试件。计算混合料的理论最大相对密度(计算时应包含纤维的质量和体积),测试试件的毛体积相对密度,由此计算试件的各项体积参数。测试试件的马歇尔稳定度和流值,测试和计算结果见表 3-64。

三种初试级配马歇尔试件技术指标　　　　　　　　　　　　　表 3-64

混合料编号	VCA_{DRC}	VCA_{mix}	毛体积相对密度	理论最大相对密度	VV(%)	VMA(%)	VFA(%)	稳定度(kN)	流值(mm)
级配 1	43.7	42.9	2.419	2.522	4.1	16.9	75.8	16.0	4.5
级配 2	41.8	39.8	2.410	2.523	4.5	17.3	74.1	13.9	5.9
级配 3	40.0	38.2	2.380	2.524	5.7	18.4	68.9	10.5	5.1

③ 矿料设计配合比的确定

分析表 3-64 中数据可见,级配 1 矿料间隙率 VMA 偏小,表明级配偏细;级配 3 空隙率偏大、沥青饱和度偏低,表明级配偏粗;级配 2 的各项指标均接近设计要求值,虽然空隙率偏大,沥青饱和度偏低,但是可以通过提高沥青用量进行调节。针对级配 2 空隙率略大的情况,对级配进行微调,考虑到 3 号料用量较少,为了便于施工控制,不用 3 号料。减少 1 号料用量 1%、增加 2 号料 1%,增加 4 号料 3%。调整后的各档集料用量见表 3-65,合成级配组成见表 3-66。

调整后矿料中各档集料用量　　　　　　　　　　　　　　　表 3-65

材料	1 号料	2 号料	3 号料	4 号料	矿粉
各档集料质量比(%)	39.0	34.0	0.0	18.0	9.0

调整后矿质混合料的合成级配组成　　　　　　　　　　　　表 3-66

筛孔尺寸(mm)	16	13.2	9.5	4.75	2.36	1.18	0.6	0.3	0.15	0.075
通过百分率(%)	100	95.6	63.5	27.4	24.1	17.9	14.9	12.3	11.4	10.7

步骤 2:确定 SMA 混合料的设计沥青用量

① 马歇尔试验

按调整后的设计配合比(表 3-65)配制矿料,分别采用 5.6%、5.9% 和 6.2% 三种油石比成型马歇尔试件,测试并计算马歇尔试件的体积参数、稳定度和流值,各项指标列于表3-67。

SMA-13沥青混合料马歇尔试验的结果　　　　　　　　　　表3-67

油石比(%)	VCA$_{mix}$(%)	毛体积相对密度	理论最大相对密度	VV(%)	VMA(%)	VFA(%)	稳定度(kN)	流值(mm)
5.6	40.2	2.388	2.532	5.7	17.8	67.9	6.6	2.5
5.9	39.8	2.411	2.522	4.4	17.2	74.4	6.9	2.6
6.2	39.8	2.416	2.512	3.8	17.3	78.0	6.6	3.1

②结果分析

按表3-67中试验结果,分别绘制毛体积密度、空隙率VV、矿料间隙率VMA、沥青饱和度VFA、稳定度、流值与油石比的关系曲线,如图3-33所示。当设计空隙率定为4%时,油石比为6.1%。在此油石比下,混合料试件的粗集料间隙率VCA$_{mix}$为39.8%(矿质混合料粗集料骨架间隙率为41.8%)、试件的矿料间隙率为17.2%、沥青饱和度为77.9%,马歇尔稳定度为6.7kN、流值为2.9mm。各项体积参数指标均满足表3-59中的技术要求,故选择最佳油石比为6.1%。

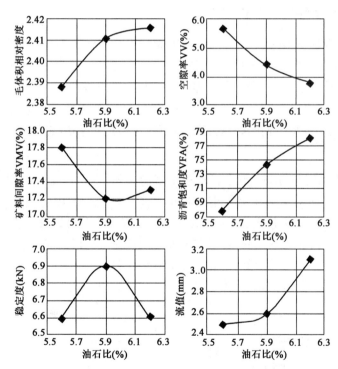

图3-33　油石比与马歇尔试验各项技术指标的关系

步骤3:配合比设计检验

根据试验规程中的方法,按目标配合比配制SMA混合料,成型试件,进行析漏试验、飞散试验、车辙试验和冻融劈裂试验,各项试验结果列入表3-68。由表3-68可见,所设计的SMA-13混合料的各项性能指标满足设计要求。

SMA-13 目标配合比设计结果汇总　　　　　表 3-68

矿料配合比	集料编号	1号	2号	3号	4号	矿粉	设计要求
	设计配合比(%)	39.0	34.0	0	18.0	9.0	
设计油石比(%)		6.1(沥青用量5.75%)					
配合比设计指标	空隙率(%)	4.0					4.0
	矿料间隙率(%)	17.2					≥17
	沥青饱和度(%)	77.9					75~85
	VCA_{mix}(%)	39.8					≤41.8
	马歇尔稳定度(kN)	6.7					≥6.0
	流值(0.1mm)	29					20~50
配合比设计验证性指标	析漏损失(%)	0.097					≤0.1
	飞散损失(%)	10.5					≤15
	动稳定度(次/mm)	5408					≥3000
	冻融劈裂强度比(%)	99.1					≥80

三、OGFC 混合料的技术性质

开级配沥青磨耗层(OGFC)混合料,是采用高黏度沥青结合料、高含量粗集料、少量细集料和填料(矿粉)组成的沥青混合料,设计空隙率一般为18%~25%。OGFC 混合料铺筑的沥青面层具有迅速排除路表水、减少行车水雾、防水漂、抗滑降噪等有利于行车安全与环保的特性,因此又称为排水性沥青混合料、排水降噪沥青混合料、渗透性沥青混合料等。OGFC 混合料适用于行驶快速、中轻型车辆的高速公路、城市快速路和高架桥、隧道铺面等工程。

1. 高温稳定性

图 3-34 为沥青黏度与 OGFC 混合料动稳定度的关系,由图可见,混合料的动稳定度随着沥青黏度的增加而显著增大。与 SMA 混合料相比,OGFC 混合料中的细集料和矿粉较少而粗集料所占比例较高可达80%以上,易于形成骨架空隙结构。在粗集料的嵌锁作用和高黏度改性沥青胶结作用下,使得 OGFC 混合料有着较强的抵抗荷载变形的能力。

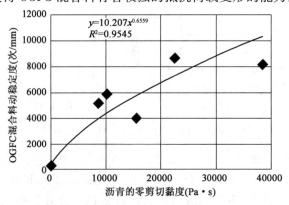

图 3-34　OGFC 混合料动稳定度与沥青黏度的关系曲线

图 3-35 为采用高黏度改性沥青配制的 OGFC 混合料与 SMA 混合料车辙试验结果,两种混合料均由同一种高黏度沥青(60℃零剪切黏度 η_0 为 38300Pa·s)配制。由图 3-35 可知,OGFC 混合料的抗车辙能力不亚于 SMA 混合料,并且 OGFC 混合料中的粗集料比例更高,骨架的嵌挤作用更强,因而高温抗车辙性能更好。

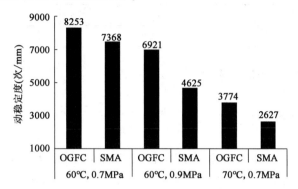

图 3-35　OGFC 混合料与 SMA 混合料抗车辙性能的比较

2. 耐久性

由于 OGFC 混合料的空隙率高、与外界接触的表面积大,因此在同等使用条件下,水、热、紫外线等对沥青结合料的损伤高于密级配沥青混合料,在车辆荷载的反复作用下,由于集料与沥青黏附力不足而引起集料的脱落、掉粒、飞散,进而导致路表的坑槽损坏,是沥青路面常见的破坏现象。然而,改性沥青尤其是高黏度改性沥青的使用,增加了沥青集料颗粒之间的黏附强度,可显著降低沥青混合料的飞散损失,如图 3-36 所示。此外,高黏度沥青的使用增大了沥青膜厚度,使得沥青老化过程大为减缓。沥青膜厚度的增加,有利于延缓水、热、紫外线等外界环境因素对沥青的老化作用,从而使 OGFC 混合料在具有较大空隙的情况下,依然具有良好的耐久性能。

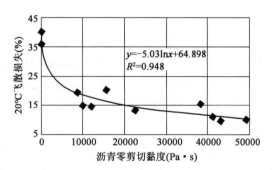

图 3-36　OGFC 混合料飞散损失与沥青黏度的关系曲线

3. 排水性能和表面特征

表 3-69 给出了 OGFC 混合料与 SMA 混合料相关性能指标的测试结果。由表 3-69 可见,OGFC 混合料渗水系数远高于 SMA 混合料的渗水系数,表明 OGFC 混合料结构内部的大空隙使其排水性能显著增大。此外,OGFC 混合料构造深度系数和摩擦系数均高于 SMA 混合料,表明 OGFC 混合料中粗集料用量高和空隙大的特征增加了混合料的构造深度,从而使 OGFC 混合料具有更好的抗滑性能。

OGFC 混合料与 SMA 混合料排水性能与表面特征的比较 表 3-69

试验指标	沥青混合料类型	
	OGFC-13	SMA-13
渗水系数(mL/min)	2600	3.3
构造深度(mm)	1.63	1.03
摩擦系数(BPN)	63.9	53.2

四、OGFC 混合料的组成设计

1. 组成材料及其技术要求

（1）沥青结合料

OGFC 混合料为骨架空隙结构，其空隙率较大、粗集料较多，为保证混合料具有良好耐久性能，应使用高黏度改性沥青或橡胶沥青作为结合料，以增强对集料颗粒的裹覆能力，保持路面的整体性而不松散。表 3-70 给出了我国现行规范中对 OGFC 混合料用高黏度改性沥青的技术要求，表中还根据编者的研究成果给出了对高黏度改性沥青的技术要求。

高黏度改性沥青技术指标 表 3-70

指标		技术要求(JTG F40—2004)	技术要求
动力黏度(60℃)(Pa·s),不小于		20000(毛细管黏度)	40000(零剪切黏度)
针入度(25℃)(0.1mm),不小于		40	40
软化点(℃),不小于		80	85
延度(cm),不小于		50(15℃)	20(5℃)
闪点(℃),不小于		260	260
TFOT 残留物	质量变化(%),不大于	0.6	0.6
	针入度比(%),不小于	—	70

（2）纤维

OGFC 混合料为大空隙结构，纤维材料的使用会导致 OGFC 混合料的沥青用量增加，纤维材料及较多的沥青用量容易阻塞混合料内部连通空隙，影响排水效果。结合 OGFC 混合料在工程实践中的使用情况，建议仅在混合料生产、运输及铺筑期间产生沥青流淌现象或沥青膜厚度不足的情况下使用纤维类材料。

纤维材料的选用标准与 SMA 混合料选用标准基本相同，但由于排水性沥青混合料经常受高压水流冲刷，不建议采用木质素纤维。又由于混合料的拌和温度较高，应考虑纤维的耐热性。

（3）集料与填料

OGFC 混合料与 SMA 混合料同样为骨架型混合料，且主要用于沥青路面表层，故其对集料和填料的选择原则和技术要求与 SMA 混合料基本相同。

为了提高集料与沥青的黏附性，可采用适量消石灰或水泥代替矿粉。

2. 配合比设计要求

（1）设计级配范围

按照矿料的公称最大粒径，OGFC 混合料分为 OGFC-16、OGFC-13 及 OGFC-10 三个规格，相应的矿料级配范围见表3-71。

OGFC混合料矿料级配范围(JTG F40—2004)　　　　表3-71

级配类型		通过下列筛孔(mm)的质量百分率(%)									
		19	16	13.2	9.5	4.75	2.36	1.18	0.6	0.3	0.15	0.075
中粒式	OGFC-16	100	90~100	70~90	45~70	12~30	10~22	6~18	4~15	3~12	3~8	2~6
	OGFC-13	—	100	90~100	60~80	12~30	10~22	6~18	4~15	3~12	3~8	2~6
细粒式	OGFC-10	—	—	100	90~100	50~70	10~22	6~18	4~15	3~12	3~8	2~6

(2)沥青膜厚度

在OGFC混合料配合比设计时,沥青用量是根据沥青膜厚度确定的。一般情况下,适当降低沥青用量,可以降低沥青膜厚度,从而提高OGFC混合料的抗车辙能力。但沥青膜厚度过薄可能会影响OGFC混合料的耐久性。通常,OGFC混合料的沥青膜厚度不宜小于13μm。

(3)马歇尔试件的体积参数

OGFC混合料为骨架空隙结构,其空隙率大小与混合料的排水、降噪等功能特性密切相关,故OGFC混合料以空隙率作为配合比设计的主要体积参数,矿料间隙率及沥青饱和度并不作为配合比设计的主要体积参数。

压实后OGFC混合料的空隙率VV对沥青路面的使用性能和功能持续性有着较大的影响。过大的空隙容易引发沥青路面表层粗集料剥离散失等病害,而过小的空隙率会降低OGFC混合料的排水能力。

(4)路用性能指标

与SMA混合料相同,在OGFC混合料的配合比设计中,马歇尔稳定度不是主要控制指标,仅是检测马歇尔试件的空隙率指标。

OGFC混合料的高温抗车辙能力通过车辙试验进行检测。此外,同SMA混合料类似,OGFC混合料同样需要进行肯塔堡飞散试验、谢伦堡析漏试验、冻融劈裂试验,以保证混合料抗飞散能力和施工要求。

将上述OGFC混合料配合比设计的技术指标及其相应的技术要求列入表3-72。

OGFC混合料配合比设计指标与要求(JTG F40—2004)　　　　表3-72

设计指标		技术要求
配合比设计指标	马歇尔试件击实次数(次)	两面各50
	马歇尔试件尺寸(mm)	φ101.6×63.5
	空隙率(%)	18~25
	马歇尔稳定度(kN),不小于	3.5
配合比设计验证性指标	谢伦堡沥青析漏量(%),不大于	0.3
	20℃肯塔堡飞散损失(%),不大于	20
	60℃动稳定度(次/mm),不小于	1500(一般交通路段)、3000(重交通量路段)
	冻融劈裂强度比(%),不小于	80

3. 配合比设计方法

OGFC混合料的配合比设计采用马歇尔试验方法进行,并以空隙率作为配合比设计关键控制指标,同时考虑OGFC混合料的高温稳定性、耐久性、施工特性等方面的要求。具体方法见[例题3-3]。

【例题3-3】 OGFC混合料配合比设计示例。

(1)设计资料

某城市快速路沥青路面上面层,结构设计厚度4.0cm,目标空隙率20%。

结合料:使用成品高黏度改性沥青,改性沥青相对密度为1.020。

所用1号、2号、3号矿料分别为10~15mm辉绿岩、5~10mm辉绿岩、0~5mm石灰岩,填料为磨细石灰岩矿粉。各档集料与矿粉的密度和吸水率的测试结果见表3-73,筛分结果见表3-74。

各档集料和矿粉的密度、吸水率的试验结果 表3-73

材料	1号料	2号料	3号料	矿粉
毛体积相对密度	2.716	2.711	2.753	2.705
表观相对密度	2.747	2.748	2.754	2.705
吸水率(%)	0.40	0.50	1.20	—

各档集料和矿粉的筛分测试结果 表3-74

材料	下列筛孔(mm)的通过百分率(%)								
	13.2	9.5	4.75	2.36	1.18	0.6	0.3	0.15	0.075
1号料	83.7	17.9	—	—	—	—	—	—	—
2号料	100	95.9	6.9	—	—	—	—	—	—
3号料	100	100	97.6	73.0	48.0	34.6	20.2	13.0	8.6
矿粉	100	100	100	100	100	100	99.9	99.4	97.0

(2)设计要求

确定OGFC混合料级配组成和最佳沥青用量;评价OGFC混合料路用性能。

解:

步骤1:确定矿质混合料设计配合比

①设计初试矿料配合比

根据沥青路面上面层的设计厚度,选择公称最大粒径为13mm的OGFC-13型混合料,满足OGFC层的压实厚度不宜大于集料公称最大粒径的2.0倍的要求。

按照不同的2.36mm筛孔通过率配制3种初试混合料,初试混合料的级配组成宜以粒径2.36mm通过百分率处于设计级配范围中值、中值±3%左右进行控制。三组初试混合料的配合比见表3-75,合成级配见表3-76。

初试混合料的配合比 表3-75

混合料编号	各种材料配合比(%)			
	1号料	2号料	3号料	矿粉
级配1	29.3	46.6	21.9	2.2
级配2	33.1	46.5	17.9	2.5
级配3	37.5	49.2	10.1	3.2

三组初试混合料的级配组成　　　　　　　　　　　　　　　　　　　　　　　表3-76

初试混合料编号	下列筛孔(mm)的通过百分率(%)									
	16	13.2	9.5	4.75	2.36	1.18	0.6	0.3	0.15	0.075
级配1	100	95.2	74.0	26.8	18.2	12.7	9.8	6.6	5	4
级配2	100	94.6	70.9	23.2	15.6	11.1	8.7	6.2	4.9	4
级配3	100	93.9	67.2	16.5	10.6	8.1	6.7	5.3	4.5	4
设计级配范围	100	90~100	60~80	12~30	10~22	6~18	4~15	3~12	3~8	2~6

②初估沥青用量

根据工程实践经验,初步选择设计沥青膜厚度为13μm。分别按照式(3-43)和式(3-44)计算初试混合料的集料比表面积SA和初估计沥青用量P_b,计算结果列入表3-77。

$$SA = \frac{2 + 0.02a + 0.04b + 0.08c + 0.14d + 0.3e + 0.6f + 1.6g}{48.74} \quad (3-43)$$

$$P_b = h \cdot SA \quad (3-44)$$

式中：　SA——矿料的比表面积,m^2/kg；

　　　　P_b——初试沥青用量,%；

$a、b、c、d、e、f、g$——4.75mm、2.36mm、1.18mm、0.6mm、0.3mm、0.15mm、0.075mm筛孔的通过百分率,%；

　　　　h——设计沥青膜厚度,μm。

三种初试混合料的马歇尔试验结果　　　　　　　　　　　　　　　　　　　　表3-77

混合料编号	沥青膜厚度(μm)	矿料比表面积(m^2/kg)	初试沥青用量(%)	毛体积相对密度	理论最大相对密度	空隙率(%)	稳定度(kN)
1	13	0.350	4.5	2.099	2.550	17.7	13.4
2	13	0.336	4.4	2.035	2.553	20.3	12.7
3	13	0.309	4.0	1.985	2.568	22.7	12.5

③马歇尔试验

按照表3-75中的矿料配合比、表3-77中的初估沥青用量配制OGFC混合料,成型马歇尔试件。采用体积法测定试件的毛体积密度;根据矿料毛体积相对密度和表观相对密度计算混合料的理论最大相对密度,并计算试件空隙率;测试试件的马歇尔稳定度和流值。计算和测试结果见表3-77。

④矿料目标配合比的确定

由表3-77可见,由初试混合料2配制成型的试件空隙率为20.3%,符合20%±1%的要求,将该混合料的配合比确定为设计配合比。

步骤2:确定最佳沥青用量

当设计配合比的沥青膜厚度为13μm、沥青用量为4.4%时,试件的空隙率为20.3%,符合20%±1%要求,故选定4.4%为最佳沥青用量。

步骤3:性能检验

按照相关技术规程,以设计配合比、沥青用量4.4%配制OGFC混合料,成型试件。分别进行飞散试验、析漏试验、车辙试验和冻融劈裂试验。各项试验指标均符合要求。

将上述目标配合比设计结果汇总于表 3-78。

OGFC-13 目标配合比设计结果汇总 表 3-78

配合比	集料编号	1号	2号	3号	矿粉
	设计配合比(%)	33.1	46.5	17.9	2.5
配合比设计指标	设计油石比(%)	4.6%(沥青用量4.4%)			
	空隙率(%)	20.3			
	马歇尔稳定度(kN)	12.7			
配合比验证性指标	析漏损失(%)	0.11			
	20℃肯塔堡飞散损失(%)	13			
	动稳定度(次/mm)	8253			
	冻融劈裂强度比(%)	90			

第六节　其他类型的沥青混合料

一、常温沥青混合料

常温沥青混合料是指在常温下拌和，常温下铺筑的沥青混合料，也可称作冷拌沥青混合料。常温混合料所用的结合料为液体沥青或乳化沥青，也可采用改性乳化沥青。为了节约能源、保护环境，目前较多采用乳化沥青作为结合料。本节介绍以乳化沥青为结合料的几种常温沥青混合料的技术特点、组成材料及配合比设计的有关内容。

1. 乳化沥青混合料

乳化沥青混合料（Emulsified Asphalt Mixture）是采用乳化沥青与矿质混合料在常温状态下拌和，经铺筑与压实成型后形成沥青路面。乳化沥青混合料是一种节约能源、保护环境、方便施工的路面养护维修材料，适用于沥青路面的维修和养护，如铺筑封层、罩面、修补坑槽等，主要目的是封闭路面表面，使空气和水不致侵入路面结构内部，并抑制路面表层结构中混合料松散，改善道路的表面外观等。

（1）乳化沥青混合料的强度形成

乳化沥青混合料的强度形成过程与热拌沥青混合料有着明显的不同。乳化沥青混合料中的乳化沥青必须经过与矿料界面黏附、分解破乳、排水、蒸干等过程才能完全恢复其中沥青的原有黏结性能。在乳化沥青混合料的碾压过程中，分散在混合料中的水分无法全部排出，在铺筑初期，这些水分大部分呈游离状态占据着混合料中的空隙，而水的黏度远低于沥青的黏度，在混合料中的"润滑"作用大大高于沥青，从而降低了矿料颗粒间的内摩阻力，使沥青混合料的强度和稳定性下降。因此，经碾压后的乳化沥青混合料，需要经过比热拌沥青混合料成型过程长得多的时间，才能达到一定的强度。随着乳化沥青混合料的摊铺、碾压及行车压实，水分将逐渐蒸干，强度也随时间而提高。

图 3-37 是配合比相同的乳化沥青混合料及热拌沥青混合料试件抗压强度与时间的关系。由图 3-37 可见，乳化沥青混合料的初期强度较低，但随着养护龄期增长而增加。乳化沥青混

合料的强度增长的速率与试件养护的温度条件有关,在高温条件下养护时,乳化沥青试件的强度增长速率较快。由于乳化沥青混合料的早期强度较低,应注意做好路面的早期养护,并采用适当的措施提高乳化沥青混合料路面的早期强度。

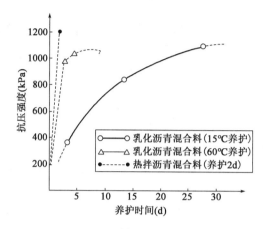

图 3-37　沥青混合料强度与龄期的关系

乳化沥青混合料的空隙率较大,且空隙结构与热拌沥青混合料的空隙结构不同。一方面,乳化沥青混合料中的水分蒸发后,其所占据的空间将成为空隙,致使乳化沥青混合料的空隙率较大;另一方面,乳化沥青混合料内部有无数的微细闭空隙,而热拌沥青混合料内部几乎不存在微细闭空隙。这些微细闭空隙中的水分很难逸出,也是导致乳化沥青混合料空隙率较大的原因。

(2)乳化沥青混合料的材料要求

乳化沥青混合料可采用 BC-1、BA-1 型乳化沥青。

乳化沥青混合料用集料和填料的质量和规格要求与热拌沥青混合料基本相同。

乳化沥青混合料宜选用密级配矿料,其级配组成可参照热拌沥青混合料设计级配范围。

(3)乳化沥青混合料的配合比设计

目前,乳化沥青混合料配合比设计方法大多是在热拌沥青混合料马歇尔设计的基础上作了适当的修正而提出来的,所以也称之为修正马歇尔试验设计方法。乳化沥青混合料配合比设计内容与热拌沥青混合料配合比设计程序基本相同,是在矿质混合料配合比设计的基础上,采用马歇尔试验确定最佳沥青用量。

2.稀浆封层混合料和微表处混合料

稀浆封层混合料和微表处混合料是由乳化沥青、矿料(或砂)、水泥和水拌制而成的一种具有流动性的沥青混合料。前者可以采用普通乳化沥青或改性乳化沥青配制,后者必须采用改性乳化沥青配制。

稀浆封层混合料和微表处混合料应采用专门的摊铺机进行摊铺,施工方便,投资费用少,对道路使用性能有着较为明显的改观,所以得到广泛应用。由于稀浆封层和微表处仅在现有道路上加铺了很薄的表层,因此它对道路结构无显著的增强作用。

(1)稀浆封层混合料 ES(Emulsion Slurry Seat)

我国现行技术规范中,将稀浆封层混合料分为 ES-1、ES-2 和 ES-3 三种类型,其级配范围及适宜的封层厚度要求见表 3-79。

稀浆封层和微表处类型及其矿料级配范围（JTG F40—2004） 表 3-79

类型		下列筛孔(mm)的通过百分率(%)								单层的适宜厚度(mm)
		9.5	4.75	2.36	1.18	0.6	0.3	0.15	0.075	
微表处	MS-1 型	100	90～100	65～90	45～70	30～50	18～30	10～21	5～15	4～7
	MS-2 型	100	70～90	45～70	28～50	19～34	12～25	7～18	5～15	8～10
稀浆封层	ES-1 型	—	100	90～100	60～90	40～65	25～42	15～30	10～20	2.5～3
	ES-2 型	100	90～100	65～90	45～70	30～50	18～30	10～21	5～15	4～7
	ES-3 型	100	70～90	45～70	28～50	19～34	12～25	17～18	5～15	8～10

稀浆封层混合料一般用于二级及二级以下公路的预防性养护，也适用于新建道路的下封层。ES-1 型稀浆混合料称为细封层，由于矿料颗粒尺寸较小、沥青含量较高，ES-1 型稀浆混合料具有较好的渗透性，有利于治愈路面裂缝，适用于一般交通道路路面上较大裂缝的修补，以及中、轻交通道路的薄层罩面处理，尤其适合于寒冷地区道路及轻交通道路使用；ES-2 型称为中粒式封层，含有足够数量的细集料和乳化沥青，又含有一定数量的粒径较大的颗粒，使得稀浆混合料既能够渗透路面裂缝之中，又兼具一定的抗滑性和耐磨性，用途广泛，是铺筑中等交通道路磨耗层最常用的类型，也适用于旧路修复罩面；ES-3 型称为粗封层，混合料中有一定数量的较大粒径的颗粒，封层表面较为粗糙，适用于一般道路的表层抗滑处理，铺筑高粗糙度的磨耗层。

（2）微表处混合料 MS(Micro-Surface)

我国现行技术规范中，将微表处混合料分为 MS-1 和 MS-2 两种类型，见表 3-79。

微表处主要用于高速公路及一级公路的预防性养护以及填补轻度车辙，也适用于新建道路的抗滑磨耗层。微表处混合料 MS-1 型适用于重要道路、桥面铺装的薄层微表处罩面；MS-2 型适用于高速公路、一级公路、城市快速路、主干路的较薄微表处。

（3）混合料的组成材料

稀浆封层混合料应选用的乳化沥青类型为：阳离子 BC-1、阴离子 BA-1 或改性乳化沥青 BCR，微表处混合料应选用的乳化沥青类型为改性乳化沥青 BCR。在选择乳化沥青破乳速度时，应考虑混合料的施工和易性，即在乳化沥青与矿料的拌和、摊铺过程中，混合料应处于均匀、不破乳、不离析的良好流动状态。在需要尽早开放交通路段的道路结构中，应选用凝结速率较快的、慢裂快凝的、拌和型乳化沥青或改性乳化沥青。

为了调节稀浆混合料中乳化沥青的破乳速度，满足拌和、摊铺和开放交通的需要，可以掺加适量外加剂，如氯化钙、氯化铵、氯化钠、硫酸铝等。

稀浆封层与微表处混合料应选择坚硬、耐磨洁净的集料，不得含有泥土和杂物。各项指标应满足热拌沥青混合料对集料的质量要求，当用于抗滑表层时，粗集料还应满足磨光值的要求。

在不影响稀浆混合料性能的前提下，可以选用硅酸盐水泥作为填料，填料可以是矿粉、水泥、石灰、粉煤灰等。

（4）混合料的配合比设计

在稀浆封层或微表处施工前，应进行稀浆封层混合料和微表处混合料的配合比设计。设计内容包括：确定矿料配合比、用水量和最佳沥青用量，并确定稀浆混合料的初凝时间及开放交通时间,以指导稀浆封层的施工操作过程。评价稀浆混合料和微表处混合料技术性能的各项指标及其要求见表3-80。

稀浆混合料和微表处混合料的技术要求(JTG F40—2004)　　表3-80

试验项目		稀浆封层	微表处
可拌和时间(25℃)(s),大于		120	120
稠度值(cm)		2~3	—
黏结力试验	30min(初凝时间)(N·m),不小于	1.2(仅适用于快速开放交通)	1.2
	60min(开放交通时间)(N·m),不小于	2.0(仅适用于快速开放交通)	2.0
负荷轮碾试验(LWT)	黏附砂量(g/m^2),小于	450(仅适用于重交通道路表层)	450
	轮迹宽度变化量(%),小于	—	5
湿轮磨耗试验的磨耗值	浸水1h(g/m^2),小于	800	540
	浸水6h(g/m^2),小于	—	800

3. 冷补沥青混合料

冷补沥青混合料是采用具有级配的矿料与适量的改性沥青结合料,加入适量的软化剂或添加剂,在常温下拌和并袋装密封储存的一种路面养护材料。这种材料可以库存,并可在常温下施工,操作简单,适用于临时性修补工程或无法采用热拌沥青混合料进行修补的紧急抢修工程。

根据所采用的结合料类型,冷补沥青混合料有乳化沥青类和溶剂沥青类,后者为液体石油沥青。

(1)乳剂沥青类冷补混合料

乳化沥青类型是决定冷补沥青混合料质量和储存期的关键材料,宜选用慢裂型乳化沥青作为结合料,并选择高质量沥青材料配制乳化沥青。为保证常温沥青混合料在拌和、储存、摊铺等施工阶段的稳定性,需要加入适量的添加剂,其种类和剂量应通过室内试验确定。

采用乳化沥青配制的冷补沥青混合料不适宜长期储存,多为随拌随用。且乳化沥青混合料需要较长时间才能成型,所修补的坑洞容易松散,一般只适合于轻交通道路使用。

(2)溶剂沥青类冷补混合料

按照使用季节的不同,溶剂沥青类混合料可分为夏秋季用和春冬季用两种规格,也可分成夏季用、春秋季用和冬季用三种规格。在气温较高季节使用时,采用黏度较高的液体石油沥青拌制;而在低温季节使用时,应采用黏度较低的液体沥青拌制。

采用液体沥青拌制的溶剂沥青类冷拌混合料的适用性较强,既可铺成2~3cm的薄层,修补较小的坑洞,也可用于修补5~10cm较深的坑槽。用溶剂沥青类冷补混合料所修补的路面在行车作用下会进一步压密,强度逐渐提高。经过压实成型的沥青混合料,使用性能与热铺沥青路面基本相同,所以这种混合料既可用于高等级道路路面坑槽修补,也可在一般道路养护中使用。

(3)冷补沥青混合料的组成材料

用于修补沥青路面坑槽的冷补沥青混合料宜采用适宜的具有良好的耐水性改性沥青混合料制作。

冷补沥青混合料用集料、填料等应符合热拌沥青混合料对集料和填料的技术要求。冷补沥青混合料的矿料合成级配可以参照表3-81进行设计,级配类型的选择应满足补坑需要。粗集料级配应具有充分的嵌挤能力以保证在未经充分碾压的条件下可开放通车碾压而不松散。

冷补沥青混合料的矿料级配组成(JTG F40—2004)　　　　表3-81

类型	下列筛孔(mm)的通过百分率(%)											
	26.5	19	16	13.2	9.5	4.75	2.36	1.18	0.6	0.3	0.15	0.075
细粒式 LB-10	—	—	—	100	80~100	30~60	10~40	5~20	0~15	0~12	0~8	0~5
细粒式 LB-13	—	—	100	90~100	60~95	30~60	10~40	5~20	0~15	0~12	0~8	0~5
中粒式 LB-16	—	100	90~100	50~90	40~75	30~60	10~40	5~20	0~15	0~12	0~8	0~5
粗粒式 LB-19	100	95~100	80~100	70~100	60~90	30~70	10~40	5~20	0~15	0~12	0~8	0~5

(4)冷补沥青混合料的技术要求

冷补沥青混合料应具备的性能包括:良好的低温操作和易性,用于冬季寒冷季节补坑的混合料,应在松散状态下经-10℃的冰箱保持24h无明显的凝聚结块现象,且能用铁铲方便地拌和操作;良好的耐水性,混合料按水煮法或水浸法检验的抗水剥落性能(裹覆面积)不得小于95%;足够的黏聚性,将混合料装入马歇尔试模在4℃恒温箱中2~3h后,双面各击实5次制作试件,脱模后将试件直立于标准筛上来回滚动20次,试件的破损率不得大于40%;足够的稳定性,修正的马歇尔试验稳定度宜不小于3kN。

二、再生沥青混合料

再生沥青混合料(Recycled Asphalt Mixture)是指采用沥青路面回收料(RMAP)与集料、再生结合料、沥青再生剂(必要时)等通过热拌或冷拌方式生产的沥青混合料。沥青路面回收料(Reclaimed Materials from Asphalt Pavement)是采用铣刨、开挖等方式从沥青路面上获得的旧料,包括沥青混合料回收料(RAP)、无机回收料(RAI)。RAP是采用铣刨、开挖等方式从沥青路面上获得的旧沥青混合料。RAI是采用铣刨、开挖等方式从沥青路面上获得的旧无机结合料稳定粒料或旧无结合料粒料。

沥青路面在使用一定时间后,其整体性能将不能满足路用要求,但作为路用材料仍然有着很高的利用价值。通过再生利用,可以使其重新满足路用性能要求,既可节省大量材料资源和资金,同时又有利于处置废料,避免环境污染,实现循环经济发展模式和可持续发展,具有显著的经济效益和社会效益。

1. 沥青路面再生技术

沥青路面再生技术是采用专用机械设备对旧沥青路面或沥青路面回收料进行处理,再掺加一定比例的新集料和填料、新沥青、沥青再生剂(必要时)拌制得到再生沥青混合料,用于铺筑路面结构层的技术。按照再生沥青混合料拌制和施工温度的不同,沥青路面再生可以分为热再生和冷再生;按照施工场合的不同,沥青路面再生技术可以分为厂拌再生和就地再生。

(1) 厂拌热再生(Hot Central Plant Recycling)

厂拌热再生是在拌和厂将沥青混合料回收料(RAP)破碎、筛分后,以一定的比例与新矿料、新沥青、沥青再生剂等加热拌和为混合料,然后铺筑形成沥青路面的技术。

厂拌热再生是目前最成熟和应用最广泛的技术,也是使用价值最高的技术。厂拌热再生适用于对沥青路面回收料进行热拌再生利用,再生混合料适用于铺筑各个交通荷载等级公路和城市道路的沥青面层,以及极重、特重和重交通荷载等级道路的基层。

(2) 就地热再生(Hot In-Place Recycling)

就地热再生是采用专用设备对沥青路面就地进行加热、翻松,掺入一定数量的新沥青、新沥青混合料、沥青再生剂等,经热态拌和、摊铺、碾压等工序,实现旧沥青路面面层再生的技术。

就地热再生有复拌再生和加铺再生两种形式。复拌再生(Remixing)是指将旧沥青路面加热、翻松,就地掺加一定数量的沥青再生剂、新沥青混合料、新沥青(需要时),经热态拌和、摊铺、压实成型。加铺再生(Repaving)是指将旧沥青路面加热、翻松,就地掺加一定数量的沥青再生剂、新沥青(需要时),拌和形成再生沥青混合料,利用再生复拌机的第一熨平板摊铺再生沥青混合料,利用再生复拌机的第二熨平板同时将新沥青混合料摊铺于再生混合料之上,两层一起压实成型。

就地热再生适用于仅存在浅层轻微病害的各等级公路和城市道路的沥青面层。对于新建道路,仅可用于中、下面层。

(3) 厂拌冷再生(Cold Central Plant Recycling)

厂拌冷再生是在拌和厂将沥青混合料回收料(RAP)或者无机回收料(RAI)破碎、筛分后,以一定的比例与新矿料、再生结合料、水等在常温下拌和为混合料,然后铺筑形成沥青路面的技术。可根据需要选择乳化沥青、泡沫沥青、水泥作为再生结合料。

厂拌冷再生混合料可用于铺筑高速公路和一、二级公路沥青路面的下面层及基层、底基层,三、四级公路的面层。当用于三、四级公路的上面层时,应采用稀浆封层、碎石封层、微表处等做上封层。

(4) 就地冷再生(Cold In-Place Recycling)

就地冷再生是采用专用设备对沥青层进行就地铣刨,掺入一定数量的新矿料、再生结合料、水,经过常温拌和、摊铺、压实等工序,实现旧沥青路面再生的技术。

仅对沥青层进行就地冷再生称为沥青层就地冷再生,再生层既包括沥青层又包括非沥青材料层时,称为全深式就地冷再生。沥青层就地冷再生应使用乳化沥青、泡沫沥青作为再生结合料;全深式就地冷再生既可使用乳化沥青、泡沫沥青等沥青类的再生结合料,也可使用水泥、石灰等无机结合料作为再生结合料。当使用水泥、水灰等作为再生结合料时,再生层只能作为基层。

就地冷再生适用于一级、二级和三级公路沥青路面的再生利用,用于高速公路时应进行论证。就地冷再生混合料适用于一、二级公路的下面层或基层、三级公路的面层或基层。当就地冷再生层作为上面层时,应采用稀浆封层、碎石封层、微表处等做上封层。

总体来讲,厂拌再生沥青混合料与就地再生沥青混合料不同之处在于,厂拌生产方式可以比较准确地控制旧料和新料的配合比例,且拌和充分而均匀,因此再生混合料的质量容易得到保证,而就地再生混合料配合比例控制难度较大,因而质量不及厂拌再生混合料。

2. 沥青路面的再生

(1) 沥青的再生

沥青在运输、施工和沥青路面使用过程中逐渐老化,表现为沥青质增加、油分减少,破坏了原有沥青组分的平衡,沥青胶体结构和流变性质也随之发生变化。随着老化时间的延长,沥青的老化程度加深、黏度增大、沥青的非牛顿性质更为显著。因此,旧沥青路面再生的关键是沥青的再生,从理论上来说,沥青的再生是沥青老化的逆过程。

旧沥青的再生是根据生产调和沥青的原理,在旧沥青中加入某种组分的油料(即再生剂),补充所失去的油分;或者加入适当稠度的沥青,经过调配,在一定程度上恢复沥青组分的平衡,使调配后的再生沥青具有适当的黏度和所需要的路用性质。

再生剂的作用在于将旧沥青的黏度降至沥青混合料所需要的大小,使过于脆硬的旧沥青混合料软化,以便在机械和热的作用下充分分散,和新沥青、新集料均匀混合;渗入旧料中与旧沥青充分交融,使在老化过程中凝聚起来的沥青质重新溶解分散、调节沥青的胶体结构、改善沥青流变性质。

(2) RAP 在再生混合料中的作用

回收沥青路面材料 RAP 在再生混合料中是作为"黑色集料",还是作为沥青混合料,取决于再生工艺技术、RAP 的掺配比例及 RAP 中沥青的老化程度。

对于热再生沥青混合料而言,由于 RAP 中的旧沥青在加热状态下能够较好地与新沥青融合,RAP 中的矿料可以相对独立地发挥矿料的作用。因而,热再生混合料级配设计时,采用 RAP 中矿料级配和新矿料级配的合成级配。然而,如果 RAP 中沥青老化程度严重,则 RAP 接近"黑色集料"。通常,当 RAP 中的旧沥青针入度小于 20 时,经试验研究后可考虑将 RAP 作为"黑色集料"使用。

在冷再生沥青混合料中,由于 RAP 中的旧沥青没有经历热熔的过程,难以与新添加的乳化沥青或泡沫沥青有效融合,因此,RAP 中的颗粒主要是作为"黑色集料"在发挥作用。因此,冷再生混合料级配设计采用 RAP 级配和新矿料级配的合成级配。但是冷再生混合料在施工完成后,旧沥青与新沥青之间会有一个漫长的互相融合的过程,因此,RAP 又不完全等同于集料。

有研究表明,当回收沥青路面材料掺量在 10%~20% 时,新旧沥青的混合效应可以忽略不计。当回收沥青路面材料掺量不超过 40% 时,再生混合料的高温性能优于非再生混合料,但疲劳性能和低温性能低于非再生混合料。回收沥青路面材料比例越大,高温性能改善越多,低温性能损失越大。

3. 再生沥青混合料中的材料

(1) 新沥青

拌制再生混合料时,添加新沥青的目的在于补充再生混合料所需的结合料,使混合料中总的结合料达到最佳状态;同时,它还在某种程度上起着调节旧沥青的稠度,改善旧沥青性质的作用。

① 道路石油沥青

热拌再生沥青混合料使用的道路石油沥青,以及制作乳化沥青、泡沫沥青使用的道路石油沥青,应符合《公路沥青路面施工技术规范》(JTG F40—2004)的规定。

在厂拌热再生混合料中,沥青标号应根据道路等级、结构层位、气候条件、交通条件等进行选择。并根据回收沥青路面材料RAP性质和掺配比例,参照表3-82对新沥青标号进行调整。

厂拌热再生混合料中新沥青的选择(JTG/T 5521—2019)　　　　表3-82

再生沥青混合料新沥青选择回收沥青等级	RAP含量	建议的新沥青等级
$P \geqslant 30$	$R < 20\%$	沥青选择不需要变化
$20 \leqslant P < 30$	$R < 15\%$	
$10 \leqslant P < 20$	$R < 10\%$	
$P \geqslant 30$	$20\% \leqslant R < 30\%$	选择新沥青标号比正常高半个等级,即针入度10(0.1mm)
$20 \leqslant P < 30$	$15\% \leqslant R < 25\%$	
$10 \leqslant P < 20$	$10\% \leqslant R < 15\%$	
$P \geqslant 30$	$R \geqslant 30\%$	根据新旧沥青混合调和法则确定
$20 \leqslant P < 30$	$R \geqslant 25\%$	
$10 \leqslant P < 20$	$R \geqslant 15\%$	

注:表中的P代表回收沥青25℃的针入度(0.1mm);表中R代表再生混合料中的RAP含量。

②乳化沥青或泡沫沥青

冷再生工艺应使用质量符合要求的阳离子乳化沥青或改性乳化沥青。通常情况下,厂拌冷再生宜使用慢裂型乳化沥青,就地冷再生宜使用中裂型或者慢裂型乳化沥青。施工时,若乳化沥青温度过高,会造成过快破乳。为了保证施工质量,乳化沥青的使用温度不得高于60℃。

在冷再生工艺中,为了使泡沫沥青与冷料拌和均匀,所用泡沫沥青应满足膨胀率不小于10倍且半衰期不小于8s的要求。

在冷再生混合料中,乳化沥青或泡沫沥青添加量折合成纯沥青后占混合料其余部分干质量的百分比一般为1.8%~3.5%。

(2)再生剂(Rejuvenating Agent)

再生剂是用于恢复回收沥青路面材料RAP中已老化沥青性能的添加剂。再生剂必须具有溶解和分散沥青质的能力。旧沥青中的沥青质含量越高,则要求再生剂溶解和分散沥青质的能力也越高。再生剂的组分对于再生剂来说是十分重要的,其中的芳香分具有溶解和分散沥青质的能力,而饱和分则相反,它是沥青质的促凝剂。通常要求再生剂中芳香分含量不小于30%、饱和分含量不大于30%。

在热拌再生工艺过程中,再生剂要受到加热高温的影响;再生沥青混合料铺筑在路面上,还将受到大气自然因素的作用,故再生剂必须具有一定的耐热性和耐候性。

因此,适当的黏度、良好的流变性质、富含芳香分以及良好的耐候性,是再生剂应具备的质量要求。应根据回收沥青路面材料中沥青的老化程度、沥青含量、回收沥青路面材料的掺配比例、再生剂与沥青的配伍性,综合选择再生剂品种。

(3)再生沥青

再生沥青是指新沥青、回收沥青和再生剂共同形成的结合料。在厂拌热再生混合料中,当RAP沥青与新添加沥青的类型不一致时,判断再生沥青类型时应以占比例最高的沥青类型为准。例如,当RAP沥青是SBS改性沥青而新添加沥青是普通石油沥青时,若RAP沥青占再生沥青的比例为30%，则该厂拌热再生混合料应视为普通沥青混合料；若RAP沥青占再生沥青的比例为55%，则该厂拌热再生混合料应视为SBS改性沥青混合料。在就地热再生混合料中，由于新添加沥青往往少于RAP沥青，在判断再生沥青类型时一般以RAP沥青类型为准。

根据工程条件和设计要求，再生沥青应满足《公路沥青路面施工技术规范》(JTG F40—2004)中道路石油沥青或聚合物改性沥青的技术要求。由于抽提回收沥青的过程中，不可避免地有微量矿粉进入回收沥青中，使得再生沥青的延度指标常常难以达到普通沥青的指标要求，可以根据工程实际情况对再生沥青的延度指标单独提出设计要求。

(4) 集料与矿粉

粗集料、细集料和矿粉应符合《公路沥青路面施工技术规范》(JTG F40—2004)的规定。

(5) 水泥与石灰

水泥作为再生结合料或活性添加剂时，可以采用强度等级32.5级或42.5级的普通硅酸盐水泥、矿渣硅酸盐水泥等。水泥的初凝时间应在3h以上，终凝时间宜在6h以下。不得使用快硬、早强水泥。

石灰作为再生结合料或活性添加剂时，可以采用技术指标符合要求的消石灰粉或生石灰粉。

水泥等活性填料对提高冷再生混合料的早期强度和水稳定性等具有积极作用，但因水泥剂量过大会对再生混合料性能带来负面影响，故要求水泥剂量不应超过1.5%。

(6) 沥青路面回收料RAP

回收沥青路面材料RAP的性能及其再生工艺直接影响再生混合料性能，对RAP性能进行检测评价是指导新沥青(再生剂)选择、进行再生混合料设计、保证再生沥青混合料性能的关键。

检验项目包括RAP的含水率、矿料级配、沥青含量，回收沥青的针入度、软化点、延度等，粗集料的针片状颗粒含量、压碎值，细集料的棱角性等指标。RAP的实测指标应满足表3-83的技术要求。用于高掺量RAP厂拌热再生时，不同部位取样所测试的RAP沥青含量、矿料级配、集料毛体积密度等指标的变异性应满足相关要求。

沥青路面回收料 RAP 实测指标要求　　　　表3-83

再生类型	材料	检测项目	技术要求
厂拌热再生预处理后的RAP*	RAP	含水率(%)	≤3
	RAP中<0.075mm的部分	砂当量(%)	≥55
	RAP中的沥青	针入度(0.1mm)	≥15
就地热再生	再生厚度范围内RAP中的沥青	针入度(0.1mm)	≥20
厂拌、就地冷再生	RAP中<0.075mm的部分	砂当量(%)	≥50

注：*采用厂拌热再生工艺时，RAP料应经过预处理后方可使用。

4. 再生混合料配合比设计要求

应在对沥青路面回收料RAP充分检测分析的基础上，根据工程要求、道路等级、交通荷载等级、结构层位等因素，借鉴成功的经验，选择符合要求的材料进行再生混合料配合比设计。

(1) 配合比设计内容

再生混合料配合比设计的主要内容包括：工程设计级配范围的确定、新集料用量的确定、最佳新沥青(再生剂)用量的确定、最佳含水率(冷再生混合料)、再生混合料性能检测。热再生混合料配合比设计一般采用马歇尔试验法进行而冷再生混合料配合比设计一般采用修正的马歇尔试验方法进行。

(2)工程设计级配范围

对于热再生混合料,应以RAP中矿料与新矿料的合成级配作为级配设计依据;对于冷再生混合料,应以RAP级配与新矿料的合成级配作为级配设计依据。

厂拌热再生和就地热再生的混合料类型、工程设计级配范围的确定应符合《公路沥青路面施工技术规范》(JTG F40—2004)中对同类型热拌沥青混合料的技术要求。

乳化沥青再生混合料和泡沫沥青再生混合料的工程设计级配范围可按表3-84确定。

冷再生沥青混合料工程设计级配范围　　　　表3-84

类型		下列筛孔(mm)的通过百分率(%)								
		37.5	26.5	19	13.2	9.5	4.75	2.36	0.3	0.075
乳化沥青混合料	粗粒式	100	80~100	—	60~80	—	25~60	15~45	3~20	1~7
	中粒式		100	90~100	—	60~80	35~65	20~50	3~21	2~8
	细粒式A			100	90~100	60~80	45~75	25~55	6~25	2~9
	细粒式B				100	90~100	60~80	35~65	6~25	2~10
泡沫沥青混合料	粗粒式	100	85~100	—	60~85	—	30~55	20~40	10~25	4~12
	中粒式		100	85~100	—	55~80	35~60	25~45	10~25	4~12
	细粒式			100	85~100	—	40~65	28~45	10~25	4~12

(3)配合比设计要求

厂拌热再生和就地热再生混合料的技术要求和性能检测应符合《公路沥青路面施工技术规范》(JTG F40—2004)中对同类型热拌沥青混合料的技术要求。

乳化沥青再生混合料和泡沫沥青再生混合料配合比设计指标应满足表3-85的要求。

冷再生混合料配合比设计的技术要求(JTG/T 5521—2019)　　　　表3-85

试验项目		重交通及以上等级道路		其他交通荷载等级道路	
		面层	基层及以下层位	面层	基层及以下层位
15℃劈裂强度试验	劈裂强度(MPa)	≥0.6	≥0.5	≥0.5	≥0.4
	干湿劈裂强度比(%)	≥80		≥75	
冻融劈裂强度比(%)		≥75		≥70	
车辙试验[2]的动稳定度(次/mm)		≥2000		—	
空隙率(%)		8~13[1]			

注:①泡沫沥青再生混合料无空隙率要求。
②采用轮碾法成型80mm厚(粗粒式)或50mm厚(中粒式和细粒式)的冷再生混合料车辙板试件,碾压完成后即将试件置于60℃鼓风式烘箱中48h烘干至恒重,随后进行车辙试验,试验前试件保温8~10h。

三、环氧沥青混凝土混合料

环氧沥青混凝土混合料(Epoxy Asphalt Mixture)是采用环氧沥青与一定级配的集料配制而成的热固性沥青混凝土材料。由于环氧沥青经过固化后能够形成很高的强度或模量,故又称之为高强沥青混凝土。环氧沥青混凝土适用于大型桥梁的桥面铺装、高速公路和一级公路、城市干道路面、公共汽车停车站铺面、道路和机场道面的防滑磨耗层、广场铺面等。

1. 环氧沥青混凝土的特性

环氧沥青混凝土的许多性质如强度、刚度、耐久性等方面与水泥混凝土十分相似,同时在很多方面又具有沥青混凝土的优良性能。

环氧沥青混凝土铺筑成型后,强度随着环氧树脂的固化程度而逐渐增长,图 3-38 是环氧沥青混合料劈裂强度随养护龄期延长而增长的曲线,其强度形成规律与水泥混凝土十分相似。在 20~25℃时,环氧树脂完全固化大约需要 60d,但在 10℃以下固化作用几乎停止。

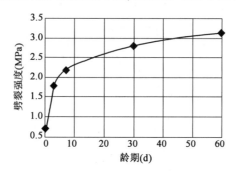

图 3-38 劈裂强度与龄期的关系

环氧沥青混合料兼具强度高、刚度大、抗疲劳性好、抗油抗水性能优越等技术性质,详见第二章第五节的相关内容。

2. 环氧沥青混凝土的配制及特点

(1)冷拌环氧沥青混凝土的配制

冷拌环氧沥青混凝土是在常温下将集料与环氧沥青拌和,经摊铺、压实后,环氧沥青慢慢固化而形成。冷拌环氧沥青混凝土施工方便,但与热拌环氧沥青混合料相比,其强度要低些。

在拌制混合料之前,先将沥青、介质、环氧树脂和常温固化剂(如乙二胺、三乙烯四胺、低分子聚酰胺、间苯二甲胺等)分别配制成甲料和乙料。其中,甲料由沥青、介质、环氧树脂以及溶剂配合而成,在常温下呈黑色稀浆状,具有流动性;乙料由固化剂和溶剂组成,呈黄色或棕黄色液体。甲料与乙料的配合比例、各种组成材料的用量可参考有关技术规范或手册确定。使用时按比例将乙料加入甲料中并搅拌均匀,即可用于拌制沥青混合料。

(2)热拌环氧沥青混凝土的配制

热拌环氧沥青混凝土的配制与普通热拌沥青混合料相似,但增加了环氧树脂、固化剂和介质等组成材料。一般是先将介质加入沥青中,搅拌均匀。在拌和混合料之前的 20min,将环氧树脂与固化剂进行混合,然后加入混合料一起拌和均匀即可出料。

控制热拌环氧沥青混合料的拌和温度是非常重要的,固化物在反应过程中,初凝时间以沥青混合料开始丧失黏性为标志,如果在拌和时丧失黏性则混合料失效报废。为了保证施工工艺过程所需的时间,拌和温度应与所选用的固化剂匹配。固化剂的选择是该技术的关键所在,必须经过反复试验和筛选,不可以过分依赖查阅现成的手册或书籍。

环氧沥青混凝土混合料可以采用通常的沥青混合料拌和机与摊铺机进行施工,但需要配置环氧沥青及固化剂的配制设备和计量仪具。由于环氧沥青混凝土施工工艺比较复杂,各个环节要求比较严格,必须对施工人员进行专门培训,并在正式施工之前铺筑试验路段,以取得有关施工参数和经验。

(3)钢桥面铺装用环氧沥青混合料配合比设计要点

当环氧沥青混合料用于钢箱梁桥面铺装时,所用集料的质量至少应满足高速公路用沥青混合料对集料的所有要求。填料必须采用石灰岩粉料,其中粉料至少含90%的碳酸钙,且不含活性石灰。

环氧沥青混合料配合比设计采用马歇尔试验方法。混合料的设计级配范围见表3-86,混合料技术要求见表3-87。

环氧沥青混凝土级配范围(JTG/T 3364-02—2019)　　表3-86

级配类型	下列筛孔(mm)的通过百分率(%)								
	13.2	9.5	4.75	2.36	1.18	0.6	0.3	0.15	0.075
级配1	100	95~100	65~85	50~70	39~55	28~40	21~32	14~23	7~14
级配2	100	100	90~100	45~65	25~45	20~40	12~18	7~18	5~10

钢桥面铺装用环氧沥青混合料的技术要求(GB/T 38990—2020)　　表3-87

技术指标		技术要求
马歇尔试验	稳定度(kN) 固化试件	≥40
	稳定度(kN) 未固化试件	≥5.5
	流值(0.1mm)	20~50
	空隙率(%)	≤3
	沥青饱和度/%	≥75
	残留稳定度/%	≥90
车辙试验动稳定度(次/mm)	60℃,0.7MPa	≥8000
	70℃,0.7MPa	≥5000
冻融劈裂强度比(%)		≥70
低温弯曲极限应变(-15℃,1mm/min)		$\geq 2 \times 10^{-3}$

四、浇注式沥青混合料

浇注式沥青混合料(Guss asphalt)是指由集料、矿粉和沥青结合料组成,经高温拌和后具有一定流动性、无须碾压、几乎无空隙的沥青混合料。

1. 浇注式沥青混合料的特性

浇注式沥青混合料起源于德国,早期的浇注式沥青混合料是将天然沥青粉碎后与石料在高温条件下拌和形成沥青胶砂,其中的沥青与细集料含量特别多,基本不含粗集料。改进后的浇注式沥青混合料中加入20%~55%的粗集料,但仍具有沥青用量高、矿粉含量高、拌和温度高的"三高"特点。表现为:浇注式沥青混凝土中的沥青结合料用量高达7%~10%、矿粉含量高达20%~30%、混合料拌和温度高达220~260℃且拌和时间较长(2~3min),在其运输的过程中也需要不断地搅拌。

浇注式沥青混合料为悬浮密实型结构,因粗颗粒集料悬浮于沥青胶砂中,不能相互嵌挤形成骨架,其强度主要取决于沥青与填料交互作用而产生的黏结力。浇注式沥青混合料空隙极小、不透水、耐侵蚀性好、变形能力强、低温时不易产生裂纹。由于浇注式沥青混合料密实不透水、耐久性好、同时又有极好的黏韧性、适应变形能力强,与钢桥桥面变形有很好的随从性,因而特别适用于大中型桥梁的桥面铺装,尤其是大跨度的斜拉桥和悬索桥钢桥。

2. 浇注式沥青混合料的组成材料

(1)沥青结合料

浇注式沥青混合料的强度主要来源于沥青结合料的黏结力,因此,沥青结合料对浇注式沥青混合料的性能有着决定性影响。沥青结合料既要具有较高的黏度,又要具有一定的流动性和低温抗裂性。目前,国外主要采用低针入度沥青(相当于我国 A-30)或者普通石油沥青掺加天然沥青(一般掺入 25%~30%的特立尼达湖沥青 TLA)而得到的硬质沥青。如德国一般采用标号 B45 和 B25 的沥青结合料(其技术指标见表 3-88),或采用 B65 标号沥青与 TLA 调配出性能与标号 B25 类似的沥青结合料。

德国浇注式沥青混凝土沥青结合料技术指标　　　　表 3-88

技术指标	B45	B25	技术指标	B45	B25
针入度(25℃)(0.1mm)	35~50	20~30	密度(最小)(g/cm³)	1.00	1.00
软化点(℃)	54~59	59~67	蒸发后质量变化率(最大)(±%)	0.80	0.80
脆点(最大)(℃)	-6	-2	老化后软化点增加(最大)(℃)	6.5	6.5
延度(最小)(25℃)(cm)	40	15	老化后针入度变化(最大)(%)	40	40
含蜡量(最大)(%)	2.0	2.0	老化后延度(最小)(25℃)(cm)	15	5

我国《公路钢桥面铺装设计与施工技术规范》(JTG/T 3364-02—2019)规定,浇注式沥青混合料中常用改性沥青分为三类:Ⅰ为聚合物改性沥青,Ⅱ为聚合物改性沥青与天然沥青复合改性沥青,Ⅲ为道路石油沥青与天然沥青复合改性沥青。为增加浇注式沥青混合料高温性能,常在沥青中掺入湖沥青等天然沥青。天然沥青虽然有耐老化、高温稳定性好等优点,但其常温、低温下的脆性限制了其在钢桥面铺装中的应用。德国在 1993 年修订钢桥面铺装技术规范时,规定在钢桥面铺装中不得使用特立尼达和多巴哥的天然湖沥青,但我国气候条件和交通条件与德国差异较大,因此我国仍规定可使用天然沥青。

改性沥青的技术要求应符合表 3-89 的规定。

改性硬质沥青技术要求(JTG/T 3364-02—2019)　　　　表 3-89

试验项目		单位	技术要求			试验方法
			Ⅰ	Ⅱ	Ⅲ	
针入度(25℃,100g,5s)		0.1mm	20~40	10~40	15~30	T 0604
软化点(环球法)		℃	≥85	≥95	58~68	T 0606
延度(5cm/min)	25℃	cm	—	—	≥10	T 0605
	10℃	cm	—	≥10	—	
	5℃	cm	≥10	—	—	

续上表

试验项目		单位	技术要求			试验方法
			Ⅰ	Ⅱ	Ⅲ	
闪点		℃	≥280			T 0611
溶解度		%	≥99	85~95	80~91	T 0607
密度(15℃)		g/cm³	≥1.00			T 0603
TFOT(或 RTFOT)后残留物	质量变化	%	-1.0~+1.0			T 0610 或 T 0609
	针入度比(25℃)	%	≥70			T 0604

(2)集料和矿粉

浇注式沥青混合料所用粗集料、细集料与矿粉的质量应满足我国《公路沥青路面施工技术规范》(JTG F40—2004)中的技术要求,并检验高温烘干后的压碎值等指标,烘干温度为混合料拌和时需要集料加热的温度。

浇注式沥青混合料中细集料大约占30%,其性能对混合料的影响很大。细集料宜采用机制砂,可添加天然砂。

浇注式沥青混合料中矿粉宜采用石灰石磨制的石粉,0.075mm筛的通过百分率应不低于80%。

为获得表面粗糙度,或提高上下层间的结合,施工时可采取趁热将适量的预拌有沥青的优质石屑嵌入浇注式沥青混合料铺装层内的措施。在人行道或慢车道上,则在其表面撒布石英砂以提高表面的抗滑性。

(3)混合料的级配组成

由于浇注式沥青混合料的铺装厚度一般为2~4cm,矿料最大粒径一般宜控制在13.2mm以下。德国浇注式沥青混合料级配分为3种类型,见表3-90。其中,0/11型用于行车道,0/8型和0/5型用于人行道。

德国浇注式沥青混凝土混合料的级配组成　　表3-90

类型	下列筛孔(mm)的通过百分率(%)					铺装层厚度(cm)
	0.09	2.0	5.0	8.0	11.2	
0/11	20~30	45~55	—	≥15	≤10	2.0~3.0
0/8	22~32	40~50	≥15	≤10	—	2.5~3.5
0/5	24~34	35~45	≤10	—	—	3.5~4.5

我国目前用于钢箱梁桥面铺装的浇注式沥青混合料的设计级配范围见表3-91。

钢桥面铺装用浇注式沥青混合料的设计级配范围(JTG/T 3364-02—2019)　　表3-91

项目		下列筛孔尺寸(mm)的通过率(%)									
		16	13.2	9.5	4.75	2.36	1.18	0.6	0.3	0.15	0.075
设计级配范围	GA-10	100	100	80~100	63~80	48~63	38~52	32~46	27~40	24~36	20~30
	GA-13	100	95~100	80~95	60~80	45~62	38~55	35~50	28~42	25~32	20~32

3. 钢箱梁桥面铺装用浇注式沥青混合料配合比设计要求

浇注式沥青混合料既要具有施工时所需的流动性,又要具备保持结构强度所需的温度稳定性。一般采用刘埃尔(Lueer)流动性试验测试浇注式沥青混合料黏度,评价其施工和易性;采用贯入度试验贯入量和贯入量增量等指标,评价其高温稳定性;辅以车辙试验和小梁低温弯曲试验评价浇注式沥青混合料的高温、低温性能。我国对用于钢箱梁桥面铺装的浇注式沥青混合料的技术要求见表3-92。

浇注式沥青混合料技术要求　　　　　　表3-92

技术指标	气候分区及相应的技术要求						
	夏炎热区	夏热区	夏凉区	冬严寒区	冬寒区	冬冷区	冬温区
贯入度(mm)	1~4(60℃)	1~4(50℃)	1~4(40℃)	—		—	
贯入度增量(mm)	≤0.4(60℃)	≤0.4(50℃)	≤0.4(40℃)	—		—	
低温弯曲破坏应变	—	—	—	$\geq 3 \times 10^{-3}$		$\geq 2.5 \times 10^{-3}$	
流动性(230~240℃)	5~20						

五、橡胶沥青混合料

橡胶沥青混合料(Rubberized Asphalt Mixture)是指采用轮胎胶粉、沥青结合料、集料与矿粉等按照一定比例拌和生产的一种沥青混合料。

随着汽车保有量的不断增长,废旧轮胎数量剧增。废旧轮胎属于工业有害固体废物,是恶化自然环境、破坏植被生长、影响人类健康、危及生态环境的有害垃圾之一,所以废旧轮胎被称为"黑色污染",其回收和处理技术是世界性难题。2022年中国产生废旧轮胎约为3.5亿条,折合重量约为1228万吨,并以每年8%~10%的速度增长。目前处理废旧轮胎作为资源回收利用的主要用途有:轮胎翻新、热能利用、热分解以及土木工程建设等。其中,将废旧轮胎磨细成橡胶粉应用于道路工程建设得到了较为广泛的关注,这也是大量处理废旧轮胎的较佳途径。

1. 橡胶沥青混合料的生产工艺

通常,废旧轮胎橡胶粉在沥青路面中应用的工艺方法主要有湿法(Wet Process)和干法(Dry Process)两种工艺。湿法是指直接将轮胎胶粉加入沥青中,经过搅拌或研磨剪切制备成具有改性沥青特性的橡胶沥青,用于拌和沥青混合料。干法是将适当粒级的轮胎胶粉直接加入到集料中进行拌和,然后加入沥青拌制成沥青混合料。两种工艺方法的差异如下:

(1)目的不同

采用干法的目的主要是以橡胶颗粒代替部分集料,可大量消耗废橡胶,或者改善沥青混合料的某种性质,如增大阻尼性质以降低沥青路面噪声;采用湿法的主要目的则是利用废旧橡胶改善沥青性能,以提高沥青路面的路用性能。

(2)粒度和剂量不同

干法采用的橡胶粉颗粒较粗,其粒径为1~3mm,掺量一般为集料质量的1%~3%;湿法采用的橡胶粉粒径相对较细,其粒径通常在15目以上,甚至达到80~100目,掺量一般为沥青质量的5%~20%。干法所用轮胎胶粉的数量是湿法的2~4倍,可以消耗大量废旧轮胎。

(3)用途不同

湿法工艺生产的橡胶沥青主要应用于水泥混凝土路面嵌缝料、碎石封层、应力吸收层和沥青混合料;而干法工艺只能用于拌制沥青混合料,所铺筑的路面具有降低路面噪声的功效。

2.湿法工艺橡胶沥青混合料

(1)性能特征

表3-93中给出了间断级配的橡胶沥青混合料AR-AC-13S、SMA-13和AC-13C混合料性能测试结果,SMA-13和AC-13C混合料采用PG70-22改性沥青配制。由表中数据可知,橡胶沥青混合料中的沥青含量较高,加之橡胶沥青自身的高黏韧性,有利于提高混合料的耐久性,赋予沥青混合料良好的低温柔韧性、耐疲劳性及水稳定性。

三种沥青混合料性能对比 表3-93

混合料类型	油石比(%)	车辙试验动稳定度(次/mm)	小梁弯曲试验极限应变(με)	应变水平300με下的疲劳寿命(次)	冻融劈裂强度比(%)
AR-AC-13S	8.6	4846	4823	249188	82.0
SMA-13	6.2	5002	3270	213441	81.4
AC-13C	5.2	3715	2012	133259	84.9

(2)配合比设计要点

湿法橡胶沥青混合料的组成设计可以参照现行热拌沥青混合料组成设计方法。组成设计中的关键问题是混合料级配类型的选择。由于橡胶沥青的黏度较大,且相对较大的胶粉颗粒在矿料表面形成较厚的油膜。开级配或间断级配混合料提供了充分的空间来容纳较厚的沥青膜,而密级配混合料由于集料骨架间隙有限,对厚沥青膜的容纳能力有限。因此,橡胶沥青适用于间断级配、开级配的骨架型沥青混合料,当采用高掺量的橡胶沥青时尤为适用。而密级配沥青混合料最好采用低掺量、胶粉较细的橡胶沥青。

表3-94为美国各州用橡胶沥青混合料级配组成情况,可见,橡胶沥青混合料的级配组成以开级配、间断级配为多。总体来说,湿法制备的开级配、间断级配橡胶沥青混合料的性能要优于密级配混合料。

橡胶沥青混合料使用的级配情况 表3-94

类型			下列筛孔(mm)的通过百分率(%)					
			19	12.5	9.5	4.75	2.36	0.075
美国	亚利桑那州	间断级配	100	80~100	65~85	28~42	14~22	0~2.5
		开级配	100	100	100	30~45	4~8	0~2.5
	佛罗里达州	开级配	100	100	85~100	10~40	—	0~2.5
	加利福尼亚州	开级配	100	90~100	83~87	33~37	18~22	2~7
	得克萨斯州	开级配	100	95~100	50~80	0~8	0~4	0~4
南非		半开级配	100	70~100	50~82	16~38	8~22	1~4
		全开	100	90~100	30~50	10~20	8~14	2~6

橡胶沥青混合料的另一个特点是结合料用量较高,如美国得克萨斯州曾采用橡胶沥青拌制 OGFC 沥青混合料,混合料采用 Superpave 设计方法,设计空隙率18%,结合料用量为 8.5%～9.5%。尽管橡胶沥青用量比一般改性沥青用量多 2%～4%,但是混合料未发生析漏。实体工程表明这种混合料具有较好的抗松散能力和抗反射裂缝的性能。

工程实践表明,采用橡胶沥青配制的 SMA 混合料具有良好性能,但是与采用 SBS 改性沥青配制的 SMA 混合料相比,橡胶沥青 SMA 混合料因其集料表面的油膜比较厚,其沥青用量要增加 0.4%～0.5%,否则混合料会显得干涩。

3. 干法橡胶沥青混合料

干法工艺生产的橡胶沥青混合料,橡胶颗粒实际上是充当集料,而不是作为沥青改性剂使用。橡胶颗粒的掺量一般为混合料质量的 1%～3%,由于橡胶颗粒与集料颗粒的密度相差较大,在混合料设计过程中需要注意橡胶颗粒对沥青混合料体积参数的影响。

干法工艺生产的橡胶沥青混合料如果设计不当,将导致沥青用量与黏结力不足,使得干法橡胶沥青混合料难以压实,即使压实也会因橡胶颗粒的弹性作用使混合料慢慢松开,造成橡胶路面松散。此外,橡胶颗粒能够吸收沥青中的轻质组分而造成体积膨胀,即使在混合料摊铺压实后橡胶颗粒体积仍可持续膨胀,这将导致沥青混合料中有效沥青用量的降低,并造成沥青路面开裂、松散等病害。

在进行干法橡胶沥青混合料组成设计时,技术关键包括:必须采用间断级配或开级配,以保证沥青混合料中有足够的空间容纳橡胶颗粒;需要采用黏度较高的沥青,以增加沥青对集料、橡胶颗粒的黏结能力,并适当增加沥青用量(增加 0.4%～0.5%),以弥补由于橡胶颗粒吸收油分而使有效沥青含量降低的缺陷;采用经过预处理的橡胶颗粒,以降低其吸油膨胀的程度,并增加其与沥青的亲和能力。

六、温拌沥青混合料

温拌沥青混合料是通过使用添加剂和温拌工艺,能够在明显较低温度条件下(通常比同类型热拌沥青混合料施工操作温度降低 30～60℃)实现沥青路面施工的沥青混合料。同时,要求采用温拌技术生产的混合料的路用性能应能够达到热拌沥青混合料的路用性能要求。

1. 温拌沥青混合料的节能减排功能

道路工程沥青路面中使用的沥青混合料,根据拌和施工温度可分为两种类型:冷拌沥青混合料和热拌沥青混合料。冷拌沥青混合料采用乳化沥青或者稀释沥青与集料在常温状态下拌和、铺筑,无须对集料与沥青结合料进行加热,可节约大量能源。但是冷拌混合料初期路用性能差,难以满足高速公路、重载交通道路等重要工程的要求。热拌沥青混合料是应用最为广泛、路用性能最为良好的一种混合料,但是在其生产过程中,沥青与集料需要在 150～180℃甚至更高的温度条件下拌和,不仅要耗用大量能源,还会在生产过程中产生大量的 CO_2、烟尘和有害气体。

温拌混合料技术的节能效果:沥青混合料生产过程中能量的消耗主要用于集料的加热。德国研究数据表明,生产热拌沥青混合料需消耗燃料油 8L/t,如拌和温度降低 30～35℃,可以节约燃料油 2.4L/t。Shell 公司提供的数据表明,温拌沥青混合料可节约燃油 3L/t 左右。

温拌混合料技术的减排环保效果:温拌沥青混合料不仅可节约燃料的消耗,而且可明显降低粉尘、废气等污染物的排放量。Shell 公司提供的数据表明,温拌沥青混合料生产过程中可减少 30% 以上的 CO_2 气体排放量,同时 CO、NO_x 等有害气体排放量明显降低,见表3-95。

温拌沥青混合料与热拌沥青混合料生产过程中废气排放量　　　表 3-95

混合料类型	CO_2	CO	NO_x
热拌沥青混合料(kg/h)	2888	49	1.5
温拌沥青混合料(kg/h)	1980	35	0.3
降低比例(%)	31.4	28.5	61.5

2. 沥青混合料温拌技术与原理

目前,国内外沥青混合料的温拌技术多达十几种,根据技术原理,可以将这些温拌技术分为沥青降黏技术、表面活性技术和沥青发泡技术。

(1) 沥青降黏技术

使用降黏剂的目的是降低沥青结合料的高温黏度,但是不会降低沥青结合料的常温黏度。这样既可降低沥青混合料的拌和温度,而又不影响其路用性能。该类技术的代表性产品如下:

①Sasobit 降黏剂

Sasobit 是一种合成直链脂肪族碳氢混合物,其主链分子中含有 40~115 个碳原子。其熔点为 100℃,超过 115℃ 时 Sasobit 完全溶解于沥青。Sasobit 可以明显降低沥青的高温黏度,但可增加沥青的低温(60℃)黏度。因此,沥青中掺加 Sasobit 后不仅可以降低拌和温度,而且可以增加沥青混合料的高温稳定性。通常 Sasobit 的掺量为沥青的 3%~4%,可将沥青混合料拌和温度降低 20~30℃。

②Asphaltan-B 降黏剂

Asphaltan-B 是一种粒状的低分子酯化蜡,由一种基于蒙坦蜡的物质与高分子碳氢化合物混合而成。Asphaltan-B 的熔点与 Sasobit 接近,通过提高沥青的流动性来保证沥青混合料相对低温的工作性。研究表明,加入 Asphaltan-B 可以提高沥青混合料的压实性以及抗车辙能力。推荐的 Asphaltan-B 掺量为沥青混合料总质量的 2%~4%。它既可以直接投入拌和楼中,也可以直接加入沥青中。

(2) 表面活性技术

表面活性技术的前身是美国 Meadwestvaco 公司的乳化沥青添加模式,即将添加剂首先作为乳化剂生产一种高沥青含量(70%)的乳化沥青,在拌和过程中乳化沥青中的水分以水蒸气的形式释放出去,混合料的拌和温度一般在 100℃ 左右。

由于乳化沥青中含有水分,不仅在拌和过程中产生大量水蒸气,残留的水分还会影响沥青混合料的性能。Meadwestvaco 公司在此基础上,开发了直投式添加模式的表面活性技术。其技术原理是:少量的表面活性添加剂(0.5%~1%)、水与热沥青在拌和过程中共同作用,借助于混合料拌和过程中的强大分散能力实现彼此交织。表面活性剂富集于残留微量水和沥青的界面,三者共同作用,暂时性在结合料内部形成较为稳定的结构性水膜。由于水膜润滑作用不受温度影响,温度下降时,水膜润滑作用能够很大程度抵消沥青黏度增大的作用,从而实现温拌效果。当混合料压实完成后,表面活性剂会向集料与沥青的界面转移,具有一定的抗剥落效果。

(3) 沥青发泡技术

一定量的水在标准大气压下变成水蒸气的话,它的体积可膨胀 1.675 倍。当水分散在沥青中并变成水蒸气(与热沥青接触)时,会导致沥青体积的迅速膨胀,并使沥青黏度降低,从而降低拌和温度。该类技术的代表性产品如下:

①WMA-Foam 温拌技术

泡沫沥青温拌技术 WAM-Foam 是由 Shell 公司和 Kolo-Veidekke 公司联合开发的一种两阶段法生产温拌沥青混合料的技术。在第一阶段,首先采用软质沥青与集料拌和,拌和温度控制在110℃左右,使软质沥青完全裹覆于集料表面。在第二阶段,硬质沥青以泡沫沥青的形式喷入并迅速拌和。由于沥青发泡后体积增加数倍且黏度明显降低,因此可在温度较低的条件(90~110℃)下拌和均匀。这种技术的关键在于必须选择合适的软、硬沥青种类以及两者的比例,以满足混合料相应的路用性能要求。另外,在第一阶段必须保证集料干燥,防止水分存在于集料表面。必要时可掺加抗剥落剂以增强抗水损害能力。

②沸石降黏技术

1956 年瑞典矿物学家 Cronsted 首次在玄武岩中发现沸石。沸石是沸石族矿物的总称,是由火山熔岩形成的一类铝硅酸盐矿物,因其在加热至熔融时,伴有沸腾现象而得名。沸石具有独特的矿物结构,其内部结构为三维硅氧四面体和三维铝氧四面体,具有很多大小均一的通道和空腔。在这些孔穴和通道中吸附着大量水分子,这些水分子与骨架间的结合力较弱,经加热,水分可以逸失。将沸石投入加热集料的同时喷入沥青,沸石挥发出的水蒸气使沥青体积膨胀而形成泡沫沥青,可以使沥青与集料有可能在较低温度下进行拌和。

③低能量沥青(LEA)技术

2006 年,法国的 Fairco 公司开发了 LEA(Low Energy Asphalt),该技术的主要工艺为,将沥青加热至 140~180℃,将粗集料加热至 145℃左右,然后将加热后的沥青和集料(包括粗集料和细集料)加水拌和。先将加热后的粗集料与沥青拌和均匀,然后加入湿冷的细集料进行拌和,高温使得湿细集料中的水分蒸发从而导致粗集料表面的热沥青发泡,泡沫沥青再将细集料裹覆,使得所有的集料与沥青相结合。经拌和后混合料的出场温度仅为 90℃左右。LEA 混合料的另一个特点是温度下降速率较慢,从出场温度 90℃降到 60℃需要 200min 的时间,而热拌沥青混合料从 160℃降低到 130℃只要 100min。因此,该温拌混合料具有良好的施工特性。

3. 温拌沥青混合料设计要点

温拌沥青混合料对沥青结合料、集料和填料等材料的技术要求同热拌沥青混合料。我国《温拌沥青混凝土》(GB/T 30596—2014)中规定了温拌沥青混合料用温拌剂的基本性能指标和要求,见表 3-96。

温拌剂基本性能指标与要求(GB/T 30596—2014) 表 3-96

温拌添加剂类型	技术指标	技术要求
表面活性型	pH 值,25℃	9.5±1.0
	胺值(g/mg)	400~560
有机降黏型	闪点(℃),不小于	250
	熔点(℃)	90~110
	密度(g/cm³)	0.85~1.05

续上表

温拌添加剂类型	技术指标	技术要求
矿物发泡型	含水率(%),不小于	18
	pH值	7~12
	密度(g/mL),不大于	0.8

温拌沥青混合料可采用马歇尔设计方法,马歇尔稳定度、流值可以作为配合比设计的参考性指标。高速公路、一级公路和城市快速路、主干路用温拌沥青混合料的性能应符表3-97的规定。其他等级公路和城市道路用温拌沥青混合料的技术要求可以参照热拌沥青混合料的技术要求。

温拌沥青混合料性能要求(GB/T 30596—2014) 表3-97

技术指标	气候分区	技术要求	
		普通沥青混合料	改性沥青混合料
车辙试验动稳定度(次/mm),不小于	夏炎热区	1200	3000
	夏热区	1000	
	夏凉区	800	
浸水马歇尔试验残留稳定度(%),不小于	潮湿区、湿润区	80	85
	半干区、干旱区	70	80
冻融劈裂试验冻融劈裂强度比(%),不小于	潮湿区、湿润区	75	80
	半干区、干旱区	70	75
低温弯曲试验破坏应变($\mu\varepsilon$),不小于	冬严寒区	2600	3000
	冬寒区	2300	2800
	冬冷区、冬温区	2000	2500

七、灌注式半柔性混合料

灌注式半柔性混合料,通常也叫半柔性路面材料(Semi-flexible pavement,SFP),是一种在大空隙基体沥青混合料(空隙率一般为20%~35%)中填充水泥基灌浆材料而形成的复合路面。这种路面材料兼具水泥混凝土路面和沥青路面的优点,具有良好的抗车辙性、水稳定性、承载力、耐油蚀性、耐火性和耐磨性;无须在路面刻槽和设置伸缩缝,极大提高了行车舒适性,主要应用于重交通及需要高承载力的区域,如公交枢纽、停车场、交叉口、专用车道等。

1. 组成材料与结构

灌注式半柔性混合料主要由大空隙基体沥青混合料和水泥基灌浆材料两部分组成。大空隙基体沥青混合料为开级配的沥青混合料,具有骨架-空隙结构,其空隙率一般在20%~35%之间;水泥基灌浆材料则主要由水泥、水、细砂、矿物掺和料(如粉煤灰、硅灰等)、添加剂(如减水剂、早强剂、膨胀剂、胶乳、聚合物)等组成。

灌注式半柔性混合料是一种多级空间双重网络结构体,以沥青胶浆的凝胶结构及水泥胶凝体的水泥石两者形成双重网络结构体系,兼具刚性和柔性路面的特征。基体沥青混合料的强度主要由集料之间的相互嵌挤形成的摩擦力以及集料-沥青间的黏附力组成,而在水泥基灌浆材料填充基体沥青混合料中的空隙后,灌注式半柔性混合料由骨架-空隙结构变为骨架-密实结构,此时,除基体沥青混合料形成空间骨架结构外,填充在空隙中的水泥基灌浆材料自身逐渐凝结硬化后也形成了空间骨架结构。同时,集料-沥青-水泥之间也黏结成一个相互连接的空间整体结构,为灌注式半柔性混合料的结构提供了强度和韧性。

2. 强度形成机理

灌注式半柔性路面材料可被视为由大空隙基体沥青混合料、水泥-沥青界面以及水泥砂浆形成水泥-大空隙沥青混合料互穿结构体系,其复杂的强度机理可从大空隙基体混合料骨架强度、水泥砂浆骨架强度、沥青-集料、水泥浆体-集料和水泥浆体-沥青间的相互作用方面来分析。

首先,灌注式半柔性路面材料中的大空隙沥青混合料和水泥砂浆均能各自形成能独立承担荷载的三维空间骨架结构;其次,水泥浆体与矿料之间存在两种相互作用,一种是凝结硬化成网络结构的水泥浆体可包裹在沥青膜外面,对矿料起到间接包裹作用,进而增强了沥青膜与集料的黏结力。另一种就是水泥浆体透过沥青膜,直接与集料表面产生相互作用,使得二者之间产生了很强的黏结力;最后,水泥浆体与沥青间存在"沥青-水泥硬化效应",且空隙率越大,沥青相的硬化效应越显著:一方面,这是由于水泥浆体水化过程中,在沥青-水泥砂浆界面处产生了针、棒状的水化粒子,可直接吸附在沥青表面。此外,这些水化粒子会形成一种"凝聚—结晶"的三维空间网络结构,并且深深地嵌入到沥青膜中,在水泥结石体-沥青膜-集料间起到"桥梁"的作用,进而加强了结构的整体性。另一方面,由于固化后水泥砂浆表面的微孔隙对沥青的吸附作用,使得水泥浆体与部分自由沥青结合,在减少了基体沥青混合料中自由沥青的同时,增加了结构沥青,使得混合料的黏结性增强,其稳定性和强度也得到了很大的提高。

3. 配合比设计要点

灌注式半柔性混合料由两部分组成,因此其设计分为大空隙基体沥青混合料配合比设计和灌浆料配合比设计。

基体沥青混合料可采用马歇尔设计方法进行配合比设计。由于灌注式半柔性混合料由两部分材料共同形成结构和强度,因此其马歇尔稳定度指标要求相对较低。但灌注式半柔性混合料通过在基体沥青混合料空隙中灌入水泥基灌浆材料才能形成骨架密实结构,因此需要保证足够的空隙使灌浆材料充分灌入。现有研究也表明,灌注式半柔性混合料整体性能与基体沥青混合料空隙率有着较大的相关性,要特别关注空隙率及连通空隙率。在《道路灌注式半柔性路面技术规程》(T/CECS G:D51-01—2019)中,推荐了矿料级配范围,见表3-98;规定了连通空隙率不小于16%的要求,基体沥青混合料技术要求见表3-99。

基体沥青混合料矿料级配范围(T/CECS G:D51-01—2019)　　表3-98

基体沥青混合料类型	下列筛孔尺寸(mm)的通过率(%)										
	31.5	26.5	19	16	13.2	4.75	2.36	0.6	0.3	0.15	0.075
SFAC-13	—	—	—	100	90~100	10~30	5~22	4~15	3~12	3~8	1~6
SFAC-16	—	—	100	90~100	80~90	9~28	5~22	4~15	3~12	3~8	1~6
SFAC-20	—	100	90~100	60~90	30~60	7~24	5~22	4~15	3~12	3~8	1~6
SFAC-25	100	90~100	70~90	50~80	25~55	7~22	5~20	4~15	3~12	3~8	1~6

基体沥青混合料马歇尔试验技术标准（T/CECS G：D51-01—2019）　　　表3-99

试验指标	单位	技术要求	
马歇尔试件尺寸	mm	φ101.6×63.5	
击实次数	次数	双面各50	
空隙率	%	20~30	20~25
	%	18~28	18~23
连通空隙率	%	≥16.0	
马歇尔稳定度	kN	≥3.0	
流值	0.1mm	20~40	
析漏损失	%	≤0.8	
飞散损失	%	≤15	≤20

灌浆料的主要目的是填充基体沥青混合料的空隙,从而形成整体结构和强度,因此其需要具有流动性高、均匀性好、干缩温缩性小、强度高、能与沥青混合料良好结合的特点,其技术指标见表3-100。

灌浆料技术要求（T/CECS G：D51-01—2019）　　　表3-100

技术指标		单位	技术要求
外观		—	无明显离析、分层现象
流动度	初始	s	10~14
	30min		≤18
凝结时间		h	不小于灌浆料施工所需时间
干缩率		%	≤0.3
自由泌水率		%	≤3
强度	抗压	MPa	≥15
	抗折	MPa	≥2

注：灌浆料施工所需时间是指从灌浆料加水拌和开始至灌浆料施工完成的时间。

灌注式半柔性路面材料的技术要求见表3-101。其中,灌注率是指灌入基体沥青混合料中的灌浆料体积占基体沥青混合料连通空隙体积的百分率。此外,由于灌注式半柔性混合料的动稳定度（60℃、0.7MPa）大多在10000次/mm以上,超出了车辙试验仪的精度限制,不能准确评定其抗车辙性能。因此,《道路灌注式半柔性路面技术规程》（T/CECS G：D51-01—2019）中以温度70℃、荷载1.1MPa下的动稳定度作为评定其抗车辙性能的技术指标。

灌注式半柔性路面材料的技术要求（T/CECS G：D51-01—2019）　　　表3-101

技术指标	单位	技术要求
灌注率	%	≥85
马歇尔稳定度	kN	≥15
残留稳定度	%	≥90
冻融劈裂残留强度比	%	≥80
动稳定度（70℃,1.1MPa）	次/mm	≥4000

注：灌注率养护1d,其他指标养护7d。

4. 室内制备和现场施工工艺

(1) 室内制备工艺

相对于一般的沥青混合料制备,灌注式半柔性混合料的制备更加复杂,具有"两阶段性",即需要分别制备大空隙基体沥青混合料和水泥基灌浆材料,再将两者结合从而形成半柔性路面材料。室内制备灌注式半柔性混合料试件主要分为四步:①成型大空隙基体沥青混合料试件,此步骤与常规的开级配沥青混合料成型类似;②包裹试件,防止浆液渗出;③拌制水泥基灌浆材料;④灌注水泥基灌浆材料;⑤脱模与养生。

室内制备试样时应注意:首先,须待基体沥青混合料冷却至室温后,方可灌注灌浆材料,以避免影响基体沥青混合料性能及水泥-沥青界面黏结性能;其次,灌注过程中可采用振动台辅助灌浆,以促进浆液流动,提高灌注率;最后,灌注完成后需及时清理试样表面多余的浆料,以试件表面露出清晰纹理和一定的构造深度为宜。

(2) 现场施工工艺

灌注式半柔性路面的施工主要包括大空隙基体沥青混合料面层的铺筑和水泥基灌浆料的灌注两个主要阶段。大空隙基体沥青混合料的拌和、运输、摊铺、碾压与普通沥青混合料的相关工序基本相同,但由于大空隙基体沥青混合料具有散热快的特点,其拌和的温度会在普通沥青混合料施工温度的基础上提高 10~20℃。水泥基灌浆料的施工包括拌和、灌注、刮除多余浆料、养生四个阶段。需要注意的是,现场灌浆施工须待大空隙基体沥青混合料冷却至 60℃ 以下才能进行。此外,灌浆后应将多余的浆料迅速刮除,以保证半柔性路面拥有合格的表面构造。根据灌浆料特点、当地实际环境条件确定养生时间,养生结束后方可通车。

【本章小结】

沥青混合料是由沥青和矿质混合料组成的复合材料,经过拌和、摊铺和碾压等施工工艺后形成沥青路面结构层,具有优良的路用性能,广泛应用于高速公路、城市快速路、主干路和其他等级公路的路面结构,也是机场道面、隧道铺面和桥梁铺面工程中的重要建筑材料之一。

沥青混合料按其矿料级配组成特点,可形成悬浮密实结构、骨架空隙结构和骨架密实结构,具有不同强度特征和稳定性。构成沥青混合料强度的材料参数为黏结力 c 和内摩擦角 φ。影响材料参数的主要内因为:沥青的性质、矿料颗粒形状和表面特性、矿料级配、矿料比面和沥青用量等。温度和荷载作用时间是影响沥青混合料材料参数的主要外界因素。

沥青混合料应具备一定的高温稳定性、低温抗裂性、水稳定性、抗老化性、抗疲劳性、抗滑性和施工和易性等技术性质,以适应车辆荷载及环境因素的作用。

沥青混合料组成设计包括选择原材料和配合比设计。沥青混合料组成材料和矿料设计级配范围应根据道路等级、交通特性、气候条件、施工方法等因素进行选择。我国现行热拌沥青混合料配合比设计采用马歇尔试验方法,主要设计内容是确定矿料配合比和最佳沥青用量。所设计的沥青混合料应满足高温稳定性、低温抗裂性和水稳定性的相关要求。

SMA 混合料是一种骨架密实型混合料,应选用高强度矿料拌制,并保证粗集料在混合料中形成"石-石"骨架结构、沥青玛琋脂密实地填充于粗集料骨架空隙中。OGFC 混合料是一种骨架空隙型混合料,具有排水、降噪功能,应采用高黏度沥青、高强度矿料,以保证混合料的强度和耐久性。

以乳化沥青为结合料的常温沥青混合料、稀浆封层和微表处混合料主要适用于沥青路面的维修和养护,如铺筑路表封层、罩面、修补坑槽等。该类混合料的成型期较热拌沥青混合料长,应特别注意路面的早期养护。

再生沥青混合料是采用沥青路面回收材料(RAP)与新集料和填料、新沥青、再生剂(必要时)等适当配合,通过热拌或冷拌工艺生产的沥青混合料。热再生混合料常采用软质沥青或再生剂来实现对老化沥青的再生,而泡沫沥青、乳化沥青等则在沥青路面的冷再生技术中发挥着重要作用。

环氧沥青混凝土混合料具有高强度特征、浇注式沥青混合料具有高柔韧性,这两种具有特殊性能的混合料已经成为大跨径桥梁铺面的常用材料。废旧橡胶沥青混合料可以大量消耗轮胎胶粉、温拌沥青混合料具有节能减排功能,这些混合料的使用既满足了道路工程建设的需求,同时具有环境保护、资源再利用的功效。

灌注式半柔性路面材料作为一种结合沥青混合料和水泥混凝土的复合路面材料,能够有效解决路面车辙问题,适用于重交通路段。

【练习题】

3-1 沥青混合料按其组成结构可分为哪几种类型,各种结构类型沥青混合料的路用特性是什么?

3-2 符号 AC-13、AC-20、SMA-13、OGFC-13 分别表示哪种类型的沥青混合料?

3-3 什么是沥青混合料的黏结力,影响黏结力的主要因素有哪些?

3-4 简述沥青混合料应具备的路用性能及其主要影响因素。

3-5 简述沥青混合料高温稳定性、低温抗裂性和水稳定性的评定方法和评定指标。

3-6 简述我国现行连续密级配热拌沥青混合料配合比设计方法。矿质混合料配合比、沥青最佳用量是如何确定的?

3-7 在沥青混合料配合比设计时,为什么由马歇尔试验确定配合比后,还要进行沥青混合料的车辙试验、冻融劈裂强度试验或者浸水马歇尔稳定度试验?

3-8 与连续密级配热拌沥青混合料相比,SMA 混合料和 OGFC 混合料的组成材料、技术性质各有什么特点?

3-9 简述 SMA 混合料配合比设计的要点,及其设计过程与连续密级配热拌沥青混合料的不同。

3-10 什么是常温沥青混合料?它是由什么材料组成的,在技术性质上有何特征?

3-11 简述再生沥青混合料技术类型及其适用性。

3-12 简述环氧沥青混合料、浇注式沥青混合料的组成材料特点、性能特征和适用性。

3-13 什么是温拌沥青混合料?简述沥青混合料温拌技术类型及其特点。

3-14 根据表 3-102 给出的测定结果,计算沥青混合料的各项体积参数。沥青的相对密度为 1.051,矿料的有效相对密度为 2.703,合成毛体积相对密度为 2.680。

练习题 3-14 用数据　　　　　　　　　　　　　　　表 3-102

序号	沥青含量（%）	空气中质量（g）	水中质量（g）	表干质量（g）	理论最大相对密度	试件毛体积相对密度	试件空隙率（%）	矿料间隙率（%）	沥青饱和度（%）
1	4.5	1157.3	670.0	1161.9					
2	5.0	1177.3	685.4	1180.5					
3	5.5	1201.9	704.1	1205.9					

3-15 试设计一级公路沥青路面面层用沥青混合料配合比组成。

[原始资料]

(1)道路等级:一级公路,重载交通;路面类型:沥青路面;结构层位:三层式沥青混凝土的上面层,设计厚度4.0cm;气候条件:7月份平均最高气温20~30℃,年极端最低气温>-7℃。

(2)材料性能:沥青材料:A 级 70 号沥青。集料和矿粉的技术要求符合规定。

(3)沥青混合料类型为 AC-13C 型,试件的马歇尔试验结果见表 3-76。

[设计要求]

(1)根据道路等级、路面类型和结构层次确定沥青混合料的技术要求。

(2)根据沥青混合料的技术要求,通过对马歇尔试验体积参数和力学指标(表 3-103)分析,确定最佳沥青用量。

马歇尔试验物理—力学指标测定结果汇总表　　　　　表 3-103

试件组号	沥青用量（%）	技术性质					
		毛体积相对密度	空隙率 VV（%）	矿料间隙率 VMA(%)	沥青饱和度 VFA(%)	稳定度 MS(kN)	流值 FL(0.1mm)
1	4.5	2.366	6.2	15.6	60.3	8.2	20
2	5.0	2.381	5.1	14.3	64.3	9.5	24
3	5.5	2.398	4.0	13.7	70.8	9.6	28
4	6.0	2.382	3.2	14.1	77.3	8.4	31
5	6.5	2.378	2.6	14.9	82.6	7.1	36

【思考题】

3-16 查阅相关资料,分别阐述不同国家(中国、美国、法国等)沥青混合料现行设计方法、发展趋势及存在的问题,并比较这几种方法的异同点。

3-17 某高速公路处于高温多雨地区,且交通量大,重载比例高,试分析在这种条件下,沥青路面各层材料应如何选择和设计?

3-18 请思考沥青混合料平衡设计方法(Balanced Mix Design)的原理、设计流程以及待解决的技术问题。

3-19　查阅相关资料,试分析各种沥青路面再生技术的优缺点,并列举一个使用再生沥青混合料的工程案例。

【推荐阅读文献】

［1］中华人民共和国交通部.公路沥青路面施工技术规范:JTG F40—2004［S］.北京:人民交通出版社,2005.

［2］中华人民共和国交通运输部.公路沥青路面设计规范:JTG D50—2017［S］.北京:人民交通出版社股份有限公司,2017.

［3］吕伟民,孙大权.沥青混合料设计手册［M］.北京:人民交通出版社,2007.

［4］Segundo I R,Freitas E,Branco V T F C,et al. Review and analysis of advances in functionalized,smart,and multifunctional asphalt mixtures［J］. Renewable and Sustainable Energy Reviews,2021,151:111552.

［5］王林,王晓燕.国内外沥青混合料设计方法研究与工程应用［M］.北京:人民交通出版社股份有限公司,2022.

第四章
水泥与石灰

【内容提要】

本章介绍水泥分类及其材料组成,重点阐述硅酸盐水泥熟料矿物、混合材料组成与特性、水泥水化硬化过程与机理,通用硅酸盐水泥生产工艺、技术性质、评价指标和技术标准。在此基础上,讲述道路水泥、铝酸盐水泥、硫铝酸盐水泥、自应力水泥、白色水泥、彩色水泥等特种水泥的组成与技术性质。最后,介绍石灰的化学组成、消化和硬化机理以及石灰的技术性质和质量标准。

水泥和石灰是道路工程建筑中使用较为广泛的无机胶凝材料,该类材料经物理化学过程,能产生强度和胶凝能力,将砂石等散状材料胶结成整体,或将构件结合成整体。

早在公元前3000~公元前2000年,人类就开始使用石膏和石灰砂浆,并将其作为胶凝材料应用于古埃及金字塔等宏伟建筑。到公元初,古希腊人和罗马人发现在石灰中掺入火山灰不仅强度高而且耐水性好。1796年罗马水泥问世。1824年英国泥瓦工约瑟夫·阿斯普丁(Joseph Aspdin)首先取得了生产波特兰水泥的专利权,由此进入了人工配制水硬性胶凝材料的新阶段。1909年美国密歇根州铺筑了第一条水泥道路。自硅酸盐水泥出现后,应用日益普遍,到20世纪初,各种不同用途的水泥,如早强快硬水泥、抗硫酸盐水泥等相继出现,近几十年来,各类通用水泥、特种水泥品种层出不穷,水泥品种已达一百余种。

第一节　通用硅酸盐水泥的组成材料与生产工艺

水泥(Cement)属于水硬性无机胶凝材料。水泥与水混合后形成塑性浆体,经过一系列物理化学作用,由塑性浆体变成坚硬的石状固体。就硬化条件而言,水泥不仅能够在空气中硬化,而且能够在水中更好地硬化,保持并继续发展其强度。所以,水泥材料既可用于地面工程,也可用于水中及地下工程。

水泥的品种很多。按水泥中的水硬性矿物分为:硅酸盐水泥、铝酸盐水泥、硫铝酸盐水泥、铁铝酸盐水泥等。按水泥的用途和性能分为:通用水泥和特种水泥。通用水泥是指一般土木建筑工程中常用的水泥,如硅酸盐水泥、普通硅酸盐水泥、矿渣硅酸盐水泥等。特种水泥是指具有特殊用途和性能的水泥,以水泥的主要矿物名称、特性或用途命名,如硫铝酸盐水泥、低热矿渣硅酸盐水泥等。本节介绍通用硅酸盐水泥的材料组成和生产工艺。

一、通用硅酸盐水泥的定义与分类

通用硅酸盐水泥(Common Portland Cement)是指由硅酸盐水泥熟料、适量的石膏以及规定的混合材料磨细制成的水硬性胶凝材料。按照水泥中所掺加混合材料的品种和掺量的不同,有以下六个品种:

硅酸盐水泥(Portland Cement)是指由硅酸盐水泥熟料、0~<5%混合材料(这里指石灰石或粒化高炉矿渣/矿渣粉)、适量石膏磨细制成的水硬性胶凝材料,根据混合材料掺量分为两种类型,不掺混合材料的称Ⅰ型硅酸盐水泥,代号P·Ⅰ;掺加小于水泥质量5%的混合材料的水泥称Ⅱ型硅酸盐水泥,代号P·Ⅱ。

普通硅酸盐水泥(Ordinary Portland Cement)是指由硅酸盐水泥熟料、混合材料(这里指粒化高炉矿渣/矿渣粉、粉煤灰、火山灰质混合材料)和适量石膏磨细制成的水硬性胶凝材料,简称普通水泥,代号为P·O。在普通水泥中,活性混合材料的掺加量为大于或等于6%且小于20%,其中允许用小于水泥质量5%的石灰石来代替。

矿渣硅酸盐水泥(Portland-Slag Cement),是指由硅酸盐水泥熟料、粒化高炉矿渣/矿渣粉和适量石膏磨细制成的水硬性胶凝材料。简称矿渣水泥,代号P·S。根据混合材料掺量分为两种类型,粒化高炉矿渣/矿渣粉的掺加量大于或等于21%且小于50%的为A型矿渣水泥,代号P·S·A;粒化高炉矿渣/矿渣粉的掺加量大于或等于51%且小于70%的为B型矿渣水泥,代号P·S·B。可用粉煤灰或火山灰、石灰石作为替代混合材料,但代替数量须小于水泥质量的8%。

火山灰质硅酸盐水泥(Portland-Pozzolana Cement),是指由硅酸盐水泥熟料、火山灰质混合材料和适量石膏磨细制成的水硬性胶凝材料,简称火山灰质水泥,代号P·P。在火山灰质水泥中,火山灰质混合材料的掺加量为大于或等于21%且小于40%。可用石灰石作为替代混合材料,掺加量须小于水泥质量的5%。

粉煤灰硅酸盐水泥(Portland-Fly Ash Cement),是指由硅酸盐水泥熟料、粉煤灰与适量石膏磨细制成的水硬性胶凝材料,简称粉煤灰水泥,代号P·F。在粉煤灰水泥中,粉煤灰掺加量为大于或等于21%且小于40%。可用石灰石作为替代混合材料,掺加量须小于水泥质量的 5%。

复合硅酸盐水泥(Portland-Composite Cement),是指由硅酸盐水泥熟料、三种(含)以上混合材料与适量石膏磨细制成的水硬性胶凝材料,简称复合水泥,代号 P·C。混合材料包括粒化高炉矿渣/矿渣粉、粉煤灰、火山灰质混合材料、石灰石、砂岩。在复合水泥中,混合材料掺加量为大于或等于21%且小于50%,其中石灰石含量(质量分数)不大于水泥质量的15%。

将上述通用硅酸盐水泥的品种、代号与组分构成汇总于表4-1。

通用硅酸盐水泥的品种、代号与组分(GB 175—2023)　　　　表4-1

品种	代号	组分(质量分数)(%)						替代混合材料
		熟料+石膏	混合材料					
			粒化高炉矿渣/矿渣粉	火山灰质混合材料	粉煤灰	石灰石	砂岩	
硅酸盐水泥	P·Ⅰ	100	—	—	—	—	—	—
	P·Ⅱ	95~100	0~5	—	—	—	—	—
		95~100	—	—	0~5	—	—	—
普通硅酸盐水泥	P·O	80~94	6~<20①			—	—	0~5②
矿渣硅酸盐水泥	P·S·A	50~79	21~50	—	—	—	—	0~8③
	P·S·B	30~49	51~70	—	—	—	—	
火山灰质硅酸盐水泥	P·P	60~79	—	21~40	—	—	—	0~5④
粉煤灰硅酸盐水泥	P·F	60~79	—	—	21~40	—	—	
复合硅酸盐水泥	P·C	50~79	21~50⑤					—

注:①主要混合材料由粒化高炉矿渣/矿渣粉、粉煤灰、火山灰质混合材料组成。
②替代混合材料为石灰石。
③替代混合材料为粉煤灰或火山灰、石灰石。
④替代混合材料为石灰石。
⑤替代混合材料为粒化高炉矿渣/矿渣粉、粉煤灰、火山灰质混合材料、石灰石和砂岩中的三种(含)以上材料组成。其中石灰石含量不大于水泥质量的15%。

二、原料与生产工艺

在一个硅酸盐水泥生产厂中,水泥生产分为几个阶段:原料准备、生料配制与磨细、熟料煅烧、熟料磨细等。水泥的主要生产工艺可以概括为"两磨一烧"。

1. 原料准备

生产硅酸盐水泥的主要原料是石灰质原料和黏土质原料两大类。常用石灰质原料为石灰石、白垩、石灰质凝灰岩等物质,它们主要提供氧化钙(CaO)成分。黏土质原料一般为黏土、黏土质页岩、黄土等物质,主要提供了氧化硅(SiO_2)、氧化铝(Al_2O_3)及少量的氧化铁(Fe_2O_3)成分。硅酸盐水泥原料的主要化学成分及大致比例见表4-2。

硅酸盐水泥的"原料"的主要化学组成 表4-2

原料品种	主要化学成分	缩写	大致含量(%)
石灰质材料	CaO	C	63~67
黏土质材料	SiO_2	S	21~24
	Al_2O_3	A	4~7
	Fe_2O_3	F	2~4

当石灰质原料和黏土质原料配合所得到的生料成分不能符合要求时,应根据所缺少的组分,掺加相应的校正材料。如,当生料中的 Fe_2O_3 含量不足时,可以加入适量的黄铁矿渣或含铁量较高的黏土等加以调整;当 SiO_2 含量不足时,可以加入适量的硅藻土、硅藻石等,或者加入易于粉磨的风化砂岩或粉砂岩加以调整;当 Al_2O_3 含量不足时,可以加入适量的铁钒土废料或含铝量较高的黏土加以调整。此外,为了改善水泥的煅烧条件,常常加入少量的矿化剂,如萤石、石膏等。

2. 生料配制与磨细

生料配制是按照水泥熟料所要求的化学成分来确定各种原料的比例。各种原料按适当的比例配合后,可同时或者分别将这些原料磨细到规定的细度,并且使其混合均匀,成为水泥的"生料"。

水泥生料的制备方法有干法和湿法。干法是将各种原料烘干,再在磨机中磨成"生料"粉。湿法是在原料中加水后在磨机中磨成"生料"浆。

3. 熟料煅烧

在水泥窑中将生料进行高温煅烧后得到硅酸盐水泥熟料。目前,水泥窑主要有两大类:一类窑筒体立置不转动的,称为立窑;另一类是窑筒体卧置(略带斜度),并能做回转运动的,称为回转窑(也称旋窑)。立窑适用于生产规模较小的工厂,生料制备必须采用干法。回转窑适用于大中型工厂,生料制备可以采用干法,也可以采用湿法。

湿法回转窑生产水泥时,是将生料制成含水率32%~40%的料浆。由于料浆具有流动性,生料中的各种原料混合均匀,烧成的水泥熟料质量较高。干法回转窑生产水泥时,是将生料制成干粉,其水分一般不超过1%。在煅烧过程中,干法比湿法煅烧减少了蒸发水分所需的热量。由于生料干粉的流动性较差,原料之间混合不好,干法生产的水泥熟料成分不均匀。

在水泥的煅烧过程中,水泥窑中的温度逐渐升高至1450℃左右。在这个过程中,生料发生了一系列的物理化学反应。首先是干燥与脱水,干燥是生料中自由水的蒸发,脱水是黏土矿物中结合水的水解释放;其次是碳酸盐分解,在碳酸盐分解的同时,石灰质与黏土质之间通过质点的相互扩散并进行固相反应,生料中的氧化物 CaO、SiO_2、Al_2O_3 和 Fe_2O_3 相互化合,生成的熟料是结晶细小(通常为30~60μm)的多种矿物集合体;最后是熟料的冷却,冷却过程实质上是液相的凝固与相变同时进行的。

4. 熟料磨细与储备

熟料冷却后,与适量的石膏(约3%)和混合材料共同磨细,所形成的产品即硅酸盐水泥。

三、硅酸盐水泥熟料

1. 水泥熟料中的主要矿物

硅酸盐水泥熟料(Portland Cement Clinker)是指将配制好的生料煅烧至部分熔融,经冷却得到的以硅酸盐为主要矿物组成的水硬性胶凝物质。其中硅酸钙矿物含量不小于66%,氧化钙和氧化硅质量比不小于2.0。水泥"熟料"中的四种主要矿物为:

硅酸三钙(化学分子式$3CaO \cdot SiO_2$),简式C_3S;

硅酸二钙(化学分子式$2CaO \cdot SiO_2$),简式C_2S;

铝酸三钙(化学分子式$3CaO \cdot Al_2O_3$),简式C_3A;

铁铝酸四钙(化学分子式$4CaO \cdot Al_2O_3 \cdot Fe_2O_3$),简式$C_4AF$。

在硅酸盐水泥熟料中,以上四种矿物组成的质量通常占到95%以上,其中C_3S和C_2S含量占75%左右,C_3A和C_4AF含量约22%。此外,还有少量的游离氧化钙和方镁石结晶(结晶氧化镁)等含碱矿物。按照规定生产的水泥熟料,其中的硅酸盐矿物含量(质量分数)不小于66%,氧化钙和氧化硅的质量比不小于2.0。

2. 四种矿物的技术性质

(1)硅酸三钙

硅酸三钙(C_3S)是硅酸盐水泥中最主要的矿物组分,含量通常在50%左右。C_3S是无色晶体,相对密度为3.15。C_3S在水泥熟料中并不是以纯矿物的形式存在,而是与少量其他氧化物(如Al_2O_3、MgO、Fe_2O_3、K_2O和Na_2O)形成固熔体,通常称为A矿(或阿利特)。

C_3S对水泥的技术性质,特别是强度有着重要的影响。当水泥与水接触时,C_3S开始迅速水化并产生较大的热量,其水化产物早期强度高且强度增进率较大,28d强度可达一年强度的70%~80%。就28d或一年的强度来说,C_3S在四种矿物中是最高的。然而,C_3S的抗水性较差,含量过高时,不仅给煅烧带来困难,而且使得游离氧化钙增加,从而影响水泥的强度和安定性。

(2)硅酸二钙

硅酸二钙(C_2S)也是硅酸盐水泥的主要矿物,含量通常为10%~40%。熟料中的C_2S也不是以纯矿物的形式存在的,它通常与Al_2O_3、MgO、Fe_2O_3、K_2O和Na_2O等少量氧化物形成固熔体,称为B矿(或贝利特)。

C_2S的水化速度及凝结硬化过程较为缓慢,水化热很低,它的水化产物对水泥早期强度贡献较小,但C_2S有着相当长期的活性,其水化物强度可在一年后超过C_3S水化物的强度,因此对水泥后期强度起主要作用。C_2S的抗化学侵蚀性较高,干缩性较小。

(3)铝酸三钙

铝酸三钙(C_3A)在水泥中的含量通常在15%以下。正常情况下C_3A呈玻璃态或不规则的微晶,相对密度为3.04。在四种矿物中,C_3A是硅酸盐水泥熟料中遇水反应速度最快、水化热最高的矿物,其含量影响着硅酸盐水泥凝结速率和释热量。C_3A的水化产物强度在3d内就能充分发挥出来,它的早期强度较高,但强度绝对值较小,后期强度不再增加。C_3A的耐化学腐蚀差,尤其是抗硫酸盐侵蚀性能差、干缩性大。

(4) 铁铝酸四钙

铁铝酸四钙(C_4AF)在水泥中的含量通常为 5%~15%。在水泥熟料中,铁铝酸四钙的组成相对比较复杂,是化学组成为 C_6A_2F-C_4AF-C_2F 的一系列固溶体。在 C_4AF 中,尚含有少量 MgO、SiO_2、K_2O 和 Na_2O 等氧化物。因此,C_4AF 又称为 C 矿(或才里矿)。

C_4AF 的水化速度较快、水化热较高。C_4AF 的强度较低,但对水泥抗折强度和耐磨性起着重要作用,其水化产物的耐化学侵蚀性好、干缩性小。

3. 主要矿物技术性质的比较

(1) 水化反应程度

如图 4-1 所示为四种熟料矿物水化程度与龄期的关系。由图可见,铝酸三钙水化反应速度最快,硅酸三钙和铁铝酸四钙次之,硅酸二钙最慢。水泥水化 24h 后,大约有 65% 的 C_3A 已经水化、C_3S 水化 50% 左右、C_4AF 水化 40% 左右、C_2S 水化约 30%,到 90d 时,四种矿物的水化程度已经接近。

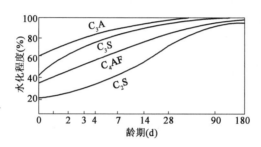

图 4-1 不同龄期时四种矿物的水化程度

(2) 水化热(Hydration Heat)

水泥在水化过程中释放出的热量称为水泥的水化热。如图 4-2 所示是四种熟料矿物在不同龄期时的释热量,测定结果表明:C_3A 的水化热与释热速率最大,C_3S 与 C_4AF 次之,C_2S 的水化热最小、释热速率也最慢。

(3) 水化物的强度

如图 4-3 所示为四种熟料矿物强度与龄期的关系,C_3S 的早期强度最高;C_2S 的早期强度较低,但后期强度增进较快;C_3A 和 C_4AF 的强度值均较低。

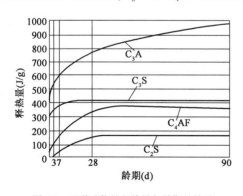

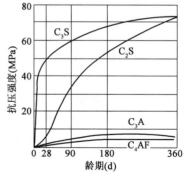

图 4-2 四种矿物的释热量与龄期的关系　　图 4-3 四种矿物的强度随龄期的发展

(4) 干缩性(Dry Shrinkage)

在水泥熟料矿物中,以 C_3A 干缩性最大,随后依次为 C_3S、C_4AF 和 C_2S。

(5)抗化学腐蚀性(Chemical Resistance)

在四种矿物中,以 C_4AF 的抗化学腐蚀性最好,其次为 C_3S 和 C_2S,C_3A 最差。

硅酸盐水泥熟料中四种矿物的主要技术性质归纳见表4-3。

硅酸盐水泥熟料中四种矿物的技术性质　　　　表4-3

矿物组成		硅酸三钙(C_3S)	硅酸二钙(C_2S)	铝酸三钙(C_3A)	铁铝酸四钙(C_4AF)
水化反应速度		快	慢	快	中
水化热		高	低	高	中
水化物的强度	早期	高	低	中	中
	后期	高	高	低	中
干缩性		中	小	大	小
抗化学腐蚀性		中	良	差	优

硅酸盐水泥是由多种矿物组分组成的,通过改变各矿物组分的含量比例,水泥的性质将发生相应的变化。例如,提高 C_3S 含量,可制得高强度水泥;降低 C_3S、C_3A 含量,可制得低热水泥;提高 C_4AF 和 C_3S 含量,则可制得高抗折强度的道路水泥。

四、水泥中的其他材料成分

1. 石膏

石膏(Calcium Sulphate)是以硫酸钙为主要成分的、具有调节水泥凝结时间和其他性能的材料,也称水泥的缓凝剂。

石膏有天然石膏与工业副产品石膏之分。天然石膏按照矿物成分分为石膏(代号 G)、硬石膏(代号 A)和混合石膏(代号 M)。石膏主要以二水硫酸钙($CaSO_4 \cdot 2H_2O$)的形式存在。硬石膏主要以无水硫酸钙($CaSO_4$)的形式存在,且 $CaSO_4$ 与 $CaSO_4 \cdot 2H_2O + CaSO_4$ 的质量比不小于80%。混合石膏主要以 $CaSO_4 \cdot 2H_2O$ 和 $CaSO_4$ 的形式存在,且 $CaSO_4$ 与 $CaSO_4 \cdot 2H_2O + CaSO_4$ 的质量比小于80%。工业副产品石膏是以硫酸钙为主要成分的工业副产品。

用于通用硅酸盐水泥中的石膏应是质量符合《天然石膏》(GB/T 5483—2008)中规定的 G 类或 M 类二级或二级以上的石膏或混合石膏。若采用工业副产品石膏,应经过试验证明其对水泥性能无害。

在水泥中,石膏的缓凝作用主要是控制熟料矿物 C_3A 的水化反应速度。若直接将磨细的水泥熟料与水拌和,由于铝酸三钙 C_3A 水化反应的特性即水泥的凝结速度过快,将导致水泥浆发生瞬凝现象。瞬凝(Flash Setting)是指水泥净浆或水泥胶砂迅速失去流动性并硬化的同时放出大量的热,在不加水的情况下重新搅拌,净浆或砂浆的塑性不能恢复。瞬凝将导致无法正常施工且影响水泥石质量。水泥中的石膏掺量主要决定于 C_3A 的含量,也与混合材料的种类和数量有关。一般来说,当水泥中 C_3A 含量大时,石膏掺量可适当增加。石膏的掺量过少,不能起到合理调节凝结时间的作用;但石膏掺量过多,则可能会引起水泥体积安定性不良。

2. 粒化高炉矿渣/矿渣粉

粒化高炉矿渣是在高炉冶炼生铁时,所得到的以硅铝酸盐为主要成分的熔融物,经冷淬成粒后,具有潜在水硬性的材料。粒化高炉矿渣为多孔、粒状的疏松颗粒并含有大量的非晶态的玻璃体物质。粒化高炉矿渣的主要化学成分为氧化物 CaO、SiO_2、Al_2O_3,另外还有少量的

MgO、Fe_2O_3和一些硫化物（MnS、CaS和FeS等）。粒化高炉矿渣磨成细粉后，其中的活性氧化硅SiO_2和活性氧化铝Al_2O_3可以与$Ca(OH)_2$化合，生成具有胶凝性的水化产物。

《用于水泥中的粒化高炉矿渣》（GB/T 203—2008）中规定，炉渣的质量系数[见第一章式(1-30)]不得小于1.2、堆积密度不大于1200kg/m³、最大粒度不大于50mm，10mm筛余量不得大于8%、玻璃体含量不小于70%。

粒化高炉矿渣粉是以质量符合要求的粒化高炉矿渣为主要原料，可掺加少量石膏磨制成一定细度的粉体。《用于水泥和混凝土中的粒化高炉矿渣粉》（GB/T 18046—2017）规定，按28d活性指数（试验水泥胶砂与对比水泥胶砂的28d抗压强度比），将用于水泥中的粒化高炉矿渣粉分为S105、S95和S75三个级别，含水率不大于1.0%、烧失量不大于3.0%、玻璃体含量不小于85%。

3. 火山灰质混合材料

火山灰质混合材料是指具有火山灰性的天然或人工的矿物质材料。该类材料以SiO_2和Al_2O_3为主要成分，按其成因分为天然火山灰质混合材料和人工火山灰质混合材料两类。

天然火山灰质混合材料有火山灰、凝灰岩、沸石岩、浮岩、硅藻土或硅藻石等，其中火山灰是火山喷发的细粒碎屑的疏松沉积物；凝灰岩是由火山灰沉积形成的致密岩石；浮岩是火山喷出的多孔玻璃质岩石；硅藻土或硅藻石是由极细致的硅藻介壳聚集或沉积形成的生物岩石，一般硅藻土呈松土状。人工火山灰质混合材料有煤矸石、烧页岩、烧黏土、煤渣和硅质渣等，其中煤矸石是煤层中炭质页岩经自然或煅烧后的产物、烧页岩是页岩或油母岩经自然或煅烧后的产物、烧黏土是黏土经煅烧后的产物、煤渣是煤炭燃烧后的残渣、硅质渣是由矾土提取硫酸铝后的残渣。虽然，这些火山灰质矿物材料的物理状态不同，但化学组成却很相似，均含有大量的SiO_2和Al_2O_3（含量为75%~85%），并含有少量的CaO、MgO和Fe_2O_3。天然火山灰质材料的化学活性与岩浆喷出的骤冷条件有关，若喷出岩浆的骤冷条件好，能形成大量的玻璃态物质，化学潜能就较大，活性就较好。

在水泥生产过程中掺入火山灰质混合材料，不但可以增加水泥产量，而且还可以改善水泥的某些性能。《用于水泥中的火山灰质混合材料》（GB/T 2847—2017）规定，火山灰质材料中的SO_3含量不大于3.5%、28d活性指数不得小于65%、人工火山灰质材料的烧失量不得大于10%。

4. 粉煤灰

在火力发电厂，煤粉在炉膛中燃烧后，大部分以灰的形式随烟气一起流动，通过静电收尘器在煤粉炉烟道气体中收集的粉末为粉煤灰。根据煤粉品质，用于水泥中的粉煤灰分为F类和C类。F类粉煤灰是由无烟煤或烟煤煅烧收集的；C类粉煤灰是由褐煤或次煤煅烧收集的，其氧化钙含量一般大于10%。从化学组成的角度来说，粉煤灰属于火山灰质混合材料。由于粉煤灰使用数量较大，且在颗粒形态和性能方面与其他火山灰质混合材料有所不同，因而单独列出。

粉煤灰通常呈灰白色或黑色，其化学活性主要取决于活性SiO_2、Al_2O_3和Fe_2O_3含量，也与CaO含量有关。CaO对粉煤灰的活性极为有利。当粉煤灰中圆滑的玻璃微珠颗粒占多数时，其活性高、需水量少，反之亦然。

《用于水泥和混凝土中的粉煤灰》（GB/T 1596—2017）中规定，用于水泥中的粉煤灰的烧失量不得大于8%、含水率不得大于1.0%、SO_3含量不得大于3.5%、安定性(沸煮法)不得大于5.0mm(雷氏夹法)、活性指数不得小于70%。

5. 石灰石和砂岩

石灰石和砂岩是在水泥中主要起填充作用而又不损坏水泥性能的矿物质材料,与水泥成分不起化学作用或化学作用很小。将石灰石或砂岩掺入水泥中的目的是提高水泥产量、调节水泥标号、降低水泥的水化热、改善新拌混凝土和易性等。石灰石、砂岩的亚甲蓝值应不大于1.4g/kg。

6. 助磨剂

助磨剂(Grinding Aids)是指在水泥粉磨时加入的起助磨作用且不损害水泥性能的外加剂,其加入量应不超过水泥质量的0.5%。助磨剂的助磨效果及其对水泥性能的影响应符合《水泥助磨剂》(GB/T 26748—2011)的规定。

第二节 硅酸盐水泥的水化硬化过程

一、水泥的水化与凝结硬化

水泥与水拌和后,水泥熟料矿物与水反应并生成各种水化生成物。水泥浆体在初期具有流动性和可塑性,随着时间的推移及水化反应的不断进行,水泥浆体逐渐变稠并失去流动性,随后产生强度并逐渐发展成为坚硬的石状体,这个过程称为水泥的水化、凝结与硬化。

1. 水泥熟料矿物成分的水化

水泥颗粒与水接触,其表面的熟料矿物立即与水发生水解及化合作用,生成各种水化物并释放热量。

(1) 硅酸三钙

硅酸三钙 C_3S 是硅酸盐水泥的主要组成,它对水泥的胶凝性质起着重要作用。C_3S 的主要水化反应过程见式(4-1),水化生成物是水化硅酸钙 $xCaO \cdot SiO_2 \cdot yH_2O$ 和氢氧化钙 $Ca(OH)_2$。当水化过程进行到一定程度时,固相 $Ca(OH)_2$ 从溶液中结晶出来,水化硅酸钙(C-S-H)沉淀在为水所填充的孔隙中,附着于水泥颗粒表面。

$$C_3S + H_2O \longrightarrow xCaO \cdot SiO_2 \cdot yH_2O + Ca(OH)_2 \tag{4-1}$$

(2) 硅酸二钙

硅酸二钙 C_2S 的主要水化过程用式(4-2)表示,其水化生成物与 C_3S 类似,但水化反应速度比 C_3S 慢得多。

$$C_2S + H_2O \longrightarrow xCaO \cdot SiO_2 \cdot yH_2O + Ca(OH)_2 \tag{4-2}$$

(3) 铝酸三钙

铝酸三钙 C_3A 的水化反应较为复杂,它在纯水和石膏溶液中的水化生成物有所不同。

在纯水中,C_3A 与水反应生成含有不同结晶水的水化铝酸钙(C_4AH_{13}、C_4AH_{19}、C_3AH_6等),见式(4-3),当温度升高时,水化物中的 C_4AH_{13}、C_4AH_{19} 极不稳定,可能转化为 C_3AH_6。

在石膏溶液中,C_3A 的水化物为三硫型水化硫铝酸钙($3CaO \cdot Al_2O_3 \cdot 3CaSO_4 \cdot 32H_2O$),

亦称钙矾石,代号 AFt。钙矾石中的铝可被铁置换,成为含铁铝的三硫酸盐。

当石膏耗尽后,C_4AH_{13} 将与钙矾石反应生成单硫型水化硫铝酸钙($3CaO \cdot Al_2O_3 \cdot CaSO_4 \cdot 12H_2O$),代号 AFm。上述水化反应过程见式(4-4)~式(4-6)。

在纯水中:
$$C_3A + H_2O \longrightarrow (C_4AH_{13}、C_4AH_{19}、C_3AH_6、\cdots) \quad (4-3)$$

在石膏溶液中:
$$C_3A + Ca(OH)_2 + H_2O \longrightarrow C_4AH_{13} \quad (4-4)$$
$$C_4AH_{13} + CaSO_4 \cdot 2H_2O + H_2O \longrightarrow AFt \quad (4-5)$$

当石膏耗尽后:
$$C_4AH_{13} + AFt \longrightarrow AFm \quad (4-6)$$

(4)铁铝酸四钙

铁铝酸四钙 C_4AF 与 C_3A 均属于铝酸盐,C_4AF 水化过程与铝酸三钙 C_3A 相似,只是 C_4AF 的水化作用更为复杂。C_4AF 的主要水化产物有三硫型水化硫铁铝酸钙和单硫型水化硫铁铝酸钙。

如表4-4所示为硅酸盐水泥熟料矿物及石膏在水化过程中的主要水化产物与大致含量。

硅酸盐水泥的主要水化产物 表4-4

水泥水化物名称及化学分子组成		水化物常用缩写	大致含量(%)
水化硅酸钙	$xCaO \cdot SiO_2 \cdot yH_2O$	C-S-H	70
氢氧化钙	$Ca(OH)_2$	CH	20
水化铝酸钙	$4CaO \cdot Al_2O_3 \cdot 13H_2O$	C_4AH_{13}	少量
水化铁酸钙	$4CaO \cdot Fe_2O_3 \cdot 13H_2O$	C_4FH_{13}	少量
三硫型水化硫铝酸钙	$3CaO \cdot Al_2O_3 \cdot 3CaSO_4 \cdot 32H_2O$	$C_3A3CS \cdot H_{32}$ 或 AFt	7
单硫型水化硫铝酸钙	$3CaO \cdot Al_2O_3 \cdot CaSO_4 \cdot 12H_2O$	$C_3ACS \cdot H_{12}$ 或 AFm	
三硫型水化硫铁铝酸钙	$3CaO(Al_2O_3 \cdot Fe_2O_3) \cdot 3CaSO_4 \cdot 32H_2O$	$C_3(A,F)3CS \cdot H_{32}$	少量
单硫型水化硫铁铝酸钙	$3CaO(Al_2O_3 \cdot Fe_2O_3) \cdot CaSO_4 \cdot 12H_2O$	$C_3(A,F)CS \cdot H_{12}$	少量

2.水泥浆体的凝结硬化过程

水泥的凝结硬化过程实质上就是水泥浆体结构形成的过程。水泥与水拌和后,立即发生水解和水化反应,几分钟后就可以在电子显微镜下观察到水泥颗粒表面生成的立方片状氢氧化钙晶体 CH、无定型水化硅酸钙凝胶 C-S-H、针状晶体钙矾石 AFt、单硫型水化硫铝酸钙 AFm 及单硫型水化硫铁酸钙等水化产物。

如图4-4所示为水泥凝结硬化过程的示意图。在水泥与水的反应初期,水化物尚不多、吸附有水化物的水泥颗粒之间还是分离着,相互间引力较小,水泥浆体可以看成是一个溶液粗分散体系。随着时间的推移,附着于水泥颗粒的水化物增多,C-S-H 形成长纤维凝胶并与 AFt 及其他水化物晶体在水泥颗粒之间形成絮凝结构,此时水泥浆体仍然处于无塑性强度的悬浮状态。随着水泥水化反应的继续进行,水泥颗粒间被水所占的空间逐渐减小,水泥浆体的塑性强度缓慢增长,处于凝聚结构阶段。随着各种水化物的显著增加,水泥核芯中未水化颗粒越来越小,水泥浆体内部的孔隙不断缩小,塑性强度开始迅速发展,此时水泥浆体内结晶网开始形成并发展,浆体加入凝聚-结晶结构状态并进入硬化期。水泥的硬化期可以延续很长时间,甚至可持续几年。

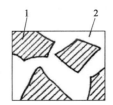
a)在水中未水化的水泥颗粒

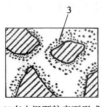
b)在水泥颗粒表面形成水化物膜层

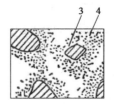
c)膜层长大并互相连接(凝结)

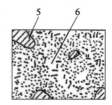
d)水化进一步发展,填充毛细孔(硬化)

图 4-4 水泥凝结硬化过程示意图

1-水泥颗粒;2-水分;3-凝胶;4-晶体;5-水泥颗粒的未水化内核;6-毛细孔

上述水泥凝结硬化的各个过程是交错进行的,各阶段并无明显划分。

3. 石膏的缓凝作用

一般认为,石膏对铝酸三钙 C_3A 的缓凝作用主要是由于在 C_3A 表面形成包裹层的结果。由于水泥中的 C_3A 水化速度极快,在很短时间内即生成大量呈松散多孔结构的、薄片状水化铝酸钙,这些水化物分散在水泥浆体中,使水泥很快失去流动性而凝结。水泥中的石膏(SO_4^{2-}离子)可与 C_3A 水化生成难溶于水的钙矾石,因其溶解度很小且迁移比较困难,生成后凝聚在水泥颗粒表面形成水化物薄膜,封闭了水泥的表面并阻滞水分子及离子的扩散,从而延缓了水泥颗粒特别是 C_3A 的水化速度。

近年来的研究成果认为,对 C_3A 的缓凝作用取决于水化产物钙矾石的结构特征,晶体状钙矾石对 C_3A 水化的延缓作用很小;石膏和 C_3A 水化形成胶体状的钙矾石才对 C_3A 的水化有着延缓作用。而只有在足够的 $Ca(OH)_2$ 固相和 C_2S 存在的条件下,石膏和 C_3A 水化早期才能形成胶体尺寸的钙矾石,才能对 C_3A 的水化起到延缓作用。

二、硬化水泥石的腐蚀

在正常环境条件下,水泥石的强度会不断增长。然而在某些使用环境中,一些侵蚀性液体或气体却能引起水泥石强度的降低,严重的甚至引起水泥混凝土结构的破坏,这种现象称为水泥石的腐蚀。通常,穿越海湾、沼泽、跨越污染河流的路面混凝土结构,或沿线桥涵墩台混凝土结构处于河水、海水、地下水、矿泉水、沼泽水或工业污水的环境中,会出现水泥石的腐蚀。水泥石的腐蚀有以下几种情况:

1. 氢氧化钙的溶失

(1)溶析性侵蚀

溶析性侵蚀是指硬化水泥石中的水化物被淡水溶解并带走的一种侵蚀现象,又称淡水侵蚀或溶出侵蚀。在水泥石的各种水化物中,$Ca(OH)_2$ 溶解度最大,在淡水中会首先被溶出。当水量不多,或在静水、无压水的情况下,水中 $Ca(OH)_2$ 浓度很快达到饱和程度,溶出作用也就中止。但在大量或流动的水中,水流会不断地将 $Ca(OH)_2$ 带走并继续溶出。

(2)镁盐侵蚀

在海水、地下水或矿泉水中,常含有较多的镁盐,一般以氯化镁、硫酸镁的形态存在。镁盐与水泥石中的 $Ca(OH)_2$ 起置换作用,生成松软且胶凝性较低的氢氧化镁,镁盐侵蚀的反应过程由式(4-7)表示。

$$MgCl_2 + Ca(OH)_2 \longrightarrow CaCl_2 + Mg(OH)_2 \qquad (4\text{-}7)$$

(3)碳酸侵蚀

在工业污水或地下水中常溶解有较多的二氧化碳 CO_2,CO_2 与水泥石中的 $Ca(OH)_2$ 作用,可生成碳酸钙 $CaCO_3$,$CaCO_3$ 再与水中的碳酸作用,生成可溶的重碳酸钙 $Ca(HCO_3)_2$ 而溶失,见式(4-8)和式(4-9)。

$$CO_2 + Ca(OH)_2 \longrightarrow CaCO_3 + H_2O \qquad (4\text{-}8)$$
$$CaCO_3 + CO_2 + H_2O \longrightarrow Ca(HCO_3)_2 \qquad (4\text{-}9)$$

在上述反应过程中,水泥石中 $Ca(OH)_2$ 的大量溶失,不仅使水泥石的密度和强度降低,而且导致水泥石的碱度降低,随之将引起水化硅酸钙(C-S-H)和水化铝酸钙的不断分解。水泥石内部不断受到破坏、强度不断降低,最终将会引起整个水泥混凝土结构物的破坏。

2. 硫酸盐侵蚀

在海水、沼泽水和工业污水中常常含有硫酸盐物质,如 Na_2SO_4、K_2SO_4 等,这类硫酸盐对水泥石的腐蚀作用由式(4-10)~式(4-13)表示。首先是与水泥石中的 $Ca(OH)_2$ 反应生成硫酸钙 $CaSO_4 \cdot 2H_2O$,它们再与水泥石中的水化铝酸钙反应生成钙矾石,其体积约为原来的水化铝酸钙体积的 2.5 倍,从而使硬化水泥石中的固相体积增加很多并产生相当大的结晶压力,造成水泥石开裂甚至毁坏。

$$Ca(OH)_2 + Na_2SO_4 \longrightarrow CaSO_4 \cdot 2H_2O + NaOH + H_2O \qquad (4\text{-}10)$$
$$Ca(OH)_2 + MgSO_4 \longrightarrow CaSO_4 \cdot 2H_2O + Mg(OH)_2 \qquad (4\text{-}11)$$
$$Ca(OH)_2 + H_2SO_4 \longrightarrow CaSO_4 \cdot 2H_2O + H_2O \qquad (4\text{-}12)$$
$$CaSO_4 \cdot 2H_2O + C_4A \cdot H_{13} \longrightarrow Ca(OH)_2 + AFt \qquad (4\text{-}13)$$

3. 水泥石腐蚀的防止措施

根据以上分析可知,引起水泥石腐蚀的主要内因包括两个方面:第一方面是在水泥石中含有相当数量 $Ca(OH)_2$ 以及一定数量的水化铝酸钙;第二方面是水泥石中的各种通道使得外界腐蚀性介质易于侵入。所以,为防止或减轻水泥石的腐蚀,应从这两方面采取改善措施:

(1)根据腐蚀环境特点,合理选用水泥品种

对可能接触腐蚀介质的水泥混凝土,选用水化物中 $Ca(OH)_2$ 含量少的水泥,以降低氢氧化钙溶失对水泥石的危害。选用 C_3A 含量低的水泥以降低硅酸盐类的腐蚀作用。

(2)提高水泥石的密实程度,降低水泥石的孔隙率

改善施工工艺、降低水泥混凝土拌和用水、提高水泥的密实度并在水泥混凝土表面敷设一层耐腐蚀性强且不透水的保护层(通常可采用耐酸石料、耐酸陶瓷、玻璃、塑料或沥青等),以杜绝或减少腐蚀性介质渗入水泥石内部。

三、掺混合材料硅酸盐水泥的凝结硬化特征

1. 混合材料的凝结硬化原理

矿渣水泥与水拌和后,首先是硅酸盐熟料矿物水化,水化物氢氧化钙($Ca(OH)_2$)与所掺入的石膏分别作为矿渣的碱性激发剂和硫酸盐激发剂,它与矿渣中的活性 SiO_2 和活性 Al_2O_3 发生化学反应,生成不定型水化硅酸钙、水化硫铝酸钙等水化产物,这种反应也称为"火山灰反应"。随着水化反应的深入,水泥浆体逐渐失去塑性获得强度。与硅酸盐水泥相比,矿渣水

泥中的 $Ca(OH)_2$ 含量相对较少、水化物的碱度较低。从电子显微镜的观察可知,水化硅酸钙和钙矾石是硬化矿渣水泥石的主要成分,而水化硅酸钙凝胶结构比硅酸盐水泥石中的更为致密。

火山灰质水泥和粉煤灰水泥的水化与凝结硬化过程同矿渣水泥基本相似。

2. 混合材料对硅酸盐水泥性质的影响

(1) 水化速度慢、早期强度低,后期强度发展将超过同标号硅酸盐水泥

在掺混合材料中,水泥熟料矿物明显减少,尤其是 C_3S 和 C_3A 的减少,使水泥水化和凝结速度变慢,而混合材料中的 SiO_2 和 Al_2O_3 与 $Ca(OH)_2$ 溶液的反应速度较为缓慢,所以掺混合材料水泥的早期强度较低。

"火山灰反应"过程对温度和湿度条件比较敏感,当温度较高时,反应速度较快,因此掺混合材料水泥一般都宜采用蒸汽养护。在蒸汽养护条件下,不仅强度增长快,且不影响后期强度的增长。

(2) 化学稳定性较高,抗腐蚀(淡水、硫酸盐)

由于在"火山灰反应"中消耗掉一部分 $Ca(OH)_2$,使水泥石中 $Ca(OH)_2$ 的相对含量减少。二次反应的生成物(如无定型水化硅酸钙、水化铝酸钙)的碱度较低、较为稳定、抗淡水腐蚀及抗硫酸盐腐蚀性提高。

如果所掺的混合材料为黏土质火山灰质材料,由于其水化产物中水化铝酸钙含量较大,因而不利于水泥石的抗硫酸盐腐蚀。

(3) 水化热低

在掺混合材料的水泥中,C_3S 和 C_3A 相对含量减少、水化速度低、单位时间所释放水化热低于硅酸盐水泥,适用于大体积工程应用。

(4) 抗冻性差

在低温条件下,火山灰反应缓慢甚至停止,所以对在低温(10℃)以下需要强度迅速发展的工程结构中,应对水泥混凝土采用加热保温措施,否则不宜使用。

第三节　通用硅酸盐水泥的技术性质

一、物理性质

1. 凝结时间

凝结时间(Setting Time)是指水泥标准稠度净浆从加水拌和开始至失去塑性或达到硬化状态所需要的时间。水泥凝结时间以标准试针沉入标准稠度的水泥净浆(Cement Paste)至一定深度所需的时间表示,分为初凝时间和终凝时间。初凝时间是指从水泥全部加入水中至初凝状态所经历的时间;终凝时间是指从水泥全部加入水中到终凝状态所经历的时间。水泥的凝结时间按照《公路工程水泥及水泥混凝土试验规程》(JTG 3420—2020)中的规定进行测试,采用维卡仪测定水泥的凝结状态。初凝状态是指试针自由沉入标准稠度水泥净浆试件至底板 4mm±1mm 的稠度状态;终凝状态是指试针沉入0.5mm,且其环形附件不能在试件表面留下

痕迹时的稠度状态。

国标规定,硅酸盐水泥的初凝时间不小于45min,终凝时间不大于390min；普通水泥、矿渣水泥、火山灰质水泥、粉煤灰水泥和复合水泥的初凝时间不小于45min,终凝时间不大于600min。

水泥的凝结时间对水泥混凝土的施工有重要的意义。初凝时间太短将影响水泥混凝土的搅拌、运输、浇捣等施工工序的正常进行。而一旦施工完毕,则要求水泥混凝土尽快硬化,并具有一定的强度,以加快模具的周转、缩短养护时间。所以,水泥的初凝时间不宜过短,终凝时间不宜过长。

水泥的凝结时间受水泥品种和水泥浆体含水率的影响。掺加混合材料水泥的凝结时间一般较长。若水泥浆体的含水率高于标准试验的规定值,其凝结时间相应要延长,在实际工程中,水泥混凝土和水泥胶砂的凝结时间往往比标准稠度水泥净浆的凝结时间长得多。凝结时间还受周围环境温度的影响,温度升高时,水化反应速度加快,凝结时间缩短。

2. 安定性

安定性(Soundness)用于表征水泥浆体硬化后,是否发生不均匀体积变化的性能指标。由游离氧化钙造成的体积安定性可采用雷氏法(标准法)或试饼法(代用法)进行测试。按照《公路工程水泥及水泥混凝土试验规程》(JTG 3420—2020),雷氏法是通过测定标准稠度水泥净浆在雷氏夹中沸煮后试针的相对位移表征其体积膨胀的程度,试饼法是通过观测水泥标准稠度净浆试饼沸煮后的外形变化情况表征其体积安定性。因方镁石水化可能造成体积安定性不良可采用压蒸法进行测试。按照《水泥压蒸安定性试验方法》(GB/T 750—1992),压蒸法通过在饱和水蒸气条件下提高温度和压力使水泥中的方镁石在较短的时间内绝大部分水化,用试件的形变来判断水泥浆体积安定性。根据《通用硅酸盐水泥》(GB 175—2023),通用硅酸盐水泥的安定性应合格。

水泥体积安定性不良是由于水泥中某些有害成分的作用,这些成分在水泥浆体硬化后继续与水或周围介质发生化学反应,其生成物体积增加会引起水泥石内部的不均匀体积变化并在结构物中产生应力。当应力超过材料强度时,则会引起结构开裂、崩裂等问题。这种应力即使未超过水泥石的强度,也会因内部应力集中而破坏水泥石内部结构、形成缺陷并构成严重的隐患。引起水泥体积安定性不良的主要原因是在水泥熟料中游离氧化钙或氧化镁含量过高,或由于石膏掺量过多而导致的水泥中的三氧化硫含量偏高。

另外,为了使水泥的凝结时间和安定性的测定结果具有可比性,在凝结时间和安定性检测试验中均应采用标准稠度的水泥净浆,其标准稠度用水量(Water Requirement for Normal Consistency)应按照《公路工程水泥及水泥混凝土试验规程》(JTG 3420—2020)中规定的方法进行测试。

3. 细度

细度(Fineness)是表示水泥颗粒粗细程度或水泥分散度的指标,它对水泥的水化硬化速度、水泥需水量、和易性、放热速率和强度都有影响。由于水泥与水的反应是从水泥颗粒表面开始的,颗粒越细,则水泥与水发生反应的表面积越大、水化越充分、水化速度越快。所以相同矿物组成的水泥,细度越大、凝结速度越快、早期强度越高。实践表明,细度提高可使水泥混凝土的强度提高、工作性能得到改善。但是,水泥细度提高,在空气中硬化时收缩率较大、粉磨能耗增加、成本提高。因此,水泥细度应控制在合理范围内。

《通用硅酸盐水泥》(GB 175—2023)中规定,水泥细度采用筛析法和比表面积法进行检测。前者按《水泥比表面积测定方法 勃氏法》(GB/T 8074—2008)进行,后者按《水泥细度检验方法 筛析法》(GB/T 1345—2005)进行。硅酸盐水泥的细度以比表面积表示,不低于300m²/kg且不大于400m²/kg。普通硅酸盐水泥、矿渣硅酸盐水泥、粉煤灰硅酸盐水泥、火山灰质硅酸盐水泥和复合硅酸盐水泥的细度以45μm方孔筛筛余表示,应不小于5%。

二、强度

水泥强度是评价水泥质量、确定水泥强度等级的重要指标,也是水泥混凝土和砂浆配合比设计的重要计算参数。水泥强度除了与水泥熟料矿物组成和细度有关外,还与水灰比、试件制作方法、养护条件和时间等有关。

1. 水泥强度

测试水泥强度时,可以将水泥制成水泥净浆、水泥胶砂或水泥混凝土试件。目前国际上多采用胶砂法作为水泥强度的标准试验方法。水泥强度按《水泥胶砂强度检验方法(ISO法)》(GB 17671—2021)进行试验。按照该规范,将水泥与ISO标准砂按照1∶3的质量比例混合后,以水灰比0.5拌制水泥胶砂(Cement Mortar),用标准方法制作4cm×4cm×16cm的标准试件。试件在标准条件(20℃±1℃,相对湿度不小于90%或水中)下进行养护,达到规定龄期(3d、28d)时,测定其抗折强度和抗压强度。

当水泥中掺有火山灰质混合材料时,在灰砂比为1∶3和水灰比为0.5的条件下,水泥胶砂流动度(Fluidity of Cement Mortar)可能有很大的变化。因此,对于火山灰质水泥、粉煤灰水泥、复合水泥以及掺火山灰混合材料的普通硅酸盐水泥,在进行水泥胶砂强度检验时,其用水量按0.5水灰比和胶砂流动度不小于180mm来确定。当胶砂流动度小于180mm时,应以流动度0.01mm的整倍数递减的方法将水灰比调整至胶砂的流动度不小于180mm,胶砂流动度试验按照《水泥胶砂流动度测定方法》(GB/T 2419—2005)进行。

2. 水泥强度等级

水泥强度等级(Strength Grade Cement)是根据规定龄期测定的抗压强度和抗折强度来划分的。《通用硅酸盐水泥》(GB 175—2023)规定,通用硅酸盐水泥的强度等级分为32.5、32.5R、42.5、42.5R、52.5、52.5R、62.5和62.5R八个等级。

不同强度等级的通用硅酸盐水泥,在不同龄期的强度不得低于表4-5中规定的数值。根据3d强度,水泥分为普通型和早强型(或称R型)两类。早强型水泥的3d抗压强度可达28d抗压强度的50%左右,并较同强度等级的普通型水泥3d强度提高10%以上。

通用硅酸盐水泥在不同龄期强度要求值(GB 175—2023)　　　表4-5

强度等级	抗压强度(MPa)		抗折强度(MPa)	
	3d	28d	3d	28d
32.5	≥12.0	≥32.5	≥3.0	≥5.5
32.5R	≥17.0		≥4.0	
42.5	≥17.0	≥42.5	≥4.0	≥6.5
42.5R	≥22.0		≥4.5	

续上表

强度等级	抗压强度（MPa）		抗折强度（MPa）	
	3d	28d	3d	28d
52.5	≥22.0	≥52.5	≥4.5	≥7.0
52.5R	≥27.0		≥5.0	
62.5	≥27.0	≥62.5	≥5.0	≥8.0
62.5R	≥32.0		≥5.5	

三、水泥的化学品质

1. 有害成分含量

在水泥熟料中，常含有少量未与其他矿物结合的游离氧化镁，它是高温时形成的方镁石结晶，由于其水化速度很慢，通常要经历几个月甚至几年才明显水化，加上生成物氢氧化镁的体积膨胀会在水泥石内产生膨胀应力。

三氧化硫（SO_3）主要来自石膏或生产水泥的矿化剂。三氧化硫的存在会引起硬化后水泥石体积膨胀，导致结构物破坏。

为了保证水泥使用质量，要求水泥中的氧化镁 MgO、三氧化硫 SO_3 的含量不得超过规定的限量。

2. 不溶物和烧失量

水泥中的不溶物来自原料中的黏土和 SiO_2，由于煅烧不佳、化学反应不充分而未参与形成熟料矿物，这些物质将影响水泥的有效成分含量。

水泥烧失量的大小在一定程度上反映了水泥熟料煅烧质量，也反映了混合材料掺量是否适当以及水泥受潮的情况。

通用硅酸盐水泥的化学指标应满足表4-6中的规定。

通用硅酸盐水泥化学品质指标要求（GB 175—2023）　　表4-6

品种	代号	不溶物（质量分数）（%）	烧失量（质量分数）（%）	三氧化硫（质量分数）（%）	氧化镁（质量分数）（%）	氯离子（质量分数）（%）
硅酸盐水泥	P·Ⅰ	≤0.75	≤3.0	≤3.5	≤5.0①	≤0.06③
	P·Ⅱ	≤1.50	≤3.5			
普通硅酸盐水泥	P·O	—	≤5.0			
矿渣硅酸盐水泥	P·S·A	—	—	≤4.0	≤6.0②	
	P·S·B	—	—		—	
火山灰质硅酸盐水泥	P·P	—	—	≤3.5	≤6.0	
粉煤灰硅酸盐水泥	P·F	—	—			
复合硅酸盐水泥	P·C	—	—			

注：①如果水泥压蒸安定性试验合格，则水泥中氧化镁含量允许放宽到6.0%。
②如果水泥中氧化镁含量（质量分数）大于6.0%时，需进行水泥压蒸安定性试验并合格。
③当有更低要求时，该指标由买卖双方确定。

3. 碱含量

水泥熟料中含有少量碱性氧化物（Na_2O 及 K_2O），如果采用含有活性二氧化硅 SiO_2 或活性碳酸盐成分的集料配制混凝土，水泥中的碱性氧化物会与集料中活性 SiO_2 或活性碳酸盐发生化学反应，称为"碱-集料反应"，其生成物附着在集料与水泥石的界面上会遇水膨胀，引起水泥石胀裂，导致黏结强度降低并破坏混凝土结构。水泥中的碱含量按 $N_2O+0.658K_2O$ 计算值来表示，当用户要求提供低碱水泥时，由供需双方商定。

4. 水泥中水溶性铬（Ⅵ）

水泥中水溶性铬（Ⅵ）应符合《水泥中水溶性铬（Ⅵ）的限量及测定方法》（GB 31893—2015）的要求且Ⅵ含量不大于 10.00mg/kg。

《通用硅酸盐水泥》（GB 175—2023）中规定：当水泥的初凝时间、安定性、强度和化学品质指标中的任何一项不满足上述要求时，均为不合格品。

四、通用硅酸盐水泥的特性及适用性

1. 硅酸盐水泥

硅酸盐水泥凝结硬化速度较快，耐冻性和耐磨性好，适应于早期强度要求高、凝结速度快、冬季施工及严寒地区遭受反复冻融的工程。硅酸盐水泥由于标号较高，主要用于重要结构的高强度混凝土和预应力混凝土工程中。

由于硅酸盐水泥石中有较多的氢氧化钙，其抗淡水侵蚀和抗化学腐蚀性较差，故硅酸盐水泥不宜用于经常与淡水接触及有水压作用的工程，也不宜用于受海水、矿物水作用的工程。当受热温度为 100~250℃时，水泥石的强度将会有所提高；受热温度到 250~300℃时，水化物开始脱水、水泥浆体收缩、强度开始下降。故硅酸盐水泥不适应于耐热要求较高的工程，更不能用作耐热混凝土。

硅酸盐水泥在水化过程中水化释热量较大，对水泥混凝土工艺有着多方面的意义。水化热对冬季水泥混凝土施工是有益的，它可以促进低温下水泥的水化过程。而在基础、坝体、桥墩等大体积混凝土构筑物中，水化热是不利因素。由于水化热积聚在大体积内部不易散发，所引起内外很大温差的应力可能会导致水泥混凝土产生裂缝，因此水化热较大的硅酸盐水泥不宜用于大体积混凝土结构中。

由于普通硅酸盐水泥中混合材料的掺量较低，其矿物组成的比例仍在硅酸盐水泥的范围内，其水化产物及凝结硬化过程也与硅酸盐水泥相似，所以普通硅酸盐水泥的技术性质与硅酸盐水泥相近。少量混合材料的作用主要是调节水泥标号以利于合理选用。这种水泥被广泛应用于各种混凝土或钢筋混凝土工程，也是我国主要水泥产品之一。

2. 矿渣硅酸盐水泥

在矿渣硅酸盐水泥中，由于硅酸盐水泥熟料含量显著减少，其水化和硬化过程较为缓慢，并对环境的温湿条件较为敏感。因此矿渣水泥凝结速度较慢、早期强度较低，但后期强度发展能够达到同标号硅酸盐水泥的强度。若能采用蒸汽养护等湿热处理方法，则能加快硬化速度并且不影响后期强度的增长。矿渣水泥不宜用于有早强要求的工程，也不宜用于无加热保温措施的低温条件下施工的工程。由于火山灰反应的消耗，矿渣水泥浆体中的氢氧化钙及铝酸盐含量显著减少,对硫酸盐溶液及淡水腐蚀都有较强的抵抗能力,从而它有较高的化学稳定性。矿渣水泥中 C_3S 和 C_3A 的相对含量较低、水化速度缓慢、单位时间内释放的水化热比硅酸盐水泥低得多,因此适应于大体积工程。此外,矿渣本身是耐火掺料,其耐热性较强,适于制作受热构件(温度不高于200℃)。

粒化高炉矿渣有尖锐的棱角,达到标准稠度时需水量较大,但其保水能力较差,成型后会产生大量泌水,这会在水泥石中形成众多的毛细孔通道或粗大孔隙而引起较大干缩,如养护不当易产生裂纹。因此矿渣水泥在干湿循环部位的抗冻性、抗渗性等均不及普通水泥。

3. 火山灰质硅酸盐水泥

火山灰质硅酸盐水泥的强度增长特点同矿渣水泥。在干燥环境中,水化反应会中止,且容易产生裂缝,所以在施工中应注意洒水养护,这种水泥宜用于水中及地下混凝土工程,不宜用于干燥地区和高温结构中。其水化热较低,宜用于大体积工程。

4. 粉煤灰硅酸盐水泥

粉煤灰硅酸盐水泥的凝结硬化过程与火山灰质水泥极为相似。但是由于粉煤灰的化学组成及矿物结构与其他火山灰质混合材料有所不同,因此构成了粉煤灰水泥的特点。粉煤灰呈球状颗粒、表面致密、内比表面积较小、不易水化,粉煤灰活性的发挥主要在后期。所以这种水泥的早期强度发展比矿渣水泥和火山灰质水泥更低,但后期可以赶上。由于粉煤灰表面致密、吸水能力弱,与其他掺混合材料的水泥比较,标准稠度用水量较小、干缩性也小,因而早期干缩所引起的裂纹较少。粉煤灰的适用范围与上述两种掺混合材料水泥相似,可以用于一般水泥混凝土工程,而且更适用于大体积水工建筑及水中结构和海港工程。

5. 复合硅酸盐水泥

在复合硅酸盐水泥中,掺加三种或三种以上混合材料(包括粒化高炉矿渣/矿渣粉、粉煤灰、火山灰质混合材料、石灰石和砂岩)。将混合材料复合掺配,可以发挥取长补短的作用,产生出单一混合材料无法发挥的作用。

由于复合硅酸盐水泥是一种新型通用水泥,且产品种类较多,尚需要对掺加不同混合材料的复合水泥的特性、适用性等开展系统的研究。

第四节 道路水泥

一、道路硅酸盐水泥

道路硅酸盐水泥(Portland Cement for Road)是由道路硅酸盐水泥熟料、适量石膏以及质量满足要求的混合材料磨细制成的水硬性胶凝材料,简称道路水泥,代号 P·R。

1. 道路水泥矿物组成的要求

根据道路水泥混凝土结构的使用特征,道路水泥应具备的主要特性是高抗折强度、低干缩性和高耐磨性。在硅酸盐水泥熟料中,四种主要矿物对这些特性的影响程度排序为:

抗折强度:$C_3S > C_4AF > C_3A$;

干缩性：$C_3A > C_3S > C_4AF > C_2S$；

耐磨性：$C_3S > C_4AF > C_3A$。

为了保证道路水泥的强度、干缩性和耐磨性的要求，其矿物组成应具有"高铁低铝"的特点。《道路硅酸盐水泥》（GB/T 13693—2017）对道路水泥熟料矿物 C_4AF 和 C_3A 含量作出了相应的规定，见表4-7。

道路硅酸盐水泥矿物组成和化学品质指标要求（GB/T 13693—2017）　　表4-7

熟料矿物成分（%）		三氧化硫 SO_3（%）	氧化镁 MgO（%）	烧失量（%）	碱含量（%）	熟料中游离氧化钙（%）
铝酸三钙 C_3A	铁铝酸四钙 C_4AF					
≤5.0	≥15.0	≤3.5	≤5.0	≤3.0	0.60	≤1.0

2. 化学品质要求

游离氧化钙、三氧化硫、氧化镁和碱等是道路硅酸盐水泥中的有害成分，其含量限值见表4-7。

3. 物理力学性质要求

（1）强度

按照28d抗折强度分为7.5和8.5两个等级，如P·R 7.5。各标号道路水泥的强度不得低于表4-8规定的数值。

道路硅酸盐水泥各龄期的强度要求（GB/T 13693—2017）　　表4-8

强度等级	抗压强度（MPa）		抗折强度（MPa）	
	3d	28d	3d	28d
7.5	21.0	42.5	4.0	7.5
8.5	26.0	52.5	5.0	8.5

（2）干缩性

水泥浆体在凝结硬化过程中，由于水分蒸发和环境因素的影响，将产生一定量的干缩变形。当干缩变形严重时水泥石会产生网裂、龟裂，以后会进一步发展成裂缝。这样，一方面破坏了水泥混凝土体的整体性，阻碍应力传递和应力的合理分布，降低了水泥混凝土强度和抗裂能力；另一方面，裂缝处被其他液体、雨水等侵入，易引起水泥石腐蚀，在气候寒冷时，冻融循环破坏加剧，严重降低水泥混凝土的耐久性和强度。

影响水泥干缩性的主要因素是水泥的矿物成分及水泥的细度。在水泥熟料中以 C_3A 干缩性最大，它会加快水泥硬化时体积的收缩过程。以 C_4AF 的收缩量最小，其抗裂性也最好。水泥细度增大，水化充分，强度提高。但是为维持施工和易性，需要加入更多的水，这也导致硬化水泥石中残余水分增加，当该部分水分蒸发后，水泥石内部孔隙增多，最终加大水泥石的干缩程度。

（3）耐磨性

由于车辆交通和行人来往，使路面受到磨耗作用，水泥的耐磨性直接影响路面的使用质量和使用寿命。

增加水泥中 C_4AF，减少 C_3A 含量，可以提高水泥的耐磨性、抗冲击性及各类强度。一般而言，水泥抗压强度提高时，其密度增大、表面硬度及其耐磨性也得以提高。

对道路硅酸盐水泥还有细度、凝结时间、安定性等技术性质的要求。道路硅酸盐水泥的各项技术指标应满足表4-9中的规定。

道路硅酸盐水泥的技术标准（GB/T 13693—2017） 表4-9

水泥品种	细度(比表面积)(m^2/kg)	凝结时间(min) 初凝	凝结时间(min) 终凝	安定性	28d 干缩率(%)	28d 磨损量(kg/m^2)
P·R	300~450	≥90	≤720	合格(沸煮法)	≤0.10	≤3.0

凡氧化镁、三氧化硫、初凝时间和安定性中的任一项不满足要求时，均为废品。凡比表面积、终凝时间、烧失量、干缩率、磨损量中的任一项不满足要求，或者强度低于强度等级规定的要求时，为不合格品。

4. 道路水泥的特点和工程应用

道路硅酸盐水泥是一种专用水泥，其矿物组成比例基本在硅酸盐水泥的范围内，只是它有着偏高的 C_3S 和 C_4AF 含量及较低的 C_3A 含量，这样就提高了水泥强度，特别是抗折强度。高 C_4AF 及低 C_3A 含量可以使水泥具有耐磨性好、干缩性小、抗冲击性好、抗冻性和抗硫酸盐性较好的特点，还可以减少水泥混凝土的裂缝和磨损等病害、减少工程维修并延长混凝土的使用年限。因此道路水泥特别适用于道路路面、机场跑道道面、城市广场铺面等工程。

二、钢渣道路水泥

钢渣道路水泥（Steel Slag Cement for Road）是以转炉钢渣或电炉钢渣和道路硅酸盐水泥熟料、粒化高炉矿渣、适量石膏磨细制成的水硬性凝胶材料，代号为 S·R。在钢渣道路水泥中，"熟料+石膏"的掺入总量应大于水泥质量的 50% 但不大于 90%，钢渣或钢渣粉掺入量应不小于 10% 且不大于 40%，粒化高炉矿渣（粉）掺入量应不大于 10%。

《钢渣道路水泥》（GB/T 25029—2010）中规定，该水泥分为 32.5 和 42.5 两个强度等级，对应的强度要求同表4-8。28d 干缩率不大于 0.10%、28d 磨耗量不大于 3.00kg/m^2。水泥的初凝时间不早于 90min、终凝时间不迟于 180min、比表面积不小于 350m^2/kg。

钢渣道路水泥有着与矿渣硅酸盐水泥类同的物理力学性能，具有后期强度高、水化热低、耐磨性好、微膨胀、抗渗性好、耐腐蚀等特性，适用于水利、道路、海港工程等。

第五节 特 种 水 泥

特种水泥是指具有特殊用途和性能的水泥，如具有快凝、快硬和耐热等特性，或适用于抢修工程、抗裂抗渗工程、水工工程、耐高温工程、装饰工程等特殊用途等。特种水泥通常以水泥的主要矿物名称、特性或用途命名。例如：铝酸盐水泥、硫铝酸盐水泥、低热矿渣硅酸盐水泥等。

一、铝酸盐水泥

铝酸盐水泥（Calcium Aluminate Cement）是由铝酸盐水泥熟料磨细制成的水硬性胶凝材料（曾称高铝水泥），代号CA。

1. 铝酸盐水泥熟料的主要矿物成分及特性

铝酸盐水泥熟料是以钙质或铝质材料(如石灰石和矾土)为主要原料,按适当比例配制成生料,煅烧至完全或部分熔融,并经冷却所得到的以铝酸钙为主要矿物组成的产物。

铝酸盐水泥熟料中的主要矿物是铝酸一钙($CaO \cdot Al_2O_3$,简写CA),其水化硬化迅速,为铝酸盐水泥强度的主要来源;二铝酸一钙($CaO \cdot 2Al_2O_3$,简写CA_2)的特点是水化硬化速度较慢,但后期强度较高;其次是铝方柱石($2CaO \cdot Al_2O_3 \cdot SiO_2$,简写$C_2AS$),水化反应速度极为微弱,凝结性很差,可视为惰性矿物;七铝酸十钙($10CaO \cdot 7Al_2O_3$,简写$C_{10}A_7$)凝结迅速,但强度很低。

2. 铝酸盐水泥的水化硬化

铝酸盐水泥的水化主要是铝酸一钙(CA)的水化过程,这个反应过程受外界温度影响较大。当温度低于20℃时,主要水化物为$CaO \cdot Al_2O_3 \cdot 10H_2O$(简写$CAH_{10}$);温度为20~30℃时,主要水化物为$2CaO \cdot Al_2O_3 \cdot 8H_2O$(简写$C_2AH_8$);温度大于30℃时,主要水化物为$3CaO \cdot Al_2O_3 \cdot 6H_2O$(简写$C_3AH_6$),强度较低。所以铝酸盐水泥不宜在30℃以上的温度条件下养护。

铝酸盐水泥硬化迅速,一般5~7d后其水化物的数量就很少增加,强度趋向稳定,释放的水化热也比较集中。铝酸盐水泥水化物的结合水量较高,约达水泥重量的50%,为硅酸盐水泥的2倍左右。CAH_{10}和C_2AH_8为片状或针状晶体,它们相互交织成坚实的结晶合生体骨架,所生成的氢氧化铝凝胶填塞于骨架之间,形成比较密实的结构。但CAH_{10}和C_2AH_8都是亚稳晶体,随着时间的推移有转化成比较稳定的C_3AH_6的趋势,这个转化过程随着温度的上升而加剧。单位体积的CAH_{10}和C_2AH_8转化成C_3AH_6后,固相体积将缩小并析出一定量的水。晶型转化的结果,使水泥石孔隙变大。由于转化生成物C_3AH_6的强度较低,因而使水泥石的强度大为下降。一般浇筑5年以上的铝酸盐水泥混凝土,剩余强度仅为初期强度的1/2,甚至更低。

3. 铝酸盐水泥的技术性能要求

根据国家标准《铝酸盐水泥》(GB/T 201—2015)的规定,按水泥中Al_2O_3含量分为CA-50、CA-60、CA-70和CA-80四个品种,各品种铝酸盐水泥化学成分按水泥质量百分比应符合表4-10的要求。其中,CA-50根据强度分为CA50-Ⅰ、CA-50-Ⅱ、CA-50-Ⅲ和CA-50-Ⅳ;CA-60根据主要矿物组成分为CA60-Ⅰ(以铝酸一钙为主)和CA-60-Ⅱ(以铝酸二钙为主)。

铝酸盐水泥的化学成分(GB/T 201—2015)　　表4-10

水泥类型	Al_2O_3 (%)	SiO_2 (%)	Fe_2O_3 (%)	R_2O(%) $\omega(Na_2O) + 0.658\omega(K_2O)$	S (%)	Cl^{-1} (%)
CA-50	≥50且<60	≤9.0	≤3.0	≤0.5	≤0.2	≤0.06
CA-60	≥60且<68	≤5.0	≤2.0			
CA-70	≥68且<77	≤1.0	≤0.7	≤0.4	≤0.1	
CA-80	≥77	≤0.5	≤0.5			

各品种铝酸盐水泥的细度要求为,比表面积不小于300m²/kg或45mm筛余不大于20%。CA-50、CA-60-Ⅰ、CA-70和CA-80的初凝时间应不小于30min,终凝时间应不大于360min;CA-60-Ⅱ的初凝时间应不小于60min,终凝时间应不小于1080min。各品种铝酸盐水泥在各个龄

期的强度指标应符合表4-11中的规定。

铝酸盐水泥在不同龄期强度要求值（GB/T 201—2015） 表4-11

水泥类型		抗压强度（MPa）				抗折强度（MPa）			
		6h	1d	3d	28d	6h	1d	3d	28d
CA50	CA50-Ⅰ	≥20	≥40	≥50	—	≥3.0①	≥5.5	≥6.5	—
	CA50-Ⅱ		≥50	≥60	—		≥6.5	≥7.5	—
	CA50-Ⅲ		≥60	≥70	—		≥7.5	≥8.5	—
	CA50-Ⅳ		≥70	≥80	—		≥8.5	≥9.5	—
CA60	CA60-Ⅰ	—	≥65	≥85	—	—	≥7.0	≥10.0	—
	CA60-Ⅱ	—	≥20	≥45	≥85	—	≥2.5	≥5.0	≥10.0
CA70		—	≥30	≥40	—	—	≥5.0	≥6.0	—
CA80		—	≥25	≥30	—	—	≥4.0	≥5.0	—

注：①用户要求时，生产厂家应提供试验结果。

4. 铝酸盐水泥的应用

铝酸盐水泥的强度增进较快，24h即可达其极限强度的80%，宜用于紧急抢修工程和早期强度要求较高的特殊工程。由于铝酸盐水泥的后期强度可能有较大的降低，因此永久性的、重要的工程及预应力混凝土不宜使用铝酸盐水泥。

由于铝酸盐水泥早期强度增长迅速，在冬季施工时只要开始的4~6d就能够防止冰冻，避免冻害，故适用于寒冷地区的冬季施工工程。

铝酸盐水泥的放热量基本上与高标号硅酸盐水泥相同，但放热速度很快，1d可放出总水化热的70%~80%，因此不宜用于大体积工程。

铝酸盐水泥水化时不析出$Ca(OH)_2$，而且硬化后结构致密，因此它具有较好的抗硫酸盐腐蚀能力。但若产生晶型转化、孔隙率增大、耐腐蚀性将下降。铝酸盐水泥抗碱性极差，不得用于接触碱性溶液的工程，同时要避免集料中含碱性化合物。

二、硫铝酸盐水泥

硫铝酸盐水泥（Sulphoaluminate Cement）是将以无水硫铝酸钙和硅酸二钙为主的硫铝酸盐水泥熟料与适量的石灰石、石膏共同磨细制成的水硬性胶凝材料，具有高强、抗冻、抗渗、耐腐蚀和低碱度等特性。

1. 硫铝酸盐水泥的主要矿物成分及特性

硫铝酸盐水泥的主要原料为铝质原料（主要提供Al_2O_3，也提供SiO_2和Fe_2O_3）、石灰质原料（主要提供CaO）和硫系原料（主要提供SO_3），配制成适当成分的生料，经1300~1350℃煅烧，得到以硫铝酸钙为主要矿物的熟料。

硫铝酸盐水泥中的主要矿物是无水硫铝酸钙$3CaO \cdot 3Al_2O_3 \cdot CaSO_4$（$C_3A_3\bar{S}$）晶体，多孔结构是该类水泥高活性的主要原因；其次为硅酸二钙$2CaO \cdot SiO_2$（C_2S）以及铁相成分为$4CaO \cdot Al_2O_3 \cdot Fe_2O_3$（$C_4AF$）、$2CaO \cdot Fe_2O_3 \sim 6CaO \cdot 2Al_2O_3 \cdot Fe_2O_3$的固溶体。

硫铝酸盐水泥的主要水化产物为水化硫铝酸钙（AFt、AFm）、铝胶、铁胶和水化硅酸钙凝胶（C-S-H）。水化硫铝酸钙使得水泥具有早强、高强、抗冻、抗渗、耐蚀和低碱度等优良特性，它具有铝酸盐水泥同样的早强特点,但没有后期强度倒缩的问题。

硫铝酸盐水泥的凝结速度较快,初凝时间 30～50min、终凝时间 40～90min,水化热集中在 8～40h 释放。与硅酸盐水泥石相比,硫铝酸盐水泥石的孔隙结构有着明显的差别,其总孔隙比小于 15%、平均孔径小且绝大部分孔径小于 30nm、孔隙形状多呈墨水瓶状。这样的孔隙结构是致使硫铝酸盐水泥抗渗、抗冻、抗腐蚀、干缩性小等特性的关键。此外,硫铝酸盐水泥石中水化液相碱度低,可以抑制由于使用碱活性集料而可能引发的碱-集料反应。

2. 硫铝酸盐水泥品种与特性

按生产硫铝酸盐水泥时石灰石的掺量,硫铝酸盐水泥分为快硬硫铝酸盐水泥、低碱度硫铝酸盐水泥,另有自应力硫铝酸盐水泥(见后)。

(1)快硬硫铝酸盐水泥(Rapid Hardening Sulphoaluminate Cement)

快硬硫铝酸盐水泥是指由适当成分的硫铝酸盐水泥熟料和少量石灰石(掺加量应不大于水泥质量的 15%)、适量石膏共同磨细制成的,具有早期强度高的水硬性凝胶材料(俗称早强水泥),代号 R·SAC。

《硫铝酸盐水泥》(GB/T 20472—2006)规定,按 3d 抗压强度,快硬硫铝酸盐水泥分为 42.5、52.5、62.5 和 72.5 四个强度等级。该水泥 1d 龄期的抗压强度可达到 28d 龄期抗压强度的 65% 以上,3d 龄期的抗压强度可达到 28d 龄期抗压强度的 95% 以上。

快硬硫铝酸盐水泥适用于配制早强、抗冻、抗渗和抗硫酸盐侵蚀等用途的混凝土。可用于抢修、堵漏、冬季施工及一般工程等。施工时,特别是夏天,混凝土硬化开始后(2～3h)应及时保湿养护,养护期不得少于 3d。该水泥中不得混入其他品种的水泥和石灰等高碱性物质,所配制的混凝土也不得与其他水泥配制的混凝土混合使用,但可以浇筑在已硬化的其他混凝土上。这种水泥不得用于耐热工程或经常处于 100℃ 以上的混凝土工程。

(2)低碱度硫铝酸盐水泥(Low Alkalinty Sulphoaluminate Cement)

低碱度硫铝酸盐水泥是指由适当成分的硫铝酸盐水泥熟料和较多量石灰石(掺加量应为水泥质量的 15%～35%)、适量石膏共同磨细制成的,具有碱度低的水硬性凝胶材料,代号 L·SAC。

《硫铝酸盐水泥》(GB 20472—2006)规定,按 7d 龄期抗压强度,低碱度硫铝酸盐水泥分为 32.5、42.5 和 52.5 三个强度等级,并要求该水泥 28d 龄期自由膨胀率为 0～0.15%。

低碱度硫铝酸盐水泥主要用于制作玻璃纤维增强水泥制品,用于配有钢纤维、钢丝网、钢埋件等混凝土制品和结构时,所用钢材应为不锈钢。

三、自应力水泥

水泥水化硬化过程中,产生体积膨胀的水泥称为膨胀类水泥。在水化硬化过程中,体积膨胀值较大,使混凝土产生自应力(化学预应力)的水泥,称为自应力类水泥。

一般硅酸盐水泥在空气中水化硬化时,体积会产生一定的收缩,使得水泥石结构产生微裂纹,降低水泥石结构密实性,从而影响结构的抗渗、抗冻以及力学性能。膨胀水泥或自应力水泥在硬化阶段发生了使水泥石体积膨胀的化学反应,这种体积膨胀可以补偿砂浆或混凝土收缩。在钢筋混凝土结构中,水泥硬化所产生的体积膨胀使钢筋受到一定的拉应力作用,在水泥硬化后,被拉伸的钢筋又使混凝土受到压应力,其实质是利用水泥的化学能形成了预应力混凝土。因为这种压应力是依靠水泥自身的化学反应生成的,所以称为"自应力"。现行国标中以水泥胶砂的"自应力值"表示混凝土中所产生压应力的大小。

自应力水泥按照组分可分为铝酸盐型、硫铝酸盐型和铁铝酸盐型等。

1. 自应力铝酸盐水泥

自应力铝酸盐水泥(Self-Stressing Calcium Aluminate Cement)是以一定量的铝酸盐水泥熟料和二水石膏磨细而成的大膨胀率的水硬性胶凝材料。

《自应力铝酸盐水泥》(JC 214—1991)规定,按28d龄期的自应力(MPa)值,将水泥分为3.0、4.5和6.0三个自应力等级。同时要求该水泥的7d龄期自由膨胀率应不大于1.0%、28d龄期自由膨胀率应不大于2.0%。

自应力铝酸盐水泥产生膨胀的原因是由于高碱性水化铝酸钙遇水与硫酸钙作用,生成钙矾石而导致体积膨胀。这种水泥具有较高的膨胀值但膨胀稳定期较长,较好的抗渗性、气密性和抗化学侵蚀能力且耐热性较差且成本较高。主要用于制造口径较大、工作压力较高的各种自应力管,如输水、输气、排灰、排污管等。

2. 自应力硫铝酸盐水泥

自应力硫铝酸盐水泥(Self-Stressing Sulphoaluminate Cement)是指由适当成分的硫铝酸盐水泥熟料加入适量石膏磨细制成的具有膨胀性的水硬性凝胶材料,代号S·SAC。

《硫铝酸盐水泥》(GB/T 20472—2006)规定,按28d龄期自应力(MPa)值,将水泥分为3.0、3.5、4.0和4.5四个自应力等级。同时要求该水泥的7d自由膨胀率应不大于1.30%,28d自由膨胀率应不大于1.75%。

自应力硫铝酸盐水泥在水化初期所形成的钙矾石起着凝结和强度的作用,随后使得水泥浆体更为致密。当水泥石已经具有一定强度时,继续生成的钙矾石就会引起体积膨胀,产生自应力。由于铝胶和水化硅酸钙凝胶的存在,水泥石极为致密,具有良好的气密性和抗渗性。主要用于浇筑构件节点及应用于抗渗和补偿收缩的混凝土工程中。

3. 自应力铁铝酸盐水泥

自应力铁铝酸盐水泥(Self-Stressing Ferro-Sulphoaluminate Cement)是由铁铝酸盐水泥熟料和适量的石膏磨细制成的、具有膨胀性的水硬性凝胶材料,亦称高铁硫铝酸盐水泥,代号S·FAC。铁铝酸盐水泥熟料是以适当成分的石料,经煅烧所得的以无水硫铝酸钙、铁相和硅酸二钙为主要矿物成分的水硬性胶凝材料。《自应力铁铝酸钙水泥》(JC/T 437—2010)规定,按28d龄期自应力值(MPa),将水泥分为3.0、3.5、4.0和4.5四个自应力等级。同时要求该水泥的7d龄期自由膨胀率应小于1.30%、28d龄期自由膨胀率应小于1.75%。

自应力铁铝酸盐水泥的用途主要是制作自应力水泥压力管,用于输水工程。这种压力管的后期膨胀稳定性好、耐腐蚀性能优良且输水时不会污染水质,具有特定的市场和发展前景。

四、白色水泥与彩色水泥

1. 白色硅酸盐水泥

白色硅酸盐水泥(White Portland Cement)是由氧化铁含量较少的硅酸盐水泥熟料、适量石膏与符合规定的混合材料磨细制成的水硬性胶凝材料(简称白水泥),代号P·W。

白色硅酸盐水泥熟料是采用含极少量着色物质(如氧化铁、氧化锰、氧化钛、氧化铬等)的原料,如纯净的高岭土、纯石英砂、纯石灰石或白垩等,在较高的温度下煅烧而成。水泥中的混合材料是石灰岩、白云质石灰岩和石英砂等天然矿物,掺量为水泥质量的0%~30%。水泥的熟料矿物成分主要是硅酸盐,所以其基本性能与一般硅酸盐水泥相同。由于水泥对原料、工艺过程及工艺设备要求较高,因此价格较高。

按照《白色硅酸盐水泥》(GB/T 2015—2017)的规定,白色硅酸盐水泥分为32.5、42.5和52.5三个强度等级;按照白度分为1级和2级,代号分别为P·W-1和P·W-2。1级白度(P·W-1)要求白度不小于89,2级白度(P·W-2)要求白度不小于87。水泥的初凝时间不得早于45min,终凝时间不得大于600min。

2. 彩色硅酸盐水泥

彩色硅酸盐水泥(Coloured Portland Cement)是由硅酸盐水泥及适量石膏(或者白色硅酸盐水泥)、混合材料及着色剂磨细或混合制成的带有颜色的水硬性胶凝材料。

彩色硅酸盐水泥按生产方式分为两大类:一类是在白色水泥的生料中加入少量金属氧化物直接烧成彩色水泥熟料,然后再加入适量石膏磨细而成;另一类是将白色水泥熟料、石膏和颜料共同粉磨而成。后者所用的颜料要求不溶于水且分散性好、耐碱性强、抗大气稳定性好。通常采用的颜料有:氧化铁(红、黄、褐、黑色),二氧化锰(黑、褐色),氧化铬(绿色),赭石(赭色),群青兰(蓝色)和炭黑(黑色)等。当配制红、褐、黑等较深色彩水泥时,也可以用一般硅酸盐水泥来磨制。

按照《彩色硅酸盐水泥》(JC/T 870—2020)的规定,彩色硅酸盐水泥分为27.5、32.5和42.5三个强度等级,水泥的初凝时间不得早于60min、终凝时间不得迟于600min。彩色硅酸盐水泥的基本颜色有红色、黄色、蓝色、绿色、棕色和黑色等。同一颜色的各编号样品与该水泥颜色对比样品之间的色差不得超过4.0CIELAB色差单位,500h人工加速老化试验前后的色差不得超过6.0CIELAB色差单位。

白色水泥和彩色水泥主要用作建筑装饰材料,也可用于彩色道路铺装。

五、地质聚合物水泥

1. 地质聚合物简介

地质聚合物(Geopolymer)简称地聚物,这一概念是20世纪70年代由法国科学家Davidovits定义并命名,国内学者在研究的过程中也称之为地质水泥、矿物聚合物、土壤聚合物、化学键合陶瓷等,它是以富含硅元素和铝元素的化合物为原材料,在碱性激发剂的作用下进行地质聚合反应而形成的一种由共用氧原子的硅氧四面体结构单元和铝氧四面体结构单元相互交联组成的具有三维网状笼型结构的硅铝酸盐凝胶材料,地质聚合物网络图如图4-5所示。地质聚合物包含碱基地质聚合物和酸基地质聚合物,通常提及的地质聚合物是碱基地质聚合物。目前,国内外对于地质聚合物的研究越来越深入,制备地质聚合物的原材料来源也不仅仅是之前的天然矿物,而扩展到所有的矿物黏土、固体废物或人工合成的硅铝粉体等。地质聚合物具有优良的力学性能和耐酸碱、耐火、耐高温的性能,如抗压能力、抗腐蚀性、耐久性等都优于普通波特兰水泥。此外,其制备过程中所排放的CO_2仅为水泥生产释放量的20%,在当前绿色交通以及双碳背景下是一种很有潜力的绿色低碳材料。

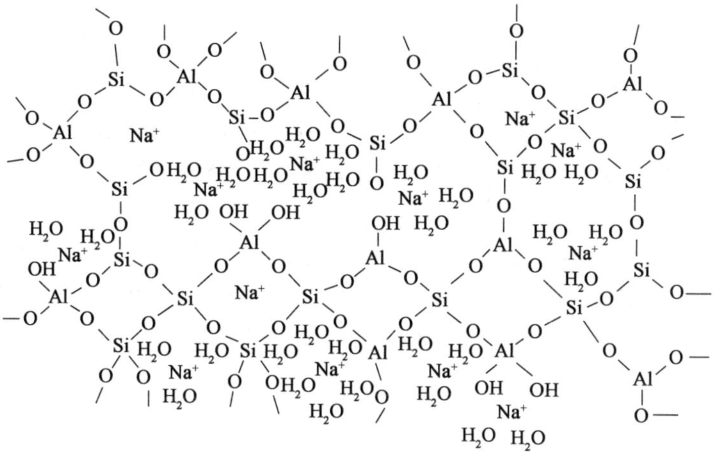

图 4-5 地质聚合物网络图

2. 地质聚合物结构及反应机理

地质聚合物因其原料来源不同,相应的反应机理也存在着差异。近些年来,各国科研人员对地质聚合物的反应机理进行了实验探究,但仍没有达成一致。在众多反应机理中,Davidovits提出的"解聚-缩聚"理论是目前为止认可度最高的。他把地质聚合物的反应过程分成了3个阶段:溶解、单体重构、缩聚:

(1) 铝硅酸盐矿物质在碱性溶液中溶解,矿物质中的硅氧键和铝氧键断开,形成游离的 $Al(OH)_4^-$ 和 $-OSi(OH)_3$ 单体分散在溶液中。

(2) 溶液中 $Al(OH)_4^-$ 和 $-OSi(OH)_3$ 单体相互碰撞、相互连接、自组织成低聚体。

(3) 随着溶解的进行,溶出的单体越来越多,单体与单体或单体与低聚体会进一步缩聚,最终生成三维网络空腔结构的高分子聚合物,并且排出过剩的水。

以上过程中涉及的化学反应如式(4-14)和式(4-15)所示:

$$(Si_2O_5, Al_2O_2) + 3nH_2O + OH^- \longrightarrow n(OH)_3-Si-O-Al-(OH)_3 \qquad (4-14)$$

$$n(OH)_3-Si-O-Al-(OH)_3 + OH^- \longrightarrow (Si-O-Al-O)_n + 3nH_2O \qquad (4-15)$$

从以上地质聚合物反应过程可以看出,水不参与地质聚合物骨架的构成,只起到了促进粉体的溶解及离子的迁移作用,所以水在反应的过程中充当"搬运工"的角色。同时,地质聚合物骨架的空腔结构中存在阳离子(Na^+,K^+等)可以平衡铝氧四面体$[AlO_4]^-$所带的负电,进而使整个体系保持电中性。

目前,根据地质聚合物材料中硅氧四面体与铝氧四面体的数量比(硅铝比),可以将地质聚合物分为4类:单硅铝长链聚合物(硅铝比 $Z=1$,PS 型)、双硅铝长链聚合物($Z=2$,PSS 型)、三硅铝长链聚合物($Z=3$,PSDS 型)、多硅铝聚合物($Z>3$ 多硅铝聚合型)。

3. 地质聚合物的性能

制备地聚物过程中所排放的 CO_2 仅为水泥生产释放量的20%,故其被誉为21世纪的绿色胶凝材料,在当前绿色交通以及双碳背景下是一种很有潜力的绿色低碳材料,相比传统的水泥和陶瓷,它具有以下优异的性能特点:

(1) 绿色环保、低碳节能

地质聚合物原料来源广泛且价格低廉,多采用工业副产品或固废物为原料,减少了因生产传统水泥所排放的 CO_2,解放了废弃物乱堆放所占用的土地,促进了工业废物的循环利用。此外地聚反应过程是铝硅酸之间的脱水反应过程,其在强碱性条件下是可逆的,故其在粉碎后可再次成为合成地质聚合物的原料实现资源的循环利用。

(2) 力学性能优异

地质聚合物主要是以共价键相互连接构成的三维网状笼型结构,由于共价键的键能高并且有方向性,使得网状笼形结构比较稳定、刚性强、不易变形。因此,地质聚合物的力学性能比较优异,收缩比较小。地质聚合物硬化浆体的抗压强度能够达到80MPa以上,抗折强度可以达到50MPa以上。

(3) 强度发展迅速

地聚反应过程中,溶胶的形成和脱水反应速度比较快,且温度对于地聚反应具有较明显的促进作用,故地质聚合物的抗压强度发展比较迅速,具有早期强度高的性质,可应用于机场、道路及军事设施的快速修建与修复。

(4) 耐酸腐蚀性能优异

地聚合物网络结构中 Si—O 和 Al—O 在室温下较难与酸(HF 酸除外)反应,地质聚合物在浓度为5%的硫酸溶液中浸泡2个月后,质量变化小于5%,而普通盐水泥在相同环境下质量变化超过了20%。相比于普通硅酸盐水泥,地质聚合物表现出优异的抗酸侵蚀的能力。

(5) 具有重金属离子固化能力

地质聚合物材料能有效固化重金属废弃物,其对于重金属的固化主要是通过化学键的连接以及物理方面的包覆实现的,地聚合物的结构是由环状分子链构成的"类晶体"结构,其环状分子之间结合形成密闭的空腔,可以把金属离子和其他毒性物质分割包围在空腔内;同时骨架中的铝离子也能吸附金属离子。故地质聚合物可应用于重金属离子的吸收、有毒废料处理、核废料处理等领域。

六、其他特种水泥

1. 低热钢渣硅酸盐水泥

低热钢渣硅酸盐水泥(Low Heat Portland Steel Slag Cement)是以转炉钢渣或电炉钢渣、硅酸盐水泥熟料、适量粒化高炉矿渣、石膏,磨细制成的水硬性胶凝材料,代号 S·LH。

按照《低热钢渣硅酸盐水泥》(JC/T 1082—2008)规定,低热钢渣硅酸盐水泥的强度等级为32.5和42.5。对水泥的水化热要求,强度等级32.5级的水泥:3d 不大于197kJ/kg、27d 不大于230kJ/kg;强度等级42.5级的水泥:3d 不大于230kJ/kg、27d 不大于260kJ/kg。

2. 低热微膨胀水泥

低热微膨胀水泥(Low Heat Expansive Cement)是以粒化高炉矿渣为主要成分,加入适量硅酸盐水泥熟料和石膏,磨细制成的具有低水化热和微膨胀的水硬性胶凝材料,代号 LHEC。

按照《低热微膨胀水泥》(GB 2938—2008)规定,低热微膨胀水泥的强度等级为32.5。对水泥线膨胀率的要求为：1d 时不得小于 0.05%、7d 时不得小于 0.10%、28d 时不得大于 0.60%；对水化热的要求为：3d 不大于 185kJ/kg、28d 不大于 220kJ/kg。

低热水泥广泛应用于大、小水坝工程建设。低热微膨胀水泥主要应用于较低水化热和要求补偿收缩的混凝土、大体积混凝土，也适用于要求抗渗和抗硫酸盐侵蚀的工程。

3. 抗硫酸盐硅酸盐水泥

抗硫酸盐硅酸盐水泥（Sulphate Resisting Portland Cement）是在特定矿物组成的硅酸盐水泥熟料中加入适量石膏，磨细制成的具有抵抗硫酸根离子侵蚀的水硬性凝胶材料，简称抗硫酸盐水泥。按性能分为中抗硫酸盐硅酸盐水泥（代号 P·MSR）和高抗硫酸盐硅酸盐水泥（代号 P·HSR）。

《抗硫酸盐硅酸盐水泥》（GB/T 748—2023）规定，抗硫酸盐水泥只有 42.5 一个强度等级。中抗硫酸盐水泥中 C_3S 和 C_3A 的含量应分别不大于 55% 和 5.0%，14d 线膨胀率应不大于 0.060%；高抗硫酸盐水泥中 C_3S 和 C_3A 的含量应不大于 50% 和 3.0%，14d 线膨胀率应不大于 0.040%。

抗硫酸盐水泥熟料的特点是 C_3S 和 C_3A 的含量较低，有着较强的抵抗硫酸根离子 SO_4^{2-} 腐蚀的能力。在水泥硬化体遇到 SO_4^{2-} 离子后，能够减少或避免形成具有膨胀作用的高硫型水化硫铝酸钙，其耐腐蚀性能明显优于普通硅酸盐水泥。抗硫酸盐水泥适用于存在硫酸盐侵蚀的混凝土工程，如沿海地区的海港工程、各地区的地下工程、水利工程、隧道工程和桥梁基础工程等。但抗硫酸盐水泥不能用于复盐侵蚀条件，如含 SO_4^{2-} 和 Cl^- 复盐的水体工程中。

第六节　石　　灰

石灰是一种气硬性无机胶结材料，就硬化条件而言，石灰只能在空气中硬化，也只能在空气中保持并连续增长其强度。

一、石灰的化学组成与分类

生产石灰的主要原料是以碳酸钙 $CaCO_3$ 为主要成分的天然岩石，如石灰石（包括钙质石灰石、镁质石灰石）、白云石、白垩、贝壳等。石灰原料经过 900~1300℃ 的高温煅烧，碳酸钙分解释放出二氧化碳 CO_2，得到的以氧化钙 CaO 为主要成分的生石灰。

根据石灰加工方法的不同，石灰成品分为：块状生石灰，由原料煅烧而成的原产品，主要成分为 CaO；生石灰粉，由块状生石灰磨细而得到的细粉，其主要成分亦为 CaO；消石灰，生石灰与水发生放热反应生成的粉末，亦称熟石灰，其主要成分为 $Ca(OH)_2$。

由于石灰原料中常含有碳酸镁成分，石灰中含有氧化镁 MgO 成分。在建材行业标准中，根据石灰中氧化镁含量将石灰分为钙质石灰和镁质石灰两类。钙质石灰是指主要由氧化钙或氢氧化钙组成，且不添加任何水硬性或火山灰质物质的材料。镁质石灰是指主要由氧化钙和氧化镁（MgO 含量大于 5%）或氢氧化钙和氢氧化镁组成，且不添加任何水硬性或火山灰质物质的材料。建筑石灰分类与化学成分要求见表 4-12。

建筑石灰分类与化学成分要求(%)(JC/T 479—2013)　　表4-12

类别	生石灰	生石灰粉	CaO + MgO	氧化镁 MgO	二氧化碳 CO_2	三氧化硫 SO_3
钙质石灰	CL 90-Q	CL 90-QP	≥90	≤5	≤4	≤2
	CL 85-Q	CL 85-QP	≥85	≤5	≤7	≤2
	CL 75-Q	CL 75-QP	≥75	≤5	≤12	≤2
镁质石灰	ML 85-Q	ML 85-QP	≥85	>5	≤7	≤2
	ML 80-Q	ML 80-QP	≥80	>5	≤7	≤2

二、石灰的消化与硬化过程

1. 生石灰的消化

块状生石灰与水相遇,即迅速水化、崩解成高度分散的氢氧化钙细粒,并放出大量的热,这个过程称为石灰的"消化",又称水化或熟化。经"消化"后的石灰称为"消石灰"。石灰的消化过程有两个特点:第一是水化反应进行速度快、放热量大、水化释热量约为1160J/kg;第二是消化时体积急剧膨胀,成分较纯、煅烧适宜的块状生石灰,经消化成石灰粉后,体积可增大1~2.5倍。

石灰在烧制过程中,往往由于石灰石原料的尺寸过大或窑中温度不匀等原因,使得石灰中含有未烧透的内核,这种石灰称为"欠火石灰"。欠火石灰经消解后,未消化残渣含量较高,在使用时缺乏黏结力。若煅烧温度过高或时间过长,会使石灰表面出现裂缝或玻璃状的外壳,块体密度大、消化缓慢,这种石灰称为"过火石灰"。过火石灰用于建筑结构物中仍能继续消化,以致引起体积膨胀并导致产生裂缝等破坏现象,故危害极大。为了降低"过火石灰"的危害,石灰消解后,应将其在水中继续"陈伏"15d以上。

将块状生石灰研磨成粉状,得到的磨细生石灰在适宜的水灰比和消化温度下,可以控制其体积膨胀。生石灰研磨越细,消化时体积膨胀越小,从而达到直接使用生石灰的目的。此外,生石灰在加工磨细的过程中,石灰中的"过火石灰"被磨成细粉,既可以提高"过火石灰"的利用率,也克服了"过火石灰"对体积不安定的危害。

2. 石灰的硬化

消石灰浆在使用的过程中,因游离水分逐渐蒸发或为附着基面所吸收,浆体中的氢氧化钙溶液因过饱和而结晶析出,产生"结晶强度",并具有胶结性。

消石灰浆体中的氢氧化钙 $Ca(OH)_2$ 与空气中的二氧化碳 CO_2 作用,生成不溶于水的碳酸钙 $CaCO_3$ 晶体,析出的水分逐渐被蒸发,这个过程称为碳化或碳酸化,形成的碳酸钙晶体,使硬化石灰浆体结构致密,强度提高。由于空气中的 CO_2 含量较少,碳化作用主要发生在石灰浆体与空气接触的表面上。表面上生成的 $CaCO_3$ 膜层会阻碍 CO_2 的进一步渗入,同时阻碍内部水分的蒸发,使 $Ca(OH)_2$ 的结晶作用也进行得比较缓慢。所以在相当长的时间里,石灰浆体仍然处于表层为 $CaCO_3$、内部为 $Ca(OH)_2$ 的状态,其硬化是一个相当缓慢的过程。

三、石灰的技术性质与要求

1. 石灰的化学品质

石灰中产生黏结性的有效成分是活性氧化钙 $f\text{-}CaO$ 和氧化镁 $f\text{-}MgO$,它们的含量是评价石灰质量的主要指标。生石灰在空气中存放时间过长,会吸收水分而消化成消石灰粉,再与空气中的 CO_2 作用形成失去胶凝作用的 $CaCO_3$ 粉末,将降低石灰的使用质量。

石灰中的 CO_2 含量反映了石灰中"欠火石灰"数量,CO_2 含量越高,表示石灰中未完全分解的碳酸钙比例越高,将影响石灰的胶结性能。

2. 石灰的物理性质

道路用石灰的物理性质要求主要有以下几项:

(1)未消化残渣含量

未消化残渣含量综合反映石灰中的"过火石灰"和"欠火石灰"数量,是将生石灰按标准方法消化后,过筛后存留在5mm圆孔筛上残渣占试样的百分率。

(2)细度

细度与石灰的活性有关,石灰越细,石灰的活性越大。石灰粉中较大的颗粒包括:未消化的"过火石灰"石灰颗粒、含有大量钙盐的石灰颗粒以及"欠火石灰"或未燃尽的煤渣等。《建筑生石灰》(JC/T 479—2013)以 0.09mm 和 0.2mm 筛余量控制磨细石灰粉和消石灰粉的细度。

(3)游离水含量

游离水含量指消石灰粉中化学结合水以外的含水率。理论上,石灰中氧化钙消化用水量是氧化钙质量的24%左右。而实际消化加水量一般是理论值的1倍左右,多加的水残留于氢氧化钙中。在石灰硬化过程中,这些水分的蒸发将引起体积显著收缩,易出现干缩裂缝,从而影响其使用质量。

3. 石灰的技术要求

《公路路面基层施工技术细则》(JTG/T F20—2015)中将生石灰和消石灰分别划分为3个等级,各等级石灰的技术要求见表4-13。

石灰的技术要求(JTG/T F20—2015) 表4-13

石灰品种	技术指标		钙质石灰			镁质石灰		
			Ⅰ	Ⅱ	Ⅲ	Ⅰ	Ⅱ	Ⅲ
生石灰	有效(CaO + MgO)含量(%),不小于		85	80	70	80	75	65
	未消化残渣含量(2.36mm方孔筛筛余)(%),不大于		7	11	17	10	14	20
	钙镁石灰的分类界限,氧化镁含量(%)		≤5			>5		
消石灰粉	有效(CaO + MgO)含量(%),不小于		65	60	55	60	55	50
	含水率(%),不大于		4	4	4	4	4	4
	细度	0.60mm方孔筛筛余(%),不大于	0	1	1	0	1	1
		0.15mm方孔筛筛余(%),不大于	13	20	—	13	20	—
	钙镁石灰的分类界限,氧化镁含量(%)		≤4			>4		

4. 石灰的特点及用途

石灰原料分布广、生产工艺简单、成本低廉,是土建工程中使用较早和较广的材料之一,主要用于配制建筑砂浆、抹灰灰浆。在道路工程中,以石灰稳定土、石灰工业废渣稳定土的形式应用于路面基层、底基层或垫层结构中。

石灰硬化后的强度不高,其硬化过程主要依靠水分蒸发促使$Ca(OH)_2$的结晶以及碳化作用。但$Ca(OH)_2$溶解度较高,在潮湿的环境中,石灰遇水会溶解溃散,强度会降低,因此石灰不宜在长期潮湿的环境中或有水环境中使用。

【本章小结】

硅酸盐水泥是一种水硬性胶凝材料,其基本成分为硅酸盐熟料。熟料的主要矿物组成是:硅酸三钙、硅酸二钙、铝酸三钙和铁铝酸四钙,其中硅酸三钙和硅酸二钙对水泥的强度起主要作用,硅酸三钙和铝酸三钙对水泥的水化热贡献较大,而铁铝酸四钙有助于提高水泥的抗折强度。

普通水泥、矿渣水泥、火山灰质水泥、粉煤灰水泥、复合水泥与硅酸盐水泥一起统称为通用硅酸盐水泥,这些水泥是在硅酸盐熟料中掺加适量混合材料,掺加混合材料是为了改善水泥的某些性能,增加水泥产量。专供道路路面和机场道面使用的道路水泥也是一种硅酸盐水泥,但在矿物组成比例上要求较高的硅酸三钙和铁铝酸四钙含量,较低的铝酸三钙含量。

水泥的主要技术指标是凝结时间、安定性和强度等。根据标准水泥胶砂在规定龄期的抗压强度和抗折强度划分水泥强度等级。道路水泥还应具备一定的抗干缩性和耐磨性,并应有较高的抗折强度。

在土木工程中经常使用的特种水泥有:铝酸盐水泥、膨胀水泥和自应力水泥等,白色水泥和彩色水泥也被用于装饰道路铺面。地质聚合物作为一种相对绿色低碳的材料,其具有优良的力学、耐酸碱、耐火、耐高温的性能,其发展前景广阔。

石灰是一种气硬性胶凝材料,其基本成分为活性氧化钙,由于石灰硬化后的强度主要依靠氢氧化钙的结晶以及碳化作用。但氢氧化钙的溶解度较高,在潮湿的环境中,石灰遇水会溶解溃散,强度会降低,因此石灰不宜在长期潮湿的环境中或有水环境中使用。

【练习题】

4-1 什么是水硬性胶凝材料?什么是气硬性胶凝材料?

4-2 硅酸盐水泥熟料是由哪些矿物组成的?它们对水泥的技术性质(如强度、水化反应速度和水化热等)有何影响?

4-3 什么是水泥混合材料?掺加混合材料的硅酸盐水泥具有什么技术性质,为什么?

4-4 道路硅酸盐水泥在矿物组成上有什么特点?在技术性质方面有什么特殊要求?

4-5 评价水泥性能的主要技术指标有哪几项?各自反映水泥的什么性质?

4-6 通用硅酸盐水泥的强度等级是如何确定的?

4-7　为什么同强度等级的水泥要分为普通型和早强型(R型)两种型号？道路路面选用水泥时，应优先选用哪种型号的水泥，为什么？

4-8　什么是通用硅酸盐水泥的合格品和不合格品？

4-9　硅酸盐水泥石腐蚀的主要原因是什么？如何防止腐蚀？

4-10　代号P·I、P·II、P·O、P·S、P·P、P·F和P·C分别表示什么品种的水泥？

4-11　铝酸盐水泥、硫铝酸盐水泥在矿物组成和技术性质上与硅酸盐水泥的主要差异有哪些？

4-12　简述石灰的消化和硬化机理。

4-13　什么是生石灰、消石灰？什么是钙质石灰和镁质石灰？

4-14　评价石灰质量的主要指标是什么？

4-15　为什么石灰不适宜单独使用于长期受潮的结构中？

4-16　表4-14中为某硅酸盐水泥胶砂强度的测试值，试确定该硅酸盐水泥的强度等级。

水泥胶砂强度的测试结果　　　　表4-14

序号	抗折强度(MPa)		抗压强度(MPa)			
	3d	28d	3d		28d	
1	3.8	7.4	24.5	25.2	55.7	56.2
2	3.9	8.0	25.6	24.7	56.1	55.2
3	3.8	7.6	24.7	24.1	54.8	54.1

【思考题】

4-17　查阅《钢渣道路水泥》(GB/T 25029—2010)，试比较钢渣道路水泥与道路硅酸盐水泥在技术指标、生产工艺、应用范围等的区别，并评价各自的优缺点。

4-18　什么是生态水泥？试阐述生态水泥的生产工艺，并总结生态水泥的特点及使用生态水泥的意义。

4-19　分析水泥与石灰在生产过程中对环境的影响。查阅相关资料，思考是否有新材料有望替代水泥应用于道路工程？

【推荐阅读文献】

[1] 申爱琴，郭寅川.水泥与水泥混凝土[M].2版.北京：人民交通出版社股份有限公司，2019.

[2] 肖争鸣.水泥工艺技术[M].2版.北京：化学工业出版社，2015.

[3] 李彦岗，樊俊珍.水泥化学分析[M].武汉：武汉理工大学出版社，2015.

[4] 中国建筑材料联合会. 道路硅酸盐水泥:GB 13693—2017[S]. 北京:中国标准出版社,2023.

[5] Singh N B, Middendorf B. Geopolymers as an alternative to Portland cement:An overview[J]. Construction and Building Materials,2020,237:117455.

第五章 水泥混凝土与砂浆

【内容提要】

本章重点阐述普通水泥混凝土的技术性质,包括新拌混凝土拌合物的施工和易性、硬化混凝土的强度、变形特性和耐久性以及技术性质影响因素、评价方法与评价指标;讲述普通水泥混凝土组成材料的技术要求及混凝土的配合比设计方法。在此基础上,介绍路用水泥混凝土(包括普通路用混凝土、钢纤维混凝土和碾压混凝土)的技术性质、设计指标和组成设计方法。最后,介绍建筑砂浆的材料组成、技术性质及配合比设计方法。

水泥混凝土是由水泥、水与粗、细集料(亦称石子、砂)按适当比例配合,必要时掺加适量外加剂、掺和料或其他改性材料配制而成的混合物。其中,水泥起胶凝和填充作用,集料起骨架和密实作用。水泥与水发生水化反应生成具有胶凝作用的水化物,将集料颗粒牢固地黏结成整体,经过一定凝结硬化时间后而形成的工程复合材料,常简称混凝土。

水泥混凝土用途广泛,是各种建筑物、构造物中用量最大的材料之一,它具有以下特点:

(1)工艺简单,适用性强,可以按工程结构要求浇筑成不同形状的整体结构或预制构件。

(2)混凝土与钢筋有着良好的握裹力,与钢材有着基本相同的线膨胀系数,可制作钢筋混凝土、预应力钢筋混凝土构件或整体结构。

(3)抗压强度高,耐久性好。

(4)改变组成材料品种和比例,可以制得具有不同物理力学性质的混凝土,以满足不同工程的要求。

水泥混凝土铺筑的路面结构具有强度高、刚度大、使用寿命长的特点,能够承受繁重交通的作用。其主要缺点是自重大、抗拉强度低、韧性低、抗冲击能力差,但可以通过配制钢筋、掺加纤维材料等方式加以改善。

第一节 水泥混凝土的技术性质

一、混凝土拌合物的施工和易性

混凝土拌合物是水泥、水与粗细集料经搅拌后得到的混合物。新拌水泥混凝土是指在施工过程中使用的尚未凝结硬化的水泥混凝土,是混凝土生产过程中的一种过渡状态。从混凝土材料加水搅拌至混凝土凝结,这一中间状态都可以称为新拌混凝土。新拌混凝土的性质既影响到浇筑施工质量,又影响到混凝土性能的发展。

1. 混凝土拌合物施工和易性的概念

混凝土拌合物的施工和易性,又称工作性,是指混凝土拌合物易于施工操作(搅拌、运输、浇筑、振捣和表面处理)并获得质量均匀、成型密实的性能。这些性质在很大程度上制约着硬化后混凝土的技术性能,因此研究混凝土拌合物的和易性及其影响因素有着十分重要的意义。

混凝土拌合物的施工和易性是一项综合技术性质,包括流动性、捣实性、黏聚性和保水性等方面。流动性是指混凝土拌合物在自重或机械振捣作用下,能产生流动并均匀密实地填满模板的性能。捣实性是指混凝土拌合物易于振捣密实、排除所有被挟带空气的性质。图5-1为水泥混凝土抗压强度与其密实程度的关系。在相同的材料组成条件下,经过充分捣实、成型密实的混凝土强度较高。黏聚性是指混凝土拌合物在施工过程中其组成材料之间有一定的黏聚力,不致产生分层和离析的现象。新拌混凝土的离析现象如图5-2所示。离析使得混凝土的组成分布不再均匀,如粗集料的沉降作用导致粗集料与浆体的分离。保水性是指混凝土拌合物在施工过程中具有一定的保水能力,不致产生严重的泌水现象。混凝土拌合物在施工过程中,由于保水性不足,水分逐渐析出至混凝土拌合物表面的现象称为泌水。泌水会在混凝土内部形成泌水通道,使混凝土的密实性降低,耐久性下降。

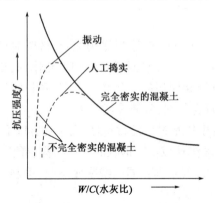

图5-1 水泥混凝土抗压强度与其密实程度的关系曲线

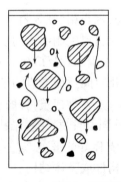 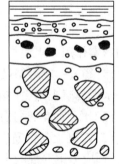

图5-2 新拌混凝土的离析现象

2. 施工和易性的测定方法

各国混凝土工作者对混凝土拌合物的和易性测定方法进行了大量的研究工作,但至今尚未有一个能够全面反映混凝土拌合物和易性的测定方法。目前的试验方法是在一定的条件下测定混凝土拌合物和易性的某一方面,而不是全部的性能。常用的方法是测定混凝土拌合物的流动性,辅以观察并结合经验来综合评定混凝土拌合物和易性的其他方面的性能。测定流动性最常用的方法是坍落度试验和 VB(维勃)稠度试验等。

(1)坍落度试验

坍落度试验是世界各国广泛使用的评价混凝土拌合物流动性的测试方法。按照我国行业标准《公路工程水泥及水泥混凝土试验规程》(JTG 3420—2020)规定的试验方法,将搅拌好的混凝土拌合物按一定方法装入如图 5-3 所示的坍落度料筒中,按规定方式插捣、刮平后,将坍落度料筒垂直平稳地向上提起,混凝土拌合物因自重产生坍落现象,量测料筒高度与坍落后混凝土拌合物试样最高点之间的高度差,即为该混凝土拌合物的坍落度值,以 mm 计。坍落度越大,表示混凝土拌合物的流动性越大。为了减小表面的摩擦作用,测定前锥体内部及其放置的地面都应加水湿润。

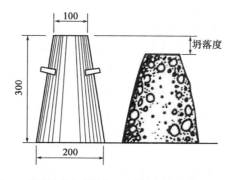

图 5-3 混凝土拌合物坍落度测定示意图(尺寸单位:mm)

为了同时评价混凝土拌合物试样的黏聚性和保水性,在测试坍落度后,用捣棒在已坍落试体的一侧轻轻敲击,如试体在轻打后渐渐下沉,则表示黏聚性好;如试体突然倒坍,或有石子离析现象,则表示黏聚性差。保水性以混凝土拌合物中水泥浆析出的程度表示,如有较多的水泥稀浆从底部析出,并引起失浆试体中的集料外露,则表示此混凝土拌合物的保水性不好;如仅有少量稀浆从底部析出,则表示此混凝土拌合物的保水性良好。

坍落度试验适用于集料公称最大粒径不大于 31.5mm、坍落度值不小于 10mm 的混凝土拌合物。

测定坍落度时,大多数试体会均匀地坍落,但也有些试体会沿一斜面产生滑动,或是剪切坍落,这时应重新测定坍落度。若仍发生剪切坍落,则可以认为混凝土较为干硬,且缺少黏聚力。干硬稠度的混合料坍落度为零,因此若混合料干硬达一定的程度,一般不会测定到坍落度的变化。富含砂浆的混凝土随着工作度的变化,其坍落度会有显著的变化。而贫混凝土会趋于刚性,并可能会产生剪切坍落或是崩坍,因此坍落度也不易准确地测定。表 5-1 列出坍落度与和易性的一般关系。应注意的是,不同的细集料含量,会产生同样的坍落度,但有不同的和易性。因此,坍落度与和易性的关系不是唯一的。另外,坍落度是一种自重测定方法,并不能反映出混凝土是否密实、易捣实,或是在外力作用条件下的行为,如是否易于泵送、最后加工等。因此,坍落度主要用于新拌混凝土均匀性和质量的控制测定。

坍落度与和易性的一般关系　　　　　　　表 5-1

和易性	坍落度(mm)	和易性	坍落度(mm)
无坍落度	0	中等	35~75
非常低	5~10	高	80~155
低	15~30	非常高	160~崩坍

(2)稠度试验

①维勃仪法

对于坍落度小于 10mm 的干硬性混凝土拌合物,常采用维勃稠度仪来测定其流动性。维勃稠度试验仪见图 5-4。按照《公路工程水泥及水泥混凝土试验规程》(JTG 3420—2020)的规定,首先按坍落度试验方法将混凝土拌合物装于维勃稠度仪的容器中,把透明盘转至混凝土试样顶部,开启振动台并计时。当透明圆盘底面被水泥浆布满的瞬间停止计时,并关闭振动台,所读秒数即为该混凝土拌合物的维勃时间,以 s 计,精确到 1s。维勃时间越大,混凝土拌合物的流动性越小。

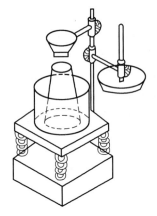

图 5-4　混凝土拌合物维勃仪示意图

维勃仪法适用于集料公称最大粒径不大于 31.5mm,维勃时间在 5~30s 之间的混凝土拌合物。维勃仪法对拌合物的流动性、黏聚性和保水性较为敏感。维勃仪法试样的处理方式与现场混凝土的振捣方式相近,适合于评定用振捣方式成型的混凝土拌合物的和易性。

②VC 法

对于碾压混凝土拌合物,标准维勃稠度仪的透明圆盘上增加了 8700g 的配重砝码,如图 5-5 所示。在试验中记录从振动开始到圆盘下布满灰浆所经过的时间及试样的下沉量,前者为混凝土拌合物的稠度指标"改进 VC 稠度值",以 s 计,精确到 1s;后者用于计算碾压混凝土拌合物的压实度。

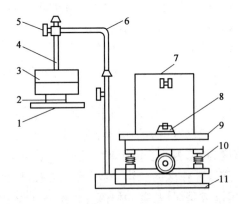

图 5-5　混凝土拌合物改进 VC 法稠度仪示意图
1-圆盘;2-砝码;3-配重砝码;4-滑杆;5-螺栓;6-转向弯杆;7-容量筒;8-固定螺钉;9-振动台面;10-弹簧;11-底座

(3)捣实因数试验

捣实因数是在标准功作用下,测定混凝土拌合物能够达到的捣实程度。捣实仪由两个圆锥体漏斗和一个圆柱体量筒组成,漏斗底有可开启的活门,如图5-6所示。首先在上漏斗中装满混凝土拌合物,不经捣实直接刮去多余的拌合物并开启漏斗底门,混凝土拌合物在自重作用下落入下漏斗。再开启下漏斗底门,拌合物直接落入圆柱体容量器内,刮去圆柱体表面的混凝土,称其质量,得到部分捣实状态下的混凝土的密度。同时另取混凝土拌合物进行充分捣实,测定其密度。最后计算部分捣实混凝土密度与充分捣实混凝土密度的比值,称为捣实因数。

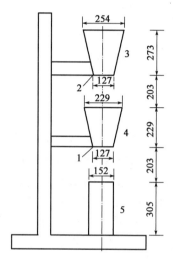

图5-6 混凝土拌合物的捣实因数试验示意图(尺寸单位:mm)
1、2-泄料活门;3-上料斗;4-下料斗;5-容量器

捣实因数试验适用于不宜做坍落度试验的干硬性混凝土拌合物,混凝土中集料的最大粒径不超过40mm。普通混凝土的捣实因数范围为0.80~0.92,当捣实因数超过0.92时,试验结果与实际情况出入较大。

此外还有其他的一些施工和易性测试方法。应该指出的是,各种测定方法都有其相应的应用条件,很难进行相互比较。各种测定方法对和易性的适应性列于表5-2中。

各种测定方法对和易性的适应性 表5-2

和易性	适宜的测定方法	和易性	适宜的测定方法
非常低	维勃仪法	高	坍落度、流动锥
低	维勃仪法、捣实因素	非常高	流动锥
中等	捣实因素、坍落度		

3.影响混凝土拌合物和易性的主要因素分析

混凝土拌合物和易性的主要影响因素是混凝土的材料组成和施工环境因素。

(1)组成材料的影响

①单位用水量

单位用水量实际上决定了混凝土拌合物中水泥浆的数量。在组成材料确定的情况下,混凝土拌合物的流动性随单位用水量增加而增大,如图5-7所示。

当水灰比一定时,若单位用水量过小,则水泥浆含量过少,集料颗粒间缺少足够的黏结材

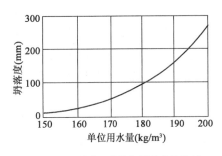

图 5-7 单位用水量与坍落度的关系

料,混凝土拌合物的黏聚性较差,易发生离析和崩坍,且不易成型密实,若单位用水量过多,则水泥浆含量过多,虽然混凝土拌合物流动性增加,但黏聚性和保水性也将随之恶化,易出现泌水、分层或流浆现象,致使拌合物产生离析。单位用水量过多还会导致混凝土产生收缩裂缝,使混凝土强度和耐久性严重降低。此外,在水灰比不变的情况下,水泥用量也随单位用水量的增加而增加,不具有经济效益。

试验表明,当集料不变单位用水量一定时,若水泥增减量不超过 50~100kg/m³,混凝土拌合物坍落度可大致保持不变,这一规律称为"固定用水量定则"。在进行混凝土配合比设计时,通过固定单位用水量,在一定范围内上下浮动水泥用量,就可以配制出强度不同而坍落度相近的混凝土。

② 水灰比

水灰比是指水与水泥的质量比。在水泥、集料用量一定的情况下,水灰比的变化实际上是水泥浆稠度的变化,水灰比小,则水泥浆稠度大,混凝土拌合物的流动性小。当水灰比过小时,在一定的施工方式下就不能保证混凝土的密实成型。反之,若水灰比过大,水泥浆稠度较小,虽然混凝土拌合物的流动性增加,但可能会引起混凝土拌合物黏聚性和保水性不良,当水灰比超过某一极限值时,混凝土拌合物将产生严重的泌水、离析现象,导致混凝土强度和耐久性的降低,故水灰比应根据混凝土设计强度和耐久性要求合理选用。

③ 砂率

砂率是指细集料(或砂)质量占全部集料(砂、石)总质量的百分率。砂率与混凝土拌合物流动性的关系如图 5-8 所示。由细集料与水泥组成的水泥砂浆在混凝土拌合物中起着润滑作用,它可降低粗集料颗粒之间的摩擦力。过小的砂率将使水泥砂浆的数量不足,减弱水泥砂浆的润滑作用,不仅会降低混凝土拌合物的流动性,而且会严重影响其黏聚性和保水性,容易产生离析、流浆等现象。所以,在一定的砂率范围内,水泥砂浆的润滑作用随砂率增大而增加,混凝土拌合物的流动性也随之提高。在水泥浆数量不变的情况下,随着砂率的增大,集料的总表面积随之增大,当砂率进一步增加时,水泥浆数量相对减少,减弱了水泥浆的润滑作用,导致混凝土拌合物流动性的降低。此时若要提高混凝土拌合物的流动性,必须增加水泥浆数量。

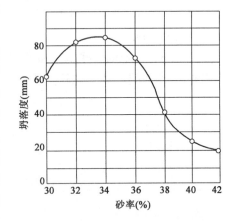

图 5-8 混凝土拌合物坍落度与砂率的关系

因此,混凝土的砂率有一个最佳值。采用最佳砂率时,在用水量和水泥用量不变的情况下,可使混凝土拌合物获得所要求的流动性、良好的黏聚性和保水性。

④ 水泥品种和细度

水泥对混凝土拌合物和易性的影响主要表现在水泥的需水量上,需水量大的水泥,达到同样的流动性需要较多的用水量。除石膏外,水泥的矿物组成对混凝土拌合物和易性没有明显的影响。

对于给定的混凝土拌合物,水泥细度增加,其比表面积也随之增加,会降低混凝土拌合物的流动性,这种影响对水泥用量较高的混凝土拌合物较为明显。但较细的水泥可以改善混凝土拌合物的黏聚性、减轻离析和泌水等现象。

⑤集料

集料在混凝土中占有的体积最大,它的特性对混凝土拌合物和易性的影响也较大。混凝土拌合物的和易性主要与集料最大粒径、级配、颗粒形状及表面粗糙程度有关。当给定水泥、水和集料用量时,集料比表面积随着最大粒径减小而增加,比表面积较大就需要较多的水泥浆润湿,所以混凝土拌合物的流动性将随着集料最大粒径减小而降低,而集料最大粒径较大时,可获得较大的流动性。集料中针片状颗粒含量较少,圆形颗粒较多,级配较好时,在同样水泥浆数量下,混凝土拌合物的流动性也较大,黏聚性与保水性也比较好。集料表面粗糙、具有棱角,会增加混凝土拌合物的内摩擦力,从而降低混凝土拌合物的流动性,如用河砂与卵石拌制的混凝土拌合物的流动性大于碎石混凝土拌合物。

⑥外加剂

外加剂对拌合物施工和易性的影响程度取决于其品种和数量。改善混凝土拌合物和易性的外加剂主要是减水剂和引气剂。有关外加剂的作用和功能参见本章第三节中的有关内容。

(2)外界因素的影响

①环境因素

影响混凝土拌合物和易性的环境因素是温度、湿度和风速。对于给定的混凝土拌合物,其流动性的变化取决于水泥的水化程度和水分蒸发率,因而,从混凝土拌合物开始搅拌到捣实期间的环境条件对其流动性有着重要影响。环境温度的升高会使水泥水化速度加快、水分蒸发增加,将导致拌合物坍落度的减小。所以夏季施工时,应采取措施减少混凝土拌合物流动性的损失。同样,风速和湿度因通过影响水分的蒸发速度而影响混凝土拌合物的流动性。

②时间

混凝土拌合物在搅拌后,随着时间的增长,一部分水分被集料所吸收,另一部分水分蒸发,水泥水化反应也使一些水分迁移变成水化产物结合水,所以混凝土拌合物流动性随时间的延长而逐渐减小。

4.混凝土拌合物和易性分级

在不同的混凝土结构工程中,对混凝土拌合物和易性的分级方法有所不同。根据《混凝土质量控制标准》(GB 50164—2011)的规定,混凝土拌合物根据其坍落度或维勃稠度值进行分级,见表5-3。

混凝土拌合物和易性分级(GB 50164—2011) 表5-3

按坍落度分级			按维勃稠度分级		
级别	坍落度(mm)	允许偏差(mm)	级别	维勃稠度(s)	允许偏差(mm)
S_1	10~40	±10	V_0	≥31	±3
S_2	50~90	±20	V_1	30~21	±3
S_3	100~150	±30	V_2	20~11	±3
S_4	160~210	±30	V_3	10~6	±2
S_5	≥220	±30	V_4	5~3	±1

二、硬化混凝土的强度特征

混凝土结构物主要承受各种荷载作用,必须具备足够的强度,此外,混凝土的耐久性如抗冻性、耐磨性也与混凝土强度密切相关,因此强度是水泥混凝土最重要的力学性能,也是评定混凝土质量的重要指标。混凝土的强度通常指的是抗压强度,即由标准试件承受压力荷载,直至破坏而计算出的应力大小。强度的测定要求有很高的重复率,但也允许有一定的误差。混凝土的强度还包括抗拉、抗弯和抗剪切强度等。这些强度的准确测定较为困难,常常是通过经验公式由抗压强度推导而出。其他强度包括疲劳强度、冲击强度等,对一些特殊的混凝土结构的应用非常重要。混凝土的强度受到许多因素的影响,主要包括组成配比,如水灰比、集料水泥比、混凝土的密实度等。

1. 混凝土的强度

(1) 立方体抗压强度 f_{cu}

按照标准方法制成边长 150mm 的立方体试件,在标准条件下养护至 28d 龄期,用标准方法测定其受压极限破坏荷载,按式(5-1)计算混凝土的抗压强度,以 MPa 计。混凝土立方体抗压强度通常用于建筑工程的有关质量控制。

$$f_{cu} = \frac{F}{A} \tag{5-1}$$

式中:f_{cu}——混凝土的抗压强度,MPa;

F——抗压试验中的极限破坏荷载,N;

A——试件的承载面积,mm^2。

① 立方体抗压强度标准值 $f_{cu,k}$

按照《混凝土强度检验评定标准》(GB/T 50107—2019)中的定义,混凝土的"立方体抗压强度标准值 $f_{cu,k}$"是指按标准方法制作和养护的边长 150mm 的立方体试件,在 28d 龄期,用标准试验方法测得的抗压强度总体分布的平均值减去 1.645 倍的标准差。强度标准值 $f_{cu,k}$ 的保证率不低于 95%,即在混凝土强度总体分布中强度低于 $f_{cu,k}$ 的百分率不超过 5%。立方体抗压强度标准值 $f_{cu,k}$ 由式(5-2)计算,以 MPa(即 N/mm^2)计。

$$f_{cu,k} = \bar{f} - 1.645\sigma \tag{5-2}$$

式中:$\bar{f}$——强度总体分布的平均值,MPa;

σ——强度总体分布的标准差,MPa;

-1.645——与保证率 95% 对应的保证率系数 t 值,由表5-4查得。

保证率系数 t 值与保证率 $P(t)$ 值 　　　　表5-4

t	0.00	-0.524	-0.842	-1.00	-1.04	-1.28	-1.40	-1.60	-1.645	-1.80	-2.00	-2.06	-2.33	-2.58	-2.88	-3.00
$P(t)$	0.50	0.70	0.80	0.841	0.85	0.90	0.919	0.945	0.950	0.964	0.977	0.980	0.990	0.995	0.998	0.999

② 强度等级

混凝土的强度等级是根据立方体抗压强度标准值确定的。强度等级采用符号"C"与"立方体抗压强度标准值"两项内容表示,如 C20 表示混凝土的立方体抗压强度标准值 $f_{cu,k}$ 不小于 20MPa。

普通水泥混凝土按立方体抗压强度标准值划分为14个强度等级：C15、C20、C25、C30、C35、C40、C45、C50、C55、C60、C65、C70、C75、C80。

(2)轴心抗压强度f_{cp}

混凝土的抗压强度是采用立方体试件确定的，但在实际工程中，大部分钢筋混凝土结构形式为棱柱体或圆柱体。为了较为真实地反映实际受力状况，在钢筋混凝土结构设计中，计算轴心受压构件时，均以混凝土的轴心抗压强度为设计指标。

轴心抗压强度是测定尺寸为150mm×150mm×300mm试件的抗压强度，在试验中该尺寸的试件能比立方体更好地反映混凝土结构的实际受力状况。试验结果表明，在立方体抗压强度为10~55MPa的范围内，轴心抗压强度与立方体抗压强度之比为0.7~0.8。

(3)弯拉强度f_{cf}

在道路和机场工程中，混凝土结构主要承受荷载的弯拉作用，所以弯拉强度是混凝土结构设计和质量控制的重要指标，而将抗压强度作为参考强度指标。道路水泥混凝土的弯拉强度的标准试件为150mm×150mm×550mm的直角棱柱体小梁，在标准条件下养护28d后，按三分点加载方式进行试验(图5-9)，并按式(5-3)计算混凝土的弯拉强度，以MPa计。

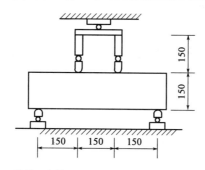

图5-9 混凝土弯拉强度受力模式示意图(尺寸单位:mm)

$$f_{cf} = \frac{FL}{bh^2} \tag{5-3}$$

式中：f_{cf}——混凝土的弯拉强度，MPa；

F——弯拉试验中的极限荷载，N；

L——支座间距，mm；

b——试件的宽度，mm；

h——试件的长度，mm。

(4)劈裂抗拉强度f_{ts}

混凝土的抗拉强度值较低，通常为抗压强度的1/20~1/10，这个比值随混凝土抗压强度的增高而有所减小。

在普通钢筋混凝土结构设计中虽不考虑混凝土承受拉力，但抗拉强度对混凝土的抗裂性也起着重要作用，有时也用抗拉强度间接衡量混凝土与钢筋的黏结强度，或用于预测混凝土构件由于干缩或温缩受约束引起的裂缝。

试验表明，由于直接抗拉强度夹具附近的局部破坏及偏心受力，试件易受到弯折作用，试验结果波动较大。目前常采用劈裂抗拉试验法间接地求出混凝土的抗拉强度，称作劈裂抗拉强度。劈裂强度试验一般采用边长150mm的立方体试件，通过垫条对混凝土试件施加荷载，在试件的受力面上产生如图5-10所示的应力分布。当荷载增加时,试件将沿着受力平面产生劈裂破坏。劈裂抗拉强度由式(5-4)计算,以MPa计。

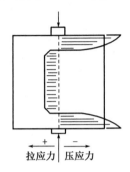

图5-10 混凝土劈裂抗拉强度受力模式示意图

$$f_{ts} = \frac{2F}{\pi A} = 0.637 \frac{F}{A} \tag{5-4}$$

式中:f_{ts}——混凝土的劈裂抗拉强度,MPa;
　　　F——混凝土试件的破坏荷载,N;
　　　A——试件劈裂面面积,mm^2。

劈裂抗拉强度约为轴心抗拉强度的0.9,并与弯拉强度之间存在着如式(5-5)所示的关系。

$$f_{ts} = A f_{cf}^m \tag{5-5}$$

式中:f_{ts}——混凝土的劈裂抗拉强度,MPa;
　　　f_{cf}——混凝土的弯拉强度,MPa;
　　　A、m——试验统计参数。

2.混凝土强度分布特征

在正常施工生产的条件下,影响混凝土强度的因素众多且随机,因此混凝土强度也是随机变化的。对某种混凝土随机取样测定其强度,经过数据整理后,绘制成的强度概率分布曲线接近正态分布曲线,如图5-11所示。

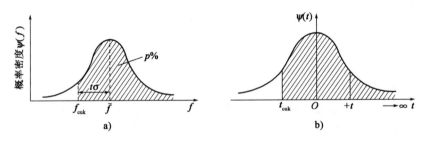

图5-11 正态分布及标准正态分布曲线

(1)强度特征参数

在工程中,通常采用正态分布函数的特征参数反映混凝土的有关强度特征,并检验混凝土强度或其他技术指标是否达到质量要求。常用特征参数为强度平均值、标准差和变异系数。

①强度平均值$\bar{f}$

强度平均值$\bar{f}$代表混凝土强度总体分布的平均值,为图5-11中曲线峰值对应的强度值,按式(5-6)计算。

$$\bar{f} = \frac{1}{n}\sum_{i=1}^{n} f_i \tag{5-6}$$

式中:n——试验组数;

f_i——第 i 组强度试验值。

②强度标准差 σ

标准差 σ 又称为均方差,按式(5-7)计算,表示图 5-11 中曲线的拐点距强度平均值的距离。σ 值的大小反映了施工质量水平,σ 越大,强度分布曲线越平坦,混凝土的施工质量也越不稳定,即强度的离散程度越大。

$$\sigma = \sqrt{\frac{\sum_{i=1}^{n}(f_i - \bar{f})^2}{n-1}} \tag{5-7}$$

③强度的变异系数 C_v

变异系数 C_v 又称偏差系数,按式(5-8)计算。C_v 值小,说明混凝土质量稳定,混凝土生产的质量水平高。

$$C_v = \frac{\sigma}{\bar{f}} \tag{5-8}$$

(2)强度保证率

强度保证率是指混凝土强度总体值中大于设计强度等级($f_{cu,k}$)的概率 $P(f \geq f_{cu,k})$,即在图 5-11a)中,正态分布曲线与横坐标由 $f_{cu,k} \sim +\infty$ 之间所包围的阴影部分的面积,按式[5-9a)]计算。经过随机变量 $t = \frac{f - \bar{f}}{\sigma}$ 的转换,可将随机变量 f 的正态分布函数变换为随机变量 t 的标准正态分布函数,如图 5-11b)所示,此时式[5-9a)]所反映的概率函数由式[5-9b)]表达。

$$P(f \geq f_{cu,k}) = \int_{f_{cu,k}}^{+\infty} \varphi(f) df = \frac{1}{\sigma\sqrt{2\pi}} \int_{f_{cu,k}}^{+\infty} e^{-\frac{(f-\bar{f})^2}{2\sigma^2}} df \tag{5-9a}$$

$$\int_{f_{cu,k}}^{+\infty} \varphi(f) df = \int_{f_{cu,k}}^{+\infty} \varphi(t) dt = \frac{1}{\sqrt{2\pi}} \int_{f_{cu,k}}^{+\infty} e^{-\frac{t^2}{2}} df \tag{5-9b}$$

上述式中:P——混凝土的强度概率(%);

f——混凝土的强度(MPa);

$\bar{f}$——混凝土的强度平均值(MPa);

$f_{cu,k}$——混凝土的立方体抗压强度标准值(MPa);

σ——混凝土的强度标准差(MPa);

$$t_{cu,k} = \frac{f_{cu,k} - \bar{f}}{\sigma} \tag{5-10}$$

$t_{cu,k}$——随机变量,又称为混凝土强度保证率系数,由式(5-10)计算。

可以根据随机变量 $t_{cu,k}$ 值直接查表 5-4,得到由式[5-9b)]所表示的概率 $P(t \geq t_{cu,k})$ 的值。也可以根据强度保证率 $P(t \geq t_{cu,k})$ 的要求值,查表 5-4 确定强度保证率系数 $t_{cu,k}$ 值。

【例题 5-1】 某混凝土的设计强度等级 $f_{cu,k} = 30$MPa,强度平均值 $\bar{f} = 36$MPa,强度标准差 $\sigma = 3.0$MPa 时,代入式(5-10),计算得 $t_{cu,k} = -2.0$,由表 5-4 查得 $P(t \geq t_{cu,k}) = 0.977$,即混凝

土的强度保证率为 97.7%。

3. 影响混凝土强度的主要因素分析

混凝土受力破坏时,破裂面可能出现在如图 5-12 所示的三个位置上。第一是集料和水泥石黏结界面破坏,这是混凝土最常见的破坏形式;第二是水泥石的破坏,这种情况并不多见,主要出现在低强度等级混凝土中;第三是集料自身破裂,多发生在高强度混凝土中。由此分析,普通水泥混凝土强度主要取决于水泥石强度及其与集料的界面黏结强度,而水泥石强度及其与集料的界面黏结强度与混凝土的组成材料密切相关,并受到施工质量、养护条件及龄期的影响。

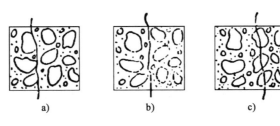

图 5-12 混凝土受力破坏模式示意图

(1) 混凝土组成材料的影响

在混凝土中,水泥、水、砂、石及外加剂等材料的质量和配合比是决定混凝土强度形成的主要内因,对强度起着重要作用。

① 水泥强度和水灰比

混凝土的强度主要取决于其内部起胶结作用的水泥石质量,而水泥石质量又受水泥强度和水灰比大小的支配。当试验条件相同时,在相同水灰比下,水泥强度越高,则水泥石强度越高,从而使用其配制的混凝土强度也越高。

当水泥品种一定时,混凝土强度取决于水灰比。理论上,水泥充分水化所需的水灰比约为 0.23,但是以此水灰比所拌制的混凝土拌合物将过于干硬,很难在一定的振捣条件下密实成型;而在部分捣实的混凝土中,存在着较多的孔隙,从而使强度下降。为了获得必要的流动性,在实际拌制混凝土拌合物时,通常加入较多的水,即采用较大的水灰比。当用水量过大时,即使是充分捣实的混凝土,在混凝土硬化后,也将有部分水分残留在混凝土中形成水泡或在蒸发后形成气孔,从而大大减少了混凝土抵抗荷载的有效断面,并有可能在孔隙周围产生应力集中。因此,在水泥强度相同的情况下,混凝土的强度将随水灰比的增加而降低,如图 5-13 所示。

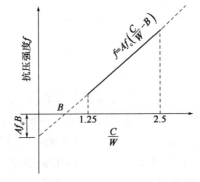

图 5-13 混凝土强度与灰水比的关系图

根据大量工程实践及试验统计结果,在原材料一定的情况下,混凝土28d龄期抗压强度与水灰比及水泥强度之间呈式(5-11)所反映的关系;混凝土28d抗折强度同水灰比及水泥强度之间的关系见式(5-12)。

$$f_{cu,28} = a_a \cdot f_{ce} \cdot \left(\frac{C}{W} - a_b\right) \tag{5-11}$$

$$f_{cf,28} = a_c + a_d \cdot f_{cef} + a_e \cdot \frac{C}{W} \tag{5-12}$$

式中: C/W——混凝土的灰水比,%;

$f_{cu,28}$、$f_{cf,28}$——混凝土28d抗压强度、抗折强度,MPa;

f_{ce}、f_{cef}——水泥的实际抗压强度、抗折强度,MPa;

a_a、a_b、a_c、a_d、a_e——统计公式的回归系数,与集料品种有关。

由式(5-11)和式(5-12)反映的关系称为混凝土的"水灰比定则",它表明水泥强度和水灰比是影响混凝土强度的最主要因素。根据"水灰比定则",可以根据所采用的水泥强度及水灰比预估所配制混凝土的强度,也可以根据水泥强度和设计混凝土强度等级计算将要采用的水灰比,所以式(5-11)和式(5-12)是混凝土配合比设计的重要依据。

应该指出的是,公式中的水灰比规则只在一定的范围内有效。在很低的水灰比条件下,由于混凝土不能充分密实,强度与水灰比的关系可能会相反。另外,水泥的品种,水泥的水化程度及其物理、化学特性,水化反应时的温度、混凝土中的气体含量、有效水灰比的变化等都会对水灰比的规则产生影响。

②集料的特性

当混凝土受力时,在粗集料与砂浆界面处将产生拉应力和剪应力。若界面黏结强度有保障,粗集料颗粒所受的应力要比砂浆大;如果集料强度不足,混凝土可能因粗集料的破坏而破坏。一般来说,由于集料的强度比水泥石的强度高(轻集料除外),所以不会直接影响混凝土的强度;但由于风化等原因使集料强度降低时,则用其配制的混凝土强度也会降低。

粗集料的颗粒形状、表面构造及表面洁净程度主要影响其与砂浆的界面黏结强度,是决定混凝土强度的一个重要因素。使用针片状颗粒含量较高的集料,不仅会对施工带来不利影响,而且将增加混凝土空隙率,从而降低混凝土的强度。碎石富含棱角且表面粗糙,在水泥用量和用水量相同的情况下,用碎石拌制的混凝土拌合物流动性较差,但与水泥砂浆黏结较好,故强度较高。而卵石多为表面光滑的球形颗粒,用卵石拌制的混凝土拌合物流动性较好,但黏结强度较差。当流动性相同时,采用卵石可适当减少混凝土拌合物的单位用水量,在这种条件下,硬化后的卵石混凝土强度并不一定比用碎石混凝土低。覆盖在集料表面的杂质,如淤泥、黏土,以及风化和腐殖物会降低界面黏结强度,并影响水泥石的强度。集料形状、表面构造及洁净程度对混凝土弯拉强度的影响要大于对混凝土抗压强度的影响。

粗集料的最大粒径对混凝土抗压强度和弯拉强度均有影响,但影响程度有差别。在一定配比条件下,集料的最大粒径过大,将减少与水泥浆接触的总面积,降低界面强度,同时还会因振捣不密实而降低混凝土的强度。这种影响在水灰比较小时更为明显,而且对混凝土抗折强度的影响大于对抗压强度的影响。

连续级配的优点是所配制的混凝土较密实,具有优良的工作性,不易发生离析现象。间断级配与之相比,配制相同强度混凝土所需的水泥量可少些,但易产生离析。

拌制混凝土时,砂的颗粒级配与粗细程度应同时考虑。当砂中含有较多粗砂,并以适当的中砂及少量细砂填充其空隙时,砂的空隙率及总表面积均较小,是比较理想的级配。此时,不仅水泥浆用量较少,而且还可提高混凝土的密实性与强度。

(2)养护条件

为了获得质量良好的混凝土,混凝土成型后必须在适宜的环境中进行养护,目的是保证水泥水化过程的正常进行。对于给定的混凝土,水泥的水化速度与程度、水化物结构特征都取决于养护环境的温度和湿度条件。

①养护温度

如图 5-14 所示反映了混凝土在不同温度的水中养护时强度的发展规律,可以看出,混凝土的养护温度与混凝土强度发展有重要的关系。当养护温度较高时,可以增大水泥初期水化速度,混凝土早期强度也高。但早期养护温度越高,混凝土后期强度增进率就越小,这是由于急速的早期水化反应,导致水泥水化物的不均匀分布。水化物稀少区域成为水泥石中的薄弱点,而在水化物稠密区域,水化物包裹水泥颗粒将妨碍水泥颗粒的进一步水化,从而减少水化物数量。在相对较低的养护温度下,水泥的水化反应较为缓慢,水化物具有充分的扩散时间,均匀地分布在水泥石中,会使混凝土后期强度提高。但如果混凝土的养护温度过低或降至冰点以下时,水泥水化反应停止,致使混凝土的强度不再发展,并可能因冰冻作用使混凝土已获得的强度受到损失。

②养护湿度

水是水泥水化反应的必要成分,如果湿度不足,水泥水化反应就不能正常进行,甚至停止。这将严重降低混凝土强度,并使水泥石结构疏松,形成干缩裂缝并影响混凝土的耐久性。在不同养护湿度条件下,混凝土强度的发展趋势如图 5-15 所示。在空气中养护的混凝土,在所有龄期得到的强度值都较低。因此,为了使混凝土正常硬化,在混凝土养护期间,应创造条件维持一定的潮湿环境,从而使其产生更多的水化产物,提高混凝土密实度。夏季由于气温较高、水分蒸发较快,更应特别注意养护。

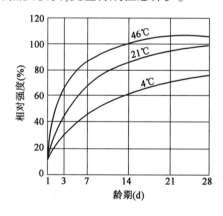

图 5-14 混凝土强度与养护温度的关系

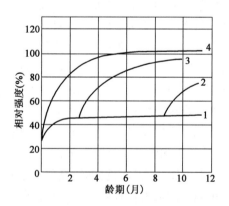

图 5-15 混凝土强度与养护湿度的关系
1-空气中养护;2-9 个月后水中养护;3-3 个月后水中养护;4-标准湿度下养护

(3) 龄期

图 5-16 反映了混凝土强度随龄期增加而增长的规律。在标准养护条件下,混凝土强度与龄期之间有着较好的相关性,通常在对数坐标上呈直线关系。在混凝土施工过程中,可根据混凝土的这种特性,由其早期强度推算后期强度,当混凝土早期强度不足时,可及时采取措施来保证混凝土的施工质量并避免损失。

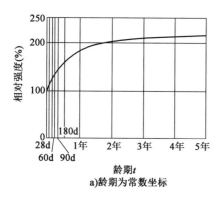
a) 龄期为常数坐标

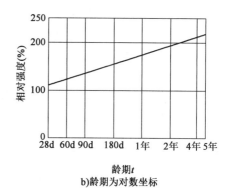
b) 龄期为对数坐标

图 5-16 混凝土强度随时间的增长

除了上述因素外,影响混凝土强度的因素还有外加剂、养护方式、施工方法等。

4. 混凝土强度的质量评定

按照《混凝土强度检验评定标准》(GB/T 50107—2010),混凝土强度的质量评定方法有以下几种:

(1) 已知标准差的统计方法

若在较长时间内,混凝土的生产条件保持一致,且同一品种混凝土的强度性能保持稳定时,应以连续三组试件组成一个验收批,计算其强度平均值和最小值等特征值。当混凝土强度等级小于或等于 C20 时,其强度特征值应同时满足式(5-13)~式(5-15)的要求;当混凝土强度等级大于 C20 时,其强度特征值应同时满足式(5-13)~式(5-16)的要求。

$$\bar{f}_{cu} \geqslant f_{cu,k} + 0.7\sigma_0 \tag{5-13}$$

$$f_{cu,min} \geqslant f_{cu,k} - 0.7\sigma_0 \tag{5-14}$$

$$f_{cu,min} \geqslant 0.85 f_{cu,k} \tag{5-15}$$

$$f_{cu,min} \geqslant 0.90 f_{cu,k} \tag{5-16}$$

式中: $\bar{f}_{cu}$ ——同一验收批中混凝土立方体抗压强度的平均值, MPa;

$f_{cu,k}$ ——混凝土立方体抗压强度标准值, MPa;

$f_{cu,min}$ ——同一验收批混凝土立方体抗压强度的最小值, MPa;

σ_0 ——验收批混凝土立方体抗压强度的标准差, MPa,由式(5-17)计算。

$$\sigma_0 = \sqrt{\frac{\sum_{i=1}^{n} f_{cu,i}^2 - n\bar{f}_{cu}^2}{n-1}} \tag{5-17}$$

式中: n ——用以确定验收批混凝土立方体抗压强度标准差的样本容量,不应小于 45。

(2) 未知标准差的统计方法

当混凝土的生产条件在较长时间内不能保持一致,且混凝土强度不能保持稳定时,或在前一个检验期内的同一品种混凝土没有足够的数据用以确定验收批混凝土立方体抗压强度的标准差时,应由不少于10组的试件组成一个验收批,其强度应同时满足式(5-18)和式(5-19)的要求。

$$\bar{f}_{cu} - \lambda_1 S_{fcu} \geqslant f_{cu,k} \tag{5-18}$$

$$f_{cu,min} \geqslant \lambda_2 f_{cu,k} \tag{5-19}$$

式中:$\bar{f}_{cu}$——同一验收批混凝土立方体抗压强度的平均值,MPa;

$f_{cu,k}$——混凝土立方体抗压强度标准值,MPa;

$f_{cu,min}$——同一验收批混凝土立方体抗压强度的最小值,MPa;

λ_1、λ_2——合格判定系数,按表5-5数值取;

S_{fcu}——同一验收批混凝土立方体抗压强度的标准差,MPa,由式(5-20)计算,当其计算值小于0.06时,取$S_{fcu}=0.06$。

表5-5 λ_1、λ_2取值

试件组数	10～14	15～19	≥20
λ_1	1.15	1.05	0.95
λ_2	0.90	0.85	

$$S_{fcu} = \sqrt{\frac{\sum_{i=1}^{n} f_{cu,i}^2 - n f_{cu}^2}{n-1}} \tag{5-20}$$

式中:$f_{cu,i}$——第i组混凝土试件的值,MPa;

n——统计周期内相同等级的混凝土试件总样本容量。

(3)非统计方法

按非统计方法评定,强度特征值应同时满足式(5-21)和式(5-22)的要求。

混凝土强度等级≥C60时

$$\bar{f}_{cu} \geqslant 1.10 f_{cu,k} \tag{5-21}$$

混凝土强度等级＜C60时

$$\bar{f}_{cu} \geqslant 1.15 f_{cu,k}$$
$$f_{cu,min} \geqslant 0.95 f_{cu,k} \tag{5-22}$$

式中:$f_{cu,k}$——混凝土立方体抗压强度标准值,MPa;

$\bar{f}_{cu}$——同一验收批混凝土立方体抗压强度的平均值,MPa;

$f_{cu,min}$——同一验收批混凝土立方体抗压强度的最小值,MPa。

当检验结果能满足上述要求时,则该批混凝土强度判为合格;当不能满足上述规定时,该批混凝土强度判为不合格。由不合格批混凝土制成的结构或构件,应进行鉴定。对不合格的结构或构件必须及时处理。当对混凝土试件强度的代表性有怀疑时,可采用从结构或构件中钻取试样的方法或采用非破损检验方法,按有关标准的规定对结构或构件中混凝土的强度进行推定。

三、硬化混凝土的变形特性

在荷载作用下,混凝土会产生相应的应变,其他因素如温度也会导致混凝土应变的产生。混凝土的应变在一定的范围内具有弹性特性,即应变会随着应力的去除而消失。在持续荷载

作用下,混凝土的应变随时间延长而增加,即表现为徐变特性。另外,不管是否有荷载作用,在干燥时,混凝土会产生一定的收缩,即干缩。混凝土的弹性、干缩和徐变等变形性质是混凝土的重要特性,对混凝土的应用性能有重要影响。

1. 弹性变形——弹性模量

(1) 混凝土的应力-应变特征

混凝土承受荷载时,应力-应变关系是非线性的,在较高的荷载下,这种非线性特征更加明显。当卸除荷载时,混凝土变形不能完全恢复,在荷载重复加载和卸载的作用下,每一次卸载都会残留部分残余变形。图 5-17 给出了混凝土在低应力重复荷载作用下的应力应变曲线,在第一个加载循环中,加载曲线为 OA,卸载曲线为 AC,残余应变为 OC。经四次循环后,混凝土残余应变的总量为 OC'。

(2) 弹性模量

在混凝土应力应变曲线上,任一点的应力与应变的比值称为混凝土在该应力下的弹性模量。由图 5-18 可见,在混凝土受力的不同阶段,其弹性模量是一个变量,所以当计算混凝土的弹性模量时,应指明计算条件。根据不同取值方法,可得到如图 5-18 所示的三种弹性模量。

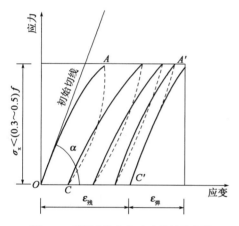

图 5-17　混凝土的应力-应变特征示意图

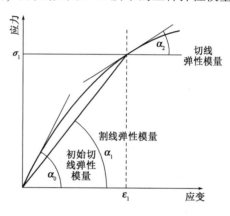

图 5-18　混凝土弹性模量分类示意图

①初始切线弹性模量 α_0

初始切线弹性模量 α_0 是由图 5-18 中曲线原点的切线斜率求得的。α_0 在结构设计中的应用价值较小且难以准确量测。

②切线弹性模量 α_2

切线弹性模量 α_2 由图 5-18 中曲线上任一点的切线斜率确定。

③割线弹性模量 α_1

割线弹性模量 α_1 是由曲线上任一点与原点连线的斜率求得。在混凝土工艺和混凝土结构设计中,通常采用规定条件下的割线弹性模量。《混凝土物理力学性能试验方法标准》(GB/T 50081—2019) 规定,采用反复加载卸载($\sigma = 1/3 f_{cp}$)三次以后所得的割线模量,作为静力抗压弹性模量用于结构计算。

(3) 混凝土弹性模量影响因素

混凝土的弹性模量在很大程度上取决于粗集料的弹性模量,当粗集料含量较高时,弹性模量较高。此外,混凝土的弹性模量随其强度的提高而增加,但一般不呈线性关系。

2.徐变变形

图 5-19 反映了混凝土在持续荷载作用下的变形特征。由图可见,在加载的瞬间,混凝土产生以弹性变形为主的瞬时变形,此后,在荷载的持续作用下,变形随时间连续增长,称为徐变变形。在较大的初始徐变变形后,徐变逐渐趋于稳定。卸除荷载后,混凝土有一瞬间恢复的变形,其后的一段时间里变形继续恢复,称为徐变恢复。在徐变恢复完成后残留下来的变形称为永久变形,又称残余变形。

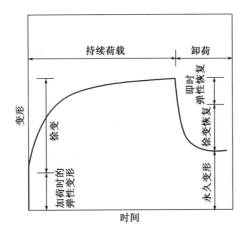

图 5-19 混凝土的徐变变形和恢复变形曲线

混凝土的徐变变形主要是由水泥石的徐变变形所引起的,而集料所产生的徐变变形几乎可以忽略不计,因此混凝土中集料的体积率越大,混凝土的徐变变形越小。

在持续荷载作用下,混凝土的徐变可以延续若干年,其徐变应变通常会超过弹性应变,当混凝土结构承受持续荷载时,如果所承受的持续荷载较大,可能会导致混凝土结构破坏。所以在结构设计时必须考虑徐变的影响,否则可能会导致对整个结构变形的严重估计不足。在预应力混凝土中,必须考虑徐变变形导致构件缩短而造成的预应力钢筋束中拉力的损失。

3.温度变形

混凝土具有热胀冷缩的性质,其温度胀缩系数为 $10 \times 10^{-6}/℃ \sim 14 \times 10^{-6}/℃$。混凝土的温度变形对大体积工程或在温差较大季节施工的混凝土结构极为不利。在大体积混凝土中,由于水泥水化放热,混凝土内部的温度将升高,有时可达 $50 \sim 70℃$,这会使混凝土内部产生显著的体积膨胀。与此同时,混凝土外部却随气温降低而冷却收缩,结果导致外部混凝土产生很大的拉应力。当这种拉应力超过混凝土的抗拉强度时,外部混凝土就会开裂。当混凝土施工期间温差较大时,同样会出现上述问题。为了减小温度变形对混凝土性能的不利影响,应设法降低混凝土的发热量,如采用低热水泥、采用人工降温措施以及对表层混凝土加强保温、保湿措施等。

为了减少混凝土由于温度收缩引起的伸缩变形和挠曲变形受到约束而产生的内应力,水泥混凝土路面需要设置各种类型的接缝,把面层划分成较小尺寸的板。在纵向较长的混凝土结构中,例如挡土墙,也应设置温度伸缩缝。

4.干燥收缩变形

在干燥环境中时,由于混凝土内部水分蒸发而引起的体积变化,称为干缩。

当外界环境湿度低于混凝土本身的湿度时,混凝土中水泥石内部的游离水被蒸发、毛细管壁受到压缩,混凝土开始收缩。在环境湿度低于40%相对湿度时,水泥水化物中的凝胶水也开始蒸发,会引起更大的收缩。但当遇到潮湿环境时,已经干缩的混凝土将会膨胀,表现为混凝土体积的"湿胀"。如图5-20所示为混凝土干湿变形示意图,由于混凝土的湿胀值远比干缩值小,即使在长期浸水后,这种膨胀量不足以弥补初期的收缩量,而经历干湿循环过程的混凝土总的收缩量与完全干燥状态下时所产生的收缩量几乎相等。

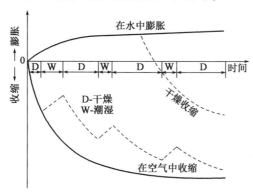

图5-20 混凝土的干湿变形特征

混凝土干缩应变极限值为 $50 \times 10^{-5} \sim 90 \times 10^{-5}$,干缩系数为 $0.5 \sim 0.9$ mm/m。由于干缩变形是混凝土的固有性质,如果处理不当,会使混凝土中出现微小裂纹,影响混凝土的耐久性。混凝土的干缩主要由水泥石的干缩所致,所以混凝土的干缩程度与水泥品种及用量、单位用水量和集料用量有关。需水量大的水泥干缩性大,如矿渣水泥的干缩性大于普通水泥、细度较大的水泥干缩性较大。集料在混凝土中形成骨架并对收缩有一定的抑制作用,水泥用量多或用水量大时,混凝土收缩较大。此外,混凝土的收缩还与施工、养护条件有关。混凝土浇筑得越密实,其收缩量越小。早期在水中养护或在潮湿环境中养护,可大大减小混凝土的收缩量,其中蒸压养护法对收缩的抑制效果更为显著。综上所述,降低混凝土干缩程度的主要措施有:限制水泥用量并保证一定的集料用量、减小水灰比并充分捣实混凝土、加强混凝土早期养护。

四、硬化混凝土的耐久性

耐久性是指混凝土在使用过程中,抵抗周围环境介质作用保持其使用质量的能力。由于大多数混凝土工程是永久性的,所以要求混凝土在使用环境条件中具有良好的耐久性。

1. 混凝土的抗渗性

混凝土抵抗一定水压力的能力称为混凝土的抗渗性。

在混凝土结构工程中,影响混凝土使用质量的主要环境因素包括:由淡水溶出作用、硫酸盐化学侵蚀作用等引起的水泥石强度的降低;由二氧化碳、氯气及氧气等的作用导致混凝土中钢筋锈蚀;由碱-集料反应引起的混凝土开裂等破坏。由于环境中的各种侵蚀介质均要通过渗透才能进入混凝土内部,所以渗透性能是影响混凝土耐久性的重要因素。

混凝土的抗渗性以抗渗标号来表示。采用标准养护28d的标准试件,按规定的方法进行试验,按混凝土所能承受最大水压力将混凝土的抗渗标号分为:P2、P4、P6、P8、P10和P12共六个等级,分别表示混凝土能抵抗 0.2MPa、0.4MPa、0.6MPa、0.8MPa、1.0MPa 和 1.2MPa 的水压力而不渗水。

2. 混凝土的抗冻性

混凝土的抗冻性是指混凝土抵抗冻融循环的能力。

在严寒地区,处于潮湿状态下的混凝土将经历冻融循环过程,由此降低混凝土的强度、密度和弹性模量。

混凝土的抗冻性一般以抗冻标号来表示。抗冻标号是以龄期 28d 的标准试件在吸水饱和后承受 -20 ~ -15℃至 15 ~ 20℃的温度条件下反复冻融循环,以满足抗压强度下降不超过 25%,质量损失不超过 5% 时所能承受的最大冻融循环次数来确定。混凝土抗冻标号有:D10、D15、D25、D50、D100、D150、D200、D250 和 D300 共九个等级,分别表示混凝土能够承受反复冻融循环次数为 10 次、15 次、25 次、50 次、100 次、150 次、200 次、250 次和 300 次。混凝土抗冻性采用相对弹性模量值大于 60% 或质量损失率达 5% 时的冻融循环次数(即试件的最大循环次数)来表示。

3. 混凝土的抗化学侵蚀性

环境介质对混凝土的化学侵蚀有淡水侵蚀、海水侵蚀、酸碱侵蚀等,其侵蚀机理与水泥石化学侵蚀相同。其中,海水的侵蚀除了硫酸盐侵蚀外,还有反复干湿作用、盐分在混凝土内的结晶与聚集、海浪的冲击磨损、海水中氯离子对钢筋的锈蚀作用等,同样会使混凝土受到侵蚀而破坏。

综上所述,混凝土的抗渗性、抗冻性和抗化学侵蚀性之间是相互关联,且均与混凝土的密实度有关,即孔隙总量及孔隙结构特征有关。若混凝土内部的孔隙形成相互连通的渗水通道,则混凝土的抗渗性差,相应的抗冻性和抗化学侵蚀性将随之降低。因此应采取有效措施改善混凝土的空隙结构、减少混凝土内部的毛细管通道,以降低混凝土的渗透性,从而提高混凝土的抗冻性和抗化学侵蚀性。常用的方法有:采用减水剂降低水灰比提高混凝土密实度,同时加强养护并杜绝施工缺陷,防止由于离析、泌水而在混凝土内形成空隙通道等。此外,还可以通过掺加引气剂,在混凝土中形成均匀分布的不连通微孔,从而缓冲因水冻结而产生的挤压力,以改善混凝土的抗冻性;采用外部保护措施隔离混凝土与外界侵蚀介质的接触,以提高混凝土的抗化学侵蚀性,如抗酸蚀等。

4. 耐磨性

耐磨性是指混凝土抵抗表层损伤的能力。

路面混凝土表层受到车辆磨耗作用,桥梁墩台、坝面混凝土受到高速水流的冲刷作用,因此,耐磨性是道路和桥梁用混凝土结构应具有的重要性能之一。

混凝土的耐磨性的评价,是以边长 150mm 的立方体试件养护至规定龄期,在 60℃下烘至恒量,然后在带有花轮磨头的混凝土磨耗机上,在负荷 200N 下磨削 50 转,按式(5-23)计算试件的磨损量。磨损量越大,混凝土耐磨性越差。

$$G = \frac{m_0 - m_1}{0.0125} \tag{5-23}$$

式中:G——试件单位面积的磨损量,kg/m^2;

m_0——试件在磨损前的质量,kg;

m_1——试件在磨损后的质量,kg;

0.0125——试件的磨损面积,m^2。

混凝土的耐磨性与其强度等级有密切关系,同时也与水泥品种、集料硬度有关,细集料对路面混凝土的耐磨性有较大的影响。据国外资料报道,当砂中石英含量超过1/3时,混凝土路面的耐磨性将明显增强。对于一般抗磨要求的混凝土,其强度等级不应小于C20,对于抗磨要求较高的混凝土,其强度等级应不小于C30。

第二节 普通水泥混凝土的组成设计

普通混凝土是指干密度为 2000～2800kg/m^3 的水泥混凝土。普通水泥混凝土组成设计任务,就是要根据设计目标、施工条件,选择合适的组成材料,并确定各组成材料用量,使所配制的混凝土在比较经济的原则下,具有所期望的技术性质。这些性能包括混凝土拌合物具有与施工条件相适应的和易性、硬化后混凝土应满足设计强度等级和耐久性的要求等。

一、普通水泥混凝土组成材料的技术要求

1. 水泥品种和强度等级

水泥是影响混凝土施工性质、强度和耐久性的重要材料。在选择混凝土组成材料时,必须合理地选择水泥强度和品种。

一般来说,硅酸盐水泥、普通硅酸盐水泥、矿渣硅酸盐水泥、火山灰硅酸盐水泥、粉煤灰硅酸盐水泥以及复合硅酸盐水泥等均可用于配制普通水泥混凝土。由于不同混凝土的工程性质、所处的环境及施工条件各有其特点,对水泥性能要求不尽相同,在本书第四章中介绍了通用硅酸盐水泥的特性和适应性,可参照选择。在满足工程要求的前提下,应选用价格较低的水泥品种,以降低工程造价。

应正确选择水泥的强度,使水泥的强度等级与所配制的混凝土强度等级相匹配。根据"水灰比定则"所反映的关系,如果选用高强度等级水泥配制低强度等级的混凝土,会使水泥用量偏低,影响混凝土和易性及密实度,此时可考虑掺加一定数量的掺和料。如果采用低强度等级水泥配制高强度等级混凝土,会使水泥用量过多,这样的话不仅不经济,还将影响混凝土的其他技术性质。

2. 粗集料

混凝土所用粗集料包括卵石和碎石,是混凝土的主要组成材料,也是影响混凝土强度的重要因素之一。对粗集料技术性质要求的主要体现在:具有稳定的物理性质和化学性质,不与水泥发生有害反应。

(1)强度与坚固性

粗集料在混凝土中起骨架作用,必须具有足够的强度和坚固性。碎石或卵石的强度用岩石立方体抗压强度和压碎指标反映。不同技术等级粗集料的技术要求见表5-6。

碎石和卵石技术要求(JTG/T F30—2014)　　　　表5-6

技术指标	技术要求		
	Ⅰ级	Ⅱ级	Ⅲ级
碎石压碎指标(%),不大于	18.0	25.0	30.0
卵石压碎指标(%),不大于	21.0	23.0	26.0
针片状颗粒含量(%),不大于	8.0	15.0	20.0
含泥量(%),不大于	0.5	1.0	2.0
泥块含量(%),不大于	0.2	0.5	0.7
有机物含量/比色法	合格	合格	合格
硫化物及硫酸盐含量/按SO_3质量计(%),不大于	0.5	1.0	1.0
坚固性(%),不大于	5.0	8.0	12.0
洛杉矶磨耗损失(%),不大于	28.0	32.0	35.0
岩石抗压强度(MPa)	岩浆岩应不小于100;变质岩应不小于80;沉积岩应不小于60		
密度(kg/m³)	表观密度≥2500,松散堆积密度≥1350		
空隙率(%),不大于	47.0	47.0	47.0
吸水率(%),不大于	1.0	2.0	3.0
磨光值(%),不小于	35.0	35.0	35.0
碱集料反应	不得有碱活性反应或疑似碱活性反应		

(2)有害杂质

粗集料中的有害杂质为黏土、淤泥、硫化物及硫酸盐、有机质等。这些杂质常黏附在集料的表面,妨碍水泥与集料黏结,降低混凝土的抗渗性和抗冻性,有机杂质、硫化物及硫酸盐等对水泥亦有腐蚀作用,公路面层混凝土用粗集料中含泥量、有机物含量、硫化物及硫酸盐含量等不得超过相应等级的技术要求(表5-6),并应对混凝土所用的碎石或砾石进行碱活性检验。

(3)最大公称粒径及颗粒形状与级配

为了保证混凝土的施工质量,保证混凝土构件的完整性和密实度,粗集料的最大公称粒径不宜过大。要求集料的最大公称粒径不得超过结构截面最小尺寸的1/4,且不得超过钢筋间最小净距的3/4;对于混凝土实心板,集料的最大公称粒径不宜超过板厚的1/3,且不得超过40mm。

粗集料中针、片状颗粒过多,会降低混凝土强度,其含量应加以控制。公路面层混凝土用粗集料中针、片状颗粒含量的控制要求见表5-6。

(4)粗集料的级配组成

混凝土中碎石或砾石颗粒组成应符合表5-7的规定。单粒级宜用于配制成具有要求级配的连续粒级,也可与连续粒级集料混合使用,以改善其级配。不宜用单一的单粒级集料配制混凝土,如必须单独使用,则应作技术经济分析,并应通过试验证明不会发生离析或影响混凝土的质量。

碎石或卵石的颗粒级配规定（GB/T 14685—2022） 表 5-7

	公称粒径（mm）	下列方筛孔（mm）的累计筛余（%）										
		2.36	4.75	9.5	16.0	19.0	26.5	31.5	37.5	53.0	63.0	75.0	90
连续级配	5~16	95~100	85~100	30~60	0~10	0	—	—	—	—	—	—	—
	5~20	95~100	90~100	40~80	—	0~10	0	—	—	—	—	—	—
	5~25	95~100	90~100	—	30~70	—	0~5	0	—	—	—	—	—
	5~31.5	95~100	90~100	70~90	—	15~45	—	0~5	0	—	—	—	—
	5~40	—	95~100	70~90	—	30~65	—	—	0~5	0	—	—	—
单粒径	5~10	95~100	80~100	0~15	0	—	—	—	—	—	—	—	—
	10~16	—	95~100	80~100	0~15	0	—	—	—	—	—	—	—
	10~20	—	95~100	85~100	—	0~15	0	—	—	—	—	—	—
	16~25	—	—	95~100	55~70	25~40	0~10	0	—	—	—	—	—
	16~31.5	—	95~100	—	85~100	—	—	0~10	0	—	—	—	—
	20~40	—	—	95~100	—	80~100	—	—	0~10	0	—	—	—
	25~31.5	—	—	—	95~100	—	80~100	0~10	0	—	—	—	—
	40~80	—	—	—	—	95~100	—	—	70~100	—	30~60	0~10	0

3. 细集料

混凝土用细集料应采用级配良好、质地坚硬、颗粒洁净的河砂或海砂。当工程所在地没有河砂或海砂资源时，也可使用符合要求的山砂或机制砂。各类砂的技术指标必须合格才能使用。

（1）压碎值和坚固性

混凝土中所用细集料也应具备一定的强度和坚固性，公路面层混凝土用细集料的技术等级见表 5-8 中的规定。

细集料技术要求（JTG/T F30—2014） 表 5-8

	项目		技术要求		
			Ⅰ级	Ⅱ级	Ⅲ级
机制砂	单粒级最大压碎指标（%），不大于		20	25	30
	泥块含量（按质量计）（%），不大于		0	0.5	1.0
	氯化物含量（按氯离子质量计）（%），不大于		0.01	0.02	0.06
	云母含量（%），不大于		1.0	2.0	2.0
	亚甲蓝试验	MB 值<1.4 或合格 石粉含量（%），不大于	3.0	5.0	7.0
		MB 值≥1.4 或不合格 石粉含量（%），不大于	1.0	3.0	5.0
天然砂	含泥量（%），不大于		1.0	2.0	3.0
	泥块含量（%），不大于		0	0.5	1.0
	氯化物含量（按氯离子质量计）（%），不大于		0.02	0.03	0.06
	云母含量（%），不大于		1.0	1.0	2.0

续上表

项目		技术要求		
		Ⅰ级	Ⅱ级	Ⅲ级
有害杂质含量(%)	有机物含量/比色法	合格	合格	合格
	硫化物及硫酸盐/按 SO_3 质量计,不大于	0.5	0.5	0.5
	轻物质含量,不大于	1.0	1.0	1.0
坚固性(%),不大于		6	8	10
密度和空隙率		表观密度≥2500kg/m³;松散堆积密度≥1400kg/m³;空隙率≤45%		

(2)有害杂质

细集料中有害杂质对混凝土的危害作用同粗集料中的有害杂质,对于公路面层混凝土用细集料,有害杂质含量应限制在如表5-8所规定的范围内。

(3)级配与细度模数

细集料的级配应符合表5-9的规定,其中Ⅱ区由中砂和部分偏粗的细砂组成,是配制混凝土时优先选用的级配类型;Ⅰ区属于粗砂范畴,当采用Ⅰ区砂配制混凝土时,应较Ⅱ区砂提高砂率,并保持足够的水泥用量,否则混凝土拌合物的内摩擦力较大、保水性差、不易捣实成型;Ⅲ区砂是由细砂和部分偏细的中砂组成,当采用Ⅲ区砂配制混凝土时,应较Ⅱ区砂适当降低砂率,以保证混凝土强度。

细集料级配范围(GB/T 14684—2022)　　　　表5-9

级配分区		在下列筛孔(mm)上的累计筛余(%)						
		0.15	0.30	0.60②	1.18	2.36	4.75②	9.5
粗砂	Ⅰ区	90~100(85~97)①	80~95	71~85	35~65	5~35	0~10(0~5)①	0
中砂	Ⅱ区	90~100(80~94)①	70~92	41~70	10~50	0~25	0~10(0~5)①	0
细砂	Ⅲ区	90~100(75~94)①	55~85	16~40	0~25	0~15	0~10(0~5)①	0

注:①括号中数据为人工砂可放宽的范围。
　　②砂的实际颗粒级配除了在4.75mm和0.60mm筛档外,其余各筛档可以略有超出表中所列数据,但各级累计筛余超出值总和应不大于5%。

4.拌和用水

混凝土拌和用水水源包括饮用水、清洁的天然水、地下水、海水及经适当处理后的工业废水。在拌制混凝土用水中,不得含有影响水泥正常凝结与硬化的有害杂质,如油脂、糖类等。海水可用于拌制素混凝土,但不得用于拌制钢筋混凝土和预应力混凝土。在对水质有疑问时,可将该水与洁净水分别制成混凝土或砂浆试块,然后进行强度对比试验,如果该水制成试件的28d抗压强度不低于洁净水制成试件强度的90%,则该水可用于拌制混凝土。对混凝土拌和用水的要求见表5-10。

混凝土拌和用水的质量要求(JGJ 63—2006)　　　　表5-10

项目	预应力混凝土	钢筋混凝土	素混凝土
pH 值,不大于	5.0	4.5	4.5
不溶物(mg/L),不大于	2000	2000	5000

续上表

项目	预应力混凝土	钢筋混凝土	素混凝土
可溶物(mg/L),不大于	2000	5000	10000
氯离子(以 Cl^- 计)(mg/L),不大于	500①	1000	3500
硫酸盐(以 SO_4^{2-} 计)(mg/L),不大于	600	2000	2700
碱含量(mg/L),不大于	1500	1500	1500

注:①对于设计使用年限为100年的结构混凝土,氯离子含量不超过500mg/L;使用钢丝或经热处理钢筋的预应力混凝土氯离子的含量不得超过350mg/L。

5. 外加剂与掺和料

外加剂是在混凝土拌和前或拌和时掺入,掺量不超过水泥质量的5%(特殊情况下除外),并能按照某些要求改善混凝土性能的物质。在混凝土中,外加剂掺量虽然很小,却能显著改善混凝土的某些性能。关于外加剂的内容详见本章第三节的介绍。

掺和料在混凝土中的作用是改善混凝土拌合物的施工和易性、降低混凝土水化热、调节凝结时间等。这些掺和料在混凝土搅拌前或搅拌过程中与其他组成材料一样直接加入,所以它不同于生产水泥时与熟料共同磨细的混合材料。混凝土用掺和料有粉煤灰、粒化高炉矿渣粉、沸石粉、硅粉及复合型掺和料等。目前在普通混凝土中较多使用的掺和料为粉煤灰,其质量要求见本章第三节。

二、普通水泥混凝土的配合比设计

普通水泥混凝土是由水泥、砂、石子和水组成的一种复合材料,配合比设计是根据原材料性能及对混凝土的技术要求,确定这些组成材料的质量或体积之间的比例关系,有时还需注明外加剂用量。

混凝土配合比的表示方法有两种:一种是以 $1m^3$ 混凝土中各种材料的质量表示,例如,水泥330kg,水185kg,砂598kg,石子1281kg;另一种是以水泥质量为1来表示其他各项材料用量的相对关系,如,水泥:砂:石子 = 1:1.81:3.88;水灰比为0.56。

确定混凝土配合比的主要内容为:根据经验公式和试验参数计算各种组成材料的比例,得出"初步配合比";按初步配合比在实验室进行试拌,考察混凝土拌合物的施工和易性,经调整后得出"基准配合比";再按"基准配合比",对混凝土进行强度复核,如有其他要求,也应做出相应的检验复核,最后确定出满足设计和施工要求且经济合理的"设计配合比";在施工现场,还应根据现场砂石材料的含水率对配合比进行修正,得出"施工配合比"。

1. 配合比设计指标

在进行混凝土配合比设计时,主要考虑混凝土拌合物的施工和易性、硬化混凝土的强度及耐久性指标。

(1)混凝土拌合物和易性的选择

普通混凝土拌合物的坍落度应根据构件截面尺寸大小、钢筋疏密和施工方式来确定,见表5-11。当构件截面尺寸较小,或钢筋较密,或采用人工插捣时,坍落度可选择大一些;反之,若构件截面尺寸较大,或钢筋较疏,或采用机械振捣,则坍落度可选择小一些。由于运输过程中会有坍落度的损失,选择坍落度值时应将损失值估计在内。在不发生浇筑困难的情况下,应尽可能减小坍落度值。

混凝土浇筑入模时的坍落度（JTG/T 3650—2020） 表 5-11

结构种类	坍落度(mm)	结构种类	坍落度(mm)
小型预制块及便于浇筑振动的结构	0~20	配筋较密、断面较小的钢筋混凝土结构	50~70
桥涵基础、墩台等无筋或少筋的结构	10~30	配筋极密、断面高而窄的钢筋混凝土结构	70~90
普通配筋率的钢筋混凝土结构	30~50		

注:1. 本表建议的坍落度是未考虑掺用外加剂而产生的作用。
2. 水下混凝土、泵送混凝土的坍落度,另见 JTG/T 3650—2020 有关章节的规定。
3. 用人工捣实时,坍落度宜增加 20~30mm。
4. 浇筑较高结构物混凝土时,坍落度宜随混凝土浇筑高度上升而分段变动。

(2)混凝土的配制强度 $f_{cu,0}$

混凝土的设计强度等级根据结构设计确定。为了使所配制的混凝土在工程使用时具有必需的强度保证率,配合比设计时的混凝土配制强度应大于设计要求的强度等级。混凝土配制强度按照式(5-24)计算。

$$f_{cu,0} \geq f_{cu,k} + 1.645\sigma \tag{5-24}$$

式中:$f_{cu,0}$——混凝土配制强度,MPa;
$f_{cu,k}$——混凝土设计强度等级,MPa;
σ——混凝土强度标准差,MPa。

混凝土强度标准差宜根据施工单位同类混凝土统计资料计算确定,计算时强度试件组数不应少于 30 组,对于强度等级不大于 C30 的混凝土,当强度标准差计算值小于 3.0MPa 时,强度标准差计算值应取 3.0MPa。对于强度等级大于 C30 且小于 C60 的混凝土,当强度标准差计算值小于 4.0MPa 时,强度标准差计算值应取 4.0MPa。当施工单位不具有近期同一品种混凝土强度资料时,强度标准差可按表 5-12 取用。

强度标准差取值表 表 5-12

混凝土强度等级	≤C20	C20~C45	C50~C55
强度标准差取值(MPa)	4.0	5.0	6.0

(3)混凝土的耐久性

混凝土的耐久性在很大程度上取决于它的密实度,而混凝土的密实度主要取决于混凝土的水灰比和水泥用量。《普通混凝土配合比设计规程》(JGJ 55—2011)中对混凝土的最大水灰比和最小水泥用量做出了规定,见表 5-13,水胶比为水与胶凝材料的比值,因普通水泥混凝土中胶凝材料只有水泥,因此水灰比即为水胶比。

混凝土的最大水灰比和最小水泥用量(JGJ 55—2011) 表 5-13

环境条件	最大水胶比	最小水泥用量(kg/m)		
		素混凝土	钢筋混凝土	预应力混凝土
干燥环境; 无侵蚀性静水浸没环境	0.6	250	280	300
潮湿环境; 非严寒和非寒冷地区的露天环境; 非严寒和非寒冷地区与无侵蚀性的水或土壤直接接触的环境; 严寒和寒冷地区的冰冻线以下与无侵蚀性的水或土壤直接接触的环境	0.55	280	300	300

续上表

环境条件	最大水胶比	最小水泥用量(kg/m)		
		素混凝土	钢筋混凝土	预应力混凝土
干湿交替环境； 水位频繁变动环境； 严寒和寒冷地区的露天环境； 严寒和寒冷地区冰冻线以上与无侵蚀性的水或土壤直接接触的环境	0.50(使用引气剂时可放宽到0.55)	320		
严寒和寒冷地区冬季水位变动区环境； 受除冰盐影响环境； 海风环境	0.45(使用引气剂时可放宽到0.50)	330		
盐渍土环境； 受除冰盐作用环境； 海岸环境	0.4	330		

注：当用活性掺和料取代部分水泥时，表中的最大水灰比以及最小水泥用量即为替代前的水灰比和胶凝材料用量。

当混凝土的设计强度等级大于或等于C15时，混凝土的配合比中的水灰比和水泥用量应满足表5-13的规定。配制C15级以及C15级以下等级的混凝土时，可不受表5-13的限制。

2. 配合比设计的三参数

由水泥、水、细集料和粗集料组成的普通水泥混凝土的配合比设计，可以通过下列三个关键参数来控制。

(1) 水灰比

水泥混凝土的各种性能往往取决于由水和水泥组成的水泥浆体，在水与水泥性质确定的情况下，水和水泥的质量比决定了水泥浆体的性能，因而水灰比是水泥混凝土设计中的关键参数之一。

(2) 砂率

细集料(砂)与粗集料(石)组成水泥混凝土的矿料骨架，其性能在砂石材料性质确定的条件下，就取决于砂和石之间的质量比例，这一比例称为砂率。

(3) 用水量

在水灰比确定的情况下，用水量的多少就成为集料质量确定的重要依据，进而对水泥混凝土的性能产生重要影响。在现行混凝土配合比设计方法中往往用单位体积用水量(简称用水量)来表示水泥浆和集料之间的比例关系。

3. 混凝土初步配合比设计步骤

(1) 计算混凝土的配制强度 $f_{cu,0}$

按设计要求的强度等级，普通混凝土的配制强度由式(5-24)计算。

(2) 计算水灰比 W/C，并校核

普通混凝土的水灰比 W/C 由经验公式(5-25)计算。为了保证混凝土必要的耐久性，水灰比计算值不得超过表5-13中所规定的最大水灰比值。

$$\frac{W}{C} = \frac{\alpha_a \cdot f_{ce}}{f_{cu,o} + \alpha_a \cdot \alpha_b \cdot f_{ce}} \quad (5\text{-}25)$$

式中：$f_{cu,o}$ ——水泥混凝土的配制强度，MPa；

f_{ce} ——水泥 28d 抗压强度实测值，MPa；

α_a、α_b ——回归系数，应根据工程所使用的水泥、集料，通过试验确定，当无试验统计资料时，可按照表 5-14 选用。

回归系数 α_a、α_b 选用表（JGJ 55—2011） 表 5-14

集料品种	α_a	α_b
碎石	0.53	0.20
卵石	0.49	0.13

（3）单位用水量 m_{w0} 的确定

当水灰比确定后，单位用水量决定了混凝土中水泥浆与集料质量的比例关系。单位用水量取决于集料特性以及混凝土拌合物施工和易性的要求，按以下方法选用。

①干硬性和塑性混凝土

当水灰比在 0.4~0.8 范围时，其单位用水量应根据集料的品种、最大粒径及施工要求的混凝土拌合物流动性按表 5-15 选取。表 5-15 中单位用水量为采用中砂时的平均取值。当采用细砂时，用水量可增加 5~10kg/m³；采用粗砂时，则可减少 5~10kg/m³。

水灰比小于或等于 0.4 的混凝土及采用特殊成型工艺混凝土用水量应通过试验确定。

混凝土单位用水量选用表（kg/m³）（JGJ 55—2011） 表 5-15

拌合物流动性			卵石最大粒径（mm）				碎石最大粒径（mm）			
类型	项目	范围	10	20	31.5	40	16	20	31.5	40
干硬性混凝土	维勃稠度（s）	16~20	175	160	—	145	180	170	—	155
		11~15	180	165	—	150	185	175	—	160
		5~10	185	170	—	155	190	180	—	165
塑性混凝土	坍落度（mm）	10~30	190	170	160	150	200	185	175	165
		35~50	200	180	170	160	210	195	185	175
		55~70	210	190	180	170	220	205	195	185
		75~90	215	195	185	175	230	215	205	195

②流动性和大流动性混凝土

未掺外加剂时，以表 5-15 中坍落度 90mm 的用水量为基础，按坍落度每增大 20mm 用水量增加 5kg/m³ 的原则计算混凝土的用水量。

当掺外加剂时，混凝土用水量可按式（5-26）计算。

$$m_{w,ad} = m_{w0}(1 - \beta_{ad}) \quad (5\text{-}26)$$

式中：$m_{w,ad}$ ——掺外加剂混凝土的单位用水量，kg/m³；

m_{w0} ——未掺外加剂混凝土的单位用水量，kg/m³；

β_{ad} ——外加剂的减水率，%，经试验确定。

（4）砂率 β_s 的确定

①坍落度在 10~60mm 范围的混凝土：当无使用经验时，砂率可根据粗集料品种、最大粒

径及水灰比按表 5-16 选用。

混凝土砂率选用表（%）（JGJ 55—2011）　　　　表 5-16

水灰比 W/C	卵石最大粒径（mm）			碎石最大粒径（mm）		
	10	20	40	16	20	40
0.40	26~32	25~31	24~30	30~35	29~34	27~32
0.50	30~35	29~34	28~33	33~38	32~37	30~35
0.60	33~38	32~37	31~36	36~41	35~40	33~38
0.70	36~41	35~40	34~39	39~44	38~43	36~41

注：1. 表中数值系中砂的选用砂率，对细砂或粗砂，可相应地减少或增加砂率。
　　2. 当只用一个单粒级的粗集料配制混凝土时，砂率值应适当增加。
　　3. 对薄壁混凝土构件砂率应取偏大数值。

②坍落度大于或等于 60mm 的混凝土：应在表 5-16 的基础上，按坍落度每增大 20mm，砂率增大 1% 的幅度予以调整。

③坍落度小于 10mm 的混凝土及使用外加剂或掺和料的混凝土应经试验确定砂率。

（5）计算单位水泥用量 m_{c0} 并校核

由水灰比 W/C 和单位用水量 m_{w0}，按式（5-27）计算混凝土的单位水泥用量 m_{c0}。为了保证混凝土的耐久性，水泥用量计算值不得小于表 5-13 中规定的最小水泥用量。

$$m_{c0} = \frac{m_{w0}}{W/C} \qquad (5-27)$$

（6）计算细集料用量 m_{s0} 和粗集料用量 m_{g0}

①体积法

混凝土的体积与质量的关系如图 5-21 所示。在采用体积法时，认为混凝土拌合物的总体积等于水泥、砂、石和水四种材料的绝对体积与空隙体积之和，即方程组（5-28）所表示的关系。

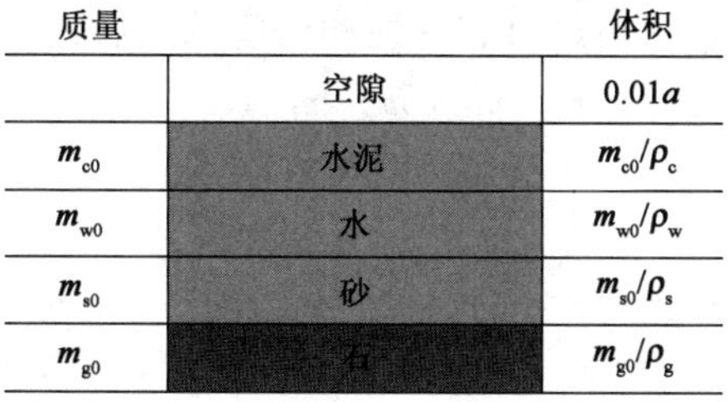

质量		体积
	空隙	0.01a
m_{c0}	水泥	m_{c0}/ρ_c
m_{w0}	水	m_{w0}/ρ_w
m_{s0}	砂	m_{s0}/ρ_s
m_{g0}	石	m_{g0}/ρ_g

图 5-21　混凝土体积与质量的关系示意图

$$\frac{m_{c0}}{\rho_c} + \frac{m_{g0}}{\rho_g} + \frac{m_{s0}}{\rho_s} + \frac{m_{w0}}{\rho_w} + 0.01a = 1 \qquad (5-28)$$

式中：m_{c0}——混凝土中的单位水泥用量，kg/m³；
　　　m_{g0}——混凝土中的单位粗集料用量，kg/m³；
　　　m_{s0}——混凝土中的单位细集料用量，kg/m³；
　　　m_{w0}——混凝土中的单位用水量，kg/m³；

ρ_c——水泥密度,kg/m^3;

ρ_g——粗集料的表观密度,kg/m^3;

ρ_s——细集料的表观密度,kg/m^3;

ρ_w——水的密度,kg/m^3,可取 $1000kg/m^3$;

a——混凝土的含气量百分数,在不使用引气型外加剂时,a 可取为1。

②密度法

当采用密度法时,需要首先确定一个适宜的混凝土表观密度值 m_{cp},混凝土各组成材料的单位用量之和即为混凝土的表观密度 m_{cp},如方程组(5-29)所示的关系。

$$m_{c0} + m_{g0} + m_{s0} + m_{w0} = m_{cp} \tag{5-29}$$

式中:m_{cp}——混凝土拌合物的假定表观密度,范围为 $2350 \sim 2450 kg/m^3$;

其余符号意义同式(5-28)。

将已确定的单位用水量 m_{w0}、单位水泥用量 m_{c0} 和砂率 β_s 代入式(5-28)或式(5-29),可求出粗集料用量 m_{g0} 和细集料用量 m_{s0}。由此得到混凝土的初步配合比为:水泥:水:砂:石料 $= m_{c0} : m_{w0} : m_{s0} : m_{g0}$。

4. 混凝土配合比的试配、调整与确定

在初步配合比设计过程中,各组成材料的用量是借助于经验公式、经验表格和经验参数计算得到的,还需要通过试拌检验,经调整后得出满足施工和易性要求的混凝土"基准配合比";再通过强度试验,调整水灰比,最后得出满足强度要求的"设计配合比"。

(1)基准配合比

混凝土试拌时应采用实际工程使用的原材料,并采用与施工时相同的搅拌方法。首先按照"初步配合比"进行混凝土试拌,检查其拌合物的和易性。如果实测坍落度或维勃稠度不能满足设计要求,或黏聚性和保水性能不好时,应在保持水灰比不变的条件下,调整用水量或砂率;如果坍落度低于设计要求,可保持水灰比不变,适当增加水泥浆用量;也可以根据砂率与流动性的关系(图5-8),通过调整砂率来改善混凝土的流动性。每次调整时,应加入少量材料,反复试验直到符合要求为止。然后经过和易性和密度调整后提出供混凝土强度试验用的"基准配合比":水泥:水:砂:石料 $= m_{ca} : m_{wa} : m_{sa} : m_{ga}$。

(2)设计配合比

①强度试件的制作

按照试拌调整后的"基准配合比"准备材料,对混凝土进行强度检验。强度试验时至少应采用三个不同水灰比的配合比,其中一个是"基准配合比"中的水灰比,另外两个水灰比,分别较基准配合比增加及减少0.05。单位用水量与基准配合比相同。根据"固定用水量定则",水灰比的这种变化对混凝土的流动性无较大影响。混凝土强度试验时,每种水灰比下的混合料至少应制作3块试件,并应标准养护到28d进行抗压强度试验。

②和易性检测

制作混凝土强度试件时,应检验混凝土的和易性(坍落度或维勃稠度、黏聚性、保水性),并测定拌合物表观密度,以此结果代表相应配合比的混凝土拌合物的性能。当不同水灰比的混凝土拌合物坍落度与要求值相差超过允许偏差时,可以适当增、减用水量进行调整。砂率也可酌情分别增加或减少1%。

③设计配合比的确定

根据强度试验结果,建立灰水比与混凝土强度的关系,选定与混凝土配制强度($f_{cu,0}$)相对应的灰水比 C/W,然后按照下列方法确定混凝土"设计配合比"中各种材料的用量。

单位用水量 m_{wb} 应按基准配合比中的单位用水量 m_{wa},并根据制作强度试件时测得的坍落度或维勃稠度,进行适当调整。

单位水泥用量 m_{cb} 应由单位用水量 m_{wb} 乘以选定出的灰水比计算确定。

细集料用量 m_{sb} 和粗集料用量 m_{gb} 应按基准配合比中的砂率,以及单位水泥用量 m_{cb} 和单位用水量 m_{wb} 代入式(5-28)和式(5-29)计算确定。

④混凝土组成材料用量的调整

由式(5-30)计算混凝土的表观密度,并由式(5-31)计算混凝土配合比校正系数。

$$\rho_{c,c} = m_{cb} + m_{wb} + m_{sb} + m_{gb} \qquad (5-30)$$

式中: $\rho_{c,c}$——混凝土的表观密度计算值,kg/m³;

m_{cb}、m_{wb}、m_{sb}、m_{gb}——混凝土设计配合比组成材料单位用量,kg/m³。

$$\delta = \frac{\rho_{c,t}}{\rho_{c,c}} \qquad (5-31)$$

式中:δ——混凝土配合比校正系数;

$\rho_{c,t}$——混凝土的表观密度实测值,kg/m³;

$\rho_{c,c}$——混凝土的表观密度计算值,kg/m³。

当混凝土表观密度的实测值 $\rho_{c,t}$ 与计算值 $\rho_{c,c}$ 之差的绝对值不超过计算值的2%时,上述方法得到的各种材料用量即为混凝土的设计配合比;当两者之差超过2%时,将各项材料用量乘以校正系数 δ,即为确定的混凝土设计配合比,水泥:水:砂:石料 = $m_c : m_w : m_s : m_g$。

5. 施工配合比

在进行混凝土配合比计算时,所有计算公式和相关参数表格中的数值均是以干燥状态集料为基准的。而工地存放的砂石材料含有一定的水分,与配合比设计时存在差异,所以工地现场各种材料的实际称量应按工地砂石材料的实际含水率进行修正,修正后的配合比,称为"施工配合比"。具体方法为:当工地测出砂的含水率为 W_s、石料的含水率为 W_g 时,将上述设计配合比换算为施工配合比,每 1m³ 中各种材料的用量为:

水泥 $m'_c = m_c$

砂 $m'_s = m_s \cdot (1 + W_s\%)$

碎石 $m'_g = m_g \cdot (1 + W_g\%)$

水 $m'_w = m_w - (m_s \cdot W_s\% + m_g \cdot W_g\%)$

【例题 5-2】 普通混凝土配合比设计示例

(1)组成材料

32.5 级的普通硅酸盐水泥,实测 28d 抗压强度为 36.8MPa,密度 $\rho_c = 3100$kg/m³。中砂:表观密度 $\rho_s = 2650$kg/m³,施工现场砂含水率为2%。碎石:5~40mm,表观密度 $\rho_g = 2700$kg/m³,施工现场碎石含水率为1%。水:自来水。

(2)设计要求

某桥梁工程桥台用钢筋混凝土(受冰雪影响),混凝土设计强度等级C30,要求强度保证率为95%,强度标准差计算值为3.0MPa。混凝土由机械拌和、振捣,施工要求坍落度为35～50mm。试确定该混凝土的设计配合比及施工配合比。

(3)设计计算

步骤1:初步配合比的计算

①计算配制强度($f_{cu,0}$)

根据设计要求混凝土强度等级$f_{cu,k}$=30MPa,强度标准差σ=3.0MPa,代入式(5-24)计算得该混凝土的配制强度$f_{cu,0}$为:

$$f_{cu,0} = f_{cu,k} + 1.645\sigma = 30 + 1.645 \times 3.0 = 34.9(\text{MPa})$$

②计算水灰比(W/C)

由所给资料,水泥实测抗压强度f_{ce}=36.8MPa,混凝土配制强度$f_{cu,0}$=34.9MPa,粗集料为碎石,查表5-14得:α_a=0.53,α_b=0.20,代入水灰比公式(5-25),计算混凝土水灰比为:

$$W/C = \frac{0.53 f_{ce}}{f_{cu,0} + 0.53 \times 0.20 \times f_{ce}} = \frac{0.53 \times 36.8}{34.9 + 0.53 \times 0.20 \times 36.8} = 0.50$$

混凝土所处环境为受冰雪影响地区,查表5-13,得知最大水灰比为0.50,按照强度计算的水灰比结果符合耐久性要求,故取计算水灰比W/C=0.50。

③确定单位用水量(m_{w0})

根据题意要求混凝土拌合物的坍落度为35～50mm,碎石最大粒径为40mm,查表5-15,选取混凝土的单位用水量为:m_{w0}=175kg/m³。

④计算单位水泥用量(m_{c0})

根据单位用水量及计算水灰比W/C,带入式(5-27),计算单位水泥用量:

$$m_{c0} = \frac{m_{w0}}{W/C} = \frac{175}{0.50} = 350(\text{kg/m}^3)$$

查表5-13,符合耐久性要求的最小水泥用量为320kg/m³,所以取按强度计算的单位水泥用量m_{c0}=350kg/m³。

⑤确定砂率(β_s)

由碎石的最大粒径40mm,水灰比0.50,查表5-16,取混凝土砂率β_s=32%。

⑥计算细、粗集料用量(m_{s0}及m_{g0})

按照体积法,将m_{w0}、m_{c0}和β_s代入式(5-28),非引气混凝土,取α=1。

$$\frac{m_{s0}}{2650} + \frac{m_{g0}}{2700} = 1 - \frac{350}{3100} - \frac{175}{1000} - 0.01 \times 1$$

联立求解得:砂用量m_{s0}=603kg/m³、碎石用量m_{g0}=1281kg/m³。

按体积法计算所得混凝土初步配合比为:$m_{c0} : m_{w0} : m_{s0} : m_{g0}$=350:175:603:1281。

按密度法,假定混凝土表观密度m_{cp}=2400kg/m³,将m_{w0},m_{c0}和β_s代入方程组(5-29)得:

$$m_{s0} + m_{g0} = 2400 - 350 - 175$$

$$\frac{m_{s0}}{m_{s0} + m_{g0}} \times 100 = 32$$

联立求解得:砂用量m_{s0}=600kg/m³;碎石用量m_{g0}=1275kg/m³。

按密度法确定的混凝土初步配合比为:$m_{c0} : m_{w0} : m_{s0} : m_{g0}$=350:175:600:1275,计算结果与体积法相近。

步骤2:基准配合比设计

按初步配合比试拌$0.025m^3$混凝土拌合物,各种材料用量:水泥$=0.025\times350=8.8(kg)$;水$=0.025\times175=4.38(kg)$;砂$=0.025\times603=15.1(kg)$;碎石$=0.025\times1281=32.0(kg)$。

将混凝土拌合物搅拌均匀后,做坍落度试验,测得坍落度为25mm,低于设计坍落度35~50mm的要求。为此增加水泥浆用量3%,即水泥用量增至9.1kg,水用量增至4.50kg,再经搅拌后测得坍落度为40mm,黏聚性、保水性均良好。

换算为基准配合比为:水泥:水:砂:碎石$=m_{ca}:m_{wa}:m_{sa}:m_{ga}=361:180:603:1281$。

步骤3:设计配合比的确定

①强度检验

以计算水灰比0.50为基础,采用水灰比分别为0.47、0.50和0.53,基准用水量$180kg/m^3$不变,相应调整砂、碎石用量,拌制三组混凝土拌合物并成型试件,水灰比为0.42和0.52的两个配合比也经过坍落度试验调整,均满足要求。与三个水灰比相应的28d抗压强度实测结果分别为:41.2MPa、31.3MPa、23.1MPa。图5-22为混凝土28d抗压强度($f_{cu,28}$)与灰水比(C/W)的关系曲线,由图5-22中曲线确定与混凝土配制强度$f_{cu,0}=34.9$MPa对应的灰水比C/W为2.04,即水灰比W/C为0.49。

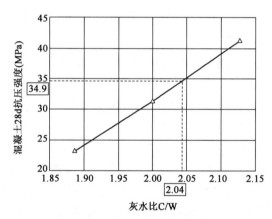

图5-22 混凝土28d抗压强度$f_{cu,28}$与灰水比 C/W 关系

②设计配合比的确定

按强度试验结果修正混凝土配合比,各种材料用量为:

单位用水量仍为基准配合比用水量$180kg/m^3$;

单位水泥用量为$180\div0.49=367(kg/m^3)$;

砂、碎石用量按体积法计算,砂用量为$594kg/m^3$;碎石用量为$1263kg/m^3$。

③设计配合比的调整

混凝土拌合物表观密度计算值为:$\rho_{c,c}=367+180+594+1263=2404(kg/m^3)$。

实测表观密度:$\rho_{c,t}=2478kg/m^3$。

计算校正系数:$\delta=\rho_{c,t}/\rho_{c,c}=2478\div2404=1.03$。按校正系数修正后各种材料用量为:

水泥:$m_c=367\times1.03=378(kg/m^3)$;

水:$m_w=180\times1.03=185(kg/m^3)$;

砂:$m_s=594\times1.03=612(kg/m^3)$;

碎石：$m_g = 1263 \times 1.03 = 1301(kg/m^3)$。

由此，最后确定混凝土的设计配合比为 $m_c : m_w : m_s : m_g = 378 : 185 : 612 : 1301$，或 $m_c : m_s : m_g = 1 : 1.62 : 3.44; W/C = 0.49$。

④步骤4：施工配合比的计算

根据施工现场实测结果：砂含水率 ω_s 为2%，碎石含水率 ω_g 为1%，各种材料修正用量：

水泥：$m'_c = 378 kg/m^3$；

砂：$m'_s = 612 \times (1 + 2\%) = 624(kg/m^3)$；

碎石：$m'_g = 1301 \times (1 + 1\%) = 1314(kg/m^3)$；

水：$m'_w = 185 - (624 \times 2\% + 1314 \times 1\%) = 159(kg/m^3)$。

所以，现场施工配合比：$m'_c : m'_s : m'_g : m'_w = 378 : 624 : 1314 : 159$。

第三节 混凝土外加剂与掺和料

一、混凝土外加剂

1. 混凝土外加剂定义与功能

外加剂，有时也称为化学外加剂，以区别粉煤灰等矿物外加剂，是现代混凝土的重要组成部分之一。在水泥混凝土中，应用外加剂的工程技术经济效益显著，受到国内外工程界的普遍重视。近几十年来，外加剂发展很快，品种越来越多，已成为混凝土四种基本组成材料以外的第五种组分。我国按国际标准化组织所提出的混凝土外加剂定义的原则，制定并颁布了国家标准《混凝土外加剂术语》(GB/T 8075—2017)，对外加剂的定义为：混凝土外加剂是混凝土中除胶凝材料、集料、水和纤维组分以外，在混凝土拌制之前或拌制过程中加入的，用以改善新拌混凝土和(或)硬化混凝土性能，对人、生物及环境安全无有害影响的材料。

掺入外加剂的主要目的有：减少混凝土浇筑施工的费用，更有效地获得所需的混凝土性能；保证混凝土在不利的搅拌、输送、浇筑和养护条件下仍有所需的施工质量，满足混凝土在施工过程中的一些特殊要求。

应注意的是，采用外加剂并不能代替混凝土良好的浇筑实践。掺入外加剂的有效性取决于水泥的品种、品牌及用量，用水量，集料的配合比、形状和粒径，搅拌时间，坍落度，混凝土及环境的温度等。

2. 外加剂类型

外加剂品种繁多，通常每种外加剂具有一种或多种功能，按照主要功能分类见表5-17。

外加剂分类 表5-17

外加剂功能	外加剂类型
改善混凝土拌合物流变性能	减水剂、泵送剂等
调节混凝土凝结时间、硬化过程	早强剂、缓凝剂、速凝剂、促凝剂等
改善混凝土耐久性	引气剂、防水剂、阻锈剂等
为混凝土提供特殊性能	膨胀剂、防冻剂、着色剂等

按照化学成分,外加剂分为无机化合物类和有机化合物类。无机化合物类主要是无机电解质盐类,如早强剂 $CaCl_2$ 和 Na_2SO_4 等。有机化合物外加剂包括某些有机化合物及其复盐、表面活性剂类,目前混凝土中所用的减水剂和引气剂多属于表面活性剂。

二、常用混凝土外加剂

1. 减水剂

减水剂是指在不影响混凝土工作性的条件下,具有减水及增强作用的外加剂。减水剂可以定义为一种在给定的工作度条件下,减少混凝土搅拌用水的外加剂,可以有助于混凝土性能的改善,如提高强度和耐久性。

高效减水剂是指在不改变新拌混凝土工作性条件下,能大幅度减少用水量,并显著提高混凝土强度;或在不改变用水量的条件下,可显著改善新拌混凝土工作性的减水剂。

(1) 减水剂的作用

归纳起来,减水剂对水泥混凝土有三种作用:

①通过掺入减水剂,减小水灰比,混凝土的和易性不变,但各龄期的强度均有一定增加。

②在混凝土组分不变的条件下,掺入减水剂,混凝土的强度不变,但和易性会有改善。

③在维持和易性和强度性质不变的条件下,掺入减水剂,以减少水泥用量和用水量。

减水剂多为表面活性剂,往往还具有一些辅助作用,由此可将减水剂进一步分为不同的类别,其品种及功能见表5-18。

常用减水剂品种及功能　　　　　　　表5-18

减水剂类别	主要功能
普通减水剂	具有8%以上减水作用
高效减水剂(又称超塑化剂、流化剂)	具有14%以上减水作用
高性能减水剂	具有25%以上减水作用,有一定引气性能

(2) 减水剂的作用机理

当水泥与水拌和后,由于水泥颗粒之间的分子引力作用,形成絮凝结构,如图5-23所示。在这种絮凝结构中,包裹了许多拌和水,从而降低了混凝土拌合物的流动性。当加入适量的减水剂后,减水剂的憎水基吸附于水泥颗粒表面,亲水基指向水溶液,使水泥颗粒表面呈相同的电性,从而加大了水泥颗粒之间的静电斥力,导致水泥颗粒相互分散,絮凝结构解体,被包裹的游离水逃逸出来,增加了拌合物的流动性。另一方面,由于减水剂对水泥的分散作用,使得水泥颗粒与水的接触表面增加,水化比较充分,也会提高混凝土的强度。

减水剂对新拌混凝土与硬化混凝土具有不同的性能改善作用。对于新拌混凝土主要有两个作用:一是减水作用,二是塑化作用。在混凝土中掺入减水剂后,可以在保持流动性的条件下显著降低水灰比。高效减水剂的减水率可达14%以上,而普通减水剂的减水率为8%以上。在混凝土中掺入减水剂后,可在保持水灰比不变的情况下增加流动性。一般的减水剂在保持水泥用量不变情况下,使新拌混凝土坍落度增大10cm以上;高效减水剂可配制出坍落度达到25cm的混凝土。

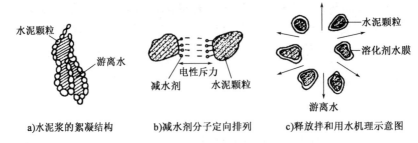

图 5-23 减水剂作用机理示意图

(3)减水剂对于硬化混凝土性能的改善作用

①减水剂的使用能显著降低混凝土的拌和用水量,使得硬化后的混凝土空隙率较低,同时使得水泥具有较好的分散性,从而改善水泥水化程度,两者的综合效果可以显著提高混凝土各个龄期的强度。

②非引气性减水剂由于减水率高而使得混凝土抗冻融性有所提高,而引气性减水剂则因具有引气性而使得抗冻融性大大提高。

③掺减水剂混凝土抗渗性能大大高于不掺减水剂的普通混凝土。由于掺入减水剂,使得混凝土密实性提高,因而可以提高混凝土抗碳化破坏的能力。

减水剂适用于现浇或预制混凝土、钢筋混凝土或预应力混凝土。高效减水剂宜用于 0℃以上施工的大流动性混凝土、高强混凝土和蒸养混凝土。普通减水剂不宜单独用于蒸养混凝土。在掺硬石膏或工业废料石膏的水泥中,是否能够掺用木质素磺酸盐类减水剂,需要经过试验并证明对混凝土无害后方可使用。

2. 引气剂

引气剂是指掺入混凝土拌合物后,经搅拌能在混凝土拌合物中引入大量分布均匀的微小气泡,以改善其工作性,并在混凝土硬化后能保留微小气泡以改善其抗冻融耐久性的物质。这种产生的小气泡不同于混凝土中夹裹的空气,后者产生的孔隙较大,呈不规则形状,并且多由于密实不良或是采用一些扁平集料产生的。

引气剂属于一种表面活性剂化学物。常用的引气剂可以分为下列几类:木质树脂盐、合成清洗剂、木质磺酸盐、石油酸盐、蛋白材料盐、脂肪和树脂酸及其盐、磺化碳氢化合物有机盐等。

在搅拌混凝土时,必然混入一些空气,引气剂即被吸附到空气泡表面,憎水基指向空气,亲水基指向水中,在空气与水的界面上作定向排列,降低了气泡面上水的表面张力及界面能,从而使溶液形成众多表面时所需的功减少,同时使气泡稳定存在。

引气剂在混凝土中引入的气泡直径在 0.05~1.25mm,这些微小、独立的气泡,在混凝土拌和过程中起着滚动轴承的作用,使混凝土拌合物流动性大大提高。若保持流动性不变,则可减水 10% 左右。这些微小气泡中断了混凝土毛细管渗水通道,使混凝土的抗渗性和抗冻性显著提高,一般可使抗冻强度提高 1~2 倍。另外,由于气泡的存在,使得混凝土弹性模量略有降低,这对提高混凝土的抗裂性是有利的。然而由于气泡的存在,使得混凝土有效受力面积减少,从而使混凝土强度有所降低,但可以通过降低水灰比,使强度得到一定的补偿。

引气剂多用于水工混凝土、抗冻混凝土、防渗混凝土、抗硫酸盐混凝土、泌水严重的混凝土、贫混凝土、轻集料混凝土和对饰面有要求的混凝土,但不宜用于蒸养及预应力混凝土。长期处于潮湿和严寒环境中的混凝土,应掺用引气剂或引气减水剂。引气剂的掺入量应根据混凝土的含气量并经试验确定,混凝土的最小含气量应符合表5-19的规定,但混凝土的含气量不得超过7%,以免过多损失混凝土的强度。

长期处于潮湿或水位变动的寒冷和严寒环境中混凝土的最小含气量(JGJ 55—2011) 表5-19

粗集料最大公称粒径(mm)	混凝土最小含气量(%)	粗集料最大公称粒径(mm)	混凝土最小含气量(%)
40	4.5	20	5.5
25	5.0		

3. 缓凝剂

缓凝剂是指能延缓混凝土凝结时间,并对其后期强度无不良影响的外加剂。缓凝剂的加入会显著延长混凝土在塑性状态下的凝结时间,从而使得混凝土有较长的时间可以用于输送、浇筑及最后加工。缓凝剂的主要品种有糖类、木质素磺酸盐类、羟基羧基及其盐类、无机盐类、氯盐类,其中以糖蜜缓凝效果最好。

(1)缓凝剂缓凝的机理

硅酸盐水泥的早期水化历程分为四个阶段:

初始反应期——水泥与水混合后立即发生水化反应;

休止期——初始反应期后,相当长的时间水化反应缓慢,水泥浆可塑性基本不变;

凝结期——在6~8h,水泥水化反应开始激烈,出现凝结现象;

硬化期——凝结期后进入硬化期,此时水化反应缓慢,但持续进行。

缓凝剂的作用实际上是延长休止期,使得混凝土有较长时间呈现出可塑性。

(2)缓凝剂对混凝土性能的影响

对于新拌混凝土来讲,缓凝剂可以延缓混凝土的初、终凝时间,从而影响混凝土的早期强度;缓凝剂可以抑制水化放热速度,减慢放热速率和降低热峰,从而防止混凝土早期温度裂缝的出现,这一点对于大体积混凝土特别有利;另外,缓凝剂常常能降低新拌混凝土坍落度的即时损失。

对于硬化混凝土来讲,掺入缓凝剂后,混凝土早期强度要降低,特别是1d、3d的强度,一般7d以后会有所提高,28d以后会有大幅度提高;一般来说,掺了缓凝剂后,对混凝土的收缩有一些影响,使得收缩值增大一些,因此应该控制缓凝剂的掺量,确保收缩值的增加量不超过不掺缓凝剂时的35%。掺加缓凝剂后,因为强度的增加使得耐久性有所提高。后期强度的增加是由于早期水化物生长变慢,而得到了更均匀分布和充分的生长,使得水化物搭接更加完整密实,有利于抗渗性和抗冻性的提高。

缓凝剂适用于大体积混凝土、炎热季节施工的混凝土,以及需长时间停放或长距离运输的混凝土。在掺硬石膏或工业废料石膏的水泥中,掺用醣类缓凝剂时,应经试验验证合格后方可使用。

4. 早强剂

早凝剂是指能明显提高混凝土早期强度,对后期强度无不利影响的外加剂。

早强剂的主要品种有氯盐类、硫酸盐类及有机胺类。此外,一般的高效减水剂均能在不同程度上提高混凝土的早期强度。

氯盐属于强电解质,溶解于水后全部电离成离子,氯离子吸附于水泥颗粒表面,将会增加水泥颗粒的分散度并加速水泥初期水化。氯化钙 $CaCl_2$ 与铝酸三钙 C_3A 反应生成不溶性水化氯铝酸钙等水化物;氯化钙 $CaCl_2$ 与氧化钙 CaO 反应生成不溶于 $CaCl_2$ 溶液的氧氯化钙。这些生成物使水泥浆体中的固相比例增大,促使水泥凝结硬化,有助于水泥石结构的形成。

硫酸钠 Na_2SO_4 与 $Ca(OH)_2$ 作用生成 NaOH 与高分散性的硫酸钙 Ca_2SO_4。由于上述反应的进行,降低了水泥浆体中 $Ca(OH)_2$ 的浓度,促使硅酸三钙 C_3S 水化加速。其综合作用促使混凝土的早期强度得以提高。

早强剂适用于蒸养混凝土、常温、低温和负温(最低气温 ≥ -5℃)条件下施工的有早强或防冻要求的混凝土,但不宜单独用于在5℃以下施工且有早强要求的混凝土及蒸养混凝土。由于氯盐类早强剂中含有 Cl^- 离子,会引起混凝土中的钢筋锈蚀,因此在大部分钢筋混凝土工程中限制使用氯盐类早强剂。在有耐久性要求或其他特殊要求的混凝土中,使用早强剂时应通过试验确定。

5. 其他外加剂

将外加剂掺入混凝土中,会改善新拌或硬化混凝土的某些性能,除了主要的减水、缓凝、引气和早强外,还有一些特殊的应用目的,使得混凝土材料的应用更为广泛。这些外加剂主要包括:碱-集料反应抑制剂、防冻剂、抗渗剂等。

(1)碱-集料反应抑制剂

碱-集料反应会导致混凝土结构的破坏。碱-集料反应是由于氢氧根离子对活性集料组分的侵蚀而产生的。由水泥水化释放出的氢氧化碱与集料中的活性硅产生水解反应,生成的碱硅胶产物会产生膨胀,进而导致混凝土结构的破坏。

碱-集料反应抑制剂可以分为两类:一类是抑制碱-硅反应引起的膨胀,另一类是抑制碱-碳酸盐反应引起的膨胀。用于抑制碱-硅反应膨胀的外加剂有锂盐、钡盐、钠盐、铝粉、硫酸铜等,用于抑制碱-碳酸盐反应膨胀的外加剂有碳酸锂、氯化铁等。

(2)防冻剂

新拌混凝土冻结后,其强度会大幅度下降,在冬季施工时应防止其在塑性状态下被冻结。防冻剂可以降低混凝土中液相的冰点,同时可以加速冰点下水泥的水化。

目前,有两类防冻剂既具有防冻特性,又可以加速混凝土的凝结和硬化。第一类防冻剂包括的化学物有亚硝酸钠、氯化钠、弱电解或非电解有机化合物,如胺溶液、高分子量乙醇及尿素等;第二类防冻剂为二元或三元外加剂,如氯化钙加氯化钠、亚硝酸钙加硝酸钙、亚硝酸钙加硝酸钙加尿素等。

防冻剂的选择主要依据混凝土结构的形式、浇筑条件以及是否采用其他冬季施工的保护措施来确定。另外,防冻剂的使用还常常指定一定的水泥品种以及对细集料有一定的要求,因此需要通过试验进行确定。

(3)抗渗剂

在压力作用下,水会侵入混凝土基体中。在较大的压力的作用下时,水会通过混凝土内部的通道流动。抗渗剂的掺入可以有效地减小在有压力的条件下水在混凝土内部的流动。

根据抗渗剂的物理、化学性质可以将其分为三类:第一类是细颗粒惰性填料,第二类是细颗粒化学活性物,第三类是普通的减水剂、引气剂和促凝剂等。常用的抗渗剂主要有非活性的漂白土、滑石、膨润土及其他硅质细粉料、活性硅酸盐、高细粉磨矿渣、粉煤灰、硅藻土等。

三、混凝土外加剂的应用技术

1. 外加剂的选择

几乎所有的混凝土工程都可以掺用外加剂,但必须根据工程需要、施工条件和工艺等选择合适的外加剂。此外,外加剂对不同的水泥有一个适应性的问题,如某些减水剂对掺硬石膏的水泥不发挥作用。在具体工程中可参考表5-20对外加剂进行选用。

各种混凝土工程对外加剂的选用 表5-20

工程项目	选用目的	外加剂类型
自然条件下混凝土工程或构件	改善工作性,提高早期强度,节约水泥	各种减水剂,常用木质素类
太阳直射下施工的混凝土	缓凝	缓凝型普通减水剂,常用糖蜜类
大体积混凝土	降低水化热	缓凝剂,缓凝型普通减水剂
冬季施工的混凝土	早强、防寒、抗冻	早强型普通减水剂,早强剂,抗冻剂
泵送混凝土	减少坍落度损失	引气剂,缓凝型普通减水剂,泵送剂
水工混凝土、海港工程混凝土	改善工作性,增加抗渗性	引气剂,引气型普通减水剂
高强混凝土	C50以上混凝土	高效减水剂,非引气型,密实剂
钢筋密集构筑物	提高流动性,易于浇筑	普通减水剂,高效减水剂
耐冻融混凝土	提高耐久性	引气型高效减水剂
预制构件	缩短生产周期,提高模具周转率	高效减水剂,早强型普通减水剂

2. 外加剂掺量控制

每一种外加剂都有一个最佳掺量,即使是同一种外加剂,当用途不同时也有不同的适宜掺量,而且变化范围很小。通常,外加剂掺量过少则达不到应有的改善效果。超掺量则可能产生不良的后果,如木质磺酸钙减水剂超掺量时会使混凝土初凝缓慢、早期强度降低、延误工期甚至可能造成事故。

外加剂对矿物组成不同的水泥作用效果是不同的,环境气温、施工条件对某些外加剂的功效有一定的影响,各种外加剂品种的质量稳定性也不相同。为保证掺外加剂混凝土质量,在工程中选用某种外加剂之前,应按照产品说明书所推荐的掺量范围,进行必要的试配试验,以确定合适的外加剂掺量。

3. 外加剂的掺入方法

外加剂的掺入方法对其作用效果有较大影响,使用时应根据外加剂品种及施工条件等具体情况选择合适的掺入方法,以提高外加剂功效。外加剂的掺入方法有以下几种:

(1) 干粉先掺法

将粉状外加剂先与水泥混合,然后加水搅拌。

(2) 溶液同掺法

将外加剂预先溶解成一定浓度的溶液,然后在搅拌时与水一起掺入。

(3) 滞水法

在混凝土搅拌过程中,外加剂滞后1~3min加入。当以溶液加入时称溶液滞水法;当以干粉加入时称干粉滞水法。

(4)后掺法

外加剂不是在搅拌时加入,而是在运输途中或施工现场分几次或一次加入,再经二次或多次搅拌混凝土。

外加剂的各种掺入方法对混凝土性能的影响效果见表5-21。

外加剂掺入方法对混凝土性能的影响效果　　　　　表5-21

效果		掺入方法			
		干粉先掺法	溶液同掺法	滞水法	后掺法
相同掺量时	混凝土拌合物流动性	较小	较小	较大	较大
	混凝土拌合物保水性	好	好	有泌水	有泌水
	缓凝作用	—	—	有	有
强度	水灰比相同时	基本一致	基本一致	基本一致	基本一致
	流动性相同时	—	—	较高	较高
减水剂用量(流动性相同时)		标准掺量	标准掺量	比标准掺量少1/3	比标准掺量少1/3
水泥用量(当掺量相同、强度及流动性相近时)		—	—	可节约水泥	可节约水泥

4.掺外加剂混凝土的性能要求

几乎所有的水泥混凝土工程都可以使用外加剂,但是必须根据工程需要、施工条件和工艺等选择合适的外加剂。在水泥混凝土中掺加外加剂之前要进行下列性能检验:

(1)减水率

减水率为混凝土的坍落度基本相同时,掺外加剂混凝土拌合物单位用水量与未掺外加剂的基准混凝土拌合物单位用水量之差除以基准混凝土单位用水量,以%计。

(2)泌水率比

泌水率比为掺外加剂混凝土的泌水率与基准混凝土泌水率之比,以%计。

(3)凝结时间之差

凝结时间差为掺外加剂混凝土的凝结时间与基准混凝土凝结时间之差,"-"表示提前,"+"表示延缓。

(4)抗压强度比

抗压强度比由掺外加剂混凝土的抗压强度与基准混凝土同龄期抗压强度之比表示,以%计。

(5)收缩率比

收缩率比用龄期90d掺外加剂混凝土干缩率与基准混凝土干缩率比值表示,以%计。

(6)相对耐久性指标

相对耐久性指标之一是以28d龄期的试件经冻融后,动弹性模量保留值等于80%掺外加剂混凝土与基准混凝土冻融次数的比值≥300%,用"≥300"表示;指标之二是将28d龄期掺外加剂混凝土冻融200次后,动弹性模量保留值≥80%,用"≥80"表示。

四、混凝土掺和料——粉煤灰

1.粉煤灰的质量要求

粉煤灰的化学成分与煤的品种和燃烧条件有关。粉煤灰中的氧化硅、氧化铝和三氧化二铁是对混凝土性质有益的化学成分,三种成分含量之和宜大于70%;粉煤灰中的三氧化硫SO_3为不利成分,其含量应低于3%,以确保混凝土的体积稳定性。作为混凝土掺和料的粉煤灰,按表5-22中的规定划分为三个质量等级。粉煤灰应满足细度、需水量比、烧失量、含水率、游离氧化钙含量等指标要求,C类粉煤灰还应满足安定性指标的要求。

混凝土用粉煤灰质量标准(GB/T 1596—2017) 表5-22

粉煤灰等级	细度(45μm方孔筛筛余)(%)	需水量比(%)	烧失量(%)	含水率(%)	游离氧化钙含量(%)		安定性(雷氏夹)
					F类粉煤灰	C类粉煤灰	C类粉煤灰
Ⅰ	≤12	≤95	≤5	≤1.0	≤1.0	≤4.0	≤5.0
Ⅱ	≤30	≤105	≤8				
Ⅲ	≤45	≤115	≤10				

Ⅰ级粉煤灰的品位最高,一般都是经静电收尘器收集的,粒度较细,并富集有大量表面光滑的玻璃微珠体;Ⅱ级粉煤灰系大多数火力电厂的排除物,通常较粗,经加工磨细后方能达到要求的细度;Ⅲ级粉煤灰是指火力发电厂排出的原状统干灰或调湿灰,其颗粒较粗且未燃尽的碳粒较多。

2. 粉煤灰的选择

Ⅰ级粉煤灰的需水量比小于95%,掺到混凝土中可以取代较多的水泥,并能降低混凝土的用水量、提高密实度,适用于钢筋混凝土和跨度小于6m的预应力混凝土。Ⅱ级粉煤灰对强度的贡献小于Ⅰ级粉煤灰,但掺Ⅱ级粉煤灰后混凝土性能仍可高于或接近基准混凝土,适用于钢筋混凝土和无筋混凝土。Ⅲ级粉煤灰掺入混凝土中,对混凝土强度贡献较小,其减水效果较差,适用于无筋混凝土和砂浆。

在预应力混凝土、钢筋混凝土及设计强度等级大于或等于C30级的无筋混凝土中,经过试验论证后,可采用比上述规定低一级的粉煤灰。

火力发电厂中的灰池湿灰和炉底渣通过试验确认也可以用作混凝土掺和料使用。其中,灰池湿灰可以在无筋混凝土及其制品中作为矿物填充料,取代部分或全部细集料;也可以用炉底渣代替细集料,配制混凝土或砂浆。

3. 粉煤灰材料特性

现代粉煤灰混凝土应用技术普遍认为,粉煤灰对混凝土性能的影响,表现为形态效应、活性效应及微集料效应三个方面。

(1) 形态效应

粉煤灰的形态效应是指粉煤灰粉料由其颗粒的外观形貌、内部结构、表面性质、颗粒级配等物理形状所产生的效应。粉煤灰中绝大部分为较为光滑的玻璃微珠,可以起到润滑作用,从而减少混凝土拌合物的用水量;但如果存在过多的不均匀颗粒,则可能会损害混凝土原有结构和性能。

(2) 活性效应

粉煤灰的活性效应是指混凝土中粉煤灰的活性成分所产生的化学效应。粉煤灰的化学成分含有大量活性SiO_2和Al_2O_3,在潮湿的环境中与$Ca(OH)_2$等碱性物质发生化学反应,生产的水化物可以延续到28d以后的相当长时间内。同时,这种化学效应还可以堵塞混凝土中的毛细组织,提高混凝土的抗腐蚀能力。

(3)微集料效应

粉煤灰的微集料效应是指粉煤灰中的微细颗粒均匀分布在水泥浆内并填充孔隙和毛细孔,改善混凝土孔结构和增大密实度的特性。微集料效应可以明显增强硬化浆体的结构强度,其良好的分散性,有助于新拌混凝土和硬化混凝土均匀性的改善。

五、粉煤灰混凝土

1. 粉煤灰混凝土的技术性质

(1)强度

粉煤灰对混凝土强度有三个方面的影响:减少用水量、增大胶结材料含量及通过长期火山灰反应提高其强度。粉煤灰中含有大量的硅铝氧化物,可以与水泥石中大量的 $Ca(OH)_2$ 以及高碱性水化硅酸钙发生二次反应,生成强度较高的低碱性水化硅酸钙,有利于提高混凝土的强度。

同时,粉煤灰的掺入可以分散水泥颗粒,使得水泥水化更充分;提高水泥浆的密实度,使得混凝土中集料与水泥浆的界面强度提高,尤其对混凝土的抗拉强度和抗弯强度提高更为明显,对于混凝土的抗裂性能有利。

粉煤灰混凝土的早期抗压强度和弹性模量偏低,但是后期会逐步提高,到 28d 时可比基准混凝土提高 5% ~10%。

(2)和易性、收缩性和徐变

粉煤灰对混凝土和易性的改善作用有三点:一是粉煤灰中含有的大量球状玻璃体,可以在混凝土的泵送、振捣过程中起到润滑作用;二是粉煤灰可以有效分散水泥颗粒,从而释放更多的浆体来润滑集料,有利于混凝土工作性能的提高;三是粉煤灰可以减少混凝土的拌和用水量,使得混凝土中的水胶比降低,从而减少泌水和离析现象。

混凝土的收缩与混凝土的拌和用水量和浆体体积有关,用水量越少,收缩也越小。拌和水量的减少使得掺粉煤灰混凝土 28d 后的干燥收缩减小。但由于粉煤灰混凝土的水化反应慢,水分蒸发快,所以粉煤灰对混凝土早期干缩影响很大,要特别注意粉煤灰混凝土的早期养护。

在 28d 龄期以前,由于粉煤灰混凝土的早期强度较低,其相应龄期的徐变较普通混凝土的大,但在此后所有龄期的徐变均小于普通混凝土。

(3)水化热和碱-集料反应

粉煤灰对降低混凝土水化热的作用十分明显,在 1 ~28d 龄期内,大致掺入粉煤灰的百分数,就是混凝土水化热降低的百分数。在大体积混凝土中粉煤灰的掺入一般可以使得水化热峰值出现的时间延缓 3d,可以有效防止混凝土产生温度裂缝。

粉煤灰可以有效抑制碱-集料反应。一方面,粉煤灰中的活性成分如 SiO_2 和 Al_2O_3,与水泥的水化产物 $Ca(OH)_2$ 反应,降低混凝土的碱度;另一方面,粉煤灰较大的比表面积,使其可以吸附 K^+、Na^+、OH^-,从而减少集料周围的离子含量,降低混凝土孔隙中的碱浓度,削弱碱-集料反应。试验表明,粉煤灰掺量应大于 20%,才可以有效抑制碱-集料反应。

(4)抗冻性

粉煤灰混凝土在早期由于其孔结构较普通混凝土大,抗冻性与之相比也下降,随着粉煤灰掺量的增加,抗冻性下降的幅度也越大。但随着龄期的增长,其抗冻性下降的幅度大大缩小。对于严寒地区的粉煤灰混凝土工程,可以通过掺入适量的引气剂来提高粉煤灰混凝土的抗冻性能。

(5)抗渗性和抗腐蚀性能

影响混凝土抗渗性的主要因素是混凝土的孔结构,包括孔的大小、数量、曲折度以及分布状况等。粉煤灰的掺入可以改善混凝土中水泥石的孔结构,使得总的孔隙率降低、大孔数量减少、小孔数量增多、孔结构进一步细化、分布更为合理,混凝土更加密实,使得抗渗性能得以提高。

抗渗性能的提高使粉煤灰混凝土抗硫酸盐侵蚀能力也提高,同时由于减少了水泥用量,也就降低了混凝土内部因素受腐蚀影响的程度。

2. 粉煤灰混凝土的设计

粉煤灰混凝土是指掺加一定数量粉煤灰组分的粉煤灰普通混凝土。在这类混凝土中,粉煤灰是作为混凝土掺和料使用的。粉煤灰掺入混凝土后,不仅可以取代部分水泥,而且能改善混凝土的一系列性能。例如,延长混凝土的凝结时间、改善工作性、降低泌水性,能有效改变强度的增长规律,提高混凝土的抗渗性、提高抗硫酸盐侵蚀性、降低水化热、抑制碱-集料反应等。因而粉煤灰混凝土适合于泵送混凝土、大体积混凝土、抗渗结构混凝土、抗硫酸盐混凝土、地下或水下压浆混凝土、碾压混凝土、蒸汽养护混凝土以及轻集料混凝土等。

《粉煤灰混凝土应用技术规范》(GB/T 50146—2014)中规定:粉煤灰混凝土的配合比应根据混凝土的强度等级、强度保证率、耐久性、拌合物的工作性等要求,采用工程实际使用的原材料进行设计。粉煤灰在混凝土中的掺量应通过试验确定,最大限量规定见表5-23。对浇筑量比较大的基础钢筋混凝土,粉煤灰最大掺量可增加 5% ~ 10%。粉煤灰混凝土的配合比设计可按体积法或密度法计算。

粉煤灰最大掺量(GB/T 50146—2014) 表5-23

混凝土种类	硅酸盐水泥		普通硅酸盐水泥	
	水灰比≤0.4	水灰比>0.4	水灰比≤0.4	水灰比>0.4
预应力混凝土	30	25	25	15
钢筋混凝土	40	35	35	30
素混凝土	55		45	
碾压混凝土	70		65	

【例题 5-3】 掺加减水剂的普通混凝土配合比设计

(1)组成材料

水泥、砂和碎石等材料参数同[例题 5-2]。减水剂为木质素磺酸钙减水剂,掺量为水泥质量的 0.5%,减水率 $\beta_{ad} = 8\%$。

(2)设计要求

同[例题 5-2]。

(3)设计计算

[例题 5-2]中所确定的未掺外加剂基准混凝土的"初步配合比"为:$m_c : m_w : m_s : m_g =$ 350 : 175 : 603 : 1281;水灰比 $W/C = 0.50$;砂率 $\beta_s = 0.32$。

在此基础上,考虑以下方案。

方案1:混凝土的流动性和强度不变,节约水泥

①计算掺减水剂后单位用水量:$m_{w,ad} = m_w(1-\beta_{ad}) = 175 \times (1-0.08) = 161(kg/m^3)$;

②计算水泥用量:$m_{c,ad} = m_{w,ad} \div W/C = 161 \div 0.50 = 322(kg/m^3)$;

③计算减水剂掺量:$m_{ad} = m_{c,ad} \times 0.5\% = 322 \times 0.005 = 1.6(kg/m^3)$;

④按体积法计算砂、石用量得,砂用量:$m_{s,ad} = 623 kg/m^3$,石用量:$m_{g,ad} = 1323 kg/m^3$。

经试拌、调整检验后可知,在保持原混凝土拌合物和易性和强度不变的情况下,可节约水泥8%左右。

方案2:保持混凝土强度不变,提高混凝土拌合物流动性

掺加减水剂后,保持原混凝土配合比不变,经试拌混凝土拌合物坍落度120mm,黏聚性及保水性良好,表观密度与原混凝土接近。

方案3:保持混凝土流动性不变,提高混凝土强度

①计算掺减水剂后单位用水量:$m_{w,ad} = m_w(1-\beta_{ad}) = 175 \times (1-8\%) = 161(kg/m^3)$;

②水泥用量不变:$m_{c,ad} = 350 kg/m^3$;

③计算减水剂掺量:$m_{ad} = m_{c,ad} \times 0.5\% = 350 \times 0.005 = 1.75(kg/m^3)$;

④按体积法计算得,砂用量:$m_{s,ad} = 615 kg/m^3$,石用量:$m_{g,ad} = 1307 kg/m^3$。

由以上计算,混凝土的水灰比为161/350=0.46,经试拌,混凝土拌合物坍落度满足要求。经强度试验:混凝土28d抗压强度达由原来的31.3MPa提高至35.1MPa,提高了12%以上。

除此之外,掺加减水剂还可以达到既节约水泥又提高混凝土强度的效果。

第四节 路面水泥混凝土的组成设计

根据《公路水泥混凝土路面施工技术细则》(JTG/T F30—2014)的定义,路面水泥混凝土是指满足混凝土路面摊铺工作性(和易性)、弯拉强度、耐久性与经济性要求的水泥混凝土材料。根据材料组成,路面水泥混凝土分为普通路面混凝土(也称素混凝土)、钢筋混凝土、预应力混凝土、钢纤维混凝土和碾压混凝土等。本节重点介绍路面普通混凝土组成材料的选择和配合比设计方法,在此基础上,介绍钢纤维混凝土和碾压混凝土的有关内容。

由于路面混凝土直接承受车辆荷载的作用,其组成材料选择、配合比设计标准均应根据路面的交通荷载等级确定。在《公路水泥混凝土路面设计规范》(JTG D40—2011)中,按设计基准期内设计车道临界荷位处所承受的设计轴载累计作用次数,将路面所承受的交通荷载作用分为5级,分级范围见表5-24。

水泥混凝土路面的交通荷载分级(JTG D40—2011)　　　　表5-24

交通等级	极重交通	特重交通	重交通	中等交通	轻交通
设计基准期内设计车道承受设计轴载(100kN)累计作用次数×10^4	>1×10^6	2000~1×10^6	100~2000	3~100	<3

一、路面普通水泥混凝土

1. 路面普通混凝土组成材料的技术要求

（1）水泥品种与强度要求

水泥是路面混凝土的重要组成材料,直接影响混凝土的强度、早期干缩、温度变形和抗磨性。极重、特重、重交通荷载等级的水泥混凝土路面,应优先采用旋窑生产的道路硅酸盐水泥、硅酸盐水泥或普通硅酸盐水泥。中、轻交通的路面,也可采用矿渣硅酸盐水泥。冬季施工、有快凝要求的路段可采用 R 型早强水泥,一般情况宜采用普通型水泥。表 5-25 为《公路水泥混凝土路面施工技术细则》(JTG/T F30—2014)对各级交通等级路面混凝土用水泥的强度要求。水泥的化学成分、物理性质等品质要求还应符合表 5-26 的规定。

各交通荷载等级路面水泥各龄期的强度要求（JTG/T F30—2014） 表 5-25

交通荷载等级	极重、特重、重交通		中等交通		轻交通	
水泥混凝土的弯拉强度标准值(MPa),不小于	5.5	5.0	4.5		4.0	
龄期(d)	3	28	3	28	3	28
抗压强度(MPa),不小于	23.0	52.5	17.0	42.5	17.0	42.5	10.0	32.5
抗折强度(MPa),不小于	5.0	8.0	4.5	7.5	4.0	7.0	3.0	6.5

各交通荷载等级路面用水泥的化学成分及物理指标（JTG/T F30—2014） 表 5-26

	水泥性能指标	交通荷载等级	
		极重、特重、重交通路面	中、轻交通路面
化学成分	熟料游离氧化钙含量(%),不大于	1.0	1.8
	氧化镁含量(%),不大于	5.0	6.0
	铝酸三钙含量(%),不大于	7.0	9.0
	铁铝酸四钙含量(%)	15.0~20.0	12.0~20.0
	三氧化硫含量(%),不大于	3.5	4.0
	碱含量 $Na_2O + 0.658K_2O$(%),不大于	0.6%	怀疑有碱活性集料时,0.6%;无碱活性集料时,1.0%
	混合材料种类		不得掺窑灰、煤矸石、火山灰、黏土和煤渣,有盐冻要求时,不得掺石灰岩粉
物理指标	安定性	雷氏夹和蒸煮法检验均必须合格	蒸煮法检验必须合格
	标准稠度用水量(%),不大于	28	30
	比表面积(m^2/kg)	300~450	300~450
	细度(80μm 筛余量)(%),不大于	10	10
	初凝时间(h),不小于	1.5	0.75
	终凝时间(h),不小于	10	10
	28d 干缩率(%),不大于	0.09	0.10
	耐磨性(kg/m^2),不大于	2.5	3.0

(2) 粉煤灰

在路面混凝土中,使用道路硅酸盐水泥或硅酸盐水泥时,可以掺用技术指标不低于表5-22中Ⅱ级粉煤灰要求的粉状低钙粉煤灰,不得掺用高钙粉煤灰或Ⅲ级及Ⅲ级以下低钙粉煤灰。在湿粉煤灰中会有搅拌不开的粉煤灰小块,它与泥块和高度风化岩石集料一样,会严重影响混凝土强度,并使路面出现许多坑洞,影响道路行驶质量和路面耐久性。所以在路面混凝土中,不得使用湿排或潮湿粉煤灰,严禁使用已经结块的湿排干粉煤灰。

(3) 粗集料

①质量要求

粗集料应使用质地坚硬、耐久、洁净的碎石、碎卵石。极重、特重、重交通荷载公路面层使用的粗集料技术等级不应低于Ⅱ级。中、轻交通荷载公路面层可使用Ⅲ级粗集料(粗集料的技术性质划分要求见表5-6)。

②最大粒径与级配

为了提高路面混凝土弯拉强度、防止混凝土拌合物离析、减少对摊铺机的机械磨损、提高混凝土的抗冻性及耐磨性,集料的最大粒径不宜过大。路面混凝土用粗集料最大公称粒径的规定为:卵石19.0mm、碎卵石26.5mm、碎石31.5mm。在钢纤维混凝土和碾压混凝土中,粗集料最大公称粒径不宜大于19.0mm,贫混凝土基层粗集料最大公称粒径不应大于31.5mm。

为了保证施工质量,防止集料离析,路面混凝土中不得使用没有级配的粗集料。

应按照集料最大公称粒径的不同,采用2~4个粒级的集料进行掺配,合成级配应符合表5-27的要求,且碎卵石和碎石集料中粒径小于0.075mm的石粉含量不得大于1%。

粗集料级配范围(JTG/T F30—2014) 表5-27

级配类型		通过下列方筛孔(mm)累计筛余百分率(%)						
		2.36	4.75	9.50	16.0	19.0	26.5	31.5	37.5
合成级配	4.75~16	95~100	85~100	40~60	0~10	—	—	—	—
	4.75~19	95~100	85~95	60~75	30~45	0~5	0	—	—
	4.75~26.5	95~100	90~100	70~90	50~70	25~40	0~5	0	—
	4.75~31.5	95~100	90~100	75~90	60~75	40~60	20~35	0~5	0
单粒级级配	4.75~9.5	95~100	80~100	0~15	0	—	—	—	—
	9.5~16	—	95~100	80~100	0~15	0	—	—	—
	9.5~19	—	—	85~100	40~60	0~15	0	—	—
	16~26.5	—	—	95~100	55~70	25~40	0~10	0	—
	16~31.5	—	—	95~100	85~100	55~70	25~40	0~10	0

表5-27为粗集料级配范围,与表5-7相比,路面混凝土对粗集料级配范围的要求更为严格,以保证粗集料形成骨架密实结构。这是由于粗集料级配对混凝土的弯拉强度影响很大,主要表现在振实后,粗集料能够逐级密实填充,形成高弯拉强度所要求的嵌挤力;另一方面,混凝土的干缩性对粗集料级配较为敏感,逐级密实填充的良好级配有利于减少混凝土的干缩。

(4) 细集料品种与质量要求

①细集料的品种和质量要求

细集料可采用质地坚硬、耐久、洁净的天然砂、机制砂。极重、特重、重交通荷载公路面层水泥混凝土应使用Ⅱ级以上的砂,中、轻交通荷载公路面层水泥混凝土可使用Ⅲ级天然砂(砂的技术性质划分要求见表5-8)。

特重和重交通混凝土路面宜使用河砂,砂的结晶态二氧化硅含量不应低于25%。

机制砂是由机械破碎、筛分制成的粒径小于4.75mm的岩石颗粒,但不包括软质岩石、风化岩石的颗粒。机制砂不宜采用抗磨性较差的泥岩、页岩、板岩等水成岩类作为母岩。

淡化海砂是指经淡水或雨水冲洗或冲淋过的海砂或河口附近的海砂。在河砂资源紧缺的沿海地区,二级及二级以下公路素混凝土路面和贫混凝土基层可使用淡化海砂。为了防止对钢筋的锈蚀作用,在全部缩缝均设置传力杆的混凝土路面中不宜使用淡化海砂,钢筋混凝土及钢纤维混凝土路面和桥面也不得使用淡化海砂。淡化海砂的质量除了应符合表5-8的规定外,还应该符合以下规定:淡化海砂带入混凝土中的总含盐量不应大于$1.0kg/m^3$;在淡化海砂与标准砂的对比试验中,对砂浆磨光值、混凝土凝结时间、耐磨性、弯拉强度等指标无不利影响。

②细集料的级配和细度

细集料的颗粒组成应符合本章表5-9中级配范围的要求。

水泥混凝土路面在通车运行1~2年后,水泥石将先于砂颗粒被磨损,暴露的凸起物将是砂颗粒,这些凸起的砂颗粒为路面提供足够的横向力系数和抗滑性能。当砂过细时,表面水泥浆磨损后,细砂所能提供的路面横向力系数和抗滑力较低,将会影响路面安全,所以路面混凝土用砂不宜过细。而当砂较粗时,将引起混凝土拌合物严重泌水、路表不平整等问题。所以路面普通混凝土和钢纤维混凝土用砂的细度模数宜在2.0~3.7范围内。由于砂的细度模数变化对混凝土拌合物稠度影响较大,从而会显著影响混凝土施工质量,所以同一配合比用砂的细度模数变化范围不宜过大,施工中应将细度模数变异范围超过0.3的、来源或产地不同的砂分别堆放,并按不同细度模数调整混凝土配合比中的砂率。

(5)外加剂

在路面混凝土中,外加剂的产品质量至少应达到一等品的要求,一般不允许使用不合格品。此外,在路面混凝土中,所使用的高效减水剂,其减水率应达到15%;引气减水剂的减水率应达到12%。在各交通等级路面、桥面混凝土中宜选用减水率大、坍落度损失小、可调控凝结时间的复合型减水剂。高温施工使用引气缓凝减水剂,低温施工使用引气早强减水剂。在确定外加剂品种之前,必须与所用水泥进行适应性检验。在有抗冰(盐)冻要求地区,各交通荷载等级路面、桥面、路缘石、路肩及贫混凝土基层必须使用引气剂;在无抗冰(盐)冻要求地区,二级及二级以上公路路面混凝土中应使用引气剂。

(6)水

饮用水可以直接作为混凝土搅拌和养护用水,水中不得含有油污、泥及其他有害杂质。对水质有疑问时,应检验表5-28中的指标,合格者方可使用。

路面混凝土用水的质量要求(JTG/T F30—2014) 表5-28

指标	素混凝土	钢筋混凝土及钢纤维混凝土
pH 值不小于	4.5	5.0
硫酸盐含量(按SO_4^{2-}计)(mg/L),不大于	2700	2000
Cl^-含量(mg/L),不大于	3500	1000

续上表

指标	素混凝土	钢筋混凝土及钢纤维混凝土
碱含量(mg/L),不大于	1500	1500
可溶物含量(mg/L),不大于	10000	5000
不溶物含量(mg/L),不大于	5000	2000

2.路面普通混凝土配合比设计指标

(1)设计弯拉强度标准值

路面水泥混凝土的强度以28d龄期的弯拉强度控制,当混凝土浇筑90d内不开放交通时,可采用90d龄期的弯拉强度。混凝土弯拉强度标准值f_{cm}按其概率分布的0.85分位值确定。各级交通要求的路面混凝土设计弯拉强度f_{cm}应符合《公路水泥混凝土路面设计规范》(JTG D40—2011)的规定,见表5-29。

水泥混凝土弯拉强度标准值　　　　表5-29

交通荷载等级	极重	特重	重	中等	轻
设计弯拉强度* f_{cm}(MPa)	5.0	5.0	5.0	4.5	4.0

注:* 在特重交通的特殊路段,通过论证,可使用设计弯拉强度5.5MPa。

(2)施工和易性

①路面混凝土拌合物的施工方式

路面混凝土施工方式取决于施工机械,通常采用滑模摊铺机、轨道摊铺机、三辊轴机组及小型机具等对混凝土拌合物进行施工。

滑模摊铺机施工方式为:不架设边缘固定模板,通过基准线控制,采用滑模摊铺机,一次完成混凝土拌合物的摊铺、振捣密实、挤压成型、抹面修饰等功能。

轨道摊铺机施工方式为:按照路面的几何参数架设固定两边缘轨道、模板或轨模,通过轨道控制,采用轨道摊铺机摊铺出混凝土路面。

三辊轴机组施工方式为:采用密集振捣棒组和三辊轴整平机施工,在固定模板内由密集振捣棒组振实后,将三辊轴整平机在模板上前后滚动、振动,完成密实、整平和成型。

人工小型机具施工是一种采用固定模板控制路面几何尺寸,采用人工方式进行摊铺后手持振捣棒和振动板振动密实,并采用人工辊轴、修整尺、抹刀整平混凝土路面的施工工艺。

②路面混凝土拌合物的施工和易性要求

路面混凝土拌合物的施工和易性要求取决于施工方式,滑模摊铺机摊铺、三辊轴机组摊铺、小型机具摊铺的路面混凝土拌合物的坍落度要求及最大用水量要求见表5-30,出机坍落度应根据摊铺时要求的坍落度值加上运输过程中坍落度损失值确定。当使用外加剂或掺和料时,实际用水量应作相应调整,但不得超过表5-30中的最大单位用水量。计算单位水量大于表5-30中最大用水量的规定时,应通过采用减水率更高的外加剂降低单位用水量。使用碎卵石时,最大用水量可在碎石和卵石混凝土之间内插取值。

不同路面施工方式混凝土拌合物的坍落度及最大单位用水量(JTG/T F30—2014)　　表5-30

摊铺方式	滑模摊铺机摊铺		三辊轴机组摊铺		小型机具摊铺	
摊铺坍落度(mm)	碎石	卵石	20~40		5~20	
	10~30	5~20				
最大单位用水量(kg/m³)	160	155	碎石153	卵石148	碎石150	卵石145

(3)耐久性

根据《公路水泥混凝土路面施工技术细则》(JTG/T F30—2014),路面混凝土的使用环境可分为无抗冻性、有抗冰冻性和有抗盐冻性要求三种。为了提高混凝土的抗冻性,在不同环境条件下使用的路面混凝土中的含气量应在表5-31推荐的范围内。当含气量不符合表5-31的要求时,应使用引气剂。在确定严寒和寒冷地区路面混凝土配合比前,应检验所配制混凝土的抗冻性,严寒地区路面混凝土抗冻等级不宜小于F_{250}、寒冷地区不宜小于F_{200}。

路面混凝土适宜含气量及允许偏差(%)(JTG/T F30—2014)　　表5-31

集料最大公称粒径(mm)	无抗冻性要求	有抗冰冻性要求	有抗盐冻要求
19.0	4.0±1.0	4.0±0.5	5.0±0.5
26.5	3.5±1.0	3.5±0.5	4.5±0.5
31.5	3.5±1.0	3.5±0.5	4.0±0.5

此外,路面混凝土的最大水灰比或水胶比,以及最小水泥用量应符合表5-32的规定。

混凝土满足耐久性要求的最大水(胶)灰比和最小水泥用量(JTG/T F30—2014)　　表5-32

公路等级			高速公路、一级公路	二级公路	三、四级公路
最大水灰比(或水胶比)	无抗冻性要求		0.44	0.46	0.48
	有抗冰冻性要求		0.42	0.44	0.46
	有抗盐冻性要求*		0.40	0.42	0.44
最小单位水泥用量(不掺粉煤灰时)(kg/m³)	无抗冻性要求	52.5级水泥	300	300	290
		42.5级水泥	310	310	300
		32.5级水泥	—	—	315
	有抗冰(盐)冻要求	52.5级水泥	310	310	300
		42.5级水泥	320	320	315
		32.5级水泥	—	—	325
最小单位水泥用量(掺粉煤灰时)(kg/m³)	无抗冻性要求	52.5级水泥	250	250	245
		42.5级水泥	260	260	255
		32.5级水泥	—	—	265
	有抗冰(盐)冻要求	52.5级水泥	265	260	255
		42.5级水泥	280	270	265

注:* 处在除冰盐、海风、酸雨或硫酸盐等腐蚀性环境中或在大纵坡等加减速车道上,最大水灰(胶)比宜比表中数值降低0.01~0.02。

3.路面普通水泥混凝土配合比设计步骤

路面普通混凝土配合比设计适用于滑模摊铺机、三辊轴机组及小型机具三种施工方式,也包括掺用外加剂的路面混凝土、掺用粉煤灰的路面混凝土、全部缩缝插传力杆的路面混凝土、配筋混凝土路面、桥面和桥头搭板等的混凝土配合比设计。各级公路面层水泥混凝土配合比设计宜采用正交试验法进行配合比优选,二级及二级以下公路可采用经验公式法。

(1)配制弯拉强度 f_c

路面混凝土强度变异性一部分来自实验室的试验误差,另一部分来自混凝土组成的变异和施工质量控制与管理的变异。在进行配合比设计时,应考虑这两部分因素对混凝土强度的影响,因此路面普通混凝土的配制弯拉强度均值 f_c 按式(5-32)计算。

$$f_c = \frac{f_r}{1 - 0.4C_v} + ts \qquad (5-32)$$

式中:f_r——混凝土的设计弯拉强度标准值,MPa;
   s——混凝土弯拉强度试验样本的标准差;
   t——保证率系数,按样本数 n 和判别概率 p 参照表5-33确定;
   C_v——混凝土弯拉强度变异系数,应按统计数据取值,小于0.05时取0.05;无统计数据时,可在表5-34的规定范围内取值,其中高速公路、一级公路变异水平应为低,二级公路变异水平应不低于中。

保证率系数 t(JTG/T F30—2014)　　　　　　　　　表5-33

公路等级	判别概率 p	样本数 n			
		6~8	9~14	15~19	≥20
高速公路	0.05	0.79	0.61	0.45	0.39
一级公路	0.10	0.59	0.46	0.35	0.30
二级公路	0.15	0.46	0.37	0.28	0.24
三、四级公路	0.20	0.37	0.29	0.22	0.19

公路混凝土路面弯拉强度变异系数　　　　　　　　　表5-34

变异水平等级	低	中	高
变异系数允许范围	0.05~0.10	0.10~0.15	0.15~0.20

(2)正交试验法

正交试验法是以影响混凝土性能(如强度、施工和易性、耐久性)的主要可变因素(如水灰比、砂率、水泥用量等)为基础进行交叉试验,得到不同的混凝土性能,并绘制出参数图表,从而确定出最佳水灰比、最佳砂率、最佳水泥用量等参数,进而得到混合料的目标配合比。其步骤包括:

①正交试验方案设计

首先确定试验可变因素,试验可变因素应根据混凝土的性能要求和材料变化情况按经验确定。水泥混凝土可选水泥用量、用水量、砂率或粗集料填充体积率三个因素;掺粉煤灰的混凝土可选用水量、基准胶材总量、粉煤灰掺量、粗集料填充体积率四个因素。

每个因素至少应选定三个水平,并宜选用 $L_9(3^4)$ 正交表安排试验方案。

②混凝土性能试验

根据正交试验方案,得出每个配合比方案中各种组成材料的用量,对各个配合比的混凝土进行相关的试验。主要考核指标包括坍落度、弯拉强度、磨损量等。有抗冰冻、抗盐冻要求的地区,还应包括抗冻等级、抗盐冻性。

③试验结果的直观分析及回归分析

正交试验结果进行直观及回归分析,考查各个因素对考核指标的影响程度及其规律。对试验数据进行回归分析,建立主要影响因素与坍落度、强度等考核指标的关系式。

④目标配合比确定

依据回归分析结果,满足混凝土各项性能指标的正交配合比,可确定为目标配合比。

(3)经验公式法

二级及二级以下公路可采用经验公式法,其步骤如下:

①按照混凝土弯拉强度计算水灰比

不同粗集料类型混凝土的水灰比 W/C 按经验公式(5-33)和式(5-34)计算。

碎石(或破碎卵石混凝土):

$$\frac{W}{C} = \frac{1.5684}{f_c + 1.0097 - 0.3595 f_s} \tag{5-33}$$

卵石混凝土:

$$\frac{W}{C} = \frac{1.2618}{f_c + 1.5492 - 0.4709 f_s} \tag{5-34}$$

式中:f_c——面层水泥混凝土配制28d弯拉强度的均值,MPa;

f_s——水泥实测28d抗折强度,MPa。

②水胶比 $W/(C+F)$ 的计算

水胶比中的"胶"是指水泥与掺和料(如粉煤灰、硅灰、矿渣粉等)质量之和,如使用掺和料时,应计入超量取代法中代替水泥的那一部分掺和料用量F,代替砂的超量部分不计入,此时,水灰比 W/C 用水胶比 $W/(C+F)$ 代替。

③选取砂率 β_s

根据砂的细度模数和粗集料品种,查表5-35选取砂率 β_s。碎卵石可在碎石和卵石混凝土之间内插取值。相同细度模数时,机制砂的砂率应偏低限取用。

砂的细度模数与最优砂率关系 表5-35

砂细度模数		2.2~2.5	2.5~2.8	2.8~3.1	3.1~3.4	3.4~3.7
砂率 β_s(%)	碎石混凝土	30~34	32~36	34~38	36~40	38~42
	卵石混凝土	28~32	30~34	32~36	34~38	36~40

④单位用水量 m_{w0}

a. 不掺外加剂和掺和料时,单位用水量的计算

单位用水量根据选定坍落度、粗集料品种、砂率及水灰比,按照经验公式(5-35)或公式(5-36)计算。

碎石:

$$m_{w0} = 104.97 + 0.309 SL + 11.27(C/W) + 0.61\beta_s \tag{5-35}$$

卵石:

$$m_{w0} = 86.89 + 0.370 SL + 11.24(C/W) + 1.00\beta_s \tag{5-36}$$

式中:SL——坍落度,mm;

β_s——砂率,%;

C/W——灰水比。

b. 掺外加剂的混凝土单位用水量

掺外加剂混凝土的单位用水量按式(5-37)计算。

$$m_{w,ad} = m_{w0} \cdot (1 - \beta_{ad}) \tag{5-37}$$

式中：$m_{w,ad}$——掺外加剂混凝土的单位用水量，kg/m^3；

m_{w0}——未掺外加剂时混凝土的单位用水量，kg/m^3；

β_{ad}——外加剂减水率的实测值，以小数计。

计算单位用水量大于表5-30最大用水量的规定时，应通过采用减水率更高的外加剂降低单位用水量。

⑤单位水泥用量 m_{c0} 的确定

单位水泥用量 m_{c0} 按照式(5-38)计算，计算结果小于表5-32规定值时，应取表5-32的规定值。

$$m_{c0} = m_{w0} \cdot (C/W) \tag{5-38}$$

式中：m_{w0}——单位用水量，kg/m^3；

C/W——混凝土的灰水比。

⑥单位粉煤灰

路面混凝土中掺用粉煤灰时，其配合比应按照超量取代法进行，当粉煤灰等级为Ⅰ级时，超量系数取1.1~1.4；Ⅱ级时，超量系数取1.3~1.7；Ⅲ级时，超量系数取1.5~2.0。取代水泥的部分应扣除等量水泥量，超量部分应代替砂，并折减用砂量。代替水泥的粉煤灰掺量：Ⅰ型硅酸盐水泥≤30%；Ⅱ型硅酸盐水泥≤25%；道路硅酸盐水泥≤20%；矿渣水泥不得掺粉煤灰。

⑦砂石材料用量 m_{s0} 和 m_{g0}

一般道路混凝土中的砂石材料用量的计算采用体积法或质量法，将上述计算确定的单位水泥用量 m_{c0}、单位用水量 m_{w0} 和砂率 β_s 代入本章方程组(5-28)或方程组(5-29)，联立求解即可确定砂石材料用量 m_{s0} 和 m_{g0}。

经计算得到的配合比应验算粗集料单位体积填充率，且不宜小于70%。

混凝土的初步配合比确定后，应对该配合比进行试配、调整，确定其设计配合比，有关方法与本章第二节中普通混凝土配合比设计方法基本相同，此处不再赘述。

二、机场道面水泥混凝土

根据《民用机场水泥混凝土面层施工技术规范》(MH 5006—2015)的定义，机场道面水泥混凝土包括飞行区道面和路面(包括跑道、滑行道、机坪、道肩、防吹坪、围场路和服务车道等)。本节重点介绍机场道面混凝土组成材料的选择和配合比设计方法。

1. 路面普通混凝土组成材料的技术要求

水泥是机场道面混凝土的重要组成材料，一般选用收缩性小、耐磨性强、抗冻性好、含碱量低的水泥，通常选用旋窑生产的道路硅酸盐水泥、硅酸盐水泥或普通硅酸盐水泥，不宜选用早强型水泥。对于设计强度不小于5.0MPa的水泥混凝土，所选水泥实测28d抗折强度宜大于8.0MPa。此外水泥的化学成分、物理性能等品质要求还应符合表5-36的规定。

机场道面水泥技术指标(MH 5006—2015) 表5-36

化学成分或物理指标		水泥混凝土设计强度≥5.0MPa	水泥混凝土设计强度 4.5MPa
化学成分	铝酸三钙含量(%)	≤9.0,宜≤7.0	≤9.0
	铁铝酸四钙含量(%)	≥10.0,宜≥12.0	≥10.0
	游离氧化钙含量(%)	≤1.0	≤1.8
	氧化镁含量(%)	≤5.0	≤5.0
	三氧化硫含量(%)	≤3.5	≤3.5
	碱含量($Na_2O + 0.658K_2O$)	≤0.6%	集料有潜在碱活性时≤0.6%；集料无潜在碱活性时≤1.0%
	混合材料种类	不应掺窑灰、煤矸石、火山灰、黏土和煤渣,有抗盐冻要求不应掺石灰岩石粉	
物理指标	安定性	雷氏夹和蒸煮法检验合格	蒸煮法检验合格
	标准稠度用水量(%)	≤28.0	≤30.0
	比表面积(m^2/kg)	300~400	300~400
	细度(80μm筛余量)(%)	1.0~10.0	1.0~10.0
	初凝时间(h)	≥1.5	≥1.5
	终凝时间(h)	≤10	≤10
	28d 干缩率(%)	≤0.09	≤0.10
	耐磨性(kg/m^2)	≤2.5	≤3.0

(1)粉煤灰

在机场道面水泥混凝土中,可以掺用适量Ⅰ、Ⅱ级干排或磨细低钙粉煤灰。在水泥混凝土中掺用粉煤灰时,宜使用硅酸盐水泥、道路硅酸盐水泥,并应了解所用水泥中已掺混合材料的种类和掺量,通过混凝土配合比设计试验,确定合适的掺量、相应的混凝土配合比和施工工艺。所选用的粉煤灰分级和技术指标应符合表5-37的规定

粉煤灰分级和技术指标(MH 5006—2015) 表5-37

粉煤灰等级	烧失量(%)	游离氧化钙(%)	三氧化硫(%)	细度(45μm气流筛筛余量)(%)	需水量(%)	含水率(%)	混合砂浆强度活性指数	
							7d	28d
Ⅰ	≤3	<1.0	≤3.0	≤12	≤95.0	≤1.0	≥75	≥85(75)
Ⅱ	≤6	<1.0	≤3.0	≤25	≤105.0	≤1.0	≥70	≥80(62)

注:混合砂浆的强度活性指数为掺粉煤灰的砂浆与水泥砂浆的抗压强度比的百分数,适用于所配制混凝土强度不小于5MPa;当所配制的混凝土设计强度小于5MPa时,混合砂浆的强度活性指数要求满足28d括号中的数值。

(2)粗集料

①强度与坚固性

粗集料应采用碎石或破碎卵石,应质地坚硬、耐久、耐磨、洁净。碎石、破碎卵石的强度可用岩石立方体强度和压碎值两种方法表示,应符合表5-38的规定。

碎石和破碎卵石技术指标(MH 5006—2015) 表5-38

项目	技术指标
压碎值(%)	≤21.0
针片状颗粒含量(按质量计)(%)	≤12.0
坚固性(按质量损失计)(%)	≤5.0(年最低平均气温不低于0℃时)
	≤3.0(年平均气温低于0℃时)
含泥量(按质量计)(%)	≤0.5
泥块含量(按质量计)(%)	≤0.2
吸水率(%)	≤2.0
硫化物及硫酸盐含量/按SO_3质量计(%)	≤1.0
有机物含量(比色法)	合格
氯化物含量(按氯离子质量计)(%)	≤0.02
碎石红白皮含量(%)	≤10.0
岩石抗压强度(MPa)	岩浆岩≥100;变质岩≥于80;沉积岩≥60
表观密度(kg/m³)	≥2500
松散堆积密度(kg/m³)	≥1350
洛杉矶磨耗损失(%)	≤30
碱活性	不应有碱活性反应,当岩相法判断疑似碱活性反应时,以砂浆棒法为准

②最大粒径与级配

混凝土中粗集料合成级配应采用两个或三个单粒级的粗集料掺配,以最小松堆孔隙率为准确定各粒级的比例,并符合表5-39的规定。

粗集料的级配范围(MH 5006—2015) 表5-39

级配类型		通过下列方筛孔(mm)累计筛余百分率(%)							
		2.36	4.75	9.50	16.0	19.0	26.5	31.5	37.5
连续级配	4.75~16	95~100	85~100	40~60	0~10	—	—	—	—
	4.75~19	95~100	85~95	60~75	30~45	0~5	0	—	—
	4.75~26.5	95~100	90~100	70~90	50~70	25~40	0~5	0	—
	4.75~31.5	95~100	90~100	75~90	60~75	40~60	20~35	0~5	0
单粒级	4.75~9.5	95~100	80~100	0~15	0	—	—	—	—
	9.5~16	—	95~100	80~100	0~15	0	—	—	—
	9.5~19	—	95~100	85~100	40~60	0~15	0	—	—
	16~26.5	—	—	95~100	55~70	25~40	0~10	0	—
	16~31.5	—	—	95~100	85~100	55~70	25~40	0~10	0

(3)细集料

①品种和质量要求

细集料应耐久、洁净、质地坚硬,宜采用天然砂,在设计文件许可的部位也可采用机制砂,技术指标应符合表5-40的规定。民用机场水泥混凝土面层采用机制砂的实例较少,但考虑在部分地区难以找到符合要求的天然砂,允许使用符合要求的机制砂。机制砂只能用于设计文件许可的部位,采用机制砂需考虑对水泥混凝土工作性、耐磨性、耐久性等的影响,并采取相应措施。

细集料技术指标(MH 5006—2015)　　　　　　　　　　　　　　表5-40

项目	技术指标
机制砂母岩抗压强度(MPa)	≥60.0
机制砂母岩磨光值	≥35.0
机制砂单粒级最大压碎值(%)	≤25.0
机制砂石粉含量(%)	≤7.0
含泥量(按质量计)(%)	≤2.0
泥块含量(按质量计)(%)	≤0.5
机制砂吸水率(%)	≤2.0
硫化物及硫酸盐含量/按SO_3质量计(%)	≤0.5
有机物含量(比色法)	合格
氯化物含量(按氯离子质量计)(%)	≤0.02
云母与轻物质含量(按质量计)(%)	≤1.0
其他杂物	不应混有石灰、煤渣、草根、贝壳等杂物
机制砂MB值	≤1.4
坚固性(按质量损失计)(%)	≤8.0
表观密度(kg/m^3)	≥2500
松散堆积密度(kg/m^3)	≥1400
空隙率(%)	≤45
碱活性	不应有碱活性反应,当岩相法判断疑似碱活性反应时,以砂浆棒法为准

②细集料的级配和细度

细集料(天然砂或机制砂)宜采用细度模数为2.65~3.20的中粗砂,同一配合比用砂的细度模数变化范围不应超过0.3,且符合表5-41、表5-42规定的级配要求。

天然砂的级配范围(MH 5006—2015)　　　　　　　　　　　　　表5-41

砂分级	细度模数	在下列筛孔(mm)上的累计筛余(%)							
		0.075	0.15	0.30	0.60	1.18	2.36	4.75	9.5
粗砂	3.1~3.7	90~100	90~100	80~95	70~85	35~65	5~35	0~10	0
中砂	2.3~3.0	90~100	90~100	70~92	40~70	10~50	0~25	0~10	0

机制砂的级配范围(MH 5006—2015)　　　　　　　　　　　　　表5-42

砂分级	细度模数	在下列筛孔(mm)上的累计筛余(%)						
		0.15	0.30	0.60	1.18	2.36	4.75	9.5
粗砂	2.8~3.9	90~100	80~95	70~85	35~70	5~50	0~10	0
中砂	2.3~3.1	90~100	80~90	40~70	15~50	5~20	0~10	0

(4)水

符合现行《生活饮用水卫生标准》(GB 5749)的饮用水可作为拌和水泥混凝土、冲洗集料及养护用水。使用其他水源作为拌和用水时,水质应符合表5-43的技术指标。水泥混凝土拌和用水采用非饮用水时,应与饮用水进行水泥凝结时间与水泥胶砂强度的对比试验,对比试验的水泥初凝时间差与终凝时间差均不应大于30min;被检验水样配制的水泥胶砂3d和28d强度不应低于饮用水配制的水泥胶砂相应龄期强度的90%。

水泥混凝土拌和用水水质技术指标(MH 5006—2015) 表5-43

指标	素混凝土	钢筋混凝土及钢纤维混凝土
pH值,不小于	4.5	5.0
硫酸盐含量(按SO_4^{2-}计)(mg/L),不大于	2700	2000
Cl^-含量(mg/L),不大于	3500	1000
碱含量(mg/L),不大于	1500	1500
可溶物含量(mg/L),不大于	10000	5000
不溶物含量(mg/L),不大于	5000	2000
其他杂质	不应有漂浮的油脂和泡沫;不应有明显的颜色和异味	

(5)外加剂

水泥混凝土外加剂的品种及含量应根据施工条件和使用要求,并通过水泥混凝土配合比试验选用。外加剂除应符合国家现行相关标准外,尚应符合表5-44的规定。

掺外加剂产品的混凝土技术指标(MH 5006—2015) 表5-44

项目		普通减水剂	高效减水剂	引气减水剂	引气高效减水剂	缓凝减水剂	缓凝高效减水剂	引气缓凝高效减水剂
减水率(%)		≥8	≥14	≥10	≥18	≥8	≥14	≥18
泌水率比(%)		≤100	≤90	≤70	≤70	≤100	≤100	≤70
含气量(%)		≤3.0	≤3.0	≥3.0	≥3.0	≤3.0	≤3.0	≥3.0
凝结时间差(min)	初凝	−90~+120	−90~+120	−90~+120	−60~+90	>+90	>+90	>+90
	终凝							
抗压强度比(%)	1d	—	≥140	—	—			
	3d	≥115	≥130	≥115	≥120			
	7d	≥115	≥125	≥110	≥115	≥115	≥125	≥120
	28d	≥110	≥120	≥100	≥105	≥110	≥120	≥115
弯拉强度比(%)	1d	—	—	—	—	—	—	—
	3d		≥125		≥120			
	28d	≥105	≥115	≥110	≥115	≥105	≥115	≥110
收缩率比(%)	28d	≤125	≤125	≤120	≤120	≤125	≤125	≤120
磨耗量(kg/m³)		≤2.5	≤2.0	≤2.5	≤2.0	≤2.5	≤2.5	≤2.5

2. 机场道面水泥混凝土配合比设计指标

(1) 设计弯拉强度标准值

道面水泥混凝土的设计强度，应采用28d龄期弯拉强度。

飞行区指标Ⅱ为A、B的机场，其水泥混凝土设计强度不应低于4.5MPa；飞行区指标Ⅱ为C、D、E、F的机场，其水泥混凝土设计强度不应低于5.0MPa。

(2) 施工和易性

混凝土拌合物的稠度试验采用坍落度测定时，摊铺时的坍落度应小于20mm；采用维勃稠度仪控制稠度时应大于15s。（注：本要求不适用于滑模摊铺机施工工艺）

(3) 耐久性

①抗冻性

年最低月平均气温低于0℃的地区，混凝土的抗冻等级应不低于表5-45的要求。为了提高混凝土的抗冻性，在不同环境条件下使用的路面混凝土中的含气量应在表5-46推荐的范围内。当含气量不符合表5-46的要求时，应使用引气剂。

混凝土抗冻等级要求（MH 5006—2015） 表5-45

部位	跑道、滑行道、机坪及道肩		防吹坪、路面	
试件	基准配合比	摊铺现场留样	基准配合比	摊铺现场留样
抗冻等级(F)	≥300	≥250	≥250	≥200

机场道面水泥混凝土适宜含气量及允许偏差（MH 5006—2015） 表5-46

名称	基准配合比抗冻标号小于F300	基准配合比抗冻标号为F300或以上
含气量(%)	3.0±0.5	3.5±0.5

②最小水泥用量及最大水灰（胶）比

水泥混凝土单位水泥用量应不小于310kg/m³；混凝土中掺粉煤灰时，单位水泥用量应不小于280kg/m³。有抗冻要求的地区，采用的水泥强度等级为42.5时，单位水泥用量应不小于330kg/m³；采用的水泥强度等级为52.5时，单位水泥用量应不小于320kg/m³。

此外，最大水灰（胶）比应符合表5-47的规定。

机场道面水泥混凝土最大水灰（胶）比（MH 5006—2015） 表5-47

部位		跑道、滑行道、机坪及道肩	防吹坪、路面
最大水灰比（或水胶比）	无抗冻性要求	0.44	0.46
	有抗冰冻性要求	0.42	0.44

3. 机场道面普通水泥混凝土配合比设计步骤

(1) 配制弯拉强度 f_c

机场道面普通混凝土的配制弯拉强度均值 f_c 按式(5-32)计算，其中保证率系数 t、变异系数 C_v 均按照高速公路要求取值。

(2) 计算水灰（胶）比

根据粗集料类型不同，按式(5-33)和式(5-34)计算混凝土的水灰比 W/C。

水胶比中的"胶"是指水泥与掺和料（如粉煤灰、硅灰、矿渣粉等）质量之和，如使用掺和料时，应计入超量取代法中代替水泥的那一部分掺和料用量 F，代替砂的超量部分不计入，此时，水灰比 W/C 用水胶比 W/(C+F) 代替。

(3) 选取砂率 β_s

根据砂的细度模数和粗集料品种，查表 5-35 选取砂率 β_s。碎卵石可在碎石和卵石混凝土之间内插取值。相同细度模数时，机制砂的砂率应偏低限取用。

(4) 单位用水量 m_{w0}

根据是否添加外加剂、粗集料类型、所选定的坍落度、砂率及水灰比，按照经验公式(5-35)、公式(5-36)或公式(5-37)计算。若计算结果不满足最大用水量的规定，应选取减水率更高外加剂，降低单位用水量。

(5) 单位水泥用量 m_{c0} 的确定

由水灰比 W/C 或水胶比 W/(C+F) 和单位用水量 m_{w0}，按照式(5-38)可以计算出水泥混凝土的单位水泥用量 m_{c0}。若计算结果小于规范规定值，需按照规范的规定值取值。

(6) 单位粉煤灰

机场道面混凝土中掺用粉煤灰时，其配合比应按照超量取代法进行，当粉煤灰等级为 I 级时，超量系数取 1.1~1.4；II 级时，超量系数取 1.3~1.7。取代水泥的部分应扣除等量水泥量，超量部分应代替砂，并折减用砂量。代替水泥的粉煤灰掺量：I 型硅酸盐水泥≤30%；II 型硅酸盐水泥≤25%；道路水泥≤20%。

(7) 砂石材料用量 m_{s0} 和 m_{g0}

一般机场道面混凝土中的砂石材料用量的计算采用体积法，将上述计算确定的单位水泥用量 m_{c0}、单位用水量 m_{w0} 和砂率 β_s 代入本章方程组(5-28)，联立求解即可确定砂石材料用量 m_{s0} 和 m_{g0}。

(8) 其他规定

①试验室配合比宜按水泥混凝土设计强度的 1.10~1.15 倍进行配制。确定胶凝材料的组成和用量、水灰(胶)比、砂率后，采用绝对体积法计算细集料、粗集料用量，经试配，确定混凝土的配合比。

②试验室配合比应通过拌和楼实际搅拌检验，合格后再经过试验段的验证，并应根据料场细集料和粗集料的含水率、拌合物实测视密度、含气量、坍落度及其损失，调整拌和用水量、砂率或外加剂掺量。调整时，水灰(胶)比不应增大，单位水泥用量、纤维体积率不应减小。

③施工期间可根据气温、风速、运输条件等的变化，微调用水量和外加剂的掺量。现场同条件养护的混凝土性能应不低于设计要求。

三、钢纤维混凝土

钢纤维混凝土是纤维混凝土的一种。纤维混凝土是在混凝土中掺加一定量乱向分布的纤维材料而组成的复合材料。通常，未经增强的混凝土不仅抗拉强度低，而且断裂时的应变荷载低。传统的方法，如采用增强钢筋或预应力钢筋，可以弥补混凝土的这种固有缺陷。但传统的方法要求增强材料被安置在混凝土构件中的指定位置，以起到实际效果。而纤维增强材料则可以与混合料一起搅拌，从而使得增强混凝土的生产较经济，应用也更广泛。

常用的纤维材料有钢纤维、玻璃纤维、石棉纤维、碳纤维和合成纤维等。目前以钢纤维混凝土的研究和应用较多，钢纤维对抑制混凝土裂缝的形成、提高混凝土的抗拉和抗弯强度，增加韧性效果最佳。纤维混凝土具有良好的韧性、抗冲击性并能提高混凝土的抗拉强度、抗弯强度、抗裂强度,广泛应用于铁路、隧道、桥梁、机场道面、火箭发射基地、电站、码头、民用建筑等工程。钢纤维混凝土特别适合于桥面铺装结构、桥头搭板,对路表设计高程有严格限制的新建路面混凝土工程,以及改建路面混凝土工程。

1. 钢纤维混凝土的材料特性

目前,对于钢纤维混凝土的增强机理,主要形成了两种理论:一种是复合材料理论(混合率法则);另一种是建立在断裂力学基础上的纤维间距理论。复合理论认为在受荷初期,水泥基料与纤维共同承受外力,当混凝土开裂后,横跨裂缝的纤维成为外力的主要承受者。而纤维间距理论认为钢纤维混凝土中随机分布的短纤维可以阻碍混凝土内部微裂缝的扩展,阻滞宏观裂缝的发生和发展。与普通混凝土相比,钢纤维混凝土具有如下的特性:

(1) 具有较高的抗拉、抗弯、抗剪强度

钢纤维的加入对于混凝土的抗压强度影响较小,增加幅度不超过15%。钢纤维的加入可以显著提高混凝土的抗拉强度和抗折强度,提高幅度分别达到25%~50%和40%~80%。

(2) 抗冲击性能增强

材料抵抗冲击或振动荷载作用的性能,称为冲击韧性。钢纤维混凝土可以将冲击抗压韧性提高2~7倍,而冲击抗弯、抗折韧性可以提高十几倍。

(3) 抗裂性能提高

钢纤维均匀分散于基体混凝土中,减少荷载在基体混凝土细裂缝端部引起的应力集中,从而控制混凝土裂缝的扩展,提高复合材料的抗裂性。

(4) 收缩和疲劳性能显著改善

在通常的钢纤维掺量下,钢纤维混凝土较普通混凝土的收缩值降低7%~9%;与普通混凝土相比,普通掺量的钢纤维混凝土其抗弯和抗压疲劳性能都得到较大程度的提高。

(5) 耐久性能显著提高

由于钢纤维混凝土的抗裂性能以及整体弯拉性能显著提高,带来了抗冻性、耐热性、耐磨性以及耐腐蚀性等性能的显著改善。例如,掺有1.5%的钢纤维混凝土经过150次冻融循环,其抗压和抗弯强度下降约20%,而普通混凝土却下降60%以上。

钢纤维混凝土的这些性能特性的改善和提高,使得这种材料尤其适用于路面混凝土,可以大大提高路面强度等级,延长路面使用寿命。

2. 钢纤维混凝土组成材料的技术要求

钢纤维混凝土所用水泥、水、集料和外加剂等组成材料的性能指标除了应满足路面普通混凝土组成材料的有关规定外,还应考虑以下要求:

(1) 掺和料

在采用硅酸盐水泥或普通硅酸盐水泥拌制的钢纤维混凝土中,可以采用粉煤灰、磨细矿渣和硅灰作为掺和料。混凝土路面使用粉煤灰的质量应符合表5-22的要求。路面和桥面混凝土中使用的磨细矿渣和硅灰技术要求和使用方法,应符合《公路水泥混凝土路面施工技术细则》(JTG/T F30—2014)与掺和料应用技术规范的规定。

(2) 钢纤维

①钢纤维的品种

钢纤维是指用钢质材料经加工制成的短纤维,按照生产工艺可分为切断型钢纤维、剪切型钢纤维、熔抽型钢纤维及铣削型钢纤维。钢纤维的横截面可为圆形、三角形、矩形、月牙形及不规则形。钢纤维的外形可以是平直形或异形,异形钢纤维又可分为波浪形、压痕形、扭曲形、端钩形及大头形等。钢纤维的性能特征见表5-48。

四种钢纤维的性能特征　　　　　　　　　　表5-48

钢纤维品种	高强钢丝切断型		钢锭铣削型		钢板剪切型		低合金钢熔抽异型	
钢纤维外形	端钩形		端钩形		异形		大头形	
水泥混凝土强度等级（MPa）	20~45	50~80	20~45	50~80	20~45	50~80	20~45	50~80
钢纤维外形对弯拉强度的影响系数 α	1.13	1.25	0.92	1.10	0.79	0.93	0.73	0.91

路面和桥面混凝土宜选用铣削型或剪切型钢纤维,也可使用熔抽型钢纤维;由于切断型钢纤维与水泥浆的黏结强度较低,不宜在路面混凝土中使用。为了增加钢纤维与水泥砂浆的黏结强度,应使用外形为压痕形、扭曲形或矩形的钢纤维,在使用中还应对钢纤维进行防锈蚀处理。

②钢纤维的抗拉强度和弯折性能

由于钢纤维混凝土结构应保证其破坏时是韧性破坏而不是脆性断裂,要求掺加的钢纤维能够承担混凝土具体开裂时所增加的应力。当路面和桥面混凝土结构开裂时,裂缝中钢纤维将承受从混凝土面板中卸载的全部弯拉应力。表5-49的分析结果表明:从断裂混凝土截面上转换到钢纤维承担的应力值不仅与钢纤维抗拉强度有关,而且受到钢纤维掺量的控制,钢纤维掺量越低,要求其抗拉强度越高。为了满足钢纤维混凝土施工要求,钢纤维掺量不宜过高。根据应力分析,满足钢纤维最低掺量0.6%时,钢纤维抗拉强度最低值不得小于600MPa。

钢纤维掺量与混凝土板中应力及纤维承担应力的关系　　表5-49

钢纤维掺量(%)	0.6	0.8	0.8	1.0
混凝土板中弯拉应力(MPa)	3.0	5.0	4.0	5.0
断裂后截面上钢纤维承担的应力(MPa)	500	500	625	500

③钢纤维尺寸

钢纤维尺寸用标称长度和等效直径表示,标称长度是指钢纤维两端点之间的直线距离,等效直径是指非圆形截面按面积相等的原则换算成圆形截面的直径。钢纤维对混凝土的增强效果随长径比增大而提高。为了使钢纤维起到提高混凝土弯拉强度、抗拉强度、抗裂和增韧的作用,钢纤维长度应能越过粗集料的最大公称粒径建立起搭接的微桥梁,所以钢纤维不能太短,但钢纤维太长又会影响混凝土拌合物的质量。钢纤维直径如太细,易在拌和过程中被弯折;太粗则在同样体积含量时其增强效果差。大量试验研究和工程经验表明:钢纤维的最短长度应大于粗集料最大公称粒径的1/3,最长尺寸不宜大于粗集料最大公称粒径的2倍。

④钢纤维中的杂质

钢纤维中的杂质可分为两类:一类是妨碍钢纤维与水泥石黏结的粘在纤维表面的油污、有机质黏液等有害成分;另一类是占有钢纤维重量而不起增强作用,甚至能破坏基体整体性的杂质,如因加工不良造成的粘在一起的片体或块体、表面严重锈蚀的纤维、铁屑以及混入的杂草、木屑、泥土等杂质。第一类杂质的危害较大,受到油污污染的钢纤维,会将这一污染遍及同一包装内的所有纤维,所以规定不得含有这类杂质。第二类杂质在含量少时其影响可以忽略,规定其含量不应超过钢纤维重量的1%。

(3)集料

粗集料最大公称粒径宜为钢纤维长度的2/3~1/2,在使用铣削型钢纤维时不宜大于26.5mm,在使用剪切型或熔抽型钢纤维时不宜大于19mm。集料宜选用连续级配。

为了保证施工时混凝土拌合物质的均匀、不离析,宜采用连续级配的粗集料。为防止钢纤维锈蚀,钢纤维混凝土中严禁使用海水和海砂。

(4)外加剂

在路面与桥面钢纤维混凝土中,应适当掺加高效减水剂。大量工程实践表明:如果钢纤维混凝土中不使用高效减水剂,不提高基体混凝土的强度和耐磨性,一旦路表磨损成坑,钢纤维裸露后,掺钢纤维是无效的。为了避免钢纤维的锈蚀,不得掺加各种氯盐系外加剂。

3. 钢纤维混凝土路面配合比设计指标

(1)弯拉强度

钢纤维混凝土的28d弯拉强度标准值f_{mf}根据道路交通荷载等级按表5-50取用。

钢纤维混凝土弯拉强度标准值 表5-50

交通荷载等级	特重	重	中等	轻
钢纤维混凝土弯拉强度标准值f_{mf}(MPa)	6.0	6.0	5.5	5.0

(2)施工和易性

工程实践表明,钢纤维体积率为0.6%~1.0%时,钢纤维混凝土的设计坍落度宜比水泥混凝土大20~30mm;钢纤维体积率小于0.6%时,钢纤维混凝土的坍落度宜与水泥混凝土相同。

(3)耐久性

从耐久性的角度看,高抗冲击韧性、十倍以上的耐疲劳极限是钢纤维混凝土特有的优势。与普通混凝土相比,钢纤维混凝土材料组成的特点为:水灰比明显大;单位水泥应力显著大,砂率显著大,集料的最大公称尺寸较小。若没有充足的水泥和砂,钢纤维很难被砂浆包裹,混凝土表面会暴露出钢纤维和粗集料。因此,钢纤维混凝土中的最大水灰比或水胶比和最小单位水泥用量应符合表5-51的规定。

钢纤维混凝土满足耐久性要求的最大水(胶)灰比和最小单位水泥用量
(JTG/T F30—2014) 表5-51

公路等级			高速公路、一级公路	二级公路
最大水灰比(水胶比)	无抗冻性要求		0.47	0.49
	有抗冻性要求		0.45	0.46
	有抗盐冻性要求		0.42	0.43
最小水泥用量(不掺粉煤灰时)(kg/m³)	无抗冻性要求	52.5级水泥	350	350
		42.5级水泥	360	360
	有抗冻、抗盐冻要求	52.5级水泥	370	370
		42.5级水泥	380	380

续上表

公路等级			高速公路、一级公路	二级公路
最小水泥用量 （掺粉煤灰时） （kg/m³）	无抗冻性要求	52.5级水泥	310	310
		42.5级水泥	320	320
	有抗冻、抗盐冻要求	52.5级水泥	320	320
		42.5级水泥	340	340

处于海风、酸雨、硫酸盐及除冰盐等腐蚀性环境中或在大纵坡等加减速车道上时，应采用较小的水灰比。

4. 钢纤维混凝土配合比设计步骤

(1) 计算钢纤维混凝土的配制弯拉强度均值 f_{cf}

钢纤维混凝土的28d配制弯拉强度均值 f_{cf} 由28d弯拉强度标准值 f_{mf} 以及施工水平参数，按照式(5-32)计算。

(2) 钢纤维掺量体积率 ρ_f

钢纤维掺量体积率 ρ_f 可按式(5-39)计算得出，外形影响系数 α 可查表5-48获得。

$$\rho_f = \frac{\lambda d}{l} \times 100, \lambda = \frac{\frac{f_{cf}}{f_{ct}} - 1}{\alpha} \tag{5-39}$$

式中：λ——钢纤维含量特征值；
l——钢纤维长度，mm；
d——钢纤维直径或等效直径，mm；
f_{ct}——试验得到同强度等级水泥混凝土28d配制弯拉强度均值，MPa。

(3) 单位用水量 W_{0f}

根据所用钢纤维的性质，砂的细度模数，以及对钢纤维混凝土拌合物的坍落度要求查表5-52初选，再经试拌坍落度校正后确定单位用水量 W_{0f}。

钢纤维混凝土单位用水量选用表（JTG/T F30—2014）   表5-52

混凝土拌合物条件	粗集料种类	粗集料最大公称粒径(mm)	单位用水量(kg/m³)
长径比：$L_f/d_f = 50^1$ 钢纤维掺量体积率：$\rho_f = 0.6\%^2$ 坍落度 = 20mm³ 水灰比：W/C = 0.42~0.50 中砂：细度模数2.5	碎石	9.5、16.0	215
		19.0、26.5	200
	卵石	9.5、16.0	208
		19.0、26.5	190

注：1 钢纤维长径比 L_f/d_f 每±10，单位用水量相应±10kg。
2 钢纤维体积率 ρ_f 每±0.5%，单位用水量相应±8kg。
3 坍落度变化范围为10~50mm时，相对坍落度20mm，每±10mm，单位用水量相应±7kg；细度模数在2.0~3.5范围内，细度模数每±0.1mm，单位用水量相应为±1kg。

(4) 水灰比 W/C 的计算与确定

根据钢纤维混凝土配制28d弯拉强度均值，水泥实测28d抗折强度值，以及钢纤维含量特征确定钢纤维混凝土的水灰比。查表5-51确定满足混凝土耐久性要求的最大水灰比，与钢纤维混凝土水灰比计算值进行比较，两者当中取小值。

(5) 单位水泥用量 C_{0f}

由水灰比 W/C 和单位用水量 W_{0f},可计算出钢纤维混凝土的单位水泥用量 C_{0f}。将 C_{0f} 与表5-51中满足耐久性要求的最小单位水泥用量作对比,两者当中取大值。

(6) 确定钢纤维混凝土砂率 S_{pf}

由试验选定或由式(5-40)计算钢纤维混凝土砂率 S_{pf},然后经试配试验,经试拌坍落度适当调整后确定。钢纤维混凝土的砂率宜为38%~50%。

$$S_{pf} = S_p + 10\rho_f \tag{5-40}$$

式中:S_p——水泥混凝土的砂率,%;
ρ_f——钢纤维体积率,%。

(7) 钢纤维混凝土砂石材料用量计算

砂石材料用量可通过求解联立方程组(5-41)或方程组(5-42)计算。

$$\frac{C_{0f}}{\rho_c} + \frac{F_{0f}}{\rho_f} + \frac{W_{0f}}{\rho_w} + \frac{S_{0f}}{\rho_s} + \frac{G_{0f}}{\rho_g} + 0.01a = 1 \tag{5-41}$$

$$C_{0f} + F_{0f} + W_{0f} + S_{0f} + G_{0f} = \rho_{fc} \tag{5-42}$$

式中:C_{0f}、F_{0f}、W_{0f}、S_{0f}、G_{0f}——钢纤维混凝土中水泥、钢纤维、水、砂和石子的单位用量,kg/m³;
a——钢纤维混凝土的含气量百分数;
ρ_c、ρ_f、ρ_w、ρ_s、ρ_g——钢纤维混凝土中水泥、钢纤维、水、砂和石子的密度,kg/m³;
ρ_{fc}——钢纤维混凝土假定单位质量,kg/m³。

四、碾压混凝土

碾压混凝土是一种由集料、胶凝材料及水拌和成的、坍落度为零的超干硬性混凝土,可采用沥青路面摊铺机摊铺,并采用压路机械碾压成型,修筑成路面结构。混合料铺筑到路基上,并且经压实的铺筑层一般不超过250mm。混合料还需进一步湿养护,以提供坚硬、耐久的路面。碾压道路混凝土广泛应用于工矿专用道场、各种停车场的建设,其他应用还包括大体积工程,如坝体工程等。碾压道路混凝土的应用可以节省投资、加快施工进度。

碾压混凝土与普通混凝土的差异包括:水含量及浆体含量低,细集料含量高,集料最大公称尺寸为20mm。

1. 碾压混凝土原材料技术要求

(1) 水泥

在路面碾压混凝土中应选用弯拉强度高、凝结时间稍长、强度发展快、干缩性小及耐磨性好的水泥。矿渣水泥和含火山灰质材料的普通水泥不宜用于高速公路和一级公路碾压混凝土路面。

(2) 粗、细集料

粗、细集料的技术性质应符合路面普通混凝土对粗、细集料的有关要求。

由于碾压混凝土用水量低,较大的集料粒径会引起混凝土离析并影响混凝土外观,为了获得均匀的混凝土以利于路面的平整度,集料粒径不宜过大。粗集料的最大粒径一般不宜大于19.0mm。砂率宜为35%~40%,级配符合表5-53的要求。

路面碾压混凝土粗细集料合成级配适宜范围　　　　　表5-53

筛孔尺寸(mm)	19.0	9.50	4.75	2.36	1.18	0.60	0.30	0.15
通过百分率范围(%)	90~100	50~70	35~47	25~38	18~30	10~23	5~15	3~10

(3)粉煤灰

粉煤灰作为掺和料在碾压混凝土中所起的作用为填充集料空隙,增加混凝土密实度,取代部分水泥降低工程造价,并改善混凝土拌合物的施工和易性,减少离析。利用粉煤灰中火山灰的活性,提高碾压混凝土的后期强度。当碾压混凝土用作道路基层,或作复合式路面底层时,可使用Ⅲ级以上的粉煤灰,不宜使用等外灰。当碾压混凝土用作路面时,应使用Ⅰ、Ⅱ级粉煤灰,不得使用Ⅲ级粉煤灰。粉煤灰在碾压混凝土中的超量取代系数见表5-54。

粉煤灰超量取代系数　　　　　表5-54

粉煤灰等级	Ⅰ	Ⅱ	Ⅲ
超量取代系数	1.4~1.8	1.6~2.0	1.8~2.2

(4)外加剂

与普通路面混凝土相比,碾压混凝土的水灰比相对较低,相同条件下水泥用量平均低了20kg/m³左右。由于碾压混凝土水灰比较小、施工和易性较差,为改善其可碾压性,达到要求的密实度,需要掺加适量的缓凝减水剂或缓凝引气剂。有抗冻要求的路面碾压混凝土,原则上应采用复合引气剂。在碾压混凝土中,外加剂掺量一般占水泥和粉煤灰总质量的0.20%~0.30%,外加剂的性能除满足要求外,还应通过碾压混凝土性能试验优选,确认满足其各项性能要求后,方可使用。

2.碾压混凝土配合比设计指标

(1)弯拉强度

①路面碾压混凝土设计弯拉强度应符合表5-29的规定。

②碾压混凝土配制弯拉强度均值按式(5-43)计算。

$$f_{cn} = \frac{f_{cm} + f_{ny}}{1 - 1.04 C_v} + ts \tag{5-43}$$

式中:f_{cn}——碾压混凝土的配制28d弯拉强度均值,MPa;

　　f_{cm}——碾压混凝土的设计弯拉强度标准值,MPa;

　　C_v、t、s——意义同式(5-32);

　　f_{ny}——碾压混凝土压实安全弯拉强度,是为了弥补因压实度不足所引起的混凝土弯拉强度损失,在设计弯拉强度的基础上所增加的弯拉强度值,可根据式(5-44)计算。

$$f_{ny} = \frac{a}{2}(y_{n1} + y_{n2}) \tag{5-44}$$

式中:y_{n1}——弯拉强度试件标准压实度,通常为95%;

　　y_{n2}——路面芯样压实度的下限值,%,由芯样压实度统计得出;

　　a——相应于压实度变化1%的弯拉强度波动值(通过试验得出)。

(2)碾压混凝土拌合物的施工和易性

根据碾压混凝土组成材料特点,必须保证一定的施工可碾性,即在施工过程中,既能将混凝土碾压至最大密实度,又能顺利地提浆并保证混凝土的平整度。稠度是碾压混凝土拌合物的一个重要特性,它不但影响振动压路机的施工作业性,而且对混凝土压实密度和表面平整程度有较大的影响。在碾压混凝土施工作业中,有一对必须协调好的工艺矛盾:平整度要求混凝土拌合物更干硬,而密实度要求其更湿软。混凝土拌合物的稠度还应与所用振动机具能量适应。如果拌合物太稠,振动能量不足以使混凝土拌合物液化流动,达不到完全压实的目的;反之,如果太稀,振动机具将下沉,无法工作。因此将碾压混凝土现场稠度控制在允许范围内,对保证振动碾压密实性是十分重要的。

根据目前的施工机械和施工水平,《公路水泥混凝土路面施工技术细则》(JTG/T F30—2014)中要求:碾压混凝土出搅拌机口时的改进 VC 值宜为 5~10s;碾压时改进 VC 值宜控制在 20~30s。

(3)碾压混凝土的耐久性

碾压混凝土拌合物具有优良的级配组成和较低的水灰比,在振动碾压机械的作用下,可使矿质集料形成互相靠拢的密实骨架,空隙率大为降低。由于水泥浆与集料体积比的大大降低,混凝土的干缩率也随之减小。据报道,碾压混凝土的干缩率仅为普通混凝土的40%左右。因此,碾压混凝土的渗透性大大降低,与之关联的抗冻性和抗腐蚀性也相应提高。碾压混凝土的冻融试验结果表明,碾压混凝土的抗冻性可较普通混凝土提高 4~6 倍;又由于碾压混凝土中粗颗粒集料较多,还可提高其表面抗磨耗性及抗滑性。

①含气量

虽然碾压混凝土的抗冻性优于路面普通混凝土,但在严寒地区和寒冷地区的碾压混凝土路面中,同样存在着较严重的冻坏及盐冻脱皮破坏现象,因此在这些地区的路面碾压混凝土中应掺加引气剂,使混凝土的含气量达到表 5-31 中有抗盐冻要求的推荐值范围内。当碾压混凝土用于基层,或复合式路面位于冻土深度不大于 50cm 的地区时,碾压混凝土的含气量应在表 5-31 的有抗冻性要求的含气量范围内。

②最大水(胶)灰比和最小单位水泥用量

路面碾压混凝土满足耐久性要求的最大水(胶)灰比和最小水泥用量宜符合表 5-55 的要求。当实际水(胶)灰比在只掺引气剂不满足表 5-55 的规定时,可使用引气剂复合(高效)减水剂。当碾压混凝土作基层或复合式路面底层时,将不受此项限制。

耐久性要求的最大水(胶)灰比和最小单位水泥用量(JTG/T F30—2014) 表 5-55

项目		二级公路面层, 高速公路下面层	三、四级公路面层, 一级公路下面层
最大水灰比 (水胶比)	无抗冻性要求	0.40	0.42
	有抗冻性要求	0.38	0.40
	有抗盐冻性要求	0.36	0.38
最小单位水泥用量 (不掺粉煤灰时) (kg/m³)	无抗冻性要求 42.5 级水泥	290	280
	无抗冻性要求 32.5 级水泥	305	300
	有抗冻、抗盐冻要求 42.5 级水泥	315	310
	有抗冻、抗盐冻要求 32.5 级水泥	325	320
最小单位水泥用量 (掺粉煤灰时) (kg/m³)	无抗冻性要求 42.5 级水泥	255	250
	无抗冻性要求 32.5 级水泥	265	260

续上表

项目		二级公路面层，高速公路下面层	三、四级公路面层，一级公路下面层
最小单位水泥用量（掺粉煤灰时）（kg/m³）	有抗冻、抗盐冻要求 42.5 级水泥	260	265
	32.5 级水泥	275	270

3. 碾压混凝土配合比设计步骤

对于重大工程，碾压混凝土的配合比设计可使用正交试验法，一般工程则可采用经验法计算设计法。

（1）经验法配合比计算法

① 掺外加剂不掺粉煤灰碾压混凝土的配合比计算步骤

采用 3 个经验公式和"粗集料填充体积选用表"进行碾压混凝土的初步配合比计算。

步骤 1：计算单位用水量 W_{0c}

按经验式（5-45）计算掺外加剂混凝土的单位用水量 W_{0c}。

$$W_{0c} = 137.7 - 20.55 \lg VC \tag{5-45}$$

式中：VC——碾压混凝土拌合物的改进 VC 值，s。

步骤 2：计算水灰比 W/C

由式（5-46）计算水灰比 W/C。计算水灰比应与表 5-55 中满足耐久性要求的最大水灰比相比较，两者当中取小值。

$$\frac{W}{C} = \frac{0.2156 f_s}{f_{cc} - 0.1720 f_s} \tag{5-46}$$

式中：f_{cc}——碾压混凝土配制 28d 弯拉强度均值，MPa；

f_s——水泥实测 28d 抗折强度，MPa。

步骤 3：计算单位水泥用量 C_{0c}

由式（5-47）计算单位水泥用量 C_{0c}。计算单位水泥用量 C_{0c} 应与表 5-55 中满足耐久性要求的最小单位水泥用量相比较，两者当中取大值。

$$C_{0c} = \frac{C}{W} W_{0c} \tag{5-47}$$

式中：W_{0c}——单位用水量，kg/m³；

C/W——混凝土灰水比。

步骤 4：选定粗集料填充体积百分率 V_g

根据所用砂细度模数的实测结果，参照表 5-56 选定粗集料填充体积百分率 V_g。

粗集料填充体积百分率 V_g 选用表　　　　表 5-56

砂细度模数	2.4	2.6	2.8	3.0
粗集料填充体积百分率 V_g（%）	75±2	73±2	71±2	69±2

步骤 5：计算粗集料用量 G_{0c}

由式（5-48）计算粗集料用量 G_{0c}。

$$G_{0c} = \gamma_{cc} \cdot V_g / 100 \tag{5-48}$$

式中:γ_{cc}——粗集料振实密度,kg/m^3,由试验确定;

V_g——选定的粗集料填充体积百分率,%。

步骤6:计算用砂量 S_{0c}

根据粗集料 G_{0c}、单位水泥用量 C_{0c}、单位用水量 W_{0c} 及材料密度,按体积法计算用砂量 S_{0c},计算时应计入设计含气量。

步骤7:计算外加剂用量 Y_{0c}

由式(5-49)计算单位外加剂用量 Y_{0c}。

$$Y_{0c} = \varepsilon \cdot C_{0c} \tag{5-49}$$

式中:ε——根据试验优选的外加剂掺量,以小数计;

C_{0c}——单位水泥用量,kg/m^3。

②掺外加剂和粉煤灰的碾压混凝土

步骤1:计算粗集料用量 G_{0c}

按表5-56选定的粗集料填充体积百分率 V_g,由式(5-48)计算粗集料用量 G_{0c}。

步骤2:确定粉煤灰取代率 f

按经验或正交试验分析结果选定粉煤灰取代率 f,并按使用场合和粉煤灰品质等级,根据表5-54选定粉煤灰超量系数 δ_f。

步骤3:计算单位用水量 W_{0fc}

根据掺外加剂和粉煤灰的经验公式(5-50)计算单位用水量 W_{0fc}。

$$W_{0fc} = 135.5 - 21.1\lg VC + 0.32f \tag{5-50}$$

式中:VC——碾压混凝土拌合物的"改进VC值",s;

f——粉煤灰取代率,%。

步骤4:计算基准胶凝材料总量(C+F)

根据经验公式(5-51)计算基准胶凝材料总量(C+F)。

$$C + F = 200 \times (f_{cc} - 7.22 + 0.025f + 0.023V_g) \tag{5-51}$$

式中:f_{cc}——碾压混凝土配制28d弯拉强度均值,MPa;

f——粉煤灰取代率,%;

V_g——粗集料填充体积百分率,%。

步骤5:计算单位水泥用量 C_{0fc} 及单位粉煤灰用量 F_{0fc}

按照式(5-52)和式(5-53)计算单位水泥用量 C_{0fc} 及单位粉煤灰用量 F_{0fc}。单位水泥用量 C_{0fc} 应与表5-55中满足耐久性要求的最小水泥用量相比较,两者当中取大值。

$$C_{0fc} = (C + F)(1 - f/100) \tag{5-52}$$

$$F_{0fc} = C_{0fc} \cdot f \cdot \delta_f \tag{5-53}$$

式中:C+F——基准胶凝材料总量,kg/m^3;

f——粉煤灰取代率,%;

δ_f——粉煤灰超量系数。

步骤6:计算水胶比 W/(C+F)

由式(5-54)计算水胶比 W/(C+F)。计算得到的水胶比应与表5-55中满足耐久性要求的最大水胶比相比较,两者当中取小值。

$$\frac{W}{C+F} = \frac{W_{0fc}}{C_{0fc} + F_{0fc}} \tag{5-54}$$

式中：W_{0fc}——单位用水量，kg/m^3；

C_{0fc}——满足耐久性要求的最小单位水泥用量，kg/m^3；

F_{0fc}——单位粉煤灰用量，kg/m^3。

步骤7：计算用砂量

根据计算的 G_{0c}、C_{0fc}、F_{0fc}、W_{0fc} 及相应原材料密度，按体积法计算用砂量 S_{0c}，计算时应计入设计含气量 a。

步骤8：计算单位外加剂用量

根据试验优选的外加剂掺量，由式(5-55)计算单位外加剂用量 Y_{0fc}。

$$Y_{0fc} = \varepsilon \cdot (C_{0fc} + F_{0fc}) \tag{5-55}$$

(2)正交试验法

采用正交试验法进行碾压混凝土配合比设计，不仅能考察各组成材料对碾压混凝土性能的影响程度及规律，而且可以根据所建立的试验公式确定满足设计要求的配合比。正交试验法主要设计步骤简介如下，详细步骤见[例题5-4]。

①确定试验的考察因素和水平，并按照正交表安排试验

对于不掺粉煤灰的碾压混凝土，考察因素为混凝土组成材料用量：单位用水量、水泥用量及粗集料填充体积率3个因素，每个因素取3个水平，按照正交表 $L_9(3^3)$ 安排试验方案。

对于掺粉煤灰的碾压混凝土，选择单位用水量、基准胶凝材料总量、粉煤灰掺量及粗集料填充体积作为考察因素，每个因素选定3个水平，然后按照 $L_9(3^4)$ 正交表安排试验方案。

②碾压混凝土配合比计算

根据正交试验方案，按照普通混凝土或粉煤灰混凝土的配合比设计方法，计算出每个配比方案中各种组成材料的用量。

③混凝土性能试验

按照设计要求的考核指标，对各个配合比的碾压混凝土进行相关的试验。主要考核指标有：混凝土拌合物改进VC值、抗离析性、混凝土弯拉强度等，还也可根据需要增加抗压强度、抗冻性或耐磨性等试验项目。

④试验结果的直观分析及回归分析

用直观分析或方差分析的方法，考察各个因素对考核指标的影响程度及其规律。

对试验数据进行回归分析，建立主要影响因素与稠度或强度等考核指标的关系式。

⑤确定碾压混凝土的初步配合比

在综合考核混凝土稠度指标和抗折强度指标的基础上，确定单位用水量、水泥用量(或基准胶凝材料用量)、碎石堆积体积及粉煤灰用量，然后计算出混凝土初步配合比为：

水泥：粉煤灰：水：砂：石 $= m_{cr} : m_{fr} : m_w : m_{sr} : m_{gr}$

【例题5-4】 掺粉煤灰碾压混凝土的配合比设计示例。

(1)设计要求

采用正交试验法安排试验，确定粉煤灰碾压混凝土的配合比。考核指标为：混凝土的稠度指标改进VC值 $=30s \pm 5s$、压实度大于96%、碾压混凝土28d配制弯拉强度均值为6.5MPa。

(2) 组成材料

硅酸盐水泥 42.5 级,28d 抗压强度 $f_{ce} = 48.7\text{MPa}$、抗折强度 $f_{cef} = 7.72\text{MPa}$,密度 $\rho_c = 3100\text{kg/m}^3$;粉煤灰:需水量比 110%,表观密度 $\rho'_f = 2120\text{kg/m}^3$,符合 Ⅱ 级灰品质要求;河砂:表观密度 $\rho'_s = 2680\text{kg/m}^3$,细度模数 2.41;石灰岩碎石:表观密度 $\rho'_g = 2700\text{kg/m}^3$,由粒径为 10~20mm 和 5~10mm 的两档集料按 60∶40 合成,振实密度 1750kg/m^3;RC-1 型减水剂掺量 0.3%,松香引气剂 0.2%(两者均以基准胶凝材料质量百分率计)。

(3) 设计步骤

①确定考察因素、试验水平和试验方案

选定粉煤灰碾压混凝土配合比的四个考察因素为:单位用水量、基准胶凝材料用量、粗集料填充体积率和粉煤灰取代率,其中粉煤灰的超量系数 $\delta_f = 1.70$,每一因素取用三个水平。考查因素和水平列于表 5-57。

碾压混凝土配合比的四因素与三水平   表 5-57

因素		水平		
		1	2	3
A	单位用水量(kg/cm³)	100	120	110
B	基准胶凝材料用量(kg/cm³)	290	330	250
C	粗集料填充体积率(%)	75	70	80
D	粉煤灰取代率(%)	30	10	20

②配合比计算

根据试验方案中规定的条件,按照 $L_9(3^4)$ 正交表确定试验方案,并计算各个方案中的混凝土配合比,结果见表 5-58。计算过程以配合比 1 为例:

单位用水量 $m_{0wr} = 100\text{kg}$

水泥用量 m_{0cr} = 基准胶凝材料用量 × $(1-f)$ = 290 × (1-0.30) = 203(kg)

粉煤灰掺量 m_{0fr} = 基准胶凝材料用量 × f × δ_f = 290 × 0.30 × 1.70 = 148(kg)

碎石用量 m_{0gr} = 粗集料填充体积率 V_g × 振实密度 = 0.75 × 1750 = 1313(kg)

河砂用量 $m_{0sr} = (1 - m_{wr}/\rho_w - m_{cr}/\rho_c - m_{fr}/\rho_f - m_{gr}/\rho'_g) \times \rho'_s$
　　　　　　 = (1000 - 100/1000 - 203/3100 - 148/2120 - 1313/2700) × 2680 = 746(kg)

减水剂用量 = 基准胶凝材料用量 × 0.3% = 290 × 0.3% = 0.87(kg)

引气剂用量 = 基准胶凝材料用量 × 0.2% = 290 × 0.2% = 0.58(kg)

正交试验方案及混凝土配合比   表 5-58

配合比编号	因素水平组合条件				混凝土配合比(kg/m³)						
	用水量(kg/m³)	基准胶凝材料(kg/m³)	碎石堆积体积(%)	粉煤灰取代率(%)	水	水泥	粉煤灰	河砂	碎石	RC-1减水剂	松脂皂引气剂
1	(1)100	(1)290	(1)75	(1)30	100	203	148	747	1313	0.87	0.58
2	(1)100	(2)330	(2)70	(2)10	100	297	56	868	1225	0.99	0.66
3	(1)100	(3)250	(3)80	(3)20	100	200	85	742	1400	0.75	0.50

续上表

配合比编号	因素水平组合条件				混凝土配合比（kg/m³）						
	用水量（kg/m³）	基准胶凝材料（kg/m³）	碎石堆积体积（%）	粉煤灰取代率（%）	水	水泥	粉煤灰	河砂	碎石	RC-1减水剂	松脂皂引气剂
4	(2)120	(1)290	(2)75	(3)30	120	264	112	772	1225	0.99	0.66
5	(2)120	(2)330	(3)70	(1)10	120	175	128	656	1400	0.75	0.50
6	(2)120	(3)250	(1)80	(2)20	120	225	43	807	1313	0.75	0.50
7	(3)110	(1)290	(3)75	(2)30	110	261	49	708	1400	0.87	0.58
8	(3)110	(2)330	(1)70	(3)10	110	264	112	712	1313	0.99	0.66
9	(3)110	(3)250	(2)80	(1)20	110	175	128	857	1225	0.75	0.50

注：括号里的数字为表5-57中的水平代号。

③混凝土性能试验

按照考核指标，测定各个混凝土的改进 VC 值、压实度、7d 和 28d 抗折强度，试验结果列于表 5-59。

各个碾压混凝土试验结果　　　　表 5-59

配合比编号	改进 VC 值（s）	压实度（%）	7d 抗折强度 $f_{rf,7}$（MPa）	28d 抗折强度 $f_{rf,28}$（MPa）
1	123	92.9	4.9	6.1
2	56	93.9	7.0	7.1
3	75	93.4	5.3	6.0
4	14	95.2	5.2	6.5
5	16	97.6	5.9	6.4
6	6	97.0	5.5	6.5
7	35	94.8	6.2	6.8
8	44	94.2	5.7	6.7
9	44	94.1	4.1	6.4

④试验结果的直观分析

对于每个因素，将表 5-59 中的每个试验指标在同一水平时的测试值相加，分别得到 K_1、K_2 和 K_3，并求出它们的级差 R。对于考核指标，若某一因素的级差越大，表明该因素变化对这个指标的影响越大，由此分析主要影响因素。

以因素"单位用水量"对改进 VC 值影响为例，计算 K_1、K_2、K_3 以及级差 R 为：

在水平 1 时，改进 VC 值的三个测试值之和 $K_1 = 254$；
在水平 2 时，改进 VC 值的三个测试值之和 $K_2 = 36$；
在水平 3 时，改进 VC 值的三个测试值之和 $K_3 = 123$。

K_1、K_2 和 K_3 的级差 $R = \max(K_1, K_2, K_3) - \min(K_1, K_2, K_3) = 254 - 36 = 218$。

依此类推，计算出各个因素在三个水平时，各个指标的 K_1、K_2、K_3 以及级差 R，见表 5-60。

试验结果的直观分析 表 5-60

试验指标	统计参数	A 用水量(kg/m³)	B 基准胶凝材料(kg/m³)	C 粗集料填充体积率(%)	D 粉煤灰取代率(%)
改进VC值(s)	K_1	254	172	173	183
	K_2	36	116	114	97
	K_3	123	125	126	133
	R	218	56	59	86
压实度(%)	K_1	281.2	282.9	284.1	284.6
	K_2	289.8	285.7	283.2	285.7
	K_3	283.1	285.5	286.8	283.8
	R	8.6	2.8	3.6	1.9
28d抗折强度(MPa)	K_1	19.22	19.4	19.36	18.8
	K_2	19.41	20.22	19.95	20.41
	K_3	19.93	18.94	19.25	19.27
	R	0.71	1.28	0.70	1.53

根据表 5-60 中的结果进行直观分析,以级差 K_1、K_2 和 K_3 的大小排序,各因素变化对混凝土稠度及强度的影响趋势如下:

用水量 A:用水量是影响混凝土稠度改进 VC 值和压实度的主要因素,改进 VC 值随用水量增加而降低,压实度随用水量增加而提高。在本例题选用的用水量范围中,用水量的变化对混凝土抗折强度无显著影响。

基准胶凝材料用量 B:基准胶凝材料用量是影响混凝土抗折强度重要因素,抗折强度随基准胶凝材料用量的增加而提高。基准胶凝材料对混凝土稠度和压实度无显著影响。

粗集料填充体积率 C:粗集料填充体积率是影响压实度的第二位重要因素,压实度随粗集料填充体积率的增大而提高。粗集料填充体积率对混凝土稠度和抗折强度的影响分列第三位和第四位。

粉煤灰掺量 D:粉煤灰掺量是影响混凝土抗折强度的首要因素,对稠度也有较大影响。抗折强度随粉煤灰掺量增大而明显降低,稠度随之增大。直观分析表明,粉煤灰掺量以 10% 为宜。

将以上直观分析结果汇总于表 5-61。

各指标直观分析结果汇总 表 5-61

考核指标	因素主次顺序	正交表中较好条件
改进VC稠度值(s)	A>D>C>B	$A_3B_{2,3}C_{2,3}D_3$
压实度 Y_m(%)	A>C>B>D	$A_2B_{2,3}C_3D_2$
抗折强度 $f_{rf,28}$(MPa)	D>B>A>C	$A_3B_2C_2D_2$

⑤试验结果的回归分析

采用多元回归分析法,建立单位用水量 W、基准胶凝材料用量 $(C+F)$、粗集料填充体积率 V_g、粉煤灰取代率 f 等因素与考核指标"改进 VC 稠度值"、压实度及抗折强度的回归公式,见表 5-62。

回归分析结果　　　　　　　　　　　　　　　　表 5-62

回归式编号	统计回归公式	n	相关系数 R	方差 S
1	$VB = 416.89 - 3.633W + 1.433f$ $(t_1 = -5.89; t_2 = 2.32)$	9	0.9327	15.1
2	$Y_m = 70.69 + 0.160W + 0.087V_g$ $(t_1 = 5.07; t_2 = 1.37)$	9	0.9063	0.77
3	$f_{rf,7} = -2.453 + 0.01(C+F) + 0.081V_g - 0.051f$ $(t_1 = 1.45; t_2 = 1.41; t_3 = 1.90)$	9	0.8079	0.61
4	$f_{rf,28} = 5.93 + 0.004(C+F) - 0.020f$ $(t_1 = 1.50; t_2 = -1.80)$	9	0.7631	0.25

多元回归分析结果说明：$t \leq 1$，无显著影响；$1 < t \leq 2$，有一定影响；$t > 2$，有显著影响

对表 5-62 中的结果分析如下：

单位用水量和粉煤灰取代率对改进 VC 值均有显著的影响；用水量对压实度有特别显著的影响，粗集料填充体积率对其也有一定的影响；基准胶凝材料用量和粉煤灰取代率均对抗折强度有一定影响，粗集料填充体积的变化仅对碾压混凝土 7d 抗折强度有一定影响；表 5-62 中的回归分析结果与表 5-61 的直观分析一致。表 5-62 中的统计回归公式 1 有很好的相关性和足够的推定精度，可作为确定用水量的经验式采用。

⑥确定初步配合比

综合各指标直观分析结果，最佳组合为：$A_3B_{2,3}C_{2,3}D_2$，选定基准胶凝材料总用量 295kg，碎石堆积体积为 75%；粉煤灰取代率为 10%。将改进 VC 值 = 30、粉煤灰取代率 $f = 10\%$ 代入表 5-62 中统计回归公式 1，计算出单位用水量 m_{wr} 为 110kg。

计算碾压混凝土中各个组成材料用量：

水泥用量：m_{cr} = (基准胶凝材料用量) × $(1-f)$ = 295 × $(1-0.30)$ = 266(kg)

粉煤灰掺量：m_{fr} = (基准胶凝材料用量) × $f × \delta_f$ = 295 × 0.10 × 1.70 = 50(kg)

碎石用量：m_{gr} = 粗集料填充体积率 V_g × 振实密度 = 0.75 × 1750 = 1313(kg)

河砂用量：m_{sr} = $(1 - 110/1000 - 266/3100 - 50/2120 - 1313/2700)$ × 2680 = 789(kg)

减水剂用量 = 基准胶凝材料用量 × 0.3% = 295 × 0.3% = 0.89(kg)

引气剂用量 = 基准胶凝材料用量 × 0.2% = 295 × 0.2% = 0.59(kg)

碾压混凝土的初步配合比为：$m_{cr} : m_{fr} : m_{wr} : m_{sr} : m_{gr}$ = 266 : 50 : 110 : 789 : 1313。

第五节　再生混凝土

再生混凝土是指将废弃的混凝土块经过破碎、清洗、分级后，按一定比例与级配混合，部分或全部代替砂石等天然集料(主要是粗集料)，再加入水泥、水等配制而成的新混凝土。再生混凝土按集料的组合形式可以有以下几种情况：集料全部为再生集料；粗集料为再生集料、细集料为天然砂；粗集料为天然碎石或卵石、细集料为再生集料；再生集料替代部分粗集料或细集料。

一、再生集料技术性质

1. 表观密度和堆积密度

再生集料成分不仅有少量脱离砂浆的石子、部分包裹砂浆的石子,还有少量独立成块的水泥砂浆。因为水泥砂浆的表面粗糙、棱角多,并且在混凝土构件破坏和集料生产过程中集料内部出现大量微细裂缝。从而导致再生集料孔隙率大,进而使得表观密度和堆积密度降低。一般再生集料的表观密度为天然集料的85%以上,并且其离散性很大。

2. 吸水率

由于废旧混凝土在破碎过程中受到较大外力作用,在集料内部会出现大量微细裂缝,使得再生集料的吸水率和吸水速率都远高于天然集料。通常再生集料的吸水率是天然集料的6~8倍。此外,再生细集料的吸水率超过10%,而再生粗集料一般吸水率在5%左右。由于再生集料的孔隙率较大,在短时间内再生集料就可以吸水饱和。在再生混凝土配合比设计时需要考虑再生集料的高吸水率问题。

再生粗集料的高吸水率和低表观密度的特征均是由于集料表面附着的废旧砂浆所致,因此再生粗集料的吸水率与表观密度存在一定的相关性。根据国内研究成果,再生粗集料的表观密度与吸水率之间具有如式(5-56)所示的关系。

$$\rho = \frac{2.7}{2.7W + 1} \tag{5-56}$$

式中:ρ——再生粗集料的表观密度,g/cm^3;

W——再生粗集料的吸水率,%。

3. 形状和表面特征

集料的形状和表面特征对混凝土性能有影响,立方体或球状颗粒且表面光滑时,对新拌混凝土的流动性有利,但与水泥石的黏结较差。与天然集料相比,大部分再生集料表面都包裹着砂浆,因此表面很粗糙、比表面积大,这对提高与水泥石的黏结有利,但对于新拌混凝土的流动性不利,还会增加水泥的用量。

为了定量描述再生粗集料的表面粗糙度,国内部分研究人员提出以相对表面粗糙度来表征再生粗集料的表面特性。相对表面粗糙度的测试方法为:取干燥状态的单级试样(10~15mm或15~20mm)不少于1kg,倒入水灰比为0.6的基准水泥净浆中,迅速搅拌均匀;然后倒入筛孔为10mm的圆孔筛中,将多余净浆筛去;移入标准养护室中养护7d(或28d);取出放入烘箱中烘干至恒量,放在天平上称取试样裹浆后的质量,相对表面粗糙度用式(5-57)计算。

$$\lambda = 1000 \frac{m_1 - m_0}{m_0} \tag{5-57}$$

式中:λ——相对表面粗糙度;

m_1——裹浆后的质量,g;

m_0——裹浆前的质量,g。

4. 再生集料性能改善

由于再生集料在性能上较天然集料差,对再生混凝土的许多性能产生不利影响,因此可以通过改善再生集料性能来提高再生混凝土的性能。

(1)机械活化

其目的在于破坏弱的再生颗粒或去除黏附于再生颗粒表面的水泥砂浆,从而提高再生集料的强度。但该方法能耗较高,同时会产生大量难以处理的粉末。

(2)酸液活化

将集料置于酸液中,如冰醋酸、盐酸溶液中,利用酸液与再生集料中的水泥水化产物 $Ca(OH)_2$ 反应,起到改善再生集料颗粒表面的作用,从而改善再生集料的性能。

(3)化学浆液处理

用高强度水泥和水按照一定比例调成水泥浆。利用浆液对再生集料进行浸泡、干燥处理,以改善再生集料的空隙结构,从而提高再生集料质量。

(4)硅酸钠溶液处理

用硅酸钠溶液浸渍再生集料,利用硅酸钠与再生集料表面的水泥水化物填充再生集料孔隙,从而改善再生集料的密实度。

二、再生混凝土技术性质

1. 再生混凝土工作性

由于再生集料表面粗糙、棱角较多且集料表面包裹着相当数量的水泥砂浆,原生混凝土块在破碎过程中由于损伤,内部存在大量微裂纹,使其吸水率增大。因此,在配合比相同条件下,再生混凝土黏聚性、保水性均优于普通混凝土,而流动性比普通混凝土差。

新拌再生粗集料混凝土的工作性用坍落度表示,主要取决于单位用水量。当再生粗集料混凝土的流动性在塑性阶段(坍落度 SL = 40~90mm)时,单位用水量与混凝土坍落度之间的关系见式(5-58)。

$$W = 2SL/3 + 165(1 + W_x) - R_{max} \tag{5-58}$$

式中:W——单位用水量,kg/m^3;

SL——混凝土坍落度,mm;

W_x——再生粗集料的吸水率,以小数表示;

R_{max}——再生粗集料的最大粒径,mm。

2. 再生混凝土的耐久性

再生混凝土的耐久性可以用多个指标来表征,包括再生混凝土的抗渗性、抗冻性、抗硫酸盐侵蚀性、抗碳化能力、抗氯离子渗透性以及耐磨性等。由于再生集料的孔隙率和吸水率较高,再生混凝土的耐久性要低于普通混凝土。

为了提高再生混凝土的抗渗性,可以减小水灰比或者掺加一定量的粉煤灰;为了提高再生混凝土的抗冻性,可以通过降低水灰比、减小再生集料的最大粒径、二次搅拌或采用半饱和面干的再生集料等方法来实现;通过掺加粉煤灰并采用二次搅拌工艺可以提高再生混凝土的抗硫酸盐侵蚀性并增加抗氯离子渗透性;而抗碳化性能和耐磨性可以通过减小水灰比得以实现。

3. 再生混凝土力学性能

(1)抗压强度

通常,一般认为与普通混凝土的抗压强度相比,再生混凝土的强度降低5%~32%。其原因一般认为有三:一是由于再生集料孔隙率较高,在承受轴向应力时,易形成应力集中现象;

二是再生集料与新旧水泥浆之间存在一些结合较弱的区域；三是再生集料本身的强度较低。

水灰比对于再生混凝土强度有重要的影响，当水灰比较大时，再生混凝土的抗压强度随着水灰比的增大而降低；当水灰比较小时，水泥浆体具有相对较高的强度，混凝土破坏从强度相对较低的再生集料开始，从而使得混凝土的强度不能随着水灰比的下降而提高。

（2）抗拉及抗折强度

再生混凝土的劈裂抗拉强度与普通混凝土的差别较小，但略有降低。同时再生混凝土的抗折强度约为其抗压强度的 1/8 ~ 1/5，这与普通混凝土基本类似。再生混凝土的这个特性，对于在路面混凝土中应用再生混凝土尤为有利。

（3）弹性模量

再生混凝土的弹性模量较普通混凝土降低 15% ~ 40%。再生混凝土模量降低的原因是由于大量的砂浆附着于再生集料上，这些砂浆的模量较低。再生混凝土模量降低也从另外一个方面说明再生混凝土的变形能力要优于普通的水泥混凝土。

再生混凝土的弹性模量与抗压强度之间存在较好的相关关系，在缺乏测试的情况下，可以采用式（5-59）计算再生混凝土的弹性模量。

$$E_c = 7.77 \times 10^3 \times f_{cu}^{35} \tag{5-59}$$

式中：E_c——再生混凝土的弹性模量，MPa；

f_{cu}——再生混凝土的抗压强度，MPa。

三、再生混凝土配合比设计

再生混凝土的配合比设计应符合《普通混凝土配合比设计规程》（JGJ 55—2011）的规定。

1. 确定配制强度（$f_{cu,t}$）

在强度保证率为 95% 时，参考普通混凝土，再生混凝土的配制强度由式（5-60）计算。

$$f_{cu,t} = f_{cu,k} + 1.645\sigma \tag{5-60}$$

式中：$f_{cu,k}$——再生混凝土的设计强度，MPa；

σ——强度标准差，MPa。

可以根据混凝土的设计强度等级，做如下选择：

当混凝土设计强度等级低于 C20 时，取 $\sigma = 4.0$；

当混凝土设计强度等级为 C25 ~ C45 时，取 $\sigma = 5.0$；

当混凝土设计强度等级高于 C50 ~ C55 时，取 $\sigma = 6.0$。

2. 确定水灰比（W_1/C）

对于再生混凝土，水灰比 W_1/C 可以参考式（5-61）进行确定。

$$W_1/C = \frac{Af_{ce}}{f_{cu,t} + ABf_{ce}} \tag{5-61}$$

式中：f_{ce}——水泥实际强度，MPa；

A、B——集料系数，分别为 0.47 和 0.71，或按数据回归得到。

3. 确定单位用水量

再生混凝土的单位用水量包含两个部分：一部分为不考虑集料高吸水率时的单位用水量 W_1，可以参照普通混凝土单位用水量进行选取；另外，集料因为高吸水率而添加的附加水 W_2，其用量为干燥状态下的再生集料质量乘以再生集料 10min 的吸水率。

4. 确定单位混凝土的水泥用量

根据选定的单位用水量和已确定的水灰比,计算单位水泥用量。

5. 确定砂率

根据研究,建议的砂率为 0.35 左右。

6. 确定单位体积混凝土的砂、石用量

砂、石以干燥状态质量为准,采用质量法或者体积法确定单位体积砂、再生集料用量。具体内容可以参见普通混凝土计算公式,需要注意的是,由于再生集料的堆积密度比天然集料低一些,混凝土拌合物的假定表观密度应在 2300kg/m³ 左右选取。

通过以上步骤配制的再生混凝土,还需要根据实际情况进行调整与确定。

第六节 透水混凝土

透水混凝土由水泥、矿物掺和料、集料、外加剂及水等主要材料经拌和形成的,具有透水功能的混凝土材料。与传统密实混凝土相比,透水混凝土使用单一粒径的粗集料作为骨架,水泥浆作为胶凝材料包裹在粗集料的表面。通常,透水混凝土孔隙率为 15%~25%,较大的孔隙率赋予透水混凝土诸多环境效益,如减小路表径流、恢复地下水位、净化水质、降低城市热岛效应、降低噪声以及提高雨天行车安全等。但是,高度发达的孔隙结构显著降低了其力学强度和耐久性,很大程度上限制了透水混凝土在大交通量道路工程中的应用。

1. 透水混凝土原材料技术要求

(1) 水泥

水泥应采用强度等级不低于 42.5 级的硅酸盐水泥或普通硅酸盐水泥,质量应符合《通用硅酸盐水泥》(GB 175—2023)的要求。不同等级、厂牌、品种、出厂日期的水泥不得混存、混用。

(2) 粗集料

透水水泥混凝土采用的集料,必须使用质地坚硬、耐久、洁净、密实的碎石料,碎石的性能指标应符合《建设用卵石、碎石》(GB/T 14685—2022)中的二级要求,并应符合表 5-63 规定。

透水混凝土粗集料的性能指标(CJJ/T 135—2009)　　表 5-63

项目	计量单位	指标		
		1	2	3
尺寸	mm	2.4~4.75	4.75~9.5	9.5~13.2
压碎值	%	<15.0		
针片状颗粒含量(按质量计)	%	<15.0		
含泥量(按质量计)	%	<1.0		
表观密度	kg/m³	<2500		
紧密堆积密度	kg/m³	<1350		
堆积孔隙率	%	<47.0		

(3) 细集料

为了获得良好的透水性能,透水混凝土一般不使用细集料。但也有研究表明,在制备透水混凝土时掺入适量的细集料,可以在不降低透水性能的前提下获得更好的力学性能。常见的细集料有天然砂、机制砂及混合砂,其最大粒径不宜超过1.18mm,且需满足表5-64的规定。

透水混凝土细集料的性能指标(CJJ/T 135—2009) 表5-64

项目		单位	指标
表观密度		kg/m³	>2500
紧密堆积密度		kg/m³	>1350
堆积孔隙率		%	<47
含泥量	天然砂	%	<1
压碎值	机制砂	%	<15

(4) 增强料

透水水泥混凝土采用的增强料可分有机材料和无机材料二类,材料技术指标应符合表5-65的规定。

增强料的技术指标(CJJ/T 135—2009) 表5-65

	含固量(%)	延伸率(%)	极限拉伸强度(MPa)
聚合物乳液	40~50	≥150	≥1.0
活性 SiO_2	SiO_2含量应大于85%		

2. 透水水泥混凝土配合比设计指标

透水水泥混凝土的性能应符合表5-66规定。

透水混凝土的性能(CJJ/T 135—2009) 表5-66

项目		单位	指标		
耐磨性(磨坑长度)		mm	≤30		
透水系数(15℃)		mm/s	≥0.5		
抗冻性	25次冻融循环后抗压强度损失率	%	≤20		
	25次冻融循环后质量损失率	%	≤5		
连续孔隙率		%	≥10		
强度等级		—	C20	C25	C30
抗压强度(28d)		MPa	≥20	≥25.0	≥30
弯拉强度(28d)		MPa	≥2.5	≥3.0	≥3.5

注:耐磨性与抗冻性性能检验可视各地具体情况及设计要求进行。

(1) 透水混凝土的透水系数

透水混凝土的透水系数的试验装置宜按图5-24设置。

透水系数应按式(5-62)计算。

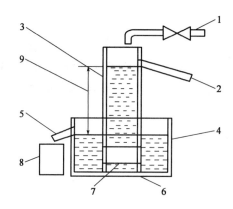

图 5-24 透水系数测定原理图
1-供水系统;2-溢流口;3-矩形筒;4-溢流水槽;5-溢流口;6-支架;7-试样;8-量筒;9-水位差

$$k_T = \frac{QL}{AHT} \tag{5-62}$$

式中：k_T——水温为 T℃时试样的透水系数,mm/s;

Q——时间 t 秒内渗出的水量,mm;

L——试样的厚度 mm;

A——试样的上表面积,mm²;

H——水位差,mm;

t——时间(s)。

试验结果以 3 块试样的平均值表示,计算精确至 1.0×10^{-2} mm/s。

该试验以 15℃水温为标准温度,标准温度下的透水系数应按式(5-63)计算。

$$k_T = k_{15} \frac{\eta_T}{\eta_{15}} \tag{5-63}$$

式中：k_{15}——标准温度时试样的透水系数,mm/s;

η_T——T℃时水的动力黏滞系数,kPa·s;

η_{15}——15℃时水的动力黏滞系数,kPa·s;

$\dfrac{\eta_T}{\eta_{15}}$——水的动力黏滞系数比。

透水系数是透水水泥混凝土路面系统功能设计中必不可少的重要特性。透水混凝土的透水系数取决于连续孔隙率,连续孔隙率越大,单位时间内流体输送量越大,透水混凝土的透水系数越大。孔隙特征(如孔隙大小、分布和比表面积)在透水混凝土的透水性能中起主导作用。在比较单级配和密级配混合料时,单级配混合料增加了混合料的透水系数。另一方面集料尺寸越大,透水混凝土和多孔沥青混合料的透水系数越大。此外,纤维的添加不会显著影响透水混凝土混合物的透水性。

(2)透水混凝土的抗冻性

抗冻性试验应符合《普通混凝土长期性能和耐久性能实验方法标准》(GB/T 50082—2009)的有关规定。由于存在大量空隙,透水混凝土可能在其大孔隙中储存水,这使其在寒冷气候下更容易受到冻融破坏。与常规混凝土相比,透水混凝土对冻融破坏的抵抗力较低,但通过使用各种添加剂或补充材料,例如掺入引气剂、纤维、硅灰或者高效减水剂可以改善透水混凝土的抗冻性能。

(3)透水混凝土的抗压强度和弯拉强度

一般来说,大孔隙透水混凝土的力学性能低于常规透水混凝土。孔隙率在15%~30%之间的透水混凝土的抗压强度范围为10~30MPa,弯拉强度在1~4MPa之间。增加水泥胶浆的量可以提高透水混凝土的强度;使用细集料可以很容易地提高水泥浆水平;使用细集料后,集料的比表面积增加,水泥浆覆盖了更大的集料面积。另一方面,减小粗集料粒径可以提高强度。通过掺入硅灰和粉煤灰等材料,透水混凝土的抗压强度可提升至40MPa以上。

3. 透水混凝土配合比设计步骤

透水水泥混凝的配合比设计应符合表5-66的性能要求。透水水泥混凝土配合比设计步骤宜符合下列规定:

单位体积粗集料用量应按式(5-64)计算。

$$W_G = \alpha \cdot \rho_G \tag{5-64}$$

式中:W_G——透水水泥混凝土中粗集料用量,kg/m^3;

ρ_G——粗集料紧密堆积密度,kg/m^3;

α——粗集料用量修正系数,取0.98。

胶结料浆体体积应按式(5-65)计算确定

$$V_p = 1 - \alpha \cdot (1 - v_c) - 1 \cdot R_{void} \tag{5-65}$$

式中:V_p——每立方米透水水泥混凝土中胶结料浆体体积,m^3/m^3;

v_c——粗集料紧密堆积孔隙率,%;

R_{void}——设计孔隙率,%。

水胶比应经试验确定,水胶比选择范围控制在0.25~0.35,并应满足表5-66中的技术要求。

单位体积水泥用量应按式(5-66)确定:

$$W_C = \frac{V_P}{R_{W/C} + 1} \rho_C \tag{5-66}$$

式中:W_C——每立方米透水水泥混凝土中水泥用量,kg/m^3;

V_P——每立方米透水水泥混凝土中胶结料浆体体积,m^3/m^3;

$R_{W/C}$——水胶比;

ρ_C——水泥密度,kg/m^3。

单位体积水泥用量应按式(5-67)确定:

$$W_W = W_C \cdot R_{W/C} \tag{5-67}$$

式中:W_W——每立方米透水水泥混凝土中用水量,kg/m^3;

W_C——每立方米透水水泥混凝土中水泥用量,kg/m^3;

$R_{W/C}$——水胶比。

外加剂用量应按式(5-68)确定:

$$M_a = W_C \cdot a \tag{5-68}$$

式中:M_a——每立方米透水水泥混凝土中外加剂用量,kg/m^3;

W_C——每立方米透水水泥混凝土中水泥用量,kg/m^3;

a——外加剂的掺量,%。

当掺用增强剂时,掺量应按水泥用量的百分比计算,然后将其掺量换算成对应的体积。

透水水泥混凝土配合比可采用每立方米透水水泥混凝土中各种材料的用量表示。

透水水泥混凝土配合比的试配应符合下列规定:

①应按计算配合比进行试拌,并检验透水水泥混凝土的相关性能。当出现浆体在振动作用下过多坠落或不能均匀包裹集料表面时,应调整透水水泥混凝土浆体用量或外加剂用量,达到要求后再提出供透水水泥混凝土强度试验用的基准配合比。

②透水水泥混凝土强度试验时,应选择3个不同的配合比其中一个为基准配合比,另外两个配合比的水胶比宜较基准水胶比分别增减0.05,用水量宜与基准配合比相同。制作试件时应目视确定透水水泥混凝土的工作性。

③根据试验得到的透水水泥混凝土强度、孔隙率与水胶比的关系,应采用作图法或计算法求出满足孔隙率和透水水泥混凝土配制强度要求的水胶比,并应据此确定水泥用量和用水量,最终确定正式配合比。

第七节 砂 浆

砂浆是由胶凝材料、细集料和水配制而成的建筑工程材料,其中细集料多采用天然砂,在建筑工程中起黏结、衬垫和传递应力的作用,是一种用量大、用途广的建筑材料。按砂浆的用途,可分为砌筑砂浆、抹灰砂浆、装饰砂浆、防水砂浆以及保温吸声砂浆等;按照所用胶结材料不同,可分为水泥砂浆、石灰砂浆、混合砂浆(常用的是水泥石灰混合砂浆)。在道路和桥隧工程中,砂浆主要用来砌筑污工桥涵、挡土墙、隧道砌衬、涵洞及排水沟等。

砂浆与混凝土不同之处仅在于不含粗集料,所有有关混凝土拌合物的和易性、强度的基本规律,原则上也适用于砂浆,但由于用途不同,砂浆又有其自身的特点。

砌筑砂浆指将砖、石、砌块等块材经砌筑成为砌体,起黏结、衬垫和传力作用的砂浆。本节介绍新拌浆体的施工和易性以及硬化后的抗压强度特性。

一、砂浆的技术性质

1. 新拌砂浆的施工和易性

新拌砂浆的施工和易性是指新拌砂浆是否便于施工并保证质量的综合性质,其概念与混凝土拌合物和易性相同。和易性好的新拌砂浆便于施工操作,能比较容易地在砖、石等表面上铺砌成均匀、连续的薄层且与底面紧密黏结。新拌砂浆的施工和易性包括流动性和保水性两个方面的要求。

(1)流动性

砂浆流动性是指其在重力或外力作用下流动,能在粗糙的砖、石基面上铺筑成均匀的薄层并能与底面很好黏结的性能。砂浆流动性通常以稠度表示,用砂浆稠度测定仪测定。试验时,将按预定配合比的砂浆装入圆锥体中,使标准的滑针自由下沉,以沉入量作为流动性的指标,以 mm 计。影响砂浆稠度的因素有:胶凝材料及掺和料用量、用水量、外加剂品种与掺量、砂子级配与粗细程度、拌和时间等。砂浆流动性的选择应根据砌体种类、施工方法以及气候情况参照表 5-67、表 5-68 选用。

砌筑砂浆的稠度（JGJ/T 98—2010）　　　　　表 5-67

砌体种类	砂浆稠度（mm）
烧结普通砖砌体、粉煤灰砖砌体	70~90
普通混凝土小型空心砌块砌体、灰砂砖砌体、混凝土砖砌体	50~70
烧结多孔砖砌体、烧结空心砖砌体、轻集料混凝土小型空心砌块砌体、蒸压加气混凝土砌块砌体	60~80
石砌体	30~50

抹灰砂浆稠度选用表（JGJ/T 220—2010）　　　　　表 5-68

抹灰工程	施工稠度（mm）	抹灰工程	施工稠度（mm）
底层	90~110	面层	70~80
中层	70~90		

（2）保水性

砂浆保水性是指砂浆保持水分的能力,即新拌砂浆在运输与施工过程中,不易产生分层、析水现象,水不易从砂浆中分离出来的性质。保水性差的砂浆,在运输、停放、施工过程中水分很快丧失,或被砌体所吸干,使砂浆在很短的时间内就变得干涩,难以铺筑成均匀而薄的砂浆层,致使砌块之间砂浆不饱满,形成很多空穴空洞,并影响水泥正常硬化,降低砂浆黏结强度。

砂浆保水性以"分层度"表示,用砂浆分层度测量仪测定。试验时,将已测定稠度的砂浆装入圆筒中,静置 30min 后再次测试容器底部 1/3 部分砂浆的稠度。两次稠度之差即为分层度,以 mm 计。保水性良好的砂浆,其分层度较小。大量试验验证,水泥砂浆的分层度不应大于 30mm。分层度在 10~20mm 之间的砂浆,可用于砌筑或抹灰工程。水泥混合砂浆的分层度一般不会超过 20mm。分层度接近零的砂浆,虽然保水性好无分层现象,但往往胶凝材料用量过多或砂过细,致使砂浆易发生干缩裂缝,不宜作抹灰砂浆。

2. 硬化砂浆的抗压强度

（1）砂浆的强度等级

砂浆硬化后应有足够抗压强度,以起承担传递荷载的作用。砂浆抗压强度等级是在标准条件下,按养护 28d 龄期的边长 70.7mm 的立方体试件平均极限抗压强度来确定的,以 MPa 计。砌筑砂浆的强度等级分为 M5、M7.5、M10、M15、M20、M25 和 M30。

（2）砂浆强度的影响因素

砂浆强度的影响因素颇多,随其组成材料的种类和使用条件的差异有较大的波动。

①用于不吸水基底的砂浆强度

密实基底（如致密的石料）吸收砂浆中的水分甚微,对砂浆的水灰比影响不大。因此,砂浆强度与普通混凝土一样,主要取决于水泥强度和水灰比。它们之间的关系可以由经验公式（5-69）表示。

$$f_{m,28} = 0.293 f_{ce,28}(C/W - 0.4) \tag{5-69}$$

式中：$f_{m,28}$——砂浆 28d 抗压强度,MPa；
　　　$f_{ce,28}$——水泥 28d 抗压强度,MPa；
　　　C/W——砂浆的灰水比。

②用于吸水基底的砂浆强度

吸水基底(如黏土砖、多孔混凝土等)吸水性较强,即使砂浆用水量不同,但经砌体吸水后,保留在砂浆中的水分几乎是相同的。因此砂浆强度主要取决于水泥强度及其用量,而与水灰比无关。它们之间的关系可以由经验公式(5-70)表示。

$$f_{m,28} = \alpha \cdot f_{ce,28} \cdot m_{c0}/1000 \tag{5-70}$$

式中:$f_{m,28}$——砂浆 28d 强度,MPa;

$f_{ce,28}$——水泥 28d 抗压强度,MPa;

m_{c0}——砂浆中单位水泥用量,kg/m^3;

α——经验系数,可由试验测定。

二、砂浆的组成材料

1. 水泥

砂浆通常由普通水泥、矿渣水泥、火山灰质水泥等配制。由于砂浆强度不高,不必选用强度过高的水泥,否则会导致水泥用量太低而引起砂浆的保水性不良。水泥砂浆中所用水泥的强度等级不宜超过32.5级。而在水泥混合砂浆中,所掺加的消石灰膏会降低砂浆强度,因此所采用的水泥强度等级可适当提高,但不宜大于42.5级。

在一些具有特殊用途的砂浆中,可用特种水泥如膨胀水泥、快硬水泥与有机胶凝材料如合成树脂、合成橡胶等配制。

2. 掺和料和外加剂

为了节约水泥并改善施工和易性,砂浆中可以掺加各种掺和料如粉煤灰、石灰、石膏和黏土等,配制成水泥混合砂浆如水泥石灰砂浆、水泥黏土砂浆、水泥粉煤灰砂浆等。

粉煤灰的品质指标和磨细生石灰的品质指标应符合有关要求。为了保证砂浆质量,需要将生石灰熟化后使用,块状生石灰熟化时间不得少于7d,磨细生石灰的熟化时间不得小于2d。为了保证消石灰的质量,应防止消石灰干燥、冻结、污染。因脱水硬化的石灰膏和消石灰粉不能起塑化作用又影响砂浆强度,故不得用于砌筑砂浆中。

在水泥砂浆或水泥混合砂浆中,可以掺入有机塑化剂、早强剂、缓凝剂、防冻剂等。为了保证施工质量,应对所选择的外加剂进行检测和试配,符合要求才能使用。

3. 细集料

砂浆用砂应符合混凝土用砂的技术性质要求。

由于砂浆层较薄,砂最大粒径应有所限制。对于毛石砌体用砂浆,砂最大粒径应小于砂浆层厚度的1/5~1/4;对于砖砌体用砂浆,宜用中砂,其最大粒径不大于2.5mm;光滑表面的抹灰及勾缝砂浆,宜选用细砂,其最大粒径不大于1.2mm。

采用中砂拌制砂浆,既能满足施工和易性要求,又能节约水泥,应优先使用。为了保证砂浆质量,应选用洁净砂,对黏土杂质含量应有所限制。砂中含泥量过大,不但会增加砂浆的水泥用量,还可能使砂浆的收缩值增大、耐水性降低,影响砌筑质量。当水泥混合砂浆强度等级大于 M5.0 时,砂中含泥量对强度影响较为明显,因此要求砂含泥量不得超过5%;对于强度等级 M5.0 以下的砂浆,砂含泥量不得超过10%。

三、砂浆的配合比

1. 砌筑砂浆配合比计算与确定

砌筑砂浆是将砖、石、砌块等黏结成为砌体的砂浆。

（1）水泥混合砂浆配合比计算

①砂浆的试配强度

砂浆的试配强度由式(5-64)计算。

$$f_{m,0} = k f_m \tag{5-71}$$

式中：$f_{m,0}$——砂浆的试配强度，MPa；

f_m——砂浆抗压强度平均值，MPa；

k——系数，按表 5-69 取值。

砂浆强度标准差 σ 及 k 限用值(MPa)(JGJ/T 98—2010)　　表 5-69

施工水平	强度标准差 σ							k
	M5	M7.5	M10	M15	M20	M25	M30	
优良	1.00	1.50	2.00	3.00	4.00	5.00	6.00	1.15
一般	1.25	1.88	2.50	3.75	5.00	6.25	7.50	1.20
较差	1.50	2.25	3.00	4.50	6.00	7.5	9.00	1.25

②水泥用量的计算

水泥用量是影响砂浆强度的主要因素，每立方米砂浆中的水泥用量按式(5-71)计算。

$$Q_c = \frac{1000 \times (f_{m,0} - 15.09)}{3.03 \times f_{ce}} \tag{5-72}$$

式中：Q_c——每立方米砂浆中的水泥用量，kg；

$f_{m,0}$——砂浆的试配强度，MPa；

f_{ce}——水泥的实测强度，MPa。

③掺和料用量的计算

水泥混合砂浆中的掺和料用量按照式(5-72)计算。

$$Q_D = Q_A - Q_c \tag{5-73}$$

式中：Q_D——每立方米砂浆中掺和料用量，kg；

Q_c——每立方米砂浆中的水泥用量，kg；

Q_A——每立方米砂浆中水泥与掺和料的总量，kg，宜在 300 ~ 350kg。

④砂浆中砂的用量

砂浆中的水、胶结料和掺和料用于填充砂的空隙，因此 1m³ 干燥状态的砂的堆积密度值，也就是 1m³ 砂浆所用的干砂用量。砂在干燥状态时体积恒定，而当砂含水率为 5% ~ 7% 时，体积将膨胀 30% 左右；当砂含水处于饱和状态时，体积比干燥状态要减少 10% 左右。所以必须按照砂的干燥状态（含水率小于 0.5%）为基准进行计算。

⑤砂浆中的用水量

砂浆中用水量的多少，对砂浆强度的影响不大，应根据施工和易性所需稠度选用，水泥混合砂浆用水量通常小于水泥砂浆。砂浆用水量范围可根据砂浆稠度等要求选用 210 ~ 310kg/m³；

当采用细砂或粗砂时,用水量分别取该范围的上限或下限。当砂浆稠度小于70mm时,用水量可小于下限。当施工现场气候炎热或在干燥季节,可酌量增加用水量。

(2)水泥砂浆的配合比确定

若按照水泥混合砂浆配合比设计方法计算水泥砂浆配合比,由于水泥强度太高而砂浆强度太低,造成计算水泥用量偏少,因此通过计算得到的配合比不太合理。为了避免计算带来的不合理情况,水泥砂浆的配合比可以根据工程类别及砌体部位确定砂浆的设计强度等级查阅表5-70选用。表5-70中M15及M15以下强度等级水泥砂浆,水泥强度等级为32.5级;M15以上强度等级水泥砂浆,水泥强度等级为42.5级。

水泥砂浆材料用量(JGJ/T 98—2010)(kg/m³)   表5-70

强度等级	水泥用量	砂用量	用水量
M5	200~230	1m³砂的堆积密度	270~330
M7.5	230~260		
M10	260~290		
M15	290~330		
M20	340~400		
M25	360~410		
M30	430~480		

(3)砂浆配合比试配、调整与确定

①砂浆的配制

砂浆试配时,应采用工程中实际使用的材料,并使用机械搅拌,自投料结束起的搅拌时间为:水泥砂浆和水泥混合砂浆不得小于2min;掺加粉煤灰和外加剂的砂浆不得小于3min;掺用有机塑化剂的砂浆应为3~5min。

②和易性测定与配比调整

测定水泥砂浆拌合物的稠度和分层度,当不能满足要求时应调整材料用量,直到符合要求为止,然后确定为试配时的砂浆"基准配合比"。

③强度检测

制作强度试件时至少应采用三个不同的配合比,其中一个为"基准配合比",其他配合比的水泥用量应按基准配合比分别增加及减少10%。在保证稠度、分层度合格的条件下,可将用水量或掺和物用量作相应调整。

对三个不同的配合比进行调整后,按照规定方法成型试件并测定砂浆强度,然后选定符合试配强度要求且水泥用量最低的配合比作为砂浆的设计配合比。

2.抹灰砂浆的配合比

抹灰砂浆为涂抹于建筑物或构筑物表面的砂浆,不承受荷载,按其功能的不同可分为普通抹灰砂浆、防水砂浆和具有特殊功能的抹灰砂浆等。抹灰砂浆应与基底层有良好的黏结力,以保证其在施工或长期自重或环境因素下不脱落、不开裂,且不丧失其主要功能。抹灰砂浆多分层抹成均匀的薄层,表面要求平整细致。抹灰砂浆的配合比可以根据经验选用。

(1)普通抹灰砂浆

普通抹灰砂浆用于室外时,对建筑或墙体起保护作用。它可以抵抗风、雨、雪等自然因素以及有害介质的侵蚀,提高建筑物或墙体的抗风化、防潮、防腐蚀和保温隔热能力。普通抹灰砂浆用于室内则具有一定的装饰效果。

抹灰砂浆通常分为两层或三层进行施工,各层的作用与要求不同,因此所选用的砂浆也不同。底层砂浆的作用是使砂浆与底面牢固黏结,要求砂浆有良好的和易性、较高的黏结力、良好的保水性,否则水分易被底面吸收而影响黏结力;中层主要用来找平,有时可不用;面层砂浆主要起装饰作用,应达到平整美观的效果。

抹灰水泥砂浆常用配合比为:水泥:砂 = 1:2~1:3(体积比)。

水泥石灰混合砂浆可用:水泥:掺和料:砂 = 1:0.5:4.5~1:1:6.0。

在潮湿环境或容易碰撞的地方,如墙裙、踢脚板、地面、窗台及水池等,应采用水泥砂浆,其配合比多为:水泥:砂 = 1:2.5。

(2)防水砂浆

防水砂浆用作防水层适用于不受振动和具有一定刚度的混凝土或砖石砌体的表面,以及地下室、水塔、水池、储液罐等防水工程。

用普通水泥砂浆多层抹灰作为防水层时,要求水泥强度等级不低于32.5级,砂宜采用中砂或粗砂。配合比控制在水泥:砂 = 1:2~1:3,水灰比范围为0.40~0.50。

在普通水泥砂浆中掺入防水剂,可以提高砂浆自防水能力,配合比范围与上述相同。

用膨胀水泥或无收缩水泥配制防水砂浆时,由于水泥具有微膨胀或补偿收缩性能,提高了砂浆的密实性,砂浆的抗渗性提高,并具有良好的防水效果。配合比(体积比)为水泥:砂 = 1:2.5,水灰比0.4~0.5。

四、特种砂浆

在建筑工程中,还有多种满足某种特定功能要求的砂浆,常称为特种砂浆,除了上面提到的防水砂浆外,常用的还有以下几种。

1. 建筑保温砂浆

建筑保温砂浆是以膨胀珍珠岩、玻化微珠、膨胀蛭石等为集料,掺加胶凝材料及其他功能组分制成的干混砂浆,具有轻质、保温的特性,其技术指标应满足《建筑保温砂浆》(GB/T 20473—2021)的要求。

常用的保温砂浆有水泥膨胀珍珠岩砂浆、水泥石灰膨胀蛭石砂浆等。水泥膨胀珍珠岩砂浆用32.5级普通水泥配制时,其体积比为:水泥:膨胀珍珠岩砂 = 1:(12~15)、水灰比为1.5~2.0、导热系数为0.067~0.074W/(m·K),可用于砖及混凝土内墙表面抹灰或喷涂。

2. 吸声砂浆

由轻集料配制成的保温砂浆,一般具有良好的吸声性能,故也可以作为吸声砂浆用。另外,还可用水泥、石膏、砂、锯末配制成吸声砂浆。若在石灰、石膏砂浆中掺入玻璃纤维、矿棉等松散纤维材料,也能获得吸声效果。吸声砂浆用于有吸声要求的室内墙壁和顶棚的抹灰。

3. 耐酸砂浆

在用硅酸钠和氟硅酸钠配制的耐酸涂料中,掺入适量由石英岩、花岗岩、铸石等制成的粉及细集料等可拌制成耐酸砂浆。耐酸砂浆用于耐酸地面和耐酸容器的内壁防护层。

4. 防辐射砂浆

在水泥砂浆中掺入重晶石粉、重晶石砂可配制成具有防 X 射线能力的砂浆。其配合比约为：水泥∶重晶石粉∶重晶石砂＝1∶0.25∶（4～5）。在水泥浆中掺入硼砂、硼酸等可配制成具有防中子辐射能力的砂浆。

【本章小结】

水泥混凝土是道路路面、机场道面、桥梁工程结构及其附属构造物的重要建筑材料之一。

普通水泥混凝土由水泥、水、粗集料和细集料组成，必要时掺加一定质量的外加剂。对水泥混凝土的主要技术要求是：与施工条件相匹配的和易性、符合设计要求的强度、与工程使用条件相适应的耐久性等。

水泥混凝土的施工和易性是指新拌混凝土易于施工操作，达到质量均匀密实成型的性质，包括流动性、捣实性、黏聚性和保水性等方面的含义，常采用坍落度和维勃稠度试验进行判别，影响混凝土和易性的主要内因是水灰比、单位用水量和砂率等。

水泥混凝土的强度有抗压强度、抗拉强度及抗折强度等。混凝土的强度等级采用"立方体抗压强度标准值"确定，抗拉强度用于判断混凝土的抗裂性；抗折强度用于道路路面及机场道面结构设计，各种强度指标也用于水泥混凝土结构的质量评定。影响混凝土强度的主要因素为水灰比和水泥强度，这种关系也称为"水灰比定则"。

水泥混凝土的耐久性包括抗冻性、抗磨性、抗腐蚀性等，与混凝土的密实度、水泥用量和水灰比密切相关，因此在水泥混凝土配合比设计时，应按照水泥混凝土的使用条件对最大水灰比和最小单位水泥用量进行校核。

水泥混凝土的组成设计内容包括：原材料的选择及配合比的确定。在水泥混凝土组成材料中：应根据工程使用条件及混凝土的设计强度选择水泥品种和强度等级；粗集料的强度、坚固性、颗粒组成、最大粒径和形状应符合设计要求；细集料应坚固，并符合级配和细度模数的要求。粗、细集料均应限制有害杂质数量，在路面及机场道面混凝土中不得使用具有碱活性的集料。各种外加剂具有减水、增强、引气、提高混凝土耐久性等功能，使用时应遵循有关设计要求，不得对混凝土性能产生不利影响。

混凝土配合比设计的主要参数有：水灰比、单位用水量、砂率及外加剂或掺和料（如粉煤灰）数量。计算出的材料配合比，应经试拌、试配验证后方可确定。

粉煤灰混凝土和路用水泥混凝土（包括普通路用混凝土、钢纤维混凝土和碾压混凝土）等是在普通混凝土的基础上发展的。在粉煤灰混凝土中，以粉煤灰取代部分水泥（或细集料），既可降低混凝土造价，又能改善混凝土的某些性能，诸如提高混凝土流动性、降低水化热、提高混凝土耐久性等。钢纤维混凝土中由于钢纤维的增强增韧作用，使混凝土的抗裂性及韧性大大提高，对于延长混凝土路面的使用寿命极为有利。碾压混凝土具有水泥用量少、用水量低、施工速度快的特点，广泛应用于大体积结构及路面工程结构。

砂浆是一种细集料混凝土，在建筑结构中起黏结、传递应力、衬垫、防护和装饰作用。对砂浆的技术要求主要有施工和易性和抗压强度。

【练习题】

5-1 试述混凝土拌合物施工和易性的含义、影响混凝土拌合物和易性的主要因素及改善措施。

5-2 解释下列关于混凝土强度名词的含义:(1)立方体强度标准值;(2)强度等级;(3)混凝土配制强度;(4)劈裂抗拉强度;(5)抗折强度。

5-3 试述"水灰比定则"的意义,简述影响混凝土强度的主要因素及提高混凝土强度的主要途径。

5-4 水泥混凝土热胀冷缩特性对其路用性能有何影响?

5-5 普通水泥混凝土的组成材料在技术性质上有哪些主要要求?

5-6 简述普通水泥混凝土初步配合比设计步骤。经过初步计算所得的配合比,为什么还要进行试拌、调整?试拌、调整的内容是什么?如何进行?

5-7 混凝土外加剂按其功能可分为几类?试述减水剂和引气剂的作用机理和应用效果。

5-8 粉煤灰对水泥混凝土的性质有何影响?

5-9 简述路用普通水泥混凝土配合比设计步骤。

5-10 简述钢纤维对混凝土的增强增韧机理。

5-11 碾压混凝土在材料组成和施工工艺方面与普通水泥混凝土有何主要差异?

5-12 简述建筑砂浆的用途及其组成设计方法。

5-13 试设计某跨度 6m 预应力 T 梁用水泥混凝土的配合组成。

[设计资料]

水泥混凝土设计强度等级 C40,工程要求的强度保证率为 95%,水泥混凝土施工强度标准差 6.0MPa;要求混凝土拌合物的坍落度为 30~50mm。

组成材料及性质:P·I 水泥 52.5 级,实测抗压强度 58.5MPa,密度 $\rho_c = 3100 kg/m^3$;碎石用一级石灰岩轧制,最大粒径为 20mm,表观密度 $\rho'_g = 2780 kg/m^3$,现场含水率 $\omega_g = 1.0\%$;砂为清洁河砂,细度模数为 2.4,表观密度 $\rho'_s = 2680 kg/m^3$,现场含水率 $\omega_s = 5.0\%$;水符合混凝土拌和用水要求;减水剂用量 0.8%,减水率 $\beta_{ad} = 12\%$;粉煤灰符合 I 级灰标准,表观密度 $\rho'_g = 2120 kg/m^3$。

[设计要求]

(1)计算混凝土初步配合比(不掺减水剂和粉煤灰),并按现场含水率折算为工地配合比。

(2)计算掺加 0.8% 减水剂后,混凝土的初步配合比。

(3)用超量取代法计算粉煤灰混凝土初步配合比。

5-14 试设计某重交通二级公路面层混凝土(无抗冻性要求)的配合比组成。

[设计资料]

道面混凝土的设计弯拉强度标准值 $f_r = 5.5MPa$,施工单位混凝土弯拉强度标准差 $s = 0.5$(样本 $n = 6$),现场采用小型机具摊铺,摊铺坍落度要求 10~20mm。

组成材料为：水泥为Ⅱ型硅酸盐强度等级为 52.5 级，实测水泥抗折强度 7.86MPa，密度 $\rho_c = 3150\text{kg/m}^3$；碎石用一级石灰岩轧制，最大粒径为 40mm，表观密度 $\rho'_g = 2780\text{kg/m}^3$，振实密度 $\rho'_{gh} = 1736\text{kg/m}^3$；砂为清洁河砂，细度模数为 2.7，表观密度 $\rho'_s = 2700\text{kg/m}^3$；水为饮用水，符合混凝土拌和用水要求。

[设计要求]
计算该路面混凝土的初步配合比。

【思考题】

5-15 总结再生沥青混合料与再生混凝土在生产工艺、应用范围方面的区别。

5-16 总结透水混凝土路面在海绵城市建设中的应用现状，思考在材料及结构设计时应重点关注哪些性能。

5-17 半柔性路面是在碾压成型后的大空隙沥青混合料中灌注具有高流动性的特种水泥基灌浆材料而形成的一种刚柔相济的复合路面材料。查阅《道路灌注式半柔性路面技术规程》，试总结半柔性路面与沥青混凝土、水泥混凝土路面的异同点，并分析半柔性路面应用于工程中的优势与可能存在的问题。

5-18 地质聚合物是一种利用矿物废物和建筑垃圾作为原料，且具有优良的机械性能和耐酸碱、耐火、耐高温的性能的材料，试探究地质聚合物在道路方面的应用前景。

【推荐阅读文献】

[1] 储洪强, 蒋林华. 混凝土材料[M]. 北京: 化学工业出版社, 2022.

[2] 田波. 水泥混凝土铺面工程[M]. 北京, 人民交通出版社股份有限公司, 2021.

[3] Chanut N, Stefaniuk D, Weaver J C. Carbon-cement supercapacitors as a scalable bulk energy storage solution[J]. Proceedings of the national academy of sciences of the united states of america. 2023, 120(32): e2304318120

[4] 申爱琴, 郭寅川. 水泥与水泥混凝土[M]. 2版. 北京: 人民交通出版社股份有限公司, 2019.

[5] 中华人民共和国交通运输部. 公路水泥混凝土路面施工技术细则: JTG/T F30—2014[S]. 北京: 人民交通出版社, 2014.

第六章
无机结合料稳定材料

【内容提要】

本章介绍无机结合料稳定材料的分类和应用。重点阐述各类稳定材料的强度特征、收缩特性及其影响因素,技术要求、评价指标和技术标准;讲述各类稳定材料原材料的技术要求和配合比设计方法。

无机结合料稳定材料是指在各种原来松散或粉碎的土、矿质碎(砾)石、工业废渣中,掺入一定数量的无机结合料(如水泥、石灰等)及水,经拌和得到的混合料。该类混合料经摊铺、压实及养护后,可形成具有一定强度和稳定性的板体结构。当其抗压强度和使用性能符合设计要求时,可以用作道路路面结构的基层、底基层或垫层。自20世纪80年代起,无机结合料稳定材料被广泛用于铺筑我国高速公路和一级公路基层,并由早期的石灰稳定材料发展至如今大规模使用的水泥稳定碎石、水泥粉煤灰稳定碎石等。

无机结合料稳定材料的特点是:整体性强、承载能力大,强度和刚度介于刚性水泥混凝土和柔性粒料之间,且强度和刚度有随时间增长的特征,因此亦称之为半刚性材料。然而该类材料存在耐久性较差、平整度低、容易产生干缩裂缝、易起尘等问题。

第一节　无机结合料稳定材料分类和技术要求

一、无机结合料稳定材料分类

1. 按被稳定材料的公称最大粒径分类

根据被稳定材料(土、碎石、砾石或砂粒料,不指土块或土团)的公称最大粒径,无机结合料稳定材料可分为细粒材料、中粒材料及粗粒材料。

细粒材料是指公称最大粒径<16mm的材料,中粒材料是指公称最大粒径≥16mm,且<26.5mm的材料,粗粒材料是指公称最大粒径≥26.5mm的材料。

2. 按稳定材料的组成结构分类

以无机结合料稳定细粒材料得到的稳定材料称为均匀密实型混合料。该类稳定材料的建筑费用较低,可用作二级及二级以下公路路面的基层或底基层,不宜用作高速公路和一级公路的基层。

以无机结合料稳定中粒材料或粗粒材料得到的稳定材料,视压实混合料中粗集料颗粒间空隙体积与起填充作用的细集料体积之间的关系,将稳定类材料分为悬浮密实型结构、骨架密实型结构及骨架空隙型结构。

(1)悬浮密实型

悬浮密实型是指压实混合料中细集料体积大于粗集料所形成的空隙体积,即粗集料在压实混合料中处于"悬浮"状态。该类混合料中的粗集料含量一般在50%左右,压实混合料的抗弯拉性能较好,适用于各等级公路的基层和底基层。

(2)骨架密实型

骨架密实型是指压实混合料中细集料体积"临界"于粗集料所形成的空隙体积,粗集料在压实混合料中有一定的"骨架"作用。该类混合料中的粗集料含量一般在80%以上,压实混合料的嵌挤强度较高,抗裂性、抗冲刷性较好,宜用于高速公路和一级公路的基层。

(3)骨架空隙型

骨架空隙型是指压实混合料中细集料体积小于粗集料所形成的空隙体积,在压实混合料中形成"骨架"的粗集料颗粒之间存在一定的空隙。与骨架密实型稳定材料相比,该类型的混合料具有较高的空隙率,适用于有较高路面内部排水要求的基层。

3. 按结合料品种分类

按照所用结合料品种,无机结合料稳定材料可分为:水泥稳定材料、石灰稳定材料、综合稳定材料、工业废渣稳定材料等。

(1)水泥稳定材料(Cement Stabilized Material)

水泥稳定材料是指以水泥为结合料,通过加水与被稳定材料共同拌和形成的混合料。包括水泥稳定级配碎石、水泥稳定级配砾石、水泥稳定石屑、水泥稳定土和水泥稳定砂等。

(2)石灰稳定材料(Lime Stabilized Material)

石灰稳定材料是指以石灰为结合料,通过加水与被稳定材料共同拌和形成的混合料。采用石灰稳定细粒土(如黏土或粉土)得到的混合料简称为石灰土,采用石灰土稳定碎石或砾石得到的混合料简称为石灰碎石土、石灰砾石土。

(3)综合稳定材料(Composite Stabilized Material)

综合稳定材料是指以两种以上材料为结合料,通过加水与被稳定材料共同拌和形成的混合料。主要类型有石灰粉煤灰稳定材料、水泥石灰稳定材料及水泥粉煤灰稳定材料等。

当采用水泥、石灰综合稳定,水泥质量占结合料总质量不小于30%时,应按水泥稳定材料的技术要求进行设计,水泥和石灰的比例宜取60:40、50:50或40:60;水泥质量占结合料总质量小于30%时,应按石灰稳定材料进行设计。

(4)工业废渣稳定材料(Industrial Waste Cement Stabilized Material)

工业废渣稳定材料是指以水泥或石灰为结合料,以煤渣、钢渣、矿渣等工业废渣为主要被稳定材料,通过加水拌和形成的混合料,如水泥粉煤灰稳定钢渣混合料、石灰粉煤灰稳定钢渣混合料等。在这类工业废渣中均含有较多的活性氧化硅和活性氧化铝,这些化合物可与饱和的氢氧化钙溶液发生火山灰反应生成具有水硬性特征的化合物。

二、无机结合料稳定材料应具备的技术性质

在道路工程路面结构中,基层是位于沥青面层或水泥混凝土面板下的结构层,主要承受面层传来的车轮荷载的垂直压力作用,并向下面层扩散,同时调节和改善路基路面的水温状况为施工提供稳定而坚实的工作面。为此,用于基层或底基层的稳定类材料应具有足够的强度和稳定性,在冰冻地区应具有一定的抗冻性,同时应具有较小的收缩(温缩及干缩)变形以及较强的抗冲刷能力。对无机结合料稳定材料技术性质的要求主要包括强度、抗疲劳开裂性、收缩特性和抗冲刷性等。

1. 强度

无机结合料稳定材料的强度指标有无侧限抗压强度、弯拉强度等,前者用于无机结合料稳定材料的配合比设计,后者用于无机结合料稳定类基层结构的疲劳开裂验算。按照《公路路面基层施工技术细则》(JTG/T F20—2015)中的规定,无机结合料稳定材料的7d龄期无侧限抗压强度标准R_d应符合表6-1中的要求。

无机结合料稳定材料的7d龄期无侧限抗压强度标准R_d(MPa)(JTG/T F20—2015) 表6-1

混合料类型	交通荷载等级	高速公路和一级公路		二级及二级以下公路	
		基层	底基层	基层	底基层
水泥稳定材料[①]	极重、特重交通	5.0~7.0	3.0~5.0	4.0~6.0	2.5~4.5
	重交通	4.0~6.0	2.5~4.5	3.0~5.0	2.0~4.0
	中、轻交通	3.0~5.0	2.0~4.0	2.0~4.0	1.0~3.0
水泥粉煤灰稳定材料	极重、特重交通	4.0~5.0	2.5~3.5	3.5~4.5	2.0~3.0
	重交通	3.5~4.5	2.0~3.0	3.0~4.0	1.5~2.5
	中、轻交通	3.0~4.0	1.5~2.5	2.5~3.5	1.0~2.0

续上表

混合料类型	交通荷载等级	高速公路和一级公路		二级及二级以下公路	
		基层	底基层	基层	底基层
石灰粉煤灰稳定材料②	极重、特重交通	≥1.1	≥0.8	≥0.9	≥0.7
	重交通	≥1.0	≥0.7	≥0.8	≥0.6
	中、轻交通	≥0.9	≥0.6	≥0.7	≥0.5
石灰稳定材料③~⑤	—	—	≥0.8	≥0.8	0.5~0.7

注:①公路等级高或交通荷载等级高或结构安全性要求高时,推荐采用水泥稳定材料强度要求的上限标准。
②石灰粉煤灰稳定材料强度不满足表中要求时,可外加混合料质量1%~2%的水泥。
③石灰土强度达不到表中要求时,可添加部分水泥,或改用另一种土,塑性指数过小的土,不宜用石灰稳定,应改用水泥稳定。
④在使用低塑性土(塑性指数小于7)的地区,石灰稳定砂砾土和碎石的7d浸水抗压强度应大于0.5MPa(100g平衡锥测液限)。
⑤低限用于塑性指数小于7的黏性土,且低限值宜仅用于二级以下公路,高限用于塑性指数大于7的黏性土。

2. 抗疲劳开裂性

在车轮荷载的重复作用下,路面基层结构层层底多处于反复受拉的状态,可能会在结构应力远小于无机结合料稳定材料弯拉强度的情况下出现裂缝或发生断裂破坏。为此,在我国现行《公路沥青路面设计规范》(JTG D50—2017)中规定,应根据路面结构应力分析结果,验算无机结合料稳定层(基层或垫层)的疲劳开裂寿命,结构层的疲劳开裂寿命应大于设计使用年限设计车道的当量设计轴载累计作用次数。

3. 收缩特性

无机结合料稳定材料的收缩主要表现为因温度变化而造成的温缩、因含水率变化而造成的干缩。当收缩量达到一定程度时,会在结构中出现收缩裂缝。如果将这类材料用于道路的基层结构而上面的沥青面层较薄时,在温度荷载与车辆荷载的综合作用下,基层结构中裂缝会扩展至面层并形成反射裂缝,导致路面结构的损坏。

描述材料干缩特性的主要指标有:失水率、干缩应变及干缩系数等。失水率表征试件失水量;干缩应变表征试件失水收缩产生的变形量;干缩系数表征干缩应变对失水率的敏感性。干缩系数越大,表明干缩应变对失水率越敏感。描述材料温缩特性的主要指标有温缩应变和温缩系数。温缩应变表征试件在温度降低过程中的变形量,温缩系数表征温缩应变对降温幅度的敏感性。温缩系数越大,表明材料对降温越敏感。

稳定类材料的收缩特性受到被稳定材料类型、结合料类型与剂量、含水率、养护条件等因素的影响,详见后面各节的分析。

4. 抗冲刷性

抗冲刷性通常是指在动水压力的作用下材料抵抗水流冲击所表现的性能,是稳定类材料重要的使用性能之一。在半刚性基层沥青路面中,路表水会通过面层的缝隙、边缘等部位向下渗入,若不能及时排出,水分将滞留于基层与面层的结合处。在行车荷载尤其是在重载车辆作用下,这些水分会产生相当大的水压力,对基层表面产生冲刷作用,致使稳定类材料中的细料剥落,在基层与面层之间形成细料浆。在行车荷载的重复作用下,细料浆将会不断增多,并逐渐被行车荷载由面层的裂缝中唧出,形成唧泥现象。当面层裂缝是基层的反射裂缝时,由于面层裂缝与基层裂缝相互贯通,路表水将进入基层内部,对基层内部的稳定类材料产生更剧烈的冲刷作用,唧泥情况将更为严重。基层在受到冲刷后,将导致面层与基层之间形成脱空状态,这将加剧路面的损坏进程。

因此,稳定类基层材料不仅应满足强度要求,还应检验其抗冲刷性能。稳定类材料的抗冲刷性常用抗冲刷试验进行评价。《公路工程无机结合料稳定材料试验规程》(JTG 3441—2024)是将标准试件养护至指定龄期(水泥稳定类材料为28d,石灰、粉煤灰稳定类材料为90d),以冲击力峰值0.5MPa、冲刷频率10Hz,在冲刷桶中进行冲刷,以30min时的冲刷质量损失表征稳定类材料的抗冲刷性能。

第二节 水泥稳定材料

一、水泥稳定材料的强度特征

1. 强度形成机理

水泥稳定材料的强度主要取决于水泥水化硬化、离子交换反应和火山灰反应过程。水泥颗粒分散于被稳定材料中,经水化反应生成水化硅酸钙等系列水化物,将集料颗粒或土粒黏结成整体,这个过程与水泥混凝土强度形成的机理相同。

离子交换反应和火山灰反应主要发生于水泥稳定细粒土中。离子交换反应是指水泥水化产物氢氧化钙溶液中的钙离子、氢氧根离子与细粒土黏土矿物中的钠离子、氢离子发生离子交换,减薄黏土颗粒吸附水膜厚度,降低了黏性土的亲水性和塑性,使分散土粒形成较大的土团,在氢氧化钙的强烈吸附作用下,这些较大的土团进一步结合起来,形成链条结构,并封闭土团之间的孔隙,形成稳定的团粒结构。

火山灰反应是指黏土颗粒表面少量的活性氧化硅、氧化铝在石灰的碱性激发作用下,与氢氧化钙发生火山灰反应,生成不溶于水的水化硅酸钙和水化铝酸钙等,这些物质遍布于黏土颗粒之间,形成凝胶、棒状及纤维状晶体结构,将土粒胶结成整体。随着时间的推移,棒状和纤维状晶体不断增多,致使稳定材料的刚度、强度与水稳性不断提高。

然而,塑性较大的黏土的分散度极高,它能强烈地与水泥的水化物发生各种反应,从而破坏水泥正常水化与硬化,致使水泥不能充分发挥自身的作用,需要较高含量的水泥进行稳定,但不经济,因此塑性指数较大的重黏土不宜直接用水泥稳定。

2. 水泥稳定组成材料对其强度的影响

影响水泥稳定材料强度的主要因素有水泥剂量、土质、集料级配组成等。

(1)水泥剂量

随着水泥剂量的增加,水泥稳定材料在不同龄期时的强度增大,其强度增长规律与水泥混凝土相似,如图6-1所示。提高水泥剂量,可提高稳定材料的强度,但是也可能会增加混合料的收缩性,且在经济上不甚合理。

(2)土质

除有机质或硫酸盐含量较高的土以外,各种砂类土、砾类土、粉土和黏土均可用水泥稳定,但是稳定效果不尽相同。图 6-2 为水泥稳定不同土质得到的稳定材料的强度情况,其中以稳定粉土质黏土的强度最高,而稳定重黏土的强度最低。

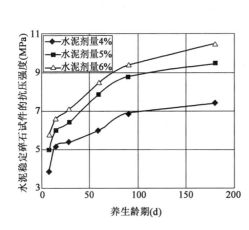

图 6-1 水泥稳定碎石抗压强度与养护龄期、水泥剂量的关系曲线

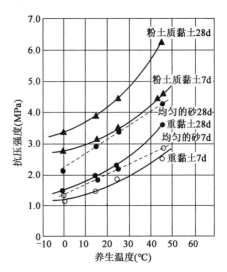

图 6-2 水泥稳定材料抗压强度与养护温度、土质的关系曲线

因此,在被稳定材料中,不宜含有塑性指数较高的黏性土,或者应控制其含量。为了改善水泥在黏性土中的硬化条件,提高稳定效果,可以在被稳定材料中掺加少量添加剂,石灰是水泥土中最常用的添加剂之一。在用水泥稳定之前,先掺入少量石灰,使之与土粒进行离子交换和化学反应,为水泥在土中的水化和硬化创造良好的条件,从而加速水泥的硬化过程。

(3) 集料级配组成

改善集料级配和加工技术可以明显增加水泥稳定材料的强度。试验研究和工程实践表明,采用骨架密实型的集料级配可以最大限度提高水泥稳定碎石的强度,并减少水泥用量。对于级配不良的天然砂砾,要用 6% ~ 8% 的水泥稳定,才能达到规定的强度。而添加部分细料使混合料达到最佳级配后,只要掺加 2% ~ 4% 的水泥即可达到规定的强度。在相同的水泥剂量下,水泥稳定最佳级配砂砾的强度比水泥稳定天然砂砾的强度高 50% ~ 100%。

在级配组成相同、水泥品种和剂量相同的条件下,采用反击破碎得到的碎石和一般破碎得到的碎石,两种混合料的强度可能会相差 20% ~ 30%。

(4) 含水率

水泥稳定材料的压实密度对其强度和抗变形能力影响较大,而压实密度与成型时的含水率和压实功有关。在压实功一定时,稳定类材料存在着最佳含水率,在此含水率时进行压实,可以获得较为经济的压实效果,即达到最大密实度。稳定类材料的最佳含水率取决于压实功、被稳定材料类型以及水泥剂量。通常,所施加的压实功越大、被稳定材料中的细料含量越少、最佳含水率越低,则最大密实度越高。

3. 外界条件对强度的影响

(1) 养护温度

养护温度直接影响水泥的水化进程,因而对水泥稳定材料的强度有着显著的影响。在相同龄期时,养护温度越高,水泥稳定材料的强度也越高。

（2）施工延迟时间

施工延迟时间是指水泥稳定材料施工过程中，从加水拌和开始至碾压结束所经历的时间。图 6-3 为水泥稳定砂砾强度和干密度与施工延迟时间的关系。由图可见，延迟时间越长，水泥稳定砂砾的强度和密度的损失就越大。

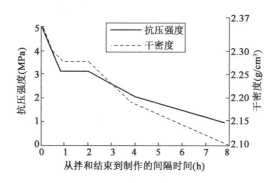

图 6-3　水泥稳定砂砾强度和干密度与延迟时间的关系曲线

延迟时间对水泥稳定材料强度的影响取决于两个因素，即水泥品种和土质。在土质不变的情况下，用终凝时间短的水泥时，延迟时间对混合料强度损失的影响大。在水泥用量一定的情况下，延迟时间为 2h 时，用黏土或砾质砂等配制的水泥稳定材料强度损失为 60%，而用一些原状砂砾或粗石灰石集料等制得的稳定材料的强度损失可能只有 20% 左右，水泥稳定中砂的强度甚至没有损失。为此，应根据水泥品种、土质特征来控制水泥稳定材料的施工速度。

二、水泥稳定材料的收缩特征

同水泥混凝土相同，水泥稳定材料在形成强度的过程中，也会出现因温度变化而引起的温度收缩和因水分变化而引起的干缩收缩。在铺筑路面结构层时，水泥稳定材料的温度收缩一般与干缩收缩同时发生。在修建初期，结构层内部含水率散失较快，以干缩为主，随后干缩缓慢发生。而温缩在后期则会由于气候的变化而周期性发生。

1. 温缩特征

水泥稳定材料的基本组成是固相、液相和气相，这三相具有不同的热胀冷缩特性，因此，当温度发生变化时，不同热胀冷缩特性的颗粒相互嵌挤胶结，产生内应力，当产生的内应力达到一定程度时，就会造成开裂。

水泥稳定材料的温缩应变随着温度的降低而增大。被稳定材料中塑性土的含量对其温缩系数的影响较大，如水泥稳定细粒土的温缩系数随着温度降低而增大的幅度最大，而水泥稳定集料的温缩系数变化较小。

图 6-4 为水泥稳定碎石温缩应变与温度的关系曲线，当温度降低时，温缩应变增大；在 $-5 \sim 20\text{℃}$ 的范围中，水泥剂量对温缩应变的影响不甚显著。

2. 干缩特征

水泥稳定材料的干缩是由于混合料自身水分蒸发以及混合料内部水化作用发生的毛细作用、分子间吸附作用和碳化收缩作用等，引起混合料体积在一定程度上趋于减小而出现的收缩现象。

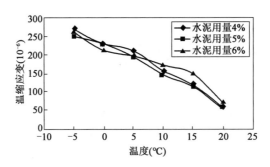

图 6-4 水泥稳定碎石温缩应变与温度的关系曲线

水泥稳定材料的干缩程度受到粒料含量及矿物成分、水泥剂量和含水率等因素的影响。水泥被稳定材料中的黏土成分含量越高,土的塑性指数越大,干缩现象越严重。粗颗粒粒料的比表面积小、活性低、与水的相互作用极其微弱,对水泥稳定材料干缩有着一定的抑制作用。水泥稳定细粒土的干缩系数和干缩应变都显著大于水泥稳定砂砾。如在最佳含水率下制成试件,在空气中硬化时,水泥稳定细粒土的最大干缩应变可达 $(2.78 \sim 3.95) \times 10^{-3}$,而水泥稳定砂砾仅为 $(0.11 \sim 0.20) \times 10^{-3}$。对于水泥稳定碎石来讲,若被稳定碎石中的粗集料含量较高,则可以有效降低其干缩性。

图 6-5 为水泥稳定砂砾干缩系数与水泥剂量的关系曲线,当水泥剂量降低时,水泥稳定砂砾的干缩系数减小。

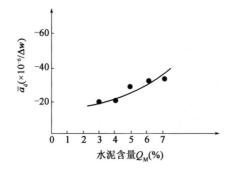

图 6-5 水泥稳定砂砾试件的干缩系数与水泥剂量的关系曲线

水泥稳定材料成型时的含水率对其干缩应变也有较大的影响,含水率增加 1% 使混合料干缩应变的增大量,显著大于水泥剂量增加 1% 使混合料干缩应变的增大量。被稳定材料的塑性指数越大,含水率对混合料干缩性的影响也越大。

温度收缩或干燥收缩是稳定类材料的"天性"。适时的保湿养护可以降低干燥收缩裂缝,控制细料含量可以显著减小温度收缩开裂可能。

三、水泥稳定材料的抗冲刷性

如表 6-2 所示为水泥稳定材料的冲刷试验结果。分析表中数据可见,提高水泥剂量可显著提高混合料的抗冲刷能力;当水泥剂量相同时,骨架密实型结构混合料的抗冲刷性明显高于悬浮密实型结构混合料,水泥稳定细粒土的抗冲刷能力明显小于水泥稳定碎石或砂砾。

水泥稳定材料冲刷试验结果 表6-2

组成结构	水泥稳定碎石								水泥稳定细粒土	水泥稳定砂砾
	悬浮密实型			骨架密实型			骨架空隙型			
水泥剂量(%)	4	5	6	4	5	6	6	8	10	6	6
30min 冲刷量(g)	94	64	57	52	43	38	13	8	4	110	35

水泥稳定碎石具有较高的强度、刚度和稳定性,可适用于各交通荷载等级道路的基层和底基层。虽然水泥稳定土、水泥稳定石屑的强度可以满足要求,但其抗冲刷性和抗裂性不足,不适合用于高速公路、一级公路沥青路面或水泥路面的基层,只能作为其底基层。

四、水泥稳定材料的组成设计

水泥稳定类材料的组成设计内容包括原材料检验、混合料的目标配合比设计、生产配合比设计和施工参数确定。

1. 组成材料的技术要求

水泥稳定类材料的组成设计应根据道路等级、交通荷载等级、结构形式和材料类型等因素确定组成材料的技术要求。

(1)水泥

水泥是影响水泥稳定材料性能的重要材料之一。可使用强度等级32.5或42.5的普通硅酸盐水泥。水泥的初凝时间应大于3h,终凝时间应在6~10h。

在水泥稳定材料中掺加缓凝剂或早强剂时,应对水泥稳定材料进行试验验证,缓凝剂和早强剂的技术要求应符合现行《公路水泥混凝土路面施工技术细则》(JTG/T F30—2014)中的规定。

(2)粗集料

粗集料可以是采用各种硬质岩石或砾石加工的级配碎石、未筛分碎石,也可采用天然砂砾石,但不应含有黏土块、有机物等。高速公路基层用碎石,应采用反击破碎的加工工艺。为了保证稳定类材料的强度和稳定性,粗集料的技术性质应符合表6-3中的规定。

粗集料的技术要求(JTG/T F20—2015) 表6-3

指标	层位	高速公路和一级公路		二级及二级以下公路
		极重、特重交通	重、中轻交通	
压碎值(%)	基层	≤22*	≤26	≤35
	底基层	≤30	≤30	≤40
针片状颗粒含量(%)	基层	≤18	≤22	—
	底基层	—	—	—
0.075mm以下粉尘含量(%)	基层	≤1.2	≤2	—
	底基层	—	—	—
软石含量(%)	基层	≤3	≤5	—
	底基层	—	—	—

注:* 花岗岩石料的压碎值可以放宽至25%。

集料的最大粒径是影响稳定类混合料质量最为关键的因素之一。最大粒径越大,拌和机、平地机及摊铺机等施工机械越容易损坏,混合料越容易产生粗细集料离析现象,铺筑层也越难达到较高的平整度要求。集料的最大粒径太小,则稳定性不足,且增加集料的加工量。我国《公路沥青路面设计规范》(JTG D50—2017)中规定,无机结合料稳定材料用于高速公路和一级公路基层时,公称最大粒径不宜大于31.5mm;用于高速公路和一级公路底基层或二级及二级以下公路基层时,公称最大粒径不宜大于37.5mm;用于二级及二级以下公路底基层时,公称最大粒径不宜大于53.0mm。粗集料的最大粒径应根据这个规定进行选择。

粗集料的规格宜符合表6-4中的规定。高速公路和一级公路极重、特重交通荷载道路基层用粗集料应采用单一粒径的集料。

粗集料的规格要求(JTG/T F20—2015)   表6-4

规格名称	工程粒径(mm)	通过下列筛孔(mm)的质量百分率(%)								
		53	37.5	31.5	26.5	19.0	13.2	9.5	4.75	2.36
G1	20~40	100	90~100	—	—	0~10	0~5	—	—	—
G2	20~30	—	100	90~100	—	0~10	0~5	—	—	—
G3	20~25	—	—	100	90~100	0~10	0~5	—	—	—
G4	15~25	—	—	100	90~100	—	0~10	0~5	—	—
G5	15~20	—	—	—	100	90~100	0~10	0~5	—	—
G6	10~30	—	100	90~100	—	—	—	0~10	0~5	—
G7	10~25	—	—	100	90~100	—	—	0~10	0~5	—
G8	10~20	—	—	—	100	90~100	—	0~10	0~5	—
G9	10~15	—	—	—	—	100	90~100	0~10	0~5	—
G10	5~15	—	—	—	—	100	90~100	40~70	0~10	0~5
G11	5~10	—	—	—	—	—	100	90~100	0~10	0~5

(3)细集料

细集料应洁净、干燥、无风化、无杂质,并有适当的颗粒级配。高速公路和一级公路用细集料技术要求应符合表6-5的规定。细集料的规格应符合表6-6的规定。

细集料的技术要求(JTG/T F20—2015)   表6-5

项目	水泥稳定①	石灰稳定	石灰粉煤灰稳定	水泥粉煤灰综合稳定
塑性指数②	≤17	适宜范围15~20	适宜范围12~20	—
有机质含量(%)	<2	≤10	≤10	<2
硅酸盐含量(%)	≤0.25	≤0.8	—	≤0.25

注:①水泥稳定包括水泥石灰综合稳定。
②应测定细集料中0.075mm以下材料的塑性指数。

细集料的规格要求(JTG/T F20—2015)   表6-6

规格名称	工程粒径(mm)	通过下列筛孔(mm)的质量百分率(%)							
		9.5	4.75	2.36	1.18	0.6	0.3	0.15	0.075
XG1	3~5	100	90~100	0~15	0~5	—	—	—	—
XG2	0~3	—	100	90~100	—	—	—	—	0~15
XG3	0~5	100	90~100	—	—	—	—	—	0~20

注:1. 对0~3mm和0~5mm的细集料应分别严格控制大于2.36mm和4.75mm的颗粒含量。对3~5mm的细集料应严格控制小于2.36mm的颗粒含量。
2. 高速公路、一级公路,细集料中小于0.075mm颗粒含量应不大于15%;二级及二级以下公路,细集料中小于0.075mm的颗粒含量应不大于20%。

2.混合料设计级配范围

(1)水泥稳定材料(不包括水泥稳定级配碎石或砾石)

被稳定材料的液限不应大于40%,塑性指数不应大于17。当不得已使用塑性指数大于17的材料时,宜采用石灰稳定或用水泥和石灰综合稳定。当采用水泥稳定,被稳定材料中含有一定量的碎石或砾石,且小于0.6mm的颗粒含量在30%以下时,土的塑性指数可大于17,但其均匀系数应大于5。

水泥稳定材料(不包括水泥稳定级配碎石或砾石)可采用表6-7推荐的级配范围。其中高速公路和一级公路底基层、二级公路基层用被稳定材料中不宜含有黏性土或粉性土。用水泥稳定粒径较均匀的砂时,可在砂中添加适量塑性指数小于10的黏性土、石灰土或粉煤灰,添加比例应通过击实试验确定。添加粉煤灰的比例宜为20%~40%。

水泥稳定材料(不包括水泥稳定级配碎石或砾石)的推荐级配范围(JTG/T F20—2015) 表6-7

适用的道路类型	级配编号	通过下列筛孔(mm)的质量百分率(%)									
		53	37.5	31.5	26.5	19	9.5	4.75	2.36	1.18	0.6	0.075
高速公路、一级公路的底基层或二级公路的基层	C-A-1	—	100	90~100	—	69~90	45~68	29~50	18~38	—	8~22	0~7
高速公路和一级公路的底基层	C-A-2	—	100	—	—	—	50~100	—	—	—	17~100	0~30
二级以下公路的基层	C-A-3	100	90~100	—	66~100	54~100	39~100	28~84	20~70	14~57	8~47	0~30
二级及二级公路的底基层	C-A-4	100	—	—	—	—	50~100	—	—	—	17~100	0~50

(2)水泥稳定级配碎石或砾石

水泥稳定级配碎石或砾石可采用表6-8推荐的级配范围。

水泥稳定级配碎石或砾石的推荐级配范围(JTG/T F20—2015) 表6-8

适用的道路类型	级配编号	通过下列筛孔(mm)的质量百分率(%)											
		37.5	31.5	26.5	19	16	13.2	9.5	4.75	2.36	1.18	0.6	0.3	0.15	0.075
高速公路和一级公路	C-B-1	—	—	100	82~86	73~79	65~72	53~62	35~45	22~31	13~22	8~15	5~10	3~7	2~5
	C-B-2	—	—	—	100	88~93	76~86	59~72	35~45	22~31	13~22	8~15	5~10	3~7	2~5
	C-B-3	—	100	—	68~86	—	—	38~58	22~32	16~28	—	8~15	—	—	0~3

续上表

适用的道路类型	级配编号	通过下列筛孔(mm)的质量百分率(%)											
		37.5	31.5	26.5	19	16	13.2	9.5	4.75	2.36	1.18	0.6	0.3	0.15	0.075
二级及二级以下公路	C-C-1	100	90~100	81~94	83~67	61~78	54~73	45~64	30~50	19~36	12~26	8~19	5~14	3~10	2~7
	C-C-2	—	100	90~100	73~87	65~82	58~75	47~66	30~50	19~36	12~26	8~19	5~14	3~10	2~7
	C-C-3	—	—	100	90~100	79~92	67~83	52~71	30~50	19~36	12~26	8~19	5~14	3~10	2~7

用于高速公路和一级公路时,级配宜符合 C-B-1、C-B-2 的规定;混合料密实时也可采用 C-B-3 级配;C-B-1 级配宜用于基层和底基层,级配 C-B-2 级配宜用于基层。

用于二级及二级以下公路时宜符合 C-C-1、C-C-2、C-C-3 的规定。C-C-1 级配宜用于基层和底基层,C-C-2 和 C-C-3 级配宜用于基层,C-B-3 级配宜用于极重、特重交通荷载等级下的基层。

被稳定材料的液限不宜大于 28%,用于高速公路和一级公路时,塑性指数宜不大于 5;用于二级及二级以下公路时,塑性指数宜不大于 7。

3. 水泥稳定材料的目标配合比设计

无机结合料稳定材料是由集料(或土)与填充于其空隙中的结合料组成的,为了保证该类含量的强度和耐久性,混合料应具有较大的密实度。同时,所设计的混合料的各项使用性能应能符合路面结构的设计要求,并能够准确地进行生产质量控制,易于摊铺和压实,且比较经济。因此,稳定类混合料配合比设计目的为:根据强度指标和使用性能要求,确定各项组成材料的比例;根据击实试验,确定混合料的最大干密度和最佳含水率。主要设计步骤如下:

(1)确定混合料合成级配

根据当地材料特点和技术要求,确定混合料的目标级配曲线与合理的变化范围。级配曲线可以按道路等级、交通荷载等级、结构层位以及被稳定材料类型等按表 6-7 或表 6-8 选择并确定。

(2)选择试验用水泥剂量

水泥剂量以水泥质量占全部干燥被稳定材料质量百分率表示。进行配合比设计试验时,水泥剂量范围可根据结构层位与强度要求、被稳定材料类型按表 6-9 选择。

水泥稳定材料配合比设计试验推荐水泥剂量表(JTG/T F20—2015)   表 6-9

结构层位	被稳定材料类型	条件	推荐试验剂量(%)
基层	有级配的碎石或砾石	$R_d \geq 5.0$MPa	5、6、7、8、9
		$R_d < 5.0$MPa	3、4、5、6、7
	土、砂、石屑等	塑性指数<12	5、7、9、11、13
		塑性指数≥12	8、10、12、14、16
底基层	有级配的碎石或砾石	—	3、4、5、6、7
	土、砂、石屑等	塑性指数<12	4、5、6、7、8
		塑性指数≥12	6、8、10、12、14

为了保证施工过程中混合料的拌和均匀性,水泥的最小剂量不宜过小。若目标配合比设计所得到水泥剂量小于表 6-10 中的规定时,应采用表 6-10 给出的水泥最小剂量。

水泥的最小剂量(%)(JTG/T F20—2015)   表6-10

被稳定材料类型	拌和方法	
	路拌法	集中厂拌法
中粒、粗粒材料	4	3
细粒材料	5	4

(3)确定最佳含水率和最大干密度

稳定类材料的最大密度和最佳含水率可以采用"试验法"或"计算法"确定。"试验法"以重型击实试验为基础,也可以采用振动压实方法;计算法以"填充理论"为基础,通过计算确定各种组成材料的用量比例。配合比设计时,应分别测定不同水泥剂量条件下混合料的最大干密度和最佳含水率。

(4)混合料性能检验

依据所确定的稳定类材料的最大干密度和最佳含水率,按工地要求的压实度制作试件,验证不同水泥剂量条件下混合料的技术性质(主要指90d或180d龄期弯拉强度和抗压回弹模量、7d龄期无侧限抗压回弹模量),确定满足设计要求的最佳水泥剂量。压实度是指现场实测混合料干密度与室内所得混合料最大干密度的比值,以%计。

根据强度试验结果,按照式(6-1)计算混合料的强度代表值R_d^0。

$$R_d^0 = \bar{R} \cdot (1 - Z_\alpha C_v) \tag{6-1}$$

式中:$\bar{R}$——一组试件的强度平均值,MPa;

C_v——一组试件的强度变异系数,%;

Z_α——标准正态分布表中随保证率或置信度α而变的系数。高速公路和一级公路应取保证率95%,即$Z_\alpha = 1.645$;二级及二级以下公路应取保证率90%,即$Z_\alpha = 1.282$。

强度代表值R_d^0应不小于强度标准值R_d,见式(6-2)。若几组混合料试件的强度代表值R_d^0均小于R_d,则应重新进行配合比设计。

$$R_d^0 \geq R_d \tag{6-2}$$

【例题6-1】 某一级公路重交通道路沥青路面基层用水泥稳定碎石的目标配合比设计。

(1)设计依据

用于某一级公路重交通道路沥青路面基层的水泥稳定碎石,基层设计厚度25cm。水泥为32.5级普通硅酸盐水泥。

(2)设计要求

确定水泥稳定碎石混合料的水泥剂量、最大干密度及最佳含水率。

解:

步骤1:确定设计指标

根据道路使用条件,查表6-1可知,水泥稳定碎石的7d龄期无侧限抗压强度标准值R_d为4.0~6.0MPa,取中值5.0MPa。

查表6-9,选定水泥剂量范围3%~7%。

步骤2:确定水泥稳定碎石的最佳含水率和最大干密度

选定水泥剂量3%、4%、5%、6%和7%进行水泥稳定碎石的重型击实试验,测定水泥稳定碎石试件的最佳含水率和最大干密度,试验结果见表6-11第2列和第3列。

水泥稳定碎石击实试验及 7d 抗压强度检验结果　　　　表 6-11

水泥剂量 (%)	最佳含水率 ω_0 (%)	最大干密度 γ_{max} (g/cm³)	计算干密度 $\gamma_{i,max}$ (g/cm³)	抗压强度平均值 $\bar{R}$ (MPa)	变异系数 C_v (%)	抗压强度代表值 R_d^0 (MPa)
(1)	(2)	(3)	(4)	(5)	(6)	(7)
3.0	6.0	2.360	2.266	2.9	5.19	2.7
4.0	6.2	2.375	2.280	3.9	6.47	3.5
5.0	6.4	2.385	2.290	4.6	5.65	4.2
6.0	6.8	2.390	2.294	5.9	7.34	5.2
7.0	7.0	2.400	2.304	6.7	6.78	6.0

步骤 3：强度试验

工地要求压实度为 96%。以 96% 分别乘以表 6-11 中第 3 列的最大干密度，计算出不同水泥剂量下试件的干密度，列入表 6-11 第 4 列中。按此干密度和最佳含水率配制混合料并制备强度试件。试件在标准条件下养护，进行 7d 无侧限抗压强度试验，每一组试件的强度平均值和变异系数列入表 6-11 中的第 5 列和第 6 列。

步骤 4：确定水泥剂量

一级公路取保证率 95%，此时 $Z_\alpha = 1.654$，按式 (6-1) 计算得到各组试件的强度代表值，列入表 6-11 第 7 列中，并绘制成图 6-6。在图 6-6 的纵坐标上确定与强度标准值 $R_d = 5.0$ MPa 对应的位置，作水平线与强度代表值曲线相交，再由交点作垂直线与横坐标相交，交点即为所确定的水泥剂量 5.8%。

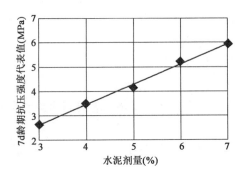

图 6-6　试件 7d 龄期无侧限抗压强度代表值与水泥剂量的关系曲线

根据表 6-11 中的数据内插，该水泥稳定碎石的最佳含水率为 6.7%、最大干密度为 2.389 g/cm³。

4. 水泥稳定粒料最佳含水率和最大干密度的计算法

在水泥稳定粒料（碎石和砾石）中，粒料含量可高达 95% 左右。由于击实试验所用击实筒尺寸的限制，往往难以得出稳定材料的真正最大干密度。此外，当混合料的配合比待定时，需要经过多种配比方案的反复比较，试验工作量大。鉴于此，可以采用计算法确定水泥稳定粒料中组成材料的比例，并计算该类材料的最大干密度和最佳含水率。

(1) 最大干密度的计算

根据"填充理论"，假设在水泥稳定粒料达到最大密实状态时，粒料颗粒间空隙率由水泥

浆密实填充,这种关系由式(6-3)表示,由此得到水泥稳定粒料最大干密度的计算式(6-4):

$$\gamma_{\max} = \rho_{g,\max} + \frac{a \cdot \gamma_{\max} + a \cdot \gamma_{\max} \cdot k}{100} \tag{6-3}$$

$$\gamma_{\max} = \frac{\rho_{g,\max}}{1 - \frac{(1+k) \cdot a}{100}} \tag{6-4}$$

式中:$\gamma_{\max}$——水泥稳定粒料的最大干密度,g/cm³;

$\rho_{g,\max}$——粒料在振动台上加载振动而得到的最大干密度,g/cm³;

a——水泥质量占水泥稳定粒料总质量的百分率,%;

k——水泥水化用水比例,一般为0.10~0.23,应通过试验确定。

(2)最佳含水率的计算

在最佳压实状态下,水泥稳定粒料中水的组成包括:水泥的水化水、粒料的含水率、拌和水(由水灰比(W/C)确定),由此水泥稳定粒料的最佳含水率可按式(6-5)计算:

$$\omega_0 = \left(\frac{W}{C} + k\right)a + \left(1 - \frac{a}{100}\right)\omega_g \tag{6-5}$$

式中:ω_0——水泥稳定粒料的最佳含水率,%;

ω_g——粒料的含水率,%;

W/C——水灰比,以小数计;

k、a——意义同式(6-4)。

第三节 石灰稳定材料

一、石灰稳定材料的强度特征

1. 强度形成机理

石灰稳定材料的强度是在机械压实、离子交换反应、氢氧化钙结晶和碳酸化反应以及火山灰反应等一系列复杂、交织的物理、化学反应过程逐渐形成的。离子交换反应是石灰材料获得初期强度的主要原因。由于火山灰反应是在不断吸收水分的情况下逐渐发生的,加上石灰中氢氧化钙的碳酸化反应缓慢且过程较长,所以石灰硬化及火山灰反应是石灰土后期强度增长的主要原因。石灰稳定材料的强度形成取决于石灰与细粒土中黏土矿物的相互作用,从而使土的工程性质产生变化。初期表现为土的结团、塑性降低,后期则主要表现为水化物晶体和凝胶结构的形成,最终提高土的强度和稳定性。

在石灰稳定集料中,粒状集料颗粒与石灰或石灰土构成一种复合材料,其强度主要取决于集料颗粒间的内摩阻力和嵌锁作用。经压实成型后,集料颗粒相互靠拢、相互嵌锁并形成骨架结构。石灰和细料起填充骨架空隙、包裹并黏结集料颗粒的作用。在石灰稳定集料中,由于石灰土的胶结能力比较弱,要特别注意发挥集料的骨架嵌锁作用。

2. 石灰稳定组成材料对其强度的影响

石灰细度越大,在相同剂量下与土粒的作用越充分、反应进行得越快、稳定效果越好。直接使用磨细生石灰粉可利用其在消解时放出的热能促进石灰与土之间物理化学反应的进行，有利于与土中的黏性矿物发生离子交换及火山灰反应，并加速石灰土的硬化。图 6-7 给出了不同土质采用石灰进行稳定后的强度与石灰剂量的关系。由于石灰起稳定作用使土的塑性、膨胀性和吸水性降低，因而随着石灰剂量的增加石灰土的强度和稳定性提高，但超过一定剂量后，强度的增长就不明显了。

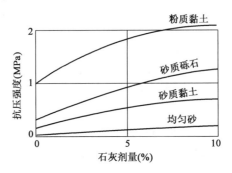

图 6-7 土质对石灰稳定土抗压强度的影响

根据石灰稳定材料的强度形成机理可知，石灰的稳定效果与土中的黏土矿物成分及含量有显著关系。一般来说，黏土矿物化学活性强、比表面积大，当掺入石灰等活性材料后所形成的离子交换、碳酸化作用、结晶作用和火山灰反应都比较活跃且稳定效果好。因此，石灰土的强度随着土中黏土矿物含量的增多、塑性指数的增大而提高。如图 6-7 所示几种石灰稳定材料的强度曲线表明：石灰对粉质黏土稳定效果明显优于对砂质黏土的稳定效果，而石灰对均质砂的稳定效果较差。

工程实践表明：塑性指数为 15~20 的黏土，易于粉碎和拌和、便于碾压成型、施工和使用效果都较好。塑性指数更大的重黏土虽然含黏土矿物较多，但由于不易破碎拌和其稳定效果反而不佳。塑性指数小于 12 的土则不宜用石灰稳定，最好用水泥进行稳定。对于无黏性或无塑性指数的集料，单纯用石灰稳定的效果远不如用石灰土稳定的效果好。

3. 养护条件和龄期对石灰稳定材料强度的影响

石灰稳定材料的强度是在一系列复杂的物理、化学反应过程中逐渐形成的，而这些反应需要一定的温度和湿度条件。当养护温度较高时可使各种反应过程加快，对石灰稳定材料的强度形成是有利的。适当的湿度为火山灰反应提供了必要的结晶水，但湿度过大会影响石灰中氢氧化钙的结晶硬化，从而影响石灰稳定材料强度的形成。

石灰土中的火山灰反应的进程缓慢，其强度随着龄期的增大而增长，甚至到 180d 时，石灰稳定土的强度还会继续增长。所以，7d 或 28d 龄期的强度试验结果，并不能代表石灰稳定材料的最终强度，石灰材料的强度随龄期的增长大体符合指数规律。

二、石灰稳定材料的收缩特征

1. 温度胀缩原因及影响因素分析

石灰稳定材料的体积收缩是由固体矿物组成和液相的热胀缩构成的。稳定材料土中的固体矿物组成包括原材料矿物和新生矿物。一般情况下，各原材料矿物的热胀缩性较小，但黏土矿物的胀缩性较大，而新生矿物如氢氧化钙、氢氧化镁、水化硅酸钙和水化铝酸钙均有着较大的热胀缩性。因此,就石灰稳定土而言,含粒料的石灰稳定集料的温缩系数低于石灰土。此外,随着龄期的增长,各类新生矿物不断增多,导致石灰稳定材料的温度收缩系数随龄期的增加而有所增强,初期增长速率较快但后期较慢。

2. 干燥收缩及影响因素分析

石灰稳定材料的干燥收缩主要是由于水分蒸发而产生的。此外石灰稳定材料有大量层状结构的晶体或非晶体,如黏土矿物、水化硅酸钙和水化铝酸钙等水化胶凝物,其间夹有大量层间水。随着相对湿度的进一步下降,层间水在水化胶凝物中迁移或蒸发,致使晶格间距减小,从而引起整体材料的收缩。

由此分析,含有较多黏土矿物及分散度大、比表面积大的材料干缩性大。当石灰稳定材料中粒料增加时,将降低整体材料的比表面积和需水量,并对水化凝胶物的收缩产生一定的抑制作用,从而可较大幅度降低干燥收缩性。图6-8为石灰稳定砂砾干缩系数与砂砾体积率之间的关系曲线,随着砂砾含量的增多,石灰稳定砂砾的干缩系数将降低。此外,由于稳定材料结构强度的形成对材料的干缩有一定的制约作用,所以稳定材料的干缩系数随着龄期的增长而减小,初期下降较快,后期逐渐缓慢。

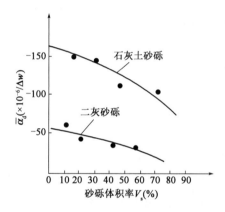

图6-8 干缩系数与砂砾含量关系

三、石灰稳定材料的应用

以细粒土为主的石灰土中含有较多黏土矿物、分散度大、比表面积大,其干缩系数及温缩系数都明显大于石灰稳定集料,容易产生严重的收缩裂缝。

在冰冻地区,潮湿路段的石灰土层中可能产生聚冰现象,从而导致石灰土结构的破坏及强度明显下降。在非冰冻地区,如石灰稳定材料经常处于过分潮湿状态,也不易形成较高强度的板体。

此外,石灰土的水稳定性明显小于石灰稳定集料,在石灰土的强度没有充分形成时,若有路表水渗入,石灰土表层数毫米以上就会软化,在沥青面层较薄的情况下,即使是几毫米的软化层也会导致沥青路面龟裂破坏。若路表积水对石灰土表层产生冲刷作用,所形成的浆体会被滚动的车轮唧出至路表,导致裂缝处沥青层下陷和变形,并在裂缝两侧产生新的裂缝。

由于上述原因,为了路面结构强度和使用质量,石灰材料禁止用作高速公路和一级公路的基层,只能作为高速公路和一级公路的底基层,或一般交通量道路路面的基层或底基层。

四、石灰稳定材料的组成设计

1. 组成材料的技术要求

（1）石灰

高速公路和一级公路用石灰不应低于Ⅱ级技术要求,二级公路用石灰不应低于Ⅲ级技术要求,二级以下公路宜不低于Ⅲ级技术要求。高速公路和一级公路的基层,宜采用磨细消石灰,二级以下公路适用等外石灰时,有效氧化钙含量应在20%以上,且混合料强度满足要求。

石灰堆放在野外无覆盖并遭受风吹雨淋和日晒时,其有效氧化钙和氧化镁含量很快降低,放置3个月时可从原来的大于80%降至40%左右;放置半年则可能降至30%左右。因此在工程中应尽量缩短石灰的存放时间。如果石灰需要存放较长时间,应堆放成高堆并采取覆盖封存措施以妥善保管。

（2）土

土中的黏土矿物越多、土颗粒越细、塑性指数越大,则用石灰稳定的效果就越好。塑性指数过小的土宜改用水泥稳定。为了提高稳定效果,塑性指数偏大的黏性土需进行粉碎,粉碎后土块最大尺寸不应大于15mm。塑性指数10以下的亚黏土和砂土,需要采用较多的石灰进行稳定,若添加石灰后仍难以碾压成型,且稳定效果较差,则最好采用水泥进行稳定。用石灰稳定的土的塑性指数范围宜为15~20,且土中硫酸盐含量不得超过0.8%、有机质含量不得超过30%。

（3）集料

集料可以采用级配碎石、未筛分碎石、砂砾、碎石土、砂砾土、煤矸石和各种粒状矿渣等。对集料质量、规格和公称最大粒径的要求与水泥稳定材料相同。

在石灰稳定集料（碎石或砾石）中,应添加少量黏性土以增加石灰的稳定效果。石灰同所加土的质量之和与集料的质量比宜为1∶4且集料含量宜在80%以上。因而,石灰稳定集料实际上是石灰土稳定集料土。在该类稳定材料中,集料应具有良好的级配,当级配不好时宜外加某种集料改善其级配。

2. 石灰稳定材料的配合比设计

在石灰稳定材料中,石灰剂量用石灰质量占全部干燥被稳定材料质量的百分比表示。石灰稳定集料的配合比表示为:石灰∶土∶碎石（或砂砾）,均以质量比例表示。石灰稳定材料配合比设计的主要内容如下:

（1）选择石灰剂量范围

石灰剂量范围根据被稳定材料的种类进行选择。当采用石灰稳定砂砾土和碎石土时,参考的石灰剂量范围为3%~7%;当采用石灰稳定塑性指数<12的黏性土时,参考的石灰剂量范围为8%~16%;当采用石灰稳定塑性指数>12的黏性土时,参考的石灰剂量范围为5%~13%。

（2）确定石灰稳定材料的最佳含水率和最大干密度

采用重型击实试验,确定不同石灰剂量下,石灰稳定材料的最佳含水率和最大干密度。

（3）强度试验

按工地要求的压实度,成型石灰稳定细粒土试件,在标准条件下养护,测试试件7d龄期无侧限抗压强度,计算试件抗压强度代表值。若各组试件的强度代表值均不能满足式(6-2)的要求时,应添加水泥或改用另一种土。

(4)确定石灰剂量

按照图6-6的方法确定石灰剂量。

第四节 综合稳定材料

一、石灰粉煤灰稳定材料

在工程中,石灰粉煤灰常被简称二灰,石灰粉煤灰稳定材料常被简称为二灰稳定材料。用石灰粉煤灰稳定各类细粒土得到的混合料,简称为二灰土;用石灰粉煤灰稳定砂砾、碎石、矿渣、煤矸石等得到的混合料,统称为石灰粉煤灰粒料,又视粒料品种的不同,称为石灰粉煤灰稳定碎石或砂砾等。

1. 二灰稳定材料的强度特征

石灰粉煤灰稳定材料的强度形成机理与石灰稳定材料基本相同,主要依靠集料的骨架作用和石灰粉煤灰的水硬性胶结及填充作用。由于粉煤灰能提供较多的活性氧化硅和活性氧化铝成分,在石灰的碱性激发作用下生成较多的水化硅酸钙、水化铝酸钙,具有较高的强度和稳定性。

与石灰稳定材料相比,二灰稳定材料强度形成更多地依赖于火山灰反应生成的水化物,而粉煤灰是一种缓凝物质,其表面能较低、难以在水中溶解,导致二灰稳定材料中的火山灰反应进程相当缓慢。因此二灰稳定材料的强度随龄期的增长速率缓慢且早期强度较低,但到后期仍保持一定的强度增长速率,有着较高的后期强度。二灰稳定材料中粉煤灰的用量越多,初期强度就越低,后期的强度增长幅度也越大。如果需要提高二灰稳定材料的早期强度,可以掺加少量水泥或某些早强剂。

就长期强度而言,骨架密实型二灰稳定粒料与粒料含量小于50%的悬浮密实型二灰稳定粒料相比并无明显差别,但前者的早期强度大于后者,并具有较好的水稳定性。

养护温度对二灰稳定材料的抗压强度有着显著的影响。较高的温度会促使火山灰反应进程,而当气温低于4℃时,混合料的抗压强度几乎停止增长。表6-12为2组石灰粉煤灰稳定粒料抗压强度测试值,当养护温度由20℃提高至40℃时,抗压强度可提高3倍以上;骨架密实型二灰粒料的强度较悬浮密实型二灰粒料的强度高15%以上。

石灰粉煤灰稳定碎石的7d龄期无侧限抗压强度与养护温度　　表6-12

	养护温度(℃)	20	30	40
抗压强度(MPa)	悬浮密实型二灰粒料	1.35	—	5.85
	骨架密实型二灰粒料	1.60	3.03	6.78

2. 二灰稳定材料收缩特征

二灰稳定材料的干缩和温缩机理及其影响因素与石灰稳定材料相同,其收缩程度主要取决于试件含水率、材料组成(如粒料含量、石灰剂量、粉煤灰含量、黏土矿物的含量与其塑性指数)等。公称最大粒径以及最小粒径颗粒的通过率等对二灰稳定材料的收缩性能都有较为重要的影响。总之,在二灰稳定材料中,粗集料形成的骨架能够抑制收缩开裂,细集料的加入也会抑制富余二灰的收缩,而过多的水分容易引起材料的早期收缩开裂。因此,必须严格控制二灰稳定材料中的含水率,通过调整集料、石灰、粉煤灰以及水的组成配比,将二灰稳定材料的收缩量控制在最低。

如表 6-13 所示为两类稳定材料在最佳含水率下制成试件,在空气中自然风干时产生的最大干缩应变。由表可见,悬浮密实式二灰粒料的干缩性明显大于骨架密实式二灰粒料;二灰碎石土的干缩性明显高于二灰稳定粒料,并随着土掺量的增加而增大;二灰土的干缩性小于石灰土的干缩性。

石灰稳定材料与二灰稳定粒料的最大干缩应变　　　　表 6-13

二灰稳定粒料	最大干缩应变 ($\times 10^{-3}$)	石灰:粉煤灰: 碎石:土	最大干缩应变 ($\times 10^{-3}$)	稳定土类型	最大干缩应变 ($\times 10^{-3}$)
密实型	0.23~0.27	4:12:84:0	0.67	石灰土	3.12~6.03
悬浮型	0.83	4:12:60:24	1.78	二灰土	0.34~2.63

由于粉煤灰颗粒对混合料的收缩起着约束作用,因此当石灰剂量不变时,二灰稳定材料的干缩系数和温缩系数随着粉煤灰用量增加而减少;粉煤灰用量不变时,二灰稳定材料的干缩系数和温缩系数随着石灰剂量增加而增大。

由于粉煤灰的作用,二灰土与石灰土相比,二灰稳定粒料与石灰稳定粒料相比,干缩性和温缩性均有不同程度的降低。按照稳定材料的干缩系数和温缩系数的大小排序为:石灰土 > 石灰稳定粒料 > 二灰土 > 二灰稳定粒料。

3. 二灰稳定材料的应用

粉煤灰颗粒呈空心球体、密度小而比表面积大,掺加粉煤灰后,稳定材料的最佳含水率增大而最大干密度减小,但其强度、刚度及稳定性均有不同程度的提高,尤其是抗冻性有较显著的改善,温缩系数也比石灰稳定材料有所减小,这对于提高路面结构的抗裂性有着重要意义。

虽然二灰土的收缩性小于石灰土,但仍具有相当程度的干缩变形,因而二灰土禁止用作高速公路和一级公路的基层。在高速公路和一级公路上的水泥混凝土面层下,也不应采用二灰土铺筑道路基层结构。悬浮型二灰粒料的干缩性大,容易产生干缩裂缝,其抗冲刷性也明显差于密实式粒料,在其他条件相同的情况下,悬浮型二灰粒料基层上沥青面层的裂缝较密实型二灰粒料基层上沥青面层的裂缝严重得多。

4. 组成材料的技术要求

(1)石灰与粉煤灰

石灰的技术要求同石灰稳定材料中石灰的技术要求。

干排或湿排的硅铝粉煤灰和高钙粉煤灰等均可用作基层或底基层的结合料,其中硅铝粉煤灰中 CaO 的含量一般为 2%~6%;高钙粉煤灰中 CaO 的含量一般为 10%~40%。用于稳定材料的粉煤灰中 SiO_2、Al_2O_3 和 Fe_2O_3 的总含量应大于 70%、烧失量不应超过 20%、比表面积宜大于 2500 cm^2/g,筛孔 0.3mm 和筛孔 0.075mm 的通过率应分别大于或等于 90% 和 70%。各等级公路的底基层、二级及二级以下公路的基层使用的粉煤灰的通过率不满足要求时,应进行混合料强度试验,如满足要求则可使用。

干排的硅铝粉煤灰若堆放在空地,应加水以防止飞扬造成污染。当粉煤灰含水率过大时,粉煤灰颗粒凝聚成团,且在集中厂拌法生产混合料时,过湿的粉煤灰不易通过下料斗的开口,进而直接影响混合料的配合比和拌和机的产量。湿粉煤灰的含水率不宜超过35%。使用时应将凝结的粉煤灰打碎或过筛,同时清除有害杂质。

(2)集料与土

在石灰粉煤灰稳定材料中宜采用塑性指数范围在12~20的黏性土或亚黏土。

石灰粉煤灰稳定材料所用集料中应少含或不含塑性指数较大的土,以保证混合料的稳定性和耐久性。对集料质量、规格和公称最大粒径的要求与水泥稳定材料相同。

5.配合比设计要点

(1)设计级配范围

在进行石灰粉煤灰稳定材料配合比设计时,可根据道路等级、结构层位、交通荷载等级以及被稳定材料类型,参照表6-14中的规定选择该类稳定材料的级配类型(编号),表中各个级配编号对应的级配范围见表6-15。

石灰粉煤灰稳定材料级配类型选择及组成材料质量比的要求 表6-14

道路等级	结构层位和交通荷载等级		适用的级配编号	石灰粉煤灰总质量	被稳定材料总质量
高速公路和一级公路	基层		LF-A-2S、LF-A12L	宜为15%,≤20%	—
	底基层	极重、特重交通荷载等级	LF-A-1S、LF-A-1L	—	宜≥80%
		其他交通荷载等级			
二级及二级以下公路	基层		LF-B-2S、LF-B-2L	—	宜≥80%
	底基层	极重、特重交通荷载等级	LF-B-1S、LF-B-1L	—	宜≥70%
		其他交通荷载等级			

石灰粉煤灰稳定级配碎石或砾石的推荐级配范围 表6-15

适用的道路等级和级配编号			下列筛孔(mm)的通过百分率(%)											
		37.5	31.5	26.5	19	16	13.2	9.5	4.75	2.36	1.18	0.6	0.3	0.15	0.075
高速公路和一级公路	稳定碎石	LF-A-1S	—	100	91~95	76~85	69~80	62~75	51~65	35~45	22~31	13~22	8~15	5~10	3~7	2~5
		LF-A-2S	—	—	100	82~89	73~84	65~78	53~67	35~45	22~31	13~22	8~15	5~10	3~7	2~5
	稳定砾石	LF-A-1L	—	100	93~96	81~88	75~84	69~79	60~71	45~55	27~39	16~28	10~20	6~14	3~10	2~7
		LF-A-2L	—	—	100	86~91	79~87	72~82	62~73	45~55	27~39	16~28	10~20	6~14	3~10	2~7
二级及二级以下公路	稳定碎石	LF-B-1S	100	90~100	81~94	67~83	61~78	54~73	45~64	30~50	19~36	12~26	8~19	—	—	2~7
		LF-B-2S	—	100	90~100	73~87	65~82	58~75	47~66	30~50	19~36	12~26	8~19	—	—	2~7

续上表

适用的道路等级和级配编号		下列筛孔(mm)的通过百分率(%)											
		37.5	31.5	26.5	19	16	13.2	9.5	4.75	2.36	1.18	0.6	0.3	0.15	0.075
二级及二级以下公路	稳定砾石 LF-B-1L	100	90~100	84~95	72~87	67~83	62~79	54~72	40~60	24~44	15~33	9~25	—	—	2~10
	稳定砾石 LF-B-2L	—	100	90~100	77~91	71~86	65~81	55~74	40~60	24~44	15~33	9~25	—	—	2~10

（2）配合比推荐比例

为了保证石灰粉煤灰稳定材料的强度和稳定性，二灰与集料应形成一个致密的整体。需要有足够的二灰来包裹集料颗粒，并填充集料颗粒间的空隙。当集料所占比例较小时，其骨架增强作用得不到充分体现；但当集料用量过大时，二灰的黏结作用又显得不够充分，反而会引起强度的下降，因而在集料与二灰之间存在一个最佳比例。

石灰粉煤灰与集料之间的比例需要根据所采用的材料通过试验来确定，也可以参照表 6-16 选用，必要时可采用正交设计或均匀设计方法。

石灰粉煤灰稳定材料推荐比例   表 6-16

使用层位	材料类型	石灰：粉煤灰质量比	石灰粉煤灰：被稳定材料质量比
基层或底基层	粉煤灰为硅铝粉煤灰①	1:2~1:9	—
基层或底基层	石灰粉煤灰土	1.2~1.4②	30:70③~10:90
基层	石灰粉煤灰级配碎石或砾石	1.2~1.4	20:80~15:85④

注：①CaO 含量为 2%~6% 的硅铝粉煤灰。
 ②粉土时采用 1:4。
 ③采用此比例时，石灰与粉煤灰之比宜为 1:2~1:3。
 ④石灰粉煤灰与粒料之比为 15:85~20:80 时，混合料形成骨架，粉煤灰起填充孔和胶结作用，这种混合料称骨架密实式石灰粉煤灰粒料。

二、水泥粉煤灰稳定材料

1. 水泥粉煤灰稳定材料的强度特征

水泥粉煤灰稳定材料的强度主要取决于水泥水化硬化、水泥粉煤灰之间的火山灰反应和压实。水泥自身的水化硬化是该类混合料早期强度的来源，而后期强度的增长主要源自水泥粉煤灰之间的火山灰反应，压实是保证混合料强度的必要条件。

水泥的水化硬化、粉煤灰的火山灰反应并不是孤立的，粉煤灰的存在将影响水泥的水化。粉煤灰对水泥水化的影响分为诱导期和加速期，诱导期粉煤灰将延迟水泥颗粒的水化，加速期粉煤灰将激化水泥颗粒的水化。水泥中的硅酸盐成分作为激发剂，可促进粉煤灰中活性组分的水化反应。随着龄期的增长，水化产物在过饱和溶液状态下以微晶体形式析出，伸展到水泥粉煤灰混合料固相的空隙中，互相连生，形成结晶体网状结构，并将固体颗粒联结成整体。火山灰反应是一个缓慢、长期的过程，这是水泥粉煤灰稳定材料具有较高后期强度的原因。

粉煤灰与水泥之间的火山灰反应是混合料强度的主要来源，因此，粉煤灰品质（细度）、掺量等会显著影响混合料的强度。图 6-9 给出了粉煤灰细度与混合料无侧限抗压强度的关系,由图可见,随着粉煤灰在 0.045mm 筛通过率的增加(细度增大),混合料的强度呈现增大趋势。

图 6-10 为混合料中集料质量比与混合料 28d 抗压强度的关系,由图可见,混合料强度随着集料质量的增加呈现先增大后降低的趋势。随着集料质量的增加,混合料的嵌挤和锁结作用对混合料强度的贡献增强。但当集料比例过高(如图中超过 87%)时,结合料的黏结力降低,致使混合料强度降低。图 6-10 中的曲线还表明,混合料的强度随着水泥掺量的增加而显著增大。

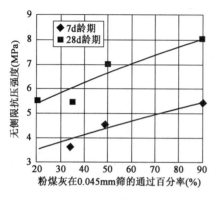

图 6-9 粉煤灰细度与混合料强度的关系　　图 6-10 集料质量比与混合料 28d 抗压强度的关系

2. 水泥粉煤灰稳定材料的收缩特性

表 6-17 给出了不同水泥粉煤灰质量比、相同集料质量比下,混合料试件 7d 龄期的累计干缩应变。可见,当碎石集料掺量相同时,粉煤灰与水泥的掺量比越大,混合料的干缩应变越小,这表明了粉煤灰对混合料的干缩应变具有抑制作用。粉煤灰的掺入会降低水泥水化物中水化硅酸钙的钙硅比和集料界面区域 $Ca(OH)_2$ 的生成量,对混合料抗裂性有利。随着水泥掺量的增加,混合料的最大累计干缩应变增大。

水泥粉煤灰稳定碎石 7d 龄期干缩试验结果　　表 6-17

水泥:粉煤灰:碎石质量比	3:12:85	5:10:85	7:8:85	9:6:85
最大干缩应变($\mu\varepsilon$)	319	483	612	796

3. 水泥粉煤灰稳定材料的应用

相对于石灰粉煤灰稳定类材料而言,水泥粉煤灰稳定材料是用一定剂量的水泥替换了全部石灰,这有利于提高基层结构的初期强度。相对水泥稳定类材料而言,是用粉煤灰替换了部分剂量的水泥,不但降低了造价,而且减弱了基层初期干缩的趋势。

水泥粉煤灰稳定碎石或砾石具有较高的强度、刚度和稳定性,可适用于各交通荷载等级道路的基层和底基层。

4. 组成设计要点

(1)组成材料

水泥粉煤灰稳定材料对组成材料(水泥、粉煤灰、集料或土)的技术要求与前述稳定材料基本相同。

(2) 设计级配范围

在进行水泥粉煤灰稳定级配碎石或砾石的配合比设计时，首先根据工程的道路等级、结构层位和交通荷载等级，选择水泥粉煤灰稳定材料的设计级配类型（表 6-18），然后由表 6-19 确定其设计级配范围。

水泥粉煤灰稳定材料级配类型选择　　　　　　　　　　表 6-18

道路等级	结构层位和交通荷载等级		使用的级配编号	水泥粉煤灰总质量	被稳定材料总质量
高速公路和一级公路	基层		CF-A-2S、CF-A-2L	宜为12%，≤18%	宜大于或等于85%
	底基层	极重、特重交通荷载等级	CF-A-2S、CF-A-2L	—	宜大于或等于80%
		其他交通荷载等级	CF-A-1L、CF-A-1S		
二级及二级以下公路	基层		CF-B-2L、CF-B-2S		宜大于或等于80%
	底基层	极重、特重交通荷载等级	CF-B-2S、CF-B-2L		宜大于或等于75%
		其他交通荷载等级	CF-B-1S、CF-B-1L		

水泥粉煤灰稳定级配碎石或砾石的推荐级配范围（JTG/T F20—2015）　　表 6-19

适用的道路类型	集料类型	级配编号	下列筛孔(mm)的通过百分率(%)												
			37.5	31.5	26.5	19	16	13.2	9.5	4.75	2.36	1.18	0.6	0.3	0.15	0.075
高速公路和一级公路	稳定碎石	CF-A-1S	—	100	90~95	72~84	65~79	57~72	47~62	30~40	19~28	12~20	8~14	5~10	3~7	2~5
		CF-A-2S	—	—	100	79~88	70~82	61~76	49~64	30~40	19~28	12~20	8~14	5~10	3~7	2~5
	稳定砾石	CF-A-1L	—	100	91~95	76~85	69~80	62~75	51~65	35~45	22~33	13~24	8~18	5~13	3~10	2~7
		CF-A-2L	—	—	100	82~89	73~84	78~65	53~67	35~45	22~33	13~24	8~18	5~13	3~10	2~7
二级及二级以下公路	稳定碎石	CF-B-1S	100	90~100	93~80	64~81	57~75	50~69	40~60	25~45	16~31	11~22	7~15	—	—	2~5
		CF-B-2S	—	100	90~100	70~86	62~79	54~72	42~62	25~45	16~31	11~22	7~15	—	—	2~5
	稳定砾石	CF-B-1L	100	90~100	81~94	67~83	61~78	54~73	45~74	30~50	19~36	12~26	8~19	—	—	2~7
		CF-B-2L	—	100	90~100	73~87	65~82	58~75	47~66	30~50	19~36	12~26	8~19	—	—	2~7

(3) 配合比推荐比例

水泥粉煤灰稳定材料的配合比以水泥∶粉煤灰∶被稳定材料的质量比表示。进行配合比设计时，可以参考表 6-20 的推荐比例进行试验，必要时可采用正交设计或均匀设计方法。

水泥粉煤灰稳定材料推荐比例（JTG/T F20—2015） 表6-20

使用层位	材料类型	水泥：粉煤灰质量比	水泥粉煤灰：被稳定材料质量比
基层或底基层	粉煤灰为硅铝粉煤灰①	1:3~1:9	—
基层或底基层	被稳定材料为细料材料	1:3~1:5	30:70②~10:90
基层	被稳定材料为级配碎石或砾石	1:3~1:5	20:80~15:80

注：①CaO含量为2%~6%的硅铝粉煤灰。
②采用此比例时，水泥与粉煤灰质量比宜为1:3~1:2。

第五节 无机结合料稳定再生材料

无机结合料稳定再生材料是指采用再生粒料部分或全部替代矿质碎（砾）石而形成的无机结合料稳定材料。目前再生混凝土集料、工业废渣、炉渣等再生材料已广泛应用于无机结合料稳定材料生产使用过程。由于再生材料的性能一般较差且参差不齐，一般不推荐用于高速公路或重要道路建设。

一、再生混凝土集料

再生混凝土集料是指由废弃混凝土通过破碎、清洗、分级等工艺制备的集料。其性质与原材料和原服役环境密切相关。再生集料具有低耗、无污染、可循环利用等优点，符合资源循环利用理念。然而与天然集料相比，再生集料表面粗糙多孔，并且通常附着砂浆、针片状颗粒含量偏高、吸水率偏大，综合性能一般差于天然粒料。

《道路用建筑垃圾再生骨料无机混合料》（JC/T 2281—2014）将再生级配集料分为Ⅰ类和Ⅱ类。不同类型的再生级配集料应符合表6-21规定。Ⅰ类再生级配集料可用于城镇道路路面的底基层以及主干路及以下道路的路面基层；Ⅱ类再生级配集料可用于城镇道路路面的底基层以及次干路、支路及以下道路的路面基层。公路各等级道路可参考选取。

再生级配集料（4.75mm以上部分）性能指标要求（JC/T 2281—2014） 表6-21

类型	Ⅰ类	Ⅱ类
再生混凝土颗粒含量	≥90%	—
压碎指标	≤30%	≤45%
杂物含量	≤0.5%	≤1.0%
针片状颗粒含量	≤20%	

根据结合料的不同，无机结合料再生集料稳定材料可分为三种：水泥稳定再生集料无机混合料、石灰粉煤灰稳定再生集料无机混合料和水泥粉煤灰稳定再生集料无机混合料。设计方法和要求参考前述章节，且再生集料应具备相应的级配。各种类型稳定材料的7d无侧限抗压强度应满足表6-22要求。

无机结合料再生集料稳定材料7d无侧限抗压强（JC/T 2281—2014） 表6-22

道路等级	快速路	主干路		其他等级道路	
结构部位	底基层	基层	底基层	基层	底基层
水泥稳定再生材料7d抗压强度（MPa）	≥2.5	3.0~4.0	≥2.0	2.5~3.5	≥1.5

续上表

道路等级	快速路	主干路		其他等级道路	
水泥粉煤灰稳定再生材料7d抗压强度(MPa)	≥1.0	—	≥1.0	1.2~1.5	≥0.6
石灰粉煤灰稳定再生材料7d抗压强度(MPa)	≥0.6	≥0.8	≥0.6	≥0.8	≥0.5

二、炉渣

炉渣一般泛指工业高温熔炉中留存的固体废弃物,常见的有冶金矿渣、生活垃圾焚烧炉渣、煤气化炉渣等。不同类型的炉渣在化学成分、物理性质等方面差异巨大。目前冶金矿渣等工业化废渣及生活垃圾焚烧炉渣被广泛研究应用于道路基层建设。

煤矸石、煤渣、高炉矿渣、钢渣及其他冶金矿渣等工业废渣可用于修筑基层或底基层,使用前应崩解稳定,且宜通过不同龄期条件下的强度和模量试验以及温度收缩和干湿收缩试验等评价混合料性能。其中水泥稳定煤矸石不宜用于高速公路和一级公路。工业废渣作为集料使用时,公称最大粒径应不大于31.5mm、颗粒组成宜有一定级配且不宜含杂质。钢渣应用于道路建设时,应符合《道路用钢渣》(GB/T 25824—2010)中的相关规定。其中用作基层稳定材料时钢渣浸水膨胀率应不大于2.0%;用作高等级道路基层材料时,压碎值应不大于30%;其他等级道路压碎值应不大于35%。此外水泥(水泥粉煤灰)稳定钢渣混合料和石灰粉煤灰稳定钢渣混合料的集料级配应分别符合表6-23和表6-24规定。

水泥(水泥粉煤灰)稳定钢渣混合料集料级配(GB/T 25824—2010)　　　表6-23

层位	混合料类型	通过方孔筛(mm)的质量分数/%							
		37.5	31.5	19.0	9.50	4.75	2.36	0.6	0.075
基层	悬浮密实型	—	100	90~100	60~80	29~49	15~32	6~20	0~5
	骨架密实型	—	100	68~86	38~58	22~32	16~28	8~15	0~3
底基层	悬浮密实型	100	93~100	75~90	50~70	29~50	15~35	6~20	0~5

石灰粉煤灰稳定钢渣混合料集料级配(GB/T 25824—2010)　　　表6-24

层位	混合料类型	通过方孔筛(mm)的质量分数/%								
		37.5	31.5	26.5	19.0	9.50	4.75	2.36	1.18	0.6	0.075
基层	悬浮密实型	—	100		88~98	55~75	30~50	16~36	10~25	4~18	0~5
	骨架密实型		—	100	95~100	46~68	24~34	11~21	6~16	2~12	0~6	0~3
底基层	悬浮密实型	100	94~100		79~92	51~72	30~50	16~36	10~25	4~18	0~5

生活垃圾焚烧炉渣集料是指生活垃圾焚烧炉渣经筛选、破碎、除铁、除铝、筛分后制成的性能符合《生活垃圾焚烧炉渣集料》(GB/T 25032—2010)要求的集料。上海市工程建设规范《道路工程生活垃圾焚烧炉渣集料应用技术规程》(DG/TJ 08—2245—2017)指出,应用于基层、底基层建设时炉渣集料应满足表6-25所示技术要求。

炉渣集料的技术要求(DG/TJ 08—2245—2017)　　　表 6-25

序号	技术指标		指标单位	技术要求	
				底基层	基层
1	炉渣集料	含水率	%	≤10	
2		表观密度	g/cm³	≥2300	
3		压碎值	%	≤35	≤30
4		热灼减率	%	≤5	
5	炉渣浸出液	酸碱性	PH 值	≤10	
6		电导率	mS/cm	≤9	
7		Cl 含量	g/kg	≤8	
8		SO_4^{2-} 含量	g/kg	≤8(用于石灰稳定类) ≤2.5(用于水泥稳定类)	

生活垃圾焚烧炉渣集料可用于石灰粉煤灰稳定炉渣碎石、水泥稳定炉渣碎石、水泥粉煤灰稳定炉渣碎石生产,其中按照碎石粒径范围可将石灰粉煤灰稳定炉渣碎石分为细粒径石灰粉煤灰稳定炉渣碎石(碎石粒径<37.5mm)和粗粒径石灰粉煤灰稳定炉渣碎石(碎石粒径范围31.5~53mm)。炉渣集料粒径宜选用 0~5mm 或 0~10mm。配合比设计内容和设计方法应符合现行《公路路面基层施工技术细则》(JTG/T F20)的有关规定。其 7d 龄期无侧限抗压强度应满足设计要求,无设计要求时推荐符合表 6-26 相关要求。

7d 无侧限抗压强度(MPa)技术要求(DG/TJ 08—2245—2017)　　　表 6-26

无机结合料炉渣稳定材料类型	结构层位	交通荷载等级		
		特重、重交通	中交通	轻交通
细粒径石灰粉煤灰稳定炉渣碎石	基层	≥1.0	≥0.8	≥0.6
	底基层	≥0.8	≥0.6	≥0.5
粗粒径石灰粉煤灰稳定炉渣碎石	基层	≥1.8	≥1.5	≥1.2
	底基层	≥1.4	≥1.2	≥1.0
水泥稳定炉渣碎石	基层	3.5~4.5	3.0~4.0	2.5~3.5
	底基层	≥2.5	≥2.0	≥1.5
水泥粉煤灰稳定炉渣碎石	基层	2.5~3.5	1.5~2.5	1.2~1.5
	底基层	≥1.4	≥1.0	≥0.6

【本章小结】

无机结合料稳定材料是以水泥、石灰等为结合料与被稳定材料组成的混合料,经加水拌和、摊铺、压实等施工工艺后形成路面结构层,广泛应用于各种道路路面的基层、底基层或垫层。该类稳定材料常被称为半刚性基层材料。

常用的稳定材料类型有水泥稳定材料、石灰稳定材料、石灰粉煤灰稳定材料和水泥粉煤灰稳定材料。被稳定材料可以是各类集料(碎石、砾石、砂或工业废渣),也可以是各类土,或者是集料与土的混合料。

作为道路基层材料,对稳定类材料的主要技术要求有:强度、抗裂性及抗冲刷性。稳定材料的技术性质取决于结合料品种与剂量、被稳定材料类型、混合料含水率、成型条件、养护温度与龄期等。当单独采用石灰作为结合料,或被稳定材料为细粒土,或混合料中细集料含量较高时,稳定类材料的干缩性、温缩性均较大,抗冲刷能力较差,不宜用作高速公路和一级公路的基层,但可以用于底基层或三、四级道路的基层。

稳定类材料的组成设计内容包括:选择并确定结合料与被稳定材料、进行混合料配合比设计。配合比设计包括:选择被稳定材料设计级配范围、确定无机结合料剂量、确定稳定材料的最佳含水率和最大干密度。稳定材料的最佳含水率和最大干密度宜采用重型击实试验确定,有条件时也可以采用振动压实方法。

【练习题】

6-1 简述水泥稳定材料强度的形成机理,并分析影响其强度的主要因素。

6-2 水泥稳定材料与水泥混凝土在组成材料、技术性质及用途等方面有何不同?

6-3 简述水泥稳定材料混合料对其组成材料的技术要求。

6-4 粉煤灰剂量和品质对二灰稳定土的技术性质有何影响?

6-5 在稳定材料中,集料的公称最大粒径对其技术性质和施工性质有何影响?

6-6 各类稳定土(如石灰土、二灰土和水泥土)为什么不宜用作高速公路和一级公路的基层?

6-7 对稳定材料进行重型击实试验的目的是什么?

6-8 某道路基层用水泥稳定碎石的重型击实试验结果见表6-27,试确定该稳定材料的最大干密度和最佳含水率。

水泥稳定碎石的干密度与含水率测定值　　表6-27

干密度(g/cm³)	2.225	2.336	2.368	2.347	2.330
含水率(%)	3.20	3.88	4.68	5.31	6.03

【思考题】

6-9 分析半刚性基层沥青路面产生反射裂缝的成因,结合本章和第三章所学知识,思考如何延缓和控制反射裂缝。

6-10 总结盐渍土、冻土、软土、膨胀土与黄土等特殊土质对路基的影响,并从材料的方面提出治理措施。

【推荐阅读文献】

[1] 沙爱民.半刚性路面材料结构与性能[M].北京:人民交通出版社,1998.

[2] 蒋应军,乔怀玉.抗裂耐久半刚性基层沥青路面关键技术及工程示范[M].人民交通出版社股份有限公司,2019.

[3] 中华人民共和国交通运输部.公路路面基层施工技术细则:JTG/T F20—2015[S].北京:人民交通出版社股份有限公司,2015.

[4] 中华人民共和国交通运输部.公路工程无机结合料稳定材料试验规程:JTG 3431—2024[S].北京:人民交通出版社股份有限公司,2024.

[5] 叶超,赵东.路基路面施工[M].北京:人民交通出版社,2014.

第七章 建筑钢材

【内容提要】

本章介绍建筑钢材的抗拉性能、冲击韧性、耐疲劳性能和冷弯性能等技术性能，以及建筑结构用钢材的技术标准。

建筑钢材是指在建筑工程结构中使用的各种钢材，如型材有角钢、槽钢、工字钢等；板材有厚板、中板、薄板等；钢筋有光圆钢筋和带肋钢筋等。建筑钢材具有强度高、塑性及韧性好、耐冲击、性能可靠、可加工性能好等优点，因而在建筑工程结构中被广泛应用。

第一节 建筑钢材的技术性质

建筑钢材的技术性质是指钢材的抗拉性能、冲击韧性、耐疲劳性以及冷弯性能等。

一、钢材的抗拉性能

1. 低碳钢的抗拉性能

抗拉性能是钢材的主要技术性质。如图 7-1 所示为低碳钢在拉伸试验中的应力-应变曲线,根据曲线特征,由屈服点、极限抗拉强度和伸长率等指标反映钢材的力学性能。由图7-1分析,低碳钢在受拉过程中经历了弹性、屈服、强化及颈缩四个阶段。

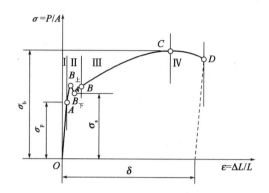

图7-1 低碳钢受拉时的应力—应变曲线

(1)弹性阶段

在图7-1中曲线上的 OA 为弹性阶段,此阶段荷载较小,应力和应变成比例增加,若卸去荷载,试件可恢复原状,称为弹性变形。A 点所对应的应力称为弹性极限,用 σ_p 表示。在此阶段,应力与应变的比值为一常数,称为弹性模量,用 E 表示,$E=\sigma/\varepsilon$。弹性模量反映钢材的刚度,即抗弹性变形的能力,是钢材在受力条件下计算其结构变形的重要指标。

(2)屈服阶段

图7-1中的 AB 为屈服阶段,由 A 点开始,当荷载增大时应力与应变不再成比例变化,应变增加的速度大于应力增加的速度,即开始产生塑性变形,图中 $B_上$ 点是这一阶段的应力最高点,称为屈服上限,$B_下$ 点称为屈服下限。由于 $B_下$ 点稳定易测,故一般以 $B_下$ 点对应的应力为屈服点,用 σ_s 表示。

(3)强化阶段

图7-1中的 BC 为强化阶段,过 B 点后变形速率较快,且随应力的提高而增加。对应于最高点 C 的应力称为极限抗拉强度,用 σ_b 表示。

钢材的屈强比用式(7-1)计算,它反映钢材可靠性和利用率。屈强比小时,钢材的可靠性大,结构安全。但屈强比过小,钢材有效利用率太低,则可能造成浪费。因此,在保证安全可靠的前提下,应合理选用屈强比,以尽量提高钢材的利用率。

$$n = \frac{\sigma_s}{\sigma_b} \tag{7-1}$$

式中:n——钢材的屈强比;

σ_s——钢材的屈服点强度,MPa;

σ_b——钢材的极限抗拉强度,MPa。

(4)颈缩阶段

图7-1中的 CD 为颈缩阶段,过 C 点后材料的变形明显,应变迅速增加而应力反而下降,钢材被拉伸,并在某一薄弱断面处开始缩小,产生"颈缩"现象,然后至 D 点断裂。

将拉断后的试件拼合在一起,测出试件在拉断前后的标距长度,并按式(7-2)计算出伸长率。伸长率是反映钢材可塑性的重要指标,伸长率大表明钢材的塑性好。对塑性好的钢材,当偶尔超载而产生塑性变形时,其内部产生的应力会重新分布,从而不致由于应力集中而断裂。

$$\delta = \frac{L_1 - L_0}{L_0} \times 100\% \quad (7\text{-}2)$$

式中：δ——伸长率，%；

L_0——试件拉断前的标距长度，mm；

L_1——试件拉断后的标距长度，mm。

2．中碳钢和高碳钢的抗拉性能

中碳钢和高碳钢（硬钢）在受拉试验中所表现的应力应变特征与低碳钢（软钢）相比有着显著的不同，如图7-2所示，与低碳钢（软钢）相比，中碳钢和高碳钢的特点是没有明显的屈服阶段，应力随应变的增加持续增加，直至断裂。

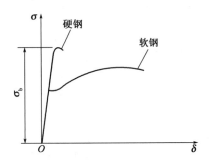

图7-2　中碳钢与高碳钢受拉时的应力—应变曲线

二、钢材的冲击韧性、耐疲劳性和冷弯性能

1．钢材的冲击韧性

冲击韧性是指钢材抵抗冲击荷载作用的能力。冲击韧性是在试验机上对试件的冲击结果计算求得。将钢材制成中央V形槽口的试件，置于试验机上，如图7-3所示。将试验机中的摆锤扬起后，使其自由下落以冲断试件，试件单位面积上所消耗的功即冲击韧性的指标，该指标值越大，说明钢材的冲击韧性越好。

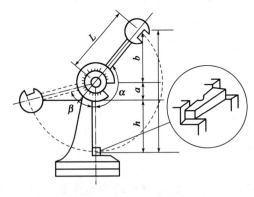

图7-3　冲击韧性试验示意图

α、β-试件折断前与折断后摆锤抬起的角度；L-转轴中心至摆锤的间距

对钢材进行冲击试验，能较全面地反映钢材材质的优劣程度。钢材的冲击韧性受诸多因素的影响，诸如化学成分、冶金质量、环境温度、冷加工及时效等，其中环境温度对钢材性能的

影响最为明显。当温度降低至一定程度时,钢材的冲击韧性会突然显著下降且出现脆性,此种现象称为钢材的冷脆性,此时的温度称为脆性转变温度,脆性转变温度越低,说明钢材的低温冲击韧性越好。

2. 钢材的耐疲劳性

钢材在交变荷载反复作用下,往往会在应力远低于抗拉强度的情况下发生裂断,此现象称为疲劳破坏。在多次反复交变荷载的作用下不发生疲劳破坏时的最大应力称为疲劳强度,它是表明钢材耐疲劳性的指标。

试验表明,钢材承受的交变应力越大,则钢材至断裂时所经受的交变应力的循环次数越少,反之则多。当交变应力降至一定值时,钢材可经受无数次的应力循环变化而不发生疲劳破坏。

钢材疲劳强度的高低与其内部组织状态、成分偏析、杂质含量及各种缺陷有关,钢材的表面光洁程度及受腐蚀状况等都会影响它的耐疲劳性能。

3. 钢材的冷弯性能

冷弯性能是指钢材在常温下承受弯曲变形的能力,是钢材的重要工艺性能,冷弯性能可以反映钢材内部组织是否存在不均匀内应力和杂质等缺陷。冷弯性能是将钢材试件(圆形或板形)置于冷弯机上弯曲至规定角度(90°或180°)观察其弯曲部位是否有裂纹、起层或断裂现象,没有时,则为合格。弯曲角度越大,弯心直径与试件厚度(直径)的比值越小,则表示钢材的冷弯性能越好。

第二节　道路桥梁结构工程中常用建筑钢材的技术要求

建筑钢材分为钢结构用钢材以及钢筋混凝土结构用钢筋、钢丝等。

一、钢结构用钢材

我国钢结构用钢材主要有碳素结构钢和低合金高强度结构钢等。

1. 碳素结构钢

(1)碳素结构钢的牌号

碳素结构钢适用于一般工程的结构中,可加工成各种型钢、钢筋和钢丝。《碳素结构钢》(GB 700—2006)规定,碳素结构钢的牌号由四个部分组成,依次为:代表钢材屈服点的汉语拼音字母Q;表示钢材屈服点的数值,分别为195、215、235和275,单位为MPa;表示钢材质量等级的符号,根据钢材中硫S、磷P含量的多少分为A、B、C、D四个等级;代表钢脱氧程度的符号,沸腾钢为F、镇静钢为Z,特殊镇静钢为TZ。

例如,Q215AF表示屈服点为215MPa、质量等级为A的沸腾钢。

(2)碳素结构钢的化学成分要求

各种牌号的碳素结构钢材化学成分要求见表7-1。

碳素结构钢的化学成分 表7-1

牌号	统一数字代号[①]	等级	厚度（或直径）（mm）	脱氧方法	化学成分(质量分数)(%),不大于				
					C	Si	Mn	P	S
Q195	U11952	—	—	F、Z	0.12	0.30	0.50	0.035	0.040
Q215	U12152	A	—	F、Z	0.15	0.35	1.20	0.045	0.050
	U12155	B							0.045
Q235	U12352	A	—	F、Z	0.22	0.35	1.40	0.045	0.050
	U12355	B			0.20[②]			0.045	0.045
	U12358	C		Z	0.17			0.040	0.040
	U12359	D		TZ				0.035	0.035
Q275	U12752	A	—	F、Z	0.24	0.35	1.50	0.045	0.050
	U12755	B	≤40	Z	0.21			0.045	0.045
			>40		0.22				
	U12758	C		Z	0.20			0.040	0.040
	U12759	D		TZ				0.035	0.035

注:①表中为镇静钢、特殊镇静钢牌号的统一数字,沸腾钢牌号的统一数字代号如下:Q195F-U11950;Q215AF-U12150,Q215BF-U12153;Q235AF-U12350,Q235BF-U12353;Q275AF-U12750。

②经需方同意,Q235B 的碳含量可不大于 0.22%。

(3)碳素结构钢的力学性能要求

碳素结构钢的拉伸和冲击试验结果应满足表7-2 的要求,弯曲试验结果应符合表7-3 中的技术要求。

碳素结构钢的拉伸和冲击力学性能 表7-2

牌号	等级	屈服强度[①]σ_s(MPa)不小于						抗拉强度[②]σ_b(MPa)	断后伸长率δ(%)不小于					冲击试验(V形缺口)	
		厚度(或直径)(mm)							厚度(或直径)(mm)					温度(℃)	冲击吸收功纵向(J),≥
		≤16	>16~40	>40~60	>60~100	>100~150	>150~200		≤40	>40~60	>60~100	>100~150	>150~200		
Q195	—	195	185	—	—	—	—	315~430	33	—	—	—	—	—	—
Q215	A	215	205	195	185	175	165	335~450	31	30	29	27	26	—	—
	B													+20	27
Q235	A	235	225	215	215	195	185	370~500	26	25	24	22	21	—	—
	B													+20	27[③]
	C													0	
	D													-20	
Q275	A	275	265	255	245	225	215	410~540	22	21	20	18	17	—	—
	B													+20	27
	C													0	
	D													-20	

注:①Q195 的屈服强度值仅供参考,不作交货条件。

②厚度大于100mm 的钢材,抗拉强度下限允许降低 20MPa。宽带钢(包括剪切钢板)抗拉强度上限不作交货条件。

③厚度小于25mm 的 Q235B 级钢材,如供方能保证冲击吸收功值合格,经需方同意,可不作检验。

碳素结构钢的冷弯性能 表7-3

牌号	试样方向	冷弯试验 $180°B=2a$ ①	
		钢材厚度(或直径)②(mm)	
		≤60	>60~100
		弯心直径 d	
Q195	纵	$d=0$	—
	横	$d=0.5a$	
Q215	纵	$d=0.5a$	$d=1.5a$
	横	$d=a$	$d=2a$
Q235	纵	$d=a$	$d=2a$
	横	$d=1.5a$	$d=2.5a$
Q275	纵	$d=1.5a$	$d=2.5a$
	横	$d=2a$	$d=3a$

注:①B 为试样宽度,a 为试样厚度(或直径)。
②钢材厚度(或直径)大于100mm时,弯曲试验由双方协商确定。

由于各种牌号钢材中的化学成分不同而使其力学性能及冷弯性能不同。从表中可以看出,随着牌号的增加,钢材中的碳、含锰量随之增加,导致强度和硬度提升,而可塑性、冷弯性能降低。同一钢材的质量等级越高,含硫含磷量越低,钢材的质量越好。碳素结构钢材的力学性能稳定,塑性好,对轧制、热加工及骤冷等工艺的敏感性小,便于加工,并且其构件在焊接、超载、受冲击和温度、应力等不利的情况下也能保证安全。碳素结构钢易冶炼,成本较低,在各种建筑及道路工程中得到广泛应用。

2. 桥梁用结构钢

桥梁用结构钢应符合《桥梁用结构钢》(GB/T 714—2015)的规定,该标准规定了桥梁用结构钢的牌号表示方法、订货内容、尺寸、外形、重量及允许偏差、技术要求、试验方法、检测规则、包装、标志和质量证明书。桥梁用结构钢的力学性能应符合表7-4的要求。

桥梁结构钢的力学性能 表7-4

牌号	质量等级	拉伸试验①,②					冲击试验③	
		下屈服强度 R_{eL}(MPa)			抗拉强度 R_m(MPa)	断后伸长率 A(100%)	温度(℃)	冲击吸收能量 KV_2(J),不小于
		厚度≤50mm	50mm<厚度≤100mm	100mm<厚度≤150mm				
		不小于						
Q345q	C	345	335	305	490	20	0	120
	D						−20	
	E						−40	
Q370q	C	370	360	—	510	20	0	120
	D						−20	
	E						−40	

续上表

牌号	质量等级	拉伸试验①②					冲击试验③	
		下屈服强度 R_{eL}(MPa)			抗拉强度 R_m(MPa)	断后伸长率 A(100%)	温度(℃)	冲击吸收能量 KV_2(J) 不小于
		厚度≤50mm	50mm<厚度≤100mm	100mm<厚度≤150mm				
		不小于						
Q420q	D	420	410	—	540	19	-20	120
	E						-40	
	F						-60	47
Q460q	D	460	450	—	570	18	-20	120
	E						-40	
	F						-60	47
Q500q	D	500	480	—	630	18	-20	120
	E						-40	
	F						-60	47
Q550q	D	550	530	—	660	16	-20	120
	E						-40	
	F						-60	47
Q620q	D	620	580	—	720	15	-20	120
	E						-40	
	F						-60	47
Q690q	D	690	650	—	770	14	-20	120
	E						-40	
	F						-60	47

注:①当屈服不明显时,可测量 $R_{p0.2}$ 代替下屈服强度。
②拉伸试验取横向试样。
③冲击试验取纵向试样。

3. 低合金结构钢

低合金结构钢是在碳素钢的基础上加入小于总量5%的合金元素而形成的,用以提高钢材的强度、耐冲击韧性、耐磨性和耐腐蚀性等,加入的元素主要有锰(Mn)、硅(Si)、钒(V)、钛(Ti)等。按照《低合金高强度结构钢》(GB/T 1591—2018)的规定,低合金结构钢的牌号由代表屈服强度"屈"字的汉语拼音首字母Q、规定的最小上屈服强度数值、交货状态代号、质量等级符号(B、C、D、E、F)四个部分组成。例如,Q355ND,表示最小上屈服强度为355MPa,交货状态为正火或者正火轧制,质量等级为D。当要求钢板具有厚度方向性能时,则在上述规定的牌号后加上代表厚度方向(Z向)性能级别的符号,如:Q355NDZ25。

根据钢材的交货状态,低合金结构钢可分为热轧状态、控轧状态、正火或正火加回火状态、热机械轧制(TMCP)或热机械轧制加回火状态的钢材。不同交货状态其化学成分要求不同,如热轧钢的牌号及化学成分应符合表7-5的规定。

热轧钢的化学成分要求 表7-5

牌号	质量等级	化学成分(质量分数)(%)												
		C[①]		Si	Mn	P[③]	S[④]	Nb[④]	V[⑤]	Ti[⑥]	Cr	Ni	Cu	Mo	N[⑥]	B
		以下公称厚度或直径(mm)														
		≤40[②]	>40													
		不大于		不大于												
Q355	B	0.24		0.55	1.60	0.035	0.035	—	—	—	0.30	0.30	0.40		0.012	—
	C	0.20	0.22			0.030	0.030									
	D	0.20	0.22			0.025	0.025								—	
Q390	B	0.20		0.55	1.70	0.035	0.035	0.05	0.13	0.05	0.30	0.50	0.40	0.10	0.015	—
	C					0.030	0.030									
	D					0.025	0.025									
Q420[⑦]	B	0.20		0.55	1.70	0.035	0.035	0.05	0.13	0.05	0.30	0.80	0.40	0.20	0.015	—
	C					0.030	0.030									
Q460[⑦]	C	0.20		0.55	1.80	0.030	0.030	0.05	0.13	0.05	0.30	0.80	0.40	0.20	0.015	0.004

注:①公称厚度大于100mm 的型钢,碳含量可由供需双方协商确定。
②公称厚度大于30mm 的钢材,碳含量不大于0.22%。
③对于型钢和棒材,其磷和硫含量上限值可提高0.005%。
④Q390、Q420 最高可到0.07%,Q460 最高可到0.11%。
⑤最高可到0.20%。
⑥如果钢中酸溶铝 Als 含量不小于0.015%或全铝 Alt 含量不小于0.020%,或添加了其他固氮合金元素,氮元素含量不作限制,固氮元素应在质量证明书中注明。
⑦仅适用于型钢和棒材。

不同交货状态的钢材其性能要求不同,如热轧钢材的拉伸性能应符合表7-6的规定。

热轧钢材的拉伸性能要求 表7-6

牌号	质量等级	上屈服强度 R_{eH}[①](MPa)不小于								抗拉强度 R_m(MPa)			
		公称厚度或直径(mm)											
		≤16	>16~40	>40~63	>63~80	>80~100	>100~150	>150~200	>200~250	>250~400	≤100	>100~150	>150~250	>250~400
Q355	B、C	355	345	335	325	315	295	285	275	—	470~630	450~600	450~600	—
	D									265[②]				450~600[②]
Q390	B、C、D	390	380	360	340	340	320	—	—	—	490~650	470~620	—	—
Q420[③]	B、C	420	410	390	370	370	350	—	—	—	520~680	500~650	—	—
Q460[③]	C	460	450	430	410	410	390	—	—	—	550~720	530~700	—	—

注:①当屈服不明显时,可用规定塑性延伸强度 $R_{p0.2}$ 代替上屈服强度。
②只适用于质量等级为 D 的钢板。
③只适用于型钢和棒材。

从表7-6中的数据可以看出:低合金结构钢的强度远高于碳素结构钢,并具有良好的工艺性能(塑性、韧性)。同时其耐磨性、耐蚀性及耐低温性等也较良好,且质量较轻,可降低结构自重,因而适用于大型结构及桥梁等工程。

二、钢筋混凝土结构用钢筋及钢丝

钢筋混凝土结构用钢筋及钢丝是用碳素结构钢或低合金结构钢经加工而成的。按加工工艺不同,可分为钢筋混凝土用热轧钢筋、冷拉钢筋及冷轧带肋钢筋和冷拔低碳钢丝。

1. 钢筋混凝土用热轧钢筋

热轧钢筋是由碳素结构钢或低合金结构钢的钢坯加热轧制而成的条形钢材,按其表面的形状不同分为光圆钢筋和带肋钢筋两类,其横截面通常为圆形。热轧钢筋的公称尺寸由与其公称截面积相等的圆的直径表示。

(1)热轧光圆钢筋

热轧光圆钢筋是指经热轧成型,横截面通常为圆形,表面光滑的成品钢筋。热轧光圆钢筋按屈服强度特征值分为235级和300级,钢筋牌号用HPB235和HPB300表示。符号HPB分别为热轧(Hot Rolled)、光圆(Plain)、钢筋(Bars)三个词的英文首位字母。热轧光圆钢筋的公称直径范围为6~22mm。根据《钢筋混凝土用钢 第1部分:热轧光圆钢筋》(GB/T 1499.1—2017),热轧光圆钢筋化学成分要求见表7-7,力学性能和工艺性能要求见表7-8。

热轧钢筋的化学成分　　　　表7-7

牌号	化学成分(质量分数)(%),≤					碳当量C_{eq}
	C	Si	Mn	P	S	
HPB300	0.25	0.55	1.50			—
HRB400	0.25	0.80	1.60	0.045	0.045	0.52
HRBF400						
HRB400E						0.54
HRBF400E						
HRB500						0.55
HRBF500						
HRB500E						
HRBF500E						
HRB600	0.28					0.58

(2)热轧带肋钢筋

热轧带肋钢筋是指钢筋表面带有两条纵肋和沿长度方向均匀分布的横肋的钢筋,纵肋是平行于钢筋轴线的均匀连续肋;横肋为与纵肋不平行的其他肋。月牙肋钢筋是指横肋的纵截面呈月牙形,且与纵肋不相交的钢筋。根据热轧工艺,热轧带肋钢筋分为普通热轧带肋钢筋HRB和细晶粒热轧带肋钢筋HRBF。其中,H、R、B分别为热轧(Hot rolled)、带肋(Ribbed)、钢筋(Bars)三个词的英文首位字母;F为细晶粒(Fine)英文首位字母。热轧带肋钢筋的牌号由HRB(或HRBF)和钢筋的屈服点最小值构成,热轧带肋钢筋按照屈服强度特征值分为335、400、500三个等级。按照《钢筋混凝土用钢 第2部分:热轧带肋钢筋》(GB/T 1499.2—2018)的规定,热轧带肋钢筋化学成分要求见表7-7,力学性能和工艺性能要求见表7-8。

热轧钢筋的力学性能和工艺性能 表7-8

牌号	下屈服强度 R_{eL}(MPa),≥	抗拉强度 R_m(MPa),≥	断后伸长率 A(%),≥	最大总伸长率 A_{gt}(%),≥	R_m^o/R_{eL}^o,≥	R_{eL}^o/R_{eL} 不大于
HPB300	300	420	25	10.0	—	
HRB400 HRBF400	400	540	16	7.5		
HRB400E HRBF400E			—	9.0	1.25	1.30
HRB500 HRBF500	500	630	15	7.5		
HRB500E HRBF500E			—	9.0	1.25	1.30
HRB600	600	730	14	7.5	—	

HPB235级热轧光圆钢筋的强度较低,但塑性及焊接性能较好,便于各种冷加工,可作为冷拔钢丝的原材料;广泛用于普通钢筋混凝土构件中,一般多用于中小型构件受力部分和其他结构中的构造钢筋。HRB335级和HRB400级钢筋的强度、塑性及焊接的综合性能较好,可用于大、中型构件如桥梁、水坝等中,目前提倡用HRB400级钢筋作为我国钢筋混凝土结构的主力钢筋。HBR500钢筋强度高,但塑性和焊接性能较差,多用于预应力钢筋。

2. 预应力混凝土用钢棒

预应力混凝土用钢棒按钢棒表面形状分为光圆钢棒、螺旋槽钢棒、螺旋肋钢棒、带肋钢棒四种,代号为PCB。根据《预应力混凝土用钢棒》(GB/T 5223.3—2017)的规定,其性能应符合表7-9的要求。

钢棒的力学性能和工艺性能 表7-9

表面形状类型	公称直径 D_n(mm)	抗拉强度 R_m(MPa),不小于	规定延伸强度 $R_{P0.2}$(MPa),不小于	弯曲性能		应力松弛性能	
				性能要求	弯曲半径(mm)	初始应力为公称抗拉强度的百分数(%)	1000h应力松弛率 r(%),不大于
光圆	6	1080	930	反复弯曲不小于4次	15	60	1
	7	1230	1080		20	70	2
	8	1420	1280		20	80	4.5
	9	1570	1420		25	—	
	10	—	—		25		
	11	—	—	弯曲160°~180°后弯曲处无裂纹	弯曲直径为钢棒公称直径的10倍		
	12	—	—				
	13	—	—				
	14	—	—				
	15	—	—				
	16	—	—				

续上表

表面形状类型	公称直径 D_n(mm)	抗拉强度 R_m(MPa),不小于	规定延伸强度 $R_{P0.2}$(MPa),不小于	弯曲性能 性能要求	弯曲性能 弯曲半径(mm)	应力松弛性能 初始应力为公称抗拉强度的百分数(%)	应力松弛性能 1000h应力松弛率 r(%),不大于
螺旋槽	7.1	1080	930	—	—	60	1
螺旋槽	9	1230	1080	—	—	70	2
螺旋槽	10.7	1420	1280	—	—	80	4.5
螺旋槽	12.6	1570	1420	—	—	—	—
螺旋槽	14	—	—	—	—	—	—
螺旋肋	6	1080	930	反复弯曲不小于4次/180°	15	—	—
螺旋肋	7	1230	1080	反复弯曲不小于4次/180°	20	—	—
螺旋肋	8	1420	1280	反复弯曲不小于4次/180°	20	—	—
螺旋肋	9	1570	1420	反复弯曲不小于4次/180°	25	—	—
螺旋肋	10	—	—	反复弯曲不小于4次/180°	25	—	—
螺旋肋	11	—	—	弯曲160°~180°后弯曲处无裂纹	弯曲直径为钢棒公称直径的10倍	—	—
螺旋肋	12	—	—	弯曲160°~180°后弯曲处无裂纹	弯曲直径为钢棒公称直径的10倍	—	—
螺旋肋	13	—	—	弯曲160°~180°后弯曲处无裂纹	弯曲直径为钢棒公称直径的10倍	—	—
螺旋肋	14	—	—	弯曲160°~180°后弯曲处无裂纹	弯曲直径为钢棒公称直径的10倍	—	—
螺旋肋	15	—	—	弯曲160°~180°后弯曲处无裂纹	弯曲直径为钢棒公称直径的10倍	—	—
螺旋肋	16	1080	930	弯曲160°~180°后弯曲处无裂纹	弯曲直径为钢棒公称直径的10倍	—	—
螺旋肋	18	1270	1140	弯曲160°~180°后弯曲处无裂纹	弯曲直径为钢棒公称直径的10倍	—	—
螺旋肋	20	—	—	弯曲160°~180°后弯曲处无裂纹	弯曲直径为钢棒公称直径的10倍	—	—
螺旋肋	22	—	—	弯曲160°~180°后弯曲处无裂纹	弯曲直径为钢棒公称直径的10倍	—	—
带肋钢棒	6	1080	930	—	—	—	—
带肋钢棒	8	1230	1080	—	—	—	—
带肋钢棒	10	1420	1280	—	—	—	—
带肋钢棒	12	1570	1420	—	—	—	—
带肋钢棒	14	—	—	—	—	—	—
带肋钢棒	16	—	—	—	—	—	—

预应力混凝土用钢棒的优点是:强度高,可代替高强钢丝使用;锚固性好,预应力值稳定。主要用于预应力钢筋混凝土轨枕,也可用于预应力梁、板结构及吊车等。

3. 钢筋混凝土用冷拉钢筋

冷拉钢筋是将热轧钢筋经冷拉后而成,其目的是提高钢筋的强度及节约钢材,一般由施工单位在现场进行。当采用冷拉方法调直钢筋时,HPB350级钢筋的冷拉率不宜大于4%;HRB335、HRB400级钢筋的冷拉率不宜大于1%。

4. 冷轧带肋钢筋

冷轧带肋钢筋是将热轧圆盘条经冷轧后，在其表面带有沿长度方向均匀分布的三面或两面横肋的钢筋。按照《冷轧带肋钢筋》(GB/T 13788—2017)中的规定，冷轧带肋钢筋按延性高低分为两类：冷轧带肋钢筋(CRB)、高延性冷轧带肋钢筋(CRB+抗拉强度特征值+H)，其中C、R、B、H分别为冷轧(Cold rolled)、带肋(Ribbed)、钢筋(Bar)、高延性(High elongation)四个词的英文首位字母。钢筋分为CRB550、CRB650、CRB800、CRB600H、CRB680H、CRB800H六个牌号。CRB550、CRB600H为普通钢筋混凝土用钢筋，CRB650、CRB800、CRB800H为预应力混凝土用钢筋，CRB680H既可作为普通钢筋混凝土用钢筋，也可作为预应力混凝土用钢筋使用。钢筋的力学性能和工艺性能应符合表7-10的规定。

冷轧带肋钢筋的力学和工艺性能 表7-10

分类	牌号	$R_{P0.2}$ (MPa)，不小于	R_m (MPa)，不小于	$R_m/R_{P0.2}$，不小于	断后伸长率(%)，不小于		最大力总延伸率%，不小于	弯曲试验 180°	反复弯曲次数	应力松弛初始应力相当于公称抗拉强度的70% 1000h松弛率(%)，不大于
					A	A_{100}	A_{gt}			
普通钢筋混凝土用	CRB550	500	550	1.05	11.0	—	2.5	$D=3d$	—	—
	CRB600H	540	600		14.0		5.0	$D=3d$	—	—
	CRB680H	600	680		14.0		5.0	$D=3d$	4	—
预应力混凝土用	CRB650	585	650		—	4.0	2.5		3	8
	CRB800	720	800		—	4.0	2.5		3	8
	CRB800H	720	800		—	7.0	4.0		4	—

CRB的公称直径范围为4~12mm，具有强度高、塑性好，综合力学性能优良和成本低等优点。其中，CRB550级钢筋最宜作为钢筋混凝土结构构件的受力主筋、架立筋和构造钢筋。其余钢筋多用作中、小型预应力混凝土结构构件的受力主筋。

5. 冷拔低碳钢丝

冷拔低碳钢丝是用直径为6.5~8mm的碳素结构钢(Q235)的盘条为原料，在常温下通过拔丝引拔而制成的3~5mm的圆钢丝。经过冷拔后，钢丝的强度大大提高，但塑性随之大幅度下降。冷拔低碳钢丝分为甲、乙两类，其力学性能要求见表7-11。甲类钢丝适用于中、小型预应力构件中作预应力钢筋，乙类主要用作焊接骨架、焊接网、箍筋和构造筋。

冷拔低碳钢丝的力学性能 表7-11

钢丝级别	直径(mm)	抗拉强度(MPa)，不小于		断后伸长率 δ(%)，不小于	180°反复弯曲 (次数)，不小于
		Ⅰ组	Ⅱ组		
甲级	5	650	660	3.0	4
	4	700	650	2.5	4
乙级	3~5	550		2.0	4

注：预应力冷拔低碳钢丝经机械调直后，抗拉强度标准值应降低50MPa。

【本章小结】

建筑钢材主要应用于钢结构、钢筋混凝土和预应力钢筋混凝土结构中。建筑钢材最主要的技术性质是抗拉性能、冲击韧性、耐疲劳性和冷弯性能。

钢结构最常用的钢材为碳素结构钢和低合金钢。钢筋混凝土结构常采用热轧钢筋、冷拉钢筋等。

【练习题】

7-1 钢材的力学性能包括哪些内容?

7-2 弹性模量、屈强比的含义是什么?它们反映钢材的什么性能?

7-3 影响钢材力学性能的因素有哪些?

7-4 钢筋混凝土结构用的热轧带肋钢筋和冷轧带肋钢筋有几种牌号?各适宜何种用途?

【思考题】

7-5 碳元素对钢材性能的影响。

7-6 思考钢材拉伸过程中应力-应变曲线特征,分析经历的阶段。

【推荐阅读文献】

[1] 袁志钟,戴起勋.金属材料学[M].3 版.北京:化学工业出版社,2019.

[2] 张洪亮,左志武.连续配筋混凝土路面[M].北京:人民交通出版社,2011.

[3] 李宏男.钢筋混凝土结构设计原理[M].2 版.辽宁:大连理工大学出版社,2020.

[4] 中国钢铁工业协会.钢筋混凝土用钢材试验方法:GB/T 28900—2022[S].北京:中国建筑工业出版社,2022.

[5] 山东省交通运输厅.连续配筋混凝土路面设计与施工技术指南:DB37/T 3567—2019[S].山东省市场监督管理局.

第八章

工程聚合物

【内容提要】

本章介绍工程聚合物材料(Engineering Polymer Materials)的基本概念与常用的工程聚合物——塑料、合成橡胶、合成纤维等材料的基本组成、特性和用途。在此基础上,介绍工程聚合物材料在道路工程中的应用情况。

第一节 聚合物的基本概念

一、聚合物材料的组成与命名

聚合物(Polymer)是由千万个低分子化合物通过聚合反应联结而成,因而又称为高分子化合物或高聚物。聚合物有天然聚合物(Natural Polymer)和合成聚合物(Synthetic Polymer)两类。从自然界直接得到的聚合物为天然高分子化合物,如淀粉、蛋白质、纤维素和天然橡胶等。而由人工用单体制造的高分子化合物称为合成聚合物或合成高分子聚合物,包括有机聚合物、半有机聚合物和无机聚合物,如聚氯乙烯(Polyvinyl Chloride)、聚苯乙烯(Polystyrene)、丁苯橡胶(Styrene-butadiene Rubber)和有机玻璃(Plexiglass)等。

1. 单体、链节、分子量与聚合度

聚合物的分子量(相对分子质量)一般都很大,在 $10^3 \sim 10^7$ 的范围内,但其化学组成比较简单,合成聚合物一般均由一种或几种简单的化合物聚合而成,例如聚氯乙烯是由氯乙烯聚合而成,其聚合过程可以用化学反应式(8-1)表示。

$$n\,CH_2=CH\!-\!Cl \xrightarrow{加聚} {-\![CH_2-CH(Cl)]\!-}_n$$

(8-1)

从化学反应中可以看出,聚合物是由许多相同结构单位重复组成的,聚氯乙烯高分子化合物是由许多氯乙烯小分子打开双链聚合而成的,这种组成聚合物的低分子物质称为单体。氯乙烯即为聚氯乙烯的单体,聚合物是由这些单体通过化学键之间的相互作用力聚集而成的。

组成聚合物的相同结构单元称为链节,一个聚合物中链节的数目为聚合度,用 n 表示。例如式(8-1)所示的聚氯乙烯单体为氯乙烯,链节是—CH_2—$CH(Cl)$—,聚合度 n 为 300~2500,相对分子质量为 $(2 \sim 16) \times 10^4$。

2. 聚合物材料的命名

(1)根据单体的名称命名

以形成聚合物的单体作为基础,在单体名称之前加"聚"字而命名,如聚乙烯、聚丙烯、聚氯乙烯等。如单体有两种或两种以上时,常把单体的名称(或其缩写)写在前面,在其后按用途加"树脂"或"橡胶"名称。如苯酚甲醛树脂(简称酚醛树脂)、丁苯橡胶(由丁二烯和苯乙烯聚合而成)、ABS 树脂(由丙烯腈、丁二烯和苯乙烯共聚合成)等。

(2)习惯上的命名或商品名称

一些聚合物是采用习惯命名或商品名称。例如聚己二酰己二胺,习惯上称为聚酰胺 66,商品名称为尼龙 66;聚甲基丙烯酸甲酯,商品名称为有机玻璃。

为简化起见,也常以聚合物英文名称的缩写符号表示。例如聚乙烯的英文名称为 Polyethylene,缩写为 PE;聚甲基丙烯酸甲酯的英文缩写为 PMMA 等。

二、聚合物的合成与结构特征

1. 聚合物合成反应

聚合物的合成反应主要有两种:加成聚合反应(加聚反应)与缩合聚缩聚反应(缩聚反应)。

(1)加成聚合反应

加成聚合反应又称加聚反应,是由不饱和低分子化合物相互加成或由环状化合物开环连接成大分子的反应过程。按照加聚反应的单体种类,加聚反应可以分为均聚合和共聚合。

①均聚合

由一种单体进行聚合反应称均聚合,其产品称均聚物,其分子链通常为线形结构。乙烯单体由加聚反应生成聚乙烯的过程用式(8-2)表示。

$$n\mathrm{CH}_2=\mathrm{CH}_2 \xrightarrow{\text{聚合}} [-\mathrm{CH}_2-\mathrm{CH}_2-]_n \tag{8-2}$$
乙烯单体　　　　　聚乙烯

其他如聚氯乙烯、聚丙烯、聚苯乙烯、聚四氟乙烯等都是均聚物。均聚物的技术性质往往较为局限,不能满足众多使用要求。

②共聚合

由两种或两种以上单体进行的加聚反应称为共聚合,其产品为共聚物。如丁二烯与丙烯腈共聚,可以生产丁腈橡胶。丁二烯与苯乙烯共聚可生产丁二烯与苯乙烯的嵌段共聚物,简写为SBS,是一种热塑性丁苯橡胶,其结构式分为线形和星形两种,分别由式(8-3)和式(8-4)表示。

$$\text{线型 SBS：} \quad \begin{array}{c} (\mathrm{CH}_2-\mathrm{CH})_n(\mathrm{CH}_2-\mathrm{CH}=\mathrm{CH}-\mathrm{CH}_2)_m(\mathrm{CH}_2-\mathrm{CH})_n \\ | \qquad\qquad\qquad\qquad\qquad\qquad | \\ \mathrm{C}_6\mathrm{H}_5 \qquad\qquad\qquad\qquad\qquad \mathrm{C}_6\mathrm{H}_5 \end{array} \tag{8-3}$$

$$\text{星型 SBS：} \quad \begin{array}{c} [(\mathrm{CH}_2-\mathrm{CH})_n(\mathrm{CH}_2-\mathrm{CH}=\mathrm{CH}-\mathrm{CH}_2)_m]_4\mathrm{Si} \\ | \\ \mathrm{C}_6\mathrm{H}_5 \end{array} \tag{8-4}$$

经共聚反应得到的共聚物不是各种单体均聚物的混合物,而是在大分子主链中包含有两种或两种以上单体构成的链节的新型聚合物,犹如"合金",可以吸取各种单体均聚物的特性,具有良好的综合性能。

以 A、B 表示两种不同的单体作为原料,根据单体链节在大分子链中排列方式的不同,加聚反应可以生成为五种共聚物,见表8-1。

表8-1　加聚反应生产聚合物的单体排列方式

聚合物		链节单元排列通式	聚合物品种
均聚物		……—A—A—A—A—A—……	聚乙烯、聚苯乙烯等
共聚物	无规共聚物	……—A—A—B—A—B—B—……	氯乙烯、乙烯乙酸酯共聚物
	交替共聚物	……—A—B—A—B—A—B—……	顺丁烯二酸酐与1,2-二苯乙烯共聚形成交替共聚物
	嵌段共聚物	……nA—A—A—A—B—B—B—B—A—A—A—……	苯乙烯、丁二烯嵌段共聚物
	接枝共聚物	B—B—B—B— | ……—A—A—A—A……—A—A—A— | B—B—B—B—B—B	天然橡胶接枝苯乙烯共聚物

(2)缩合聚合反应

由含两个或两个以上官能团(如羟基、羧基等)的低分子化合物单体,通过多次缩合反应最后形成高分子聚合物,同时析出低分子化合物(如水、氨、醇、氯化氢等)副产品的过程。缩聚反应的产物称为缩聚物。例如聚酰胺的缩聚反应过程由式(8-5)表示。

$$n\mathrm{NH_2(CH_2)_5COOH} \xrightarrow{均缩聚} \mathrm{H[-NH_2(CH_2)_5CO]}-n\mathrm{OH} + (n-1)\mathrm{H_2O} \qquad (8-5)$$

氨基乙酸　　　　　　　　　　聚酰胺　　　　　水
（单体）　　　　　　　　　　（缩聚物）　　　（低分子化合物）

从式(8-5)可以看出,缩聚反应生成物的组成与原始单体完全不同。此外,环氧树脂是由环氧氯丙烷和二酚基丙烷(双酚A)在碱催化剂的作用下缩合而成的聚合物,缩聚物通常是杂链聚合物。

在缩聚反应中,聚合物的分子量随反应时间的延长而增加,其相对分子质量不再像加聚物那样是相对分子质量的整数倍,且其分散性较大,但一般不会超过3×10^4。采用缩聚方法生产的高分子化合物,有涤纶、环氧树脂、聚酯树脂、脲醛树脂、酚醛树脂等。

2. 聚合物的结构特征

聚合物的各种性能是由组织结构决定的,按聚合物分子链的链接方式,聚合物分为线形、支化和交联聚合物,结构如图8-1所示。

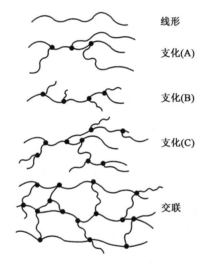

图8-1　线形、支化及交联聚合物结构示意图

聚合物中最简单的链是"一维"的线形链。在一定的条件下,结构单元之间也可能连接成支链型大分子。支链可以有长支链、短支链、树枝状支链等。接枝共聚物就是一种支化高分子,它通常是通过连续而分别进行的两步聚合反应制得的。低密度聚乙烯与高密度聚乙烯相比,就是大分子链含有较多的支化结构,从而结晶度、硬度、熔点、抗拉强度都较低,但断裂伸长度较高。支化高分子和线形高分子一样,加热仍能塑化、熔融,仍具热塑性,能溶于适当的溶剂。

高分子链之间,通过支链联结成三维网状体型分子,称之为交联结构。交联高分子与线形支化高分子有质的区别。它不再能溶于溶剂,加热也不熔融。当然交联程度低的高分子在溶剂中仍能溶胀,加热也可能软化(但不熔融)。一些热固性塑料是高度交联的聚合物,具有刚性和高度良好的尺寸稳定性。用作橡胶的聚合物,如天然橡胶、丁苯橡胶、顺丁橡胶等,在加工成制品时,必须使之有适度的交联(硫化),从而可以获得和保持良好的弹性。

第二节　常用的工程聚合物材料

工程聚合物材料是以聚合物为主要原料加工而成的塑料、合成橡胶、合成纤维和胶结剂等,也被称为高分子建材。

一、塑料

1. 塑料的组成

塑料(Plastic)是以合成树脂为主要原料,加入填充剂、增塑剂、润滑剂、颜料等添加剂,在一定温度和压力下制成的一种有机高分子材料。

(1) 合成树脂

在塑料中,合成树脂的含量为40%～100%。塑料的主要性质取决于所采用的合成树脂。合成树脂在塑料中起胶结作用,把其他组分牢固地结合起来,使之具有加工成型性能。

合成树脂是合成高分子聚合物的一簇,简称树脂,高聚物的结构复杂而且分子量很大,一般都在数千以上,甚至高达上百万。例如由乙烯(CH_2=CH_2)聚合而成的高分子聚乙烯分子量通常为1000～3500,而经过特殊工艺聚合的超高分子量聚乙烯(简称UHMWPE)分子量可高达150万以上。

合成树脂按其受热时所发生的变化不同又可分为热塑性树脂和热固性树脂。以不同的树脂为基材,可以分别制得热塑性塑料或热固性塑料。塑料的主要性质取决于所采用的合成树脂。用于热塑性塑料的树脂主要有聚氯乙烯、聚苯乙烯等。用于热固性塑料的树脂主要有酚醛树脂、环氧树脂等。

(2) 添加剂

塑料中除含有合成树脂外,为了改善加工条件和使用性能,还需添加一定数量的稳定剂、增塑剂、填充剂及其他助剂。这些填充剂分散于塑料基体中,并不影响聚合物的分子结构。

①增塑剂

能使高分子材料增加塑性的化合物称为增塑剂,一般为高沸点,不易挥发的液体或低熔点的固体有机化合物,如邻苯二甲酸酯类、聚酯类、环氧类等。

②稳定剂

在高聚物模塑加工过程中起到减缓反应速度,防止光、热、氧化引起的老化作用,减缓聚合物在加工和使用过程中的降解作用,延长使用寿命,常用的有抗氧剂、热稳定剂和紫外吸收剂等。

③填充剂

填充剂主要是化学性质不活泼的粉状、块状或纤维状的固体物质,常用的有机玻璃纤维、云母、石棉等,占塑料重量的20%～50%,可提高强度、增加耐热性、增加稳定性并可降低塑料成本。

④其他助剂

如改善聚合物加工性能和表面性能的润滑剂,使聚合物由热可塑的线型结构转变为网型或体型结构的固化剂,以及阻燃剂等。

2. 塑料的性能和用途

塑料是多功能材料,可以通过调整配合比参数及工艺条件制得不同性能的材料,具有较高的比强度和优良的加工性能,因此在土建工程中也得到广泛的应用。如表8-2所示为常用于制造塑料的合成树脂的性能和用途。

常用的多用塑料的特性与用途　　　　　表8-2

合成树脂名称	代号	合成方法	特性与用途
聚乙烯	PE	乙烯单体加聚而成,按合成方法的不同,有高压、中压和低压之分	强度高、延伸率大、耐寒性好、电绝缘,但耐热性差。用于制造薄膜、结构材料、配制涂料、油漆等
聚丙烯	PP	丙烯单体加聚而成	密度低,强度、耐热性比PE好,延伸率耐寒性尚好。主要用于生产薄膜、纤维、管道
聚氯乙烯	PVC	氯乙烯单体加聚而成	较高的力学性能、化学稳定性好,但变形能力低、耐寒性差。用于制造建筑配件、管道及防水材料等
聚苯乙烯	PS	苯乙烯加聚而成	质轻、耐水、耐腐蚀、不耐冲击、性脆。用于制作板材和泡沫塑料
乙烯—乙酸乙烯酯共聚物	EVA	乙烯和乙酸乙烯共聚而成	具有优良的韧性、弹性和柔软性,并具有一定的刚度、耐磨性和抗冲击性。用于黏结剂、涂料等
聚甲基丙烯酸甲酯	PMMA	甲基丙烯酸甲酯加聚而成	透明度高、低温时具有较高的冲击强度、坚韧、有弹性。主要用作生产有机玻璃
酚醛树脂	PF	苯酚与甲醛缩聚而成,两者比例及催化剂种类不同时,可得到热塑性及热固性品种	耐热、耐化学腐蚀、电绝缘。较脆,对纤维的胶合能力强。不能单独作为塑料使用
环氧树脂	EP	两个或两个以上环氧基团交联而成	黏结性和力学性能优良,耐碱性良好,电绝缘性能好,固化收缩率低。可生产玻璃钢、胶结剂和涂料
聚酰胺	PA	由乙内酰胺加聚而成	质轻、良好的机械性能和耐磨性、耐油,但不耐酸和强碱。大量用于制造机械零件
有机硅树脂	SI	二氯二甲基硅烷水解缩聚—线型;二氯二甲基硅烷与三氯甲基硅烷水解—体型	耐高温、耐寒、耐腐蚀、电绝缘性好、耐水性好。用于制作高级绝缘材料、防水材料等
ABS塑料	ABS	丙烯腈、丁二烯和苯乙烯共聚	高强、耐热、耐油、弹性好、抗冲击、电绝缘,但不耐高温、不透明。用于制作装饰板材、家具等
聚碳酸酯	PC	双酚A和碳酸二苯酯缩聚而成	透明度极高,耐冲击、耐热、耐油等,耐磨性差。用于制造电容器、录音带等

二、合成橡胶

1. 合成橡胶的组成

合成橡胶(Synthetic Rubber)是以生胶为原料,加入适合的配合剂,经硫化以后得到的高分子弹性体。

(1)合成橡胶的基本原料

合成橡胶是由石油、天然气、煤、石灰石以及农副产品等原料经加工而取得的。常用原料如甲烷、丙烷、乙烯、丁烯、戊烯、苯和甲苯以及乙炔等。这些原料经与水作用或脱水反应就可成为丁二烯,而丁二烯是很多合成橡胶的单体原料。

生胶是橡胶制品的重要组成部分,但由于它自身的分子结构是线形或带有支链的长链状分子、分子中有不稳定的双键存在、受温度影响体态性能变化较大等特性,因此必须在生胶中掺加其他组分进行硫化处理。根据其在橡胶中的作用,可分为硫化剂、促进剂、活化剂、增塑剂、防老剂、填充剂、着色剂等,统称为配合剂。

(2)配合剂

①硫化剂

硫化剂相当于热塑性塑料中的固化剂,它使生胶的线形分子间形成交联而成为立体的网状结构,从而使胶料变成具有一定强度、韧性的高弹性硫化胶。除硫化剂外,还有胺类、树脂类、金属氧化物等。近年来还发展了用原子辐射的方法直接进行交联作用。

②硫化促进剂

作用是缩短硫化时间,降低硫化温度。提高制品的经济性,并能改善性能。多为有机化合物。

③活化剂

活化剂也称助促进剂,能起加速并充分发挥有机促进剂的活化促进作用,以减少促进剂用量,缩短硫化时间。常用的活化剂有氧化锌、氧化镁、硬脂酸等。

④填充剂

填充剂的作用是增加橡胶制品的强度,降低成本及改善工艺性能。主要性状有粉状和织物状。常用活性填充料有炭黑、二氧化硅、白陶土、氧化锌、氧化镁等。非活性填料有滑石粉、硫酸钡等。

⑤防老剂

防老剂用于防止橡胶因热氧化作用、机械力作用、光参与氧化作用以及水解作用而引起质变。常用防老剂有酚类、胺类、蜡类。为了有效抑制橡胶老化,可同时使用几种防老剂,共同发挥作用。

⑥增塑剂

增塑剂又称软化剂。应根据具体橡胶的性能及要求选用不同的增塑剂,选用时优先考虑与橡胶的极性相似的增塑剂,良好的相似相容性有利于增塑剂的均匀分散。

各种配合剂的功用不同,有的在一种胶中同时起几种作用,如石蜡既是润滑剂又是防老剂,硬脂酸是活性剂又是分散剂,同时它们又有很好的增塑作用,石蜡与硬脂酸还能起内、外润滑作用,帮助橡胶脱模,是很好的脱模剂。

2. 合成橡胶的性能与用途

合成橡胶的特征是在较小的外力作用下，能产生大的变形，外力去除后能迅速恢复原状，具有良好的伸缩性、储能能力和耐磨、隔声、绝缘等性能，是应用广泛的材料。生胶原料有天然橡胶和合成橡胶两大类，天然橡胶远远不能满足生产发展的需要，而石化工业的迅速发展可生产大量的合成橡胶原料，因此人工合成橡胶是主要原料来源，所制成的橡胶制品的性能因单体和制造工艺的不同而异，某些性能（如耐油、耐热、耐磨等）甚至较天然橡胶更优。表8-3列出了常用橡胶材料的性能与用途。

常用橡胶材料的性能与用途　　　　　　　表8-3

品种	代号	来源	特性	用途	
天然橡胶	NR	天然	弹性高、抗撕裂性能优良、加工性能好，易与其他材料相混合、耐磨性良好	耐油、耐溶剂性差，易老化，不适用于100℃以上	轮胎、通用制品
丁苯橡胶	SBR	丁二烯苯乙烯共聚	与天然橡胶性能相近，耐磨性突出、耐热性、耐老化性较好	生胶强度低，加工性能较天然橡胶差	轮胎、胶板、胶布、通用制品
丁腈橡胶	NBR	丁二烯与丙烯腈聚合	耐油、耐热性好，气密性与耐水性良好	耐寒性、耐臭氧性较差，加工性不好	输油管、耐油密封垫圈及一般耐油制品
氯丁橡胶	CR	由氯丁二烯以乳液聚合制成	物理、力学性能良好，耐油耐溶剂性和耐气候性良好	电绝缘性差，加工时易粘辊，相对成本较高	胶管、胶带、胶黏剂、一般制品
顺丁橡胶	BR	丁二烯定向共聚	弹性性能最优，耐寒、耐磨性好	抗拉强度低，黏结性差	橡胶弹簧、减震橡胶垫
丁基橡胶	HR	异丁烯与少量异戊二烯共聚	气密性、耐老化性和耐热性最好，耐酸耐碱性良好	弹性大，加工性能差，耐光老化性差	内胎、外胎、化工衬里及防振制品
乙丙橡胶	EPDM	乙烯丙烯二元共聚物	耐热性突出、耐气候性、耐臭氧性很好，耐极性溶剂和无机介质	硫化慢，黏着性差	耐热、散热胶管、胶带、汽车配件及其他工业制品
硅橡胶	SI	硅氧烷聚合	耐高温及低温性突出，化学惰性大，电绝缘性优良	机械强度较低、价格较贵	耐高低温制品，印膜材料
聚氨酯橡胶	UR	二元或多元异氰酸酯与二羟基或多羟基化合物加聚而成	耐磨性高于其他各类橡胶，抗拉强度最高，耐油性优良	耐水、耐酸碱性差，高温性能差	胶轮、实心轮胎、齿轮带及耐磨制品

三、合成纤维

合成纤维（Synthetic Fiber）是以有机高分子聚合物为原料，经熔融或溶解后纺制成的纤维，如聚酰胺、聚酯纤维等，与纤维素纤维和蛋白质纤维等人造纤维均属于有机化学纤维，而玻璃纤维、陶瓷纤维等则属于无机化学纤维。自然界还有石棉等无机天然纤维及动植物纤维等有机天然纤维。

1. 合成纤维的制造

合成纤维是经过有机化合物单体制备与聚合、纺丝及后加工三个环节完成的。合成纤维原料中的主要成分为有机高分子化合物,并添加了提高纤维加工和使用性能的某些助剂如二氧化钛、油剂、染料和抗氧剂等而制成的成纤高聚物。

将成纤高聚物的熔体或浓溶液,用纺丝泵连续、定量而均匀地从喷头的毛细孔中挤出并成为液态细流,再在空气、水或特定的凝固浴中固化成为初生纤维的过程,称为"纤维成型"或"纺丝"。纺丝方法主要有两大类:熔体纺丝法和溶液纺丝法。溶液纺丝法又分为湿法纺丝和干法纺丝。因此,合成纤维主要有三种纺丝方法。纺丝成型后得到的初生纤维的结构还不完善,物理机械性能较差,必须经主要是拉伸和热定型一系列后加工等工序,其性能才能得到提高和稳定。

2. 常用合成纤维的特性

相对于各种天然纤维和人造纤维,合成纤维则具有强度高、密度小、弹性好、耐磨、耐酸碱和不霉、不蛀等优越性能,因此合成纤维不仅广泛应用于工农业生产、国防工业和日常衣料用品等各个领域,近年来在道路等土木工程中也得到越来越多的应用。常用合成纤维的特性和用途见表 8-4。

主要合成纤维的性能　　　　　　　　　　　表 8-4

化学名称	商品名称	特性
聚酯纤维	涤纶(的确良)	弹性好,弹性模量大,不易变形,强度高,抗冲击性好,耐磨性、耐光性、化学稳定性及绝缘性均较好
聚酰胺纤维	锦纶(人造毛)	质轻,强度高,抗拉强度好,耐磨性好,弹性模量低
聚丙腈烯纤维	腈纶(奥纶)	质轻,柔软,不霉蛀,弹性好,吸湿小,耐磨性差
聚乙烯醇	维纶、维尼纶	吸湿性好,强度较好,不霉蛀,弹性差
聚丙烯	丙纶	质轻,强度大,相对密度小,耐磨性优良
聚氯乙烯	氯纶	化学稳定性好,耐酸、碱,弹性、耐磨性均好,耐热性差;可用作纤维增强材料,配制纤维混凝土,具有较高的抗冲击性能,亦可作为防护构件用

四、塑料-橡胶共聚物(Plastic-Rubber Copolymer)

随着聚合物工业的发展,不论就成分还是就形状而言,橡胶与塑料的区别已不是很明显了。例如,将聚乙烯氯化可以得到氯化聚乙烯橡胶(CPE),即氯原子部分置换聚乙烯大分子链上氢原子的产物。随着氯含量增加,氯化聚乙烯柔韧性增加而呈现橡胶的特性。ABS 树脂在光、氧作用下容易老化,为了克服这一缺点,将氯化乙烯与苯乙烯和丙腈烯进行接枝,可制得耐候性的 ACS 树脂。高冲击聚苯乙烯树脂是由顺丁橡胶(早期为丁苯橡胶)与苯乙烯接枝共聚而成,故亦称接枝型抗冲击聚苯乙烯(HIPS),该产品韧性较高、抗冲击强度较普通聚苯乙烯提高 7 倍以上。苯乙烯-丁二烯-苯乙烯嵌段共聚物(简称 SBS)是苯乙烯与丁二烯嵌段共聚物,它兼具塑料和橡胶的特性,具有弹性好、抗拉强度高、低温变形能力好等优点。SBS 是较佳的沥青改性剂,可综合提高沥青的高温稳定性和低温抗裂性。

第三节　高分子聚合物在道路工程中的应用

由于有机化学工业的迅速发展,有机高分子材料的品种不断增加,性能不断改善,应用的领域更加广泛,在土木建筑、道路工程中得到大量的应用。在道路工程中应用最多的是用以改善沥青混凝土性能的聚合物改性沥青或制作聚合物混凝土的聚合物材料,还有作为胶结和嵌缝密封材料以及用于加强土基和路面基层的聚合物土工格栅材料等。聚合物改性沥青已在本教材第二章中给以叙述。

一、聚合物混凝土

聚合物混凝土(Polymer Concrete)是由有机聚合物、无机胶凝材料复合而成的混凝土。按组成材料和制作工艺可分为三种:聚合物浸渍混凝土、聚合物水泥混凝土及聚合物胶结混凝土。

1. 聚合物浸渍混凝土

聚合物浸渍混凝土(Polymer Impregnated Concrete,PIC)是把硬化后的混凝土加热、干燥、抽去孔隙中的空气,以有机单体(甲基丙烯酸甲酯、丙烯腈等)浸渍,然后用加热或辐射等方法使孔隙中的单体聚合而成。具有高强、耐蚀、抗渗、耐磨等优良性能,作为高强混凝土或改善混凝土的表面性能之用。

由聚合物填充了普通水泥混凝土硬化后内部存在的孔隙和微裂缝,从而增强了混凝土的密实度,提高了水泥与集料之间的黏结强度,减少了应力集中,因而改善了混凝土的力学性能和物理性质。经聚合物填充后的混凝土的抗压强度可提高 2~4 倍、抗拉强度可提高 3 倍、抗折强度提高 2~3 倍。

聚合物浸渍混凝土的加工工艺过程比较复杂,制作过程不仅需消耗大量的能量,制作成本也较高。在美国、日本等国家用于上下水管道、预制预应力桥面板、高强混凝土、地下支撑系统等。也可浸渍混凝土挡板,提高表面耐磨能力。

2. 聚合物水泥混凝土

聚合物水泥混凝土,也称为聚合物改性水泥混凝土(Polymer Modified Concrete,PMC),是在拌和水泥混凝土时掺入聚合物(丙烯酸类等)或单体(丙烯腈、苯乙烯等)制成的。聚合物水泥混凝土生产工艺与普通水泥混凝土相似,便于现场施工,因而成本较低且应用较广泛,主要应用于机场跑道、混凝土路面或桥梁面层以及构造物的防水层。

一般认为,在硬化过程中,聚合物与水泥之间并未发生化学作用。硬化过程中水泥首先会吸收乳液中的水分进行凝结硬化,进而聚合物乳液逐渐失去水分而凝固,最后聚合物与水泥水化产物相互穿透包裹并形成致密的网状结构,因而改善了混凝土的性能,使其具有黏结性能好,抗拉强度较高,耐久性、耐磨性和耐蚀性高等优点。

3. 聚合物胶结混凝土

聚合物胶结混凝土(Polymer Concrete,PC)也称为树脂混凝土(Resin Concrete,RC),是完全采用聚合物(聚酯、聚甲基丙烯酸甲酯等)作为胶结材料的混凝土,主要由聚合物和砂石材料组成。为改善某项性能,必要时也可掺加短纤维、减缩剂、偶联剂等添加剂。

目前常用的胶结材料有环氧树脂、不饱和聚酯树脂、呋喃树脂、糠醛树脂及甲基酸甲酯单体、苯乙烯单体等。其中不饱和聚酯树脂价格较低,对聚合物混凝土的固化控制较易。采用甲基丙烯酸甲酯,由于黏度较低,聚合物混凝土和易性好,施工方便,固化性能较好。

与普通水泥混凝土比较,聚合物混凝土具有一些新的性能特点。其抗拉强度、抗压强度、抗弯强度都得到较大提高,抗渗性、耐磨性、耐水性、耐腐蚀性都得到较大改善。因此聚合物混凝土在土建、交通和化工部门都得到重视,已应用于铺筑路面和桥面、修补路面凹坑、修补机场跑道等场所。由于生产工艺的改进,聚合物混凝土材料的应用越来越广,如混凝土管、隧道衬砌、支柱、堤坝面层以及各种土建工程的装饰性构件等。

二、纤维加筋混凝土

1. 纤维加筋沥青混合料

纤维加筋沥青混合料(Fiber Reinforced Asphalt Mixture)是指在沥青混合料中掺加纤维(如聚酯纤维、聚丙烯腈纤维、矿物纤维等)得到的混合料。该类沥青混合料的高温稳定性、耐疲劳和抗低温开裂等性能将得到显著提高。纤维对沥青混合料性能增强机理可归结为:

(1)加筋增韧作用

纤维分散于沥青混合料中形成了相互搭接的立体网状结构。例如每吨沥青混合料中如掺加2kg聚丙烯腈纤维,将有近20亿根纤维多向分布于沥青中。由于聚合物纤维的抗拉强度很高,其作用等同于钢筋混凝土中钢筋的作用。纤维所形成的网络结构使沥青混合料的高温稳定性、低温柔韧性得到了显著改善。

(2)抗裂阻裂作用

沥青混合料是以沥青为唯一连续相的多级空间网状结构的分散体系,因此沥青的破坏将意味着结构体系的破坏。但在纤维增强沥青混凝土中,纤维对沥青胶浆起到加强作用。同时,纤维网作为更强大的第二连续相在沥青破坏时仍能维持体系的整体性,将会在一定程度上阻止基体破坏的扩展。

纤维加筋沥青混合料具有良好的抗车辙能力和抗开裂性能,可用于水泥路面沥青加铺层,以更好地抑制反射裂缝的产生;同时可应用于重载交通路面、桥面沥青铺装等工程,以防止或减少车辙病害。

2. 纤维加筋水泥混凝土

纤维加筋水泥混凝土(Fiber Reinforced Cement Concrete)是在水泥混凝土中掺入适量纤维而制成的一种工程材料。适量的纤维能改善混凝土的脆性破坏特征并有效控制水泥混凝土面板的塑性收缩、干缩、温度变化等引起的裂缝,防止及抑制裂缝的形成及发展并显著提高和改善混凝土的抗疲劳性能、抗冲击性能、韧性、耐磨耗等性能。

水泥混凝土中掺加的纤维一般采用聚合物纤维,如聚丙烯腈纤维,掺量一般为 $0.5 \sim 1.0 \text{kg/m}^3$。

3. 纤维加筋水泥稳定碎石

纤维加筋水泥稳定碎石(Fiber Reinforced Cement Stabilized Macadam)是指在水泥稳定碎石中掺加纤维(通常采用聚丙烯纤维)得到的混合料。在我国现有公路路面结构中,90%以上基层采用了半刚性基层。水泥稳定碎石是半刚性基层主要材料,但是这种材料容易产生开裂,进而造成沥青路面产生反射裂缝。在水泥稳定碎石中掺加纤维,将起到加筋增韧作用,可抑制这种材料裂缝的产生与发展。

三、土工合成材料

土工合成材料(Geosynthetics)是土木工程中应用的以合成材料为原料制成的各种产品的总称。土工合成材料分为土工织物、土工膜、土工特种材料和土工复合材料等类型。土工特种材料包括土工模袋、土工网、土工网垫、土工格室、土工织物膨润土垫、聚苯乙烯泡沫塑料(EPS)等。土工复合材料是由上述各种材料复合而成,如复合土工膜、复合土工织物、复合土工布、复合防排水材料(排水带、排水管)等。

1. 土工格栅

土工格栅(Geogrid)是一种主要的土工合成材料,与其他土工合成材料相比,它具有独特的性能与功效。土工格栅常用作加筋土结构的筋材或复合材料的筋材等。土工格栅分为玻璃纤维类和聚酯纤维类两种类型。土工格栅是一种质量轻、具有一定柔性的平面网材,易于现场裁剪和连接,也可重叠搭接,施工较为简便。

在道路工程中,土工格栅可应用于路基工程,起到对土体的加筋作用。当土工格栅置于土体之中,具有分布土体应力、增加土体模量、限制土体侧向位移等作用。土工格栅也可用于水泥混凝土路面沥青加铺工程中,以控制沥青层反射裂缝的产生。另外,土工格栅可用于挡土墙回填土的加筋、加强开挖边坡稳定等。

2. 聚苯乙烯泡沫塑料

聚苯乙烯泡沫塑料(Expanded Poly-Styrene,EPS)是一种超轻型土工合成材料。它是在聚苯乙烯中添加发泡剂,先用所规定的密度预先进行发泡,再把发泡的颗粒放在筒仓中干燥后填充到模具内加热形成的。EPS具有重量轻、稳定好、变形模量较大的优点。EPS一般重度在$0.2\sim0.3kN/m^3$,为一般填土重度的$1\%\sim2\%$。EPS主要用于软土地区公路路基建设。使用超轻型材料EPS填筑路堤时,能大大地减轻施加于路堤下软基的附加应力,进而抑制软基的破坏和沉降,从而提高路堤的稳定性。

四、在交通标志标线上的应用

交通标志标线是重要的道路交通安全设施,起到交通管制和交通诱导等作用。交通标志主要由标志底板、支柱、基础和标志面组成;交通标线是以规定的线条、箭头、文字、图案及立面标记、突起路标和轮廓标等画于道路表面。

1. 交通标志

标志面是交通标志主要部分,可用逆发射材料、油漆、透明涂料、油墨等材料制作。目前应用较为广泛的是反光膜。反光膜是由透明薄膜、黏结材料、发射层以及高射率微珠等材料组成。反光膜对汽车灯光具有折射、聚焦和定向反射功能,可保证夜间行车的驾驶员注意到标志面。

2. 交通标线

路面标线涂料主要由合成树脂、颜料、溶剂、填充料等组成。标线的颜色主要有白色和黄色,其中白色颜料主要采用钛白粉、氧化锌等,黄色颜料主要采用黄铅、氧化铁等。为提高标线夜间识别性,在涂料中需要加入玻璃珠。玻璃珠是无色透明的小球,对光线起到折射、聚焦和反射的作用,可将汽车灯光反射回驾驶员眼睛,从而大大提高了标线夜间可见性。

路面标线涂料按照施工温度可分为常温型、加热型及熔融型三种。常温型和加热型属于溶剂型涂料;熔融型涂料常温下呈粉末状,需要加热180℃以上才能涂覆于路表。除涂料外,还有各种类型的粘贴材料,如突起路标、附成型表带等。

3. 自发光标志标线

普通交通标志、道路标线为反光材料,但在夜间无光照等可视性较弱的环境下因材料不能反光而失去被辨认性。自发光标志标线主要由合成树脂、蓄光型自发光材料、溶剂、填充料等组成。其中,蓄光型自发光材料可吸蓄太阳光、灯光、紫外光、杂散光等,光源照射 10~20min 就可在黑暗中持续发光 12h 以上,并可根据实际需要,使其发出红、绿、蓝、黄、紫等多种彩色光。

自发光标志标线可为夜间行人及无照明交通工具在公路、隧道、桥梁上通行提供安全指示;在夜间为临水、临崖等危险路段提供警示等,既节能环保又不产生任何费用。另外,荷兰 Oss N329 公路其中一段 500m 道路油漆中加入了荧光涂料,从而实现发光效果。这些油漆利用白天的光照"充电",晚上就能持续发出 8h 的光亮。

五、其他应用

1. 胶黏剂

胶黏剂又称为黏合剂,是一类具有优良黏合性能的材料。使用胶黏剂可以将同质或不同质的材料黏结在一起,在土木工程中得到广泛应用。

胶黏剂因具有足够的流动性,其使用范围广泛,可不受材料种类、形状的限制,而且能保证黏结基面充分浸润。因胶黏剂的稠度和硬化速度易于调节,它具有很好的密封作用,且黏结牢固等特性。

胶黏剂的品种很多,按其基料可分为无机胶和有机胶。有机胶中,一部分为天然的动植物胶已被逐渐淘汰,另一部分为合成胶包括树脂型、橡胶型和混合型三类。由于有机高分子材料的迅速发展,合成胶发展很快,它的品种多且性能优良。其中以树脂型胶黏剂的胶黏强度高、硬度、耐温、耐介质的性能都比较好,但较脆,起黏性、韧性较差;橡胶型柔韧性、起黏性、抗振和抗弯性能好,但强度和耐热性较差;混合型是树脂与橡胶或多种树脂、橡胶混合使用,可取长补短,发挥各自的优越性。

在土建工程中应用最多的是环氧树脂胶黏剂,它是以环氧树脂、固化剂、增韧剂、填料等组成,有时还包括稀释剂、促进剂、偶联剂等。环氧树脂的特点是黏结力强、收缩率小、稳定性高,而且与其他高分子化合物的混溶性好,可制成不同用途的改性品种,如环氧丁腈胶、环氧尼龙胶、环氧聚砜胶等。环氧树脂的缺点是耐热性不高、耐候性尤其是耐紫外线性能较差,部分添加剂有毒,而且在配制后应尽快使用,以免固化。它可用于金属与金属、金属与非金属材料之间的黏结,也可用作防水、防腐涂料。

聚乙酸乙烯酯胶黏剂也是常用的热塑性树脂胶黏剂,是以聚醋酸为基料的胶黏剂。可以制备成乳液胶黏剂、溶液胶黏剂或热熔胶等,以乳液胶黏剂使用最多。聚乙酸乙烯乳液胶的成膜是通过水分的蒸发或吸收和乳液互相融结这两个过程实现的。具有树脂分子量高、胶接强度好、黏度低、使用方便、无毒、不燃等优点。适用于胶结多孔性易吸水的材料,如木材、纤维制品等,也可用来黏结混凝土制品、水泥制品等,用途十分广泛。

一般的酚醛树脂固化后脆性大、抗冲击性差,很少被应用。若加入橡胶或热塑性树脂,则可提高韧性,可成为韧性好、耐热温度高、强度大、性能优良的结构黏结剂,广泛用于金属、非金属以及热固性塑料的黏结,其中以酚醛-缩醛胶和酚醛-丁腈胶用得较多,这两类胶固化时需加热加压固化,而且胶的配方中含有溶剂,应注意通风防火。

橡胶胶黏剂是以氯丁、丁腈、丁苯、丁基等合成橡胶或天然橡胶为基料配成的一类胶黏剂,这类胶黏剂具有较强的黏附性,良好的弹性。但其拉伸强度和剪切强度较低,主要适用于柔软的或膨胀系数相差很大的材料的黏结。主要品种有氯丁橡胶胶黏剂、丁腈橡胶胶黏剂等。

2. 裂缝修补与嵌缝材料

裂缝修补与嵌缝材料实际是一种胶黏剂,用于修补水泥混凝土路面的裂缝或嵌缝结构或构件的接缝。此类材料必须具备较好的黏结力、较高的拉伸率,并具有较好的低温塑性及耐久性。目前常用的有环氧树脂及改性环氧树脂类、聚氨酯及改性聚氨酯类、烯类修补材料,以及聚氯乙烯胶泥、橡胶沥青等嵌缝材料。

(1) 环氧树脂类

环氧树脂类修补材料主要组分是环氧树脂。它是含有两个以上环氧化基因高分子化合物,常见的环氧树脂可分为两类:一类是缩水甘油基型环氧树脂;另一类是环氧化烯烃。水泥混凝土路面修补中使用的大多属于缩水甘油基型,常用的有由多元酚和多元醇制备的双酚A环氧树脂。双酚A环氧树脂本身很稳定且活性较大,所以要在改性或碱性固化剂作用下固化。在双酚A环氧树脂分子结构中有羟基和醚键,在固化过程中在固化剂的作用下还能进一步生成羟基和醚键。因而有较高的内聚力和较强的黏附力。同时由于其收缩率较低,因此可作为水泥混凝土路面的裂缝灌浆材料。但由于环氧树脂的延伸率低、脆性大、不耐疲劳,在使用中会造成一定的缺陷。因此,必须对环氧树脂进行改性,以提高其延伸率并降低其脆性。改性的方法是加一些改性剂,如低分子液体改性剂、增柔剂、增韧剂等,如聚硫改性环氧灌浆材料等。

(2) 聚氨酯类

聚氨酯胶液的主体材料是将多异腈酸酯和聚氨基甲酸酯制备成A、B两组分,经固化后所得的弹性体具有极高的黏附性且抗气候老化的性能好。它与混凝土的黏固很牢且不需要打底,可用作房屋、桥梁的嵌缝密封材料。

(3) 烯烃类

烯烃类裂缝修补材料主要采用烯类聚合物配制而成,通常有两大类:一类是以烯类单体或预聚体作胶黏剂;另一类是以高分子聚合物本身作胶黏剂,如氰基丙烯酸胶黏剂,其最大的优点是室外固化时间快,几分钟之内就可以粘住且24～48h可达到最高抗拉强度,且气密性能好。但因价格较高不宜大面积使用。

(4) 聚氯乙烯类

聚氯乙烯胶泥是以煤焦油为基料,加入聚氯乙烯树脂、增塑剂、填充料和稳定剂等配制而成的单组分材料,呈黑色固体状,施工时需要加热至130～140℃。采用填缝机进行灌注、冷却后成型,它具有良好的防水性、黏结性、柔韧性和抗渗性,且耐寒、耐热、抗老化,能很好地与混凝土黏结,适用于混凝土路面板的接缝及各种管道的接缝。

(5)橡胶类

氯丁橡胶嵌缝材料是以氯丁橡胶和丙烯系塑料为主体材料,配以适量的增塑剂、硫化剂、增韧剂、防老剂及填充剂等配制而成的一种黏稠物。其特征为:与砂浆、混凝土及金属等有良好的黏结性能,且易于施工。常用作混凝土路面的嵌缝材料。

硅橡胶是一种优质的嵌缝材料,具有低温(-60℃)柔韧性好、可耐150℃的高温、耐腐蚀等优点,但价格较高。

聚硫橡胶嵌缝材料兼具塑料和橡胶的性能,常温下不发生氧化、变形小、抗老化,适用于细小、多孔或暴露表面的接缝,但价格较高。

3.膨胀支座和弹性支座

桥梁支座是连接桥梁上部结构和下部结构的重要结构部件,它能将桥梁上部结构的反力和变形(位移和转角)可靠地传递给桥梁下部结构。按照支座材料分类,可分为钢支座、聚四氟乙烯支座、橡胶支座、混凝土支座等。

桥梁和管线工程中的膨胀支座一般采用聚四氟乙烯(PTFE)树脂,可以保证梁的水平移动的要求。弹性支座可采用氯丁橡胶(CR)和聚异戊二烯橡胶(IR)等制作,以减少噪声和振动。

【本章小结】

聚合物又称为高分子化合物或高聚物,是由千万个低分子化合物(单体)经聚合反应联结所得,它是塑料、合成橡胶和合成纤维等工程聚合物的基本原料。

工程聚合物材料具有质轻、比强度高、耐腐蚀、耐磨、绝缘性好等优点,由于其原料来源广泛,且随着有机化工工业的迅速发展,工程聚合物材料的品种不断增多、性能不断的发展和提高,其应用范围不断地扩大。

在道路工程中,聚合物混凝土、纤维加筋混凝土和聚合物土工材料的应用,使道路路面结构工程的质量得到明显的提高。

【练习题】

8-1 聚合物材料的原料主要有哪些?通过什么方式聚合为高分子化合物?

8-2 试解释下列名词:单体、链节、聚合度、热塑性、热固性、均聚物、共聚物、缩聚物、塑料、合成树脂、合成橡胶、合成纤维。

8-3 举例说明道路工程中较多采用的聚合物品种。

8-4 请比较几种聚合物混凝土的性能和用途。

8-5 写出以下代号所表示的聚合物品种:PE、PVC、PS、EP、SBS、EVA、SBR。

8-6　塑料的主要组成材料有哪些？各自所起的作用是什么？

【思考题】

8-7　思考发光道路标志标线的原理，总结国内外相关研究进展。

8-8　请总结沥青混合料中常用的纤维有哪些种类，并思考不同种类纤维的物化性质、作用机理有什么不同。

8-9　空格删除可以作为改性剂掺入沥青混合料中，一方面起到减少"白色污染"与"黑色污染"的环保效益；另一方面在拌和时会产生刺激性的气味，又污染了空气。请思考如何解决这一矛盾。

【推荐阅读文献】

[1]　魏无际,俞强,崔益华.高分子化学与物理基础[M].2版.北京:化学工业出版社,2022.

[2]　高长有.高分子材料概论[M].北京:化学工业出版社,2018.

[3]　肖长发.化学纤维概论[M].3版.北京：中国纺织出版社,2015.

[4]　胡昌斌,张峰.聚合物复合改性沥青[M].北京：科学出版社出版,2021.

[5]　张增平.聚合物及其改性道路材料[M].北京：人民交通出版社股份有限公司,2021.

PART2 第二篇

试验方法

第九章
砂石材料试验

第一节 砂石材料的力学试验

一、岩石的单轴抗压强度试验

岩石的单轴抗压强度是指岩石试样在单向受压至破坏时单位面积上所承受的最大压力,是反映岩石力学性能的主要指标之一,它在岩体工程分类、建筑材料选择及工程岩体稳定性评价计算中都是必不可少的指标。本试验采用饱和状态下的岩石立方体(或圆柱体)试件的抗压强度来表征岩石强度。

1. 主要试验仪器设备

(1)试件加工设备

包括切石机、钻石机、磨平机和车床等。

(2)压力试验机

能够按照所要求的速率加载的 300~2000N 的压力试验机。

(3) 其他

精度 0.1mm 的游标卡尺,角尺及水槽等。

2. 试验方法

(1) 试件制备

用切石机或钻石机从岩石或岩芯中制备试件。建筑地基用岩石,采用圆柱体作为标准试件,直径为 50mm ± 2mm、高径比为 2∶1;桥梁工程用岩石,采用立方体试件,边长为 70mm ± 2mm。路面工程用岩石,采用圆柱体或立方体试件,其直径或边长和高均为 50mm ± 2mm。每 6 个试件为一组。对于有显著层理的岩石,分别沿平行和垂直层理方向各取试件 6 个,分别测定其垂直和平行层理的强度。试件与压力机接触的上、下端面应相互平行,不平整度允许偏差为 ±0.05mm。

用游标卡尺量取试件尺寸,精确至 0.1mm。对于立方体试件,以各个面上相互平行的两个边长的平均值作为长和宽来计算试件的受力面积。对于圆柱体试件,分别量取顶面和底面相互垂直的两个直径的平均值计算面积,并取其顶面和底面面积的算术平均值作为计算抗压强度的受力截面积。

(2) 试验步骤

将试件置于真空干燥器中,注入清水,水面高出试件顶面 20mm 以上,开动抽气机,使产生 20mmHg 的真空,保持此真空状态直至试件表面无气泡出现时为止(不少于 4h)。关闭抽气机,在水中保持试件 2h。再将试件自由浸水 4h,水面至少高出试件 20mm。

取出试件,擦干表面,检查有无缺陷,标注试件受力方向并编号。按受力方向(平行或垂直层理)将试件放在压力机上,以 0.5~1.0MPa/s 的速率均匀加载,直至破坏,记下破坏荷载 F_{max}。

3. 结果计算与报告

岩石试件的抗压强度按式(9-1)计算,精确至 1MPa。

$$R = \frac{F_{max}}{A_0} \tag{9-1}$$

式中:R——岩石试件的抗压强度,MPa;

F_{max}——破坏荷载,N;

A_0——试件截面积,mm^2。

取 6 个试件计算结果平均值作为试件抗压强度测定值。如 6 个试件中 2 个与其他 4 个试件平均值相差 3 倍以上时,则取试验结果相近的 4 个算术平均值作为抗压强度测定值。

对于具有显著层理的岩石,其抗压强度应为垂直层理和平行层理抗压强度的平均值。

二、粗集料的磨耗试验(洛杉矶法)

1. 主要仪器设备

(1) 洛杉矶磨耗机

磨耗机结构形式如图 9-1 所示。圆筒内径 710mm ± 5mm,内侧长 510mm ± 5mm,两端封闭,钢筒的回转速率为 30~33r/min。

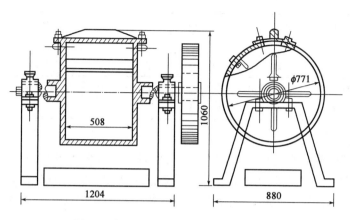

图 9-1 洛杉矶磨耗机示意图(尺寸单位:mm)

(2)标准筛

符合要求的系列标准筛,筛孔 1.7mm 的方孔筛。

(3)钢球

直径约 46.8mm,质量为 390~445g。

(4)其他

能使温度控制在 105℃±5℃范围的烘箱,称量 10kg、感量 5g 的台秤、轧石机、钢锤、金属盘等。

2.试验方法

(1)试样准备

将集料或块石轧碎、洗净,置于烘箱中烘至恒重。

对用于沥青路面及各种基层、底基层的粗集料,按照表 9-1 中的规定准备试样。

沥青路面用集料的洛杉矶磨耗试验条件(JTG E42—2005)　　　　表 9-1

粒度类别	粒级组成(mm)	试样质量(g)	试样总质量(g)	钢球个数(个)	钢球总质量(g)	转动次数(转)
A	26.5~37.5	1250±25	5000±10	12	5000±25	500
	19.0~26.5	1250±25				
	16.0~19.0	1250±10				
	9.5~16.0	1250±10				
B	19.0~26.5	2500±10	5000±10	11	4850±25	500
	16.0~19.0	2500±10				
C	4.75~9.5	2500±10	5000±10	8	3330±20	500
	9.5~16.0	2500±10				
D	2.36~4.75	5000±10	5000±10	6	2500±15	500
E	63~75	2500±50	10000±100	12	5000±25	1000
	53~63	2500±50				
	37.5~53	5000±50				

续上表

粒度类别	粒级组成(mm)	试样质量(g)	试样总质量(g)	钢球个数(个)	钢球总质量(g)	转动次数(转)
F	37.5~53	5000±50	10000±75	12	5000±25	1000
	26.5~37.5	5000±25				
G	26.5~37.5	5000±25	10000±50	12	5000±25	1000
	19.0~26.5	5000±25				

(2)试验步骤

将准备好的试样放入磨耗机圆筒中,并加入总质量符合要求的钢球,盖好筒盖后紧固密封。将计数器归零并设定要求的转动次数。开动磨耗机,以30~33r/min转速旋转至规定的次数后停止。取出试样用1.7mm方孔筛筛去试样中的石屑后用水洗净留在筛上的试样,并烘至恒重后准确称出其质量。

3. 结果计算

粗集料洛杉矶磨耗损失 Q 按式(9-2)计算,精确至0.1%。

$$Q = \frac{m_1 - m_2}{m_1} \times 100 \tag{9-2}$$

式中:Q——粗集料洛杉矶磨耗损失,%;

m_1——装入圆筒中的试样质量,g;

m_2——试验后1.7mm筛上洗净烘干的试样质量,g。

取两次平行试验结果的算术平均值作为测定值,两次试验误差应不大于2%,否则应重做试验。

三、沥青路面用粗集料压碎值

1. 主要试验仪器

(1)压碎值试验仪

压碎值测定仪由内径150mm、两端开口的钢制圆形试筒、压柱和底板组成,其形状如图9-2所示。

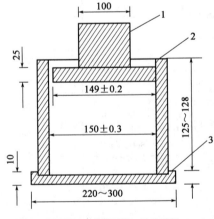

图9-2 石料压碎值试验仪(尺寸单位:mm)
1-压柱;2-试筒;3-底板

(2)压力试验机

荷载可达500kN,应能在10min内加载到400kN。

(3)其他

内径112.0mm、高179.4mm、容积1767cm³的金属量筒;直径10mm、长450~600mm、一端加工为半球形的金属棒;称量2~3kg、感量≤1g的天平;孔径2.36mm、9.5mm和13.2mm的方孔筛各一只。

2.试验方法

(1)试样准备

将风干石料用13.2mm和9.5mm标准筛过筛,取9.5~13.2mm的试样3组各3kg供试验用。试样宜风干,如过于潮湿需加热烘干时,烘箱温度不应超过100℃,烘干时间不超过4h。试验前试样应冷却至室温。

试验用石料质量的确定方法为:将试样分三层倒入金属量筒中,每层数量大致相同。每层将试样表面整平,用金属棒的夯棒半球面从试样表面均匀捣实25次。最后用金属棒作为直刮刀将表面刮平,称取量筒中试样质量(m_0),以此相同质量的试样进行压碎值平行试验。

(2)试验步骤

将标准试样分三次(每次数量相同)倒入试筒中,每次均将试样表面整平,并用金属棒按上述方法对试样夯实25次,最上一层应该仔细整平。将压柱平放在试筒内石面上,然后将装有试样的试筒连同压柱置于压力机上,均匀地施加荷载,约在10min时达到总荷载400kN,稳压5s,然后卸载。将试样从筒中取出。用2.36mm标准筛筛分经过压碎的全部试样,并称取通过2.36mm筛孔的全部细料质量(m_1)。

3.试样结果计算

石料压碎值按式(9-3)计算,精确至0.1%。

$$Q'_a = \frac{m_1}{m_0} \times 100 \tag{9-3}$$

式中:Q'_a——石料压碎值,%;

m_0——试验前试样质量,g;

m_1——试验后通过2.36mm筛孔的细料质量,g。

以三个试样平行试验结果的算术平均值作为压碎值的测定值。

四、水泥混凝土用卵石、碎石的压碎指标值试验

1.主要试验仪器

(1)压碎指标值测定仪

压碎指标值测定仪包括试筒、压盘及压块等,如图9-3所示。

(2)压力试验机

荷载量程300kN,示值相对误差2%。

(3)其他

称量10kg、感量10g的台秤;称量1kg、感量1g的天平;孔径为2.36mm、9.5mm及19.0mm的方孔筛各一只。

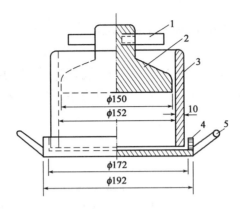

图9-3 石料压碎指标值测定仪(尺寸单位:mm)
1-把手;2-加压头;3-圆模;4-底盘;5-手把

2. 试验方法

(1)试样准备

将试样风干后,筛除集料中大于19.0mm及小于9.5mm的颗粒,并剔除其中的针片状颗粒,每份称取3000g,共三份备用。

(2)试验步骤

将圆模置于底盘上,称取试样3000g,精确至1g,分两层装入圆模内,每装完一层试样后,在圆模底盘下放一直径为10mm的圆钢,将筒按住,左右交替颠击地面各25次。第二层颠实后,整平试样表面,盖上压头。当圆模中装不下3000g试样时,以装至距圆模上口10cm为准。

将压碎指标值测定仪放到压力机上,开动压力机,按1kN/s的速率均匀地加载至200kN,稳定5s。然后卸载,取出加压头,倒出筒中试样,用2.36mm筛筛除被压碎的细料,称出留在筛上的试样质量,精确至1g。

3. 试验结果计算与评定

集料的压碎指标值 Q_a 按式(9-4)计算,精确至0.1%。

$$Q_a = \frac{m_0 - m_1}{m_0} \times 100 \tag{9-4}$$

式中:Q_a——压碎指标值,%;

m_0——试样的质量,g;

m_1——试验后筛余的试样质量,g。

以三次试验结果的算术平均值作为压碎指标值的测定值。

五、水泥混凝土用砂的压碎指标值试验

1. 主要试验仪器

(1)受压钢模

由圆筒、底盘及加压块组成,其尺寸如图9-4所示。

(2)压力试验机

荷载50~1000kN。

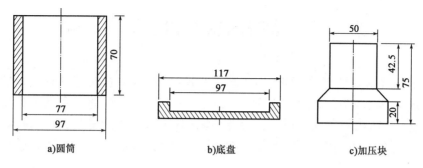

图9-4 受力钢模示意图(尺寸单位:mm)

(3)方孔筛

孔径为4.75mm、2.36mm、1.18mm、0.6mm及0.3mm。

(4)其他

鼓风烘箱,称量5kg、感量不大于1g的天平或台秤,搪瓷盘,小勺和毛刷等。

2.试验方法

(1)试样准备

先将试样烘干至恒重,待冷却至室温后,筛除大于4.75mm及小于0.3mm的颗粒,然后将试样筛分成0.3~0.6mm、0.6~1.18mm、1.18~2.36mm及2.36~4.75mm四个粒级,每个粒级约1000g备用。

(2)试验步骤

取单粒级试样330g,精确至1g。将试样倒入已组装的受压钢模中,使试样距底盘面的高度约为50mm。整平钢模内试样表面,将加压块放入圆筒内,并转动一周使其与试样均匀接触。将装好试样的受压钢模置于压力机的支撑板上,对准压板中心后开动机器并以500N/s的速率加载,加载到25kN时稳定5s,然后以同样速率卸荷。

取下受压模、移去加压块、倒出筒中压过的试样,然后用该粒级的下限筛子进行筛分,如粒级为2.36~4.75mm时,则下限筛指孔径2.36mm的筛。称出试样在筛上的质量和通过质量,精确至1g。

3.试验结果计算与评定

砂样的压碎指标按式(9-5)计算,精确至0.1%。

$$Y_i = \frac{m_2}{m_1 + m_2} \times 100 \tag{9-5}$$

式中:Y_i——砂中第i粒级压碎指标值,%;

m_1——试样的筛余质量,g;

m_2——试样的通过质量,g。

第i单粒级压碎指标值取三次试验结果的算术平均值,精确至1%。取最大单粒级压碎指标值作为该试样的压碎指标值。

第二节　集料的密度和空隙率试验

在进行集料密度试验前先对粗、细集料进行取样,现场取样时应具有代表性。取回的试样应用四分法缩取各项试验所需试样。四分法缩取的步骤是:将拌和均匀的集料摊成厚度适宜的圆堆,然后用铲在堆上划"十"字形,将试样大致分为四等份,除去对角的两份,将其余两份重新拌匀后再摊成圆堆,重复上述过程直到剩余试样达到略多于试验所需的数量为止。

一、细集料的表观密度试验(容量瓶法)

1. 主要试验仪具

称量 1kg、感量 1g 的天平;500mL 的容量瓶;能使温度控制在 105℃ ±5℃ 范围的烘箱;另有干燥器、浅盘、料勺、温度计和 500mL 的烧杯等。

2. 试验方法

(1) 试样准备

将缩分至 650g 左右的试样在 105℃ ±5℃ 的烘箱内烘至恒重,并在干燥器内冷却至室温,分成两份备用。

(2) 试验步骤

称取烘干的试样 300g(m_0),装入盛有半瓶蒸馏水的容量瓶中。摇转容量瓶,使试样在已保温至 23℃ ±1.7℃ 的水中充分搅动以排除气泡,塞紧瓶塞,在恒温条件下静置 24h,然后用滴管向瓶内添水,使水面与瓶颈刻度线平齐,再塞紧瓶塞,擦干瓶外水分,称其总质量(m_2)。倒出瓶中的水和试样,将瓶的内外洗净,再向瓶中注入温差不超过 2℃ 的洁净水至瓶颈刻度线,塞紧瓶塞、擦干瓶外的水分,称其总质量(m_1)。

在砂的表观密度试验过程中应测量并控制水的温度,试验的各项称量可以在 15~25℃ 的温度范围内进行。从试样加水静置的最后 2h 起至试验结束,其温差不应超过 2℃。

3. 结果计算

细集料的表观密度按式(9-6)计算,精确至小数点后 3 位。

$$\rho_a = \left(\frac{m_0}{m_0 + m_1 - m_2} - \alpha_T \right) \cdot \rho_w \tag{9-6}$$

式中:ρ_a——细集料的表观密度,g/cm³;
　　　m_0——试样的烘干质量,g;
　　　m_1——水和容量瓶总质量,g;
　　　m_2——试样、水和容量瓶总质量,g;
　　　ρ_w——水在 4℃ 时的密度,g/cm³;
　　　α_T——试验时水温对水相对密度影响的修正系数,按照表9-2取值。

不同水温时水的密度ρ_T及水温修正系数α_T 表9-2

水温(℃)	15	16	17	18	19	20
水的密度ρ_T(g/cm³)	0.99913	0.99897	0.99880	0.99862	0.99843	0.99822
α_T	0.002	0.003	0.003	0.004	0.004	0.005
水温(℃)	21	22	23	24	25	—
水的密度ρ_T(g/cm³)	0.99802	0.99779	0.99756	0.99733	0.99702	—
α_T	0.05	0.006	0.006	0.007	0.007	—

以两次试验结果的算术平均值作为测定值,如两次结果之差大于0.01g/cm³时,应重新取样进行试验。

二、细集料堆积密度及紧装密度试验

1. 主要试验仪具

(1)密度测试仪

由标准漏斗和容量筒组成,如图9-5所示。容量筒的内径108mm,净高109mm,筒壁厚2mm,筒底厚5mm,容积约为1L。

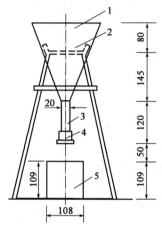

图9-5 标准漏斗(尺寸单位:mm)
1-漏斗;2-筛;3-ϕ20mm管子;4-活动门;5-金属量筒

(2)其他

称量5kg、感量5g的台秤,能控温在105℃±5℃的烘箱,铝质料勺、直尺和浅盘等。

2. 试验方法

(1)试样制备

用浅盘取约5kg试样,在温度105℃±5℃的烘箱内烘干至恒重,取出冷却至室温,分成大致相等的两份备用。

(2)试验步骤

①堆积密度

将试样装入漏斗中,打开底部活动门,将砂流入容量筒中,也可以用料勺向容量筒中装试样,但漏斗出料口或料勺距容量筒口均应为50mm左右,试样装满并超出容量筒筒口后,用直尺将多余的试样沿筒口中心线向两个相反方向刮平,称取质量(m_1)。

②紧装密度

取试样一份,分两层装入容量筒。装完一层后,在筒底垫放一根直径10mm的钢筋,将筒按住,左右交替颠击地面各25下,然后再装入第二层。第二层装满后用同样方法颠实(但筒底所垫钢筋的方向应与颠实第一层时的放置方向垂直)。两层装完并颠实后,添加试样超出容量筒筒口,然后用直尺将多余的试样沿筒口中心线向两个相反的方向刮平,称其质量(m_2)。

3. 结果计算

集料的堆积密度 ρ_1 及振实密度 ρ_2 分别按式(9-7)与式(9-8)计算,精确至 0.01g/cm^3。空隙率 n 按式(9-9)计算。

$$\rho_1 = \frac{m_1 - m_0}{V} \tag{9-7}$$

$$\rho_2 = \frac{m_2 - m_0}{V} \tag{9-8}$$

$$n = \left(1 - \frac{\rho}{\rho_a}\right) \times 100 \tag{9-9}$$

式中:m_0——容量筒的质量,g;

m_1——容量筒和堆积体积集料的总质量,g;

m_2——容量筒和振实体积集料的总质量,g;

V——容量筒的容积,cm^3;

ρ——砂的堆积密度 ρ_1 或振实密度 ρ_2,g/cm^3;

ρ_a——砂的表观密度,g/cm^3。

以两次试验结果的算术平均值作为测定值。

三、细集料的棱角性试验(间隙率法)

1. 主要试验仪具

(1)细集料棱角性测定仪

细集料棱角性测定装置如图9-6所示。上部为一个金属或塑料制的圆筒形容量瓶,容积不小于250mL,下面接一个高38mm金属制的倒圆锥筒漏斗,角度为60°±4°,漏斗内部光滑,流出孔开口直径12.7mm±0.6mm,测试仪下方放置一个100mL的铜制接收容器,容器内径39mm,高86mm。此容器镶在一块厚6mm的金属板上,容器与底板之间用环氧树脂填充固结。金属底板底部的正中央有一个凹坑,用以与底座位置对中。

(2)标准筛

孔径4.75mm和2.36mm的方孔筛。

(3)其他

感量不大于0.1g的天平;能控温105℃±5℃的烘箱;60mm×60mm的玻璃板(厚度4mm);长100mm、宽20mm的带刃直尺;搪瓷盘和毛刷等。

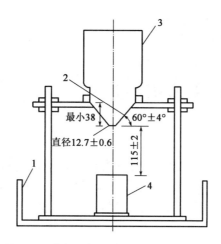

图9-6 细集料棱角性测定装置(尺寸单位:mm)
1-回收细集料的盘子;2-金属或塑料制圆筒;3-漏斗;4-100mL 的容器

2. 试验方法

(1)试验步骤

称取细集料接受容器的干质量 m_0，在容器中加满水，称取圆筒加水的质量 m_1，标定容器的容积 $V = m_1 - m_0$，此时可忽略温度对水密度的影响。

将从现场取的细集料试样，按照最大粒径的不同，选择4.75mm或2.36mm的标准筛过筛，除去大于最大粒径的部分。通常对天然砂或0~3mm规格的机制砂、石屑采用2.36mm筛，对0~5mm的机制砂、石屑可采用4.75mm筛。取2kg试样放在搪瓷盘中，加水浸泡24h，仔细清洗，倒去浑水。然后分数次缓缓地将悬浊液通过1.18mm、0.075mm套筛倒去悬浮的浑水，并用洁净的水冲洗集料，仔细冲走小于0.075mm部分。将1.18mm及0.075mm筛上部分均倒回搪瓷盘中，放入温度105℃±5℃的烘箱内烘干至恒重，冷却后适当搅拌均匀，按分料器法或四分法称取190g±1g的试样不少于3份。

将漏斗与圆筒连接成整体。在漏斗下方放置接收容器，并用玻璃板堵住漏斗开口。将试样从圆筒中央上方徐徐倒入漏斗，表面尽量倒平。取走堵住漏斗开启门的小玻璃板。漏斗中的细集料随即通过漏斗开口处流出，进入接受容器中。用带刃的直尺轻轻刮平容器表面，不加任何振动，称取容器与细集料的总质量(m_2)，精确至0.1g。

3. 结果计算

按照式(9-10)和式(9-11)计算容器中细集料的松装相对密度 r_{fa} 和空隙率 U，空隙率即为细集料的棱角性。

$$r_{fa} = \frac{m_2 - m_0}{m_1 - m_0} \tag{9-10}$$

$$U = \left(1 - \frac{r_{fa}}{r_b}\right) \times 100 \tag{9-11}$$

式中：r_{fa}——细集料的松装相对密度；

m_0——容器的质量，g；

m_1——容器和水的总质量，g；

m_2——容器和细集料的总质量，g；

U——细集料的空隙率,即棱角性,%;
r_b——细集料的毛体积相对密度。

以三次试验结果的算术平均值作为测定值。

四、细集料的棱角性试验(流动时间法)

1. 主要试验仪具

(1)细集料流动时间测定仪

细集料棱角性测定仪如图9-7所示。上部为直径90mm、高125mm的金属圆筒;下部为可更换的开口60°的金属或硬质塑料漏斗,漏斗内部应光滑,其流出孔直径有两种可更换的规格12mm或16mm。漏斗下方有一个可以左右转动的开启挡板。测定仪下方放置一个足以存下3kg细集料的容器,如铝盆、搪瓷盆等。

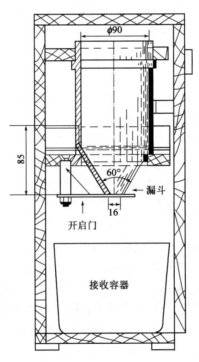

图9-7 细集料流动时间测定仪(尺寸单位:mm)

(2)标准筛

孔径4.75mm、2.36mm和0.075mm的方孔筛。

(3)其他

感量不大于0.1g的天平;能控温105℃±5℃的烘箱;搪瓷盘和毛刷等。

2. 试验方法

(1)试样步骤

将从现场取来的细集料试样,按照最大粒径的不同选择4.75mm或2.36mm的标准筛过筛,除去大于最大粒径的部分。但当工程上同时使用不同品种的细集料,如将天然砂和机制砂、石屑混用时,应分别进行单一细集料品种的棱角性质量评定,同时以实际配合比例组成的细集料混合料进行试验,以评定其使用性能。

采用水洗法去除小于0.075mm的粉尘部分,取0.075~2.36mm或0.075~4.75mm的试样约6kg放入105℃±5℃烘箱中烘干至恒重,在室温下冷却。用分料器或四分法将试样分成不少于5份,按式(9-12)计算每份试样所需的质量,称量准确至0.1g。

$$m = 1.0 \times \frac{\gamma_a}{2.70} \tag{9-12}$$

式中:m——每份试样的质量,kg;

γ_a——该试样的表观相对密度,无量纲。

根据试验的细集料规格选择漏斗,对规格0.075~2.36mm的细集料选用漏出孔径为12mm的漏斗,对规格0.075~4.75mm的细集料选用孔径为16mm的漏斗,将漏斗与圆筒连接安装成一整体。关闭漏斗下方的开启门,在漏斗下放置接收容器。

将试样从圆筒中央开口处(高度与筒顶齐平)徐徐倒入漏斗,表面尽量倒平,但倒完后不得以任何工具扰动或刮平试样。

在打开漏斗开启门的同时开动秒表。漏斗中的细集料随即从漏斗开口处流出,进入接收容器中。在细集料全部流完的同时停止秒表,读取细集料流出的时间,准确至0.1s,即为该细集料试样的流动时间。

一种试样需平行试验5次,以流动时间平均值作为细集料棱角性的试验结果。

五、粗集料的密度和吸水率试验(网篮法)

1. 主要试验仪具

(1)天平及吊篮

天平或浸水天平:可悬挂吊篮测定集料的水中质量,称量应满足试验数量的称量要求,感量不大于最大称量的0.05%。

吊篮由耐锈蚀材料制成,直径和高度为150mm左右,四周及底部用1~2mm的筛网编制或具有密集的孔眼。

(2)其他

溢流水槽、标准筛、烘箱、温度计、盛水容器(如搪瓷盘)、刷子和毛巾等。

2. 试验方法

(1)试样准备

将试样用标准筛过筛除去其中的细集料,对较粗的粗集料可用4.75mm筛过筛,2.36~4.75mm集料,或者混在4.75mm以下石屑中的粗集料,则用2.36mm标准筛过筛,用四分法或分料器法缩分至要求的质量,分两份备用。对沥青路面用粗集料,应对不同规格的集料分别测定,不得混杂,所取的每一份集料试样应基本上保持原有的级配。在测定2.36~4.75mm的粗集料时,试验过程中应特别小心,不得丢失集料。经缩分后供测定密度和吸水率的粗集料质量应符合表9-3的规定。

粗集料视密度试验最少取样质量   表9-3

公称最大粒径(mm)	4.75	9.5	16	19	26.5	31.5	37.5	63	75
每份试样的最小质量(kg)	0.8	1	1	1	1.5	1.5	2	3	3

将每一份集料试样浸泡在水中,并适当搅动,仔细洗去附在集料表面的尘土和石粉,经多次漂洗干净至水完全清澈为止。清洗过程中不得散失集料颗粒。

(2) 试验步骤

取试样一份装入干净的搪瓷盘中,注入洁净的水,水面至少应高出试样 20mm,轻轻搅动石料,使附着在石料上的气泡完全逸出。在室温下保持浸水 24h。

将吊篮挂在天平的吊钩上,浸入溢流水槽中,向溢流水槽中注水,水面高度至水槽的溢流孔,将天平调零。吊篮的筛网应保证集料不会通过筛孔流失,对 2.36~4.75mm 粗集料应更换小孔筛网,或在网篮中加放入一个浅盘。

调节水温在 15~25℃ 范围内。将试样移入吊篮中。溢流水槽中的水面高度由水槽的溢流孔控制,维持不变。称取集料的水中质量(m_w)。

提起吊篮,稍稍滴水后,较粗的粗集料可以直接倒在拧干的湿毛巾上。将较细的粗集料(2.36~4.75mm)连同浅盘一起取出,稍稍倾斜搪瓷盘,仔细倒出余水,将粗集料倒在拧干的湿毛巾上,用毛巾吸走从集料中漏出的自由水。此步骤需特别注意不得有颗粒丢失,或有小颗粒附在吊篮上。再用拧干的湿毛巾轻轻擦干集料颗粒的表面水,至表面看不到发亮的水迹,即为饱和面干状态。当粗集料尺寸较大时,宜逐颗擦干。注意对较粗的粗集料,拧湿毛巾时不要太用劲,防止拧得太干,对较细的含水较多的粗集料,毛巾可拧得稍干些。擦颗粒的表面水时,既要将表面水擦掉,又千万不能将颗粒内部的水吸出。整个过程中不得有集料丢失,且已擦干的集料不得继续在空气中放置,以防止集料干燥。

立即在保持表干状态下,称取集料的表干质量(m_f)。

将集料置于浅盘中,放入 105℃±5℃ 的烘箱中烘干至恒重。取出浅盘,放在带盖的容器中冷却至室温,称取集料的烘干质量(m_a)。

调节水温在 15~25℃ 范围内,将试样移入吊篮中。溢流水槽的水面高度由水槽的溢流孔控制,维持不变。用天平称出试样在水中的质量(m_w)。提起吊篮,稍稍滴水后,将试样倒入浅搪瓷盘中,或直接将试样倒在拧干的湿毛巾上。注意不得有颗粒丢失,或有小颗粒附在吊篮上。稍稍倾斜搪瓷盘,用毛巾吸走漏出的自由水。用拧干的湿毛巾擦干颗粒表面水,至表面看不到发亮的水迹,即为饱和面干状态,立即保持在表干状态下称其表干质量(m_f)。将试样置于浅盘中,放入 105℃±5℃ 的烘箱中烘干至恒重。取出浅盘,放在带盖的容器中冷却至室温后称出质量(m_a)。

对同一规格的集料应平行试验两次,取平均值作为试验结果。

3. 结果计算

表观相对密度 γ_a、表干相对密度 γ_s 和毛体积相对密度 γ_b 分别按式(9-13)~式(9-15)计算,结果精确至小数点后 3 位。

$$\gamma_a = \frac{m_a}{m_a - m_w} \tag{9-13}$$

$$\gamma_s = \frac{m_f}{m_f - m_w} \tag{9-14}$$

$$\gamma_b = \frac{m_a}{m_f - m_w} \tag{9-15}$$

式中:γ_a——集料的表观相对密度,无量纲;

γ_s——集料的表干相对密度,无量纲;

γ_b——集料的毛体积相对密度,无量纲;

m_a——集料的烘干质量,g;

m_f——集料的表干质量,g;

m_w——集料的水中质量,g。

集料的吸水率以烘干试样为基准,按式(9-16)计算,精确至0.01%。

$$w_x = \frac{m_f - m_a}{m_a} \times 100 \tag{9-16}$$

式中:w_x——粗集料的吸水率(%)。

粗集料的表观密度(视密度)ρ_a、表干密度ρ_s、毛体积密度ρ_b,按式(9-17)、式(9-18)、式(9-19)计算,准确至小数点后3位。不同水温条件下测量的粗集料表观密度需进行水温修正,不同试验温度下水的温度修正系数α_T及水的密度ρ_T按表9-2取值。

$$\rho_a = \gamma_a \times \rho_T \text{ 或 } \rho_a = (\gamma_a - \alpha_T) \times \rho_w \tag{9-17}$$

$$\rho_s = \gamma_s \times \rho_T \text{ 或 } \rho_s = (\gamma_s - \alpha_T) \times \rho_w \tag{9-18}$$

$$\rho_b = \gamma_b \times \rho_T \text{ 或 } \rho_b = (\gamma_b - \alpha_T) \times \rho_w \tag{9-19}$$

式中:ρ_a——粗集料的表观密度,g/cm³;

ρ_s——粗集料的表干密度,g/cm³;

ρ_b——粗集料的毛体积密度,g/cm³;

α_T——试验温度T时的水温修正系数;

ρ_w——水在4℃时的密度,1.000g/cm³。

重复试验的精密度,对表观相对密度、表干相对密度、毛体积相对密度,两次结果相差不得超过0.02,对吸水率不得超过0.2%。

六、粗集料(碎石或卵石)的堆积密度和空隙率试验

1. 主要试验仪具

(1)振动台

振动台的振动频率为3000次/min±200次/min、负荷下的振幅为0.35mm、空载时的振幅为0.5mm。

(2)容量筒

金属制容量筒,规格应符合表9-4的要求。

容量筒规格要求 表9-4

试验对象	粗集料公称最大粒径(mm)	容量筒容积(L)	容量筒规格(mm)			筒壁厚(mm)
			内径	净高	底厚	
沥青混合料用集料	≤4.75	3	155±2	160±2	5.0	2.5
	9.5~26.5	10	205±2	305±2	5.0	2.5
	31.5~37.5	15	255±5	295±5	5.0	3.0
	≥53	20	355±5	305±5	5.0	3.0

(3) 其他

天平或台秤,感量不大于称量的 0.1%;直径 16mm、长 600mm 的捣棒;一端为圆头的钢棒,烘箱和平头铁铲等。

2. 试验方法

(1) 试样准备

用四分法将试样缩分至规定的取样量,在 105℃ ±5℃ 的烘箱内烘干,也可摊在清洁的地面上风干,拌匀后分成两份备用。

(2) 试验步骤

① 自然堆积密度

取试样 1 份,置于平整干净的水泥地(或铁板)上,用平头铁锹铲起试样,使石子自由落入容量筒内。此时,从铁锹的齐口至容量筒上口的距离应保持为 50mm 左右,装满容量筒并除去凸出筒口表面的颗粒,并以合适的颗粒填入凹陷空隙,使表面稍凸起部分和凹陷部分的体积大致相等,称取试样和容量筒总质量(m_2)。

② 振实密度

按堆积密度试验步骤,将装满试样的容量筒放在振动台上,振动 3min,或者将试样分三层装入容量筒:装完一层后,在筒底垫放一根直径为 25mm 的圆钢筋,将筒按住,左右交替颠击地面各 25 下;然后装入第二层,用同样的方法颠实(但筒底所垫钢筋的方向应与第一层放置方向垂直);然后再装入第三层,如法颠实。待三层试样装填完毕后,加料填到试样超出容量筒口,用钢筋沿筒口边缘滚转,刮下高出筒口的颗粒,用合适的颗粒填平凹处,使表面稍凸起部分和凹陷部分的体积大致相等,称取试样和容量筒总质量(m_2)。

③ 捣实密度

根据沥青混合料的类型和公称最大粒径,确定起骨架作用的关键性筛孔(通常为 4.75mm 或 2.36mm 等)。将矿料混合料中此筛孔以上颗粒筛出,作为试样装入符合要求规格的容器中达 1/3 的高度,由边至中用捣棒均匀捣实 25 次。再向容器中装入 1/3 高度的试样,用捣棒均匀地捣实 25 次,捣实深度约至下层的表面。然后重复上一步骤,加最后一层,捣实 25 次,使集料与容器口齐平。用合适的集料填充表面的大空隙,用直尺大体刮平,目测估计表面凸起部分与凹陷部分的容积大致相等,称取容量筒与试样的总质量(m_2)。

④ 容量筒容积的标定

用水装满容量筒,测量水温,擦干筒外壁的水分,称取容量筒与水的总质量(m_w),并按水的密度对容量筒的容积作校正。

3. 结果整理

(1) 容量筒的容积计算

容量筒的容积按式(9-20)计算。

$$V = \frac{m_w - m_1}{\rho_T} \tag{9-20}$$

式中:V——容量筒的容积,L;

m_1——容量筒的质量,kg;

m_w——容量筒与水的总质量,kg;

ρ_T——试验温度 T 时水的密度,g/cm³,按表(9-2)取值。

(2)堆积密度计算

堆积密度(包括自然堆积状态、振实状态、捣实状态下的堆积密度)按式(9-21)计算,结果精确至小数点后 2 位。

$$\rho = \frac{m_2 - m_1}{V} \tag{9-21}$$

式中:ρ——与各种状态相对应的堆积密度,t/cm³;

m_1——容量筒的质量,kg;

m_2——容量筒和试样的总质量,kg;

V——容量筒的容积,L。

(3)空隙率计算(水泥混凝土)

水泥混凝土用粗集料振实状态下的空隙率按式(9-22)计算。

$$V_c = \left(1 - \frac{\rho}{\rho_a}\right) \times 100 \tag{9-22}$$

式中:V_c——水泥混凝土用粗集料的空隙率,%;

ρ_a——粗集料的表观密度,t/m³;

ρ——按振实法测定的粗集料的堆积密度,t/m³。

(4)空隙率计算(沥青混合料)

沥青混合料用粗集料骨架捣实状态下的间隙率按式(9-23)计算。

$$VCA_{DRC} = \left(1 - \frac{\rho}{\rho_b}\right) \times 100 \tag{9-23}$$

式中:VCA_{DRC}——沥青混合料用粗集料间隙率,%;

ρ_b——粗集料的毛体积密度,g/cm³;

ρ——按振实法或捣实法测定的粗集料的堆积密度,g/cm³。

以两次平行试验结果的平均值作为测定值。

第三节 集料的筛分试验

一、细集料的筛分试验

对水泥混凝土用细集料可采用干筛法,如果需要也可采用水洗法进行筛分;对沥青混合料及基层用细集料必须采用水洗法筛分。

1. 主要试验仪具

(1)标准筛

(2)摇筛机

(3)其他

称量 1000g、感量不大于 0.5g 的天平;能控温 105℃±5℃ 的烘箱;浅盘,硬、软毛刷等。

2. 试验方法

(1) 试样准备

根据样品中最大粒径的大小,选用适宜的标准筛,通常为9.5mm筛(水泥混凝土用天然砂)或4.75mm筛(沥青路面及基层用天然砂、石屑、机制砂等)筛除其中的超粒径材料。然后将样品在潮湿状态下充分拌匀,用分料器法或四分法缩分至每份不少于550g的试样两份,在105℃±5℃的烘箱中烘干至恒重,冷却至室温后备用。

(2) 干筛法试验步骤

准确称取烘干试样约500g(m_1),准确至0.5g,置于套筛的最上面一只,即4.75mm筛上,将套筛装入摇筛机,摇筛约10min,然后取出套筛,再按筛孔大小顺序,从最大的筛号开始,在清洁的浅盘上逐个进行手筛,直到每分钟的筛出量不超过筛上剩余量的0.1%时为止,将筛出通过的颗粒并入下一号筛,和下一号筛中的试样一起过筛,以此顺序进行至各号筛全部筛完为止。

称量各筛筛余试样的质量,精确至0.5g。所有各筛的分计筛余量和底盘中剩余量的总量与筛分前的试样总量,相差不得超过后者的1%。

(3) 水洗法试验步骤

准确称取烘干试样约500g(m_1),精确至0.5g。

将试样置于一个洁净容器中,加入足够数量的洁净水,将集料全部淹没。用搅棒充分搅动集料,将集料表面洗涤干净,使细粉悬浮在水中,但不得有集料从水中溅出。用1.18m筛及0.075mm筛组成套筛。仔细将容器中混有细粉的悬浮液徐徐倒出,经过套筛流入另一容器中,但不得将集料倒出。

重复以上步骤,直至倒出的水洁净且小于0.075mm的颗粒全部倒出。将容器中的集料倒入搪瓷盘中,用少量水冲洗,使容器上沾附的集料颗粒全部进入搪瓷盘中。将筛子反扣过来,用少量的水将筛上的集料冲入搪瓷盘中。操作过程中不得有集料散失。将搪瓷盘连同集料起置105℃±5℃烘箱中烘干至恒重,称取干燥集料试样的总质量(m_2),准确至0.1%。m_1与m_2之差即为通过0.075mm筛部分。

将全部要求筛孔组成套筛(但不需0.075mm筛),将已经洗去小于0.075mm部分的干燥集料置于套筛上(通常为4.75mm筛),将套筛装入摇筛机,摇筛约10min,然后取出套筛,再按筛孔大小顺序,从最大的筛号开始,在清洁的浅盘上逐个进行手筛,直至每分钟的筛出量不超过筛上剩余量的0.1%时为止,将筛出通过的颗粒并入下一号筛,和下一号筛中的试样一起过筛,这样顺序进行,直至各号筛全部筛完为止。

称量各筛筛余试样的质量,精确至0.5g。所有各筛的分计筛余量和底盘中剩余量的总质量与筛分前后试样总量m_2的差值不得超过后者的1%。

3. 计算

(1) 计算分计筛余百分率

各号筛的分计筛余百分率为各号筛上的筛余量除以试样总量(m_1)的百分率,精确至0.1%。对沥青路面细集料而言,0.15mm筛下部分即为0.075mm的分计筛余,由此前测得的m_1与m_2之差即为小于0.075mm的筛底部分。

(2) 计算累计筛余百分率

各号筛的累计筛余百分率为该号筛及大于该号筛的各号筛的分计筛余百分率之和,准确至 0.1%。

(3) 根据各筛的累计筛余百分率或通过百分率,绘制级配曲线。

(4) 天然砂的细度模数按式(9-24)计算,精确至 0.01。

$$M_x = \frac{(A_{0.15} + A_{0.3} + A_{0.6} + A_{1.18} + A_{2.36}) - 5A_{4.75}}{100 - A_{4.75}} \quad (9\text{-}24)$$

式中：M_x——砂的细度模数；

$A_{0.15}$、$A_{0.3}$、$\cdots$、$A_{4.75}$——分别为 0.15mm、0.3mm、$\cdots$、4.75mm 各筛上的累计筛余百分率,%。

应进行两次平行试验,以试验结果的算术平均值作为测定值。如两次试验所得的细度模数之差大于 0.2,应重新进行试验。

二、粗集料及集料混合料的筛分试验

对水泥混凝土用粗集料可采用干筛法。对沥青混合料及基层用粗集料必须采用水洗法筛分。

1. 主要试验仪具

标准套筛,感量不大于试样质量 0.1% 的天平或台秤;摇筛机;盘子、铲子和毛刷等。

2. 试验方法

(1) 试验准备

用分料器或四分法将来料缩分至表 9-5 中规定的质量,风干后备用。根据需要可按要求的集料最大粒径的筛孔尺寸过筛,除去超粒径部分颗粒后,再进行筛分。

粗集料筛分析试验所需最少试样质量　　表 9-5

公称最大粒径(mm)	75	63	37.5	31.5	26.5	19	16	9.5	4.75
最小试样质量(kg)	10	8	5	4	2.5	2	1	1	0.5

(2) 水泥混凝土用粗集料干筛法试验步骤

取试样一份置 105℃ ±5℃ 的烘箱内烘干至恒重,称取干燥试样的总质量 m_0,准确至 0.1%。

用搪瓷盘作筛分容器,按筛孔大小排列顺序逐个将集料过筛。人工筛分时,需使集料在筛面上同时有水平方向及上下方向的不停顿的运动,使小于筛孔的集料通过筛孔,直至 1min 内通过筛孔的质量小于筛上残余量的 0.1% 为止;当采用摇筛机筛分时,应在摇筛机筛分后再逐个由人工补筛。将筛出通过的颗粒并入下一号筛,和下号筛中的试样一起过筛,顺序进行,直至各号筛全部筛完为止。应确认 1min 内通过筛孔的质量确实小于筛上残余量的 0.1%。

如果某个筛上的集料过多,影响筛分作业时,可以分两次筛分。当筛余颗粒的粒径大于 19mm 时,筛分过程中允许用手指轻轻拨动颗粒,但不得逐颗塞过筛孔。

称取每个筛上的筛余量,准确至总质量的 0.1%。各筛分计筛余量及筛底存量的总和与筛分前试样的干燥总质量 m_0 相比,相差不得超过 m_0 的 0.5%。

(3) 沥青混合料及基层用粗集料水洗法试验步骤

取一份试样置于 105℃ ±5℃ 的烘箱内烘干至恒重,称取干燥试样总质量 m_3,准确至 0.1%。

将试样置一洁净容器中,加入足够数量的洁净水,将集料全部淹没,但不得使用任何洗涤剂、分散剂或表面活性剂。

用搅棒充分搅动集料,使集料表面洗涤干净,使细粉悬浮在水中,但不得破碎集料或有集料从水中溅出。

根据集料粒径大小选择组成一组套筛,其底部为0.075mm标准筛,上部为2.36mm或4.75mm筛。仔细将容器中混有细粉的悬浮液倒出,经过套筛流入另一容器中,尽量不将粗集料倒出,以免损坏标准筛筛面。重复以上步骤,直至倒出的水洁净为止,必要时可采用水流缓慢冲洗。

将套筛每个筛子上的集料及容器中的集料全部回收在一个搪瓷盘中,容器上不得有沾附的集料颗粒。

在确保细粉不散失的前提下,小心泌去搪瓷盘中的积水,将搪瓷盘连同集料一起置105℃±5℃烘箱中烘干至恒重,称取干燥集料试样的总质量(m_4),准确至0.1%。以m_3与m_4之差作为0.075mm的筛下部分。

将回收的干燥集料按干筛方法筛分出0.075mm筛以上各筛的筛余量,此时0.075mm筛下部分应为0,如果尚能筛出,则应将其并入水洗得到的0.075mm的筛下部分,且表示水洗得不干净。

3. 计算

(1)干筛法筛分结果的计算

①筛分损耗

计算各筛分计筛余量及筛底存量的总和与筛分前试样的干燥总质量m_0之差,作为筛分时的损耗,由式(9-25)计算,并计算损耗率,若损耗率大于0.3%,应重新进行试验。

$$m_5 = m_0 - (\sum m_i + m_底) \tag{9-25}$$

式中:m_5——由于筛分造成的损耗,g;
$\quad m_0$——用于干筛的干燥集料总质量,g;
$\quad m_i$——各号筛上的分计筛余,g;
$\quad i$——依次为0.075mm,0.15mm……至集料最大粒径的排序;
$\quad m_底$——筛底(0.075mm以下部分)集料总质量,g。

②干筛分计筛余百分率

干筛后各号筛上的分计筛余百分率按式(9-26)计算,精确至0.1%。

$$a_i = \frac{m_i}{m_0 - m_5} \times 100 \tag{9-26}$$

式中:a_i——各号筛上的分计筛余百分率,%;
$\quad m_5$——由于筛分造成的损耗,g;
$\quad m_0$——用于干筛的干燥集料总质量,g;
$\quad m_i$——各号筛上的分计筛余,g;
$\quad i$——依次为0.075mm,0.15mm……至集料最大粒径的排序。

③干筛累计筛余百分率

各号筛的累计筛余百分率为该号筛以上各号筛的分计筛余百分率之和,精确至0.1%。

④干筛各号筛的质量通过百分率

各号筛的质量通过百分率P_i等于100减去该号筛累计筛余百分率,精确至0.1%。

由筛底存量除以扣除损耗后的干燥集料总质量计算0.075mm筛的通过率。

试验结果以两次试验的平均值表示,精确至0.1%。当两次试验结果$p_{0.075}$的差值超过1%时,试验应重新进行。

(2)水筛法筛分结果的计算

①按式(9-27)、式(9-28)计算粗集料中0.075mm筛下部分质量$m_{0.075}$和含量$p_{0.075}$,精确至0.1%。当两次试验结果$p_{0.075}$的差值超过1%时,试验应重新进行。

$$m_{0.075} = m_3 - m_4 \tag{9-27}$$

$$p_{0.075} = \frac{m_{0.075}}{m_3} = \frac{m_3 - m_4}{m_3} \times 100 \tag{9-28}$$

式中:$p_{0.075}$——粗集料中小于0.075mm的含量(通过率),%;

$m_{0.075}$——粗集料中水洗得到的小于0.075mm部分的质量,g;

m_3——用于水洗的干燥粗集料总质量,g;

m_4——水洗后的干燥粗集料总质量,g。

②计算各筛分计筛余量及筛底存量的总和与筛分前试样的干燥总质量m_4之差,作为筛分时的损耗,若损耗率大于0.3%,应重新进行试验。

$$m_5 = m_3 - (\sum m_i + m_{0.075}) \tag{9-29}$$

式中:m_5——由于筛分造成的损耗,g;

m_3——用于水洗的干燥粗集料总质量,g;

m_i——各号筛上的分计筛余,g;

i——依次为0.075mm,0.15mm……至集料最大粒径的排序;

$m_{0.075}$——水洗后得到的0.075mm以下部分质量,g,即$(m_3 - m_4)$。

③计算其他各筛的分计筛余百分率、累计筛余百分率、质量通过百分率,计算方法与干筛法相同。

试验结果以两次试验的平均值表示。

第十章
沥青与沥青混合料试验

第一节 石油沥青的针入度、延度和软化点试验

针入度、延度和软化点是沥青最主要的技术指标,通常称为三大指标。

一、石油沥青的针入度试验

本方法适用于测定道路石油沥青、聚合物改性沥青针入度以及液体石油沥青、蒸馏或乳化沥青蒸发后残留物的针入度,以0.1mm计。其标准试验条件为温度25℃,荷重100g,贯入时间5s。

针入度指数PI用以描述沥青的温度敏感性,宜在15℃、25℃、30℃等3个或3个以上温度条件下测定针入度后按规定的方法计算得到,若30℃时的针入度值过大,可采用5℃代替。当量软化点T_{800}是相当于沥青针入度为800时的温度,用以评价沥青的高温稳定性。当量脆点$T_{1.2}$是相当于沥青针入度为1.2时的温度,用以评价沥青的低温抗裂性能。

1. 主要试验仪具

(1)针入度仪

图10-1为针入度仪示意图。为提高测试精度,针入度试验宜采用能够自动计时的针入度

仪进行测定,要求针和针连杆必须在无明显摩擦下垂直运动,针的贯入深度必须准确至0.1mm。针和针连杆组合件总质量为50g±0.05g,另附50g±0.05g砝码一只,试验时总质量为100g±0.05g。仪器应有放置平底玻璃保温皿的平台,并有调节水平的装置,针连杆应与平台相垂直。应有针连杆制动按钮,使针连杆可自由下落。针连杆应易于装拆,以便检查其质量。仪器还设有可自由转动与调节距离的悬臂,其端部有一面小镜或聚光灯泡,借以观察针尖与试样表面接触情况。且应对装置的准确性经常校验。当采用其他试验条件时,应在试验结果中注明。

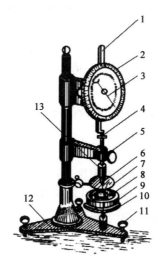

图 10-1　针入度仪

1-拉杆;2-刻度盘;3-指针;4-连杆;5-按钮;6-小镜;7-标准针;8-试样;9-保温皿;10-圆形平台;11-调平螺钉;12-底座;13-砝码

(2)标准针

标准针由硬化回火的不锈钢制成,洛氏硬度HRC54~60,表面粗糙度Ra0.2~0.3μm,针及针杆总质量2.5g±0.05g。针杆上应打印有号码标志。针应设有固定用装置盒(筒),以免碰撞针尖。每根针必须附有计量部门的检验单,并定期进行检验。其尺寸及形状如图10-2所示。

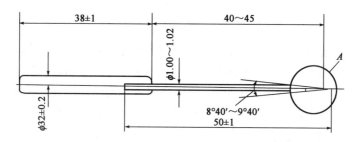

图 10-2　针入度标准针(尺寸单位:mm)

(3)盛样皿

沥青盛样皿由金属制成,圆柱形平底。小盛样皿的内径55mm、深35mm(适用于针入度小于200的试样);大盛样皿内径70mm、深45mm(适用于针入度为200~350的试样);对针入度大于350的试样需使用特殊盛样皿,其深度不小于60mm,容积不小于125mL。不同针入度所对应的盛样皿见表 10-1。

盛样皿规格　　　　　　　　　　表 10-1

针入度范围 (0.1mm)	盛样皿尺寸(mm)		恒温时间 (h)
	内径	深度	
<200	55	35	1.5~2.0
200~350	70	45	2.0~2.5
>350	52(容积≥125mL)	>60	2.0~2.5

(4)恒温水槽

恒温水槽的容量应不小于 10L,控温的准确度为 0.1℃。水槽中应设有一带孔的搁架,位于水面下不得少于 100mm,距水槽底不得少于 50mm 处。

(5)平底玻璃皿

平底玻璃皿容量应不小于 1L,深度不小于 80mm。内设有一不锈钢三脚支架,能使盛样皿稳定。

(6)其他

精度为 0.1s 的计时器;精度为 0.1℃ 的温度计或温度传感器;精度为 0.1mm 的位移计或位移传感器;熔化试样用的金属皿或瓷柄皿;直径不小于盛样皿开口尺寸的平板玻璃盛样皿盖;加热用电炉或砂浴,石棉网、三氯乙烯溶剂等。

2.试验方法

(1)准备工作

将恒温水槽调节到试验要求的温度 25℃,或其他需要的试验温度,保持稳定。

根据预计沥青的针入度选择盛样皿,保证试样在盛样皿中的高度超过预计针入度 10mm,将试样倒入盛样皿,使其在 15~30℃ 室温冷却不少于 1.5h(小盛样皿)、2h(大盛样皿)或 3h(特殊盛样皿),在冷却过程中应防止灰尘落入试样皿。然后将盛样皿移入维持在规定试验温度恒温 ±0.1℃ 的恒温水浴中,恒温时间要求见表 10-1。

调节针入度仪至水平状态,检查针连杆和导轨,以确认无水和其他外来物,无明显摩擦。用三氯乙烯或其他合适的溶剂清洗标准针,用干棉花将其擦干,把针插入针连杆中插紧。按试验条件放好砝码。

(2)试验步骤

取出达到恒温的盛样皿,并移入水温控制在试验温度 ±0.1℃(可用恒温水槽中的水)的平底玻璃皿中的三脚支架上,试样表面以上的水层深度不小于 10mm,将盛有试样的平底玻璃皿置于针入度仪的平台上。慢慢放下针连杆,用适当位置的反光镜或灯光反射观察,使针尖恰好与试样表面接触,将位移计或刻度盘指针复位为零。开始试验,按下释放键,这时计时与标准针落下贯入试样同时开始,至 5s 时自动停止。读取位移计或刻度盘指针的读数,准确至 0.1mm。

同一试样平行试验至少 3 次,各测试点之间及与盛样皿边缘的距离不应小于 10mm。每次试验后应将盛有盛样皿的平底玻璃皿放入恒温水槽,使平底玻璃皿中水温保持试验温度。每次试验应换一根干净标准针或将标准针取下用蘸有三氯乙烯溶剂的棉花或布揩净,再用干棉花或布擦干。

测定针入度大于 200 的沥青试样时,至少用 3 支标准针,每次试验后将针留在试样中,直至 3 次平行试验完成后,才能将标准针取出。

测定针入度指数 PI 时,按同样的方法在 15℃、25℃、30℃(或 5℃)3 个或 3 个以上(必要时增加 10℃、20℃ 等)温度条件下分别测定沥青的针入度,但用于仲裁试验的温度条件应为 5 个。

3. 试验结果

(1)针入度

同一试样 3 次平行试验结果的最大值和最小值之差在表 10-2 的允许偏差范围内时,计算 3 次试验结果的平均值,取至整数作为试验结果,以 0.1mm 为单位。若差值超过表 10-2 的数值,试验重做。

针入度试验允许差值要求　　　　表 10-2

针入度(0.1mm)	0~49	50~149	150~249	250~500
允许差(0.1mm)	2	4	12	20

(2)针入度指数、当量软化点及当量脆点

将 3 个或 3 个以上不同温度条件下测试的针入度值取对数,令 $y = \lg P, x = T$,按式(10-1)的针入度对数与温度的直线关系,进行 $y = a + bx$ 一元一次方程的直线回归,求取针入度温度指数 $A_{\lg Pen}$。

$$\lg P = K + A_{\lg Pen} \times T \tag{10-1}$$

式中:$\lg P$——不同温度条件下测得的针入度值的对数;

T——试验温度,℃;

K——回归方程的常数项 a;

$A_{\lg Pen}$——回归方程的系数 b。

按式(10-2)确定沥青的针入度指数,并记为 PI。

$$PI = \frac{20 - 500 A_{\lg Pen}}{1 + 50 A_{\lg Pen}} \tag{10-2}$$

按式(10-3)确定沥青的当量软化点 T_{800}。

$$T_{800} = \frac{\lg 800 - K}{A_{\lg Pen}} = \frac{2.9031 - K}{A_{\lg Pen}} \tag{10-3}$$

按式(10-4)确定沥青的当量脆点 $T_{1.2}$。

$$T_{1.2} = \frac{\lg 1.2 - K}{A_{\lg Pen}} = \frac{0.0792 - K}{A_{\lg Pen}} \tag{10-4}$$

按式(10-5)计算沥青的塑性温度范围 ΔT。

$$\Delta T = T_{800} - T_{1.2} = \frac{2.8239}{A_{\lg Pen}} \tag{10-5}$$

(3)允许误差

当试验结果小于 50(0.1mm)时,重复性试验的允许差为 2(0.1mm),再现性试验的允许差为 4(0.1mm)。

当试验结果大于等于 50(0.1mm)时,重复性试验的允许差为平均值的 4%,再现性试验的允许差为平均值的 8%。

二、沥青延度试验

沥青的延度是规定形状的沥青试样,在规定的温度下,以一定的速度拉伸至断裂时的长度,以厘米(cm)表示。通常,试验温度为 25℃、15℃、10℃ 或 5℃,拉伸速度为 5cm/min ± 0.25cm/min。当低温时,可采用 1cm/min ± 0.5cm/min 的拉伸速度,应在报告中给予注明。

延度试验适用于测定道路石油沥青、聚合物改性沥青、液体石油沥青蒸馏残留物和乳化沥青蒸发残留物等材料的延度。

1. 主要试验仪器

(1) 延度仪

延度仪的测量长度不宜大于 150cm,仪器应有自动控温、控速系统。应满足试件浸没于水中,能保持规定的试验温度及规定的拉伸速度拉伸试件,且试验时无明显振动。该仪器的形状与组成如图 10-3 所示。

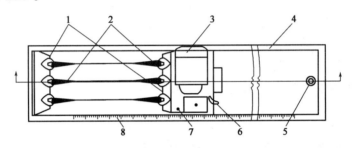

图 10-3 沥青延度仪
1-试模;2-试样;3-电机;4-水槽;5-泄水孔;6-开关柄;7-指针;8-标尺

(2) 制模仪具

制模仪具包括延度试模和试模底板。延度试模由黄铜制,由两个端模和两个侧模所组成,其形状尺寸如图 10-4 所示。试模底板为玻璃板或磨光的铜板、不锈钢板(表面粗糙度 R_a 为 0.2μm)。

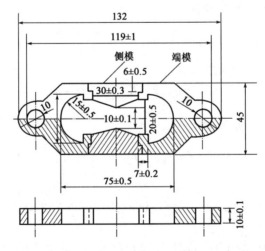

图 10-4 沥青延度试模(尺寸单位:mm)

(3)恒温水浴

容量至少为10L;能够控制温度的准确度为0.1℃的玻璃或金属器皿;试件浸入水中深度不得小于100mm;水浴中设置带孔搁架,且搁架距水浴底部不得小于50mm。

(4)甘油滑石粉隔离剂

隔离剂由甘油和滑石粉按2:1的比例进行配制。

(5)其他

用于熔化沥青用的瓷皿或金属皿,量程0~50℃、分度0.1℃的温度计,脱脂棉、平刮刀、工业酒精、食盐等。

2. 试验方法

(1)试样准备

将隔离剂均匀地涂于清洁干净试模底板、两个侧模的内侧表面,然后将试模在试模底板上组装好。采用与针入度试验相同的方法准备沥青试样,将试样呈细流状仔细地自试模的一端至另一端往返数次缓缓注入模中,最后使试样略高出试模。灌模时不得使气泡混入。

试件在室温条件下冷却不少于1.5h,用热刮刀将高出试模的沥青刮去,应自试模的中间刮向两边,表面应刮得十分平滑,使沥青表面与模面齐平。将试件连同试模底板浸入规定试验温度的水槽中保温1.5h。

(2)试验步骤

检查延度仪拉伸速度是否符合要求,然后移动滑板使其指针正对标尺的零点。将延度仪注水,保持水槽中水温为试验温度±0.1℃。

将保温后的试件连同底板移至延度仪的水槽中,并将盛有试件的试模从玻璃板或不锈钢板上取下,同时将模具两端的孔分别套在滑板及槽端的金属柱上后去掉侧模,水面距试件表面应不小于25mm。开动延度仪,延度仪水槽中水温应为试验温度±0.1℃,仪器不得有振动,水面不得有晃动。观察沥青的延伸情况,如发现沥青细丝浮于水面或沉入槽底时,则应在水中加入酒精或食盐,以调节水的密度至与试样的密度相近,重新测定。

试件拉断时指针所指标尺上的读数,即为试样的延度,以厘米(cm)表示。正常情况下,试样延伸时应呈锥尖状,拉断时实际断面接近于零。如不能得到这种结果,则应在报告中注明。

3. 试验结果

(1)报告

同一试样,每次平行试验不少于3个,如3个测定结果均大于100cm,试验结果记作>100cm,特殊需要也可分别记录实测值。

若在3个测定结果中,有一个以上的测定值小于100cm时,且最大值或最小值与平均值之差满足重复性试验精度要求,则取3个测定结果的平均值的整数作为延度试验结果;若平均值大于100cm,记作>100cm;如果最大值或最小值与平均值之差不符合重复性试验精度要求时,试验应重新进行。

(2)允许误差

当试验结果小于100cm时,重复性试验的允许差为平均值的20%,再现性试验的允许差为平均值的30%。

三、沥青软化点试验(环球法)

"环球法"软化点是将沥青试样浇注在规定尺寸的金属环内,上置规定尺寸和质量的钢球,试样在溶液中以5℃/min ± 0.5℃/min的速度加热,当试样受热后,逐渐软化至钢球使试样下垂达规定距离(25.4mm)时的温度,以"℃"表示。

本方法适用于测定道路石油沥青、聚合物改性沥青的软化点,也适用于测定液体石油沥青、煤沥青蒸馏或乳化沥青蒸发残留物的软化点。

1. 试验仪具

(1) 软化点试验仪

环与球软化点仪由钢球、试样环、钢球定位环、金属支架和耐热玻璃烧杯组成,如图10-5所示。钢球直径为9.53mm,质量为3.50g ± 0.05g,表面光滑。

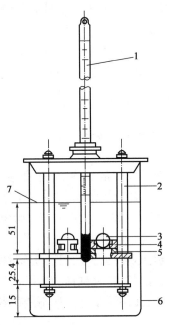

图10-5 沥青环与球软化点仪(尺寸单位:mm)
1-温度计;2-立杆;3-钢球;4-钢球定位环;5-金属环;6-烧杯;7-水面

试样环由黄铜或不锈钢制成,形状与尺寸如图10-6所示。钢球定位环由黄铜或不锈钢制成,能使钢球定位于试样中央。

试验支架由2根连接立杆和3层平行金属板组成,分别为上盖板、中层板和下底板。中层板上有两个圆孔,以供放置试样环,与下底板之间的距离为25.4mm。在连接立杆上距中层板顶面51mm ± 0.2mm处刻有液面指示线。

烧杯是由耐热玻璃制作的无嘴高型烧杯,其容积800 ~ 1000mL、直径不小于86mm、高度不小于120mm,其上口应与上盖板相配合。

(2) 加热炉具

装有温度调节器的电炉或其他加热炉具(液化石油气、天然气等),应采用带有振荡搅拌器的加热电炉,振荡子置于烧杯底部。

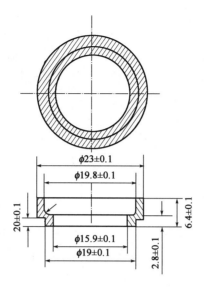

图 10-6　软化点试样环(尺寸单位:mm)

(3)其他

刻度 0～100℃、分度 0.5℃的温度计 1 只;新煮沸过的蒸馏水;恒温水槽、试模底板、平直刮刀、甘油滑石粉隔离剂等与延度试验相同。

2. 方法与步骤

(1)准备工作

将试样环置于涂有甘油滑石粉隔离剂的试模底板上。采用与针入度试验相同方法准备好沥青试样,将试样徐徐注入试样环内至略高出环面为止。如预估软化点在 120℃以上时,应将试样环与试模底板预热至 80～100℃。试样在室温条件下冷却 30min 后,用热刀刮去高出环面上的试样,使与环面齐平。

(2)试验步骤

①预估软化点不高于 80℃的试样

将盛有试样的试样环与试模底板同置于盛水的 5℃±0.5℃恒温水槽内至少 15min;同时将金属支架、钢球、钢球定位环等亦置于相同水槽中。

烧杯内注入新煮沸并冷却至约 5℃的蒸馏水或纯净水,使水面略低于立杆上的深度标记。

从恒温水槽中取出盛有试样的试样环放置在金属支架中层板的圆孔中,套上钢球定位环;将整个支架放在烧杯内,调整水面至深度标记,保持水温为 5℃±0.5℃。支架上任何部分均不得有气泡。将 0～100℃温度计由上层板中心孔垂直插入,使温度计端部测温头底部与试样环下面齐平。

将盛有水和支架的烧杯移放至有石棉网的加热炉具上,然后将钢球放在钢球定位环中间的试样上,立即开动电磁振荡搅拌器,使水微微振荡,并开始加热,使烧杯内的水温度在 3min 内调节至每分钟上升 5℃±0.5℃。在加热过程中,记录每分钟的上升温度,如果温度的上升速度超出规定范围时,则应重新进行试验。

试样受热软化下坠至与下层底板表面接触时,立即读取温度,精确至 0.5℃,即为试样的软化点。取平行测定两个结果的算术平均值作为测定结果。

②预估软化点高出80℃的试样

将盛有试样的试样环与试模底板同置于装有32℃±1℃甘油的恒温槽内至少15min;同时将金属支架、钢球、钢球定位环等也放入。在烧杯内注入预先加热至32℃的甘油,其液面略低于立杆上的深度标记。从恒温水槽中取出装有试样的试样环,按照上述方法进行测定,精确至1℃。

3. 测试结果及允许误差

(1) 测试结果

同一试样平行试验2次,当2次测定值的差值符合重复性试验精度要求时,取其平均值作为软化点试验结果,精确至0.5℃。

(2) 允许误差

当试样软化点小于80℃时,重复性试验的允许差为1℃,再现性试验的允许差为4℃。

当试样软化点大于或等于80℃时,重复性试验的允许差为2℃,再现性试验的允许差为8℃。

第二节 沥青混合料的拌制与试件成型

沥青混合料拌制和试件成型是进行各项性能试验的基础,这个过程包括按照沥青混合料的设计配合比、采用现场实际材料、在实验室内用小型拌和机按规定的拌制温度生产沥青混合料,然后将沥青混合料在规定的成型温度下,用规定的方法制成规定尺寸与形状的试件,供测定其物理常数和力学性质用。在室内,沥青混合料试件的成型方法有击实法和轮碾法,并可在轮碾成型的试件上采用切割或钻芯的方式得到所需要的试件。

一、击实法成型沥青混合料试件

击实法适用于采用标准击实法或大型击实法制作沥青混合料试件,以供试验室进行沥青混合料物理力学性能试验使用。

标准击实法适用于标准马歇尔试验、间接抗拉试验(劈裂法)等所使用的 $\phi 101.6mm \times 63.5mm$ 圆柱体试件的成型。大型击实法适用于大型马歇尔试验和 $\phi 6152.4mm \times 95.3mm$ 大型圆柱体试件的成型。

1. 主要试验仪具

(1) 实验室用沥青混合料拌和机

能保证拌和温度并充分拌和均匀、可控制拌和时间且容量不小于10L,如图10-7所示。搅拌叶自转速度70~80r/min、公转速度40~50r/min。

(2) 击实仪

击实仪应具有自动记数、控制仪表、按钮设置、复位及暂停等功能。按其用途分为以下两种:

①标准击实仪

标准击实仪由击实锤、$\phi 98.5mm \pm 0.5mm$ 平圆形压实头及带手柄的导向棒组成。用机械将压实锤提升,至 457.2mm ± 1.5mm 高度沿导向棒自由落下连续击实,标准击实锤质量 4536g ± 9g。

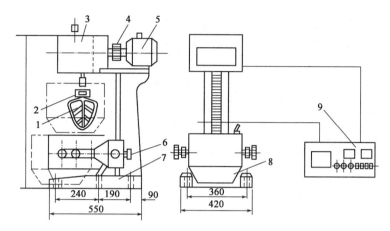

图 10-7　实验室用小型沥青混合料拌和机(尺寸单位:mm)
1-拌和叶片;2-弹簧;3-变速箱;4-联轴器;5-电机;6-升降手柄;7-底座;8-加热拌和锅;9-温度时间控制仪

②大型击实仪

大型击实仪由击实锤、ϕ149.4mm ± 0.1mm 平圆形压实头及带手柄的导向棒组成。用机械将压实锤提升,至 457.2mm ± 2.5mm 高度沿导向棒自由落下击实,大型击实锤质量 10210g ± 10g。

(3)试模

由高碳钢或工具钢制成。标准试模尺寸为:内径 101.6mm ± 0.2mm、高 87mm 的圆柱形金属筒、底座直径约 120.6mm,套筒内径 104.8mm,高 70mm。大型圆柱体试件模具由套筒和试模组成,套筒尺寸为:外径 165.1mm、内径 155.6mm ± 0.3mm、总高 83mm。试模内径 152.4mm ± 0.2mm、总高 115mm,底座板厚 12.7mm,直径 172mm。

(4)脱模器

电动或手动,备有标准圆柱体试件或大型标准圆柱体试件的推出环。

(5)烘箱

装有温度调节器的,大、中型烘箱各一台。

(6)天平或电子秤

用于称量矿料的分度值不大于 0.5g,用于称量沥青的分度值不大于 0.1g。

(7)沥青运动黏度测定设备

毛细管黏度计或赛波特重油黏度计。

(8)温度计

宜采用有金属插杆的热电偶温度计,金属插杆长度不小于 150mm、量程 0~300℃、分度为 1℃。数字显示或度盘指针的分度 0.1℃,且具有留置读数功能。

(9)其他

插刀或大螺丝刀,电炉或煤气炉、沥青熔化锅、拌和铲、标准筛、滤纸(或普通纸)、胶布、卡尺、秒表、粉笔、棉纱等。

2. 确定沥青混合料的拌和温度与制作试件压实温度

用毛细管黏度计测定沥青的运动黏度,绘制黏温曲线。以运动黏度 $170\text{mm}^2/\text{s} \pm 20\text{mm}^2/\text{s}$ 时的温度为拌和温度,以 $280\text{mm}^2/\text{s} \pm 30\text{mm}^2/\text{s}$ 时的温度为压实温度。

若采用赛氏黏度计测定沥青的赛波特黏度,则以 $85\text{s} \pm 10\text{s}$ 时的温度为拌和温度,以 $140\text{s} \pm 15\text{s}$ 时的温度为压实温度。

当缺乏运动黏度测定条件时,试件的拌和与压实温度可按表10-3选用,并根据沥青品种和标号作适当调整。针入度小、稠度大的沥青取高限,针入度大、稠度小的沥青取低限,一般取中值。对于改性沥青,应根据改性剂品种和掺量,以适当提高沥青混合料的拌和与压实温度。对大部分聚合物改性沥青需要在基质沥青的基础上提高 10~20℃,掺加纤维时,尚需再提高 10℃ 左右。

沥青混合料拌和及压实温度参考表　　　　表10-3

沥青种类	拌和温度(℃)	压实温度(℃)	沥青种类	拌和温度(℃)	压实温度(℃)
石油沥青	140~160	120~150	改性沥青	160~175	140~170

3. 沥青混合料的拌和

(1) 准备工作

将各种规格的矿料置于 105℃ ±5℃ 的烘箱中烘干至恒重(一般不少于 4~6h)。根据需要,可将粗细集料过筛后用水冲洗再烘干备用。

分别测定不同粒径粗细集料及填料(矿粉)的表观密度,并测定沥青的密度。

将烘干分级的粗细集料,按每个试件设计级配组成称其质量,在一金属盘中混合均匀。一般按一组试件(每组 4~6 个)备料,但进行配合比设计时宜对每个试件分别备料。

矿粉单独置于烘箱中加热备用,烘箱温度应较沥青拌和温度高 15℃ 以上,通常石油沥青为 163℃,改性沥青为 180℃。

将沥青试样用恒温烘箱熔化加热至拌和温度,但不得超过 175℃,备用。当不得已采用燃气炉或电炉直接加热进行脱水时,必须使用石棉垫隔开。

用沾有少许黄油的棉纱擦净试模、套筒及击实座,然后置于 100℃ 左右烘箱中加热 1h,备用。常温沥青混合料用试模不必预热。

(2) 沥青混合料的拌制

①黏稠沥青混合料

将沥青混合料拌和机预热至拌和温度以上 10℃ 左右备用。将每个试件预热的粗细集料置于拌和机中,用小铲适当混合,然后再加入需要数量的已加热至拌和温度的沥青,开动拌和机一边搅拌,一边将拌和叶片插入混合料中拌和 1~1.5min,然后暂停拌和,加入单独加热的矿粉,继续拌和至均匀为止,并使沥青混合料保持在要求的拌和温度范围内,总拌和时间约为 3min。

②液体沥青混合料

将每个试件的矿料置于已加热至 55~100℃ 的拌和机中,注入要求数量的液体沥青,开动拌和机边搅拌边加热,使液体沥青中的溶剂挥发少于 50%。拌和时间应经试拌确定。

③乳化沥青混合料

将每个试件的粗、细集料置于拌和机中,拌和机不加热。注入计算的用水量(阴离子乳化沥青不加水)后,拌和均匀并使矿料表面完全湿润,再注入设计用量的乳化沥青。在 1min 内使混合料拌匀,然后加入矿粉后迅速拌和,使混合料拌成褐色为止。

4.试件制作过程

(1)试样装模

将拌好的沥青混合料,均匀称取一个试件所需的用量,标准马歇尔试件约 1200g,大型马歇尔试件约 4050g。当一次拌和几个试件时,宜将其倒入经预热的金属盘中,用小铲拌和均匀分成几份,分别取用。在试件制作过程中,为了防止混合料温度下降,应连盘放在烘箱中保温。

从烘箱中取出预热的试模及套筒,用沾有少许黄油的棉纱擦拭套筒、底座及击实锤底面,将试模装在底座上垫一张圆形的吸油性小的纸,按四分法从四个方向用小铲将混合料铲入试模中,用插刀沿周边插捣 15 次、中间 10 次。插捣后将沥青混合料表面整平成凸圆弧面。对于大型马歇尔试件,混合料分两次加入,每次插捣次数同上。

插入温度计至混合料中心附近,检查混合料温度。

(2)试件击实

①黏稠沥青混合料

待沥青混合料温度符合要求的压实温度后,将试模连同底座一起放在击实台上固定,在装好的混合料上垫一张吸油性小的圆纸,再将装有击实锤及导向棒的压实头插入试模中,然后开启电机或人工将击实锤从 457mm 的高度自由落下击实规定的次数(75 次或 50 次)。对于大型马歇尔试件,击实次数为 75 次(相应于标准击实 50 次的情况)或 112 次(相应于标准击实 75 次的情况)。

试件击实一面后,取下套筒后将试模掉头并装上套筒,以同样的方式和次数击实另一面。

②乳化沥青混合料

在两面击实后将一组试件在室温下横向放置 24h,另一组试件在温度 105℃ ±5℃ 的烘箱中养护 24h。将养护试件取出后立即再两面各击 25 次。

试件击实结束后立即用镊子取掉试件上下面的垫纸,用卡尺量取试件离试模上口的高度并由此计算试件高度,如高度不符合要求时,试件应作废,并调整试件的混合料数量,以保证试件高度符合 63.5mm ±1.3mm(标准试件)或 95.3mm ±2.5mm(大型马歇尔试件)的要求。调整后沥青混合料用量为:(要求试件高度×原用混合料质量)/所得试件高度。

(3)试件脱模

卸去套筒和底座,将装有试件的试模横向放置冷却至室温不少于 12h 后,置脱模机上脱出试件。将试件仔细置于干燥洁净的平面上,供试验用。

二、轮碾法成型沥青混合料试件

本方法规定了在试验室用轮碾法制作沥青混合料试件的方法,以供进行沥青混合料物理力学性能试验时使用。

轮碾法适用于长 300mm × 宽 300mm × 厚 50~100mm 板块状试件的成型,此试件可用切割机切制成棱柱体试件,或在试验室用取芯机钻取试样。成型试件的密度应符合马歇尔标准击实试样密度 100% ±1% 的要求。

沥青混合料试件制作时的试件厚度可根据集料粒径大小及工程需要进行选择。对于集料公称最大粒径小于或等于 19mm 的沥青混合料,宜采用长 300mm×宽 300mm×厚 50mm 的板块试模成型;对于集料公称最大粒径大于或等于 26.5mm 的沥青混合料,宜采用长 300mm×宽 300mm×厚 80~100mm 的板块试模成型。

1. 主要试验仪具

(1) 轮碾成型机

轮碾成型机具有圆弧形碾压轮,其轮宽为 300mm、压实线荷载为 300N/cm,碾压行程等于试件长度,碾压后试件可达到马歇尔试验标准击实密度的 100%±1%。

当无轮碾成型机时,可用手动碾代替。手动碾轮宽与试件同宽,备有 10kg 砝码 5 个,以调整载重,手动碾成型的试件厚度不大于 50mm。在施工现场也可以采用压路机代替轮碾成型机。

(2) 实验室用沥青混合料拌和机

可采用能保证拌和温度并充分拌和均匀、可控制拌和时间,且宜采用容量大于 30L 的大型沥青混合料拌和机,也可采用容量大于 10L 的小型拌和机。

(3) 试模

由高碳钢或工具钢制成,内部平面尺寸为 300mm×300mm,高 50mm、40mm 或 100mm。根据需要,试模深度及平面尺寸可以调节,以制备不同尺寸的板块状试件。

手动碾压成型车辙试件的试模框架由硬木或钢板制,内部尺寸为 300mm×300mm×50mm,平面能与试模边缘平齐。

(4) 切割机

实验室用金刚石锯片的单锯片或双锯片切割机,或现场用路面切割机,它们均应有淋水冷却装置,且切割厚度不小于试件厚度。

(5) 钻孔取芯机

钻孔取芯机采用电力或汽油机、柴油机驱动,有淋水冷却装置。金刚石钻头的直径根据试件直径选择。钻孔深度不小于试件厚度,钻头转速不小于 1000r/min。

(6) 小型击实锤

小型击实锤为钢制,其端部断面 80mm×80mm、厚 10mm、带手柄、总质量 0.5kg 左右。

(7) 台秤、天平或电子秤

用于称量 5kg 以上的分度值为 1g;称量 5kg 以下时,用于称量矿料的分度值不大于 0.5g,用于称量沥青的分度值不大于 0.1g。

(8) 其他

大、小、中型烘箱各一台,装有温度调节器;沥青毛细管黏度计或赛波特黏度计;分度值不大于 1℃的温度计;电炉或煤气炉,沥青熔化锅,拌和铲,标准筛、滤纸、胶布、卡尺、秒表、粉笔、垫木、棉纱等。

2. 试样的制作

(1) 准备工作

按照前述击实成型方法,确定沥青混合料的拌和温度和压实温度。

将金属试模及小型击实锤等置于约 100℃ 的烘箱中加热 1h 备用。常温沥青混合料用试模不加热。

称出制作一块试件所需要的各种材料的用量。沥青混合料的总质量按试件体积乘以马歇尔标准试件的击实密度再乘以系数 1.03 计算,再按配合比计算出各种材料用量。

按照击实成型方法拌制沥青混合料。

(2)试件成型

将预热的试模从烘箱中取出并装上试模框架,在试模中铺一张尺寸合适的普通纸或报纸,使底面及侧面均被纸隔离,将拌和好的全部沥青混合料,用小铲稍加拌和后均匀地沿试模由边至中按顺序装入试模,要使中部要略高于四周。

取下试模框架后用预热的小型击实锤由边至中压实一遍,整平成凸圆弧形。

插入温度计,待混合料冷却至规定的压实温度(为使冷却均匀,试模底下可用垫木支起)时,在表面铺一张裁好尺寸的普通纸。

当用轮碾机碾压时,宜先将碾压轮预热至 100℃ 左右(如不加热,应铺牛皮纸)。然后,将盛有沥青混合料的试模置于轮碾机的平台上,轻轻放下碾压轮,调整总荷载为 9kN(线荷载 300N/cm)。

启动轮碾机先在一个方向碾压 2 个往返(4 次)后卸荷,再抬起碾压轮,并将试件掉转方向后再加相同荷载碾压至马歇尔标准密度 100% ±1% 为止。试件正式压实前,应经过试压并确定碾压次数,一般 12 个往返(24 次)左右可达要求。如试件厚度大于 100mm 时必须分层碾压。

当用手动碾成型时,先用空碾碾压,然后逐渐增加砝码荷载,直至将 5 个砝码全部加上进行压实,至马歇尔标准密度 100% ±1% 为止。碾压方法及碾压次数应由试压确定,压实至无轮迹为止。

压实成型后,揭去试件表面的纸,用粉笔在试件表面上标明碾压方向。盛有压实试件的试模,置室温下冷却至少 12h 后方可脱模。

3. 用切割机切制棱柱体试件

按试验要求的试件尺寸,在轮碾成型的板块状试件表面规划切割试件的数目,但边缘 20mm 部分不得使用。

切割顺序如图 10-8 所示。首先在与轮碾成型垂直的方向,沿 $A-A$ 切割第一刀作为基准面,再在垂直的 $B-B$ 方向切割第二刀,精确量取试件长度后切割 $C-C$,使 $A-A$ 及 $C-C$ 切下的部分大致相等。使用金刚石锯片切割时,一定要开放冷却水。仔细量取试件切割位置,按图顺碾压方向($B-B$ 方向)切割试件,使试件宽度符合要求。锯下的试件应按顺序放在平玻璃板上排列整齐,然后再切割试件的底面及表面。将切割好的试件立即编号,供弯曲试验用的试件应用胶布贴上标记,保持轮碾机成型时的上下位置,直至弯曲试验时上下方向始终保持不变,试件的尺寸应符合各项试验的规格要求。将完全切割好的试件放在玻璃板上,试件之间留有 10mm 以上的间隙,试件下垫一层滤纸,并经常挪动位置,使其完全风干。如急需使用,可用电风扇或冷风机吹干,每隔 1~2h 挪动试件一次,使试件加速风干,风干时间宜不少于 24h。在风干过程中,试件的上下方向及排序不能弄错。

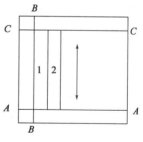

图 10-8 切割棱柱体试件的顺序示意图

4. 用钻芯法钻取圆柱体试件

在轮碾成型的板块状试件表面作出取样位置标记，板边缘部分的 20mm 不得使用。根据需要选择 100mm 或 150mm 的金刚石钻头。将板在钻机平台上固定，钻头对准取样位置。在钻孔位置堆放干冰，使试件迅速冷却。如没有干冰时，可开放冷却水，开动钻机均匀地钻透试块。提起钻头，取出试件，吹干试件。

根据需要，可再用切割机切去钻芯试件的一端或两端，达到要求的高度，但必须保证端面与试件轴线垂直且保持上下平行。

三、静压法成型沥青混合料试件

本方法规定了用静压法制作沥青混合料试件的方法，以供在试验室进行沥青混合料物理力学性能试验。

凡采用静压法制作的试件，有条件时均可用振动压实或搓揉成型设备代替，成型试件以密度达到马歇尔标准击实试件密度的 100%±1% 控制。

沥青混合料试件制作时的试件尺寸应符合试件直径不小于集料最大粒径的 4 倍，试件厚度不小于集料最大粒径的 1～1.5 倍的规定。

1. 主要试验仪具

（1）沥青混合料拌和机

试验室用沥青混合料拌和机应能保证拌和温度并充分拌和均匀，可控制拌和时间，拌和机的容量为 10L（小型）或 30L（大型）。

（2）电动脱模器

需无破损地推出圆柱体试件，并备有相应尺寸的推出环。

（3）试模

各种试模包括压头，每种至少 3 组，由高碳钢或工具钢制成，试模尺寸应保证成型后符合要求试件尺寸的规定。

（4）抗压试验圆柱体试模

采用 $\phi 100mm \times 100mm$ 的试件尺寸时，试模内径与试件直径相同，试模高 180mm，上下压头直径 100mm，上压头高 50mm，下压头高 90mm。

（5）三轴试验圆柱体试模

采用 $\phi 100mm \times 200mm$ 的试件尺寸时，内径与试件直径相同，试模高 300mm，上下压头直径 100mm，上压头高 50mm，下压头高 90mm。试模也可由一个分成两半的内套和一个圆柱形外套组成。

（6）台秤、天平或电子秤

称量 5kg 以上的感量不大于 1g；称量 5kg 以下时，用于称量矿料的感量不大于 0.5g，用于称量沥青的感量不大于 0.1g。

（7）其他

温度计、烘箱、电炉、拌和铲、标准筛、胶布、卡尺、秒表、粉笔、棉纱等。

2. 试样的制作

（1）准备工作

按照前述击实成型方法，确定沥青混合料的拌和温度和压实温度。将金属试模及压头等置100℃左右烘箱中加热1h备用。常温沥青混合料用试模不加热。

（2）成型方法

按试件要求尺寸,准确称取混合料数量,应为1个试件的体积与马歇尔标准击实密度的乘积。将试模钢筒和承压头从烘箱中取出,立即在钢筒内部和承压头底面涂以很少量的润滑油,并将下承压头置于钢筒中。为使承压头凸出钢筒底口2~3cm,下承压头应加垫圈或垫块,并在下承压头上放置一张圆形薄纸。

用小铲将符合成型温度要求的混合料分2次（高为100mm的试件）或3次（高为200mm的试件）仔细铲入钢筒中,随之用插刀沿钢筒周边插捣15次,中间10次；然后,用热铲平整混合料表面。

插入温度计至混合料中心附近,待混合料温度符合要求的压实温度时,垫上一层薄纸及盖好上承压头（上下承压头伸进试模的高度应大体相同）。

将装有混合料的试模及垫圈（块）一并置于压力机或千斤顶的平台上,加载至1MPa（对ϕ100mm的试件约为7.85kN）后撤去下面的垫圈（块）,再逐渐均匀加载至要求的试件高度（约20~30MPa）,并保持3min后卸载,记录荷载。

从试模中取出上、下承压头后,稍事降温,在未完全冷却时趁热置脱模器上推出试件。制成试件的高度与标准高度的误差不得大于2.0mm,否则应予废弃。注意,脱模温度不能太低,低了不仅脱模困难,还有可能损伤试件。

将试件竖立在平台上在室温下冷却24h,测定试件密度、空隙率,不符要求的应予废弃。

第三节　沥青混合料试件物理力学指标的测定

一、沥青混合料试件体积参数的测定

沥青混合料试件成型后,需测定其各种密度,并根据组成材料配合比及性能指标计算沥青混合料试件的空隙率、沥青体积百分率、矿料间隙率和沥青饱和度等体积参数指标。

1. 主要试验仪具

（1）浸水天平或电子秤

当最大称量在3kg时,浸水天平或电子秤分度值不大于0.1g,最大称量3kg以上时,分度值不大于0.5g,最大称量10kg以上时,分度值不大于5g,天平的下方应有测量水中重的挂钩,挂钩上的吊线应使用不吸水的细尼龙线绳,并有足够的长度,对轮碾成型机成型的板块状试件可用铁丝悬挂。

（2）水中重称量装置

水中重称量装置由溢流水箱、网篮、试件悬吊装置组成,如图10-9所示。能调节水温至25℃±0.5℃。

（3）其他

秒表、电扇或烘箱等。

2. 试验方法

选择适宜的浸水天平（或电子秤）,最大称量应满足试件质量的要求。

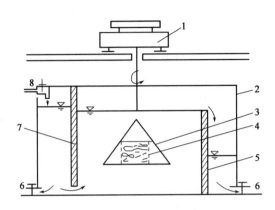

图 10-9 水中重称量方法示意图

1-浸水天平或电子秤;2-溢流水箱;3-网篮;4-试件;5、7-水位搁板;6-放水阀门;8-注水口

除去试件表面的浮粒,称取干燥试件在空气中的质量(m_a),根据选择天平的感量读数,准确度为 0.1g 或 0.5g。

将溢流水箱水温保持在 25℃±0.5℃。挂上网篮浸入溢流水箱的水中,调节水位,将天平调平或复零,把试件置于网篮中(注意不要使水晃动),浸水约 3~5min,称取试件的水中质量(m_w)。若天平读数持续变化,不能在数秒钟内达到稳定,说明试件吸水较严重,不适用于此法测定,应改用蜡封法测定。

从水中取出试件,用洁净柔软的拧干湿毛巾轻轻擦去试件的表面水,注意不得吸走空隙内的水,然后称取试件的表干质量(m_f)。

对从路上钻取的非干燥试件可先称取水中质量(m_w),然后用电风扇将试件吹干至恒重(一般不少于 12h,当不需进行其他试验时,也可用 60℃烘箱烘干至恒重),再称取试件空气中的质量(m_a)。

3.物理常数指标计算

(1)试件的吸水率

试件的吸水率即试件吸水体积占沥青混合料试件毛体积的百分率,按式(10-6)计算。

$$S_a = \frac{m_f - m_a}{m_f - m_w} \times 100 \tag{10-6}$$

式中:S_a——试件的吸水率,%;

m_a——干燥试件的空气中质量,g;

m_w——试件的水中质量,g;

m_f——试件的表干质量,g。

(2)试件的毛体积相对密度和毛体积密度

当试件的吸水率符合 $S_a < 2\%$ 要求时,试件的毛体积相对密度和毛体积密度分别按照式(10-7)及式(10-8)计算,取 3 位小数。当试件的吸水率符合 $S_a > 2\%$ 要求,应改用蜡封法测定。

$$\gamma_f = \frac{m_a}{m_f - m_w} \tag{10-7}$$

$$\rho_f = \frac{m_a}{m_f - m_w} \cdot \rho_w \tag{10-8}$$

式中： γ_f ——用表干法测定的试件毛体积相对密度,无量纲;

ρ_f ——用表干法测定的试件毛体积密度,g/cm^3;

ρ_w ——25℃时水的密度,取 0.9971g/cm^3;

m_a、m_w、m_f ——意义同式(10-6)。

(3)试件的空隙率

试件的空隙率按式(10-9)计算,取 1 位小数。

$$VV = \left(1 - \frac{\gamma_f}{\gamma_t}\right) \times 100 \qquad (10\text{-}9)$$

式中:VV——试件的空隙率,%;

γ_f ——用表干法测定的试件毛体积相对密度,无量纲;

γ_t ——实测沥青混合料最大相对密度,或计算沥青混合料理论最大相对密度。

(4)其他体积参数指标的计算

根据上述结果和沥青混合料配合比,计算沥青体积百分率、矿料间隙率、沥青饱和度和粗集料骨架间隙率等指标,取 1 位小数。

二、沥青混合料马歇尔稳定度试验

沥青混合料稳定度试验是将沥青混合料制成圆柱形试件,在稳定度仪上测定其稳定度和流值,以这两项指标来表征其高温时的稳定性和抗变形能力。

根据沥青混合料的力学指标(稳定度和流值)和物理常数(密度、空隙率和沥青饱和度等),以及水稳性(残留稳定度)和抗车辙(动稳定度)检验,即可确定沥青混合料的配合比组成。

1. 主要试验仪具

(1)沥青混合料马歇尔试验仪

马歇尔试验仪应符合国家标准《马歇尔稳定度试验仪》(JT/T 119—2006)的技术要求。如图 10-10 所示为自动马歇尔试验仪示意图。

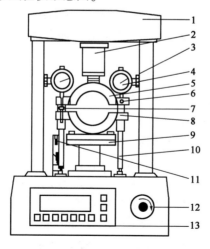

图 10-10 自动马歇尔稳定度仪示意图

1-上载荷架;2-荷载控制传杆器;3-千分表固定螺丝;4-千分表;5-上压头;6-固定螺丝;7-夹架;8-下压头;9-承压板;10-支柱;11-上微动螺丝;12-控制面板;13-紧急制动旋钮

对于高速公路和一级公路的沥青混合料宜采用自动马歇尔试验仪,用计算机或 $X-Y$ 记录仪记录荷载—位移曲线,并具有自动测定荷载与试件垂直变形的传感器、位移计,能够自动显示或打印试验结果。对于标准马歇尔试件,试验仪的最大荷载不小于 25kN,读数准确度 100N,加载速率应保持 50mm/min ±5mm/min,钢球直径 16mm,上下压头曲度半径为 50.8mm。当采用大型马歇尔试件时,试验仪的最大荷载不小于 50kN,读数准确度 100N,上下压头曲度内径为 152.4mm ±0.2mm,上下压头间距 19.05mm ±0.1mm。

(2)恒温装置

能保持水温于测定温度 ±1℃ 的恒温水槽,深度不少于 150mm,烘箱。

(3)真空饱水容器

由真空泵和真空干燥器组成。

(4)其他

感量不大于 0.1g 的天平;分度 1℃ 的温度计;卡尺或试件高度测定器;棉纱;黄油等。

2. 标准马歇尔试验方法

(1)准备工作

测量试件直径和高度,测量时需在十字对称的 4 个方向测量试件的高度,测点应距试件边缘 10mm,准确至 0.1mm,并以平均值作为试件的高度。如果标准试件高度不符合 63.5mm ±1.3mm、大型试件的高度不符合 95.3mm ±2.5mm 的要求,或两侧高度差大于 2mm 时,此试件应作废。

按前述方法测定试件的各项物理指标。

将恒温水槽调节至要求的试验温度,对黏稠石油沥青混合料或烘箱养护的乳化沥青混合料为 60℃ ±1℃,对空气养护的乳化沥青混合料为 25℃ ±1℃。将试件置于已达规定温度的恒温水槽中保温 30~40min(标准试件)或 45~60min(大型试件)。试件应垫起,离容器底部不小于 5cm。

(2)试验步骤

①将马歇尔试验仪的上下压头放入烘箱中达到同样温度。将上下压头从烘箱中取出擦拭干净内面。为使上下压头滑动自如,可在下压头的导棒上涂少量黄油。再将试件取出置于下压头上并盖上上压头,然后装在加载设备上。

②在上压头的球座上放妥钢球,并对准荷载测定装置(应力环或传感器)的压头。

③当采用自动马歇尔试验仪时,将马歇尔试验仪的压力传感器与计算机或 $X-Y$ 记录仪正确连接,调整好适宜的放大比例,并调整记录比的零点。

④当采用压力环和流值计时,将流值计安装在导棒上,使导向套管轻轻地压住上压头,同时将流值计读数调零。调整压力环中百分表,对零。

⑤启动加载设备,使试件承受荷载,加载速度为 50mm/min ±5mm/min。计算机或 $X-Y$ 记录仪自动记录传感器压力和试件变形曲线,并将数据自动存入计算机。

⑥当试验荷载达到最大值的瞬间,取下流值计,同时读取压力环中百分表读数及流值计的流值读数。从恒温水槽中取出试件至测出最大荷载值的时间,不应超过 30s。

3. 浸水马歇尔试验方法

浸水马歇尔试验的独特之处在于,将沥青混合料试件在规定温度的恒温水槽中保温 48h,

其余方法与标准马歇尔试验方法相同。

4. 真空饱水马歇尔试验方法

真空饱水马歇尔试验方法,是将试件先放入真空干燥器中后关闭进水胶管、开动真空泵,使干燥器的真空度达到97.3kPa(730mmHg)以上,维持15min后打开进水胶管,使试件全部浸入靠负压进入的冷水流中,浸水15min后恢复常压,取出试件再放入规定温度的恒温水槽中保温48h,其余与标准马歇尔试验方法相同。

5. 结果整理

(1) 试件的稳定度与流值

① 采用自动马歇尔试验仪测定

采用自动马歇尔试验仪测定时,将计算机采集的数据,或 $X-Y$ 记录仪自动记录的荷载-变形数据绘制成压力-试件变形曲线,如图10-11所示。按照如图10-11所示的方法,在切线方向延长曲线与横坐标相交于 O_1,将 O_1 作为修正原点,从 O_1 起量取相应荷载最大值时的变形作为流值,以 mm 计,精确至0.1mm。最大荷载即为马歇尔稳定度,以 kN 计,精确至0.01kN。

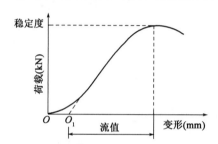

图10-11 马歇尔试验结果的修正示意图

② 采用压力环和流值表测定

当用压力环和流值表测定时,根据压力环表标定曲线,将压力环中百分表的读数换算为荷载值,即试件的稳定度,以 kN 计,精确至0.01kN。由流值计及位移传感器测定装置读取的试件垂直变形,即为试件的流值,以 mm 计,精确至0.1mm。

(2) 试件的浸水残留稳定度

根据试件的浸水马歇尔稳定度和标准马歇尔稳定度,可按式(10-10)计算试件的浸水残留稳定度。

$$MS_0 = \frac{MS_1}{MS} \times 100 \tag{10-10}$$

式中:MS_0——试件的浸水残留稳定度,%;

MS_1——试件浸水48h后的马歇尔稳定度,kN;

MS——试件按标准试验方法测得的马歇尔稳定度,kN。

(3) 试件的真空饱水残留稳定度

根据试件的真空饱水稳定度和标准稳定度,可按式(10-11)计算试件真空饱水残留稳定度。

$$MS'_0 = \frac{MS_2}{MS} \times 100 \tag{10-11}$$

式中：MS_0'——试件的真空饱水残留稳定度，%；

MS_2——试件真空饱水后浸水48h后的马歇尔稳定度，kN；

MS——试件按标准试验方法的测得的马歇尔稳定度，kN。

6. 试验报告

当一组测定值中某个数据与平均值之差大于标准差的 k 倍时，该测定值应予舍弃，并以其余测定值的平均值作为试验结果。当试验数目 n 为 3、4、5、6 个时，k 值分别为 1.15、1.46、1.67、1.82。

报告中需列出马歇尔稳定度、流值、马歇尔模数，以及试件尺寸、密度、空隙率、沥青用量、沥青体积百分率、沥青饱和度、矿料间隙率等各项物理指标。当采用自动马歇尔试验时，试验结果应附上荷载-变形曲线原件或自动打印报告。

三、沥青混合料车辙试验

沥青混合料车辙试验是用一块经碾压成型的板块试件（通常尺寸为 300mm×300mm×50mm），在规定温度条件（通常为 60℃）下，以一个轮压为 0.7MPa 的实心橡胶轮胎在其上行走。当测量试件在变形稳定期时，每增加 1mm 变形需要行走的次数，即称为"动稳定度"，以次/mm 表示。

1. 主要试验仪具

（1）车辙试验机

车辙试验机的构造示意如图 10-12 所示，主要组成部分及功能如下。

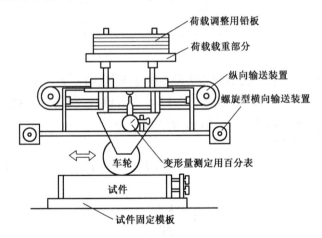

图 10-12 车辙试验机结构示意图

试件台可牢固地安装宽度 300mm 或 150mm 的规定尺寸试件的试模。

试验轮为橡胶制的实心轮胎，外径 200mm，轮宽 50mm，橡胶层厚 15mm。橡胶硬度（国际标准硬度）20℃时为 84±4、60℃时为 78±2。试验轮行走距离为 230mm±10mm，往返碾压速度为 42 次/min±1 次/min（21 次往返/min）。允许采用曲柄连杆驱动试验台运动（试验轮不动）或链驱动试验轮运动（试验台不动）的任一种方式。加载装置可使试验轮与试件的接触压强在 60℃时为 0.7MPa±0.05MPa，施加的总荷载为 780N 左右，根据需要可以调整接触压强大小。

变形测量装置可自动检测车辙变形并记录曲线的装置,通常用LVDT、电测百分表或非接触位移计。

温度检测装置为精度0.5℃的温度传感器温度计,可自动检测并记录试件表面及恒温室温度。

(2)恒温室

车辙试验机必须整机安放在恒温室内,恒温室装有加热器、气流循环装置及装有自动温度控制设备,保持室温60℃±1℃,试件内部温度60℃±0.5℃,或所需要的其他温度。

2.试验方法

(1)准备工作

在60℃下,调整试验轮的接地压强为0.7MPa±0.05MPa。

试件成型后,连同试模一起在常温条件下放置的时间不得少于12h。对于聚合物改性沥青混合料试件,放置时间以24h为宜,使聚合物改性沥青充分固化后再进行车辙试验,但在室温中放置时间不得长于1周。

(2)试验步骤

将试件连同试模一起置于已达到试验温度60℃±1℃的恒温室中,保温时间不少于5h也不得多于12h。在试件上试验轮不行走的部位上粘贴热电偶温度计,以检测试件温度。

将试件连同试模置于车辙试验机的试验台上,试验轮在试件的中央部位,其行走方向须与试件碾压方向一致。开动车辙变形自动记录仪并启动试验机,使试验轮往返行走,时间约1h,或最大变形达到25mm为止。试验时,记录仪自动记录变形曲线及试件温度。如图10-13所示为车辙试验变形与时间的关系曲线。对300mm宽且试验时变形较小的试件,也可对一块试件在两侧1/3位置上进行两次试验取平均值。

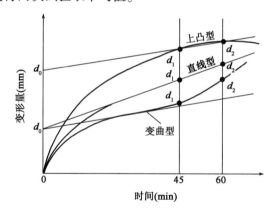

图10-13 车辙深度与时间的关系曲线

3.结果计算

从图10-13上读取45min(t_1)及60min(t_2)时的车辙变形d_1及d_2,精确至0.01mm。如变形过大,在未到60min变形已达25mm时,则以达到25mm(d_2)时的时间作为t_2,将t_2之前的15min作为t_1,相应的变形量作为d_1。沥青混合料试件的动稳定度按式(10-12)计算。

$$DS = \frac{(t_2 - t_1) \cdot N}{d_2 - d_1} \cdot c_1 \cdot c_2 \qquad (10\text{-}12)$$

式中：DS——沥青混合料的动稳定度，次/mm；

d_1、d_2——与时间 t_1（一般为 45min）和 t_2（一般为 60min）对应的变形量，mm；

N——试验轮往返碾压次数，通常为 42 次/min；

c_1——试验机类型修正系数，曲柄连杆驱动试件的变速行走方式为 1.0，链驱动试验轮的等速方式为 1.5；

c_2——试件系数，试验室制备的宽 300mm 的试件为 1.0，从路面切割的宽 150mm 的试件为 0.8。

4. 试验结果

(1) 报告

同一沥青混合料或同一路段的路面，至少平行试验 3 个试件，当 3 个试件动稳定度变异系数小于 20% 时，取其平均值作为试验结果。变异系数大于 20% 时应分析原因，并追加试验。如计算动稳定值大于 6000 次/mm 时，记作 >6000 次/mm。

试验报告应注明试验温度、试验轮接地压强、试件密度、空隙率及试件制作方法等。

(2) 精密度或允许差

重复性试验动稳定度变异系数不大于 20%。

第十一章 水泥与水泥混凝土试验

第一节 水泥性能试验

一、水泥细度检测方法(筛析法)

水泥细度的筛析法试验有负压筛法、水筛法及手工筛析法,在试验中如果发生争议时,应以负压筛法为准。

1. 主要试验仪具

(1)试验筛

负压筛析仪由筛座、负压筛、负压源及收尘器组成,其结构如图 11-1 所示。

水筛架和喷头结构如图 11-2 所示,水筛架上筛座的内径为 140mm。

(2)天平

天平最大称量为 100g,分度值不大于 0.05g。

2. 试验步骤

(1)试样准备

将水泥样品充分拌匀,并用 80μm 筛析试验称取试样 25g、45μm 筛析试验称取试样 10g。

在水泥过筛时应防止混入其他品种水泥。

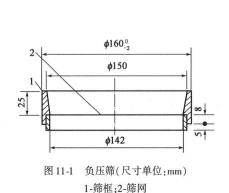

图 11-1 负压筛(尺寸单位:mm)
1-筛框;2-筛网

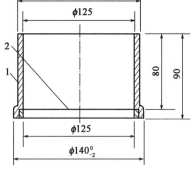

图 11-2 水筛(尺寸单位:mm)
1-筛框;2-筛网

(2) 负压筛析法试验步骤

负压筛析法是通过负压源产生的恒定气流,在规定筛析时间内使试验筛内的水泥达到筛分。

试验前,先将负压筛置于筛座上后盖上筛盖并接通电源,然后检查控制系统,调节负压至 4000～6000MPa 范围内。称取水泥试样精确至 0.01g 置于洁净的负压筛中,盖上筛盖并接通电源后开动筛析仪连续筛析 2min。在此期间,如有试样附着在筛盖上,可轻轻敲击使试样落下。筛毕,用天平称量筛余物。

(3) 水筛法试验步骤

水筛法是采用规定压力的水流,在规定时间内使试验筛内的水泥达到筛分。

称取水泥试样精确至 0.01g,并置于洁净的水筛内,然后立即用淡水冲洗至大部分细粉通过后,再将筛子放在水筛架上,用水压为 0.05MPa±0.02MPa 的喷头连续喷洗 3min。筛毕,用少量水将筛余物冲至蒸发皿中,待水泥颗粒全部沉淀后,小心倒出清水,烘干并称量筛余量。

试验筛必须保持清洁、筛孔通畅、定期检查校正。如筛孔被水泥堵塞影响筛余量时,应用毛刷轻轻地刷洗,用淡水冲净、晾干,不可用弱酸浸泡。

(4) 手工筛试验步骤

手筛法是将试验筛放在接料盘上,用手工按照规定的拍打速度和转动角度对水泥进行筛析。

称取水泥试样精确至 0.01g,倒入手工筛内。用一只手持筛往复摇动,另一只手轻轻拍打,往复摇动和拍打过程应保持接近水平。拍打速度 120 次/min,每 40 次向同一方向转动 60°,使试样均匀分布在筛网上,直至每分钟试样的通过量不超过 0.03g 为止,称量全部筛余物。

3. 结果计算

水泥试样筛余百分率按式(11-1)计算。

$$F = \frac{m_s}{m} \times 100 \tag{11-1}$$

式中：F——水泥试样筛余百分率，%；

m_s——水泥试样在 80μm 筛上筛余物质量，g；

m——水泥试样的质量，g。

结果精确至 0.1%。

二、水泥比表面积测定方法（勃氏法）

水泥比表面积采用勃氏透气仪来测定，原理是根据一定量的空气通过具有一定空隙率和固定厚度的水泥层时，所受阻力不同而引起流速的变化来测定水泥的比表面积。分手动和自动两种，当同一水泥采用两种方法测定的结果有争议时，以手动勃氏透气仪测定结果为准。

1. 主要试验仪具

（1）勃氏透气仪

勃氏透气仪分手动和自动两种，均应符合《勃氏透气仪》（JC/T 956—2014）的要求。

（2）压力计

比表面积压力计如图 11-3 所示，压力计液体应采用带有颜色的蒸馏水或直接采用无色蒸馏水。

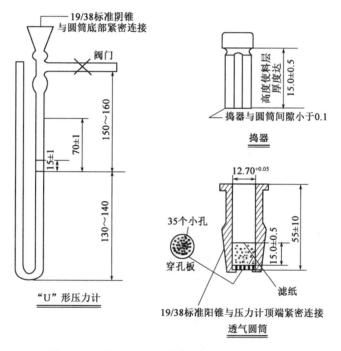

图 11-3　比表面积 U 形压力计示意图（尺寸单位：mm）

2. 试验步骤

被测试的水泥样品应按照《水泥取样方法》（GB/T 12573—2008）中的规定进行取样，先通过 0.9mm 方孔筛，再在 110℃ ±5℃ 温度下烘干 1h，并在干燥器中冷却至室温。测定水泥密度。

将透气圆筒上口用橡皮塞塞紧，接到压力计上，用抽气装置从压力计一臂中抽出部分气体，然后关闭阀门。检验仪器是否漏气，如若发现漏气，可用活塞油脂加以密封。

制备试料层：将穿孔板放入透气圆筒的凸缘上，用捣棒把一片滤纸放到穿孔板上，称取水泥,具体试验量按式(11-2)计算。把水泥倒入圆筒,使水泥层表面平坦。再放入一片滤纸,用捣器均匀捣实试料,直至捣器的支持环与透气圆筒顶边接触,然后旋转捣器 1～2 圈。滤纸为 φ12.7mm、边缘光滑的圆形滤纸片,每次测定需用新的滤纸片。

把装有试料层的透气圆筒插入压力计顶端锥形磨口处。打开微型电磁泵从压力计一臂中抽出空气,直到压力计内液面上升到扩大部下端时关闭阀门。记录液面从第一条刻度线到第二条刻度线所需的时间(图 11-3),以"s"记录,并记录下试验时的温度(℃)。

每次透气试验,应重新制备试料层。

$$m = \rho V(1 - \varepsilon) \tag{11-2}$$

式中:m——需要的试验量,g;

ρ——试样密度,g/cm³;

V——试料层体积,cm³,按 JC/T 956 测定;

ε——试料层空隙率。

P.Ⅰ、P.Ⅱ 型硅酸盐水泥的空隙率采用 0.500 ± 0.005,其他类型水泥或粉料的空隙率选用 0.530 ± 0.005。

3. 结果计算

水泥比表面积应由二次透气试验结果的平均值确定,如果二次试验结果相差 2% 以上时,应重新试验。计算结果保留至 10g/cm²。

(1)当被测试样的密度、试料层中空隙率与标准样品相同时

试验时的温度与校准温度之差 ≤3℃时,按式(11-3)计算;试验时的温度与校准温度之差 >3℃,则按式(11-4)计算:

$$S = \frac{S_S \sqrt{T}}{\sqrt{T_S}} \tag{11-3}$$

$$S = \frac{S_S \sqrt{\eta_S} \sqrt{T}}{\sqrt{\eta} \sqrt{T_S}} \tag{11-4}$$

式中:S——被测试样的比表面积,g/cm²;

S_S——标准样品的比表面积,g/cm²;

T——被测试样试验时,压力计中液面降落测得的时间,s;

T_S——标准样品试验时,压力计中液面降落测得的时间,s;

η——被测试样试验温度下的空气黏度,μPa·s;

η_S——标准样品试验温度下的空气黏度,μPa·s。

(2)当被测试样层中空隙率与标准样品试料层中空隙率不同

如果试验时的温度与校准温度之差 ≤3℃时,按式(11-5)计算;如果试验时的温度与校准温度之差 >3℃,则按式(11-6)计算。

$$S = \frac{S_S \sqrt{T}(1-\varepsilon_S) \sqrt{\varepsilon^3}}{\sqrt{T_S}(1-\varepsilon) \sqrt{\varepsilon_S^3}} \tag{11-5}$$

$$S = \frac{S_S \sqrt{\eta_S} \sqrt{T}(1-\varepsilon_S) \sqrt{\varepsilon^3}}{\sqrt{\eta} \sqrt{T_S}(1-\varepsilon) \sqrt{\varepsilon_S^3}} \tag{11-6}$$

式中：ε——被测试样试料层中的空隙率；

ε_S——标准样品试料层中的空隙率。

(3)当被测试样的密度和空隙率均与标准样品不同

试验时的温度与校准温度之差≤3℃时，按式(11-7)计算；如试验时的温度与校准温度之差>3℃，则按式(11-8)计算。

$$S = \frac{S_S \rho_S \sqrt{T}(1-\varepsilon_S)\sqrt{\varepsilon^3}}{\rho \sqrt{T_S}(1-\varepsilon)\sqrt{\varepsilon_S^3}} \tag{11-7}$$

$$S = \frac{S_S \rho_S \sqrt{\eta_S}\sqrt{T}(1-\varepsilon_S)\sqrt{\varepsilon^3}}{\rho \sqrt{\eta}\sqrt{T_S}(1-\varepsilon)\sqrt{\varepsilon_S^3}} \tag{11-8}$$

式中：ρ——被测试样的密度，g/cm^3；

ρ_S——标准样品的密度，g/cm^3。

三、水泥标准稠度用水量、凝结时间检测方法

试验用水必须是洁净的饮用水。

实验室的温度为20℃±2℃，相对湿度大于50%。水泥试样、拌和水、仪器及试验用具的温度应与实验室温度一致。

1. 主要试验仪具

(1)水泥净浆搅拌机

内径为130mm，深95mm。

(2)标准法维卡仪

维卡仪由底座、滑动杆、试杆及试针组成，如图11-4所示。滑动杆的总质量为300g±1g、表面光滑、可靠自重自由下落，不得有紧涩和旷动现象。盛装水泥净浆的试模为深度40mm±0.2mm、顶内径65mm±0.5mm、底内径75mm±0.5mm的截顶圆锥体，每只试模应配备一个边长或直径约100mm、厚度4~5mm的平板玻璃或金属底板。

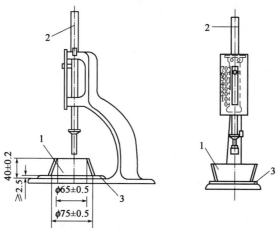

图11-4 测定水泥标准稠度和凝结时间的维卡仪及配件示意图(尺寸单位：mm)

1-滑动杆；2-试模；3-玻璃板

标准稠度测定用试杆由直径10mm±0.05mm的圆柱形耐腐蚀金属制成,测定凝结时间时取下试杆,用试针代替,试针由钢制成,为直径1.13mm±0.05mm的圆柱体,如图11-5所示。

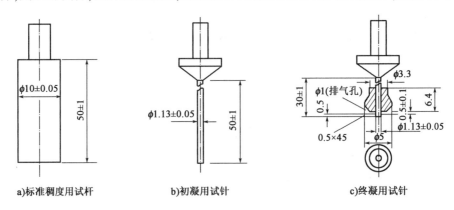

图11-5 试杆与试针(尺寸单位:mm)

(3)球形钵和拌和铲

2.标准稠度用水量测定方法(标准法)

(1)水泥净浆的拌制

先将水泥净浆搅拌机的搅拌锅和搅拌叶片用湿布擦拭,将拌和水倒入锅内,然后在5~10s内小心地将称好的500g水泥加入水中,防止水和水泥溅出。拌和时,先将锅放在搅拌机的锅座上,升至搅拌位置后启动搅拌机,在低速搅拌120s后停15s,同时将叶片和锅壁上的水泥浆刮入锅内,接着高速搅拌120s后停机。

(2)标准稠度用水量的测定

拌和结束后,立即取适量水泥浆一次性将其装入已置于玻璃底板上的试模中,使浆体超过试模上端,用宽约25mm的直边刀轻轻拍打超出试模部分的浆体5次以排除浆体中的空隙,然后在试模上表面约1/3处,略倾斜于试模分别向外轻轻抹掉多余净浆,再从试模边沿轻抹顶部一次,使净浆表面光滑。在抹掉多余净浆和抹平的操作过程中,注意不要压实净浆。抹平后迅速将试模和底板移到维卡仪上,将其中心定在试杆下,降低试杆直至与水泥净浆表面接触,拧紧螺丝1~2s后,突然放松,使试杆垂直沉入水泥净浆中。在试杆停止沉入或释放试杆30s时记录试杆距底板之间的距离。升起试杆后立即擦净,整个操作应在搅拌后1.5min内完成。以试杆沉入净浆并距底部6mm±1mm的水泥净浆为标准稠度净浆,其拌和水量为该水泥的标准稠度用水量,按水泥质量的百分比计。

3.凝结时间测定方法(标准法)

测定前,将圆模放在玻璃板上,并在圆模内侧稍稍涂一层机油,并调整凝结时间测定仪的试针,使其接触玻璃板时指针对准标尺零点。

(1)试样准备

按上述方法制成标准稠度净浆后,以标准稠度用水量,立即一次性装满圆模,振动数次后刮平后立即放入湿气养护箱内。记录水泥全部加入水中的时间作为凝结时间的起始时间。

(2)初凝时间的测定

试件在湿气养护箱中养护至加水后30min时,进行第一次测定。测定时,从湿气养护箱中取出试模放到试针下,使试针与水泥净浆表面接触,拧紧螺丝1~2s后突然放松,试针垂直自由地沉入净浆,观察试针停止下沉或释放试针30s时指针的读数。临近初凝时间时,每隔5min(或更短时间)测定一次。当试针沉至距底板4mm±1mm时为水泥达到初凝状态,由水泥全部加入水中至初凝状态的时间为初凝时间,用min表示。

(3)终凝时间的测定

为了准确观测试针沉入的状况,在终凝针上安装了一个环形附件,如图11-5所示。在完成初凝时间测定后,立即将试模连同浆体以平移的方式从玻璃板上取下,翻转180°,直径大端向上、小端向下放在玻璃板上,再放入湿气养护箱中继续养护。临近终凝时间时每隔15min(或更短时间)测定一次,当试针沉入试体0.5mm时,即环形附件开始不能在试体上留下痕迹时,为水泥达到终凝状态,由水泥全部加入水中至终凝状态的时间为水泥的终凝时间,用min表示。

在整个测试过程中,试针沉入的位置至少要距离试模内壁10mm。临近初凝时,每5min测定一次;临近终凝时,每15min测定一次。每次测定不得让试针落入原针孔,每次测定完毕,须将试针擦净并将试模放回湿气养护箱内。在整个测定过程中,应防止试模受到振动。

到达初凝时应立即重复测定一次,当两次结论相同时才能定为到达初凝状态。到达终凝时,需要在试体的另外两个不同点进行测试,结论相同时才能确定到达初凝状态。

四、水泥安定性检测方法(标准法)

检查水泥硬化后体积是否均匀,是否产生裂缝或弯曲现象。如无裂缝及弯曲变形为安定性合格。安定性的测定方法可以用雷氏法或用试饼法,有争议时以雷氏法为准。

1. 主要试验仪具

(1)沸煮箱

沸煮箱的有效容积约410mm×240mm×310mm。箱内设有篦板,篦板与加热器之间的距离大于50mm。能在30min±5min内将整个箱内的试验用水由室温升至沸腾并可保持沸腾状态3h以上,整个试验过程中不需补充水量。

(2)雷氏夹膨胀仪

雷氏夹由铜质材料制成,其结构如图11-6所示。当一根指针的根部悬挂在一根金属丝或尼龙丝上,另一根指针的根部再挂上300g质量的砝码时,两根指针针尖的距离增加应在17.5mm±2.5mm范围内,即$2r=17.5mm±2.5mm$。当去掉砝码后,针尖的距离应能恢复至挂砝码前的状态。

(3)雷氏夹膨胀测定仪

雷氏夹膨胀值测定仪如图11-7所示,其标尺的最小刻度为0.5mm。

(4)玻璃板

每个雷氏法需配两块边长或直径约80mm、厚度4~5mm的玻璃板。

2. 安定性的测定

(1)雷氏夹试件的制备

将预先准备好的雷氏夹放在已稍擦油的玻璃板上,并立刻将已制好的标准稠度净浆装满试模。装模时,一只手轻轻扶持试模,另一只手用宽约25mm的直边刀在浆体表面轻轻插捣3次,然后抹平,盖上稍涂油的玻璃板,接着立刻将试模移至湿气养护室养护24h±2h。

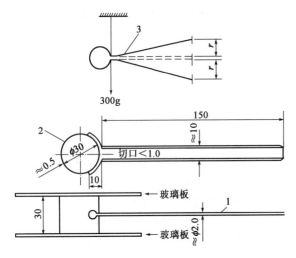
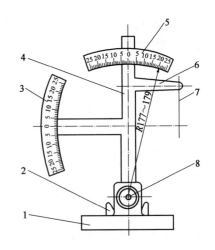

图11-6 雷氏夹(尺寸单位:mm)
1-指针;2-环模;3-雷氏夹受力状态

图11-7 雷氏夹膨胀值测定仪(尺寸单位:mm)
1-底座;2-模子座;3-测弹性标尺;4-立柱;5-测膨胀值标尺;6-悬臂;7-悬丝;8-弹簧顶扭

(2)试件的沸煮

调整好沸煮箱内的水位,使其能保证在整个沸煮过程中都能没过试件,不需要中途添补试验用水。脱去玻璃板取下试件,先测量雷氏夹指针尖端的距离(A),精确到 0.5mm,接着将试件放入沸煮箱水中的试件架上,指针朝上,然后在 30min ± 5min 内加热至沸腾,并恒沸 180min ± 5min。

(3)结果判别

沸煮结束后,立即放掉沸煮箱中的热水并打开箱盖,待箱体冷却至室温后取出试件进行判别。测量雷氏夹指针尖端的距离(C),精确至 0.5mm,当两个试件煮后增加距离($C-A$)的平均值不大于 5.0mm 时,即认为该水泥安定性合格。当两个试件的 $C-A$ 值相差超过 54.0mm 时,应用同一样品立即重做一次试验。以复检结果为准。

3. 安定性的测定——代用法

将制好的标准稠度净浆取出一部分后,分成两等份并制成球形,放在涂过油的玻璃板上,轻轻振动玻璃板,并用湿布擦净的小刀,由边缘向中央抹动,做成直径 70~80mm、中心厚约 10mm、边缘渐薄且表面光滑的试饼。接着将试饼放入湿气养护箱内养护 24h ± 2h。

由玻璃板上取下试饼,在试饼无缺陷的情况下将其置于沸煮箱的水中篦板上,然后在 30min ± 5min 内将水加热至沸腾,并恒沸 180min ± 5min。

沸腾结束后,立即放掉箱中的热水,并打开箱盖,待箱体冷却至室温,取出试件进行判断。

目测试饼未发现裂缝,用钢直尺测量没有弯曲(使直尺与试饼底部紧靠,以两者间不透光为不弯曲)的试饼为安定性合格,反之为不合格。当两个试饼判别结果有矛盾时,该水泥的安定性为不合格。

第二节 水泥胶砂强度试验(ISO 法)

水泥胶砂强度试验用于确定水泥的强度等级,适用于硅酸盐水泥、普通硅酸盐水泥、矿渣硅酸盐水泥、粉煤灰硅酸盐水泥、复合硅酸盐水泥的抗折强度和抗压强度的检验。

1. 主要仪器设备

(1) 胶砂搅拌机

由搅拌叶及搅拌锅组成。由电动机带动搅拌叶及搅拌锅作相反方向转动,叶片转速为 137r/min,锅的转动速度为 65r/min。

(2) 胶砂振动台

振动频率为 2800~3000 次/min,装有制动器,在电动机停机 5s 内停止振动。振动台台面上装有夹具,以固定试模及料斗。

(3) 试模

试模由三个水平的模槽组成,可同时成型三条截面 40mm×40mm、长 160mm 的棱柱体试件。成型操作时,应在试模上面加有一个高 20mm 的金属模套,当从上往下看时,模套壁与模槽内壁应该重叠,超出内壁不应大于 1mm。为了控制料层厚度和刮平胶砂,应备有 2 个播料器和 1 个金属刮平直尺。

(4) 抗折试验机

一般采用电动或手动双杠杆式,也可采用性能符合要求的其他试验机。加荷和支撑圆柱必须用硬质钢材制造,直径为 100mm±0.1mm。

(5) 抗压试验机及抗压夹具

抗压强度试验机应具有以 2400N/s±200N/s 速率的加荷能力,记录荷载应有 ±1% 的精度。抗压夹具由硬质钢材制成,加压板面积为 40mm±0.1mm,长不小于 40mm。

2. 试件制备

(1) 胶砂组成及配合比

胶砂的质量配合比为:1 份水泥、3 份 ISO 标准砂,水灰比 0.5。每成型三条试件所需称量的为水泥 450g±2g、标准砂 1350g±5g、水为 225g±1g。中国 ISO 标准砂的级配组成应符合表 11-1 的规定。

ISO 基准标准砂的颗粒分布　　　　表 11-1

方孔筛尺寸(mm)	2.0	1.6	1.0	0.5	0.16	0.08
累计筛余百分率(%)	0	7±5	33±5	67±5	87±5	99±1
通过百分率(%)	100	88~98	62~72	28~38	8~18	0~2

(2) 搅拌

将称量好的水加入搅拌锅,再加入水泥,开动搅拌机,低速搅拌 30s 后,在第二个 30s 开始时均匀地将砂加入。当各级砂石分装时,从最粗粒级开始,依次将所需的每级砂量加完。把机器转至高速再拌 30s,停拌 90s;在第一个 15s 用一块胶皮具将叶片和锅壁上的胶砂刮入锅中间;在高速下继续搅拌 60s。各个搅拌阶段,时间误差应在 ±1s 内。

(3) 试件成型

将空试模和模套固定在振实台上,用适当的勺子直接从搅拌锅中将胶砂分为两层装入试模。装第一层时,每个槽里约放 300g 砂浆,沿每个料槽来回一次将料层播平,接着振实 60 次。再装入第二层胶砂,播平后再振实 60 次。移走模套,从振实台上取下试模,并用刮尺以 90°的角度架在试模顶一端,沿试模长度方向以横向锯割动作慢慢向另一端移动,一次将超出试模部分刮去。将搅拌好的全部胶砂均匀地装于下料漏斗中,开动振动台振动 120s ± 5s 停车。

振动完毕后取下试模,用刮刀轻轻刮去高出试模的胶砂并抹平。两个龄期以上的试件,编号时应将同一试模中的三条试件分在两个以上的龄期内。

3. 试件养护

去掉留在模子周围的胶砂。立即将做好标记的试模放入雾室或湿箱的水平架子上养护,湿空气应能与试模各边接触。养护时不应将试模放在其他试模上。养护到规定时间进行脱模,对于 24h 龄期的试件应在破型试验前 20min 内脱模。对于 24h 以上龄期的试件应在成型后 20~24h 之间脱模。硬化较慢的水泥允许延期脱模,但必须记录脱模时间。脱模时防止损伤试件。立即将脱模后的试件水平或竖直放在 20℃ ± 1℃ 的水槽中养护,应使水与试件的六个面接触,且试件之间间隙或试件上表面的水深不得小于 5mm。

除 24h 龄期或延迟至 48h 脱模的试件外,任何到龄期的试件应在试验(破型)前 15min 从水中取出。揩去试件表面沉积物,并用湿布覆盖。

4. 强度测定与计算

试件龄期从水泥加水搅拌开始计时,各龄期的强度试验应在表 11-2 规定的时间进行。

胶砂强度试验时间   表 11-2

龄期	24h	48h	72h	7d	>28d
试验时间	24h ± 15min	48h ± 30min	72h ± 45min	7d ± 2h	28d ± 8h

(1) 抗折强度测定

抗折强度测定时,将试件的一个侧面放于试验机的支撑圆柱上,如图 11-8 所示,试件长轴垂直于支撑圆柱,通过加载圆柱以 50N/s ± 5N/s 的速率均匀地将荷载加在棱柱体试件相对侧面上,直至折断。抗折强度按式(11-9)计算,精确至 0.1MPa。

$$R_f = \frac{1.5 F_f \cdot L}{b^3} \tag{11-9}$$

式中:R_f——抗折强度,MPa;

F_f——试件折断时施加于棱柱体中部的荷载,N;

L——支撑圆柱之间的距离,mm;

b——棱柱体正方形截面的边长,mm。

抗折强度以一组 3 个试件的平均值作为试验结果,当 3 个强度测试值中有超过平均值 ± 10% 的值时,应剔除后再取平均值作为测定结果。

(2) 抗压强度测定

在抗折强度测定后折断的半截棱柱体上进行抗压强度测定。试件放置方式如图 11-9 所示。受压面是试件成型时的两个侧面。半截棱柱体中心与压力机受压中心差应在 ± 0.5mm 内,棱柱体露在压板外的部分约有 10mm。在整个加荷过程中以 2400N/s ± 200N/s 的速率均匀地加荷直至破坏。抗压强度按式(11-10)计算,精确至0.1MPa。

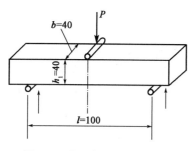

图11-8 水泥胶砂抗折强度试验示意图(尺寸单位:mm)

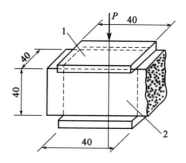

图11-9 水泥胶砂抗压强度试验示意图(尺寸单位:mm)
1-抗压夹具;2-试件

$$R_c = \frac{F_c}{A} \tag{11-10}$$

式中:R_c——抗压强度,MPa;
　F_c——破坏时的最大荷载,N;
　A——受压部分面积,mm^2($40mm \times 40mm = 1600mm^2$)。

抗压强度以一组3个棱柱体上得到的6个抗压强度测定值的算术平均值作为试验结果。如6个测定值中有一个超出6个平均值的±10%,就应剔除这个结果而以剩下的5个测定值的平均值为结果,如果5个测定值中再有超过它们平均值的±10%数据,则此组结果作废。

5.试验报告

报告应包括要求检测的项目名称;原材料的品种、规格和产地;环境温度和湿度、所有单个试验结果和计算出的平均值,以及按照规定舍去的试验结果等。

第三节　新拌混凝土的施工和易性试验

为了便于施工操作并保证混凝土的质量,新拌混凝土必须具有一定的流动性、黏聚性和保水性,这些性质综合称为混凝土混合料的施工和易性,常用测定方法有坍落度试验和VB稠度试验。

一、混凝土混合料的拌制

拌制混凝土混合料所用材料取样应具有代表性。拌制混凝土的材料以质量计,称量的精确度为:集料±1%,水、水泥及砂±0.5%。

1.主要试验仪具

(1)搅拌机

自由式或强制式。

(2)其他

称量50kg、感量50g的台秤,称量5kg、感量5g的天秤,拌和用铁板($1.5 \times 2m^2$的金属板)、量筒及铁铲等。

2. 试验步骤

（1）机械拌和

使用拌和机前，应先用少量水泥砂浆（水灰比及砂灰比与正式配合比相同）进行涮膛，然后刮出涮膛砂浆，以避免正式拌和混凝土时，水泥砂浆黏附搅拌机筒壁的损失。按规定称好各种原材料，往拌和机内顺序加入粗集料、细集料、水泥。开动搅拌机，将材料拌和均匀，在拌和过程中将水徐徐加入，全部加料时间不宜超过2min。水全部加入后，继续拌和2min，而后将混凝土拌和物倾出倒在铁板上，再经人工翻拌1~2min，务必使拌和物均匀一致。

（2）人工拌和

先用湿布将铁板和铁铲上的杂物清除并润湿，再将称好的砂和水泥在铁板上拌匀，加入粗集料，再一起拌和均匀。然后将此拌和料堆成长堆，中间扒成长槽，将称好的水倒入约一半，将其与拌和物仔细拌匀，再将材料堆成长堆，扒出长槽，倒入剩余的水，继续进行拌和，来回翻拌至少6遍。

从试样制备完毕到开始做各项性能试验不宜超过5min（不包括成型试件）。

二、坍落度试验

本试验测定混凝土拌和物的圆锥体坍落值，不仅可用以评价其流动性，同时可根据试验过程中的观察定性判断其黏聚性和保水性。本试验适用于坍落度大于10mm且集料公称最大粒径不大于40mm的混凝土拌和物。

1. 主要仪器设备

（1）坍落筒

根据集料的最大粒径按表11-3选择坍落筒。

坍落度筒规格表　　　　表11-3

集料公称最大粒径（mm）	筒的名称	筒的内部尺寸（mm）		
		底面直径	顶面直径	高度
≤40	标准坍落筒	200±2	100±2	300±2

（2）捣棒

为直径16mm、长约600mm并具有半圆形端头的钢棒。

（3）其他

小铲、木尺、装料漏斗、镘刀、钢平尺等。

2. 试验步骤

试验前将坍落度筒内外洗净，放在用水润湿过的平板上，踩紧坍落度筒上的踏脚板。将拌和好的试样分三层装入筒内，每层装入高度稍大于筒高的1/3，每一层用捣棒插捣25次。插捣时需在全部面积上均匀进行，沿螺旋线由边缘至中心，插捣底层时插至底部，插捣其他两层时，应插透本层并插捣至下层20~30mm，插捣须垂直压下（边缘部分除外）并不得冲击。在插捣顶层时，在插捣的过程中随时添加拌和物，直至装满筒顶。刮去多余的拌和物并用镘刀抹平筒口、清除筒底的拌和物。然后立即垂直提起坍落筒，提筒的动作应在 3～7s 内完成，并使拌和物不受横向及扭力作用。

从开始装筒至提起坍落筒的全过程应在 150s 内完成。将坍落筒放于锥体拌合物试样一旁，筒顶平放木尺，用钢尺量出木尺底面至试样顶点的垂直距离（图 11-10），即为该拌合物试样的坍落度。

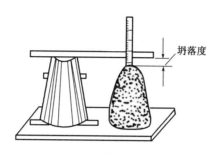

图 11-10　坍落度测定示意图

当混凝土拌和物的一侧发生崩坍或一边剪切破坏时，则应重新取样另测。如果第二次仍发生此类情况，则表示该拌和物和易性不好，应予记录。

当拌和物的坍落度大于 220mm 时，用钢尺测量拌和物试样扩展后最终的最大直径和最小直径。在这两个直径之差小于 50mm 的条件下，以其算术平均值作为坍落扩展度值。否则此次试验无效。

3. 试验结果

(1) 坍落度结果

混凝土拌和物的坍落度和坍落扩展度值以 mm 为单位，测量精确至 1mm，结果修正至最接近的 5mm。

(2) 观察试样的黏聚性和保水性

① 黏聚性

用捣棒在已坍落的锥体试样的一侧轻击，如锥体在轻打后渐渐下沉，表示黏聚性好；如锥体突然倒坍，部分崩解或有石子离析现象，即表示黏聚性差。

② 保水性

根据水分从试样中析出的情况，将保水性分为三级。"多量"表示提起坍落筒后有较多的水分从底部析出；"少量"表示有少量水析出；"无"表示没有水从底部析出。

三、VB 稠度试验

本试验是将拌和好的新拌混凝土，在 VB 稠度仪上按坍落度试验的方法制成试样，经振动至试样完全摊平状态时所需时间，为该试样 VB 稠度。VB 稠度试验适用于集料公称最大粒径不大于 31.5mm、VB 稠度在 5～30s 之间的混凝土拌和物的稠度测定。

1. 主要试验仪具

(1) VB 稠度仪

VB 稠度仪主要由容量筒、坍落筒、透明圆盘和振动台等组成，如图 11-11 所示。振动台的工作频率为 50Hz、空载振幅为 0.5mm。

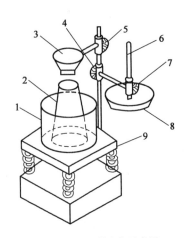

图 11-11 VB 稠度仪示意图

1-容量筒;2-坍落筒;3-漏斗;4-螺栓;5-螺丝;6-滑杆;7-螺丝;8-透明圆盘;9-振动台

(2)其他

秒表、捣棒、镘刀等。

2. 试验步骤

将容量筒 1 用螺母固定在振动台上,放入湿润的坍落筒 2,把漏斗 3 转到坍落筒上口并拧紧螺丝 5,使漏斗不偏离开坍落筒口。按坍落度试验方法,分三层将拌和物装入坍落筒内,用捣棒每层捣实 25 次。装毕第三层后移去漏斗、抹平筒口、提起坍落筒、拧松螺栓 4、仔细放下透明圆盘 8 并读出滑棒 6 上的数据即为坍落度。拧松螺丝 7 使透明圆盘 8 可以定向自由上下滑动,在开动振动台 9 的同时按动秒表。通过透明圆盘观察混凝土的振实情况,当透明圆盘底面刚被水泥浆布满时,立即按停秒表并关闭振动台。秒表所表示时间即为混凝土拌和物稠度的 VB 时间,精确至 1s。

第四节　普通水泥混凝土强度试验

水泥混凝土的力学强度试验是指按照标准方法制作的试件,在标准温度、湿度条件下养护至规定龄期后,用标准方法测得的极限强度。

一、混凝土试件的制作与养护

1. 主要试验仪具

(1)振动台

标准振动台,频率 3000 次/min ± 200 次/min,负荷下的振幅为 0.35mm,空载时的振幅为 0.5mm;平板振动机,功率一般为 1.1kW。

(2)试模

为铸铁或钢制成,内表面刨光磨光。强度试件尺寸与强度类型有关,相应的试模尺寸要求列入表 11-4。

试模尺寸及强度换算系数表 表11-4

试验名称	试模内部尺寸(mm×mm×mm)		集料公称最大粒径(mm)
抗压强度	标准试件	150×150×150	31.5
	非标准试件	200×200×200	53
		100×100×100	26.5
立方体劈裂抗拉强度	标准试件	150×150×150	31.5
	非标准试件	100×100×100	26.5
弯拉强度	标准试件	150×150×550	31.5
	非标准试件	100×100×400	26.5

2. 试验方法

(1) 准备工作

取出新拌和的混凝土拌和物代表样,在5min之内进行坍落度和VB稠度试验,认为品质合格后即开始制作试件或进行其他的试验。在制作试件时,须在拌和后15min内装入试模,并在45min内成型完毕。

(2) 试件成型

①机械成型

在一般情况下,当坍落度大于25mm且小于70mm时,用标准振动台成型。将试模放在振动台上夹紧,以防止其自由跳动,在试模内部涂以油脂或脱模剂,将混凝土拌和物一次装满试模并稍有富余。开动振动台至混凝土表面呈现乳状水泥浆时为止,振动过程中随时添加混凝土拌和物充满试模,记录振动时间(为VB稠度的2~3倍,一般不超过90s)。振动结束后,用金属直尺沿试模边缘刮除多余混凝土并用镘刀将表面初次抹平,待试件收浆后再次用镘刀将试件仔细抹平,试件表面与试模边缘的高差不得超过0.5mm。

②人工成型

当坍落度不小于70cm时,用人工成型。混凝土拌和物厚度分大致相等的两层装入试模,捣实时按螺旋方向从边缘到中心均匀地进行。插捣底层时,捣棒到达模底;插捣上层时,捣棒插入该层底面下20~30mm处。插捣时应用力将捣棒压下并保持捣棒垂直、不得冲击,捣完一层后,用橡皮锤轻轻击打试模外端10~15下以填平插捣过程中留下的孔洞。

每层插捣次数100cm²截面积内不得少于12次。试件抹面与试模边缘高差不得大于0.5mm。

(3) 试件养护

试件成型后,用湿布覆盖表面(或其他保持湿度办法),在室温20℃±5℃、相对湿度大于50%的情况下,静放1~2昼夜,然后拆模并作第一次外观检查、编号,对有缺陷的试件或剔除,或加工补平。

将完好的试件进行标准养护至试验时止,标准养护室内的温度20℃±2℃、相对湿度在95%以上、试件宜放在铁架或木架上且间距至少10~20mm、避免用水直接冲淋。当无养护室时,可将试件放入温度20℃±2℃的不流动的$Ca(OH)_2$饱和溶液中养护。

至规定试验龄期时,自养护室中取出试件并继续保持其湿度不变。

当需要结合施工实际情况时,允许采用与实际情况相同的试件成型与养护条件,但应在报告中说明。

二、混凝土抗压强度试验

抗压强度是确定水泥混凝土强度等级的依据,也是评定混凝土品质的主要指标。

1. 主要试验仪具

压力机或万能试验机的上、下承压板应有足够刚度,可以均匀地连续加荷卸荷,可以保持固定荷载,能满足试件破型吨位的要求。球座:钢质坚硬,转动灵活。

2. 试验步骤

将养护到规定龄期的试件取出并检查其尺寸与形状,其相对的两面应平行。量出棱边长度,精确到1mm。

以试件成型时侧面为上下受压面,将试件安放在球座上,并几何对中(指试件或球座偏离机台几何中心在5mm以内)。强度等级小于C30的混凝土取 $0.3 \sim 0.5$ MPa/s 的加荷速度;强度等级大于C30小于C60的混凝土,取加荷速度 $0.5 \sim 0.8$ MPa/s;强度等级大于C60的混凝土,取 $0.8 \sim 1.0$ MPa/s 的加荷速度。当试件接近破坏并开始迅速变形时,不得调整试验机油门,直至试件破坏,记下破坏极限荷载。

3. 结果计算

水泥混凝土的立方体抗压强度 f_{cu}(MPa)按式(11-11)计算,精确至0.1MPa。

$$f_{cu} = \frac{F_{max}}{A_0} \tag{11-11}$$

式中:F_{max}——破坏极限荷载,N;

A_0——试件受压面积,mm^2。

取3个试件测值算术平均值作为测定值。如任一测值与中值的差值超过中值的15%,则取中值为测定值;如有2个测值与中值的差值超过上述规定时,则该组试验结果无效。

当混凝土强度等级小于C60时,非标准试件的抗压强度应乘以尺寸换算系数(表11-5)。当混凝土强度等级大于C60时,宜用标准试件;当使用非标准试件时,换算系数应由试验确定。

立方体抗压强度尺寸换算系数 表11-5

试件尺寸	尺寸换算系数	试件尺寸	尺寸换算系数
100mm×100mm×100mm	0.95	200mm×200mm×200mm	1.05

三、混凝土弯拉强度试验

弯拉强度是水泥混凝土路面的重要设计参数。

1. 主要试验仪具

试验机为 $50 \sim 300$ kN 压力机或万能试验机,弯拉强度试验装置如图11-12所示。其余用具同前。

2. 试验步骤

试件取出后,用湿毛巾覆盖,避免其湿度变化。检查试件,如试件中部1/3长度内存在大

于 $\phi 5mm \times 2mm$ 的蜂窝,该试件立即作废,否则应在记录中注明。在试件中部量出其宽度、高度,精确至 1mm。

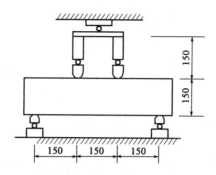

图 11-12 水泥混凝土弯拉试验装置图(尺寸单位:mm)

将试件安放在支座上,成型时的侧面朝上、几何对中,强度等级小于 C30 的混凝土取 0.02 ~ 0.05MPa/s 的加载速度;强度等级大于 C30 小于 C60 的混凝土,取加荷速度 0.05 ~ 0.08MPa/s; 强度等级大于或等于 C60 的混凝土,取 0.08 ~ 0.10MPa/s 的加载速度。当试件接近破坏而开始迅速变形时,不得调整试验机油门,直至试件破坏,记下最大荷载。

3. 结果计算

若断面发生在两个加荷点之间,其弯拉强度 f_{cf} 按式(11-12)计算,精确至 0.01MPa。

$$f_{cf} = \frac{PL}{bh^2} \tag{11-12}$$

式中:P——试件破坏时的极限荷载,N;

L——支座间距离,$L = 450mm$;

b、h——试件宽度、高度,mm。

如果断面位于加荷点外侧,则该试件结果无效。如两个试件结果无效,则该组试验结果作废。

弯拉强度测定值的计算及异常数据的取舍原则,同抗压强度试验中的规定。

采用 100mm × 100mm × 100mm 的非标准试件时,所获得的弯拉强度应乘以尺寸换算系数 0.85。当混凝土强度等级大于等于 C60 时,应采用标准试件。

四、混凝土劈裂抗拉强度试验

1. 主要仪器设备

劈裂钢垫条(图 11-13)和三合板垫层(或纤维板垫层),垫层宽度为 20mm、厚度为 3 ~ 4mm,不得重复使用。垫条与垫层的长度均不小于试件的长度。

其他主要设备同前。

2. 试验步骤

试件从养护地点取出后擦拭干净后用湿毛巾覆盖,以避免其湿度变化。测量尺寸、检查外观,在试件中部划出劈裂面位置线。劈裂面与试件成型时的顶面垂直,尺寸测量精确至 1mm。

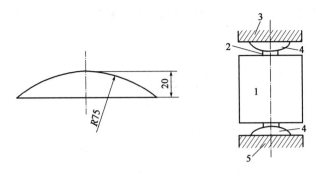

图 11-13　水泥混凝土劈裂试验用钢垫条(尺寸单位:mm)
1-试件;2-垫层;3-上压板;4-垫条;5-下压板

试件放在球座上后几何对中并放妥垫层垫条,其方向与试件成型时顶面垂直。强度等级小于 C30 的混凝土取 0.02～0.05MPa/s 的加荷速度;强度等级大于 C30 小于 C60 的混凝土,取加荷速度 0.05～0.08MPa/s;强度等级大于 C60 的混凝土,取 0.08～0.10MPa/s 的加荷速度。当试件接近破坏时,不得调整试验机油门,直至试件破坏,记下破坏荷载,精确至 0.01kN。

3. 结果计算

混凝土的劈裂抗拉强度按式(11-13)计算,精确至 0.01MPa。

$$f_{ct} = \frac{2P}{\pi A} \tag{11-13}$$

式中:f_{ct}——水泥混凝土劈裂抗拉强度,MPa;
　　P——极限荷载,N;
　　A——试件劈裂面面积,mm²。

劈裂抗拉强度测定值的计算及异常数据的取舍原则,同抗压强度试验中的规定。

第十二章
无机结合料稳定材料试验

第一节　无机结合料稳定材料击实试验

击实试验是在规定的试筒内,按照规定程序,对水泥稳定材料土(在水泥水化前)、石灰稳定材料土及石灰(或水泥)粉煤灰稳定材料进行击实,根据击实试件的密度和含水率,确定无机结合料稳定材料土最佳含水率和最大干密度,用于该类材料的强度试验和并指导施工指导。

1. 主要试验仪具

(1)击实仪

击实仪由击锤、导管、垫块和击实筒组成。击锤底面直径50mm,击锤质量4.5kg,击锤落高为450mm。垫块用于调节试件高度,其直径略小于试筒内径,为高50mm的圆柱体铁块。击实筒由金属试筒、套环(高50mm)和底座组成,尺寸见表12-1。

根据混合料中集料的公称最大粒径,击实试验方法分为甲法、乙法和丙法,不同方法所用试筒及成型条件不同。表12-1中给出了各类击实方法与集料公称最大粒径的关系,以及所选用击实方法对击实试筒尺寸的要求与相应成型条件的主要参数。

击实试验方法类别　　　　　　　　表 12-1

试验类别	容许公称最大粒径(mm)	试筒尺寸(cm)			锤击层数	每层锤击次数
		内径(cm)	高(cm)	容积(cm³)		
甲	19	10	12.7	997	5	27
乙	19	15.2	12.0	2177	5	59
丙	37.5	15.2	12.0	2177	3	98

(2)脱模器

由反力框架(400kN 以上)和液压千斤顶(200~1000kN)组成。

(3)方孔筛

孔径 53mm、37.5mm、26.5mm、19mm、4.75mm、2.36mm、40mm、25mm(或 20mm)及 5mm 的筛各 1 个。

(4)其他

感量 0.01g 的台秤,称量 15kg、感量 0.1g 的天平,量筒、刮土刀、直刮刀、测定含水率用的铝盒、烘箱等用具。

2. 准备工作

(1)试料准备

将具有代表性的风干试料(必要时,也可以在 50℃烘箱内烘干)用木锤或木碾捣碎。土团均应捣碎到能通过 4.75mm 的筛孔。但应注意不使粒料的单个颗粒破碎或不使其破碎程度超过施工中拌和机械的破碎率。

(2)击实方法的确定

如试料是细粒土,将已捣碎的代表性土样过 4.75mm 筛备用,并选择用甲法或乙法进行击实试验。

如试料中含有粒径大于 4.75mm 的颗粒,则先将试料过 19mm 筛,如 19mm 筛余量不超过 10%,则过 26.5mm 筛,留作备用,选择甲法或乙法做试验。

如试料中粒径大于 19mm 的颗粒含量超 10%,则将试料过 37.5mm 筛,如果 37.5mm 筛余量不超过 10%,则过 53mm 筛,留作备用,选择丙法做试验。

(3)试料风干含水率的测定

在预定做击实试验的前一天,取有代表性的试料测定其风干含水率。对于细粒土,试样应不少于 100g;对于中粒土,试样应不少于 1000g;对于粗粒土的各种集料,试样应不少于 2000g。

3. 甲法试验步骤

(1)确定拌和用水量

根据拌和用水量范围,预先选择 5~6 个不同含水率,依次相差 0.5%~1.5%。对于中、粗粒土,在最佳含水率附近取拌和用水量间隔 0.5%;对细粒土,取 1%;对于黏土特别是重黏土,拌和用水量间隔可能需要取到 2%。在拌和用水量中,至少有两个大于、两个小于最佳含水率。

对最佳含水率的预估。对于细粒土,可参照素土的塑限预估其最佳含水率,一般其最佳含水率较塑限小 3%~10%。其中,砂类土的最佳含水率较其塑限约小 3%,黏质土的最佳含水率较其塑限小 6%~10%。对于天然砂砾土、级配集料等,其最佳含水率与集料中细土含量、塑性指数有关,一般在5%~12%。对于细土含量少、塑性指数为0的未筛分碎石,其最佳含水率接近5%;对于细土偏多的、塑性指数较大的砂砾土,其最佳含水率在10%左右。水泥稳定材料的最佳含水率与素土接近,石灰粉煤灰稳定材料的最佳含水率可能较素土高1%~3%。

(2) 准备试料

用四分法将准备好的风干试料逐次分小至10~15kg。再用四分法将其分成5~6份,每份试料的干质量为:2.0kg(细粒土)和2.5kg(中粒土)。

按式(12-1)计算1份试料中应加的拌和水量。

$$Q_w = \left(\frac{Q_n}{1+0.01w_n} + \frac{Q_c}{1+0.01w_c}\right) \times 0.01w - \frac{Q_n}{1+0.01w_n} \times 0.01w_n - \frac{Q_n}{1+0.01w_n} \times 0.01w_c$$
(12-1)

式中:Q_w——混合料试料中应加的拌和用水量,g;
　　　Q_n——混合料中的素土(或集料)质量,g;
　　　w_n——素土(或集料)的风干含水率,%;
　　　Q_c——混合料中结合料的质量,g;
　　　w_c——结合料的原始含水率,%;
　　　w——混合料要求达到的含水率,%。

将1份试料平铺在金属盘内,将按式(12-1)计算的水量均匀地喷洒在试料上。用小铲将试料充分拌和,如为石灰稳定材料、石灰粉煤灰稳定材料、水泥粉煤灰稳定材料和水泥石灰稳定材料,可将石灰、粉煤灰与试料一起拌匀。将拌和均匀的混合料装入密闭容器或塑料口袋内浸润备用。根据素土或集料品种按表12-2确定浸润时间。

击实试验用混合料的浸润时间　　　　表12-2

试料品种	黏质土	粉质土	砂类土、砂砾土、红土砂砾、级配砂砾	含土很少的未筛分碎石、砂砾和砂
浸润时间(h)	12~24	6~8	4	2

浸润时间结束后,将所需要的加到浸润后的试料中进行充分拌和均匀。水泥应在试料击实前逐个加入,加有水泥的试料应在拌和后1h内完成击实试验。超过1h的试料应予作废,石灰稳定材料和石灰粉煤灰稳定材料除外。

(3) 试样的击实

将试筒、套环与击实底板紧密联结,并将击实筒放在坚实地面上,取制备好的试料400~500g(其量应使击实后的试样等于或略高于筒高的1/5)倒入筒内,整平其表面并稍加压紧,然后用击锤击实27次。击实时,击锤应自由铅直落下,锤迹应均匀分布于试料面。第一层击实完后,检查该层高度是否合适,以便调整以后几层的试料用量。用刮土刀将已击实层的表面"拉毛"后,重复上述做法,进行其余四层试样的击实。最后一层试样击实后,试件超出试筒顶的高度不得大于6mm,超出高度过大的试件应该作废。

用刮土刀沿套环内壁削挖后扭动并取下套环。自筒顶细心刮平试样并拆除底板。如试样底面略突出筒外或有孔洞,应细心刮平修补。擦净试筒外壁,称取试筒与试样的总质量精确至5g。

(4)测试试件含水率

用脱模器推出筒内试样。在试样内部由上到下取两个有代表性的样品进行含水率测定。所取样品的数量见表12-3。如果只取一个样品测定含水率,则样品的质量应为表12-3中要求数值的2倍。样品含水率计算值精确至0.1%,两个试样的含水率的差值不得大于1%。

检测含水率所需样品质量　　　　　　表12-3

公称最大粒径(mm)	样品质量(g)	公称最大粒径(mm)	样品质量(g)
2.36	约50	37.5	约1000
19	约300		

(5)重复试验

按照上述方法进行在每一个含水率下稳定材料的击实和含水率测定工作。

凡已用过的试样,一律不再重复使用。

4. 乙法试验步骤

在缺乏内径10cm的试筒时,或者还需要对稳定土进行承载比等其他试验时,可以采用乙法进行击实试验,击实后的试样可用于承载比试验。本法更适宜于公称最大粒径大于19mm的稳定类材料。

(1)试料的准备

将已过筛的试料用四分法逐次分小至约30kg,再用四分法分成5~6份,每份试料的干质量约为4.4kg(细粒土)或5.5kg(中粒土),每份试料的拌和用水量由式(12-1)计算。

(2)击实步骤

乙法制备试样的程序方法与甲法基本相同,不同之处为:在加料之前,应该先将50mm的垫块放入筒内底板上,然后再加料并击实;每层需取制备好的试料约900g(对于水泥或石灰稳定细粒土)或1100g(对于稳定中粒土);每层的锤击次数为59次。

5. 丙法试验步骤

(1)试料的准备

将已过筛的试料用四分法逐次分小至约33kg,再用四分法分成6份(至少要5份),每份的质量约5.5kg(风干质量)。

预订5~6个不同含水率,依次相差0.5%~1.5%,在估计最佳含水率附近可只差0.5%~1.0%。按式(12-1)计算试料的拌和用水量。

(2)试样的击实

将试筒、套环与夯击底板紧密地联结在一起,并将垫块放在筒内底板上。击实筒应放在坚实地面上,取制备好的试料1.8kg左右(其量应使击实后的试样略高于筒高的1/3)倒入筒内,整平其表面,并稍加压紧。按98次击数进行第一层试样的击实。第一层击实完后检查该层高度是否合适,以便调整以后两层的试料用量。用刮土刀或螺丝刀将已击实层的表面"拉毛"。重复上述做法,进行其余两层试样的击实。最后一层试样击实后,试样超出试筒顶的高度不得大于6mm,超出高度过多的试件应予以作废,将试件表面整平后脱模、称量。

(3)试件含水率的测试

含水率测定方法及精度要求同甲法。测试含水率所取样品的数量应不少于700g,如只取一个样品测定含水率,则样品的数量应不少于1400g。

6. 试验结果整理

(1) 结果计算

① 试件含水率计算

试件的含水率按照式(12-2)计算,精确至0.1%。

$$\omega = \frac{m_1 - m_0}{m_0} \times 100 \quad (12\text{-}2)$$

式中:ω——试件的含水率,%;

m_1——稳定土试样湿样品的质量,g;

m_0——稳定土试样干样品的质量,g。

② 试件密度计算

每次击实后稳定材料土的湿密度和干密度分别按式(12-3)和式(12-4)计算,精确至0.01g/cm³。

$$\gamma_w = \frac{Q_1 - Q_2}{V} \quad (12\text{-}3)$$

$$\gamma_d = \frac{\gamma_w}{1 + 0.01w} \quad (12\text{-}4)$$

式中:γ_w——稳定土的湿密度,g/cm³;

Q_1——试筒与湿试样的总质量,g;

Q_2——试筒的质量,g;

V——试筒的体积,cm³;

γ_d——稳定土的干密度,g/cm³;

w——试样的含水率,%。

(2) 绘图

以稳定材料土的干密度为纵坐标,以含水率为横坐标,在普通坐标纸上绘制干密度与含水率的关系曲线,如图12-1所示。驼峰形曲线顶点的纵横坐标分别表示该稳定土的最大干密度γ_{max}和最佳含水率ω_0。如试验点不足以连成完整的驼峰形曲线,则应该进行补充试验。

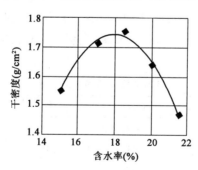

图12-1 稳定土混合料干密度与含水率的关系曲线

(3) 超尺寸颗粒的校正

当试样中大于规定公称最大粒径的超尺寸颗粒质量含量小于5%时,可以不进行校正。

超尺寸颗粒质量含量达5%~30%时,按式(12-5)和式(12-6)分别对试验所得最大干密度和最佳含水率进行校正。

$$\gamma'_{max} = \gamma_{max}(1 - 0.01p) + 0.9 \times 0.01p \times G'_a \quad (12\text{-}5)$$

$$w'_0 = w_0(1 - 0.01p) + 0.01pw_a \quad (12\text{-}6)$$

式中：γ'_{max}——校正后的最大干密度，g/cm^3；

w'_0——校正后的最佳含水率，%；

γ_{max}——试验所得的最大干密度，g/cm^3；

p——试样中超尺寸颗粒的百分率，%；

G'_a——超尺寸颗粒的毛体积密度，g/cm^3；

w_0——试验所得的最佳含水率，%；

w_a——超尺寸颗粒的吸水量，%。

(4)试验精度及允许误差要求

应做两次平行试验，两次试验最大干密度的差不应超过 0.05g/cm³（稳定细粒土）和 0.08g/cm³（稳定中粒土和粗粒土），最佳含水率的差不应超过 0.5%（最佳含水率小于 10%）和 1.0%（最佳含水率大于 10%）。

第二节 无机结合料稳定材料无侧限抗压强度试验

本试验方法适用于测定无机结合料稳定材料（包括稳定细粒土、中粒土和粗粒土）试件的无侧限抗压强度。

一、试件制备

1. 主要仪器设备

圆孔筛、试模、脱模器、天平、量筒、拌和工具、大小铝盒、烘箱等同击实试验。

2. 准备工作

(1)试料的准备

同一结合料剂量的混合料，需要制备相同状态的试件数量取决于土的种类以及试验操作水平。如表 12-4 所示规定了进行抗压强度试验所需平行试件的最少试件个数和试模尺寸（直径×高）要求。

抗压强度试验的有关要求　　表 12-4

土类	最少试件个数	试模尺寸（mm×mm）	试样准备			平行试样变异系数 C_v(%)
			剔除颗粒尺寸（mm）	测含水率试样用量（g）	单个试件用料量（g）	
细粒土	6	50×50	10	100	180~210	<6
中粒土	9	100×100	20~25	1000	1700~1900	<10
粗粒土	13	150×150	40	2000	5700~6000	<15

按照表 12-4 规定的试模尺寸和试件个数，称取一定数量的风干土并计算干土质量。对于细粒土，可以一次称取 6 个试件的土；对于中粒土，可以一次称取 3 个试件的土；对于粗粒土，

一次只称取 1 个试件的土。

(2)试料的拌和与浸润

根据击实试验确定的最佳含水率,按式(12-1)计算试件的应加水量。

将称好的土置于长方盘(约 400mm × 600mm × 70mm)内。向土中加水拌料、闷料。对于细粒土(特别是黏质土),浸润时的加水量应比最佳含水率小3%;对于中粒土和粗粒土,可按最佳含水率加水;对于水泥稳定材料,加水量应比最佳含水率小1%~2%。

石灰稳定材料、石灰粉煤灰稳定材料,水泥粉煤灰稳定材料和水泥石灰稳定材料,可将石灰、粉煤灰与试料一起拌匀。将拌和均匀的混合料装入密闭容器或塑料口袋(封口)内浸润备用。浸润时间要求见表12-2。

在浸润过的试料中,加入预定数量的水泥或石灰并拌和均匀。对于细粒土,在此过程中,应将预留的3%的水加入土中使混合料的含水率达到最佳含水率。加有水泥的混合料应在拌和后1h内制成试件,超过1h的混合料应该作废。其他结合料稳定材料混合料虽不受此限,但也应尽快制成试件。

(3)计算试件用料质量

一个试件所需要的稳定材料数量由计算干密度、最佳含水率和试模体积确定。试件的计算干密度取决于施工要求压实度和最大干密度,由式(12-7)计算。

$$\gamma_d = \gamma_{max} \cdot G \tag{12-7}$$

式中:γ_d——稳定材料抗压强度试件的计算干密度,g/cm^3;

γ_{max}——稳定材料的最大干密度,g/cm^3;

G——施工压实度,%。

一个试件所需要的稳定材料质量由式(12-8)计算。

$$m_1 = \gamma_d \cdot V(1 + 0.01w_0) \tag{12-8}$$

式中:m_1——一个试件所需要的稳定材料质量,g;

V——试模的体积,cm^3;

w_0——稳定材料的最佳含水率,%;

γ_d——稳定材料试件的计算干密度,g/cm^3。

3.试件成型

稳定材料分2~3次灌入试模中(利用漏斗),每次灌入后用夯棒轻轻均匀插实。如制备的是50mm × 50mm 的小试件,则可以将混合料一次倒入试样中,然后将上压柱放入试模内。应使其也外露2cm左右(即上下压柱露出试模外的部分应该相等)。

用反力框架和液压千斤顶制件。将整个试模(连同上下压柱)放到反力框架内的千斤顶上(千斤顶下应放一扁球座),加压直到上下压柱都压入试模为止。维持压力1min。解除压力后,取下试模,拿去上压柱,并放到脱模器上将试件顶出(利用千斤顶和下压柱)。称试件的质量,小试件精确至0.01g;中试件精确至0.01g;大试件精确至0.1g。然后用游标卡尺量试件的高度 h,精确到0.1mm。

4.试件养护

试件从试模内脱出并称量后,将中试件和大试件应装入塑料袋内,并将袋内的空气排除干净,扎紧袋口,将其包好并放入养护室。

标准养护温度为20℃±2℃、标准养护湿度95%。试件宜放在铁架或木架上,其间距至少10~20mm。试件表面应保持一层水膜,并避免用水直接冲淋。

在养护期的最后一天,将试件取出,观察试件的边角有无磨损或缺陷,并量高、称质量。然后将试件浸泡在20℃±2℃水中,水的深度应使水面在试件顶上约2.5cm。在养护期间,试件的质量损应该符合下列规定:小试件不超过1g;中试件不超过4g;大试件不超过10g。质量损失超过此规定的试件,应该作废。

二、抗压强度测试

1. 主要试验仪具

采用路面材料强度试验仪或其他合适的压力机,后者的规格应不大于200kN。

2. 试验步骤

将已浸水一昼夜的试件从水中取出,用柔软的毛巾吸去试件表面的可见自由水,并称试件的质量 m_4。用游标卡尺量试件的高度 h_1,精确到0.1mm。

将试件放到路面材料强度试验仪的升降台上,同时在台上预先放置一个扁球座,并进行抗压试验。在试件加压的过程中,应使试件的形变等速增加,并保持速率约为1mm/min。记录试件破坏时的最大压力。

从破型的试件内部取有代表性的样品测定其含水率 w_1。

3. 试验结果

试件的无侧限抗压强度按式(12-9)计算,具有95%保证率的强度代表值由式(12-10)计算。

$$R_c = \frac{P}{A} \tag{12-9}$$

$$R_{c,0.95} = \overline{R}_c - 1.645S \tag{12-10}$$

式中:R_c——试件的无侧限抗压强度,精确至0.1MPa;

P——试件破坏时的最大压力,N;

A——试件的截面积,mm^2;

$R_{c,0.95}$——95%保证率的强度代表值,MPa;

$\overline{R}_c$——试件的无侧限抗压强度的平均值,MPa;

S——试件的无侧限抗压强度的标准差,MPa。

4. 试验报告

试验报告中应包括以下内容:

材料的颗粒组成;水泥种类和强度等级或石灰的等级;稳定材料的最佳含水率 w_0 及最大干密度 γ_{max};无机结合料类型及剂量;抗压强度试件的干密度 γ_d(精确到0.001g/cm³)及含水率 w_1(%)。

抗压强度平均值 $\overline{R}_c$、最小值 R_{min}、最大值 R_{max}、标准差 S 和变异系数 C_v、95%概率的强度值 $R_{c,0.95}$ 等。

参 考 文 献

[1] 李立寒,孙大权,朱兴一,等.道路工程材料[M].6 版.北京:人民交通出版社股份有限公司,2018.
[2] 许明,张永兴.岩土力学[M].4 版.北京:中国建筑工业出版社,2020.
[3] 于炳松,赵志丹,苏尚国.岩石学[M].3 版.北京:地质出版社,2017.
[4] 申爱琴.道路工程材料[M].3 版.北京:人民交通出版社股份有限公司,2022.
[5] 张兰芳,李京军,王萧萧.建筑材料[M].北京:中国建材工业出版社,2021.
[6] 朱张校,姚可夫.工程材料[M].5 版.北京:清华大学出版社,2011.
[7] 李惟,潘松岭,袁卫宁.建筑工程材料[M].北京:化学工程出版社,2018.
[8] 刘超,陈明伟,梁彤祥.矿物材料学[M].北京:化学工业出版社,2019.
[9] 姚望科.石料生产技术[M].北京:人民交通出版社,2001.
[10] 中国材料联合会.建设用砂:GB/T 14684—2022[S].北京:中国建筑工业出版社,2022.
[11] 中国材料联合会.建设用卵石、碎石:GB/T 14685—2022[S].北京:中国建筑工业出版社,2022.
[12] 中华人民共和国交通运输部.公路工程岩石试验规程:JTG 3431—2024[S].北京:人民交通出版社股份有限公司,2024.
[13] 中华人民共和国交通运输部.公路工程集料试验规程:JTG 3432—2024[S].北京:人民交通出版社股份有限公司,2024.
[14] 柴志杰,任满年.沥青生产与应用技术问答[M].2 版.北京:中国石化出版社有限公司,2015.
[15] 沥青生产与应用技术手册编委会.沥青生产与应用技术手册[M].北京:中国石化出版社,2010.
[16] Robert N Hunter. Shell Bitumen Handbook[M].6th Edition. ICE Publishing,2014.
[17] 石油产品和润滑剂标准化技术委员会.重交通道路石油沥青:GB/T 15180—2010[S].北京:中国质检出版社,2011.
[18] 中华人民共和国交通运输部.公路沥青路面设计规范:JTG D50—2017[S].北京:人民交通出版社股份有限公司,2017.
[19] 中华人民共和国交通部.公路沥青路面施工技术规范:JTG F40—2004[S].北京:人民交通出版社,2004.
[20] 吕伟民,孙大权.沥青混合料设计手册[M].北京:人民交通出版社,2007.
[21] 姚祖康.沥青路面结构设计[M].北京:人民交通出版社,2011.
[22] 徐斌.排水性沥青路面理论与实践[M].北京:人民交通出版社,2011.
[23] 吕伟民.橡胶沥青路面[M].北京:人民交通出版社,2011.
[24] 张肖宁.沥青路面施工质量控制与保证[M].北京:人民交通出版社,2009.
[25] 马朝鲜,潘杰,王永斌,等.沥青路面养护与管理[M].北京:中国石化出版社有限公司,2021.

[26] 中华人民共和国交通运输部.公路钢桥面铺装设计与施工技术规范:JTG/T 3364-02—2019[S].北京:人民交通出版社股份有限公司,2019.

[27] 中华人民共和国交通运输部.公路沥青路面再生技术规范:JTG/T 5521—2019[S].北京:人民交通出版社股份有限公司,2019.

[28] 中华人民共和国交通运输部.公路工程沥青及沥青混合料试验规程:JTG E20—2011[S].北京:人民交通出版社,2011.

[29] 中华人民共和国住房和城乡建设部.温拌沥青混凝土:GB/T 30596—2014[S].北京:中国标准出版社,2014.

[30] 肖争鸣.水泥工艺技术[M].2版.北京:化学工业出版社,2015.

[31] 李彦岗,樊俊珍.水泥化学分析[M].武汉:武汉理工大学出版社,2015.

[32] 王燕谋,苏慕珍,路永华,等.中国特种水泥[M].北京:中国建筑工业出版社,2012.

[33] 申爱琴,郭寅川.水泥与水泥混凝土[M].2版.北京:人民交通出版社股份有限公司,2019.

[34] 中国建筑材料联合会.GB/T 4131—2014 水泥的命名原则和术语[S].北京:中国标准出版社,2014.

[35] 中华人民共和国工业和信息化部.通用硅酸盐水泥:GB 175—2023[S].北京:中国标准出版社,2023.

[36] 中国建筑材料联合会.天然石膏:GB/T 5483—2008[S].北京:中国标准出版社,2008.

[37] 中国建筑材料联合会.用于水泥中的粒化高炉矿渣:GB/T 203—2008[S].北京:中国标准出版社,2008.

[38] 中国建筑材料联合会.用于水泥、砂浆和混凝土中的粒化高炉矿渣粉:GB/T 18046—2017[S].北京:中国标准出版社,2017.

[39] 中国建筑材料联合会.用于水泥和混凝土中的粉煤灰:GB/T 1596—2017[S].北京:中国标准出版社,2017.

[40] 中国建筑材料联合会.用于水泥中的火山灰质混合材料:GB/T 2847—2022[S].北京:中国标准出版社,2022.

[41] 中国建筑材料联合会.水泥标准稠度用水量、凝结时间、安定性检测方法:GB/T 1346—2011[S].北京:中国标准出版社,2011.

[42] 中国建筑材料联合会.水泥胶砂强度检验方法(ISO法):GB/T 17671—2021[S].北京:中国标准出版社,2021.

[43] 中国建筑材料联合会.道路硅酸盐水泥:GB/T 13693—2017[S].北京:中国标准出版社,2017.

[44] 中国建筑材料联合会.铝酸盐水泥:GB/T 201—2015[S].北京:中国标准出版社,2015.

[45] 中国建筑材料工业协会.硫铝酸盐水泥:GB 20472—2006[S].北京:中国标准出版社,2007.

[46] 中国建筑材料联合会.低热微膨胀水泥:GB 2938—2008[S].北京:中国标准出版社,2008.

[47] 中国建筑材料联合会.白色硅酸盐水泥:GB/T 2015—2017[S].北京:中国质检出版

社,2017.

[48] 中华人民共和国工业和信息化部.彩色硅酸盐水泥:JCT 870—2012[S].北京:中国建材工业出版社,2012.

[49] 李继业,刘经强,张明占.新编混凝土实用技术手册[M].北京:化学工业出版社,2019.

[50] 吕世勋.高性能水泥混凝土路面结构与材料性能研究[M].北京,人民交通出版社股份有限公司,2021.

[51] 中华人民共和国住房和城乡建设部.普通混凝土配合比设计规程:JGJ 55—2011[S].北京:中建筑工业出版社,2011.

[52] 中华人民共和国住房和城乡建设部.混凝土强度检验评定标准:GB/T 50107—2010[S].北京:中国建筑工业出版社,2010.

[53] 中华人民共和国住房和城乡建设部.混凝土结构工程施工质量验收规范:GB 50204—2015[S].北京:中国建筑工业出版社,2014.

[54] 中华人民共和国住房和城乡建设部.混凝土质量控制标准:GB 50164—2011[S].北京:中国建筑工业出版社,2011.

[55] 中华人民共和国交通运输部.公路水泥混凝土路面施工技术细则:JTG/T F30—2014[S].北京:人民交通出版社,2014.

[56] 中华人民共和国交通运输部.公路水泥混凝土路面设计规范:JTG D40—2011[S].北京:人民交通出版社,2011.

[57] 中华人民共和国住房和城乡建设部.混凝土外加剂应用技术规范:GB 50119—2013[S].北京:中国建筑工业出版社,2013.

[58] 中华人民共和国住房和城乡建设部.砌筑砂浆配合比设计规程:JGJ/T 98—2010[S].北京:中国建筑工业出版社,2010.

[59] 中华人民共和国住房和城乡建设部.砌体结构工程施工质量验收规范:GB 50203—2011[S].北京:中国建筑工业出版社,2012.

[60] 中华人民共和国住房和城乡建设部.建筑砂浆基本性能试验方法:JGJ/T 70—2009[S].北京:中国建筑工业出版社,2005.

[61] 中华人民共和国交通运输部.公路钢桥面铺装设计与施工技术规范:JTG/T3364-02—2019[S].北京:人民交通出版社股份有限公司,2019.

[62] 中华人民共和国交通运输部.公路工程水泥及水泥混凝土试验规程:JTG 3420—2020[S].北京:人民交通出版社股份有限公司,2020.

[63] 中国钢铁工业协会.钢渣稳定性试验方法:GB/T 24175—2009[S].北京:中国标准出版社,2009.

[64] 中华人民共和国交通运输部.公路沥青路面再生技术规范:JTG/T 5521—2019[S].北京:人民交通出版社股份有限公司,2019.

[65] 中华人民共和国住房和城乡建设部.混凝土物理力学性能试验方法标准:GB/T 50081—2019[S].北京:中国建筑工业出版社,2019.

[66] 中国建筑材料联合会.混凝土外加剂术语:GB/T 8075—2017[S].北京:中国质检出版社,2017.

[67] 中国民用航空局.民用机场水泥混凝土面层施工技术规范:MH 5006—2015[S].北京:中国民航出版社,2015.

[68] 蒋应军,乔怀玉.抗裂耐久半刚性基层沥青路面关键技术及工程示范[M].人民交通出版社股份有限公司,2019.

[69] 中华人民共和国交通运输部.公路路面基层施工技术细则:JTG/T F20—2015[S].北京:人民交通出版社股份有限公司,2015.

[70] 中华人民共和国行业标准.钢渣集料混合料路面基层施工技术规程:YB/T 4184—2018[S].北京:冶金工业出版社,2018.

[71] 中华人民共和国交通运输部.公路工程无机结合料稳定材料试验规程:JTG 3441—2024[S].北京:人民交通出版社有限公司,2024.

[72] 袁志钟,戴起勋.金属材料学[M].3版.北京:化学工业出版社,2019.

[73] 中国钢铁工业协会.碳素结构钢:GB/T 700—2006[S].北京:中国标准出版社,2006.

[74] 中国钢铁工业协会.桥梁用结构钢:GB/T 714—2015[S].北京:中国标准出版,2015.

[75] 中国钢铁工业协会.低合金高强度结构钢:GB/T 1591—2018[S].北京:中国标准出版社,2018.

[76] 中国钢铁工业协会.钢筋混凝土用钢 第1部分:热轧光圆钢筋:GB/T 1499.1—2017[S].北京:中国质检出版社,2017.

[77] 中国钢铁工业协会.钢筋混凝土用钢 第2部分:热轧带肋钢筋:GB/T 1499.2—2018[S].北京:中国质检出版社,2018.

[78] 中国钢铁工业协会.预应力混凝土用钢棒:GB/T 5223.3—2017[S].北京:中国标准出版社,2017.

[79] 中国钢铁工业协会.冷轧带肋钢筋:GB/T 13788—2017[S].北京:中国标准出版社,2017.

[80] 魏无际,俞强,崔益华.高分子化学与物理基础[M].2版.北京:化学工业出版社,2022.

[81] 中华人民共和国国家标准.粉煤灰混凝土应用技术规范:GB/T 50146—2014[S].北京:中国计划出版社,2014.

[82] 中华人民共和国住房和城乡建设部.普通混凝土长期性能和耐久性能实验方法标准:GB/T 50082—2009[S].北京:中国建筑工业出版社,2009.

[83] 中国建筑材料联合会.钢渣矿渣硅酸盐水泥:GB/T 13590—2022[S].北京:中国质检出版社,2022.

[84] 中国建筑材料联合会.建筑保温砂浆:GB/T 20473—2021[S].北京:中国质检出版社,2021.

[85] 中华人民共和国工业和信息化部.热塑性弹性体 苯乙烯-丁二烯嵌段共聚物(SBS):SH/T 1610—2011[S].北京:中国石化出版社,2011.

[86] 中华人民共和国工业和信息化部.道路用建筑垃圾再生骨料无机混合料:JC/T 2281—2014[S].北京:中国建材工业出版社,2014.

[87] 中国钢铁工业协会.道路用钢渣:GB/T 25824—2010[S].北京:中国标准出版社,2010.

[88] 中华人民共和国住房和城乡建设部.生活垃圾焚烧炉渣集料:GB/T 25032—2010[S].北

京:中国标准出版社,2010.

[89] 吴国雄,梅迎军,李力.半柔性复合路面设计与施工[M].北京:人民交通出版社,2009.

[90] 郝培文,刘红瑛,徐金枝.半柔性路面材料设计与施工技术[M].上海:同济大学出版社,2021.